司法解释适用指引丛书

— 11 —

强制执行
司法解释适用指引

司法实务版

人民法院出版社 编

人民法院出版社

图书在版编目（CIP）数据

强制执行司法解释适用指引 / 人民法院出版社编.

北京：人民法院出版社，2025. 1. -- ISBN 978-7
-5109-4296-9

Ⅰ. D925.05

中国国家版本馆CIP数据核字第202441F3G7号

强制执行司法解释适用指引

人民法院出版社　编

策划编辑	姜　峤	
责任编辑	陈　思	
出版发行	人民法院出版社	
地　　址	北京市东城区东交民巷 27 号（100745）	
电　　话	（010）67550596（责任编辑）　　67550558（发行部查询）	
	65223677（读者服务部）	
客服 QQ	2092078039	
网　　址	http://www.courtbook.com.cn	
E - mail	courtpress@sohu.com	
印　　刷	三河市国英印务有限公司	
经　　销	新华书店	

开　　本	787 毫米 ×1092 毫米　1/16	
字　　数	1068 千字	
印　　张	44.75	
版　　次	2025 年 1 月第 1 版　2025 年 1 月第 1 次印刷	
书　　号	ISBN 978-7-5109-4296-9	
定　　价	148.00 元	

编写说明

为准确理解和适用司法解释，助力人民法院统一法律适用，更好地满足法律工作者办案与查询的需求，我们编写了本套丛书。本丛书在每本以某一类别或某一司法解释为主题，汇集与该司法解释相关的最高人民法院司法政策精要、司法解释、司法观点、人民法院案例库案例、法答网精选答问以及相关的法律、法规、规章、司法文件等内容，兼具检索与研习功能，能够让广大法律实务工作者全面、快捷、方便地查找到该类案件办理所需的全部材料。

本丛书立足审判，涵盖婚姻家庭、劳动争议、公司企业、诉讼证据、民事诉讼、刑事诉讼、贪污贿赂渎职案件等 27 个法律专业领域，品类丰富齐全，为立案、调解、仲裁、诉讼、执行等工作提供权威指导，更好地服务司法审判、公众学法、学者科研、律师办案。本书为其中的《强制执行司法解释适用指引》。

本丛书各栏目具体编写情况如下：

【司法政策精要】该栏目摘编自最高人民法院公布的各种审判指导意见、会议纪要，最高人民法院院长对审判工作有重要指导意义的讲话，最高人民法院分管副院长在全国性审判工作会议上的讲话等。文中序号为原文序号，未作删改。

【司法解释】该栏目收录最新公布的司法解释，并在司法解释后附"导读及适用要点"，摘编自最高人民法院专家法官对该司法解释的权威解读，为该司法解释的准确适用提供参考、借鉴。

【司法观点】该栏目针对当前审判实务中难点、疑点、热点以及前沿问题，全面系统地总结和梳理了最高人民法院类案审判实践中的裁判理念和法律适用问题，帮助读者全面快速了解最高人民法院对审判实践中重点、难点问题的立场、观点，准确把握审判实践的具体方法、办案依据和裁判尺度。

【人民法院案例库案例】该栏目收录了人民法院案例库中的相关指导性案例及参考案例，精选裁判要点及裁判要旨，为司法实务提供了权威、规范、全面的案例指引。本书收录的人民法院案例库案例截至 2024 年 12 月。

【法答网精选答问】最高人民法院发布的精选答问具有释法说理、普法宣传等多方面的功能效用，一个精选问答可以解决一类法律问题，指导一批争议案例，是"附理由书的批复"。

【相关规定】该栏目精选现行有效相关法律、法规、司法解释、规章等内容，版本权威、内容实用，方便读者对照查询。

值得一提的是，本丛书为首次将最高人民法院裁判观点、人民法院案例库案例、法答网精选答问进行融合出版的图书。2023 年，最高人民法院推动建立面向全社会的人民法院案例库、贯通四级法院的法答网。"一网一库"上线运行以来，充分发挥审判监督指导作用，促进统一裁判标准，有效提升广大法官的审判能力，助力司法审判提质增效，取得积极成效。本丛书进一步深化库网融合，促进统一法律适用的功能效用，为法律实务工作者提供覆盖全面、与时俱进的"活教材"。

本丛书内容简洁明了，查询方便快捷，在编排上力求全面、新颖、务实，但疏漏之处在所难免，欢迎广大读者提出批评和改进意见，以便为读者提供更好的法律服务。

人民法院出版社
二〇二四年十二月

目　录

第一部分　司法解释

最高人民法院

关于人民法院民事执行中拍卖、变卖财产的规定

第二部分　司法观点

3

（十七）金钱给付请求权的执行

1. 对银行存款的执行

2. 对机动车辆船舶的执行

3. 对不动产的执行

4. 对股权、其他投资权益的执行

第三部分　指导案例与人民法院案例库参考案例

一、指导案例

二、人民法院案例库参考案例

（四）执行复议案件

蔡某不服限制出境决定申请复议案

甲公司与乙银行执行复议案

遵义某房地产公司与重庆某信托公司等执行复议案

郜某某与胡某某执行复议案

深圳某投资公司与湖北某贸易公司执行复议案

某银行呼和浩特分行执行复议案

郑某某与某投资有限公司、某置业有限公司借款合同纠纷执行复议案

赣州某房地产公司与杨某某、赣州某开发公司执行复议案

陕西某公司与银川某公司、成都某公司等保证合同纠纷执行复议案

某某公司与溧阳某某公司等国内非涉外仲裁纠纷执行复议案

第四部分　　法答网精选答问

第五部分　　相关规定

一、执行综合规范

（一）基本规范

中华人民共和国民事诉讼法（节选）

第一部分　司法解释

最高人民法院
关于适用《中华人民共和国民事诉讼法》执行程序若干问题的解释

（2008 年 9 月 8 日最高人民法院审判委员会第 1452 次会议通过
根据 2020 年 12 月 23 日最高人民法院审判委员会第 1823 次
会议通过的《最高人民法院关于修改〈最高人民法院
关于人民法院扣押铁路运输货物若干问题的规定〉等
十八件执行类司法解释的决定》修正）

为了依法及时有效地执行生效法律文书，维护当事人的合法权益，根据《中华人民共和国民事诉讼法》（以下简称民事诉讼法），结合人民法院执行工作实际，对执行程序中适用法律的若干问题作出如下解释：

第一条　申请执行人向被执行的财产所在地人民法院申请执行的，应当提供该人民法院辖区有可供执行财产的证明材料。

第二条　对两个以上人民法院都有管辖权的执行案件，人民法院在立案前发现其他有管辖权的人民法院已经立案的，不得重复立案。

立案后发现其他有管辖权的人民法院已经立案的，应当撤销案件；已经采取执行措施的，应当将控制的财产交先立案的执行法院处理。

第三条　人民法院受理执行申请后，当事人对管辖权有异议的，应当自收到执行通知书之日起十日内提出。

人民法院对当事人提出的异议，应当审查。异议成立的，应当撤销执行案件，并告知当事人向有管辖权的人民法院申请执行；异议不成立的，裁定驳回。当事人对裁定不服的，可以向上一级人民法院申请复议。

管辖权异议审查和复议期间，不停止执行。

第四条 对人民法院采取财产保全措施的案件，申请执行人向采取保全措施的人民法院以外的其他有管辖权的人民法院申请执行的，采取保全措施的人民法院应当将保全的财产交执行法院处理。

第五条 执行过程中，当事人、利害关系人认为执行法院的执行行为违反法律规定的，可以依照民事诉讼法第二百二十五条①的规定提出异议。

执行法院审查处理执行异议，应当自收到书面异议之日起十五日内作出裁定。

第六条 当事人、利害关系人依照民事诉讼法第二百二十五条规定申请复议的，应当采取书面形式。

第七条 当事人、利害关系人申请复议的书面材料，可以通过执行法院转交，也可以直接向执行法院的上一级人民法院提交。

执行法院收到复议申请后，应当在五日内将复议所需的案卷材料报送上一级人民法院；上一级人民法院收到复议申请后，应当通知执行法院在五日内报送复议所需的案卷材料。

第八条 当事人、利害关系人依照民事诉讼法第二百二十五条规定申请复议的，上一级人民法院应当自收到复议申请之日起三十日内审查完毕，并作出裁定。有特殊情况需要延长的，经本院院长批准，可以延长，延长的期限不得超过三十日。

第九条 执行异议审查和复议期间，不停止执行。

被执行人、利害关系人提供充分、有效的担保请求停止相应处分措施的，人民法院可以准许；申请执行人提供充分、有效的担保请求继续执行的，应当继续执行。

第十条 依照民事诉讼法第二百二十六条②的规定，有下列情形之一的，上一级人民法院可以根据申请执行人的申请，责令执行法院限期执行或者变更执行法院：

---

① 现为《民事诉讼法》（2023年修正）第二百三十六条。
② 现为《民事诉讼法》（2023年修正）第二百三十七条。

（一）债权人申请执行时被执行人有可供执行的财产，执行法院自收到申请执行书之日起超过六个月对该财产未执行完结的；

（二）执行过程中发现被执行人可供执行的财产，执行法院自发现财产之日起超过六个月对该财产未执行完结的；

（三）对法律文书确定的行为义务的执行，执行法院自收到申请执行书之日起超过六个月未依法采取相应执行措施的；

（四）其他有条件执行超过六个月未执行的。

第十一条　上一级人民法院依照民事诉讼法第二百二十六条规定责令执行法院限期执行的，应当向其发出督促执行令，并将有关情况书面通知申请执行人。

上一级人民法院决定由本院执行或者指令本辖区其他人民法院执行的，应当作出裁定，送达当事人并通知有关人民法院。

第十二条　上一级人民法院责令执行法院限期执行，执行法院在指定期间内无正当理由仍未执行完结的，上一级人民法院应当裁定由本院执行或者指令本辖区其他人民法院执行。

第十三条　民事诉讼法第二百二十六条规定的六个月期间，不应当计算执行中的公告期间、鉴定评估期间、管辖争议处理期间、执行争议协调期间、暂缓执行期间以及中止执行期间。

第十四条　案外人对执行标的主张所有权或者有其他足以阻止执行标的转让、交付的实体权利的，可以依照民事诉讼法第二百二十七条①的规定，向执行法院提出异议。

第十五条　案外人异议审查期间，人民法院不得对执行标的进行处分。

案外人向人民法院提供充分、有效的担保请求解除对异议标的的查封、扣押、冻结的，人民法院可以准许；申请执行人提供充分、有效的担保请求继续执行的，应当继续执行。

因案外人提供担保解除查封、扣押、冻结有错误，致使该标的无法执行的，人民法院可以直接执行担保财产；申请执行人提供担保请求继续执行有错误，给对方造成损失的，应当予以赔偿。

---

①　现为《民事诉讼法》（2023 年修正）第二百三十八条。

第十六条　案外人执行异议之诉审理期间，人民法院不得对执行标的进行处分。申请执行人请求人民法院继续执行并提供相应担保的，人民法院可以准许。

案外人请求解除查封、扣押、冻结或者申请执行人请求继续执行有错误，给对方造成损失的，应当予以赔偿。

第十七条　多个债权人对同一被执行人申请执行或者对执行财产申请参与分配的，执行法院应当制作财产分配方案，并送达各债权人和被执行人。债权人或者被执行人对分配方案有异议的，应当自收到分配方案之日起十五日内向执行法院提出书面异议。

第十八条　债权人或者被执行人对分配方案提出书面异议的，执行法院应当通知未提出异议的债权人或被执行人。

未提出异议的债权人、被执行人收到通知之日起十五日内未提出反对意见的，执行法院依异议人的意见对分配方案审查修正后进行分配；提出反对意见的，应当通知异议人。异议人可以自收到通知之日起十五日内，以提出反对意见的债权人、被执行人为被告，向执行法院提起诉讼；异议人逾期未提起诉讼的，执行法院依原分配方案进行分配。

诉讼期间进行分配的，执行法院应当将与争议债权数额相应的款项予以提存。

第十九条　在申请执行时效期间的最后六个月内，因不可抗力或者其他障碍不能行使请求权的，申请执行时效中止。从中止时效的原因消除之日起，申请执行时效期间继续计算。

第二十条　申请执行时效因申请执行、当事人双方达成和解协议、当事人一方提出履行要求或者同意履行义务而中断。从中断时起，申请执行时效期间重新计算。

第二十一条　生效法律文书规定债务人负有不作为义务的，申请执行时效期间从债务人违反不作为义务之日起计算。

第二十二条　执行员依照民事诉讼法第二百四十条①规定立即采取强制执行措施的，可以同时或者自采取强制执行措施之日起三日内发送执行通知书。

_____

①　现为《民事诉讼法》（2023年修正）第二百五十一条。

第二十三条　依照民事诉讼法第二百五十五条 ① 规定对被执行人限制出境的，应当由申请执行人向执行法院提出书面申请；必要时，执行法院可以依职权决定。

第二十四条　被执行人为单位的，可以对其法定代表人、主要负责人或者影响债务履行的直接责任人员限制出境。

被执行人为无民事行为能力人或者限制民事行为能力人的，可以对其法定代理人限制出境。

第二十五条　在限制出境期间，被执行人履行法律文书确定的全部债务的，执行法院应当及时解除限制出境措施；被执行人提供充分、有效的担保或者申请执行人同意的，可以解除限制出境措施。

第二十六条　依照民事诉讼法第二百五十五条的规定，执行法院可以依职权或者依申请执行人的申请，将被执行人不履行法律文书确定义务的信息，通过报纸、广播、电视、互联网等媒体公布。

媒体公布的有关费用，由被执行人负担；申请执行人申请在媒体公布的，应当垫付有关费用。

第二十七条　本解释施行前本院公布的司法解释与本解释不一致的，以本解释为准。

【导读及适用要点】

一、执行管辖权问题

同一执行案件往往会有两个或两个以上的法院都有管辖权，在此情形下，如何确定管辖法院，以及如何处理管辖权的冲突问题就显得非常突出，这在《民事诉讼法》修改时就已经讨论过，当时希望通过司法解释予以明确。对此，《最高人民法院关于适用〈中华人民共和国民事诉讼法〉执行程序若干问题的解释》（2020 年修正）（以下简称《本解释》）首先坚持一个案件只能由一

---

①　现为《民事诉讼法》（2023 年修正）第二百六十六条。

个法院管辖的原则，以此来解决重复立案的问题，本解释第二条有明确规定。本解释以立案时间先后为标准，区分两种情况，分别规定了解决重复立案的规则：一是有管辖权的人民法院在立案前发现其他有管辖权的人民法院已经立案的，不得再重复立案。二是如果该法院已经立案，在立案后才发现其他有管辖权的法院已经先立案的，一般应当撤销案件。但后立案的法院已经采取执行措施的，如果一律撤销案件，将可能导致已经控制的财产被隐匿、转移。因此，在这种情况下，后立案的法院应当将控制的财产移交给先立案的执行法院处理。

其次，本解释明确规定了执行案件管辖权异议制度，赋予当事人在执行法院管辖上的救济权。《民事诉讼法》修改后，由于法院之间、当事人之间以及法院与当事人之间对被执行人在某地是否有可供执行的财产等问题认识不一，客观上将导致在管辖权问题上产生分歧，执行管辖权争议的情形也将增多。因此，有必要明确赋予当事人提出管辖权异议的权利，并对管辖权异议的处理程序予以规范。本解释第三条对此作出了明确的规定：一是规定了提出管辖权异议的时间；二是规定了管辖权异议的处理程序；三是规定了管辖权异议裁定不服的复议程序；四是规定了管辖权异议对执行工作的影响。

二、对违法执行行为的审查问题

修改后的《民事诉讼法》第二百零二条[①]增加了当事人、利害关系人对违法执行行为的异议程序的规定，如此规定有利于确保执行工作的规范性，避免执行行为不合法且得不到及时纠正而导致难以回转。但当事人、利害关系人对执行行为的异议权如何行使，才能在实现上述立法目的的同时，又不影响执行工作的效率，是执行修改后的《民事诉讼法》面临的一个难题。如果解决得不好，则会影响执行的效率，造成执行工作更加困难。本解释正是基于这两方面的考虑，作出了第五条至第十条等六条规定。其中，第五条至第九条是对异议权行使的程序规定，在这里重点强调了异议形式的规范化和异议审查的效率性。本解释第六条规定，向上一级法院申请复议的，应当采用书面形式。第七条规定了复议申请的程序和期限要求。第八条规定了人民法

---

① 现为《民事诉讼法》（2023 年修正）第二百三十六条。

院对复议进行审查的形式，即应当组成合议庭进行。第九条明确规定了复议审查的期限为自收到复议申请之日起 30 日内完成，在特殊情形下，经院长批准可以适当延长审查期限，但延长期限最长不得超过 30 日。本解释第十条规定了异议对执行程序的效力，突出了执行效率性，执行异议审查和复议期间，原则上不停止执行。因为如果异议审查和复议期间一律停止执行，势必影响正常的执行程序，也难以防止滥用异议和申请复议权，因此本解释规定执行行为异议审查期间以不停止执行程序为一般原则。但也应当注意，如果对执行行为的异议一律不停止执行程序，对于确属违法的情形，执行完毕后执行行为可能会被撤销而恢复执行前的状态，这会增加不必要的费用；而且有的违法执行行为一旦实施完毕，将无法进行纠正，从而使当事人、利害关系人遭受无法挽回的损害。基于此种考虑，本解释设定在当事人或者利害关系人提供充分且有效的执行担保时，人民法院可以同意中止执行行为。待异议审查结束后再决定是否恢复执行。

三、执行督促问题

修改后的《民事诉讼法》增加了第二百零三条[①]规定，主要是解决执行法院由于各种原因拖延执行的问题，通过赋予申请执行人在一定条件下可以向上一级法院申请监督执行的权利，可以有效地消除执行工作中出现的一些人为因素的不利影响，确保执行及时到位。但该条规定在执行中最大的争议点在于，对申请监督执行的条件"人民法院自收到申请执行书之日起超过六个月未执行的"如何理解。实践中的情况比较复杂，六个月未执行既可能是有执行条件而未执行，也可能是由于执行条件不具备而未执行。从《民事诉讼法》第二百零三条规定的目的来看，主要是针对具备执行条件而由于人为原因未执行的情况，进行执行督促才会产生相应的效果。对于客观上根本无法执行的案件，即使赋予适用执行督促程序，仍然解决不了执行问题。所以，本解释总结了执行实践中存在的应当适用《民事诉讼法》第二百零三条规定的情形加以规定，以方便人民法院执行。本解释第十一条规定了四种申请执行人可以申请责令限期执行或者变更执行法院的情形。

---

① 　现为《民事诉讼法》（2023 年修正）第三百三十七条。

四、执行异议之诉问题

修改后的《民事诉讼法》第二百零四条^①规定，其立法目的在于给予案外人对执行标的享有特定实体权利时以对抗执行的救济途径，确保不因执行错误而侵害案外人的合法权益。但由于立法规定过于原则，实践中如何操作，争议较大。因此，本解释对执行异议之诉作出了详细的规定，从第十五条到第二十四条共十个条文。第一，本解释第十五条明确了案外人对执行标的提出异议的实质条件，即必须是对执行标的提出了所有权或者其他能够有效阻止执行标的的转让、交付的实体权利。对于执行标的上存在的其他一些权利，如租赁权等不影响标的转让的实体权利，不属于《民事诉讼法》第二百零四条规定的执行异议的事由。第二，本解释第十六条明确规定了执行异议的法律效力，即执行异议期间不得对执行标的进行处分，而查封扣押等保全性执行措施则不受影响。案外人向人民法院提供充分、有效的担保请求解除对异议标的的查封、扣押、冻结的，人民法院可以准许；申请执行人提供充分、有效的担保请求继续执行的，应当继续执行。因案外人提供担保解除查封、扣押、冻结有错误，致使该标的无法执行的，人民法院可以直接执行担保财产；申请执行人提供担保请求继续执行有错误，给对方造成损失的，应当予以赔偿。第三，本解释对异议之诉的主体作出了规定，第十七条规定，案外人依照《民事诉讼法》第二百零四条规定提起诉讼，对执行标的主张实体权利，并请求对执行标的停止执行的，应当以申请执行人为被告；被执行人反对案外人对执行标的所主张的实体权利的，应当以申请执行人和被执行人为共同被告。第二十一条规定，申请执行人依照《民事诉讼法》第二百零四条的规定提起诉讼，请求对执行标的许可执行的，应当以案外人为被告；被执行人反对申请执行人请求的，应当以案外人和被执行人为共同被告。第四，本解释对异议之诉的管辖作出了规定，第十八条和第二十二条规定了执行异议之诉均由执行法院管辖。第五，本解释对执行异议之诉的审理程序作出了规定，第十九条和第二十四条规定，执行异议之诉的审理程序按照诉讼程序审理，即指应当按照《民事诉讼法》规定的诉讼程序审理，是适用简易程序

---

① 现为《民事诉讼法》(2023年修正)第二百三十八条。

还是普通程序，适用《民事诉讼法》的相关规定，对于第一审裁判不服的，可以提起上诉。第六，本解释对执行程序的效力作出了规定，第二十条规定，案外人依照《民事诉讼法》第二百零四条规定提起诉讼的，诉讼期间，不停止执行。案外人的诉讼请求确有理由或者提供充分、有效的担保请求停止执行的，可以裁定停止对执行标的进行处分。第六，本解释对执行异议之诉的裁判方式作出了规定，第十九条和第二十四条规定，经审理，理由不成立的，判决驳回其诉讼请求；理由成立的，根据案外人或者申请执行人的诉讼请求作出相应的裁判。

五、参与分配问题

这次《民事诉讼法》修改并未规定执行程序中的参与分配规则，但实践中多个债权人共同申请执行或者对执行财产进行参与分配的情形经常能够见到。根据执行实践的需要，本解释专门对参与分配中的救济问题作出了规定。第二十五条规定，多个债权人对同一被执行人申请执行或者对执行财产申请参与分配的，执行法院应当制作财产分配方案，并送达各债权人和被执行人。债权人或者被执行人对分配方案有异议的，应当自收到分配方案之日起 15 日内向执行法院提出书面异议。第二十六条规定，债权人或者被执行人对分配方案提出书面异议的，执行法院应当通知未提出异议的债权人或被执行人。未提出异议的债权人、被执行人收到通知之日起 15 日内未提出反对意见的，执行法院依异议人的意见对分配方案审查修正后进行分配；提出反对意见的，应当通知异议人。异议人可以自收到通知之日起 15 日内，以提出反对意见的债权人、被执行人为被告，向执行法院提起诉讼；异议人逾期未提起诉讼的，执行法院依原分配方案进行分配。诉讼期间进行分配的，执行法院应当将与争议债权数额相应的款项予以提存。

此外，本解释还对执行期间的计算、财产报告制度、执行通知书以及限制出境等有关问题作出了规定。

（撰稿人：赵晋山）

最高人民法院
关于人民法院执行工作若干问题的规定（试行）

（1998年6月11日最高人民法院审判委员会第992次会议通过
根据2020年12月23日最高人民法院审判委员会第1823次
会议通过的《最高人民法院关于修改〈最高人民法院
关于人民法院扣押铁路运输货物若干问题的规定〉等
十八件执行类司法解释的决定》修正）

为了保证在执行程序中正确适用法律，及时有效地执行生效法律文书，维护当事人的合法权益，根据《中华人民共和国民事诉讼法》（以下简称民事诉讼法）等有关法律的规定，结合人民法院执行工作的实践经验，现对人民法院执行工作若干问题作如下规定。

一、执行机构及其职责

1. 人民法院根据需要，依据有关法律的规定，设立执行机构，专门负责执行工作。

2. 执行机构负责执行下列生效法律文书：

（1）人民法院民事、行政判决、裁定、调解书，民事制裁决定、支付令，以及刑事附带民事判决、裁定、调解书，刑事裁判涉财产部分；

（2）依法应由人民法院执行的行政处罚决定、行政处理决定；

（3）我国仲裁机构作出的仲裁裁决和调解书，人民法院依据《中华人民共和国仲裁法》有关规定作出的财产保全和证据保全裁定；

（4）公证机关依法赋予强制执行效力的债权文书；

（5）经人民法院裁定承认其效力的外国法院作出的判决、裁定，以及国外仲裁机构作出的仲裁裁决；

（6）法律规定由人民法院执行的其他法律文书。

3. 人民法院在审理民事、行政案件中作出的财产保全和先予执行裁定，一般应当移送执行机构实施。

4．人民法庭审结的案件，由人民法庭负责执行。其中复杂、疑难或被执行人不在本法院辖区的案件，由执行机构负责执行。

5．执行程序中重大事项的办理，应由三名以上执行员讨论，并报经院长批准。

6．执行机构应配备必要的交通工具、通讯设备、音像设备和警械用具等，以保障及时有效地履行职责。

7．执行人员执行公务时，应向有关人员出示工作证件，并按规定着装。必要时应由司法警察参加。

8．上级人民法院执行机构负责本院对下级人民法院执行工作的监督、指导和协调。

二、执行管辖

9．在国内仲裁过程中，当事人申请财产保全，经仲裁机构提交人民法院的，由被申请人住所地或被申请保全的财产所在地的基层人民法院裁定并执行；申请证据保全的，由证据所在地的基层人民法院裁定并执行。

10．在涉外仲裁过程中，当事人申请财产保全，经仲裁机构提交人民法院的，由被申请人住所地或被申请保全的财产所在地的中级人民法院裁定并执行；申请证据保全的，由证据所在地的中级人民法院裁定并执行。

11．专利管理机关依法作出的处理决定和处罚决定，由被执行人住所地或财产所在地的省、自治区、直辖市有权受理专利纠纷案件的中级人民法院执行。

12．国务院各部门、各省、自治区、直辖市人民政府和海关依照法律、法规作出的处理决定和处罚决定，由被执行人住所地或财产所在地的中级人民法院执行。

13．两个以上人民法院都有管辖权的，当事人可以向其中一个人民法院申请执行；当事人向两个以上人民法院申请执行的，由最先立案的人民法院管辖。

14．人民法院之间因执行管辖权发生争议的，由双方协商解决；协商不成的，报请双方共同的上级人民法院指定管辖。

15. 基层人民法院和中级人民法院管辖的执行案件，因特殊情况需要由上级人民法院执行的，可以报请上级人民法院执行。

三、执行的申请和移送

16. 人民法院受理执行案件应当符合下列条件：

（1）申请或移送执行的法律文书已经生效；

（2）申请执行人是生效法律文书确定的权利人或其继承人、权利承受人；

（3）申请执行的法律文书有给付内容，且执行标的和被执行人明确；

（4）义务人在生效法律文书确定的期限内未履行义务；

（5）属于受申请执行的人民法院管辖。

人民法院对符合上述条件的申请，应当在七日内予以立案；不符合上述条件之一的，应当在七日内裁定不予受理。

17. 生效法律文书的执行，一般应当由当事人依法提出申请。

发生法律效力的具有给付赡养费、扶养费、抚育费内容的法律文书、民事制裁决定书，以及刑事附带民事判决、裁定、调解书，由审判庭移送执行机构执行。

18. 申请执行，应向人民法院提交下列文件和证件：

（1）申请执行书。申请执行书中应当写明申请执行的理由、事项、执行标的，以及申请执行人所了解的被执行人的财产状况。

申请执行人书写申请执行书确有困难的，可以口头提出申请。人民法院接待人员对口头申请应当制作笔录，由申请执行人签字或盖章。

外国一方当事人申请执行的，应当提交中文申请执行书。当事人所在国与我国缔结或共同参加的司法协助条约有特别规定的，按照条约规定办理。

（2）生效法律文书副本。

（3）申请执行人的身份证明。自然人申请的，应当出示居民身份证；法人申请的，应当提交法人营业执照副本和法定代表人身份证明；非法人组织申请的，应当提交营业执照副本和主要负责人身份证明。

（4）继承人或权利承受人申请执行的，应当提交继承或承受权利的证明文件。

（5）其他应当提交的文件或证件。

19. 申请执行仲裁机构的仲裁裁决，应当向人民法院提交有仲裁条款的合同书或仲裁协议书。

申请执行国外仲裁机构的仲裁裁决的，应当提交经我国驻外使领馆认证或我国公证机关公证的仲裁裁决书中文本。

20. 申请执行人可以委托代理人代为申请执行。委托代理的，应当向人民法院提交经委托人签字或盖章的授权委托书，写明代理人的姓名或者名称、代理事项、权限和期限。

委托代理人代为放弃、变更民事权利，或代为进行执行和解，或代为收取执行款项的，应当有委托人的特别授权。

21. 执行申请费的收取按照《诉讼费用交纳办法》办理。

四、执行前的准备

22. 人民法院应当在收到申请执行书或者移交执行书后十日内发出执行通知。

执行通知中除应责令被执行人履行法律文书确定的义务外，还应通知其承担民事诉讼法第二百五十三条①规定的迟延履行利息或者迟延履行金。

23. 执行通知书的送达，适用民事诉讼法关于送达的规定。

24. 被执行人未按执行通知书履行生效法律文书确定的义务的，应当及时采取执行措施。

人民法院采取执行措施，应当制作相应法律文书，送达被执行人。

25. 人民法院执行非诉讼生效法律文书，必要时可向制作生效法律文书的机构调取卷宗材料。

五、金钱给付的执行

26. 金融机构擅自解冻被人民法院冻结的款项，致冻结款项被转移的，人民法院有权责令其限期追回已转移的款项。在限期内未能追回的，应当裁定该金融机构在转移的款项范围内以自己的财产向申请执行人承担责任。

27. 被执行人为金融机构的，对其交存在人民银行的存款准备金和备付

---

① 现为《民事诉讼法》（2023 年修正）第二百六十四条。

金不得冻结和扣划，但对其在本机构、其他金融机构的存款，及其在人民银行的其他存款可以冻结、划拨，并可对被执行人的其他财产采取执行措施，但不得查封其营业场所。

28. 作为被执行人的自然人，其收入转为储蓄存款的，应当责令其交出存单。拒不交出的，人民法院应当作出提取其存款的裁定，向金融机构发出协助执行通知书，由金融机构提取被执行人的存款交人民法院或存入人民法院指定的账户。

29. 被执行人在有关单位的收入尚未支取的，人民法院应当作出裁定，向该单位发出协助执行通知书，由其协助扣留或提取。

30. 有关单位收到人民法院协助执行被执行人收入的通知后，擅自向被执行人或其他人支付的，人民法院有权责令其限期追回；逾期未追回的，应当裁定其在支付的数额内向申请执行人承担责任。

31. 人民法院对被执行人所有的其他人享有抵押权、质押权或留置权的财产，可以采取查封、扣押措施。财产拍卖、变卖后所得价款，应当在抵押权人、质押权人或留置权人优先受偿后，其余额部分用于清偿申请执行人的债权。

32. 被执行人或其他人擅自处分已被查封、扣押、冻结财产的，人民法院有权责令责任人限期追回财产或承担相应的赔偿责任。

33. 被执行人申请对人民法院查封的财产自行变卖的，人民法院可以准许，但应当监督其按照合理价格在指定的期限内进行，并控制变卖的价款。

34. 拍卖、变卖被执行人的财产成交后，必须即时钱物两清。

委托拍卖、组织变卖被执行人财产所发生的实际费用，从所得价款中优先扣除。所得价款超出执行标的数额和执行费用的部分，应当退还被执行人。

35. 被执行人不履行生效法律文书确定的义务，人民法院有权裁定禁止被执行人转让其专利权、注册商标专用权、著作权（财产权部分）等知识产权。上述权利有登记主管部门的，应当同时向有关部门发出协助执行通知书，要求其不得办理财产权转移手续，必要时可以责令被执行人将产权或使用权证照交人民法院保存。

对前款财产权，可以采取拍卖、变卖等执行措施。

36. 对被执行人从有关企业中应得的已到期的股息或红利等收益，人民法院有权裁定禁止被执行人提取和有关企业向被执行人支付，并要求有关企业直接向申请执行人支付。

对被执行人预期从有关企业中应得的股息或红利等收益，人民法院可以采取冻结措施，禁止到期后被执行人提取和有关企业向被执行人支付。到期后人民法院可从有关企业中提取，并出具提取收据。

37．对被执行人在其他股份有限公司中持有的股份凭证（股票），人民法院可以扣押，并强制被执行人按照公司法的有关规定转让，也可以直接采取拍卖、变卖的方式进行处分，或直接将股票抵偿给债权人，用于清偿被执行人的债务。

38．对被执行人在有限责任公司、其他法人企业中的投资权益或股权，人民法院可以采取冻结措施。

冻结投资权益或股权的，应当通知有关企业不得办理被冻结投资权益或股权的转移手续，不得向被执行人支付股息或红利。被冻结的投资权益或股权，被执行人不得自行转让。

39．被执行人在其独资开办的法人企业中拥有的投资权益被冻结后，人民法院可以直接裁定予以转让，以转让所得清偿其对申请执行人的债务。

对被执行人在有限责任公司中被冻结的投资权益或股权，人民法院可以依据《中华人民共和国公司法》第七十一条①、第七十二条②、第七十三条③的规定，征得全体股东过半数同意后，予以拍卖、变卖或以其他方式转让。不同意转让的股东，应当购买该转让的投资权益或股权，不购买的，视为同意转让，不影响执行。

人民法院也可允许并监督被执行人自行转让其投资权益或股权，将转让所得收益用于清偿对申请执行人的债务。

40．有关企业收到人民法院发出的协助冻结通知后，擅自向被执行人支付股息或红利，或擅自为被执行人办理已冻结股权的转移手续，造成已转移的财产无法追回的，应当在所支付的股息或红利或转移的股权价值范围内向申请执行人承担责任。

---

① 现为《公司法》（2023 年修订）第八十四条。
② 现为《公司法》（2023 年修订）第八十五条。
③ 现为《公司法》（2023 年修订）第八十七条。

六、交付财产和完成行为的执行

41. 生效法律文书确定被执行人交付特定标的物的，应当执行原物。原物被隐匿或非法转移的，人民法院有权责令其交出。原物确已毁损或灭失的，经双方当事人同意，可以折价赔偿。

双方当事人对折价赔偿不能协商一致的，人民法院应当终结执行程序。申请执行人可以另行起诉。

42. 有关组织或者个人持有法律文书指定交付的财物或票证，在接到人民法院协助执行通知书或通知书后，协同被执行人转移财物或票证的，人民法院有权责令其限期追回；逾期未追回的，应当裁定其承担赔偿责任。

43. 被执行人的财产经拍卖、变卖或裁定以物抵债后，需从现占有人处交付给买受人或申请执行人的，适用民事诉讼法第二百四十九条[①]、第二百五十条[②]和本规定第41条、第42条的规定。

44. 被执行人拒不履行生效法律文书中指定的行为的，人民法院可以强制其履行。

对于可以替代履行的行为，可以委托有关单位或他人完成，因完成上述行为发生的费用由被执行人承担。

对于只能由被执行人完成的行为，经教育，被执行人仍拒不履行的，人民法院应当按照妨害执行行为的有关规定处理。

七、被执行人到期债权的执行

45. 被执行人不能清偿债务，但对本案以外的第三人享有到期债权的，人民法院可以依申请执行人或被执行人的申请，向第三人发出履行到期债务的通知（以下简称履行通知）。履行通知必须直接送达第三人。

履行通知应当包含下列内容：

（1）第三人直接向申请执行人履行其对被执行人所负的债务，不得向被执行人清偿；

---

① 现为《民事诉讼法》（2023 年修正）第二百六十条。
② 现为《民事诉讼法》（2023 年修正）第二百六十一条。

（2）第三人应当在收到履行通知后的十五日内向申请执行人履行债务；

（3）第三人对履行到期债权有异议的，应当在收到履行通知后的十五日内向执行法院提出；

（4）第三人违背上述义务的法律后果。

46．第三人对履行通知的异议一般应当以书面形式提出，口头提出的，执行人员应记入笔录，并由第三人签字或盖章。

47．第三人在履行通知指定的期间内提出异议的，人民法院不得对第三人强制执行，对提出的异议不进行审查。

48．第三人提出自己无履行能力或其与申请执行人无直接法律关系，不属于本规定所指的异议。

第三人对债务部分承认、部分有异议的，可以对其承认的部分强制执行。

49．第三人在履行通知指定的期限内没有提出异议，而又不履行的，执行法院有权裁定对其强制执行。此裁定同时送达第三人和被执行人。

50．被执行人收到人民法院履行通知后，放弃其对第三人的债权或延缓第三人履行期限的行为无效，人民法院仍可在第三人无异议又不履行的情况下予以强制执行。

51．第三人收到人民法院要求其履行到期债务的通知后，擅自向被执行人履行，造成已向被执行人履行的财产不能追回的，除在已履行的财产范围内与被执行人承担连带清偿责任外，可以追究其妨害执行的责任。

52．在对第三人作出强制执行裁定后，第三人确无财产可供执行的，不得就第三人对他人享有的到期债权强制执行。

53．第三人按照人民法院履行通知向申请执行人履行了债务或已被强制执行后，人民法院应当出具有关证明。

八、执行担保

54．人民法院在审理案件期间，保证人为被执行人提供保证，人民法院据此未对被执行人的财产采取保全措施或解除保全措施的，案件审结后如果被执行人无财产可供执行或其财产不足清偿债务时，即使生效法律文书中未确定保证人承担责任，人民法院有权裁定执行保证人在保证责任范围内的财产。

九、多个债权人对一个债务人申请执行和参与分配

55. 多份生效法律文书确定金钱给付内容的多个债权人分别对同一被执行人申请执行，各债权人对执行标的物均无担保物权的，按照执行法院采取执行措施的先后顺序受偿。

多个债权人的债权种类不同的，基于所有权和担保物权而享有的债权，优先于金钱债权受偿。有多个担保物权的，按照各担保物权成立的先后顺序清偿。

一份生效法律文书确定金钱给付内容的多个债权人对同一被执行人申请执行，执行的财产不足清偿全部债务的，各债权人对执行标的物均无担保物权的，按照各债权比例受偿。

56. 对参与被执行人财产的具体分配，应当由首先查封、扣押或冻结的法院主持进行。

首先查封、扣押、冻结的法院所采取的执行措施如系为执行财产保全裁定，具体分配应当在该院案件审理终结后进行。

十、对妨害执行行为的强制措施的适用

57. 被执行人或其他人有下列拒不履行生效法律文书或者妨害执行行为之一的，人民法院可以依照民事诉讼法第一百一十一条[①]的规定处理：

（1）隐藏、转移、变卖、毁损向人民法院提供执行担保的财产的；

（2）案外人与被执行人恶意串通转移被执行人财产的；

（3）故意撕毁人民法院执行公告、封条的；

（4）伪造、隐藏、毁灭有关被执行人履行能力的重要证据，妨碍人民法院查明被执行人财产状况的；

（5）指使、贿买、胁迫他人对被执行人的财产状况和履行义务的能力问题作伪证的；

（6）妨碍人民法院依法搜查的；

（7）以暴力、威胁或其他方法妨碍或抗拒执行的；

---

① 现为《民事诉讼法》（2023 年修正）第一百一十四条。

（8）哄闹、冲击执行现场的；

（9）对人民法院执行人员或协助执行人员进行侮辱、诽谤、诬陷、围攻、威胁、殴打或者打击报复的；

（10）毁损、抢夺执行案件材料、执行公务车辆、其他执行器械、执行人员服装和执行公务证件的。

58. 在执行过程中遇有被执行人或其他人拒不履行生效法律文书或者妨害执行情节严重，需要追究刑事责任的，应将有关材料移交有关机关处理。

十一、执行的中止、终结、结案和执行回转

59. 按照审判监督程序提审或再审的案件，执行机构根据上级法院或本院作出的中止执行裁定书中止执行。

60. 中止执行的情形消失后，执行法院可以根据当事人的申请或依职权恢复执行。

恢复执行应当书面通知当事人。

61. 在执行中，被执行人被人民法院裁定宣告破产的，执行法院应当依照民事诉讼法第二百五十七条①第六项的规定，裁定终结执行。

62. 中止执行和终结执行的裁定书应当写明中止或终结执行的理由和法律依据。

63. 人民法院执行生效法律文书，一般应当在立案之日起六个月内执行结案，但中止执行的期间应当扣除。确有特殊情况需要延长的，由本院院长批准。

64. 执行结案的方式为：

（1）执行完毕；

（2）终结本次执行程序；

（3）终结执行；

（4）销案；

（5）不予执行；

（6）驳回申请。

---

① 现为《民事诉讼法》（2023年修正）第二百六十八条。

65. 在执行中或执行完毕后，据以执行的法律文书被人民法院或其他有关机关撤销或变更的，原执行机构应当依照民事诉讼法第二百三十三条^①的规定，依当事人申请或依职权，按照新的生效法律文书，作出执行回转的裁定，责令原申请执行人返还已取得的财产及其孳息。拒不返还的，强制执行。

执行回转应重新立案，适用执行程序的有关规定。

66. 执行回转时，已执行的标的物系特定物的，应当退还原物。不能退还原物的，经双方当事人同意，可以折价赔偿。

双方当事人对折价赔偿不能协商一致的，人民法院应当终结执行回转程序。申请执行人可以另行起诉。

十二、执行争议的协调

67. 两个或两个以上人民法院在执行相关案件中发生争议的，应当协商解决。协商不成的，逐级报请上级法院，直至报请共同的上级法院协调处理。

执行争议经高级人民法院协商不成的，由有关的高级人民法院书面报请最高人民法院协调处理。

68. 执行中发现两地法院或人民法院与仲裁机构就同一法律关系作出不同裁判内容的法律文书的，各有关法院应当立即停止执行，报请共同的上级法院处理。

69. 上级法院协调处理有关执行争议案件，认为必要时，可以决定将有关款项划到本院指定的账户。

70. 上级法院协调下级法院之间的执行争议所作出的处理决定，有关法院必须执行。

十三、执行监督

71. 上级人民法院依法监督下级人民法院的执行工作。最高人民法院依法监督地方各级人民法院和专门法院的执行工作。

72. 上级法院发现下级法院在执行中作出的裁定、决定、通知或具体执行行为不当或有错误的，应当及时指令下级法院纠正，并可以通知有关法院

---

① 现为《民事诉讼法》（2023年修正）第二百四十四条。

暂缓执行。

下级法院收到上级法院的指令后必须立即纠正。如果认为上级法院的指令有错误，可以在收到该指令后五日内请求上级法院复议。

上级法院认为请求复议的理由不成立，而下级法院仍不纠正的，上级法院可直接作出裁定或决定予以纠正，送达有关法院及当事人，并可直接向有关单位发出协助执行通知书。

73．上级法院发现下级法院执行的非诉讼生效法律文书有不予执行事由，应当依法作出不予执行裁定而不制作的，可以责令下级法院在指定时限内作出裁定，必要时可直接裁定不予执行。

74．上级法院发现下级法院的执行案件（包括受委托执行的案件）在规定的期限内未能执行结案的，应当作出裁定、决定、通知而不制作的，或应当依法实施具体执行行为而不实施的，应当督促下级法院限期执行，及时作出有关裁定等法律文书，或采取相应措施。

对下级法院长期未能执结的案件，确有必要的，上级法院可以决定由本院执行或与下级法院共同执行，也可以指定本辖区其他法院执行。

75．上级法院在监督、指导、协调下级法院执行案件中，发现据以执行的生效法律文书确有错误的，应当书面通知下级法院暂缓执行，并按照审判监督程序处理。

76．上级法院在申诉案件复查期间，决定对生效法律文书暂缓执行的，有关审判庭应当将暂缓执行的通知抄送执行机构。

77．上级法院通知暂缓执行的，应同时指定暂缓执行的期限。暂缓执行的期限一般不得超过三个月。有特殊情况需要延长的，应报经院长批准，并及时通知下级法院。

暂缓执行的原因消除后，应当及时通知执行法院恢复执行。期满后上级法院未通知继续暂缓执行的，执行法院可以恢复执行。

78．下级法院不按照上级法院的裁定、决定或通知执行，造成严重后果的，按照有关规定追究有关主管人员和直接责任人员的责任。

十四、附则

79．本规定自公布之日起试行。

本院以前作出的司法解释与本规定有抵触的，以本规定为准。本规定未尽事宜，按照以前的规定办理。

【导读及适用要点】

关于重点修改条文的修改说明和理解与适用

（一）第二条

【修改说明】

第一项增加"刑事裁判涉财产部分"，增加由执行机构负责执行的人民法院制作的裁判文书类型。《最高人民法院关于刑事裁判涉财产部分执行的若干规定》对此作出了不同规定，根据该司法解释第一条、第七条的规定，刑事裁判涉财产部分的执行，包括罚金、没收财产，责令退赔，处置随案移送的赃款赃物，没收随案移送的供犯罪所用本人财物的执行，及其他应当由人民法院执行的相关事项。

第四项删除"关于追偿债款、物品的"，不再限制可执行公证机关依法赋予强制执行效力债权文书的范围。《公证法》第三十七条规定，对经公证的以给付为内容并载明债务人愿意接受强制执行承诺的债权文书，债权人可以申请执行。因此，公证机关依法赋予强制执行效力的债权文书不仅限于"追偿债款、物品"的债权文书。

【理解与适用】

本条是关于执行依据的规定。执行依据是当事人据以申请执行和人民法院据以采取执行措施的生效法律文书。根据《民事诉讼法》和司法解释的有关规定，执行依据大致可分为两类：一类是人民法院制作的法律文书；另一类是法律规定由人民法院执行的其他法律文书。

刑事裁判涉财产部分主要包括罚金、没收财产等财产刑，以及《刑法》第六十四条规定的退赔等内容。关于罚金、没收财产等财产刑的执行，《最高人民法院关于适用〈中华人民共和国刑事诉讼法〉的解释》已经明确由人民法院执行机构负责执行。此类案件的执行主体不存在争议。但是《刑法》第六十四条规定关于犯罪物品的处理事项的执行主体、措施、程序，现行法律均无明确规定，致使长期以来司法机关之间、人民法院部门之间，执行主体不明，权限不清。实践中有的地方是由侦查机关继续执行，有的地方是由人民法院刑事审判部门负责执行，有的地方是由人民法院执行机构负责执行，关于执行主体问题，由于法律及相关司法解释规定得不明确，使得大多案件的判决结果无法得到实际落实。2011 年发布的《最高人民法院关于执行权合理配置和科学运行的若干意见》第十八条规定："具有执行内容的财产刑和非刑罚制裁措施的执行由执行局负责。"在此规定的基础上，根据执行实践的客观需要，2014 年出台的《最高人民法院关于刑事裁判涉财产部分执行的若干规定》对刑事裁判涉财产部分的执行主体，执行的范围和移送执行的规定进行了明确。此次修改，有必要根据上述司法解释，增加刑事裁判涉财产部分作为执行依据。

强制执行效力是指公证机构依法赋予强制执行效力的债权文书，债务人不履行或者履行不适当时，债权人可以直接向有管辖权的人民法院申请强制执行，而不再经过诉讼程序。这是法律的强制性在公证活动中的体现，是我国法律赋予公证机构的一项特殊职能。但公证债权文书的强制执行涉及对审判权的部分限制，公证权不能无限制地扩张。应该确定一个公证债权文书的合理标准。1982 年施行的《公证暂行条例》（现已失效）第四条第十项规定，公证处的业务如下："（十）对于追偿债款、物品的文书，认为无疑义的，在该文书上证明有强制执行的效力。"这也是本规定第 4 项"关于追偿债款、物品的"部分内容的法律法规依据。2000 年，最高人民法院和司法部联合下发了《关于公证机关赋予强制执行效力的债权文书执行有关问题的联合通知》。该通知第 1 条对 1982 年确定的标准进行了调整和细化，即"公证机关赋予强制执行效力的债权文书应当具备以下条件：（一）债权文书具有给付货币、物品、有价证券的内容；（二）债权债务关系明确，债权人和债务人对债权文书有关给付内容无疑义；（三）债权文书中载明债务人不履行义务或不完全履行义务时，债务人愿意接受依法强制执行的承诺"。之后，2006 年施行的《公证法》第 37 条规定："对经公证的以给付为内容并载明债务人愿意接受强制执行承诺的债权文书，债务人不履行或者履行不适当的，债权人可以依法向有管辖权的人民法院申请执行。"该规定进一步扩大了可赋予强制执行效力的债权文书的范围。修改本司法解释时，根据《公证法》有关赋予强制执行效力债权文书的规定，删除了"关于追偿债款、物品的"限制。

（二）第三条

【修改说明】

依据《财产保全规定》第二条规定，人民法院进行财产保全，由立案、审判机构作出裁定，一般应当移送执行机构实施。即审判庭作出的保全和先予执行裁定的实施机构，由审判庭负责变更为一般由执行机构负责。

（三）删除原第六条

【修改说明】

该条文已被《最高人民法院关于人民法院办理仲裁裁决执行案件若干问题的规定》（以下简称《仲裁执行规定》）第十一条替代。

【理解与适用】

《仲裁执行规定》第十一条在关于对不予执行询问审查程序内容中进一步规定，如果被执行人在询问审查终结前提出其他不予执行事由的，应当一并审查。主要考虑到，被执行人对法律的熟悉理解程度不一，比如其在期限内提出了不予执行申请，但所提事由未必准确，在法院的审查询问程序中，如果其主动或经法院释明后更正或补充了申请事由，这种情况并非被执行人反复提起不同的不予执行审查程序，本着对当事人负责的司法态度，应给予其一个补充、调整申请事由的机会。这一规定也参考了《最高人民法院关于民事审判监督程序严格依法适用指令再审和发回重审若干问题的规定》中的有关请求期限的特殊设计，根据该规定第七条，对方当事人在再审庭审辩论终结前也提出再审请求的，应当一并审理和裁判。

（四）第七条（原第八条）

【修改内容】

执行人员执行公务时不再要求出示执行公务证。

【修改说明】

《最高人民法院、中国银行业监督管理委员会关于进一步推进网络执行查控工作的通知》（法〔2018〕64号）第六条规定："人民法院网络扣划被执行人银行存款时，应当提供相关《执行裁定书》《协助执行通知书》、执行人员工作证件及联系方式；现场扣划的，参照执行。"《最高人民法院、国家工商总局关于加强信息合作规范执行与协助执行的通知》（法〔2014〕251号）第九条、第十一条要求执行人员到工商行政管理机关查询、冻结股权或投资权益时，应当出示工作证或者执行公务证。上述通知均未再要求同时出示工作证和执行公务证。此外，目前执行公务证，最高人民法院不再统一制作。

（五）删除原第十条

【修改说明】

已被《仲裁执行规定》第二条、《最高人民法院关于公证债权文书执行若干问题的规定》第二条替代。

【理解与适用】

关于仲裁裁决的管辖问题。《最高人民法院关于适用〈中华人民共和国仲裁法〉若干问题的解释》第二十九条规定，仲裁裁决执行案件，在级别上由中级人民法院专属管辖；在地域上由被执行人住所地或者被执行的财产所在地人民法院管辖。《仲裁执行规定》第二条对此作了一定程度的调整。原则上仍保持原由中级人民法院管辖的规定不变，但允许各地法院可以根据实际情况适当调整级别管辖。调整管辖应符合"两个条件一个程序"。"两个条件"是参照民商事案件级别管辖规定，执行标的额符合基层法院一审民商事案件级别管辖受理范围，且被执行人住所地或者被执行财产所在地在被指定的基层法院辖区的，可指定基层法院管辖。也就是说，指定管辖不是随意指定，既要比照基层法院受理一审民商事案件的管辖范围，与基层法院生效判决执行案件的受理范围基本一致，指定执行的案件也要和受指定的基层法院存在连接点，指定执行后将更方便执行。

但是应当注意的是，对不予执行仲裁裁决申请的司法审查仍由中级人民法院负责，即使执行案件已经指定基层法院执行的，也应当于收到不予执行申请后三日内及时移送原执行法院，由中级人民法院另行立案审查处理，以保证撤销仲裁裁决的司法审查和不予执行仲裁裁决申请的司法审查审级上应当保持一致，更有利于裁判尺度的统一。此外，第二条第三款强调中级人民法院应当另行立案审查处理。2015年1月施行的《最高人民法院关于执行案件立案、结案若干问题的意见》第9条规定："下列案件，人民法院应当按照执行异议案件予以立案：……（六）被执行人对仲裁裁决或者公证机关赋予强制执行效力的公证债权文书申请不予执行的……"在法院内部案件管理体系中，对申请不予执行仲裁裁决的案件，已另行立"执异"字案号审查处理，《仲裁执行规定》再次强调中级人民法院应当另行立案审查不予执行申请。

关于公证债权文书的管辖问题。公证债权文书的地域管辖和级别管辖相较于原规定基本没有变化。仍由被执行人住所地或者被执行人的财产所在地人民法院管辖，级别管辖参照人民法院受理第一审民商事案件级别管辖的规定确定。执行时就要按照标的额的大小，可以由基层人民法院、中级人民法院乃至高级人民法院管辖。

（六）第十六条（原第十八条）

【修改说明】

依据《最高人民法院关于适用〈中华人民共和国民事诉讼法〉的解释》（以下简称《民事诉讼法司法解释》）第四百八十三条的规定，申请执行人超过申请执行时效期间向人民法院申请强制执行的，人民法院应予受理。被执行人对申请执行时效期间提出异议，人民法院经审查异议成立的，裁定不予执行。申请执行人在法定期限内提出申请不再作为执行案件受理的条件。

【理解与适用】

2007年《民事诉讼法》修正后，申请执行期间性质已经明确规定为时效期间，对于超过时效期间的执行申请，人民法院应当受理，且人民法院对申请执行时效期间是否届满的审查应当以被执行人就此提出异议为前提，如果义务人不以消灭时效提出抗辩，那么人民法院不主动审查时效问题，更不主动援引时效驳回原告的诉讼请求。申请执行时效期间性质为消灭时效，人民法院不再主动加以审查，而应视被执行人是否就期间届满问题提出异议而定。因此，申请执行人在法定期限内提出申请不再作为执行案件受理的条件。

（七）第二十条（原第二十二条）

【修改说明】

"写明委托事项和代理人的权限"修改为"写明代理人的姓名或者名称、代理事项、权限和期限"，与《民法典》第一百六十五条的表述一致。

【理解与适用】

《民法典》编纂时，基本沿用了原《民法总则》关于授权委托书记载事项的规定，对于授权委托书记载事项属于列举式规定，但是按照意思自治原则的要求，实践中授权委托书的记载事项应当是可以包括上述记载事项，但也不限于上述事项。

（八）第二十一条（原第二十三条）

【修改说明】

《人民法院诉讼收费办法》已被《最高人民法院关于适用〈诉讼费用交纳办法〉的通知》宣布不再适用。

【理解与适用】

本条是关于申请执行费收取的规定。根据 2007 年 4 月 1 日起施行的《诉讼费用交纳办法》第十条和第二十条的规定，申请执行费不由申请执行人预交，在执行后由被执行人交纳。

（九）修改标题"四、执行前的准备和对被执行人财产状况的查明"

【修改说明】

被执行人财产状况的查明部分被《最高人民法院关于民事执行中财产调查若干问题的规定》（以下简称《财产调查规定》）整体替代。

（十）第二十二条（原第二十四条）

【修改说明】

《民事诉讼法司法解释》第四百八十二条对本条规定进行了修改，本条根据该规定作相应修改。

【理解与适用】

本条是关于执行通知发出时间以及通知内容的规定。《民事诉讼法司法解释》第四百八十二条将发出执行通知的期限规定为"申请执行书或者移交执行书后十日内"，本条原条文为"人民法院决定受理执行案件后三日内"，考虑到法院应当在收到执行申请后七日内决定是否立案，二者实质相同，只是起算点有差异，《民事诉讼法司法解释》更加完备。为此，根据《民事诉讼法司法解释》对本条规定的期限进行了修改。《民事诉讼法》删除了在执行通知中指令期限履行义务的相关内容。《民事诉讼法司法解释》第四百八十二条据此对执行通知内容作了相应调整。为此，根据《民事诉讼法司法解释》对本条规定的执行通知内容进行了相应修改。

（十一）第二十四条（原第二十六条）

【修改说明】

1. 第 1 款删除"指定的期间"；

2. 删除第 2 款，修正后的《民事诉讼法》删除了履行期间的要求。

3. 第 3 款"裁定书"修改为"相应法律文书"，涵盖内容更广。

【理解与适用】

2007 年《民事诉讼法》修改时，执行员"可以"不发出执行通知而立即采取强制执行措施的，必须同时具备"被执行人不履行法律文书确定的义务"和"有可能隐匿、转移财产"两个条件，实践中仍然带来一些问题。2012 年《民事诉讼法》作出进一步的修改，为进一步化解执行难提供条件。一是执行员仍然应当向被执行人发出执行通知；二是执行员可以在任何情形下，只要其认为有必要时，立即采取强制执行措施。

随着近些年执行实践的发展，出现了限制消费、纳入失信被执行人名单等新的执行措施，文书样式不再局限于裁定书，还包括限制消费令、决定等。新的执行措施将影响被执行人的合法权益，为充分保障被执行人的知情权、参与权、表达权和监督权，新措施的法律文书应与裁定书一样，向被执行人送达。

（十二）删除原第二十八条

【修改说明】

已被《财产调查规定》第一条、第十二条和第二十五条代替。

【理解与适用】

目前，查明被执行人财产的途径主要有三种：一是申请执行人提供线索；二是被执行人报告；三是法院依职权调查。但在当事人的调查手段还比较有限的现实面前，为充分维护当事人的合法权益，人民法院依然要承担主要的财产调查责任。鉴于此，《财产调查规定》进一步规定，人民法院有义务通过网络执行查控系统查询被执行人的财产，对于网络执行查控系统尚未覆盖的财产形式，人民法院应当根据案件需要采取其他方式进行调查。同时对当事人及其代理人以及执行人员规定了相应的保密要求。

（十三）删除原第二十九条

【修改说明】

已被《财产调查规定》第十五条替代，该条第 2 款进一步规定，对必须接受调查询问的被执行人、被执行人的法定代表人、负责人或者实际控制人，经依法传唤无正当理由拒不到场的，人民法院可以拘传其到场；上述人员下落不明的，人民法院可以依照相关规定通知有关单位协助查找。

（十四）删除原第三十条

【修改说明】

已被《财产调查规定》第十四条代替。

【理解与适用】

本条是关于被执行人隐匿财产、会计账簿等如何处理的规定。采取相关措施时要注意《民事诉讼法》和《民事诉讼法司法解释》关于搜查措施的相关规定，严格掌握搜查措施的适用条件，要按照法律规定的程序进行，并做好执行预案。

（十五）删除原第三十条

【修改说明】

已被《财产调查规定》第十四条替代。

（十六）删除原第三十二条

【修改说明】

本条系对人民法院查询、冻结、划拨存款的规定，当时可依据的规定主要为《中国人民银行、最高人民法院、最高人民检察院、公安部关于查询、冻结、扣划企业事业单位、机关、团体银行存款的通知》。

【理解与适用】

近些年最高人民法院和中国人民银行的协助机制已不断拓宽和完善，对于查询、冻结、扣划存款等，应当以新的规范性文件为准。主要包括：《最高人民法院、中国人民银行发布关于依法规范人民法院执行和金融机构协助执行的通知》（法发〔2000〕21号）、《最高人民法院关于网络查询、冻结被执行人存款的规定》法释〔2013〕20号、《人民法院、银行业金融机构网络执行查控工作规范》（法〔2015〕321号）、《最高人民法院、中国银行业监督管理委员会关于进一步推进网络执行查控工作的通知》（法〔2018〕64号）。司法解释无须一一列举。

（十七）第二十八条（原第三十五条）

【修改说明】

根据《民法典》的称谓用语，将"公民"修改为"自然人"。根据新的司法解释规定精神和执行工作实际，在人民法院向协助执行主体提供的法律文书中，删除"并附生效法律文书"。

【理解与适用】

《最高人民法院、中国银行业监督管理委员会关于进一步推进网络执行查控工作的通知》（法〔2018〕64号）第六条规定："人民法院网络扣划被执行人银行存款时，应当提供相关《执行裁定书》《协助执行通知书》、执行人员工作证件及联系方式；现场扣划的，参照执行。"根据该规定，无论是网络扣划存款，还是现场扣划，均未要求提取被执行人存款时再附生效法律文书。上述规定符合执行法院和协助执行单位的职责划分。

（十八）删除原第三十八条

【修改说明】

本条主要内容已被《最高人民法院关于人民法院民事执行中查封、扣押、冻结财产的规定》（以下简称《查封、扣押、冻结规定》）第一条规定代替，因此，删除本条内容。

【理解与适用】

本条是关于查封、扣押财产的前提、制作裁定书、发出协助执行通知书问题的一般规定。《查封、扣押、冻结规定》第一条规定了制作裁定书、发出协助执行通知书等内容，并未规定查封、扣押财产的前提。本条规定的查封、扣押财产的前提，相当于确定了一个基本的执行财产的顺序，即应首先对金钱（现金、存款）采取执行措施，无金钱给付能力的才应执行其他财产。关于财产的执行顺序问题非常复杂，《最高人民法院关于在执行工作中进一步强化善意文明执行理念的意见》规定："被执行人有多项财产可供执行的，人民法院应选择对被执行人生产生活影响较小且方便执行的财产执行。"对于一个生产企业而言，金钱（现金、存款）对生产经营的影响非常大，一旦金钱全部被执行完毕，一个绩效很好的企业，也可能因为资金链断裂而陷入经营困难。因此根据《最高人民法院关于在执行工作中进一步强化善意文明执行理念的意见》，在被执行人有多项财产可供执行时，人民法院并不一定要选择执行被执行人的金钱（现金、存款）。鉴于执行顺位问题非常复杂，不宜作"一刀切"的规定。因此，在此次修改时，将本条有关执行顺位的规定予以删除。

（十九）删除原第三十九条

【修改说明】

本条主要内容已被《查封、扣押、冻结规定》第十九条规定代替，因此，删除本条。

【理解与适用】

本条是关于查封、扣押财产的价值范围的规定，来自《民事诉讼法》第二百四十二条[①]"人民法院查询、扣押、冻结、划拨、变价的财产不得超出被执行人应当履行义务的范围"。《查封、扣押、冻结规定》第十九条是关于禁止超标的查封的规定，相比本条规定，内容更加清晰准确。因此，删除本条规定。

（二十）删除原第四十一条

【修改说明】

本条内容已被《查封、扣押、冻结规定》第六条、第七条规定代替，因此，删除本条。

【理解与适用】

本条是关于查封方法以及未采取一定方法查封的后果的规定。《执行工作规定》区分了查封和扣押，认为查封一般是不转移财产，扣押是转移财产的。本条规定的查封，即不转移财产的查封，不包括对财产的扣押。《查封、扣押、冻结规定》并未严格区分查封和扣押，通常针对动产，用"查封、扣押"笼统表述。《查封、扣押、冻结规定》在公示方式方面，不限于封条和张贴公告，增加了"其他足以公示查封、扣押的适当方式"，更加灵活，也更加符合实际情况。关于不动产查封，本条没有规定无产权证照不动产的查封，《查封、扣押、冻结规定》作了规定。关于查封争议的解决，《查封、扣押、冻结规定》进一步突出了登记的重要性，规则更加清晰，更加符合实际情况。因此，删除本条。

（二十一）删除原第四十二条

【修改说明】

本条内容已被《查封、扣押、冻结规定》第十条规定代替，因此，删除

---

① 现为《民事诉讼法》（2023年修正）第二百五十三条。

本条。

（二十二）删除原第四十三条

【修改说明】

本条内容已被《查封、扣押、冻结规定》第十条规定代替，因此，删除本条。

（二十三）删除原第四十五条

【修改说明】

本条内容已被《查封、扣押、冻结规定》第二十八条规定代替，因此，删除本条。

【理解与适用】

本条规定了查封、扣押效力消灭的一种情况。《民事诉讼法》第二百四十七条①规定，查封、扣押财产后，要责令被执行人指定期间履行义务，逾期不履行的，变价财产。本条规定了被执行人在指定期间履行义务应当解除查封、扣押措施，但未规定被执行人超出指定期间后履行义务的，人民法院是否应当解除查封、扣押措施。《查封、扣押、冻结规定》对此进行了补充，规定只要被执行人履行了义务，都要解除查封、扣押措施，更加符合实际情况。

（二十四）删除原第四十六条

【修改说明】

本条是关于拍卖优先、委托拍卖和适用变卖情形的规定。第一，关于委托拍卖问题，修改后的《民事诉讼法》删除了"可以按照规定交有关单位拍卖或变卖"的规定。《民事诉讼法司法解释》第四百八十八条规定可以自行拍卖，也可以委托拍卖。第二，关于拍卖优先原则，已被《拍卖、变卖规定》第2条代替。第三，本条第2款的适用变卖情形，已被《拍卖、变卖规定》第二十五条第二款和第三十一条代替。因此，删除本条。

（二十五）删除原第四十七条

【修改说明】

本条内容，已经被《拍卖、变卖规定》第四条和《财产处置参考价规定》第二条代替。因此，删除本条。

---

① 现为《民事诉讼法》（2023 年修正）第二百五十八条。

（二十六）删除原第五十五条

【修改说明】

依照《外商投资法》的相关规定，中外合资、合作经营企业投资权益或者股权的处置，不再具有特殊性，因此本条予以删除。

【理解与适用】

本条是关于执行被执行人享有的中外合资、合作经营企业投资权益或者股权的规定。本条的法律依据是原《中外合资经营企业法》和原《中外合作经营企业法》。比如，原《中外合资经营企业法》第四条第四款规定，合营者的注册资本如果转让必须经合营各方同意；原《中外合作经营企业法》第10条规定，中外合作者的一方转让其在合作企业合同中的全部或者部分权利、义务的，必须经他方同意，并报审查批准机关批准。但这两部法律已被2020年1月1日施行的《外商投资法》废止。同时，该法第31条规定，外商投资企业的组织形式、组织机构及其活动准则，适用《公司法》《合伙企业法》等法律的规定。因此，根据该法的规定，中外合资、中外合作企业的投资权益或者股权的处置，将适用《公司法》《合伙企业法》等相关规定，不再具有特殊性。所以，予以删除。

（二十七）第四十一条（原第五十七条）

【修改说明】

《民事诉讼法司法解释》第四百九十四条①调整了原物已经灭失情况下的处理规则，因此，根据该条规定，对本条相关内容进行了修改。

【理解与适用】

本条是关于交付特定物债权执行的规定。《民事诉讼法司法解释》第四百九十四条规定："原物确已毁损或者灭失的，经双方当事人同意，可以折价赔偿。双方当事人对折价赔偿不能协商一致的，人民法院应当终结执行程序。申请执行人可以另行起诉。"与本条原规定的主要不同在于当原物不存在时能否折价赔偿。本条原规定认为可以在执行程序中折价赔偿，新的规定认为除非当事人就折价赔偿问题达成一致，否则应该终结执行，当事人另诉解决赔偿问题。原因在于：第一，折价赔偿涉及实体法的判断，执行程序直接认定，

---

① 现为《民事诉讼法司法解释》（2022年修正）第四百九十二条。

违反"审执分离"的原则。第二，折价赔偿制度在实践中面临困惑，标准不一，不易操作，执行程序直接认定确有难度。因此，此次修改司法解释时，在特定物毁损灭失后的处理问题上，根据《民事诉讼法司法解释》规定进行了调整。

（二十八）删除原第七十条至第七十五条

【修改说明】

本部分内容因与现行《民事诉讼法》规定的案外人异议、异议之诉及案外人申请再审等制度存在冲突，实践中已不再适用，故本次修改予以全部删除。

【理解与适用】

本部分是关于案外人异议的处理。在制度沿革上，《执行工作规定》原第八部分规定了对案外人异议的处理程序，2007 年修正的《民事诉讼法》则专门规定了案外人异议、异议之诉与案外人申请再审等制度，之后《最高人民法院关于适用〈中华人民共和国民事诉讼法〉执行程序若干问题的解释》（以下简称《民事诉讼法执行程序司法解释》）、《最高人民法院关于人民法院办理执行异议和复议案件若干问题的规定》（以下简称《异议复议规定》）、《最高人民法院关于适用〈中华人民共和国民事诉讼法〉的解释》（以下简称《民事诉讼法司法解释》）又对案外人异议与异议之诉的审查、审理程序及判断标准等进行了细化规定，本次修改则进一步删除、精简并整合相关规定，以避免前后条文的冲突，统一法律适用规则。具体到本部分，系在《民事诉讼法》规定案外人异议之诉程序以前，就案外人对执行标的主张权利应如何处理所设置的规则，原则上系由执行法院通过执行中的异议审查程序裁定是停止执行还是继续执行。但因案外人就特定执行标的提出的阻止执行的请求，涉及案外人是否享有足以排除强制执行的民事权益等实体争议，在其他国家和地区一般都是通过诉讼程序进行审理和裁判。在综合考虑其他国家和地区立法例并吸收我国实践经验的基础上，2007 年修正的《民事诉讼法》确立了案外人异议前置，若案外人不服可根据是否与原判决、裁定有关分别提起异议之诉或申请再审的规则，以在公平与效率之间寻求平衡，并坚持了审执分离原则。因《执行工作规定》原第八部分无论是在价值理念还是具体程序上，均与现行《民事诉讼法》规定的案外人救济途径不相符合，因此本次修改予以全部删除，不再适用。关于执行过程中案外人的救济程序，应以《民事诉讼法》《异议复议规定》《民事诉讼法司法解释》等相关规定为准。

（二十九）删除"九、被执行主体的变更和追加"

【修改说明】

本部分内容已被《最高人民法院关于民事执行中变更、追加当事人若干问题的规定》（以下简称《变更、追加当事人规定》）相关规定代替，予以删除。

（三十）删除原第七十六条

【修改说明】

本条内容已被《变更、追加当事人规定》第十三条规定代替。

【理解与适用】

《变更、追加当事人规定》第十三条对个人独资企业与投资人作为被执行人时如何执行进行了不同的程序设计。一是完善了将个人投资企业投资人追加为被执行人的程序性规定，即被执行人为个人独资企业，申请执行人应首先申请执行法院将投资人追加为被执行人，才能依据追加裁定执行投资人的财产；二是明确了投资人作为被执行人时，可以直接执行个人独资企业的财产。

（三十一）删除原第七十七条

【修改说明】

本条内容已被《变更、追加当事人规定》第十四条和第十六条规定代替。

【理解与适用】

结合经济发展和合伙企业形态的多元化，《变更、追加当事人规定》第十四条对被执行人为合伙企业时如何执行合伙人的财产作出了更加细致的规定。一是区分了普通合伙与有限合伙，对追加普通合伙人和有限合伙人的前提要件分别规定了不同的变更、追加规则；二是未再规定合伙型联营企业。考虑到实践中合伙型联营企业可以参照适用普通合伙企业的规定，《变更、追加当事人规定》施行后，应以该条规定为准。此外，《变更、追加当事人规定》第十六条还规定了个人独资企业、合伙企业、法人分支机构以外的其他组织作为被执行人时如何执行依法对该其他组织的债务承担责任的主体，囊括了所有非法人组织作为被执行人时的情形。

（三十二）删除原第七十八条

【修改说明】

本条内容已被《变更、追加当事人规定》第十五条规定代替。

【理解与适用】

《变更、追加当事人规定》第十五条分别对企业法人分支机构作为被执行人时如何执行法人财产，以及如何直接执行分支机构财产等作出了具体规定。一是明确了作为被执行人的法人分支机构，不能清偿生效法律文书确定的债务时，可以通过变更、追加程序将该法人追加为被执行人；二是增加了第2款的规定，即法人作为被执行人又不能以直接管理的责任财产清偿债务的，法院可直接执行其分支机构的财产；三是对承包人或承租人依法保护的条款未予规定，这是因为目前因开办企业的门槛越来越低，承包、租赁企业法人分支机构的情况已经比较少，且选择承包或租赁方式开展经营，应预知相应风险，不宜允许其以与企业之间的合同来对抗申请执行人。故在实践中应以该条规定为准，不再考虑承包、租赁等因素。此外，《最高人民法院、中国人民银行关于依法规范人民法院执行和金融机构协助执行的通知》第八条规定："金融机构的分支机构作为被执行人的，执行法院应当向其发出限期履行通知书，期限为十五日；逾期未自动履行的，依法予以强制执行；对被执行人未能提供可供执行财产的，应当依法裁定逐级变更其上级机构为被执行人，直至其总行、总公司。每次变更前，均应当给予被变更主体十五日的自动履行期限；逾期未自动履行的，依法予以强制执行。"该条作为追加、变更银行等金融机构的上级机构及总行为被执行人的特殊性规定，在执行金融机构分支机构时，仍应适用。

（三十三）删除原第七十九条

【修改说明】

本条内容已被《变更、追加当事人规定》第十二条规定代替。

【理解与适用】

本条关于"被执行人依法定程序分立后存续的企业按照分立协议确定的比例承担债务，不符合法定程序分立的，裁定由分立后存续的企业按照其从被执行企业分得的资产占原企业总资产的比例对申请执行人承担责任"的规定，未能充分保护债权人利益，容易导致债务人利用企业分立逃避债务，与

《公司法》第一百七十六条的规定亦不相符，因此《变更、追加当事人规定》第二十条予以修改，明确执行法院可以追加分立后所有新设的法人或其他组织为被执行人，并且承担连带责任，但被执行人在分立前与申请执行人就债务清偿另有约定的除外。

（三十四）删除原第八十条

【修改说明】

本条内容已被《变更、追加当事人规定》第十七条至第十九条规定代替。

【理解与适用】

《变更、追加当事人规定》第十七至十九条对追加出资不实、抽逃出资的股东或出资人的条件、范围、程序等作出了更加具体的规定。需要注意，第一，根据《公司法》第三十条、《公司法司法解释（三）》第十三条第三款等实体规则，在第十七条中增加"依公司法规定对该出资承担连带责任的发起人"作为变更、追加对象。第二，根据《公司法司法解释（三）》第十八条第一款的规定，在第十九条明确了股权转让后原股东或发起人被追加为被执行人的条件和后果等，但考虑到对受让人主观状态的判断比较复杂，不宜由执行机构审查，故未规定受让人可被追加为被执行人。第三，《变更、追加当事人规定》还明确了对于申请人认为被执行人的股东、出资人出资不实、抽逃出资，请求追加被执行人的，被申请人或申请人对变更、追加裁定或驳回申请裁定不服，应当通过向执行法院提起执行异议之诉程序解决。

（三十五）删除原第八十一条

【修改说明】

本条内容已被《变更、追加当事人规定》第二十二条规定代替。

【理解与适用】

《变更、追加当事人规定》第二十二条在本条规定的基础上，根据《公司法》相关规定在解散事由中增添了被吊销营业执照、责令关闭的情形，并将开办单位修改为股东和出资人，应适用该条规定。

（三十六）删除原第八十二条

【修改说明】

本条内容已被《变更、追加当事人规定》第二十六条规定代替。

【理解与适用】

《变更、追加当事人规定》第二十六条在本条规定的基础上，增加了变更、追加的类型，如继承遗产、未缴纳或未足额缴纳出资、抽逃出资、特定情形下无偿接受财产、第三人承诺等情形下均规定被变更、追加的被执行人仅承担有限责任，因此《变更、追加当事人规定》第二十六条实际上扩大了本条的适用范围。

（三十七）删除原第八十三条

【修改说明】

关于变更追加当事人的审查机构，各地机构改革情况不一样，实践做法不一，司法解释不宜作统一规定，所以，予以删除。

【理解与适用】

本条是关于变更追加当事人的审查机构的规定。实践中，变更追加当事人的审查机构或者为执行实施部门，或者为执行审查部门，或者为执行裁判庭。为此，本司法解释不宜再作统一规定。总体而言，变更追加当事人程序，不同于普通的诉讼程序，系执行程序中对相关实体问题作出判断的一个特殊审查程序。对于司法解释规定的几种情形，相关当事人对执行审查结果不服的，应当根据追加事由的不同分别通过向上一级法院申请复议或者向执行法院提出执行异议之诉程序解决。

（三十八）修改原标题"十、执行担保和执行和解"

【修改说明】

本部分中执行和解部分内容已经全部被《最高人民法院关于执行和解若干问题的规定》（以下简称《执行和解规定》）代替。

（三十九）删除原第八十四条

【修改说明】

本条内容已被《最高人民法院关于执行担保若干问题的规定》（以下简称《执行担保规定》）第七条代替。

【理解与适用】

本条规定被执行人等以财产提供执行担保的，应按照实体法规定通过交付或登记等方式进行公示，但未明确公示的效力问题。《执行担保规定》第七条则解决了实践中申请执行人对没有办理登记等担保物权公示手续的担保财产是否享有优先受偿权的问题，明确了执行担保的成立以申请执行人的同意为前提，而优先受偿权只能以担保的财产办理登记等担保物权公示手续为前提。此外，第七条同时也明确了，即便不办理登记等担保物权公示手续，如果仅仅由人民法院办理了查封手续，也可以成立执行担保，相比本条规定，更加符合司法实践。

（四十）删除原第八十六条

【修改说明】

本条内容已被《执行和解规定》第一条、第二条代替。

【理解与适用】

本条是关于和解协议内容和形式的规定。《执行和解规定》第1条删除了本条中"在执行中"的表述，即明确当事人达成和解协议不限于执行程序中，当事人在执行程序之外也可以达成和解，但和解协议只有符合第2条的情形，才能构成执行和解，才能对执行程序产生影响。

（四十一）删除原第八十七条

【修改说明】

本条内容已被《执行和解规定》第八条代替。

【理解与适用】

本条是关于执行和解协议履行完毕的法律后果的规定。实践中应当注意，当事人在执行程序之外达成和解，当事人对和解协议是否履行完毕存有争议，应当通过执行异议、复议程序解决，经审查和解协议履行完毕的，应裁定终结原生效法律文书的执行。

（四十二）删除原第八十九条

【修改说明】

本条内容已被《民事诉讼法司法解释》第五百一十三条至第五百一十六条有关执行转破产的规定代替。

【理解与适用】

本条系对被执行人为企业法人且财产不足清偿全部债务时，执行法院可告知当事人申请破产的原则性规定。为促进执行和破产程序的顺利衔接，通过"执转破"机制清理"僵尸企业"，消除执行积案并实现对全体债权人的平等保护，《民事诉讼法司法解释》第五百一十三条至第五百一十六条，以及之后出台的《最高人民法院关于执行案件移送破产审查若干问题的指导意见》对于执行程序与破产程序的转换条件、移送程序、衔接机制等作出了更加具体细致的规定，足以替代本条规定，因此本次修订时删除本条。需要注意的是，《民事诉讼法司法解释》第五百一十六条规定，被执行人为企业法人但无法进入破产程序的情况下，按照采取执行措施的先后顺序受偿。其主要目的：一是确定被执行人为企业法人又不满足破产条件时的债权清偿顺序；二是在满足破产条件时促使查封顺位在后的申请执行人主动申请被执行人破产，以在破产程序中得到部分清偿。

（四十三）删除原第九十条

【修改说明】

本条内容已被《民事诉讼法司法解释》第五百零八条第一款及第五百零九条的规定代替。

【理解与适用】

《民事诉讼法司法解释》第五百零八条第一款及第五百零九条已吸收了本条规定的主要内容，并作出了一定的修改，主要是删除了"其全部或主要财产已被一个人民法院因执行确定金钱给付的生效法律文书而查封、扣押或冻结"这个条件，并将申请参与分配的截止时间由"被执行人的财产被执行完毕前"修改为"被执行人的财产执行终结前"。需要注意，应该从宽把握"被执行人的财产不能清偿所有债权"要求，保障普通债权人申请参与分配的权利。规定参与分配制度的目的在于保障被执行人不具备破产资格情形下债权的平等受偿。实践中有的法院严格要求债权人必须证明"被执行人的财产不能清偿所有债权"，这并不符合参与分配制度的目的。此外，本条规定强调只有金钱给付债权人才能申请参与分配，但《民事诉讼法司法解释》的上述两个条文对此没有予以明确。但实际上，本条规定的只有金钱给付债权人才能申请参与分配的条件并未废止。《民事诉讼法司法解释》第五百一十条规定："对于普通债权，原则上按照其占全部申请参与分配债权数额的比例受偿。"从中可以看出，参与分配的债权是有债权数额的，是金钱给付债权。而非金钱给付债权人，往往主张对执行标的本身享有权利，与金钱给付债权人要求处置执行标的的请求冲突，可能要通过案外人异议程序解决。

（四十四）删除原第九十二条

【修改说明】

本条内容已被《民事诉讼法司法解释》第五百零九条规定代替。

【理解与适用】

本条要求申请参与分配的债权人应当向其原申请执行法院提交参与分配申请书，该执行法院应将参与分配申请书转交给主持分配的法院，并说明执行情况。这种方式主要依赖于两个执行法院之间的沟通协调，虽然有利于主持分配的法院及时了解掌握其他法院的执行情况，并根据执行法院提供的相关信息作出较为准确的分配方案，但较为忽视当事人的意思，尤其在当事人直接向主持分配的法院申请参与分配的，能否肯定其效力在实践中存在较大争议。《民事诉讼法司法解释》第五百零九条则只规定了申请人申请参与分配应当提交申请书，不再强行要求必须向原申请执行法院提交，这可以减轻其申请参与分配的负担和成本，也符合执行效率原则。特别是在本条明确规定参与分配申请应在被执行人的财产执行终结前提出的背景下，允许当事人可直接向主持分配的法院申请，更有利于及时保障其利益，防止因法院之间的沟通不畅或转交不及时导致权利丧失的情况发生。此外，与本条规定的申请书应"写明参与分配的理由，并附有执行依据"相比，《民事诉讼法司法解释》第五百零九条要求"写明参与分配和被执行人不能清偿所有债权的事实、理由，并附有执行依据"，更为明确具体，对当事人提交申请书的内容提供了更为清晰的指引。当然，只要申请人在申请书中予以说明，执行法院形式审查后即应准许，而不应苛求申请执行人必须证明被执行人不能清偿所有债务，或给参与分配申请设置过多的障碍，以切实实现参与分配制度平等保护债权的立法目的。

（四十五）删除原第九十三条

【修改说明】

本条内容已被《民事诉讼法司法解释》第五百零八条第二款规定代替。

【理解与适用】

《民事诉讼法司法解释》第五百零八条第二款规定：对人民法院查封、扣押、冻结的财产有优先权、担保物权的债权人，可以直接申请参与分配，主张优先受偿权。与本条规定相比，只是增加了"直接"二字，更加明确了该等权利人申请参加参与分配程序，不以取得执行依据为限。允许享有优先受偿权但未取得执行依据的主体参加到参与分配程序中来，其理由在于：优先受偿权资格或者是来源于查封前的担保物权，或者是基于法律的特殊规定，应予以优先保护。就源于查封前抵押权的债权人而言，对于抵押财产的强制执行程序要求抵押权人必须提前行使抵押权，这本身就不利于抵押权人，如果再要求其事先必须取得执行依据，则完全破坏了抵押权制度的目的。此外，享有优先权、担保物权的债权人可以直接申请参与分配，不要求必须经过生效法律文书的确认，如其他债权人对该优先权、担保物权等的真伪、范围、数额等提出异议，可以通过分配方案异议及异议之诉予以救济。

（四十六）删除原第九十四条、第九十五条

【修改说明】

本两条内容已被《民事诉讼法司法解释》第五百一十条规定代替。

【理解与适用】

《民事诉讼法司法解释》第五百一十条在吸收该两条规定内容的基础上，进一步明确：第一，执行所得价款的分配顺位，即首先扣除执行费用，其次清偿应当优先受偿的债权，最后对于普通债权原则上按照其占全部申请参与分配债权数额的比例受偿。第二，对于价款分配后的剩余债务，被执行人并不免责，债权人发现其他财产的，可随时请求法院恢复执行或继续执行。与本两条相比，《民事诉讼法司法解释》第五百一十条特别强调对于普通债权，"原则上"按债权比例分配，这是因为实践中很多意见认为应对首先申请查封财产的债权予以适当优待，以实现财产保全制度的目的，同时缓解执行程序中财产查找的困难，但因为争议较大，最终未明确是否优待、如何优待首先查封债权等具体问题，采用"原则上"这个表述，也为实践中主持分配的法院根据个案实际情况进行调整预留了一定空间。

（四十七）删除原第九十六条

【修改说明】

根据《民事诉讼法司法解释》第五百零八条规定，参与分配仅限于被执行人为公民或者非法人组织的情形。

【理解与适用】

《民事诉讼法司法解释》出台后，虽然实践中对于企业法人还能否根据本条规定适用参与分配制度存在一定争议，但根据《民事诉讼法司法解释》第五百零八条及第五百一十六条的规定，只有在被执行人为公民或者其他组织且其财产不能清偿所有债权的，才适用参与分配制度。被执行人为企业法人但未能进入破产程序的情况下，要按照采取执行措施的先后顺序受偿，不按照债权比例清偿，因此本条规定也不再适用。本次修改将本条予以删除，再次明确企业法人不能适用参与分配制度。但需要注意的是，2020年修正后的《民事诉讼法执行程序司法解释》第十七条仍然完整保留了原第二十六条的规定，即多个债权人对同一被执行人申请执行或者对执行财产申请参与分配的，执行法院应当制作财产分配方案，并送达各债权人和被执行人。债权人或者被执行人对分配方案有异议的，应当自收到分配方案之日起十五日内向执行法院提出书面异议。该条规范中"多个债权人对同一被执行人申请执行"情形下的分配方案制作问题，继续适用，而不论被执行人是企业法人还是自然人或非法人组织。涉及在多个债权之间分配案款的，都需要制作分配方案。制作分配方案并不等同于适用参与分配制度。尤其是被执行人为企业法人同时涉及未经生效法律文书确认的优先债权的分配问题，不适用参与分配制度，但应当制作分配方案，被执行人、其他债权人对优先债权的顺位、数额等有异议的，涉及实体争议的，可以通过分配方案异议、分配方案异议之诉程序予以救济。

（四十八）删除原第九十七条至第九十九条

【修改说明】

该三个条文已经被《民事诉讼法司法解释》第四百八十四条替代。

【理解与适用】

《执行工作规定》第九十七条至第九十九条是关于执行程序中适用拘传措施的规定，解决的是当时在执行程序中能否适用拘传措施的疑问。该问题予以明确后，实践中发挥了较好的作用。鉴于此，自2015年1月30公布的《民事诉讼法司法解释》第四百八十四条保留了该规定，并在内容与文字上进行了修改完善：第一，将"两次传票传唤"修改为"依法传唤"；第二，增加规定实际控制人为被拘传对象；第三，将拘传时间区分为一般情形和特殊情形，以回应权利保障的要求；第四，将第三款中"应当"拘传到当地人民法院修改为"可以"拘传到当地人民法院，以照顾执行程序的特点及某些情况下拘传到本法院更为方便的情形。鉴于新修正的《民事诉讼法司法解释》已经在该规定基础上进行了修改和完善，第九十七条至第九十九条规定已无保留的必要，故在此次修改中予以删除。

（四十九）删除原第一百零二条

【修改说明】

该条文已被《企业破产法》第十九条、《最高人民法院关于严格规范终结本次执行程序的规定（试行）》(以下简称《终本规定》)第一条、《民事诉讼法司法解释》第五百一十九条、《异议复议规定》第二十六条、《仲裁执行规定》第七条所代替。

【理解与适用】

《执行工作规定》根据当时实践需要，按照《民事诉讼法》关于中止执行情形的兜底条款又规定了五种情形，但这五种情形已经由之后颁布的法律、司法解释规定所代替，因此此次修改时予以删除。具体如下：

（1）人民法院已受理以被执行人为债务人的破产申请的。《企业破产法》第十九条已经规定："人民法院受理破产申请后，有关债务人财产的保全措施应当解除，执行程序应当中止。"

（2）被执行人确无财产可供执行的。根据《终本规定》第一条，执行法院按照法律规定做完规定动作后，被执行人仍确无财产可供执行的，法院应当终结本次执行程序，而不是裁定中止执行。根据《民事诉讼法司法解释》第五百一十九条，经过财产调查未发现可供执行的财产，在申请执行人签字确认或者执行法院组成合议庭审查核实并经院长批准后，可以裁定终结本次执行程序。

（3）执行的标的物是其他法院或仲裁机构正在审理的案件争议标的物，需要等待该案件审理完毕确定权属的。根据《异议复议规定》第二十六条规定精神，另案文书涉及查封财产的，要区分查封前生效还是查封后生效，要区分另案文书的基础法律关系和主文内容，还要区分执行依据是金钱债权执行还是非金钱执行。查封的财产成为另案正在审理的标的物的，说明另案文书生效时间必然晚于查封时间。这种情况下，根据《异议复议规定》第二十六条规定，如果本案执行依据是金钱债权，原则上不支持案外人异议；执行依据是非金钱债权，可能需要通过再审等程序解决，但不影响执行程序的进行。因此，在查封财产是另案争议标的物时，原则上不中止执行，除非案外人提出异议。在案外人提出异议的情况下，根据《民事诉讼法执行程序司法解释》第十五条第一款规定，执行法院对查封财产不得处分，其效力与中止执行亦有别。综上，当执行的标的物是其他法院或仲裁机构正在审理的案件争议标的物，需要等待该案件审理完毕确定权属的情况下，法院不一定要中止执行。据此，删除本项内容。

（4）一方当事人申请执行仲裁裁决，另一方当事人申请撤销仲裁裁决的。

（5）仲裁裁决的被申请执行人依据《民事诉讼法》二百一十七条[①]第二款的规定向人民法院提出不予执行请求，并提供适当担保的。《仲裁执行规定》第七条已经作出了相应规定，执行法院应当裁定中止执行。

（五十）第六十四条（原第一百零八条）

【修改说明】

根据《立结案意见》对执行结案方式进行修改。

【理解与适用】

本条规定的执行结案方式已经由《立结案意见》第十四条重新予以细化明确，增加了"终结本次执行程序""销案""驳回申请"等三种情形，删除了"当事人之间达成执行和解协议并已履行完毕"这一项，因为该项视为执行完毕。《立结案意见》施行后，执行结案方式已适用《立结案意见》，因此，本次修改亦作了相应修改。

（五十一）第六十六条（原第一百一十条）

【修改说明】

《民事诉讼法司法解释》第四百九十四条将原物毁损或灭失后的直接折价赔偿，修改为不能协商一致的另诉解决。执行回转程序亦应按此规则办理，根据该条规定对本条进行修改。

【理解与适用】

本条是关于执行回转时执行标的物系特定物的相关规定，而《民事诉讼法司法解释》已经对执行程序中执行标的物系特定物的情形作了不同规定，相关理解适用参见本司法解释原第五十七条的理解与适用。鉴于《民事诉讼

---

① 　现为《民事诉讼法》（2023年修正）第二百二十八条。

法司法解释》已经对特定物的执行程序作了修改，对特定物的执行回转程序亦应与执行程序保持一致。

（五十二）修改标题"十四、委托执行、协助执行和执行争议的协调"

【修改说明】

《委托执行规定》于2011年5月3日生效，第十五条规定："本规定施行之后，其他有关委托执行的司法解释不再适用。"委托执行、协助执行在该司法解释中已有规定，《执行工作规定》中相应部分内容应删除。

（五十三）删除原第一百一十一条

【修改说明】

根据《委托执行规定》第十五条规定："本规定施行之后，其他有关委托执行的司法解释不再适用。"鉴于本条内容已经在《委托执行规定》第七条、第八条中作了规定，本条予以删除。

（五十四）删除原第一百一十二条

【修改说明】

本条规定的不得委托当地法院执行的情形已为其他法律规定所涵盖，所以删除本条规定。

【理解与适用】

本条规定的第一种情形符合终结本次执行程序的条件，已经由《终本规定》明确；本条规定的第二种情形已经由《企业破产法》明确规定，因此均无保留的必要。

（五十五）删除原第一百一十三条

【修改说明】

本条规定的内容已经由《委托执行规定》第三条所涵盖，所以删除本条规定。

【理解与适用】

本条第一款内容是关于委托同级法院执行的规定，《委托执行规定》第三条第一款已经予以明确："委托执行应当以执行标的物所在地或者执行行为实施地的同级人民法院为受托执行法院。"同时增加了"有两处以上财产在异地的，可以委托主要财产所在地的人民法院执行"的规定。本条关于"经对方法院同意，也可委托上一级的法院执行"的规定，实践中，因委托法院、受

46

托法院之间的级别不同、权限不同，经对方同意需经何种程序审批、多长时间、如何答复等都没有明确规定，下级法院反映对此规定不便操作，也影响效率。而实际上，凡委托执行的案件基本上是委托同级法院，故在起草《委托执行规定》时便未予保留。

本条第二款关于执行军队企业的规定，《委托执行规定》第3条第2款已经规定："被执行人是现役军人或者军事单位的，可以委托对其有管辖权的军事法院执行。"

本条第二款关于执行标的物是船舶的规定，《委托执行规定》第3条第3款已经规定："执行标的物是船舶的，可以委托有管辖权的海事法院执行。"

因本条规定内容均已在《委托执行规定》中作出规定，故删除本条。

（五十六）删除原第一百一十四条

【修改说明】

本条规定的内容已经由《委托执行规定》第五条所涵盖，所以删除本条规定。

（五十七）删除原第一百一十五条

【修改说明】

本条有关内容与2006年《诉讼费用交纳办法》相关规定不一致，所以删除本条规定。

【理解与适用】

本条是关于委托执行案件的实际费用问题的规定。其中实际费用问题，根据《委托执行规定》第二条规定，委托法院在受托法院立案后要将原案件作销案处理，实际费用问题由受托法院收取，是显而易见的，无须特别规定。关于向申请执行人预收的规定，《诉讼费用交纳办法》规定申请执行费不由申请执行人预交，本条相关内容与该规定不一致，所以予以删除。

（五十八）删除原第一百一十六条

【修改说明】

根据最新修正的《委托执行规定》第二条规定，案件委托执行后，受托法院立新案，委托法院作销案处理，本条已无存在的必要，所以删除本条规定。

【理解与适用】

《执行工作规定》在规定委托执行案件权责方面，更多强调委托法院和受托法院之间的相互协调配合，但实践中容易导致两个法院相互推诿。对此，2018年《最高人民法院关于进一步规范指定执行等执行案件立案、结案、统计和考核工作的通知》第三条规定："首次执行案件因指定执行、提级执行、委托执行（全案）结案的，以'销案'方式结案，不纳入司法统计。"最新修正的《委托执行规定》第二条亦规定："案件委托执行后，受托法院应当依法立案，委托法院应当在收到受托法院的立案通知书后作销案处理。"按照新的规定，一旦完成委托手续，该案件彻底与委托法院脱钩，直接成为受托法院的案件。因此，也将不会出现委托法院在委托后还自行执行的情形。

（五十九）删除原第一百一十七条

【修改说明】

根据最新修正的《委托执行规定》第二条规定，案件委托执行后，受托法院立新案，委托法院作销案处理，本条前半部分已无存在的必要，同时因材料不全要求委托法院补办的内容也已经在《委托执行规定》第八条中涉及，所以删除本条规定。

【理解与适用】

《执行工作规定》在起草委托执行时，更多强调委托法院和受托法院间的相互配合协调，委托法院委托案件后仍对原案负责，因此，受托法院需要将指定的承办人、联系方式等告知委托法院。但根据新修正的《委托执行规定》第二条"案件委托执行后，受托法院应当依法立案，委托法院应当在收到受托法院的立案通知书后作销案处理"的规定，一旦委托执行完成后，该案件彻底与委托法院脱钩，直接成为受托法院的案件。因此，将不会存在受托法院将案件信息告知委托法院的情形。本条后半部分关于委托材料手续不全的问题，《委托执行规定》第八条已经作出详细规定，同时明确委托法院规定时间内不补办又不说明原因的后果，将补全手续材料的责任压给委托法院，改变了本条委托法院一托了之、受托法院被动接受的局面。

（六十）删除原第一百一十八条

【修改说明】

根据《委托执行规定》第二条规定，一旦完成委托执行，该案件直接成为受托法院的案件，按照法律规定正常办理即可，已无本条强调的必要，所以删除本条规定。

【理解与适用】

根据《委托执行规定》第二条规定："案件委托执行后，受托法院应当依法立案，委托法院应当在收到受托法院的立案通知书后作销案处理。"受托法院一旦立案，该委托案件便成为受托法院的案件，依照法律规定办理即可。因此，本条规定的受托法院要按照法律规定依法采取强制措施等无须再次强调。

（六十一）删除原第一百一十九条

【修改说明】

本条规定的情形已无强调的必要，故删除本条规定。

【理解与适用】

本条规定是针对当时实际情况作出的，委托执行案件中被执行人或者被执行企业人员下落不明的情况较为常见，当时有些法院一度认为必须找到被执行人才能接受受托并强制执行，为避免受托法院以此为由退回委托，影响案件执行，因此本条作了强调。但根据《委托执行规定》，受托法院立案后，委托法院将作销案处理，被执行人或者被执行企业人员下落不明的，受托法院也要继续推进执行案件继续执行，而不能据此退回委托。因此，本条已无强调必要，予以删除。

（六十二）删除原第一百二十条

【修改说明】

根据《委托执行规定》第二条规定，一旦完成委托执行，委托法院按销案处理，该案件直接成为受托法院的案件。对本条出现的情形，按照法律规定正常办理即可，无须通知委托法院，所以删除本条规定。

（六十三）删除原第一百二十一条

【修改说明】

根据《委托执行规定》第二条规定，一旦完成委托执行，委托法院按销案处理，该案件直接成为受托法院的案件，是否变更被执行人，无须函告委托法院，更不是由委托法院依法决定是否作出变更被执行人的裁定。

（六十四）删除原第一百二十二条

【修改说明】

根据《委托执行规定》第二条规定，一旦完成委托执行，委托法院按销案处理，该案件直接成为受托法院的案件，是否应当中止或者终结，由受托法院自行作出裁定。

（六十五）删除原第一百二十三条

【修改说明】

根据《委托执行规定》第二条规定，一旦完成委托执行，委托法院按销案处理，该案件直接成为受托法院的案件，已不存在由委托法院审查的情况，所以删除本条规定。

（六十六）删除原第一百二十四条

【修改说明】

本条规定的是异地执行时，当地法院配合协同的义务。已经由《委托执行规定》第十二条作出详细规定。按照《委托执行规定》第十五条规定："本规定施行之后，其他有关委托执行的司法解释不再适用。"所以删除本条规定。

最高人民法院
关于人民法院民事执行中查封、扣押、冻结财产的规定

（2004年10月26日最高人民法院审判委员会第1330次会议通过

根据2020年12月23日最高人民法院审判委员会第1823次

会议通过的《最高人民法院关于修改〈最高人民法院

关于人民法院扣押铁路运输货物若干问题的规定〉等

十八件执行类司法解释的决定》修正）

为了进一步规范民事执行中的查封、扣押、冻结措施，维护当事人的合法权益，根据《中华人民共和国民事诉讼法》等法律的规定，结合人民法院

民事执行工作的实践经验，制定本规定。

第一条　人民法院查封、扣押、冻结被执行人的动产、不动产及其他财产权，应当作出裁定，并送达被执行人和申请执行人。

采取查封、扣押、冻结措施需要有关单位或者个人协助的，人民法院应当制作协助执行通知书，连同裁定书副本一并送达协助执行人。查封、扣押、冻结裁定书和协助执行通知书送达时发生法律效力。

第二条　人民法院可以查封、扣押、冻结被执行人占有的动产、登记在被执行人名下的不动产、特定动产及其他财产权。

未登记的建筑物和土地使用权，依据土地使用权的审批文件和其他相关证据确定权属。

对于第三人占有的动产或者登记在第三人名下的不动产、特定动产及其他财产权，第三人书面确认该财产属于被执行人的，人民法院可以查封、扣押、冻结。

第三条　人民法院对被执行人的下列财产不得查封、扣押、冻结：

（一）被执行人及其所扶养家属生活所必需的衣服、家具、炊具、餐具及其他家庭生活必需的物品；

（二）被执行人及其所扶养家属所必需的生活费用。当地有最低生活保障标准的，必需的生活费用依照该标准确定；

（三）被执行人及其所扶养家属完成义务教育所必需的物品；

（四）未公开的发明或者未发表的著作；

（五）被执行人及其所扶养家属用于身体缺陷所必需的辅助工具、医疗物品；

（六）被执行人所得的勋章及其他荣誉表彰的物品；

（七）根据《中华人民共和国缔结条约程序法》，以中华人民共和国、中华人民共和国政府或者中华人民共和国政府部门名义同外国、国际组织缔结的条约、协定和其他具有条约、协定性质的文件中规定免于查封、扣押、冻结的财产；

（八）法律或者司法解释规定的其他不得查封、扣押、冻结的财产。

第四条　对被执行人及其所扶养家属生活所必需的居住房屋，人民法院可以查封，但不得拍卖、变卖或者抵债。

第五条 对于超过被执行人及其所扶养家属生活所必需的房屋和生活用品，人民法院根据申请执行人的申请，在保障被执行人及其所扶养家属最低生活标准所必需的居住房屋和普通生活必需品后，可予以执行。

第六条 查封、扣押动产的，人民法院可以直接控制该项财产。人民法院将查封、扣押的动产交付其他人控制的，应当在该动产上加贴封条或者采取其他足以公示查封、扣押的适当方式。

第七条 查封不动产的，人民法院应当张贴封条或者公告，并可以提取保存有关财产权证照。

查封、扣押、冻结已登记的不动产、特定动产及其他财产权，应当通知有关登记机关办理登记手续。未办理登记手续的，不得对抗其他已经办理了登记手续的查封、扣押、冻结行为。

第八条 查封尚未进行权属登记的建筑物时，人民法院应当通知其管理人或者该建筑物的实际占有人，并在显著位置张贴公告。

第九条 扣押尚未进行权属登记的机动车辆时，人民法院应当在扣押清单上记载该机动车辆的发动机编号。该车辆在扣押期间权利人要求办理权属登记手续的，人民法院应当准许并及时办理相应的扣押登记手续。

第十条 查封、扣押的财产不宜由人民法院保管的，人民法院可以指定被执行人负责保管；不宜由被执行人保管的，可以委托第三人或者申请执行人保管。

由人民法院指定被执行人保管的财产，如果继续使用对该财产的价值无重大影响，可以允许被执行人继续使用；由人民法院保管或者委托第三人、申请执行人保管的，保管人不得使用。

第十一条 查封、扣押、冻结担保物权人占有的担保财产，一般应当指定该担保物权人作为保管人；该财产由人民法院保管的，质权、留置权不因转移占有而消灭。

第十二条 对被执行人与其他人共有的财产，人民法院可以查封、扣押、冻结，并及时通知共有人。

共有人协议分割共有财产，并经债权人认可的，人民法院可以认定有效。查封、扣押、冻结的效力及于协议分割后被执行人享有份额内的财产；对其他共有人享有份额内的财产的查封、扣押、冻结，人民法院应当裁定予以解除。

共有人提起析产诉讼或者申请执行人代位提起析产诉讼的，人民法院应当准许。诉讼期间中止对该财产的执行。

第十三条 对第三人为被执行人的利益占有的被执行人的财产，人民法院可以查封、扣押、冻结；该财产被指定给第三人继续保管的，第三人不得将其交付给被执行人。

对第三人为自己的利益依法占有的被执行人的财产，人民法院可以查封、扣押、冻结，第三人可以继续占有和使用该财产，但不得将其交付给被执行人。

第三人无偿借用被执行人的财产的，不受前款规定的限制。

第十四条 被执行人将其财产出卖给第三人，第三人已经支付部分价款并实际占有该财产，但根据合同约定被执行人保留所有权的，人民法院可以查封、扣押、冻结；第三人要求继续履行合同的，向人民法院交付全部余款后，裁定解除查封、扣押、冻结。

第十五条 被执行人将其所有的需要办理过户登记的财产出卖给第三人，第三人已经支付部分或者全部价款并实际占有该财产，但尚未办理产权过户登记手续的，人民法院可以查封、扣押、冻结；第三人已经支付全部价款并实际占有，但未办理过户登记手续的，如果第三人对此没有过错，人民法院不得查封、扣押、冻结。

第十六条 被执行人购买第三人的财产，已经支付部分价款并实际占有该财产，第三人依合同约定保留所有权的，人民法院可以查封、扣押、冻结。保留所有权已办理登记的，第三人的剩余价款从该财产变价款中优先支付；第三人主张取回该财产的，可以依据民事诉讼法第二百二十七条^①规定提出异议。

第十七条 被执行人购买需要办理过户登记的第三人的财产，已经支付部分或者全部价款并实际占有该财产，虽未办理产权过户登记手续，但申请执行人已向第三人支付剩余价款或者第三人同意剩余价款从该财产变价款中优先支付的，人民法院可以查封、扣押、冻结。

---

① 现为《民事诉讼法》(2023年修正)第二百三十八条。

第十八条 查封、扣押、冻结被执行人的财产时，执行人员应当制作笔录，载明下列内容：

（一）执行措施开始及完成的时间；

（二）财产的所在地、种类、数量；

（三）财产的保管人；

（四）其他应当记明的事项。

执行人员及保管人应当在笔录上签名，有民事诉讼法第二百四十五条[①]规定的人员到场的，到场人员也应当在笔录上签名。

第十九条 查封、扣押、冻结被执行人的财产，以其价额足以清偿法律文书确定的债权额及执行费用为限，不得明显超标的额查封、扣押、冻结。

发现超标的额查封、扣押、冻结的，人民法院应当根据被执行人的申请或者依职权，及时解除对超标的额部分财产的查封、扣押、冻结，但该财产为不可分物且被执行人无其他可供执行的财产或者其他财产不足以清偿债务的除外。

第二十条 查封、扣押的效力及于查封、扣押物的从物和天然孳息。

第二十一条 查封地上建筑物的效力及于该地上建筑物使用范围内的土地使用权，查封土地使用权的效力及于地上建筑物，但土地使用权与地上建筑物的所有权分属被执行人与他人的除外。

地上建筑物和土地使用权的登记机关不是同一机关的，应当分别办理查封登记。

第二十二条 查封、扣押、冻结的财产灭失或者毁损的，查封、扣押、冻结的效力及于该财产的替代物、赔偿款。人民法院应当及时作出查封、扣押、冻结该替代物、赔偿款的裁定。

第二十三条 查封、扣押、冻结协助执行通知书在送达登记机关时，登记机关已经受理被执行人转让不动产、特定动产及其他财产的过户登记申请，尚未完成登记的，应当协助人民法院执行。人民法院不得对登记机关已经完成登记的被执行人已转让的财产实施查封、扣押、冻结措施。

查封、扣押、冻结协助执行通知书在送达登记机关时，其他人民法院已

---

① 现为《民事诉讼法》（2023年修正）第二百五十六条。

向该登记机关送达了过户登记协助执行通知书的，应当优先办理过户登记。

第二十四条　被执行人就已经查封、扣押、冻结的财产所作的移转、设定权利负担或者其他有碍执行的行为，不得对抗申请执行人。

第三人未经人民法院准许占有查封、扣押、冻结的财产或者实施其他有碍执行的行为的，人民法院可以依据申请执行人的申请或者依职权解除其占有或者排除其妨害。

人民法院的查封、扣押、冻结没有公示的，其效力不得对抗善意第三人。

第二十五条　人民法院查封、扣押被执行人设定最高额抵押权的抵押物的，应当通知抵押权人。抵押权人受抵押担保的债权数额自收到人民法院通知时起不再增加。

人民法院虽然没有通知抵押权人，但有证据证明抵押权人知道或者应当知道查封、扣押事实的，受抵押担保的债权数额从其知道或者应当知道该事实时起不再增加。

第二十六条　对已被人民法院查封、扣押、冻结的财产，其他人民法院可以进行轮候查封、扣押、冻结。查封、扣押、冻结解除的，登记在先的轮候查封、扣押、冻结即自动生效。

其他人民法院对已登记的财产进行轮候查封、扣押、冻结的，应当通知有关登记机关协助进行轮候登记，实施查封、扣押、冻结的人民法院应当允许其他人民法院查阅有关文书和记录。

其他人民法院对没有登记的财产进行轮候查封、扣押、冻结的，应当制作笔录，并经实施查封、扣押、冻结的人民法院执行人员及被执行人签字，或者书面通知实施查封、扣押、冻结的人民法院。

第二十七条　查封、扣押、冻结期限届满，人民法院未办理延期手续的，查封、扣押、冻结的效力消灭。

查封、扣押、冻结的财产已经被执行拍卖、变卖或者抵债的，查封、扣押、冻结的效力消灭。

第二十八条　有下列情形之一的，人民法院应当作出解除查封、扣押、冻结裁定，并送达申请执行人、被执行人或者案外人：

（一）查封、扣押、冻结案外人财产的；

（二）申请执行人撤回执行申请或者放弃债权的；

（三）查封、扣押、冻结的财产流拍或者变卖不成，申请执行人和其他执行债权人又不同意接受抵债，且对该财产又无法采取其他执行措施的；

（四）债务已经清偿的；

（五）被执行人提供担保且申请执行人同意解除查封、扣押、冻结的；

（六）人民法院认为应当解除查封、扣押、冻结的其他情形。

解除以登记方式实施的查封、扣押、冻结的，应当向登记机关发出协助执行通知书。

第二十九条 财产保全裁定和先予执行裁定的执行适用本规定。

第三十条 本规定自 2005 年 1 月 1 日起施行。施行前本院公布的司法解释与本规定不一致的，以本规定为准。

【导读及适用要点】

一、关于查封时判断财产权属的标准

执行标的物必须是被执行人的财产，执行人员在实施查封时首先面临的一个问题，是如何判断某项财产是否属于被执行人。由于执行程序的目的在于实现生效法律文书确定的权利义务关系，而非对双方当事人之间的权利义务关系进行审查判断，因此对效率有更高的追求，贵在迅速、及时。基于此不能要求执行人员先调查核实清楚财产权属再实施查封行为，这样很容易造成执行拖延，给被执行人转移财产逃避执行造成可乘之机，难以达到"突袭"的效果。所以查封时判断财产权属的标准与民事确权时的标准是不同的，这个标准是明确的、外在的、容易把握和具有可操作性的，只能根据表面证据进行判断。基于这一思路，我们认为，被执行人占有的动产推定为其所有，登记在被执行人名下的不动产、特定动产和其他财产权推定为其所有，人民法院可以查封。注意这里用的是"推定"这个概念，而不是最终的确权。根据这个标准认定，基本上与真实的财产权属状况相吻合。因为在现实生活中，作为一种常态，所有者的动产一般由其占有，所有者的不动产、特定动产和其他财产权一般登记在其名下，所有者的动产由其他人占有、所有者的不动产、特定动产和其他财产权登记在他人名下的情况也有，但属为数不多的例外情况。所以按照这个标准执行，不会造成大量查封案外人财产，不会影响正常的社会经济生活。当然，考虑到上述的例外情况，按照这一标准实施查封，不可避免地会出现查封案外人财产的情况，案外人可以通过异议制度进行救济。这既有利于人民法院的执行，也能比较好地保护案外人的合法权利。当然，在财产查封期间，人民法院对该财产的权属作出生效判决，认定该财产不属被执行人所有的，执行法院应当立即解除查封。为了避免给人们造成执行程序有确权的职能的误解，《最高人民法院关于人民法院民事执行中查封、扣押、冻结财产的规定》（以下简称本规定）第二条第一款没有从所有权的角度表述，而是规定人民法院可以查封被执行人占有的动产、登记在被执行人名下的不动产、特定动产及其他财产权。

在具体执行中，要注意一个问题，即如果被执行人或者案外人在查封现场提出异议，主张所要查封或者已经查封的财产不属被执行人所有的，执行人员应当当场审查认定。经审查认为其主张证据充分、异议成立的，即不可再采取查封措施或者当场解除查封，认为其主张不成立或者一时难以认定的，可以先行查封后依法审查处理。

二、关于申请执行前的财产保全

《民事诉讼法》规定了诉前保全和诉讼保全，其目的在于防止债务人转移财产，以利于将来判决的执行。但是，司法实践中遇到了上述规定无法解决的问题，即作为执行依据的法律文书生效后，债权人发现了债务人的财产，此时债权人缺乏有效的控制该财产的手段。根据目前的规定，债权人只有尽快申请执行，执行法院立案后再采取执行措施。但是，由于现在实行立执分离，立案部门的审查需要时间，立案并移交执行部门后，执行部门又必须先发执行通知书，这样时间的拖延会导致该财产被转移，从而错过执行良机。为了解决这个问题，本规定参照诉前保全和诉讼保全制度，规定了申请执行前的财产保全制度。

这里有两个问题需要说明：一是申请财产保全是否需要提供担保。根据

《民事诉讼法》第九十二条^①的规定，人民法院采取财产保全措施，可以责令申请人提供担保，申请人不提供担保的，驳回申请。该规定赋予了人民法院视案情决定是否责令申请人提供担保的裁量权。在申请执行前的财产保全中，一般情况下是无须由申请人提供担保的。因为此时双方的权利义务关系已经生效法律文书确定，当事人之间的债权债务关系已经明确，不存在因申请错误给被申请人造成损失的情况。二是债权人申请财产保全应向立案部门还是执行部门提出。这个问题并没有明确规定。财产保全贵在迅速，只有这样才能达到及时控制被执行人财产的目的。从这个角度考虑，我们认为以直接向执行部门申请为宜。申请人应当在申请财产保全后尽快向人民法院提出执行申请，人民法院采取保全措施后，申请人在法定申请执行期限内没有向人民法院申请执行的，人民法院应当裁定解除保全措施。债权人在申请执行前向人民法院申请财产保全的，应当依照有关规定缴纳费用。

三、关于禁止查封的财产

借鉴外国执行立法的有关规定，结合我国的经济和社会发展水平及中国的国情，本规定规定了八种不得查封的财产。在征求意见稿中，我们曾规定"祭祀、礼拜用品""公益法人正在使用的为完成公益事业所必需的房屋、机器、设备及其他物品""被执行人为自然人的，其不可缺少的基本生产资料""国家机关的财政性资金及履行职能不可缺少的财物"等不得查封，后来予以删除，主要考虑到这几项规定在实践中不好把握和操作，达不到规范执行的目的。在八种不得查封的财产中，有一种是未公开的发明或者未发表的著作。这里的著作是指表达意见、知识、思想、感情的文字作品，不包括绘画、书法、雕塑等艺术品。该规定主要是为了尊重发明人或者著作人的人格权。尚未公开的发明或者未发表的著作，是否公开或者发表，是否在公开或者发表前再作修改，应当尊重发明人或者著作人的意见，不得强制其公开或者发表，以影响其声誉及创作意愿，阻碍经济文化的发展。再者，家具、炊具、餐具等物品，如果超过了生活必需的范围，也可以对超出的部分进行查封，如可以查封三张桌子中的一张。

---

① 现为《民事诉讼法》（2023年修正）第一百零三条。

还有个问题有必要讲一讲，即对被执行人居住房屋的执行问题。根据《民事诉讼法》第二百二十三条^①的规定，必须保留被执行人及其所扶养家属必需的生活用品，被执行人及其所扶养家属必须居住的房屋自然不能执行。但是，在执行实践中，我们很难判断该房屋是不是被执行人及其所扶养家属必须居住的，也许被执行人还有别的房屋，只是不为人所知。因此，本规定规定对被执行人及其所扶养家属生活所必需的居住房屋，人民法院可以查封，但不得拍卖、变卖或者抵债，应当允许其使用，目的是防止其进行处分。查封应当采取活封的方式，允许被执行人及其所扶养家属居住使用。起草过程中，有一个问题引起了比较大的争论，即对于申请执行人享有抵押权的房屋能否执行。有人认为，申请执行人享有抵押权的房屋，即使是被执行人及其所扶养家属必须居住的，也可以执行。因为在这种情况下，债权的发生以设定抵押为条件，被执行人也非常清楚不能清偿债务的后果。因此为了公平保护申请执行人的利益，对设定抵押的房屋可以执行。而且此事关系我国住房按揭市场发展的重大问题。从长远来看，如果设定抵押的房屋不能执行，必将导致各金融机构不再发放住房贷款，严重影响住房按揭市场的发展，最终损害广大消费者的利益。但本规定最终没有采纳这种观点，主要考虑到在社会保障制度还不完善的情况下，必须保护被执行人及其所扶养家属的生存权，即使房屋已经设定抵押，只要属于被执行人及其所扶养家属必须居住的，也不得执行。如果被执行人的房屋超过了其本人及其所扶养家属必须居住的范围，可以通过本规定第七条关于禁止查封财产的变通的规定解决。

四、关于禁止查封财产的变通

根据本规定第五条^②的规定，被执行人及其所扶养家属生活所必需的衣服、家具、炊具、餐具及其他家庭生活必需的物品不得查封。但是，强制执行必须在保护申请执行人的利益和被执行人的利益之间保持合理的平衡。因此，本规定第六条^③规定，被执行人及其所扶养家属所必需的居住房屋不得拍

---

① 现为《民事诉讼法》（2023 年修正）第二百五十五条。
② 现为《最高人民法院关于人民法院民事执行中查封、扣押、冻结财产的规定》（2020 年修正）第三条。
③ 现为《最高人民法院关于人民法院民事执行中查封、扣押、冻结财产的规定》（2020 年修正）第四条。

卖、变卖或者抵债。同时，第七条①规定："对于超过被执行人及其所扶养家属生活所必需的房屋和生活用品，人民法院根据申请执行人的申请，在保障被执行人及其所扶养家属最低生活标准所必需的居住房屋和普通生活必需品后，可予以执行。"上述变通规定，既保护了被执行人及其所扶养家属的生存权，又最大限度地实现债权人的债权。比如，虽然是被执行人及其所扶养家属生活必需的家具，如果该家具是用珍贵木材制作，价值很高，或者餐具是金银制品，显然，从价值角度讲，该家具或餐具已经超过了生活必需的限度，如果一律禁止执行，对申请执行人利益的保护明显不周。因此，出于强制执行程序的目的和对执行当事人利益的平衡保护，应当在满足被执行人及其所扶养家属生活所必需的基础上，根据申请执行人的申请，由其提供相同功用的代偿物或者相应价款后，可以对该家具采取执行措施。

在具体实施过程中，应当从严掌握可以变通的财产范围，注意执行的实际效果，尤其是在对房屋的执行时更应慎重。只有人民法院根据情况认为适当，特别是预计该财产卖得的价金显著超过代偿物的价额时，才被允许，防止造成被执行人严重的生活困难，应当维持其俭朴的生活水平，也要避免对正常的社会秩序造成不当冲击。注意，这里有许多不确定的需要解释的概念，如"必需的""显著的"，应当结合本地实际情况加以认定，并需要作出与时代和社会背景相适应的阐释。

五、关于查封的方法

由于被执行人财产的存在形态、物理属性以及国家对财产的管理手段等方面的差异，决定了对这些财产的查封方法是不同的。本规定主要将财产分为动产和不动产、特定动产及其他财产权，并规定了不同的查封方法。对动产查封时，由执行人员将查封物转移到执行法院直接控制，也可将查封物交付指定人控制。在交付指定人控制的情况下，应当在动产上加贴封条或者采取其他公示的方法予以公示。对不动产和有登记的特定动产查封时，应当通知有关管理机关办理查封登记，同时可以责令被执行人将有关财产权证照交

---

① 现为《最高人民法院关于人民法院民事执行中查封、扣押、冻结财产的规定》（2020 年修正）第五条。

人民法院保管。本规定还确立了登记机关协助登记优先的原则，明确规定采取加贴封条或者张贴公告的方法进行查封，但未办理查封登记的，不得对抗其他人民法院的查封。这是因为对于国家以登记方式管理的财产，采取在登记机关办理查封登记的方法效果最好，只要登记机关不予办理有关手续，被执行人就无法转让。而且这种查封方法最容易确认，一旦产生查封纠纷，上级法院容易认定各个查封的时间和先后顺序，对解决争议殊为有利。

贴封条、公告和有关机关办理查封登记，都是对查封行为的公示，其目的在于让社会周知执行标的物被查封的事实，既是为了防止被执行人对该财产的处分，也是为了保护不特定第三人的利益不受侵害，维持正常的经济生活和交易秩序。因此，人民法院采取查封措施时，一定要采取法律规定的合适方式进行公示。如果没有公示，由于第三人无从知晓被执行人财产被查封这一事实，其善意购买了被查封财产，那么其所有权应当予以保护，除非能够证明其明知该财产已被人民法院查封而故意购买。

六、关于保护第三人的合法权益

执行中涉及第三人利益的情况，主要有两种：一是执行标的物由第三人占有，二是执行标的物是被执行人和第三人的共有财产。无论是哪种情况，都应当坚持保护第三人的合法权益，不能因强制执行增加第三人的负担或者损害第三人的利益。对此，本规定有针对性地作出了规定。在被执行人的财产由第三人占有的情况下，应当区分第三人为自己的利益占有还是为被执行人的利益而占有两种不同情况。第三人为自己的利益，根据与被执行人之间的合同等关系而占有被执行人的财产的，虽然可以查封，但不能影响第三人对该财产的占有和使用。对第三人替被执行人保管或者其他为被执行人的利益而占有的被执行人的财产，可以查封，并不受第三人占有的限制。

第三人占有的财产还可能属于其与被执行人共有的财产，对该类财产，如果一律不允许查封，显然不利于保护申请执行人的利益；如果查封后全部予以变价，显然又损害了第三人的利益。所以，本规定第十四条[①]规定，在

---

① 现为《最高人民法院关于人民法院民事执行中查封、扣押、冻结财产的规定》（2020年修正）第二条。

这种情况下，可以先查封该财产，然后进行财产分割。财产分割后，查封的效力及于被执行人享有份额内的财产，对其他共有人份额内的财产视为自行解除。

关于对共有财产的分割，一个重要的问题是由哪个部门负责。一种观点主张通过诉讼程序分割，一种观点主张在执行程序中进行分割。两种观点各有长短，前者注重公正，后者注重效率。本规定采纳了通过诉讼进行分割的观点，由被执行人或者其他共有人提起析产诉讼或者申请执行人代位提起析产诉讼。这样规定理论上容易为大家所接受，也符合简化执行程序的指导思想。为减少法院不必要的工作量，本规定还规定，在执行程序中，共有人协议分割共有财产，并经债权人认可的，可以认定有效。

七、关于第三人购买被执行人的财产

执行程序中，经常遇到这样的情况，被执行人将其财产出卖给第三人，第三人已经支付部分价款并实际占有该财产，但被执行人仍有所有权。此时应当如何处理呢？单纯从所有权的角度讲，此时该财产仍为被执行人所有，仍属于责任财产的范围，人民法院自然可以执行。但是这不可避免地会影响第三人的利益，因为此时第三人已经支付价款并实际占有该财产，其签订合同的目的在于取得该财产的所有权。由于法院的强制执行，其目的将难以实现，而且其已经支付的价款能否返还也是一个很大的问题。因此就有一个如何平衡申请执行人和第三人利益的问题。我们考虑可以给第三人一个选择权，他可以选择继续履行合同，将尚未支付的剩余价款交付人民法院，从而取得该财产的所有权，人民法院解除对该财产的查封。如果他不作此选择，将不能阻止人民法院的执行。第三人与被执行人之间有争议的，双方可以通过另诉解决。

还有一个问题是，如果第三人选择继续履行合同，其交付剩余价款的期限和方式应当如何确定。一种意见认为，第三人应当在人民法院指定的合理期限内交付全部余款，而不能依合同约定的付款期限，否则不利于法院的执行，导致有些案件长期不能执结。由人民法院在征求各方意见、综合考虑各种因素的基础上，指定合理的付款期限，既有利于案件的执行，也基本保护了第三人的合法权益。另一种意见认为，在执行程序中应当充分保护第三人

的合法权益。如果允许执行法院指定履行合同的期限，可能会让第三人提前交付价款或增加其他负担，致使对第三人利益的保护不够充分。执行法院无权改变私权的合法约定，无权指定履行期限，第三人还是应当按照合同的约定履行义务。综合考虑执行案件的需要和保护第三人利益之间的平衡，本规定规定应当由第三人在合理期限内向人民法院交付全部余款后，裁定解除查封，这个"合理期限"要因案视情而定。

八、关于如何认定第三人购买的被执行人的财产的权属

执行实践中经常遇到这样的问题，被执行人将其财产卖给第三人，第三人已经支付全部价款并实际占有使用，但是没有办理过户登记手续，甚至第三人又将该财产卖给他人，也没有办理过户登记手续，依然登记在被执行人名下，这种情况下应该如何认定该财产的归属？人民法院能否对之执行？这是一个争议很大的问题。

究竟应当如何解决这个问题，我们认为应当根据目前的实际情况，从保护正常交易秩序和善意第三人的利益出发，在坚持以登记为标准的原则下，引入过错原则。我国现行法律如《城市房地产管理法》《土地管理法》，已明确规定了不动产登记制度。虽然对目前有关管理部门登记的性质尚有很大争议，究竟是物权登记主义还是行政管理主义不甚明了，但是可以认为这种登记具有物权登记的性质，在民事活动中也基本上是以登记作为认定所有权的标准。因此我们应当坚持不动产物权的设立、移转、变更以登记为准的原则，而且目前的《物权法》草案在不动产物权登记上采纳了实质主义的登记体例。在这个原则下，辅以适用第三人过错原则。这是因为登记实践中确实存在登记困难等实际问题，严格按照过户登记作为所有权转移的标准有时是不公平的，会损害第三人的合法权益。如果第三人已经支付全部价款并实际占有，虽然没有办理过户登记手续，但第三人对此没有过错的，如由于登记部门的原因或者其他非第三人所能控制的原因，应当认定其已经取得该财产的所有权，应当裁定解除对该财产的查封，以公平保护第三人的合法权益。

九、关于查封的效力及效力范围

本规定第二十二条①、第二十三条②、第二十四条③和第二十六条④是关于查封的效力及效力范围的规定。查封的实质在于禁止或者限制被执行人处分其特定财产，直接影响其对该财产的占有、使用和收益。查封的效力范围是指查封对何人、何物、在何时有效。

首先来看查封效力的性质，即查封效力是具有绝对性还是具有相对性。查封效力的绝对性是指，查封的效果能使被执行人绝对丧失对查封物的处分权，被执行人就查封物所为的处分行为，不仅对申请执行人无效，而且对任何第三人均为无效。查封效力的相对性是指，被执行人就查封物所为的处分行为并非绝对无效，而只是相对无效，只是不得对抗申请执行人，在被执行人与处分行为的相对人之间仍属有效。本规定采纳了查封效力相对性的观点，第二十六条第一款明确规定，被执行人就已经查封的财产所作的移转、设定权利负担或者其他有碍执行的行为，不得对抗申请执行人。该规定有两层意思：第一，被执行人对查封的财产进行转让、设定抵押、质押、出租等处分的，申请执行人仍可根据执行依据所载债权，请求对该财产进行执行，不受上述处分行为的限制，也无需考虑保护处分行为相对人的利益。第二，在不妨害查封目的、保护申请执行人利益的前提下，为了保护交易安全，维护交易秩序，促进交易的进行，被执行人对查封物所为的移转、设定负担或者其他有碍查封效果的行为，仍然有效。比如，被执行人将已被法院查封的空调卖给第三人，那么该买卖并非当然无效，在申请执行人撤回执行申请或者其债权已用其他财产得到清偿的情况下，该买卖可以认定有效，第三人可以取得该空调的所有权。

就查封的对人的效力范围而言，查封的效力除及于被执行人外，还及于

---

① 现为《最高人民法院关于人民法院民事执行中查封、扣押、冻结财产的规定》（2020 年修正）第二十条。

② 现为《最高人民法院关于人民法院民事执行中查封、扣押、冻结财产的规定》（2020 年修正）第二十一条。

③ 现为《最高人民法院关于人民法院民事执行中查封、扣押、冻结财产的规定》（2020 年修正）第二十二条。

④ 现为《最高人民法院关于人民法院民事执行中查封、扣押、冻结财产的规定》（2020 年修正）第二十四条。

第三人，即第三人也不得有碍实现人民法院查封的目的。第三人未经人民法院准许占有查封物或者实施其他如转移、有损其功能地使用查封物这类有碍执行的行为的，人民法院可以依据申请执行人的申请或者依职权解除其占有或者排除其妨害。

就查封的对物的效力范围而言，本规定规定查封动产、不动产的，其效力及于查封物的从物和天然孳息。从物的概念是相对于主物而言的，同属一人所有的两个独立存在的物，结合起来才能发挥经济效益的，才构成主物、从物关系。主物是指独立存在，与同属一人所有的其他独立物结合使用中有主要效用的物。在两个独立物结合使用中处于附属地位起辅助和配合作用的是从物。例如，汽车和附带的维修工具，汽车为主物，维修工具为从物。孳息的概念是相对于原物而言的，原物是指依其自然属性或法律规定产生新物的物。孳息又分天然孳息和法定孳息，天然孳息是原物根据天然属性产生的物，法定孳息是原物根据法律规定带来的物。如母畜和所产的幼畜，母畜是原物，幼畜是天然孳息；银行存款和利息，存款是原物，利息是法定孳息。

本规定第二十三条规定查封地上建筑物的效力及于该地上建筑物使用范围内的土地使用权，查封土地使用权的效力及于地上建筑物。这是因为地上建筑物与土地使用权是不可分的，人民法院在变价处理时必须一同处分。在此之前，由于许多地方土地使用权和地上建筑物由不同的部门管理，出现了一个法院查封土地使用权一个法院查封其上建筑物的情况，产生执行争议。该条规定就是为了解决这个问题。同时，在土地使用权和地上建筑物分别管理的地方，为了尽可能地让法院查封的事实为社会所周知，避免执行争议，该条第二款又要求在这种情况下分别办理查封登记。

十、关于轮候查封

轮候查封就是对其他人民法院已经查封的财产，执行法院依次按时间先后在登记机关进行登记，或者是在该其他人民法院进行记载，排列等候，查封依法解除后，在先的轮候查封自动转化为正式查封的制度。这个问题的提出，是由于在诉讼和执行过程中，在前后两个案件分别由两个法院管辖的情况下，因法律禁止重复查封，又无其他相应的信息沟通机制，在第一次查封被解除后，其他法院往往不可能立即获悉在先查封被解除的信息，从而导致在后的查封不可能立即实施，债务人往往会借机转移财产，其他债权人的利益因此而遭受不应有的损失。有的地方甚至利用禁止重复查封制度搞地方保护主义，为了达到保护某个被执行人的目的，将其全部财产先予查封，以阻止外地法院执行，然后再找机会解除查封，导致其他法院的执行落空。针对这种情况，各方面都要求参照其他国家的立法经验，尽快建立轮候查封制度，允许人民法院对已经查封的财产轮候查封。在最高人民法院与国土资源部、建设部联合下发的《关于依法规范人民法院执行和国土资源、房地产管理部门协助执行若干问题的通知》中已经规定了这一制度，社会反映良好。这次通过司法解释的形式固定下来。

轮候查封不同于重复查封。从法律效力上看，重复查封是两个或者两个以上的有效查封，其中任何一个查封的效力都受其他查封效力的制约。而轮候查封则不同，只要查封未依法解除或者自动消灭，轮候查封就不生效。查封解除或者自动消灭的，登记在先的轮候查封即自动生效，除非查封标的物的所有权发生转移。如根据本规定第三十条[①]第二款的规定，查封的财产已经被执行拍卖、变卖或者抵债的，查封的效力消灭。在这种情况下，轮候查封也不能生效，因为此时该财产已为第三人或者申请执行人所有，不属责任财产的范围。

还有一个查封与轮候查封的衔接问题。因为只有查封依法解除或者自动消灭后轮候查封才生效，因此解除查封的法院应当将解除查封的事实告知在先的轮候查封法院。

十一、关于查封期限

我国现行法律对动产和不动产的查封未限定任何期限，只有司法机关的一些规范性文件对部分财产的冻结规定了期限，如对银行存款的冻结期限为六个月，对上市公司国有股和社会法人股的冻结期限是一年。实践中，有些法院在对被执行人的财产查封后，未再采取进一步的执行措施，导致该财产被长期查封。这种状况，既不利于债权人实现债权，也不利于充分发挥财产

---

① 现为《最高人民法院关于人民法院民事执行中查封、扣押、冻结财产的规定》(2020年修正)第二十七条。

的效用和实现财产的流转，造成了社会财富的浪费。鉴于此，本规定改变了查封无期限的旧观念，明确规定对动产查封的期限为一年，对不动产查封的期限为两年，对其他财产权冻结期限也为两年，法律或者司法解释另有规定的除外。之所以规定不同的期限，主要是考虑到对动产与不动产、其他财产权的变价程序、变价方法有所不同，复杂程度也不同，因而所需要的时间也不同。同时考虑到个案的特殊情况，又规定了续行查封的内容。人民法院未能在上述期限内执结的，申请执行人可以申请续行查封，续行期限不得超过上述期限的二分之一。期限届满前人民法院未续行查封的，其效力消灭。这里未作出续行次数的规定，是考虑到有的执行案件的复杂性和执行标的物变价过程可能会很长等因素。这次本规定作出查封期限的规定，对于规范执行秩序，促进执行效率的提高，增强市场经济活力，都具有重要意义。

（撰稿人：王飞鸿）

最高人民法院
关于人民法院民事执行中拍卖、变卖财产的规定

（2004 年 10 月 26 日最高人民法院审判委员会第 1330 次会议通过
根据 2020 年 12 月 23 日最高人民法院审判委员会第 1823 次
会议通过的《最高人民法院关于修改〈最高人民法院
关于人民法院扣押铁路运输货物若干问题的规定〉等
十八件执行类司法解释的决定》修正）

为了进一步规范民事执行中的拍卖、变卖措施，维护当事人的合法权益，根据《中华人民共和国民事诉讼法》等法律的规定，结合人民法院民事执行工作的实践经验，制定本规定。

第一条　在执行程序中，被执行人的财产被查封、扣押、冻结后，人民法院应当及时进行拍卖、变卖或者采取其他执行措施。

第二条 人民法院对查封、扣押、冻结的财产进行变价处理时，应当首先采取拍卖的方式，但法律、司法解释另有规定的除外。

第三条 人民法院拍卖被执行人财产，应当委托具有相应资质的拍卖机构进行，并对拍卖机构的拍卖进行监督，但法律、司法解释另有规定的除外。

第四条 对拟拍卖的财产，人民法院可以委托具有相应资质的评估机构进行价格评估。对于财产价值较低或者价格依照通常方法容易确定的，可以不进行评估。

当事人双方及其他执行债权人申请不进行评估的，人民法院应当准许。

对被执行人的股权进行评估时，人民法院可以责令有关企业提供会计报表等资料；有关企业拒不提供的，可以强制提取。

第五条 拍卖应当确定保留价。

拍卖财产经过评估的，评估价即为第一次拍卖的保留价；未作评估的，保留价由人民法院参照市价确定，并应当征询有关当事人的意见。

如果出现流拍，再行拍卖时，可以酌情降低保留价，但每次降低的数额不得超过前次保留价的百分之二十。

第六条 保留价确定后，依据本次拍卖保留价计算，拍卖所得价款在清偿优先债权和强制执行费用后无剩余可能的，应当在实施拍卖前将有关情况通知申请执行人。申请执行人于收到通知后五日内申请继续拍卖的，人民法院应当准许，但应当重新确定保留价；重新确定的保留价应当大于该优先债权及强制执行费用的总额。

依照前款规定流拍的，拍卖费用由申请执行人负担。

第七条 执行人员应当对拍卖财产的权属状况、占有使用情况等进行必要的调查，制作拍卖财产现状的调查笔录或者收集其他有关资料。

第八条 拍卖应当先期公告。

拍卖动产的，应当在拍卖七日前公告；拍卖不动产或者其他财产权的，应当在拍卖十五日前公告。

第九条 拍卖公告的范围及媒体由当事人双方协商确定；协商不成的，由人民法院确定。拍卖财产具有专业属性的，应当同时在专业性报纸上进行公告。

当事人申请在其他新闻媒体上公告或者要求扩大公告范围的，应当准许，但该部分的公告费用由其自行承担。

第十条　拍卖不动产、其他财产权或者价值较高的动产的，竞买人应当于拍卖前向人民法院预交保证金。申请执行人参加竞买的，可以不预交保证金。保证金的数额由人民法院确定，但不得低于评估价或者市价的百分之五。

应当预交保证金而未交纳的，不得参加竞买。拍卖成交后，买受人预交的保证金充抵价款，其他竞买人预交的保证金应当在三日内退还；拍卖未成交的，保证金应当于三日内退还竞买人。

第十一条　人民法院应当在拍卖五日前以书面或者其他能够确认收悉的适当方式，通知当事人和已知的担保物权人、优先购买权人或者其他优先权人于拍卖日到场。

优先购买权人经通知未到场的，视为放弃优先购买权。

第十二条　法律、行政法规对买受人的资格或者条件有特殊规定的，竞买人应当具备规定的资格或者条件。

申请执行人、被执行人可以参加竞买。

第十三条　拍卖过程中，有最高应价时，优先购买权人可以表示以该最高价买受，如无更高应价，则拍归优先购买权人；如有更高应价，而优先购买权人不作表示的，则拍归该应价最高的竞买人。

顺序相同的多个优先购买权人同时表示买受的，以抽签方式决定买受人。

第十四条　拍卖多项财产时，其中部分财产卖得的价款足以清偿债务和支付被执行人应当负担的费用的，对剩余的财产应当停止拍卖，但被执行人同意全部拍卖的除外。

第十五条　拍卖的多项财产在使用上不可分，或者分别拍卖可能严重减损其价值的，应当合并拍卖。

第十六条　拍卖时无人竞买或者竞买人的最高应价低于保留价，到场的申请执行人或者其他执行债权人申请或者同意以该次拍卖所定的保留价接受拍卖财产的，应当将该财产交其抵债。

有两个以上执行债权人申请以拍卖财产抵债的，由法定受偿顺位在先的债权人优先承受；受偿顺位相同的，以抽签方式决定承受人。承受人应受清偿的债权额低于抵债财产的价额的，人民法院应当责令其在指定的期间内补交差额。

第十七条 在拍卖开始前，有下列情形之一的，人民法院应当撤回拍卖委托：

（一）据以执行的生效法律文书被撤销的；

（二）申请执行人及其他执行债权人撤回执行申请的；

（三）被执行人全部履行了法律文书确定的金钱债务的；

（四）当事人达成了执行和解协议，不需要拍卖财产的；

（五）案外人对拍卖财产提出确有理由的异议的；

（六）拍卖机构与竞买人恶意串通的；

（七）其他应当撤回拍卖委托的情形。

第十八条 人民法院委托拍卖后，遇有依法应当暂缓执行或者中止执行的情形的，应当决定暂缓执行或者裁定中止执行，并及时通知拍卖机构和当事人。拍卖机构收到通知后，应当立即停止拍卖，并通知竞买人。

暂缓执行期限届满或者中止执行的事由消失后，需要继续拍卖的，人民法院应当在十五日内通知拍卖机构恢复拍卖。

第十九条 被执行人在拍卖日之前向人民法院提交足额金钱清偿债务，要求停止拍卖的，人民法院应当准许，但被执行人应当负担因拍卖支出的必要费用。

第二十条 拍卖成交或者以流拍的财产抵债的，人民法院应当作出裁定，并于价款或者需要补交的差价全额交付后十日内，送达买受人或者承受人。

第二十一条 拍卖成交后，买受人应当在拍卖公告确定的期限或者人民法院指定的期限内将价款交付到人民法院或者汇入人民法院指定的账户。

第二十二条 拍卖成交或者以流拍的财产抵债后，买受人逾期未支付价款或者承受人逾期未补交差价而使拍卖、抵债的目的难以实现的，人民法院可以裁定重新拍卖。重新拍卖时，原买受人不得参加竞买。

重新拍卖的价款低于原拍卖价款造成的差价、费用损失及原拍卖中的佣金，由原买受人承担。人民法院可以直接从其预交的保证金中扣除。扣除后保证金有剩余的，应当退还原买受人；保证金数额不足的，可以责令原买受人补交；拒不补交的，强制执行。

第二十三条 拍卖时无人竞买或者竞买人的最高应价低于保留价，到场的申请执行人或者其他执行债权人不申请以该次拍卖所定的保留价抵债的，应当在六十日内再行拍卖。

第二十四条　对于第二次拍卖仍流拍的动产，人民法院可以依照本规定第十六条的规定将其作价交申请执行人或者其他执行债权人抵债。申请执行人或者其他执行债权人拒绝接受或者依法不能交付其抵债的，人民法院应当解除查封、扣押，并将该动产退还被执行人。

第二十五条　对于第二次拍卖仍流拍的不动产或者其他财产权，人民法院可以依照本规定第十六条的规定将其作价交申请执行人或者其他执行债权人抵债。申请执行人或者其他执行债权人拒绝接受或者依法不能交付其抵债的，应当在六十日内进行第三次拍卖。

第三次拍卖流拍且申请执行人或者其他执行债权人拒绝接受或者依法不能接受该不动产或者其他财产权抵债的，人民法院应当于第三次拍卖终结之日起七日内发出变卖公告。自公告之日起六十日内没有买受人愿意以第三次拍卖的保留价买受该财产，且申请执行人、其他执行债权人仍不表示接受该财产抵债的，应当解除查封、冻结，将该财产退还被执行人，但对该财产可以采取其他执行措施的除外。

第二十六条　不动产、动产或者其他财产权拍卖成交或者抵债后，该不动产、动产的所有权、其他财产权自拍卖成交或者抵债裁定送达买受人或者承受人时起转移。

第二十七条　人民法院裁定拍卖成交或者以流拍的财产抵债后，除有依法不能移交的情形外，应当于裁定送达后十五日内，将拍卖的财产移交买受人或者承受人。被执行人或者第三人占有拍卖财产应当移交而拒不移交的，强制执行。

第二十八条　拍卖财产上原有的担保物权及其他优先受偿权，因拍卖而消灭，拍卖所得价款，应当优先清偿担保物权人及其他优先受偿权人的债权，但当事人另有约定的除外。

拍卖财产上原有的租赁权及其他用益物权，不因拍卖而消灭，但该权利继续存在于拍卖财产上，对在先的担保物权或者其他优先受偿权的实现有影响的，人民法院应当依法将其除去后进行拍卖。

第二十九条　拍卖成交的，拍卖机构可以按照下列比例向买受人收取佣金：

拍卖成交价 200 万元以下的，收取佣金的比例不得超过 5%；超过 200 万元至 1000 万元的部分，不得超过 3%；超过 1000 万元至 5000 万元的部分，不得超过 2%；超过 5000 万元至 1 亿元的部分，不得超过 1%；超过 1 亿元的部分，不得超过 0.5%。

采取公开招标方式确定拍卖机构的，按照中标方案确定的数额收取佣金。

拍卖未成交或者非因拍卖机构的原因撤回拍卖委托的，拍卖机构为本次拍卖已经支出的合理费用，应当由被执行人负担。

第三十条 在执行程序中拍卖上市公司国有股和社会法人股的，适用最高人民法院《关于冻结、拍卖上市公司国有股和社会法人股若干问题的规定》。

第三十一条 对查封、扣押、冻结的财产，当事人双方及有关权利人同意变卖的，可以变卖。

金银及其制品、当地市场有公开交易价格的动产、易腐烂变质的物品、季节性商品、保管困难或者保管费用过高的物品，人民法院可以决定变卖。

第三十二条 当事人双方及有关权利人对变卖财产的价格有约定的，按照其约定价格变卖；无约定价格但有市价的，变卖价格不得低于市价；无市价但价值较大、价格不易确定的，应当委托评估机构进行评估，并按照评估价格进行变卖。

按照评估价格变卖不成的，可以降低价格变卖，但最低的变卖价不得低于评估价的二分之一。

变卖的财产无人应买的，适用本规定第十六条的规定将该财产交申请执行人或者其他执行债权人抵债；申请执行人或者其他执行债权人拒绝接受或者依法不能交付其抵债的，人民法院应当解除查封、扣押，并将该财产退还被执行人。

第三十三条 本规定自 2005 年 1 月 1 日起施行。施行前本院公布的司法解释与本规定不一致的，以本规定为准。

【导读及适用要点】

一、关于拍卖优先原则及其例外

我国《民事诉讼法》将拍卖和变卖并列，未明确将拍卖作为民事执行程序中优先适用的变价措施。《最高人民法院关于人民法院民事执行中拍卖、变卖财产的规定》（以下简称本规定）中虽然对优先拍卖问题作出了规定，但在执行实践中，个别地方仍存在着对执行财产任意进行变卖的情况。鉴于此，本规定第二条明确强调，人民法院对查封、扣押、冻结的财产进行变价处理时，应当首先采取拍卖的方式。

民事执行程序中的变价应当遵循拍卖优先的原则，但拍卖的实施有一整套严格的程序，其运行必然要花费一定的时间和费用，从交易成本上考虑，执行程序中一概采取拍卖的方式进行变价，在很多情况下未必对当事人有利，也不利于节约司法资源。因此，本规定在坚持拍卖优先原则的同时，又作出了例外规定，即在法律、司法解释另有规定的情形下，允许采取变卖等简便经济的方式进行变价。这一例外，主要体现在本规定第三十四条[1]。该条规定："对查封、扣押、冻结的财产，当事人双方及有关权利人同意变卖的，可以变卖。金银及其制品、当地市场有公开交易价格的动产、易腐烂变质的物品、季节性商品、保管困难或者保管费用过高的物品，人民法院可以决定变卖。"此外，根据《最高人民法院关于冻结、扣划证券交易结算资金有关问题的通知》第五条第二款的规定，人民法院执行流通证券，可以指令被执行人所在的证券公司营业部在30个交易日内通过证券交易将该证券卖出，并将变卖所得价款直接划付到人民法院指定的账户。应当指出的是，本规定也有关于直接适用变卖的规定，但这些规定过于原则，实践中容易造成变卖的滥用。本规定对直接适用变卖情形的规定更加明确、具体，有利于更好地贯彻拍卖优先原则，有效地防止实践中任意变卖现象的发生。

---

[1]　现为《最高人民法院关于人民法院民事执行中拍卖、变卖财产的规定》（2020年修正）第三十一条。

二、关于拟拍卖财产的评估

对拟拍卖财产的评估，本规定第四条首先明确了需要评估的财产范围。对此，本规定未沿用过去那种对拟拍卖的财产都要求评估的做法，而是采取了相对灵活务实的态度：一方面，规定原则上应对拟拍卖的财产进行评估；另一方面，为减少不必要的费用支出，减轻执行当事人的负担，规定对那些价值较低或者价格依照通常方法容易确定的财产，可以不进行评估。至于哪些财产属于"价值较低"的财产，司法解释未作出明确的规定，实践中可以由执行法院根据当地经济发展水平、社会的一般观念及执行标的物的具体情形进行判断。"价格依照通常方法容易确定的财产"，可以理解为一般人依据通常的方法而无需借助专业知识和专门工具即能对其价格作出大致判断的财产，如一辆全新的奔驰轿车。此外，当事人双方及其他执行债权人均不申请进行评估的，人民法院应当尊重当事人的意愿，予以准许。

在拍卖之前，由专门机构、专业人员对查封、扣押、冻结的财产依据一定的方法、程序和标准进行价格评估，可以为合理地确定拍卖保留价提供重要的参考依据。但是，评估是一项非常复杂的工作，容易受到各种主客观因素的影响和制约，不同评估机构对同一执行标的物的评估结论往往不一致，有时还会出现很大差异，有些评估结果甚至与标的物的实际价值有很大出入。为防止评估价格过高或过低而影响拍卖保留价的确定，给当事人的利益造成损害，本规定第六条①明确赋予当事人和其他利害关系人一定的救济权利，其对评估报告有异议的，可以在收到评估报告后 10 日内以书面形式向人民法院提出；还可以申请重新评估。考虑到评估结果仅仅是确定拍卖保留价的一个参考因素，在评估阶段如果花费过多的时间、精力和费用，不仅增加当事人的负担，而且影响执行的效率，因此，本规定对申请重新评估的条件作出了严格的限制，即当事人或者其他利害关系人只有在有证据证明评估机构、评估人员不具备相应的评估资质或者评估程序严重违法的情况下，才可以申请重新评估。为保障当事人和其他利害关系人能够及时了解评估结果，本规定中还规定，人民法院应当在收到评估报告后 5 日内将其发送当事人及其他利

---

① 《最高人民法院关于人民法院民事执行中拍卖、变卖财产的规定》(2020 年修正) 已删除该条。

害关系人。

三、关于评估机构和拍卖机构的选定

评估机构和拍卖机构如何选定是当事人关注的焦点问题，也是拍卖程序中亟待统一和明确的一个重要问题。依照本规定第五条^①和第七条^②的规定，评估机构和拍卖机构的选定主要有三种方式：第一种方式是由当事人双方协商一致后经人民法院审查确定，这种方式充分体现了对当事人意愿的尊重。实践中该种方式的适用应有适当的限制：为避免当事人协商拖延的时间过长，法院可以指定一定的期间，在该期间内当事人不能达成一致意见的，即应考虑采取其他方式。此外，法院还应当对当事人协商的情况以及所选定的评估机构、拍卖机构是否具备相应的资质等进行必要的审查。第二种方式是在协商不成的情况下，由人民法院召集当事人双方采取抽签、摇珠、摇号等随机的方式确定。抽签等随机方式在很多国家或地区的法律中都有规定，我国现行的《商标法实施细则》（已被《商标法实施条例》废止）以及《最高人民法院关于冻结、拍卖上市公司国有股和社会法人股若干问题的规定》中都规定了抽签制度。在拍卖程序中，法院把查封、扣押、冻结的财产委托给哪个评估机构、拍卖机构进行评估或者拍卖，直接影响该评估机构或拍卖机构的经济效益。由于《民事诉讼法》对评估机构和拍卖机构的选择方式未作出明确的规定，因此，实践中有不少法院都由执行人员直接指定评估机构或拍卖机构，权力滥用的情形时有发生。鉴于此，近年来，很多法院纷纷采取抽签、摇珠、摇号等随机方式选择、确定评估和拍卖机构，取得了很好的效果，本规定对实践中这种做法明确予以肯定。当然，随机方式也有其自身难以克服的局限性，但在目前相关制度还不健全的情况下，随机方式无疑是一种较为现实、理性的选择，而且将成为实践中应用最为广泛的一种方式。第三种方式是在当事人双方提出申请的情况下，通过招标的方式确定评估、拍卖机构。招标的方式既有利于委托到那些资质高、信誉好、收费低、服务好的评估、拍卖机构，又有利于最大限度地维护当事人的合法权益。

---

① 《最高人民法院关于人民法院民事执行中拍卖、变卖财产的规定》（2020 年修正）已删除该条。
② 《最高人民法院关于人民法院民事执行中拍卖、变卖财产的规定》（2020 年修正）已删除该条。

此外，评估和拍卖机构应由法院的哪个部门具体负责选定和委托，也是各级法院比较关注的一个重要问题。鉴于该问题主要涉及法院内部不同部门之间的分工，因此，本规定未作出明确的规定。近年来，各地法院纷纷将选定评估机构的事务交由鉴定机构负责办理，本规定在起草讨论过程中曾肯定了这一做法。但拍卖与司法鉴定是性质完全不同的两类工作，执行程序中的拍卖本质上是一种执行行为或者执行措施，是整个执行过程中的一个重要环节，拍卖同查封、扣押、冻结等执行措施一样，应该是执行人员着力做好的一项重要工作。整个拍卖工作从拍卖机构的选定、委托，到对拍卖程序的监督、撤回委托等特殊情况的处理，以及拍卖成交、抵债裁定的作出等，是一个有机的整体，如果人为地将其分解开来由不同的机构负责办理，既与拍卖工作的性质不符，又容易造成工作衔接上的混乱。因此，我们认为，拍卖机构应当由法院的执行机构具体负责选定和委托。

四、关于拍卖保留价的确定

考虑到实际操作中究竟应采取有底价拍卖或无底价拍卖容易引发争议，因此，本规定明确要求民事执行程序中的拍卖一律采取有底价拍卖。拍卖底价可以视为一种权力制衡机制，通过这种机制，可以有效地避免利益向一方当事人的过分倾斜，防止因拍卖价格过低对被执行人的合法权益造成损害。

拍卖保留价的确定要综合考虑多种因素。一般认为，评估价是确定保留价的重要参考依据，但保留价与评估价的关系到底如何，保留价是否要严格依据评估价来确定，实践中的做法不统一。有的法院将评估价下浮一定幅度作为保留价；有的法院则完全按照评估确定保留价。我们认为，评估价的功能旨在对拍卖标的物的内在价值进行客观的反映，保留价的功能则在于为被执行人的利益设置最低的保护限度。保留价不等于评估价，更不能以评估价代替保留价。另一方面，保留价的确定又不能过分低于评估价，以免损害被执行人的利益；也不宜过分高于评估价，以免标的物不能及时拍卖成交，影响债权的实现。基于上述考虑，本规定既赋予执行人员一定的自由裁量权，由其参照评估价确定保留价，同时规定了一定的幅度，在第一次拍卖时，法院确定的保留价不得低于评估的80%；以后每次拍卖时，可以酌情降低保留价，但每次降低的数额不得超过前次保留价的20%。实际操作中，人民法院应当在参照评估价的基础上，综合考虑当事人的心理预期、拍卖惯例、当地的市场行情以及当事人和案件执行的具体情况等因素，依公平原则确定拍卖保留价。此外，对于未作评估的财产，应参照市价确定保留价，并应当征询有关当事人的意见。

五、关于无益拍卖的禁止

在出现无益拍卖的情况下，有必要设置专门的法律制度予以限制或禁止。正是基于上述考虑，本规定第九条[①]确立了无益拍卖禁止这一新的制度。

禁止无益拍卖的前提是执行法院认为拍卖所得价款不足以清偿优先债权及执行费用，但这毕竟只是拍卖前的一大致估计，加之市场行情千变万化，拍卖价款的高低又受许多不确定因素的影响，因此，拍卖实际卖得的价款与执行法院所核定的拍卖最低价额可能会有一定的差距。考虑到这种情况，在可能出现无益拍卖的情况下，本规定并未赋予法院依职权直接停止拍卖的权力，而是把选择权交给申请执行人：如果申请执行人认为拍卖价款有剩余可能而在一定期间内申请继续拍卖的，法院应当准许。但该种情形下的拍卖有两个附加条件：其一，必须重新确定拍卖保留价，而且重新确定的保留价应当大于顺位在先的债权及执行费用的总额。这主要是为了防止出现拍卖所得价款在清偿顺位在先的债权和执行费用后无任何剩余的情形。其二，依照新的保留价拍卖出现流拍的，由申请执行人负担拍卖的费用。因为此时出现流拍，足以证明法院关于无益拍卖的判断是正确的，而申请执行人仍然坚持继续拍卖，当然应当由其负担相关的费用。

六、关于保证金的预交

本规定第十三条[②]明确要求，拍卖不动产、其他财产权或者价值较高的动产的，除申请执行人参加竞买外，其他竞买人应当在拍卖前预交保证金。应当预交保证金而未交纳的，不得参加竞买。这一规定主要是基于以下两点考虑：一是防止某些竞买人特别是被执行人在拍卖时故意出高价竞买后不交纳

[①]　现为《最高人民法院关于人民法院民事执行中拍卖、变卖财产的规定》（2020年修正）第六条。

[②]　现为《最高人民法院关于人民法院民事执行中拍卖、变卖财产的规定》（2020年修正）第十条。

价款，扰乱和妨碍拍卖的顺利进行。而通过让参加竞买的人在拍卖前预交一定数额的保证金，可以大大减少上述情况的发生，保证拍卖乃至整个执行程序的顺利进行。二是重新拍卖时所增加的费用以及重新拍卖与原拍卖的差价损失确保能从保证金中及时扣除，防止拍卖程序过分拖延或者衍生出新的问题和纠纷。在拍卖成交或者以流拍的财产抵债的情况下，如果买受人逾期不交付价款或者承受人逾期不补交差价的，过去的做法大多是由法院催促或者强制执行。这种做法的缺点是易造成整个执行程序的拖延，甚至会因此衍生出新的执行案件。鉴于此，在出现上述情形而使拍卖或抵债的目的难以实现时，本规定倾向于裁定重新拍卖，并由原买受人承担重新拍卖的价款低于原拍卖价款造成的差价、费用损失及原拍卖的佣金。而只有在拍卖前要求竞买人预交保证金，才能保证法院能够及时将上述差价、费用或佣金直接予以扣除，使整个拍卖程序不因此而受到过分地妨碍或拖延。

至于保证金的具体数额，因拍卖的情况纷繁复杂，很难作出统一的规定，因此，本规定将确定保证金数额的权力赋予人民法院，同时规定了一个最低标准，即不得低于评估价或市价的5%。在实际操作中，如果保证金的数额定得过低，难以起到保证的作用；相反，如果定得过高，则可能吸引不到更多的竞买人。因此，执行人员要根据拍卖标的财产价值的大小、竞买人以及案件执行的具体情况等，合理地确定保证金的数额。

七、关于拍卖程序中优先购买权的保护

在优先购买权保护的具体时间上，有些国家采取在拍定之后的一定期间内允许优先购买权人行使优先购买权的做法，本规定则采取了在拍卖现场由优先购买权人直接决定是否行使优先购买权的做法。为确保优先购买权人能在拍卖过程中行使优先购买权，本规定第十四条[①]要求人民法院应当在拍卖5日前以书面或者其他能够确认收悉的适当方式，通知优先购买权人于拍卖日到场。为避免拍卖程序过分拖延，该条同时规定，优先购买权人经通知未到

---

① 现为《最高人民法院关于人民法院民事执行中拍卖、变卖财产的规定》（2020年修正）第十一条。

场的，视为放弃优先购买权。本规定第十六条①则对保护优先购买权的具体程序作出了明确的规定：在拍卖过程中，其他竞买人有最高应价时，优先购买权人可以行使优先购买权，表示以该最高价买受，但在这种情况下，其他竞买人可以出更高的价格，对于更高的价格，优先购买权人仍可以行使优先购买权，以此类推。其他竞买人有最高应价，而优先购买权人不作出表示的，则拍归该应价最高的竞买人。如果其他竞买人不愿意再出更高的价格，则拍归优先购买权人。在拍卖实践中，可能会出现顺序相同的多个优先购买权人同时表示买受的情况，为避免拍卖程序过分拖延，本规定没有采取在多个优先购买权人之间再进行竞价的做法，而是采取抽签这种简便易行的方式决定买受人。

八、关于拍卖的限度与合并拍卖

人民法院实施强制执行，不应超过执行依据确定的债权及相关费用的总额，但人民法院在实施查封、扣押、冻结时，对标的物的价值只能作出一个大致的估计，加之市场行情千变万化，因此，实践中可能会出现查封、扣押、冻结时对标的物的价值估计较低，而拍卖的价款却较高的情况。在这种情况下，如果不考虑拍卖的实际情况，仍按原计划将查封、扣押、冻结的财产全部进行拍卖，不仅背离了实现债权和支付费用这一执行的目的，而且会对被执行人的利益造成损害。因此，本规定第十七条②规定，在拍卖财产有多项时，如果其中部分财产卖得的价款足以清偿债务和支付被执行人应当负担的费用的，对剩余部分的财产应当停止拍卖。这里所说的"债务"，不仅限于被执行人对申请执行人所负的债务，还包括其他应该通过执行程序获得清偿的债务。作为例外，在上述情况下，如果被执行人同意对已查封、扣押、冻结的财产全部进行拍卖的，人民法院也可以继续进行拍卖。

执行实践中时常存在这样的情形：拟拍卖的多项财产在使用上具有不可分离的关系，如果分开拍卖可能会严重影响各项财产的有效利用，或者分别

---

① 现为《最高人民法院关于人民法院民事执行中拍卖、变卖财产的规定》（2020 年修正）第十三条。

② 现为《最高人民法院关于人民法院民事执行中拍卖、变卖财产的规定》（2020 年修正）第十四条。

拍卖将造成拍卖价款总额显著降低。例如，在拍卖标的是一套生产设备及其专门的维修工具时，如果不考虑该套设备和维修工具在使用上的特殊关系，强行将二者分开进行拍卖，必然影响该套设备的正常使用和维修，甚至造成其价值减损，其结果不仅会损害被执行人的合法权益，而且会影响债权的实现，还会造成社会资源的浪费。为了避免上述情况的出现，本规定第十八条①明确要求，拍卖的多项财产在使用上不可分，或者分别拍卖可能严重减损其价值的，人民法院应当合并拍卖。在执行实践中，对拟拍卖的多项财产究竟是否应当合并拍卖，由人民法院根据标的物的具体情况进行判断。一般来说，只要两项或两项以上的财产分开后可能影响其有效使用，或者合并在一起拍卖可以增加价额的，就应当尽可能地合并在一起进行拍卖。

九、关于拍卖程序中的抵债问题

在出现流拍的情况下，由债权人直接接受拍卖标的抵偿债务，既可以使其债权早日得到实现，也可以使被执行人避免因降低底价拍卖所造成的损失，同时还可以节约执行的成本，提高执行效率。因此，本规定第十九条②明确规定在一定的条件下可以以拍卖标的抵偿债务。此外，本规定中还有多个条文都涉及以拍卖财产抵债的问题。根据这些规定，在理解和适用时应注意以下几个问题：第一，抵债的适用必须有法定事由，即拍卖时无人竞买或者竞买人的最高应价低于保留价，也就是通常所说的流拍。当然，这里的拍卖不限于第一次拍卖，在每次出现流拍时均可适用抵债的规定。第二，可以接受拍卖财产抵债的债权人不仅包括到场的申请执行人，也包括取得执行依据而参与分配的执行债权人以及未取得执行依据但对拍卖标的物有优先受偿权而参与分配的执行债权人，但依照法律规定不得买受拍卖财产的债权人除外。申请执行人或其他执行债权人可以主动申请接受拍卖财产抵债；人民法院也可以在每次流拍后征求债权人的意见。第三，以拍卖的财产抵债必须征得债权人的同意，法院不能在债权人不同意的情况下强制将拍卖财产交其抵偿债务，

---

① 现为《最高人民法院关于人民法院民事执行中拍卖、变卖财产的规定》（2020 年修正）第十五条。

② 现为《最高人民法院关于人民法院民事执行中拍卖、变卖财产的规定》（2020 年修正）第十六条。

但抵债无须征得被执行人的同意。第四，抵债时不能随意作价，而应以该次拍卖所定的保留价为标准进行折抵。第五，在两个或两个以上的执行债权人都申请以拍卖财产抵债的情况下，由法定受偿顺位在先的债权人优先承受；如果各个债权人的受偿顺位相同，则以抽签方式决定承受人。第六，接受拍卖财产抵债的债权人应受清偿的债权额低于抵债财产价额的，人民法院应当责令其在指定的期间内补缴差额。逾期不补缴差额而使抵债的目的难以实现的，人民法院可以裁定重新拍卖；当然，在这种情况下如果有其他顺位相同的执行债权人愿意接受抵债的，也可以交其抵债。如果裁定重新拍卖的，原承受人不得参加竞买。最后，以流拍的财产抵债的，法院应作出裁定，抵债裁定应当在承受人将应补缴的差价全额交付后 10 日内送达承受人。

十、关于再行拍卖及拍卖的次数

所谓再行拍卖，简单地说就是指在出现流拍的情况下，另行确定拍卖期日，再次实施拍卖。在拍卖实践中，很难保证一次拍卖就能够成立，流拍的现象时有发生。依照本规定第二十六条①，拍卖时无人竞买或者竞买人的最高应价低于保留价即流拍的情况下，如果到场的申请执行人或者其他执行债权人不申请以该次拍卖所定的保留价抵债的，应当在 60 日内再行拍卖。对于再行拍卖的理解重点要把握以下几个问题：第一，引起再行拍卖的事由主要有两个，一是在举行拍卖时没有人参加竞买；二是虽然有人参加竞买但竞买人的最高应价未达到拍卖前所确定的保留价。第二，在出现上述事由时，是否要再行拍卖，还要看到场的申请执行人和其他执行债权人是否申请或同意接受拍卖的财产抵偿债务，只有在申请执行人和其他执行债权人拒绝接受或者依法不能接受拍卖财产抵债的情况下，才能考虑再行拍卖。第三，再行拍卖时，一般都要酌情降低保留价，以便能够顺利拍卖成交。保留价降低的幅度，要严格按照本规定第八条②的规定执行。第四，为防止再行拍卖过分拖延，影响整个案件的执行，法院应及时指定再行拍卖的期日，再行拍卖距前次拍卖

---

① 现为《最高人民法院关于人民法院民事执行中拍卖、变卖财产的规定》（2020 年修正）第二十三条。

② 现为《最高人民法院关于人民法院民事执行中拍卖、变卖财产的规定》（2020 年修正）第五条。

程序终结的期间不得超过 60 日。此外，还应注意的是，再行拍卖与本规定第二十五条^①规定的重新拍卖不同，再行拍卖是在流拍后进行的第二次或第三次拍卖，是原拍卖的继续；而重新拍卖则是在买受人逾期未支付价款或者承受人逾期未补交差价而使拍卖、抵债的目的难以实现的情况下，重新进行的拍卖，因此，与再行拍卖不同，重新拍卖应按照原拍卖的程序重新进行。

此外，本规定对拍卖的次数作出了明确的限制。这主要是考虑到法院的司法资源是有限的，如果在某个案件上或者某个程序中花费的资源过多，就可能造成其他案件中相应的资源分配减少。此外，限制拍卖次数对被执行人来说也是一种有效的保护。因为在拍卖保留价降低到一定程度后仍然流拍的情况下，如果再次降低保留价拍卖，虽然有可能成交，但保留价降得过低，可能会造成拍卖财产过分贱卖的情况，从而损害被执行人的利益。考虑到动产的价值一般较低，不动产、其他财产权的价值一般较高或者在拍卖过程中可能会遇到更为复杂的情况，因此，本规定中规定对动产的拍卖以两次为限，两次拍卖仍然流拍又不能抵债的，即解除查封、扣押，将该动产退还被执行人。当然，如果拍卖的动产是质物或留置物的，应将其退还给质权人或留置权人。不动产、其他财产权则可以拍卖三次，第三次拍卖仍然流拍又不能抵债的，还应当再进行一次变卖，人民法院应当于第三次拍卖终结之日起 7 日内发出变卖公告。自公告之日起 60 日内有人愿意买受该财产的，法院应当准许，但价格不得低于第三次拍卖的保留价；在 60 日期间内，申请执行人、其他执行债权人也可以表示接受该不动产或者其他财产权抵债。60 日期间届满后，仍没有人愿意买受该不动产或者其他财产权，又不能抵债的，应当解除查封、冻结，将该财产退还被执行人，但对该财产可以采取其他执行措施的除外。比如，对于不动产如果适合进行强制管理的，可以考虑采取该种方式执行，而不将该不动产退还被执行人。在动产、不动产或其他财产权退还给被执行人后，如果将来该项财产升值的，可以考虑重新启动拍卖程序进行拍卖。申请人也可以申请执行被执行人的其他财产。

---

① 现为《最高人民法院关于人民法院民事执行中拍卖、变卖财产的规定》（2020 年修正）第二十二条。

十一、关于不动产所有权的转移

在执行程序中，不动产拍卖成立或抵债后，是否必须经过登记之后其所有权才转移给买受人或承受人，对此有不同观点，本规定规定，依照本规定第二十九条①的规定，不动产拍卖成交或者抵债后，其所有权自拍卖成交或者抵债裁定送达买受人或者承受人时起转移，而不以办理过户登记为要件。此外，根据该条的规定，有登记的特定动产及其他财产权拍卖成交或者抵债后，其所有权、其他财产权也自拍卖成交或者抵债裁定送达买受人或者承受人时起转移。动产拍卖成交或者抵债后，其所有权则自该动产交付时起转移给买受人或者承受人。

十二、关于拍卖价款的支付和标的物的移交

本规定第二十四条②规定对价款的支付提出了明确的要求，其中有两个问题需要注意：一是买受人必须在拍卖公告确定的期限或者人民法院指定的期限内支付价款，而且，依照本规定第二十五条的规定，买受人逾期未支付价款使拍卖的目的难以实现的，人民法院可以裁定重新拍卖。这一规定主要是考虑到拍卖只是执行程序中的一个阶段，拍卖程序的设计应当把效率作为一个重要的价值取向，对买受人支付价款的期间提出强制性的要求，主要是为了防止拍卖程序的过分拖延，确保债权能够及时得到实现。在实际操作中，一般情况下应把支付价款的期间作为拍卖公告的一项内容予以公告，人民法院也可以指定一个支付价款的合理期间。支付价款的期间一旦予以公告或由法院指定，法院和当事人都应当遵守。二是价款应当交付到人民法院或汇入人民法院指定的账户。这一规定主要是为了加大人民法院对拍卖价款的实际控制和监督力度，尽量避免在这一环节出现新的问题和纠纷，防止拍卖程序复杂化。

此外，本规定还对拍卖标的物的移交也作出了明确的规定。这里所说的

---

① 现为《最高人民法院关于人民法院民事执行中拍卖、变卖财产的规定》（2020年修正）第二十六条。

② 现为《最高人民法院关于人民法院民事执行中拍卖、变卖财产的规定》（2020年修正）第二十一条。

"移交"，是指将标的物实际交由买受人或承受人控制。对于标的物的移交，也有两点值得注意：首先，在买受人或者接受标的物抵债的债权人足额给付价款或者补交差价之前，不允许将拍卖标的物实际移交给买受人或承受人，结合本规定第二十三条[①]和第三十条[②]的规定可以得出这一结论。依照本规定第二十三条，拍卖成交或抵债裁定于价款或者需要补交的差价全额交付后才能送达买受人；而依照第三十条的规定，拍卖标的物应当于拍卖成交或者抵债裁定送达后才能实际移送给买受人。可见，本规定严格禁止在价款或者需要补交的差价足额交付之前将拍卖标的物实际移交给买受人。这一规定主要是为了避免在标的物实际交付后，买受人拖延支付价款，使拍卖程序本身又衍生出新的问题和纠纷，影响整个执行程序的顺利进行。当然，实际操作中不一定必须在价款或差价支付后才能实际移交标的物，在价款或差价足额支付的同时实际移交标的物的做法，也完全符合本规定的精神。其次，本规定对法院移交拍卖标的物的最长期限作出了明确的规定，即人民法院应当在拍卖成交或抵债裁定送达后15日内，将拍卖标的物移交给买受人或承受人。今后，人民法院应当严格按照这一期限移交拍卖的标的物，切实维护买受人的合法权益和法院自身的威信。当然，实践中可能存在着拍卖标的物依法不能移交的情形，如在执行前，作为拍卖标的物的房屋已经依法出租给了第三人，在拍卖成交后，租赁期间尚未届满，在这种情况下买受人可以取得房屋的所有权，但不能实际占有该房屋，人民法院也不能将该房屋实际移交给买受人。在拍卖实践中，为避免发生不必要的争议，对标的物是否能够及时移交给买受人或承受人，应当在拍卖前向所有的竞买人予以说明。

十三、关于拍卖财产上原有权利负担的处理

在执行实践中，拍卖的财产尤其是不动产上往往存在着租赁权、担保物权以及其他优先受偿权等各种各样的权利负担。如何平衡和协调申请执行人与其他权利人之间的利益，是执行程序中必须解决的一个重要问题。

---

① 现为《最高人民法院关于人民法院民事执行中拍卖、变卖财产的规定》（2020年修正）第二十条。

② 现为《最高人民法院关于人民法院民事执行中拍卖、变卖财产的规定》（2020年修正）第二十七条。

担保物权及其他优先受偿权重在支配拍卖财产的交换价值，是否占有、使用拍卖财产本身，不会对这些权利的实现造成根本性的影响，其受偿顺位先于申请执行人的，可以在拍卖之后从拍卖价款中优先受偿。因此，最高人民法院以前的司法解释对拍卖的动产、不动产上存在的担保物权的处理采取了消灭原则。本规定对拍卖财产上担保物权及其他优先受偿权的处理，原则上也采取了消灭原则。依照本规定第三十一条①第一款的规定，拍卖财产上原有的担保物权及其他优先受偿权，因拍卖而消灭，拍卖所得价款，应当优先清偿担保物权人及其他优先受偿权人的债权。应当注意的是，消灭原则指的是担保物权及其他优先受偿权的消灭，而不是担保物权所担保的债权和有优先受偿权的债权本身消灭。此外，如果有关的债权人与买受人或者受标的物抵债的债权人对权利负担的处理有明确约定，这些约定又不违反有关法律规定的，人民法院应当尊重其约定。与担保物权及其他优先受偿权不同，租赁权及用益物权重在支配标的物的使用价值，租赁权人及用益物权人要实际享有权利，必须现实地占有标的物。因此，本规定对拍卖财产上存在的租赁权及用益物权的处理，原则上采取承受原则，即拍卖财产上原有的租赁权及用益物权，不因拍卖而消灭。作为例外，如果上述权利继续存在于拍卖的财产上，对在先设定的担保物权或其他优先受偿权的实现有影响的，应当依法将其除去后再进行拍卖。例如，假设在查封、拍卖被执行人的一幢楼房之前，该幢楼房已分别抵押、出租给了A银行和B公司。如果租赁权设定在先，抵押权设定在后，依物权优先原则，租赁权应当优先予以保护，该幢楼房拍卖之后，租赁权应由买受人继续承受；相反，如果抵押权设定在先，租赁权设定在后，同样依据物权优先原则，设定在后的租赁权不能影响设定在先的抵押权的实现，因此，如果租赁权继续存在于该幢楼房上，导致其卖得的价款过低，影响抵押权实现的，执行法院就应当将该租赁权予以取消，然后再进行拍卖。

（撰稿人：赵晋山）

---

① 现为《最高人民法院关于人民法院民事执行中拍卖、变卖财产的规定》（2020年修正）第二十八条。

第二部分　司法观点

一、执行工作一般规范

（一）执行管辖

1.申请执行期间如何起算

22.【申请执行时效的一般规定】

申请执行的期间为二年。申请执行时效的中止、中断，适用法律有关诉讼时效中止、中断的规定。

前款规定的期间，从法律文书规定履行期间的最后一日起计算；法律文书规定分期履行的，从规定的每次履行期间的最后一日起计算；法律文书未规定履行期间的，从法律文书生效之日起计算。

生效法律文书规定债务人负有不作为义务的，申请执行时效期间从债务人违反不作为义务之日起计算。

1111.【外国仲裁的先承认后执行】

国外仲裁机构的裁决，需要中华人民共和国人民法院承认和执行的，应当由当事人直接向被执行人住所地或者其财产所在地的中级人民法院申请，人民法院应当依照中华人民共和国缔结或者参加的国际条约，或者按照互惠原则办理。

1115.【申请承认和执行外国仲裁的期间】

当事人申请承认和执行外国仲裁裁决的期间，适用本规范第22条第1

款、第 2 款的规定。

当事人仅申请承认而未同时申请执行的，申请执行的期间自人民法院对承认申请作出的裁定生效之日起重新计算。

——最高人民法院执行局编：《人民法院办理执行案件规范（第二版）》，人民法院出版社 2022 年版，第 449~451 页。

上海市高级人民法院：

你院（沪高法 322 号）《关于上海金纬机械制造有限公司申请执行瑞士 RETECHAktiengesellschaft 公司案管辖和申请执行期限问题的请示》收悉。经研究，答复如下：

请示的两个法律适用问题，原则均同意你院审判委员会多数人意见。《中华人民共和国民事诉讼法》第二百五十七条①规定：“经中华人民共和国涉外仲裁机构裁决的，当事人不得向人民法院起诉。一方当事人不履行仲裁裁决的，对方当事人可以向被申请人住所地或者财产所在地的中级人民法院申请执行。”我国涉外仲裁机构仲裁裁决确定的义务人，其可供执行的财产在我国领域内的，可以由财产所在地中级人民法院执行。执行管辖权是案涉当事人正当行使民事强制执行请求权的必要条件，上海第一中级人民法院应在确定本案执行管辖后，根据《中华人民共和国民事诉讼法》关于申请执行时效期间的相关规定进行审查，依法执行。

此复

——《最高人民法院执行局关于上海金纬机械制造有限公司与瑞士 RETECHAktiengesellschaft 公司执行请示一案的答复》[2011 年 10 月 10 日，（2011）执他字第 20 号]，载江必新、刘贵祥主编，最高人民法院执行局编：《执行工作指导》2015 年第 4 辑（总第 56 辑），国家行政学院出版社 2015 年版，第 92 页。

说明

指导案例 37 号上海金纬机械制造有限公司与瑞士瑞泰克公司仲裁裁决执行复议案，旨在明确涉外仲裁裁决的申请执行人，发现被执行人或其财产在

---

① 现为《民事诉讼法》（2023 年修正）第二百九十条。

我国领域内的，人民法院具有执行管辖权；申请执行的时效期间，自发现被执行人或其财产在我国领域内之日起算。这就解决了涉外执行的管辖争议问题，确立了涉外案件申请执行期间起算的具体标准，有利于法院及时、高效执行，遏制失信逃债行为，保障胜诉当事人及时实现权益，从而维护生效法律文书的尊严和权威。

指导案例 37 号裁判要点确认：当事人向我国法院申请执行发生法律效力的涉外仲裁裁决，发现被申请执行人或者其财产在我国领域内的，我国法院即对该案具有执行管辖权。当事人申请法院强制执行的时效期间，应当自发现被申请执行人或者其财产在我国领域内之日起算。该裁判要点依据《中华人民共和国仲裁法》第六十二条、《中华人民共和国民事诉讼法》第二百三十九条①、第二百七十三条②、《最高人民法院关于适用〈中华人民共和国仲裁法〉若干问题的解释》第二十九条的规定，明确了民事诉讼法体系下执行管辖确定与申请执行期间计算之间的逻辑关系，解决了涉外仲裁裁决确定的履行期间届满后，仲裁义务人系外国法人或自然人且在我国领域内无住所地，也无可供执行财产；但嗣后发现可供执行财产的情况下，如何计算申请执行期间的法律问题。下面结合有关法律和司法解释规定，围绕裁判要点中的有关问题予以论证和说明。

（一）关于执行管辖权确定的问题

《中华人民共和国民事诉讼法》第二百五十七条③规定："经中华人民共和国涉外仲裁机构裁决的，当事人不得向人民法院起诉。一方当事人不履行仲裁裁决的，对方当事人可以向被申请人住所地或者财产所在地的中级人民法院申请执行。"《中华人民共和国仲裁法》第六十二条和《最高人民法院关于适用〈中华人民共和国仲裁法〉若干问题的解释》第二十九条将仲裁裁决的执行级别管辖确定为中级人民法院。因此，只要被执行人可供执行的财产在我国领域内，产生我国国内人民法院的管辖连接点，人民法院即对该纠纷享

---

① 现为《民事诉讼法》(2023 年修正) 第二百五十条。
② 现为《民事诉讼法》(2023 年修正) 第二百九十条。
③ 现为《民事诉讼法》(2023 年修正) 第二百六十八条。

有执行管辖权。此外，《中华人民共和国民事诉讼法》第二百六十四条①规定："中华人民共和国涉外仲裁机构作出的发生法律效力的仲裁裁决，当事人请求执行的，如果被执行人或者其财产不在中华人民共和国领域内，应当由当事人直接向有管辖权的外国法院申请承认和执行。"法条内容规范的是被执行人或其财产这两个管辖连接点在我国领域外时的管辖确定，属司法协助范畴。这样规定不影响当外国法人财产在我国领域内时，人民法院可以依法要求该外国法人履行我国仲裁机构作出的仲裁裁决确定的义务，这是司法管辖权作为一国司法制度重要组成部分在其本国领域内的体现，也是司法主权原则在执行工作中的体现。综上，相关法律、司法解释规定明确具体，仲裁权利人向域外法院申请对我国涉外仲裁机构仲裁裁决的承认与执行，并不排除我国法院的执行管辖；外国法人或自然人在我国领域内能够确定住所地或有可供执行财产的，住所地或财产所在地人民法院有执行管辖权。

（二）关于申请执行期间计算的问题

依照民事执行理论，债权人取得有给付内容的生效法律文书后，如债务人未履行生效文书所确定的义务，债权人即可申请法院行使强制执行权，实现其实体法上的请求权，此项权利即为民事强制执行请求权。民事强制执行请求权隶属于民事诉讼法体系，因而具有公法性质，其存在，依赖于实体权利；其取得，依赖于执行根据（即可申请强制执行的生效法律文书）；其行使，依赖于诉讼管辖权的确定。可以说，诉讼管辖权是民事强制执行请求权的基础和前提。司法实践中，人民法院的诉讼管辖权与当事人民事强制执行请求权不能是抽象或不确定的，而应是具体且可操作的。当仲裁裁决生效后，仲裁义务人未履行裁决所确定的义务时，仲裁权利人即拥有了民事强制执行请求权，但是，根据民事诉讼法，涉外仲裁机构作出的仲裁裁决申请执行，如果被执行人或者其财产不在中华人民共和国领域内，应当由当事人直接向有管辖权的外国法院申请承认和执行。此时，因没有发现被执行人在我国领域内有住所地或可供执行财产，人民法院对该案没有执行管辖权，申请执行人并非其主观上不愿或怠于行使诉讼权利，而是由于客观上没有发现被执行人及其财产在我国领域内，案件没有产生人民法院执行管辖连接点，导致其

_____

① 现为《民事诉讼法》（2023 年修正）第二百七十五条。

无法向人民法院申请执行。这种情况下，人民法院不能计算当事人申请执行期间，否则，将产生"没有管辖权的人民法院在不能受理当事人的执行申请，更不能对被执行人采取强制执行措施的情况下，却在计算当事人申请执行期间"的悖论。从司法行为的严格性和规范性可知，人民法院具有执行管辖权，是当事人取得强制执行请求权的前提；执行管辖没有确定，当事人也就没有取得向我国法院申请强制执行的权利。因此，人民法院具有执行管辖权，受理强制执行申请后，亦应在当事人取得强制执行请求权后，审查其是否在法律规定的期间内提出；而不能计算不存在权利的行使期间。申请执行期限制度的立法本意与制度目的是督促权利人关注并及时行使自己的权利，从而维护社会关系的确定性和稳定性。本案申请执行人一直积极主张权利，多次向外国法院申请执行，却都因翻译主体与《承认及执行外国仲裁裁决公约》（以下简称《纽约公约》）的要求不符而未得到承认，其不存在怠于行使自身权利的情况。事实上，申请执行人始终没有放弃要求外国法院对案涉仲裁裁决的承认与执行，三次提交由不同权威机构翻译（包括申请承认的本国翻译人员或机构）的仲裁裁决翻译件，但均被外国法院以相同理由驳回，体现出外国法院对其本国国民的倾向性保护。基于司法对等原则，我国法院关于案件处理也应当考虑案件的执行现状，积极予以审查，依法立案受理。

（三）其他需要说明的法律问题

本指导案例中，当事人还提出可能重复执行和向外国法院申请执行超过《民事诉讼法》规定期间的问题。针对以上问题，说明如下：《纽约公约》解决的是"在一个国家的领土内作成的仲裁裁决，而在另一个国家请求承认和执行"的问题，原则上只要仲裁裁决符合公约约定的基本条件，都可以在任何缔约国得到承认和强制执行；且不禁止当事人向多个公约缔约国申请相关仲裁裁决的承认与执行。《中华人民共和国民事诉讼法》第四条规定："凡在中华人民共和国领域内进行民事诉讼，必须遵守本法。"因此，人民法院在执行实施与裁决程序中，适用我国国内法并无不当。《纽约公约》尊重当事人意思自治原则，被执行人可以通过的举证进行抗辩，向执行地法院提交已经清偿债务数额的证据，防止重复执行或超标的执行的问题。瑞士作为《纽约公约》的缔约国，应当遵守条约。《纽约公约》第三条约定："在以下各条所规定的条件下，每一个缔约国应该承认仲裁裁决有约束力，并且依照裁决需其承认或执行的地方程序规则予以执行。"换言之，公约规定关于执行裁决的未尽事宜以及程序性问题，均由执行地的程序法进行规范。因此，本案在瑞士法院的承认与执行，包括申请执行期间在内的程序性法律问题，均应适用该国法律，而非我国《民事诉讼法》有关规定。

——刘少阳：《执行管辖确定之后始得计算申请执行期间——上海金纬机械制造有限公司与瑞士瑞泰克公司仲裁裁决执行复议案评析》，载江必新、刘贵祥主编，最高人民法院执行局编：《执行工作指导》2015年第4辑（总第56辑），国家行政学院出版社2015年版，第88~91页。

2.如何理解执行管辖权转移的时点

7.【指定执行、提级执行】

上级人民法院对下级人民法院的执行案件，认为需要提级执行、指定执行的，可以裁定提级执行、指定执行。

高级人民法院、中级人民法院对本院的执行案件，认为需要指定执行的，可以指定执行。

高级人民法院对最高人民法院函示指定执行、提级执行的案件，中级人民法院对高级人民法院函示指定执行、提级执行的案件，应当裁定指定执行、提级执行。

基层人民法院和中级人民法院管辖的执行案件，因特殊情况需要由上级人民法院执行的，可以报请上级人民法院执行。

——最高人民法院执行局编：《人民法院办理执行案件规范（第二版）》，人民法院出版社2022年版，第6页。

正确理解执行管辖权转移的时点，保护当事人、利害关系人的合法权益。执行实践中，为了避免以执行管辖权转移为由拒绝受理当事人、利害关系人的异议申请，出现推诿责任、踢皮球的现象，导致当事人、利害关系人无法正常行使异议权，必须对执行管辖权转移的时点作严格把握。

上级人民法院通过裁定指定执行或提级执行的，必须是上级人民法院作出的指定执行或者提级执行的裁定生效后，当事人、利害关系人就原执行法院执行行为或执行标的提出执行异议申请的，才由现执行法院处理。如果上级人民法院尚未作出指定执行裁定或指定执行的裁定尚未生效，此时当事人、利害关系人就执行行为或执行标的向原执行法院提起执行异议，原执行法院仍应予以审查处理。

人民法院委托其他法院执行的，依照相关司法解释的规定，原执行法院应当在受托法院依法立案并收到受托法院的立案通知书后，才能作委托结案处理。也只有在此时，原执行案件的管辖权才转给了受托法院，当事人、利害关系人此后就原执行法院的执行行为或执行标的提出异议的，才由现执行法院审查处理。如委托执行尚未完成，原执行法院不得以案件已委托其他法院执行为由拒绝受理当事人、利害关系人提出的执行异议。

——江必新、刘贵祥主编，最高人民法院执行局编著：《最高人民法院办理执行异议和复议案件若干问题规定理解与适用》，人民法院出版社 2015 年版，第 65~66 页。

3.无执行管辖权的法院能否因当事人约定或默认获得仲裁裁决的执行管辖权

927.【仲裁裁决执行的一般规定】

对依法设立的仲裁机构的裁决，一方当事人不履行的，对方当事人可以向有管辖权的人民法院申请执行。受申请的人民法院应当执行。

被申请人提出证据证明仲裁裁决有下列情形之一的，经人民法院组成合议庭审查核实，裁定不予执行：

（一）当事人在合同中没有订有仲裁条款或者事后没有达成书面仲裁协议的；

（二）裁决的事项不属于仲裁协议的范围或者仲裁机构无权仲裁的；

（三）仲裁庭的组成或者仲裁的程序违反法定程序的；

（四）裁决所根据的证据是伪造的；

（五）对方当事人向仲裁机构隐瞒了足以影响公正裁决的证据的；

（六）仲裁员在仲裁该案时有贪污受贿，徇私舞弊，枉法裁决行为的。

——最高人民法院执行局编：《人民法院办理执行案件规范（第二版）》，人民法院出版社 2022 年版，第 383 页。

甲公司、乙公司与丙公司施工合同纠纷案〔最高人民法院（2015）执申字第 42 号执行裁定书〕

裁判要旨：《民事诉讼法》第二百二十四条 ① 及《最高人民法院关于适用〈中华人民共和国仲裁法〉若干问题的解释》第二十九条对仲裁案件执行的级别管辖和地域管辖作出的明确规定，具有强制约束力。关于仲裁裁决的执行，其确定管辖的连接点只有两个，一是被执行人住所地，二是被执行的财产所在地。民事诉讼法属于公法性质的法律规范，法律没有赋予权利即属禁止。虽然民事诉讼法没有明文禁止当事人协商执行管辖法院，但对当事人就执行案件管辖权的选择限定于上述两个连接点之间，当事人只能依法选择向其中一个有管辖权的法院提出执行申请。民事诉讼法有关应诉管辖的规定适用于诉讼程序，不适用于执行程序。

本案的焦点问题是青岛市中级人民法院对本案的执行是否有管辖权。《中华人民共和国民事诉讼法》第二百二十四条及《最高人民法院关于适用〈中华人民共和国仲裁法〉若干问题的解释》第二十九条对仲裁案件执行的级别管辖和地域管辖作出明确规定，具有强制约束力。仲裁裁决的执行，其确定管辖的连接点只有两个：一是被执行人住所地；二是被执行的财产所在地。民事诉讼法属于公法性的法律规范，法律没有赋予的权力就是属于禁止。虽然民事诉讼法没有明文禁止当事人可协商执行管辖法院，但法律对当事人就执行案件管辖权的选择限定于上述两个连接点之间，当事人只能依法选择其中的一个有管辖权的法院提出执行申请，不得以任何方式改变法律规定的执行管辖法院。《中华人民共和国民事诉讼法》有关应诉管辖的规定适用于诉讼程序，在执行程序中适用没有法律依据、法理依据。因此，当事人通过协议方式选择，或通过不提管辖异议、放弃管辖异议等默认方式来确定无执行管辖权的法院享有管辖权，均不符合法律的规定。就本案而言，被执行人乙公司的住所地或财产所在地均不在青岛市中级人民法院管辖范围内，青岛市中级人民法院对本案执行没有管辖权。申请执行人丙公司以被执行人称其与住所地或财产所在地的法院有特殊关系为由，不向有管辖权的法院提出申请执行，而向无管辖权的青岛市中级人民法院申请执行，青岛市中级人民法院明

---

① 现为《民事诉讼法》（2023 年修正）第二百三十五条。

知自己无管辖权仍然受理本案，不符合法律的规定。本案被执行人乙公司在法定期限内提出了执行管辖权异议，青岛市中级人民法院应当依法予以审查，并依据法律规定确定其异议是否成立。虽然在此期间，乙公司决定撤回管辖权异议，并且还向青岛市中级人民法院提出不予执行该仲裁裁决的申请，但当事人的上述行为均不能改变法律的规定而使青岛市中级人民法院取得对本案的执行管辖权。综上，乙公司申诉理由成立，青岛市中级人民法院和山东省高级人民法院关于本案执行管辖异议的处理缺乏法律依据，应予纠正。在法院确定执行管辖权时，甲公司不是本案的当事人，而是法院基于另一当事人申请追加的当事人，其无权就本案的管辖权确定提出异议。鉴于甲公司不是仲裁裁决案件的当事人，该仲裁裁决案件执行管辖的确定不能以其住所地或财产所在地作为根据，应以仲裁裁决案件中被执行人住所地或被执行的财产所在地作为确定执行管辖法院的根据，即被执行人乙公司住所地或者被执行的财产所在地的中级人民法院有管辖权。鉴于青岛市中级人民法院对本案不具有执行管辖权，为方便有执行管辖权法院顺利执行本案，排除执行程序中的障碍，故青岛市中级人民法院所作出的涉及本案非财产控制措施的相关执行裁定应予以一并撤销。

——《最高人民法院（2015）执申字第42号》，载江必新、刘贵祥主编，最高人民法院执行局编：《执行工作指导》2016年第2辑（总第58辑），国家行政学院出版社2016年版，第118~119页。

（二）执行的申请和受理

4.没有给付内容的判决不能作为执行依据，债权人依据此类判决申请执行的，人民法院不应受理

第四百六十一条第一款 当事人申请人民法院执行的生效法律文书应当具备下列条件：

（一）权利义务主体明确；

（二）给付内容明确。

——《最高人民法院关于适用〈中华人民共和国民事诉讼法〉的解释》
（2022 年 4 月 1 日修正）。

16. 人民法院受理执行案件应当符合下列条件：

（1）申请或移送执行的法律文书已经生效；

（2）申请执行人是生效法律文书确定的权利人或其继承人、权利承受人；

（3）申请执行的法律文书有给付内容，且执行标的和被执行人明确；

（4）义务人在生效法律文书确定的期限内未履行义务；

（5）属于受申请执行的人民法院管辖。

人民法院对符合上述条件的申请，应当在七日内予以立案；不符合上述
条件之一的，应当在七日内裁定不予受理。

——《最高人民法院关于人民法院执行工作若干问题的规定（试行）》
（2020 年 12 月 29 日修正）。

34.【申请执行的实质要件】

当事人申请执行应当符合下列条件：

（一）申请执行的法律文书已经生效且该文书确定的履行义务所附的条件
已经成就或者所附的期限已经届满；

（二）申请执行人是生效法律文书确定的权利人或者其继承人、权利承
受人；

（三）申请执行的法律文书权利义务主体明确；

（四）申请执行的法律文书具有给付内容且给付内容具体、明确；

（五）生效法律文书确定的义务未履行或者未全部履行；

（六）属于受申请执行的人民法院管辖。

前款第 2 项规定的"权利承受人"，在法律文书生效后进入执行程序前
合法承受权利的，权利承受人可直接申请执行，无须作出变更申请执行人的
裁定。

法律文书确定继续履行合同的，应当明确继续履行的具体内容。

——最高人民法院执行局编：《人民法院办理执行案件规范（第二版）》，
人民法院出版社 2022 年版，第 20~21 页。

问： 债权人能否依据确认之诉的判决申请强制执行？

答： 根据诉讼请求的性质和内容，民事诉讼法理论将"诉"分为给付之诉、形成之诉、确认之诉。给付之诉是指原告请求法院判令对方当事人履行一定义务的诉讼。例如，原告请求法院判令被告返还借款100万元。形成之诉又称为变更之诉，是指原告请求法院变更其某种法律关系的诉讼。例如，原告请求法院判决撤销被告将房产无偿转让第三人的行为。确认之诉是指原告请求确认某种法律关系存在或者不存在的诉讼。例如，原告请求法院确认其与被告之间的买卖合同有效。

通常而言，只有给付之诉的判决才有执行力，可以成为执行依据。这是因为虽然给付之诉的判决已经命令被告为一定给付，但在其实际完成该给付之前，原告的请求并未得到满足。此时，原告就需要借助国家的强制力，强制被告履行。与之相对，确认之诉或者形成之诉的判决一经生效，原告的请求就已经获得满足——某种法律关系已经法院确认存在或者不存在，或者已经法院宣告变更，没有强制执行的必要。

正因如此，我国司法解释明确将"生效法律文书具有给付内容"作为受理强制执行申请的条件。根据《最高人民法院关于人民法院执行工作若干问题的规定（试行）》第十六条第一款第三项之规定，人民法院受理执行案件的条件包括"申请执行的法律文书有给付内容，且执行标的和被执行人明确"。《最高人民法院关于适用〈中华人民共和国民事诉讼法〉的解释》第四百六十三条第一款[①]规定，当事人申请人民法院执行的生效法律文书应当给付内容明确。

综上，没有给付内容的判决不能作为执行依据，债权人依据此类判决申请执行的，人民法院不应受理。同时，鉴于司法实务中有些诉讼并非单纯的确认之诉、给付之诉或者形成之诉，而是二者甚至三者结合，为充分维护当事人的合法权益，节约司法资源，在确定某个判决是否有明确的给付内容时，人民法院除依据裁判主文外，还可以适当结合当事人的诉讼请求、裁判事实

---

① 现为《最高人民法院关于适用〈中华人民共和国民事诉讼法〉的解释》（2022年修正）第四百六十一条第一款。

及理由。例如，分割共有物诉讼中，原告仅请求分割，未请求交付分割所得财产，人民法院亦未判决交付的，虽然裁判主文未明言给付内容，但亦应认可此类判决具有执行力。又如，原告仅请求确认合同无效，未请求对方为其他给付，人民法院亦未判决给付的，如果裁判事实及理由中已认定对方基于无效合同取得财产，则权利人得基于该判决申请强制执行，请求对方返还相应财产。

　　——王赫：《执行实施部分问题解答》，载最高人民法院执行局编：《执行工作指导》2020年第4辑（总第76辑），人民法院出版社2021年版，第195页。

5.当事人未经诉讼直接向执行机构主张建设工程优先权时执行机构的处理

　　问：未经诉讼直接向执行机构主张建设工程优先权的，执行机构应当如何处理？

　　答：《最高人民法院关于审理建设工程施工合同纠纷案件适用法律问题的解释（一）》第三十五条规定："与发包人订立建设工程施工合同的承包人，依据《民法典》第八百零七条的规定请求其承建工程的价款就工程折价或者拍卖的价款优先受偿的，人民法院应予支持。"该司法解释第三十六条进一步规定："承包人根据《民法典》第八百零七条规定享有的建设工程价款优先受偿权优于抵押权和其他债权。"因此，法院在执行程序中收到承包人要求行使未经生效法律文书确认的建设工程优先权申请的，可分两种情况予以处理：一是如果被执行人对其申请的工程款金额无异议，且经法院审查承包人提供的建设工程合同及相关材料合法有效，亦未发现承包人和被执行人恶意串通损害国家、集体和第三人利益的，应准许其优先受偿；二是如果被执行人对其申请的工程款金额有异议，法院应当告知承包人另行诉讼，但法院对工程变价款的分配程序须待诉讼有结果后方可继续进行。建设工程优先权覆盖的工程款具体金额应由审判机构或仲裁机构确定。这是因为，根据审执分立的原则，除非法律或司法解释特别授权，执行机构一般不得对实体问题进行裁判。从法律性质来看，承包人是否享有建设工程优先权以及优先权部分的具体金额属于实体问题，本质上应由审判机构通过诉讼程序或者由仲裁机构通过仲裁程序予以确认。

值得一提的是，司法实践中，更常见的情况并非当事人之间就建设工程价款未经诉讼即申请执行，而是当事人经过了纠纷解决程序并获得了有关工程款的执行名义（法院的判决、仲裁机构的裁决等），但这些执行名义或者根本不确认承包人是否享有建设工程优先权，或者不对工程款中优先受偿权部分的具体金额加以明确。面对此种执行名义，执行机构往往陷入窘境。一方面，由执行机构在执行程序中确认承包人享有建设工程优先权及其具体金额，有"以执待审""自审自执"之嫌，不符合审执分立的基本原则，也不能给当事人的权利提供充分的救济。另一方面，如果由执行机构确认优先权部分的具体金额，必然需要另行委托审计机构或者鉴定机构，对工程造价及其中的优先权部分进行审计或鉴定，这将导致如下问题：一是增加当事人诉累；二是影响执行效率；三是容易出现审计结果相互矛盾的情形。事实上，审判机构在关于工程款纠纷的裁判文书中，应当根据当事人的诉请，确认承包人是否享有建设工程优先权；如果享有，则应确认其具体金额。因此，当前在执行对建设工程优先权未予明确的执行名义时，执行机构可首先告知承包人申请再审或另行诉讼，经审判机构对有建设工程优先权的债权数额进行确认后，依确定的金额执行。

——最高人民法院民事审判第一庭编：《民事审判实务问答》，法律出版社 2021 年版，第 58~59 页。

6.判决中已确定承担连带责任的一方向其他连带责任人追偿数额的，可直接执行

陕西省高级人民法院：

你院陕高法〔1995〕93 号请示收悉。经研究，答复如下：

基本同意你院报告中的第二种意见。我院法经〔1992〕121 号复函所指的追偿程序，针对的是判决后连带责任人依照判决代主债务人偿还了债务或承担的连带责任超过自己应承担的份额的情况。而你院请示案件所涉及的生效判决所确认的中国机电设备西北公司应承担的连带责任已在判决前履行完毕，

判决主文中已判定该公司向其他连带责任人追偿的数额，判决内容是明确的，可执行的。据此，你院可根据生效判决和该公司的申请立案执行，不必再作裁定。

——《最高人民法院关于判决中已确定承担连带责任的一方向其他连带责任人追偿数额的可直接执行问题的复函》(1996 年 3 月 20 日，经他〔1996〕4 号)，载江必新主编:《人民法院执行工作规范全集》，人民法院出版社 2017 年版，第 337 页。

20.【连带责任人承担责任后的直接申请执行】

生效法律文书已确认连带责任人有权追偿的数额，连带责任人承担连带责任后直接向人民法院申请执行其他连带责任人的，人民法院应当受理。

——最高人民法院执行局编:《人民法院办理执行案件规范（第二版）》，人民法院出版社 2022 年版，第 13 页。

（三）执行当事人及其变更、追加

7.执行程序中追加被执行人属于执行审查类案件中执行异议案件的一种类型

您好!《关于执行程序中被追被执行人是否应当作为执行异议立案审查的咨询》收悉。经研究，答复如下:

执行程序中追加被执行人属于执行审查类案件中执行异议案件的一种类型。《最高人民法院关于执行立案结案若干问题的意见》第九条是根据民事诉讼法的相关规定，对执行异议案件的类型予以明确，除了包括《中华人民共和国民事诉讼法》第二百二十五条 [1]、第二百二十七条 [2] 规定的执行行为异议、案外人异议外，还包括管辖权异议、变更追加被执行人、债务人异议、不予

---

[1]　现为《民事诉讼法》(2023 年修正) 第二百三十六条。

[2]　现为《民事诉讼法》(2023 年修正) 第二百三十八条。

执行仲裁裁决或者公证债权文书等。《最高人民法院关于人民法院办理执行异议和复议案件若干问题的规定》系对各种执行异议案件办理的规定，并非仅限于执行行为异议和案外人异议，如该司法解释第七条第二款系处理债务人异议的规定、第二十二条系处理某一情形下不予执行公证债权文书的规定。随后颁布施行的《最高人民法院关于民事执行中变更、追加当事人若干问题的规定》是处理民事执行中变更、追加当事人事宜的专门司法解释，以进一步弥补和完善民事诉讼法和原有司法解释对该部分内容规定的不足，特别是为了充分保障当事人的诉权，根据其他法律的相关规定，明确了当事人在某些情形下提起异议之诉的权利。因此，《最高人民法院关于人民法院办理执行异议和复议案件若干问题的规定》《最高人民法院关于民事执行中变更、追加当事人若干问题的规定》《最高人民法院关于执行立案结案若干问题的意见》之间，以及上述司法解释、规范性文件与《中华人民共和国民事诉讼法》之间，并不存在矛盾和冲突。追加被执行人依照《最高人民法院关于人民法院案件案号的若干规定》，以案件类型代字"执异"立案审查，符合法律、司法解释和规范性文件的相关规定，并不表示这类案件属于执行行为异议或者案外人异议案件。

——《关于追加被执行人是否立执行异议立案审查的答复》（2019 年 8 月 30 日），最高人民法院院长信箱，www.court.gov.cn。

8.第三人向人民法院作出的代偿债务承诺，人民法院可追加自愿作出承诺的第三人为被执行人

第十八条 执行过程中，第三人因书面承诺自愿代被执行人偿还债务而被追加为被执行人后，无正当理由反悔并提出异议的，人民法院不予支持。

——《最高人民法院关于人民法院办理执行异议和复议案件若干问题的规定》（2020 年 12 月 29 日修正）。

第三人自愿代被执行人偿还债务的承诺，应当向人民法院作出，或者经过人民法院审查认可。第三人向人民法院作出的债务履行承诺，具有公法上的效力，人民法院可据此实施相应的执行行为。只有符合上述条件的债务履

行承诺，人民法院方可追加自愿作出承诺的第三人为被执行人。如果第三人仅向当事人承诺代被执行人履行债务，或者只在当事人与第三人之间协议约定由第三人代为履行债务，未经人民法院见证或确认的，尚不具备直接追加被执行人的条件，可由当事人和第三人自行履行。人民法院在据此追加被执行人的过程中，应当注意审查核实第三人履行债务意思表示的真实性，其是否自愿接受强制执行，只有经人民法院审查确认后，才能裁定追加第三人为被执行人。至于第三人与被执行人之间，或者与申请执行人之间是否存在其他原因关系，则不属于执行程序的处理范围。

——江必新、刘贵祥主编，最高人民法院执行局编著：《最高人民法院办理执行异议和复议案件若干问题规定理解与适用》，人民法院出版社2015年版，第232~233页。

73.【第三人自愿代履行的变更、追加】

执行过程中，第三人向执行法院书面承诺自愿代被执行人履行生效法律文书确定的债务，申请执行人申请变更、追加该第三人为被执行人，在承诺范围内承担责任的，人民法院应予支持。

——最高人民法院执行局编：《人民法院办理执行案件规范（第二版）》，人民法院出版社2022年版，第37页。

9.判决确定的金融不良债权多次转让，人民法院能否裁定变更申请执行主体

十、关于诉讼或执行主体的变更

会议认为，金融资产管理公司转让已经涉及诉讼、执行或者破产等程序的不良债权的，人民法院应当根据债权转让合同以及受让人或者转让人的申请，裁定变更诉讼主体或者执行主体。在不良债权转让合同被认定无效后，金融资产管理公司请求变更受让人为金融资产管理公司以通过诉讼继续追索国有企业债务人的，人民法院应予支持。人民法院裁判金融不良债权转让合同无效后当事人履行相互返还义务时，应从不良债权最终受让人开始逐一与前手相互返还，直至完成第一受让人与金融资产管理公司的相互返还。后手

受让人直接对金融资产管理公司主张不良债权转让合同无效并请求赔偿的，人民法院不予支持。

——《最高人民法院关于审理涉及金融不良债权转让案件工作座谈会纪要》（2009 年 3 月 30 日，法发〔2009〕19 号）。

57.【债权转让时的变更、追加】

申请执行人将生效法律文书确定的债权依法转让给第三人，且书面认可第三人取得该债权，该第三人申请变更、追加其为申请执行人的，人民法院应予支持。

——最高人民法院执行局编：《人民法院办理执行案件规范（第二版）》，人民法院出版社 2022 年版，第 31 页。

湖北省高级人民法院：

你院鄂高法〔2009〕21 号请示收悉。经研究，答复如下：

最高人民法院《关于人民法院执行若干问题的规定（试行）》，已经对申请执行人的资格以明确。其中第 18 条① 第 1 款规定："人民法院受理执行案件应当符合下列条件……（2）申请执行人是生效法律文书确定的权利人或继承人、权利承受人。"该条中的"权利承受人"，包含通过债权转让的方式承受债权的人。依法从金融资产管理公司受让债权的受让人将债权再行转让给其他普通受让人的，执行法院可以依据上述规定，依债权转让协议以及受让人或者转让人的申请，裁定变更申请执行主体。

最高人民法院《关于金融资产管理公司收购、处置银行不良资产有关问题的补充通知》第三条虽只就金融资产管理公司转让金融不良债权环节可以变更申请执行主体作了专门规定，但并未排除普通受让人再行转让给其他普通受让人时变更申请执行主体。此种情况下裁定变更申请执行主体，也符合该通知及其他相关文件中关于支持金融不良债权处置工作的司法政策，但对普通受让人不能适用诉讼费用减半收取和公告通知债务人等专门适用金融资产管理公司处置不良债权的特殊政策规定。

---

① 现为《最高人民法院关于人民法院执行工作若干问题的规定（试行）》（2020 年修正）第 16 条。

——《最高人民法院关于判决确定的金融不良债权多次转让人民法院能否裁定变更申请执行主体请示的答复》（2009 年 6 月 16 日，〔2009〕执他字第 1 号），载江必新主编：《人民法院执行工作规范全集》，人民法院出版社2017 年版，第 822 页。

1. 变更申请执行主体的精神蕴含在《最高人民法院关于人民法院执行工作若干问题的规定》中。《最高人民法院关于人民法院执行工作若干问题的规定》第 18 条第 2 项规定："人民法院受理执行案件应当符合下列条件……（2）申请执行人是生效法律文书确定的权利人或继承人、权利承受人。"该条中的"权利承受人"包括权利的概括承受人和个别承受人。个别承受即主要是通过债权转让的方式承受的。允许债权受让人申请执行，其理论上的依据是：作为实体权利的债权转让的，与该实体权利相关的诉讼权利和申请执行的权利随同转让，债权的受让人可以提起诉讼，也可以申请执行。如果债权转让前原债权人已经提起诉讼或者申请执行，债权受让人可以继续该诉讼或者该执行程序。该规定没有区分普通债权转让和金融不良债权转让。金融不良债权转让只是作为债权转让的一种特殊情况，其本身并无多少特殊之处。与普通债权转让相比，变更诉讼和执行主体的基本法理是相同的，即都是合同法上的债权转让和民事诉讼法上的诉讼权利之处分原则。其特殊之处只是在于：对于金融资产公司收购和处置的不良债权，可以适用诉讼费减半收取和在报纸上公告即视为通知债务人的规定。而这两项特殊待遇不能适用于普通债权受让人。当然，对于所有的债权受让人申请的案件，都需要审查清楚债权转让的事实是否真实存在。债务人有异议的，允许提出异议，执行法院应当对其异议进行审查作出裁定。

2. 关于金融不良债权的有关规定中并未明确排除多次转让情况下变更申请执行主体的做法，此种情况下予以变更也符合支持金融不良债权处置的精神。《最高人民法院关于金融资产管理公司收购、处置银行不良资产有关问题的补充通知》（以下简称《补充通知》）第三条虽然只提到"金融资产管理公司转让、处置已经涉及诉讼、执行或者破产等程序的不良债权时，人民法院应当根据债权转让协议和转让人或者受让人的申请，裁定变更诉讼或者执行主体"。但对于债权受让人再将债权转让给其他普通主体，是否应当变更权利主体，并未作进一步的规定。单从该文件看，是否能在这种情况下再变更主体，不能从该文件中直接找到答案。2009年4月3日印发的《最高人民法院关于审理涉及金融不良债权转让案件工作座谈会纪要》中间接涉及此问题。其中第五"关于国有企业的诉权及相关诉讼程序"部分提到，国有企业债务人提起的转让合同无效诉讼中，"如果受让人的债权系金融资产管理公司转让给其他受让人后，因该受让人再次转让或多次转让而取得的，人民法院应当将金融资产管理公司和该转让人以及后手受让人列为案件当事人。"第七部分"关于不良债权转让无效合同的处理"指出："人民法院认定金融不良债权转让合同无效后，对于受让人直接从金融资产管理公司受让不良债权的，人民法院应当判决金融资产管理公司与受让人之间的债权转让合同无效；受让人通过再次转让而取得债权的，人民法院应当判决金融资产管理公司与转让人、转让人与后手受让人之间的系列债权转让合同无效。"该纪要第十部分"关于诉讼和执行主体的变更"只是重申了《补充通知》的要求，但提到："人民法院裁判金融不良债权转让合同无效后当事人履行相互返还义务时，应从不良债权最终受让人开始逐一与前手相互返还，直至完成第一受让人与金融资产管理公司的相互返还。"由此可以看出，纪要肯定了多次转让债权的情形，而且没有限制转让人和受让人的主体资格，也就是说肯定了普通受让人再次转让给普通受让人的情况。鉴于此内容规定在变更主体部分，可以推断，这里默认在这种情况下可以变更执行主体。

3. 普通民事主体受让债权的合法权益也应得到平等保护。最高人民法院民二庭在《关于审理涉及金融不良债权转让案件的若干政策和法律问题》（《人民法院报》2009年4月20日、5月4日、5月11日第4版）一文中指出：权利没有公私之别，只要是合法的权益，均应受到平等保护。平等保护不同所有制主体的民事权益不仅是法律的基本要求，也是司法审判的基本原则。无论是对国有企业还是民营企业、内资企业还是外资企业、集体还是个人，在法律上一律平等保护的原则是我国法制进步的标志，是人民法院应当始终不渝地坚持的价值取向。人民法院对受让人合法权利的充分保护，就是对金融资产管理公司处置工作的大力支持；受让人能获得合法的预期回报，不仅将促进这一市场的健康稳定发展，还能使国家维护金融安全、化解金融风险的金融体制改革政策得到落实。

综上，无论是从最高人民法院有关金融不良债权转让的专门文件中推断，还是从执行工作的一般规定中，均应得出允许金融不良债权多次转让情况下变更申请执行主体的结论。但需注意把握，对于普通受让人不能适用专门适用于资产管理公司处置不良债权的特殊规定。

——黄金龙：《判决确定的债权多次转让，人民法院能否变更申请执行主体的请示与答复》，载江必新主编，最高人民法院执行局编：《执行工作指导》2009年第2辑（总第30辑），人民法院出版社2009年版，第124~127页。

10.权利人被吊销营业执照后能否作为申请执行人

天津市高级人民法院：

你院《关于迈柯恒公司和旭帝公司与南开建行存款纠纷两案有关执行问题的请示》收悉。经研究，答复如下：

一、关于天津开发区迈柯恒工贸有限公司（以下简称迈柯恒公司）和天津市旭帝商贸有限公司（以下简称旭帝公司）主体资格问题，我院认为，迈柯恒公司和旭帝公司提交给二审法院和一审法院的企业法人营业执照及法定代表人身份证明书在企业名称、地址、法定代表人、企业类型、注册资金上均是一致的，其在二审诉讼期间未作其他说明。并且在二审诉讼期间，上诉人中国建设银行天津市南开支行对迈柯恒公司和旭帝公司的主体资格问题也未提出异议。故我院（2001）民二终字第126号和（2001）民二终字第127号判决书确认的诉讼主体与参加一审诉讼的主体是一致的。

二、关于迈柯恒公司作为权利人被吊销法人营业执照后，最高人民法院仍以原名称作出判决的问题，我院认为，企业被吊销营业执照，在未经依法清算并办理注销登记前其法人资格并不当然终止，仍可以自己的名义参加诉讼。故我院二审仍以迈柯恒公司的名称作出判决并无不可。

三、关于迈柯恒公司是否具备申请执行人资格的问题，我院认为，被吊销营业执照的迈柯恒公司在审判程序中是诉讼主体，也可以作为执行程序中的申请人。如果该公司成立了清算组（包括公司股东组成的清算组），由清算组代表迈柯恒公司申请执行。

此复

——《最高人民法院执行工作办公室关于权利人被吊销营业执照后诉讼主体资格和申请执行主体资格有关问题的答复》（2004 年 4 月 8 日，〔2003〕执他字第 16 号），载江必新主编：《人民法院执行工作规范全集》，人民法院出版社 2017 年版，第 821 页。

11.被执行人企业改制时其债务问题没有征得债权人的同意，执行中可裁定追加改制后的企业为被执行人

重庆市高级人民法院：

你院《关于贵阳特殊钢有限责任公司申请执行重庆望江制造总厂一案的请示报告》收悉。经研究，答复如下：

同意你院审判委员会第一种意见，即重庆望江制造总厂改制时其债务问题没有征得债权人贵阳特殊钢有限责任公司的意见，故根据我院《关于审理与企业改制相关的民事纠纷案件若干问题的规定》第十二条的规定，重庆市第一中级人民法院追加重庆望江工业有限公司为被执行人并无不当。鉴于本案涉及军工企业改制问题，在具体执行时可责成执行法院依法慎重处理。

此复

——《最高人民法院执行工作办公室关于贵阳特殊钢有限责任公司申请执行重庆望江制造总厂一案的请示的答复》（2005 年 1 月 7 日，〔2004〕执他字第 30 号），载江必新主编：《人民法院执行工作规范全集》，人民法院出版社 2017 年版，第 865 页。

12.执行程序中被执行人无偿转让抵押财产，受让人可以被追加为被执行人

山东省高级人民法院：

你院《关于执行程序中被执行人无偿转让抵押财产人民法院应如何处理的请示》收悉。经研究，答复如下：

作为执行标的物的抵押财产在执行程序中被转让的，如果抵押财产已经依法办理了抵押登记，则不论转让行为是有偿还是无偿，也不论是否通知了抵押权人，只要抵押权人没有放弃抵押权，人民法院均可以直接对该抵押物

进行执行。因此，你院可以直接对被执行人已经设定抵押的财产采取执行措施，必要时，可以将抵押财产的现登记名义人列为被执行人。

此复

——《最高人民法院关于执行程序中被执行人无偿转让抵押财产人民法院应如何处理的答复》（2006年10月27日，〔2005〕执他字第13号），载江必新主编：《人民法院执行工作规范全集》，人民法院出版社2017年版，第867页。

本案中，作为抵押物的受让人，对其所有权不能对抗债权人对抵押物所享有的优先权的问题争议不大，关键是是否有必要追加受让人为被执行人？如果有必要，能否在执行程序中直接追加抵押物的受让人为被执行人？笔者对这两个问题作如下分析：

（一）关于是否有必要追加抵押物的受让人为被执行人

合议庭在讨论时，少数意见认为，可以直接对抵押物进行执行，不需将受让人铭山公司列为被执行人。应该说这种观点有一定道理，法律上也有类似的规定。比如，《最高人民法院关于适用〈中华人民共和国民事诉讼法〉若干问题的意见》第二百七十四条①规定："作为被执行人的公民死亡，其遗产继承人没有放弃继承的，人民法院可以裁定变更被执行人，由该继承人在遗产的范围内偿还债务。继承人放弃继承的，人民法院可以直接执行被执行人的遗产。"但是，就本案而言，如果不追加铭山公司为被执行人，既有法律上的障碍，也有执行实践上的不便。就法律而言，由于抵押物的所有权已经移转，抵押的设备和房地产已经从被执行人过户到铭山公司名下，根据《最高人民法院关于民事执行中查封、扣押、冻结财产的规定》第二条，执行法院只能查封登记在被执行人名下的不动产。而此时抵押财产已登记在铭山公司名下，既然铭山公司不是被执行人，从该条规定推论，又怎么能执行属于铭山公司所有并登记在铭山公司名下的财产？从实践来看，作为协助执行部门的房地产管理机关往往要求法院在查封房产时，法律文书所载明的义务人与

---

① 现为《最高人民法院关于适用〈中华人民共和国民事诉讼法〉的解释》（2022年修正）第四百七十三条。

所要查封的不动产权利人相一致，否则便可能不予协助。

（二）关于能否在执行程序中直接追加抵押物的受让人为被执行人

回答应当是肯定的。其一，从实体法上看，抵押权人对抵押物所享有的优先受偿权作为物权性质的权利，具有对世和追及效力，不管抵押物流转于何人之手，抵押权人均得追及行使其抵押权。值得注意的是，山东省高级人民法院（以下简称山东高院）在该案的请示报告中刻意强调铭山公司受让抵押物的无偿性以及转让人没有履行通知义务的瑕疵。笔者猜测，执行法院隐含的可能逻辑是，首先，因为受让人没有支付相应的对价，所以其如果在执行程序中被追加，实体权利就不会受到什么损害。其次，因为没有通知债权人，所以不影响债权人行使抵押权，从而，不能对抗执行。其实，执行法院在思维上有点误入歧途。就第一点而言，无偿还是有偿，是转让人和受让人之间的事，其所产生的法律后果只能是：转让人对于受让人是否有要求及时支付转让价款的请求权以及如果抵押物被执行，受让人是否对转让人有不当得利请求权。对于抵押权这种物上优先权而言没有任何影响。就第二点而言，执行法院可能是受《最高人民法院关于适用〈中华人民共和国民法典〉有关担保制度的解释》（以下简称《担保法司法解释》）第六十七条[①]的影响，认为如果抵押人在转让时通知了抵押权人，则抵押权人就不能再行使抵押权。其实，《担保法司法解释》第六十七条只是规定了没有通知抵押权人不影响其行使抵押权，并不能反向推出，如果通知了抵押权人则其就丧失抵押权。因为，是否通知了抵押权人仅仅影响转让行为的效力，进而影响受让人是否合法取得抵押物的所有权。但是，对于附着在抵押物上的优先受偿权而言，没有任何影响，并不因受让人所有权取得的合法与否而影响抵押权的得丧变更。从以上两点分析可以看出，不管抵押物的继受人是无偿还是有偿，也不管抵押人在转让时是否通知了抵押权人，只要抵押权登记没有被涂销，只要抵押权人没有放弃抵押权，抵押权人行使抵押权便没有任何实体法律上的障碍。

其二，抵押物继受人属于执行力扩张的范围。按照执行力扩张理论，执行力扩张于：（1）言辞辩论终结后的诉讼标的物继承人；（2）请求标的物的

---

① 对应《最高人民法院关于适用〈中华人民共和国民法典〉有关担保制度的解释》第四十三条。

持有人；（3）诉讼担当场合的被担当人。而这里的诉讼标的物的继承人既包括因原所有权人死亡，继承遗产的继承人，也包括受让标的物的继承人。将执行力向诉讼标的物的受让人进行扩张，其目的在于维持纠纷解决的实效性。当然，无论是根据执行力扩张理论上"实质说"和"形式说"的观点，在判断判决的执行力是否向具体的标的物继受人进行扩张时，还要考虑继受人是否有与前诉被告无关的独立抗辩理由。而本案中，如前所述，铭山公司对中信银行行使抵押权的请求并无实体法上的有效抗辩。

其三，抵押物的继受人欠缺程序保障利益。一般而言，人民法院只能对执行依据所确定的债务人进行执行，如对执行依据以外的第三人进行执行，则应通过诉讼程序对第三人的辩论权利予以充分保障后通过诉讼程序追加为债务人方能进行执行。但是，作为对此原则的衡平，对于一些和原债务人存在法律上的继承和连带关系并且缺乏程序保障利益的第三人，"为了维持被前诉判决作出判断的权利关系的安定性，在继承人这种程度上的程序保障方面必须作出牺牲"。也就是说，可以作为执行力扩张的范围直接在执行程序中进行追加。本案中，铭山公司即属于此。这是因为，首先，中信银行对抵押物的优先受偿权已经山东高院（1999）鲁经初字第15号民事判决，铭山公司即使通过诉讼也无权对此再行抗辩。其次，山东高院将铭山公司列为被执行人，也仅仅是按照（1999）鲁经初字第15号民事判决的确定范围对特定的抵押物执行，并不对铭山公司的其他财产执行，没有扩大原执行依据的范围。最后，该抵押物已经办理抵押登记，铭山公司在接受转让的抵押物时，就应当预知抵押物上存在的可能被债权人强制执行的法律风险，直接对抵押物强制执行并不违背其真实意思。

其四，本案在执行程序中追加被执行人从价值趋向上更符合效率原则。如果通过诉讼程序追加，债权人有可能陷入周而复始的诉讼陷阱中，因为即使中信银行再一次通过诉讼追加了被执行人铭山公司，但是很难保证铭山公司不会将涉案抵押物再次转让，如果那样的话，中信银行将不得不进行无穷无尽的诉讼大战，这是有违立法本意的。目前，法学界和实践界对执行程序中行使实体裁判权诟病颇多，应该说这种批判于厘清诉讼程序和执行程序之间的关系，回归执行权力的本来面目是非常有益的。但是，在警惕执行权滥用的同时，我们还要反对学界和实践界存在的诉讼绝对化倾向，就是不加分别地把执行程序中的一切纠纷全部交由诉讼程序解决，执行程序绝对地僵化地忠实于原执行依据所确定的主观范围和客观范围。毕竟，逻辑所演绎出来的事实不能代替事实所形成的逻辑。特别是在目前被执行人通过关联交易逃债方式花样繁多，社会对此几无良策的情况下，把能够通过执行程序解决的问题全部推给诉讼，无疑是对失信者（债务人）的奖励，对守信者（债权人）的惩罚。须知，"诉讼复诉讼，诉讼何其多，执行待诉讼，万事成蹉跎"。本案在执行程序中直接追加标的物受让人节约了司法资源，也避免了债权人进行诉讼所带来的诉累。

其五，应当看到，本案确实存在立法上的疏漏，那就是缺乏直接追加标的物受让人的程序法律依据，这也正是山东高院认为此案比较棘手的一点。这就给我们提出一个问题：在目前执行法律尚不发达的情况下，能否根据实体法的规定和执行力扩张理论直接在执行程序中追加受让被执行人财产的第三人为被执行人。笔者认为，如果受让执行标的物的第三人符合以下四个条件，则可以直接在执行程序中追加：（1）债权人对于诉讼标的物的实体权利已经过原执行依据确定；（2）受让行为发生在执行程序中，按照学术语言也就是发生在既判力的基准时之后，如果发生在诉讼程序中，则应当通过诉讼程序解决；（3）不扩大原执行依据确定的执行范围，也就是受让人只能在受让财产的范围内对债权人承担给付责任；（4）被追加人缺乏程序保障的必要性。总之，不能让无辜的债权人来承担立法疏漏的后果。另外还要提及，有的同志认为只要根据抵押权的追及效力就可解决本案中追加被执行人的理论依据，没有必要套用执行力扩张理论。笔者认为不然，正如没有程序法作救济的权利是纸上的权利一样，作为实体法学的物权理论只能提供抵押权的行使为什么能够不受权利人转让的限制理论约束，而只有作为程序学的执行力扩张理论才是怎么样才能保证抵押权进行追及的正当程序依据。

——范向阳：《能否在执行程序中直接追加无偿受让抵押物的受让人为被执行人的请示案》，载最高人民法院执行工作办公室编：《执行工作指导》2006年第3辑（总第19辑），人民法院出版社2006年版，第119~124页。

被执行人无偿转让抵押物的，能否追加抵押物的受让人为被执行人？

问题： 对债权人甲银行与债务人乙、丙公司借款纠纷一案，某高级人民法院终审判决乙公司偿还借款 500 万元及利息，丙公司作为抵押人对 500 万元借款在抵押物的价值范围内承担责任。后在执行程序中，乙公司在没有通知甲公司的情况下，将涉案抵押物无偿转让于丁公司，并办理了抵押物过户登记。请问，法院能否在执行程序中追加丁公司为本案被执行人？

《人民司法》研究组认为：抵押权具有物上追及效力，作为执行标的物的抵押财产在执行程序中被转让的，如果抵押财产已经依法办理了抵押登记，则不论该转让行为是有偿还是无偿，也不论是否通知了抵押权人，只要抵押权人没有放弃抵押权，人民法院均可以直接对该抵押物进行执行，执行时将抵押财产的现登记名义人丁公司列为被执行人。

——《人民司法》2006 年第 12 期。

13.判决中已确定承担连带责任的一方向其他连带责任人追偿数额的，可直接执行

20.【连带责任人承担责任后的直接申请执行】

生效法律文书已确认连带责任人有权追偿的数额，连带责任人承担连带责任后直接向人民法院申请执行其他连带责任人的，人民法院应当受理。

——最高人民法院执行局编：《人民法院办理执行案件规范（第二版）》，人民法院出版社 2022 年版，第 13 页。

陕西省高级人民法院：

你院陕高法〔1995〕93 号请示收悉。经研究，答复如下：

基本同意你院报告中的第二种意见。我院法经〔1992〕121 号复函所指的追偿程序，针对的是判决后连带责任人依照判决代主债务人偿还了债务或承担的连带责任超过自己应承担的份额的情况。而你院请示案件所涉及的生效判决所确认的中国机电设备西北公司应承担的连带责任已在判决前履行完毕，判决主文中已判定该公司向其他连带责任人追偿的数额，判决内容是明确的，可执行的。据此，你院可根据生效判决和该公司的申请立案执行，不必再作裁定。

——《最高人民法院关于判决中已确定承担连带责任的一方向其他连带

责任人追偿数额的可直接执行问题的复函》（1996 年 3 月 20 日，经他〔1996〕4 号），载江必新主编：《人民法院执行工作规范全集》，人民法院出版社 2017 年版，第 337 页。

14.公司财产不足以清偿生效法律文书确定债务的，是否可以追加未缴纳或未足额缴纳出资的股东的受让股东为被执行人

66.【股东出资不足的变更、追加】

作为被执行人的营利法人，财产不足以清偿生效法律文书确定的债务，申请执行人申请变更、追加未缴纳或未足额缴纳出资的股东、出资人或依公司法规定对该出资承担连带责任的发起人为被执行人，在尚未缴纳出资的范围内依法承担责任的，人民法院应予支持。

在注册资本认缴制下，股东依法享有期限利益。债权人以公司不能清偿到期债务为由，请求未届出资期限的股东在未出资范围内对公司不能清偿的债务承担补充赔偿责任的，人民法院不予支持。但是，下列情形除外：

（一）公司作为被执行人的案件，人民法院穷尽执行措施无财产可供执行，已具备破产原因，但不申请破产的；

（二）在公司债务产生后，公司股东（大）会决议或以其他方式延长股东出资期限的。

——最高人民法院执行局编：《人民法院办理执行案件规范（第二版）》，人民法院出版社 2022 年版，第 35 页。

15.股东未经法定程序而抽回出资，能否追加为被执行人

67.【股东抽逃出资的变更、追加】

作为被执行人的营利法人，财产不足以清偿生效法律文书确定的债务，申请执行人申请变更、追加抽逃出资的股东、出资人为被执行人，在抽逃出资的范围内承担责任的，人民法院应予支持。

——最高人民法院执行局编：《人民法院办理执行案件规范（第二版）》，人民法院出版社 2022 年版，第 36 页。

赵某某与沈某、某公司追加被执行人执行异议之诉案［最高人民法院（2018）最高法民终 865 号民事判决书］

裁判要旨：某公司的股东会议是在一审判决作出之后才形成，其有关赵某某的垫款冲抵投资款的内容，仅具有内部效力，不能对抗某公司股东以外的第三人，不能作为赵某某已补足出资的证据。股东未经法定程序而抽回出资，应该追加为被执行人。

最高人民法院认为：结合上诉人赵某某的上诉事由和被上诉人沈某的答辩意见、原审第三人某公司的陈述意见，本案的争议焦点为：（1）赵某某对某公司是否构成抽逃出资；（2）一审法院将沈某列为本案唯一被告是否属于认定事实错误；（3）一审法院是否存在程序违法。

（一）赵某某对某公司是否构成抽逃出资

赵某某上诉主张其以代某公司支付项目开发资金的形式履行了出资义务，不存在抽逃出资。本院认为，赵某某的该项上诉主张依据不足，不应支持。《公司法》第二十八条①规定，股东应当按期足额缴纳公司章程中规定的各自所认缴的出资额。第三十五条②规定，公司成立后，股东不得抽逃出资。所谓抽逃出资，是指在公司成立后，股东未经法定程序而将其已缴纳出资抽回的行为。第一，根据原审查明的事实，某公司于 2012 年 10 月 31 日成立，注册资本 1000 万元，股东为赵某某、汪某两人，2012 年 12 月 10 日，赵某某、汪某分别向某公司的基本账户转入 780 万元和 220 万元资金作为股东投资款即公司的注册资金，但次日该 1000 万元注册资金便分两笔转至赵某某的账户。可见，赵某某确有抽回注册资本的行为。第二，赵某某主张其将该 1000 万元中的 950 万元分两笔 450 万元和 500 万元代某公司支付了项目开发资金。但根据赵某某提交的证据显示，该 450 万元和 500 万元涉及的两个共管账户均系由赵某某个人与第三人共同设立，与某公司的项目并无直接关联，而赵某某又未能提供证据证明该 950 万元进入两个共管账户后，被进一步用于某公司的项目开发，形成了项目资产。因此，现有证据并不足以证明赵某某转出的 950 万元注册资金系用于某公司的经营业务。第三，赵某某也自认某公司

---

① 现为《公司法》（2023 年修订）第四十九条。
② 现为《公司法》（2023 年修订）第五十三条。

注册登记时因股东资金紧张，经全体股东协商决定以借款的方式筹措资金以满足验资要求，待完成验资后再还给出借人。可见，赵某某缴纳出资仅系为了在完成验资后将该出资归还出借人，其并没有将该出资用于某公司经营活动的意思。最后，某公司的股东会决议是在一审判决作出之后才形成，其有关赵某某的垫款冲抵投资款的内容，仅具有内部效力，不能对抗某公司股东以外的第三人，不能作为赵某某已补足出资的证据。综上，依据《最高人民法院关于适用〈中华人民共和国公司法〉若干问题的规定（三）》第十二条之规定，赵某某未经法定程序抽回其在某公司的 780 万元注册资本，构成抽逃出资。

（二）一审法院将沈某列为本案唯一被告是否属于认定事实错误

赵某某上诉主张沈某平的法定继承人不确定是否仅为沈某、沈某正二人，一审法院仅将沈某列为本案被告，属于认定事实错误。本院认为，海口市美兰区海府街道办事处南宝社区居民委员会出具的《亲属关系证明》明确注明：沈某平的父亲沈某勇（2017 年 8 月 15 日注销户口）、母亲周某仙（2006 年 7 月 21 日注销户口）、配偶糜某英（2014 年 7 月 10 日离婚）、女儿沈某、儿子沈某正，除上述人员外无养父母或其他子女。无锡市公安局洛社派出所出具的《户籍信息证明》注明：沈某勇于 2014 年 12 月 17 日死亡，周某仙于 2006 年 7 月 20 日死亡。《离婚证》显示沈某平与糜某英于 2014 年 7 月 10 日登记离婚。因此，沈某平的法定继承人仅为沈某、沈某正二人。2018 年 2 月 8 日，沈某与沈某正签订《沈某平遗产继承协议书》，明确由沈某继承沈某平在海南省高级人民法院（2014）琼民二初字第 13 号民事判决执行一案中的全部权利。因此，赵某某关于沈某平的法定继承人不确定是否仅为沈某、沈某正二人的上诉主张与事实不符，本院不予支持。

《最高人民法院关于民事执行中变更、追加当事人若干问题的规定》第十八条[①]规定："作为被执行人的企业法人，财产不足以清偿生效法律文书确定的债务，申请执行人申请变更、追加抽逃出资的股东、出资人为被执行人，

---

① 现为《最高人民法院关于民事执行中变更、追加当事人若干问题的规定》（2020 年修正）第十八条，内容改为："作为被执行人的营利法人，财产不足以清偿生效法律文书确定的债务，申请执行人申请变更、追加抽逃出资的股东、出资人为被执行人，在抽逃出资的范围内承担责任的，人民法院应予支持。"

在抽逃出资的范围内承担责任的，人民法院应予支持。"第三十二条规定："被申请人或申请人对执行法院依据本规定第十四条第二款、第十七条至第二十一条规定作出的变更、追加裁定或驳回申请裁定不服的，可以自裁定书送达之日起十五日内，向执行法院提起执行异议之诉。被申请人提起执行异议之诉的，以申请人为被告。申请人提起执行异议之诉的，以被申请人为被告。"本案系赵某某对一审法院追加其为（2017）琼执恢4号一案被执行人的执行裁定不服而提起的执行异议之诉。《追加被执行人申请书》上签名为沈某平、沈某二人，落款日期为2017年7月20日，而沈某平于2017年6月3日便死亡，因此，《追加被执行人申请书》应认定为由沈某一人出具，其是唯一的申请人。一审法院依据上述第三十二条之规定将沈某列为本案的唯一被告，于法有据，并无不当。

（三）一审法院是否存在程序违法

赵某某上诉主张沈某平于2017年6月3日因病去世，一审法院依据沈某平、沈某于2017年7月20日签署的《追加被执行人申请书》追加赵某某为被执行人，属于程序违法。本院认为，《最高人民法院关于民事执行中变更、追加当事人若干问题的规定》第一条规定："执行过程中，申请执行人或其继承人、权利承受人可以向人民法院申请变更、追加当事人。申请符合法定条件的，人民法院应予支持。"沈某平、沈某均为海南省高级人民法院（2014）琼民二初字第13号民事判决执行一案的申请执行人，沈某平、沈某均有权向一审法院提出追加被执行人的申请。因此，即使《追加被执行人申请书》上沈某平的签字日期在其已过世之后而应认定为无效，一审法院仍有权依据申请执行人沈某的申请作出追加赵某某为被执行人的裁定。赵某某的该项上诉主张依据不足，本院不予支持。

——中国裁判文书网。

16.因瑕疵出资而被追加为被执行人的股东，应否对追加其为被执行人之前，公司因迟延履行所负担的加倍部分债务利息承担责任

问：因瑕疵出资而被追加为被执行人的股东，应否对追加其为被执行人之前，公司因迟延履行所负担的加倍部分债务利息承担责任？

答：该问题在司法实践中确实存在一定争议。一种观点认为，迟延履行利息是在被执行人未按生效法律文书指定的期间履行给付金钱义务时，对其怠于履行义务的惩戒，并用以弥补申请执行人的损失。股东在被追加为被执行人之前，其并非生效法律文书确定金钱义务的履行主体，法律对其履行该金钱义务并不具备期待可能性。股东对迟延履行也没有认识可能性和作为可能性，故不应承担被追加为被执行人之前，公司所负的履行期间的加倍利息。另一种观点则认为，股东被追加为被执行人之后，就应当在未履行出资范围内，承担公司给付迟延履行期间加倍利息的责任。股东未及时出资，正是公司财产不足以清偿执行债务的直接原因。

我们倾向于第二种观点。执行程序中，之所以允许将瑕疵出资的股东追加为被执行人。其理论基础一般认为有二：一是代位权原理；二是债权侵权原理。就前者而言，股东因瑕疵出资对公司负有债务，在公司财产已经不足以清偿债权人的债权时，债权人就有权要求股东在未履行出资的范围内承担责任。此时，并不需要考虑股东对公司债务的发生是否存在过错。质言之，债权人可以要求股东承担责任，是因为股东对公司负有出资义务，与债权人债权的发生原因和时点均无关联。就后者而言，系认为股东未及时出资构成对债权人债权的侵害。按照此种观点，则股东对债权人债权未及时获偿本身就具有过错，则更无排除迟延履行加倍利息的理由。特别是，股东仅需要在其对公司所负出资义务的范围内承担责任，即便该责任中包括迟延履行期间的加倍利息，亦未给股东带来额外的负担，没有超出其合理预期。故适用《民事诉讼法》第二百六十条，要求被追加为被执行人的股东，对其被追加前发生的加倍利息承担责任，与现行法蕴含的价值判断并无相悖之处。

——最高人民法院执行局编：《执行工作指导》2023年第1辑（总第81辑），人民法院出版社2023年版，第219页。

17.股东应否因其出资瑕疵对公司债权人承担责任

江苏省高级人民法院：

你院〔2002〕苏执监字第171号《关于南通开发区富马物资公司申请执行深圳龙岗电影城实业有限公司一案的请示报告》收悉，经研究，答复如下：

我们认为，公司增加注册资金是扩张经营规模、增强责任能力的行为，原股东约定按照原出资比例承担增资责任，与公司设立时的初始出资是没有区别的。公司股东若有增资瑕疵，应承担与公司设立时的出资瑕疵相同的责任。但是，公司设立后增资与公司设立时出资的不同之处在于，股东履行交付资产的时间不同。正因为这种时间上的差异，导致交易人（公司债权人）对于公司责任能力的预期是不同的。股东按照其承诺履行出资或增资的义务是相对于社会的一种法定的资本充实义务，股东出资或增资的责任应与公司债权人基于公司的注册资金对其责任能力产生的判断相对应。本案中，南通开发区富马物资公司（以下简称富马公司）与深圳龙岗电影城实业有限公司（以下简称龙岗电影城）的交易发生在龙岗电影城变更注册资金之前，富马公司对于龙岗电影城责任能力的判断应以其当时的注册资金 500 万元为依据，而龙岗电影城能否偿还富马公司的债务与此后龙岗电影城股东深圳长城（惠华）实业企业集团（以下简称惠华集团）增加注册资金是否到位并无直接的因果关系。惠华集团的增资瑕疵行为仅对龙岗电影城增资注册之后的交易人（公司债权人）承担相应的责任，富马公司在龙岗电影城增资前与之交易所产生的债权，不能要求此后增资行为瑕疵的惠华集团承担责任。

此复

——《最高人民法院执行工作办公室关于股东因公司设立后的增资瑕疵应否对公司债权承担责任问题的复函》[2003 年 12 月 11 日，（2003）执他字第 33 号]，载江必新、贺荣主编，最高人民法院执行局编：《最高人民法院执行案例精选》，中国法制出版社 2014 年版，第 112 页。

18.未经清算注销登记可以依法追加清算义务人为被执行人

第二十一条 作为被执行人的公司，未经清算即办理注销登记，导致公司无法进行清算，申请执行人申请变更、追加有限责任公司的股东、股份有限公司的董事和控股股东为被执行人，对公司债务承担连带清偿责任的，人民法院应予支持。

——《最高人民法院关于民事执行中变更、追加当事人若干问题的规定》（2020 年 12 月 29 日修正）。

朱某红与甲公司等执行异议之诉案［最高人民法院（2021）最高法民申1011号民事裁定书］

裁判要旨： 公司清算时未依法通知已知债权人即注销登记，清算程序不符合法律规定。在再行清算客观已无实现可能的情况下，人民法院可以依法追加相关清算义务人作为被执行人承担清偿责任。

最高人民法院经审查认为，根据原审查明，甲公司就其与乙公司、时某芳等财产损害赔偿纠纷向法院提起诉讼，一审法院于2013年9月5日作出（2013）蚌民一重初字第00001号民事判决，二审法院于2015年1月4日作出（2014）皖民一终字第00114号民事判决，甲公司同年即向一审法院申请强制执行。可见，乙公司和甲公司之间的财产损害赔偿纠纷案件，业已经过原审法院多次审理，乙公司作为当事人参加诉讼，对于原审法院判决确定的甲公司债权显然知悉。朱某红作为乙公司法定代表人称其对前述案件判决所确定甲公司的债权不知情，理据不足，不予采信。

《最高人民法院关于民事执行中变更、追加当事人若干问题的规定》第二十一条规定，作为被执行人的公司，未经清算即办理注销登记，导致公司无法进行清算，申请执行人申请变更、追加有限责任公司的股东、股份有限公司的董事和控股股东为被执行人，对公司债务承担连带清偿责任的，人民法院应予支持。

2016年2月23日，乙公司成立清算组，由乙公司股东、法定代表人、总经理兼执行董事朱某红担任清算组负责人，公司股东郭某鸽为清算组成员，在未通知已知债权人甲公司的情况下进行清算并注销公司。乙公司虽在形式上履行了相应程序，但因未依法通知已知债权人甲公司，清算程序实质上不符合法律规定。朱某红申请再审提交的清算报告复印件显示仅对乙公司2014-2015两年财务状况进行审核，不能如实全面反映乙公司财务状况，亦不足以证明乙公司尚能再次进行清算。况且，在乙公司财务资料不够完整齐备且已办理注销登记的情况下，所谓再行清算客观上并无实现的可能。因此，原审法院以乙公司未经清算办理注销登记导致公司无法进行清算为由，将朱某红追加为被执行人，符合法律规定。

——中国裁判文书网。

19.能否在执行程序中直接追加无偿受让抵押物的受让人为被执行人

山东省高级人民法院：

你院《关于执行程序中被执行人无偿转让抵押财产人民法院应如何处理的请示》收悉。经研究，答复如下：

作为执行标的物的抵押财产在执行程序中被转让的，如果抵押财产已经依法办理了抵押登记，则不论转让行为是有偿还是无偿，也不论是否通知了抵押权人，只要抵押权人没有放弃抵押权，人民法院均可以直接对该抵押物进行执行。因此，你院可以直接对被执行人已经设定抵押的财产采取执行措施，必要时，可以将抵押财产的现登记名义人列为被执行人。

此复

——《最高人民法院〔2006〕执他字第13号函》(2016年10月27日)，载江必新主编：《人民法院执行工作规范全集》，人民法院出版社2001年版，第869页。

（四）执行担保

20.执行担保的性质以及和解协议中的担保条款与执行担保的关系

第一条 本规定所称执行担保，是指担保人依照民事诉讼法第二百三十一条[①]规定，为担保被执行人履行生效法律文书确定的全部或者部分义务，向人民法院提供的担保。

——《最高人民法院关于执行担保若干问题的规定》(2020年12月29日修正)。

关于执行担保的性质，存在较大的争议。我们认为执行担保是一种特殊

---

① 现为《民事诉讼法》(2023年修正)第二百四十二条。

的担保，不同于担保法与物权法中的一般民事性质的担保。理由在于：第一，从条文的规定看，《最高人民法院关于执行担保若干问题的规定》第一条明确规定的是"向人民法院提供担保"。第二，从法律后果看，能直接影响执行程序的进行，并能在条件具备时对担保财产直接予以执行。在被执行人提供了担保后，由人民法院决定是否暂缓执行，并在被执行人超过了暂缓执行的期间不履行时，可以直接执行担保的财产。

和解协议中的担保条款与执行担保具有相似性，尤其是当和解协议的担保条款被表述为向人民法院提供担保时，更是高度类似。如何理解这两种担保的关系，存在不同的看法。一种观点认为，执行和解协议属于"附生效条件"（即履行完毕才生效）的特殊合同，在一方不履行、不适当履行或不完全履行时，申请执行人申请恢复执行的是原生效判决，和解协议本身不具有强制执行效力，当然也不能基于其中的担保条款直接执行担保人。[1] 另一种观点认为，在和解协议未得到履行时，应区分执行和解协议中担保向谁作出而有不同的法律后果。如果是向人民法院作出，则可以强制执行担保财产；如果是向对方当事人作出，则不得强制执行。[2] 基于执行担保后果的严厉性及法律对于执行和解协议效力的规定，我们倾向于第一种观点。

——江必新主编：《执行规范理解与适用——最新民事诉讼法与民诉法解释保全、执行条文关联解读（第二版）》，中国法制出版社 2018 年版，第208~209 页。

21.执行担保的实现方式

第二条 执行担保可以由被执行人提供财产担保，也可以由他人提供财产担保或者保证。

第十一条 暂缓执行期限届满后被执行人仍不履行义务，或者暂缓执行期间担保人有转移、隐藏、变卖、毁损担保财产等行为的，人民法院可以依申请执行人的申请恢复执行，并直接裁定执行担保财产或者保证人的财产，不得将担保人变更、追加为被执行人。

---

[1] 肖建国、赵晋山：《民事执行若干疑难问题探讨》，载《法律适用》2005 年第 6 期。
[2] 丁亮华：《最新民事执行程序解读与运用》，中国法制出版社 2007 年版，第 65~66 页。

执行担保财产或者保证人的财产，以担保人应当履行义务部分的财产为限。被执行人有便于执行的现金、银行存款的，应当优先执行该现金、银行存款。

——《最高人民法院关于执行担保若干问题的规定》(节选)(2020年12月29日修正)。

根据《民事诉讼法》第二百三十一条^①，被执行人于暂缓执行期限届满后仍不履行的，人民法院有权执行被执行人的担保财产或者担保人的财产。但由于其对执行担保具体实现方式的规定较为笼统，导致司法实践中，人民法院的做法不一。有的不出裁定直接执行，有的裁定追加担保人为被执行人，有的裁定直接执行担保财产。处理方式的不统一，既有损司法权威，又增加了纠纷产生的可能性，司法解释对此应当予以回应。经反复讨论，考虑到执行担保与变更、追加执行当事人在民事诉讼法上属于不同的法律制度，《最高人民法院关于执行担保若干问题的规定》明确规定，人民法院可以根据申请执行人的申请，直接裁定执行担保财产或者保证人的财产，不得将担保人变更、追加为被执行人。

——《最高人民法院有关负责人就〈关于执行和解若干问题的规定〉〈关于执行担保若干问题的规定〉〈关于人民法院办理仲裁裁判执行案件若干问题的规定〉答记者问》，载《人民法院报》2018年2月24日。

22.保证人在审理案件期间为被执行人提供保证的，在案件执行阶段的担保责任认定

91.【担保责任的承担】

暂缓执行期限届满后被执行人仍不履行义务，或者暂缓执行期间担保人有转移、隐藏、变卖、毁损担保财产等行为的，人民法院可以依申请执行人的申请恢复执行，并直接裁定执行担保财产或者保证人的财产，不得将担保人变更、追加为被执行人。

执行担保财产或者保证人的财产，以担保人应当履行义务部分的财产为

---

① 现为《民事诉讼法》(2023年修正)第二百四十二条。

限。被执行人有便于执行的现金、银行存款的，应当优先执行该现金、银行存款。

——最高人民法院执行局编：《人民法院办理执行案件规范（第二版）》，人民法院出版社 2022 年版，第 44 页。

（一）裁判要点的理解与说明

该指导案例的裁判要点确认：在案件审理期间保证人为被执行人提供保证，承诺在被执行人无财产可供执行或者财产不足清偿债务时承担保证责任的，执行法院对保证人应当适用一般保证的执行规则。在被执行人虽有财产但严重不方便执行时，可以执行保证人在保证责任范围内的财产。现围绕与该裁判要点相关的问题逐一解释和说明如下：

第一，《最高人民法院关于人民法院执行工作若干问题的规定（试行）》（以下简称《执行规定》）第八十五条①规定的担保属于执行担保的特殊形式，担保人承担责任的条件应当与执行担保基本一致。所谓执行担保，是指通过将被执行人的部分责任财产特定地用于清偿执行债权或者增加被执行人的责任财产范围等手段保障执行债权获得清偿的制度。《民事诉讼法》第二百三十一条②规定了执行担保制度，即"在执行中，被执行人向人民法院提供担保，并经申请执行人同意的，人民法院可以决定暂缓执行及暂缓执行的期限。被执行人逾期仍不履行的，人民法院有权执行被执行人的担保财产或者担保人的财产"。《执行规定》第八十五条规定了诉讼保全中因被保全人提供担保而解除查封，执行依据生效后被执行人未履行义务时，担保人的责任承担问题。从《执行规定》的体例上看，第八十五条规定在"执行担保和执行和解"部分，是对《民事诉讼法》第二百三十一条执行担保制度的解释。之所以这样规定，其观念上的前提是，财产保全也是一种执行措施，而且无论是保全本身还是保证人的保证，都是直接为了将来的执行目的。故《执行规定》第八十五条规定的担保，属于执行担保的一种特殊形式。在执行担保制度中，并未要求首先执行被执行人的财产，故在诉讼保全阶段被保全人提供担保的情

---

① 现为《最高人民法院关于人民法院执行工作若干问题的规定（试行）》（2020 年修正）第五十四条。

② 现为《民事诉讼法》（2023 年修正）第二百四十二条。

况下，要求对主债务人执行穷尽时才可执行担保人的财产，显然是不合理的。从制度合理化和逻辑一致性的角度看，有必要适用相对宽松的一般保证规则，无须对被执行人执行穷尽时才能执行担保人。

第二，《执行规定》第八十五条规定的担保建立在民商事担保制度基础之上，应当适用民商事担保规则。执行担保是民商事担保制度在执行过程中适用的结果，从制度范畴来看，执行担保应属广义上的担保制度的一种，实质是由一般民事担保制度与民事执行程序相结合而产生的一种特殊担保制度。执行担保与民商事担保的基本原理是一致的，皆为义务人以自身或他人的财产为将来可能发生的义务不履行作担保，都属于债的保全，二者在性质、功能和目的上均有诸多相通之处，因此，关于担保关系的一般规定同样适用于执行担保的情形，即负责执行的人民法院可以依当事人在提供执行担保时的约定来决定如何执行担保人的财产。故《执行规定》第八十五条虽然没有提到，但执行时还是应当区分保证人的责任是一般保证责任还是连带保证责任。如果当事人没有特别约定为连带保证责任，根据《执行规定》第八十五条中"被执行人无财产可供执行或其财产不足清偿债务时"的条件，应当将该保证理解为一般保证。一般保证是保证人责任最轻的一种担保方式，即使是这种方式，亦未要求对被执行人穷尽执行后才能执行保证人。因此，《执行规定》第八十五条中的"无财产可供执行或其财产不足清偿债务"，应当按照一般保证中不能清偿的标准理解，即只要被执行人方便执行的财产经执行不足以清偿，即可执行保证人。

第三，《执行规定》第八十五条规定了因担保而解除查封，为避免损害债权人的利益，提供担保的效果不应低于查封。相较执行担保中的暂缓执行，诉讼保全中执行保证的效力是解除（或放弃）对保全查封的查封，对债权人的权益影响更大，从公平的角度考虑，担保人提供保证的效果不应低于查封。在查封财产的情况下，债权人胜诉后即可要求变价财产偿还债务，如果担保人提供保证解除查封，反而要对被执行人穷尽执行后才能要求担保人承担责任，对债权人来说有失公平。担保的制度目的是保证债权实现，将《执行规定》第八十五条规定的无财产可供执行或其财产不足清偿债务理解为一般保证中的不能清偿，保证人承担保证责任时不再要求穷尽对被执行人的执行，更有利于实现保证的制度价值，体现了担保的目的以及对各方当事人的权利平衡。

123

（二）参照适用时应注意的问题

参照适用该案例时应注意正确把握一般担保中的先诉抗辩权问题。《担保法》第十七条[①]第一款及第二款规定了一般保证及先诉抗辩权，即"当事人在保证合同中约定，债务人不能履行债务时，由保证人承担保证责任的，为一般保证。一般保证的保证人在主合同纠纷未经审判或者仲裁，并就债务人财产依法强制执行仍不能履行债务前，对债权人可以拒绝承担保证责任"。这里的先诉抗辩权采用的是不能履行的标准。质言之，在债务人能够清偿债务时，担保人有先诉抗辩权，执行中不能执行担保人的财产。因此，判断债务人是否达到不能履行的状态，对担保人是否承担责任至关重要。《最高人民法院关于适用〈中华人民共和国担保法〉若干问题的解释》[②]第一百三十一条指出，"本解释所称'不能清偿'指对债务人的存款、现金、有价证券、成品、半成品、原材料、交通工具等可以执行的动产和其他方便执行的财产执行完毕后，债务仍未能得到清偿的状态"。这里的不能清偿对应了《担保法》第十七条规定的不能履行，对主债务人不能履行的情形作了限定，尤其是在执行阶段的标准作了限定，其核心是方便执行的财产。所谓方便执行财产，是指清偿直接、变现容易、回收便捷的财产，一般指司法解释中列举的存款、现金、有价证券、成品、半成品、原材料、交通工具等动产，但不限于动产（不能一概而论）。具体而言，土地、建筑物、企业设备、对外债权等变现周期长，一般不属于方便执行财产，但仍须以法院根据财产实际状态判断是否方便执行为准。如果债务人的方便执行财产已执行完毕，即使债务人还有其他难以回收或变现的财产没有被执行，仍构成不能清偿。

——邵长茂：《〈青海金泰融资担保有限公司与上海金桥工程建设发展有限公司、青海三工置业有限公司执行复议案〉的理解与参照——诉讼保全的执行担保中关于无财产可供执行或其财产不足清偿债务的规定，应当适用一般保证的执行规则》，载《人民司法·案例》2022年第11期。

---

① 对应《民法典》第六百八十七条。

② 已被《最高人民法院关于废止部分司法解释及相关规范性文件的决定》（2020年12月29日）废止。

23.判决主文已经判明担保人承担担保责任后有权向被担保人追偿，担保人能否直接向人民法院申请执行

19.【担保人承担担保责任后的直接申请执行】

生效法律文书已确认担保人承担担保责任后可以向主债务人行使追偿权，担保人承担责任后直接向人民法院申请执行主债务人的，人民法院应当受理。

——最高人民法院执行局编：《人民法院办理执行案件规范（第二版）》，人民法院出版社 2022 年版，第 12 页。

四川省高级人民法院：

你院〔2008〕川执监字第 34 号《关于成都达义物业有限责任公司申请执行西藏华西药业集团有限责任公司借款合同纠纷一案的请示》收悉。经研究，答复如下：

原则同意你院倾向性意见中无须另行诉讼的意见。即对人民法院的生效判决已确定担保人承担担保责任后，可向主债务人行使追偿权的案件，担保人无须另行诉讼，可以直接向人民法院申请执行。但行使追偿权的范围应当限定在抵押担保责任范围内。

——《最高人民法院关于判决主文已经判明担保人承担担保责任后有权向被担保人追偿，该追偿权是否须另行诉讼问题请示的答复》（2009 年 5 月 8 日，〔2009〕执他字第 4 号），载江必新主编，最高人民法院执行局编：《执行工作指导》2009 年第 3 辑（总第 31 辑），人民法院出版社 2010 年版，第 76 页。

（一）担保法及其相关司法解释对追偿权的权利人和义务人以及追偿权行使条件的规定

最高人民法院民二庭和研究室的答复意见已经阐述得非常清楚。《担保法》第三十一条是对保证人担保的债务清偿后可以向债务人追偿的规定，即：保证人承担保证责任后，有权向债务人追偿。第五十七条是对抵押担保人代债务人偿债后追偿的规定，即：为债务人抵押担保的第三人，在抵押权人实施抵押权后，有权向债务人追偿。也就是说，享有追偿权的权利人是担保人，

包括保证人和物上保证人。结合本案而言就是达义公司。追偿权的义务人，虽然类型比较复杂，有债务人、连带债务人、反担保人以及共同担保人等，但就本案而言，追偿权的义务人就是债务人华西药业。

在明确了追偿权利人和义务人后，接下来就是追偿权行使的条件问题。担保人行使追偿权的前提条件是其实际承担了担保责任，因此，可以说担保人的该项权利是一种附条件的权利。担保人行使追偿权应以其实际承担的担保责任为限，而且这种责任必须是经过判决确认的，当然包括本案这种在审理主合同纠纷时，对担保合同中追偿权的判决。否则，担保人不能行使追偿权。

（二）本案达义公司追偿权判决情况

四川省高级人民法院（2006）川民初字第89号判决主文第二项明确判明，中信银行成都分行对达义公司提供抵押的财产在2600万元范围内享有抵押权。达义公司承担抵押担保责任后，有权向华西药业追偿。该判决非常明确地确定了追偿权利人达义公司和追偿义务人华西药业，且追偿的数额明确，因此，符合追偿的行使条件。也就是说，抵押担保人达义公司的追偿权已经为法院判决所确认，根本不存在争议，因此，也就不存在另行诉讼的问题。

（三）判决确定的追偿权是否具有给付内容

从上述判决可以看出，债权人中信银行成都分行和债务人华西药业之间的借款本金和利息等是确定的，而且在判决生效后，达义公司替华西药业偿还了2700万元，对此，有中信银行成都分行出具的相关证据证明。也就是说，达义公司向华西药业行使追偿权是有给付内容的，法院受理并采取执行措施有法律依据。

（四）达义公司行使追偿的责任范围问题

判决中明确判明中信银行成都分行对达义公司提供抵押财产在2600万元范围内享有抵押权；达义公司承担担保责任后有权向华西药业追偿。这里明确了担保责任就是在2600万元范围内。如今达义公司已经实际支付了2700万元，超出了100万元，对超出部分不应属于担保责任的范围，如果继续执行，就缺乏法律依据。因此，达义公司行使追偿的范围就是在其担保的2600万元范围内。

综上，达义公司承担担保责任后向华西药业行使追偿权已经为四川省高级人民法院（2006）川民初字第89号民事判决书所确认，且具有给付内容，无须再另行诉讼；四川省高级人民法院和广安市中级人民法院受理达义公司的申请对华西药业采取执行措施符合法律规定，依法予以支持，但追偿的范围应当在其担保的责任范围内。

　　——董志强：《关于判决主文已经判明担保人承担担保责任后有权向被担保人追偿，该追偿权是否须另行诉讼问题的请示案》，载江必新主编，最高人民法院执行局编：《执行工作指导》2009年第3辑（总第31辑），人民法院出版社2010年版，第74~75页。

　　连带保证人承担保证责任后能否依据原执行依据直接申请对被保证人进行执行？

　　问： 某法院受理的李某玉诉李某能、唐某勇、唐某良人身损害赔偿纠纷案，判决李某能赔偿李某玉2万元，唐某勇、唐某良负连带责任，并在判决中注明："唐某勇、唐某良承担连带责任后有权向李某能追偿。"执行中，唐某勇、唐某良承担了连带责任，向李某玉支付了赔偿款。后二人依据原判决书向法院申请执行，要求李某能给付他们二人垫支的赔偿款项。对于唐某勇、唐某良的申请执行，法院能否受理？

　　答： 连带责任人与主债务人之间因承担赔偿责任所产生的纠纷属于独立的民事实体法律关系，连带责任人在承担赔偿义务后应当通过审判程序确定应向主债务人追偿的数额，不经审判程序执行机构无权确定。但是，如果人民法院已经对主债务人与连带责任人之间的纠纷进行了一并审理，执行依据对追偿的数额具体并且确定，则连带责任人在承担责任后可直接向人民法院申请对追偿额的执行。

　　——《执行疑难问题问答》，载最高人民法院执行工作办公室编：《执行工作指导》2006年第1辑（总第17辑），人民法院出版社2006年版，第270页。

（五）执行和解

24.履行执行和解协议起诉是否构成重复起诉

第九条　被执行人一方不履行执行和解协议的，申请执行人可以申请恢复执行原生效法律文书，也可以就履行执行和解协议向执行法院提起诉讼。

第十五条　执行和解协议履行完毕，申请执行人因被执行人迟延履行、瑕疵履行遭受损害的，可以向执行法院另行提起诉讼。

第十六条　当事人、利害关系人认为执行和解协议无效或者应予撤销的，可以向执行法院提起诉讼。执行和解协议被确认无效或者撤销后，申请执行人可以据此申请恢复执行。

被执行人以执行和解协议无效或者应予撤销为由提起诉讼的，不影响申请执行人申请恢复执行。

——《最高人民法院关于执行和解若干问题的规定》（节选）（2020年12月29日修正）。

既判力是依确定判决承认或否认的权利及法律关系，使之在后来的诉讼中不变的效力，包括两方面的作用：一是消极作用，即不准进行再次诉讼（一事不再理）；二是积极作用，即拘束后作裁判。执行和解协议是否可以另诉的焦点是重复诉讼（一事不再理），而重复诉讼是既判力的消极作用的体现。

根据《最高人民法院关于适用〈中华人民共和国民事诉讼法〉的解释》第247条规定，构成重复诉讼通常需要三个要件：第一是诉讼主体具有同一性，第二是诉讼标的具有同一性，第三是诉讼请求同一性或者冲突性。笔者将第一个要件理解为主体要件，后两个要件合并理解为客体要件。

（一）狭义执行和解协议是否可以另诉的问题

1.在具备债的同一性情况下，原则上不宜另诉

执行实践中，大量执行和解协议仅约定在执行依据范围内变更给付时间、

给付金额等内容，这样的执行和解协议属于狭义的执行和解协议。从实体法的角度看，一般认为，仅变更给付数量、时间的，并未改变债的同一性。债的性质的变更应属于债的同一性丧失，如买卖变为互易或赠与、劳务之债变为给付。也有观点从债的基本要素角度对债的同一性进行判断。基本条款或要素是指债务人债权人及债务标的之给付。因此，从实体法的角度看，当事人仅约定增减给付数额、时间等，没有变更债的基本要素，一般认为执行和解协议与执行依据确定的给付之债具有同一性。

从诉讼法角度看，在债具有同一性的情况下，诉讼标的一般也是同一的。所谓债，是指特定当事人请求一定给付的法律关系。给付是债的标的，包括作为及不作为。而按照实体法诉讼标的理论（旧实体法说）的理论理解，应当从实体法上的请求权出发来界定诉讼标的，认为诉讼标的乃是原告在诉讼上所谓一定具体实体法之权利主张。原告起诉时，在诉讼中必须具体表明其所主张之实体权利或法律关系。根据旧实体法说，既然债具有同一性，那么当事人所主张的法律关系（请求一定给付的法律关系）就具有同一性，而据该法律关系提出的主张为诉讼标的，因此，在法律关系具有同一性情况下，诉讼标的也具有同一性。此时，诉讼标的同一，可以说满足了重复诉讼的"后诉与前诉的诉讼标的相同"的客体要件。

在执行和解协议中，如果没有第三人介入，而仅仅是当事人双方签订，则满足了重复诉讼的主体要件。实践中，也会存在案外第三人承担债务的情形（并存的债务承担或者免责的债务承担），此时，给付义务的主体或者说债的主体发生了变化，债的同一性在主体方面受到挑战，但债的标的（诉讼标的）的同一性并未变化。因此，当事人（既判力影响范围内的主体）不能就债的标的本身另行诉讼。由于债的主体变更也是基于合同关系，主体变化形成新的法律关系，仅就债务承担主体问题提起诉讼，并没有违背"禁止重复诉讼"原则。

关于第三个要件，诉讼请求同一或冲突的问题。正如判断债的同一性所存在的难题一样，我们很难就诉讼请求同一或冲突的问题给出一个界限分明的答案。对此问题的判断，依赖于社会的一般认识。因此，参考对债的同一性的一般认识，在讨论诉讼请求的同一性时，一般认为，诉讼请求仅变更了履行期限、地点或给付数量时，可以认为诉讼请求也具有同一性。

从重复诉讼的三个要件看，如果执行和解协议仅仅约定变更履行地点、时间、金额等执行依据确定内容的，如果据执行和解协议另诉要求履行和解协议，会构成重复诉讼，一般为法律所禁止。

2.具备债的同一性时另诉的例外

当然，有一般就有例外。《最高人民法院关于当事人对人民法院生效法律文书所确定的给付事项超过申请执行期限后又重新就其中的部分给付内容达成新的协议的应否立案的批复》（〔2001〕民立他字第34号）中就有例外规定，不禁止就超过申请执行期限后达成的协议向人民法院提起诉讼。上述规定，似乎在一定情形下产生与禁止重复诉讼相互矛盾的结果。比如，在执行和解协议仅仅约定变更金额的情况下，即使超过执行期限，但诉讼标的仍与原执行依据的诉讼标的具有同一性，另行诉讼似乎也违背了禁止重复诉讼的规定。就此问题，需要结合禁止重复诉讼及"诉的利益"的理论来理解。

禁止重复诉讼的基本理由一般而言包括三方面：一是"消除因被告迫于进行二重应诉而产生的不便"，二是"消除因法律重复审理而造成的司法资源浪费"，三是避免"因矛盾判决而造成司法秩序的混乱"。而诉的利益是为了考量"具体请求的内容是否具有进行本案判决之必要性以及实际上的效果（实效性）"而设置的一个要件。禁止重复诉讼和诉的利益理论，都着眼于解决是否可以提起诉讼的问题，二者具有关联性、互补性。结合执行和解协议，当事人就人民法院生效裁判文书所确定的给付事项超过执行期限后又重新达成协议的，在仅变更数量、期限等内容的情况下，允许另诉的主要理由系存在诉的利益。也就是说，从债务人角度看，如果超过了申请执行时效，则通过对执行和解协议的诉讼，即使判决债务人承担责任，也不会构成双重给付，不会加重其负担；从债权人角度看，由于达成了执行和解协议，起诉要求债务人履行执行和解协议，可以让其债权重新获得执行力，另诉具有重大的诉的利益。此时，虽然执行和解协议所确立的债与执行依据赋予执行力的债具有同一性，也应从诉的利益考虑，例外地允许其另诉。因此，诉的利益是在具备债的同一性情况下，允许就执行和解协议另诉的重要原因，也是关键的判断标准。

——向国慧：《执行和解协议可诉性问题研究——兼析〈最高人民法院关于执行和解若干问题的规定〉相关条款》，载《中国应用法学》2021年第4期。

25.对《最高人民法院关于执行和解若干问题的规定》有关执行和解协议诉讼问题的理解

第九条　被执行人一方不履行执行和解协议的，申请执行人可以申请恢复执行原生效法律文书，也可以就履行执行和解协议向执行法院提起诉讼。

第十三条　恢复执行后，对申请执行人就履行执行和解协议提起的诉讼，人民法院不予受理。

第十四条　申请执行人就履行执行和解协议提起诉讼，执行法院受理后，可以裁定终结原生效法律文书的执行。执行中的查封、扣押、冻结措施，自动转为诉讼中的保全措施。

第十五条　执行和解协议履行完毕，申请执行人因被执行人迟延履行、瑕疵履行遭受损害的，可以向执行法院另行提起诉讼。

第十六条　当事人、利害关系人认为执行和解协议无效或者应予撤销的，可以向执行法院提起诉讼。执行和解协议被确认无效或者撤销后，申请执行人可以据此申请恢复执行。

被执行人以执行和解协议无效或者应予撤销为由提起诉讼的，不影响申请执行人申请恢复执行。

——《最高人民法院关于执行和解若干问题的规定》(节选)(2020 年 12 月 29 日修正)。

《最高人民法院关于执行和解若干问题的规定》涉及当事人可以诉讼的条文有 5 条，即第 9 条、第 13 条、第 14 条、第 15 条、第 16 条。从是否可以诉讼的角度看，上述条文归结起来表达了三个意思：第一，当事人可以选择诉讼或者恢复执行。一旦选择诉讼，则执行案件终结；一旦选择恢复执行，则不能再就履行执行和解协议提起诉讼。第二，执行和解协议履行完毕，申请执行人因被执行人迟延履行、瑕疵履行遭受损害的，可以向执行法院另行提起诉讼。第三，当事人、利害关系人认为执行和解协议无效或者应予撤销的，可以向执行法院提起诉讼。执行和解协议被确认无效或者撤销后，申请执行人可以据此申请恢复执行。

（一）被执行人不履行执行和解协议时诉讼救济问题

在被执行人一方不履行执行和解协议的情况下，给予申请执行人两条救济途径的选择权：一条通往诉讼途径，另一条通往恢复执行途径，只能择一。当然，这是在程序上赋予了申请执行人选择权，到底哪条途径能使其实体权利得到实现，还需要看执行和解协议具体约定情况、实际履行情况。前面已述，执行和解协议现在采纳的是广义的概念，那么执行和解协议在实体上主要存在四种情况：一是与执行依据确定的债具有同一性的执行和解协议；二是债的更新型执行和解协议；三是代物清偿型执行和解协议；四是新债清偿型执行和解协议。另外，当事人也可以约定，当出现一定情形时，则申请执行人可以行使和解协议的解除权。

在执行和解协议与执行依据确定的债具有同一性的情况下，如果没有特别的诉的利益，一般情况下，申请执行人另诉请求履行执行和解协议，可能会被法院以构成"重复诉讼"为由不予受理或者驳回起诉。此时，当事人选择另诉的道路，事实上可能走不通。在另诉被驳回或者不予受理情形下，申请执行人回过头来选择恢复执行也是可以的，司法解释并未堵塞这一道路。

在达成债的更新型执行和解协议的情形下，由于当事人已经明确约定放弃执行依据确定的权利，确定新的权利义务，因此，即使被执行人没有履行和解协议中确定的新的义务，申请执行人在实体上也失去了继续取得原执行依据确定的权利的实体法基础。申请执行人如果申请恢复执行，被执行人可以当事人约定予以抗辩，从而实质上阻止恢复执行。申请执行人如果需要实现和解协议约定的新的权利，则需要提起诉讼或者按约定提起仲裁。

在代物清偿型执行和解协议情形下，根据传统理论，由于代物清偿协议属于实践性合同，因此，如果被执行人不履行该协议，则该协议并不成立。既然执行和解协议并未成立，则申请执行人所实际能够选择的救济途径就是恢复执行，而不是提起诉讼请求继续履行执行和解协议。

在新债清偿型执行和解协议情形下，根据新债清偿协议的精神，申请执行人一般应优先选择要求被执行人履行新债。就新的债务，债权人能否通过诉讼获得新的执行依据的问题，前文已就其利弊进行了分析。是否可以另诉，不是单纯的逻辑问题，而是实践问题，需要通过实践检验实际效果。

从上述分析可见，《最高人民法院关于执行和解若干问题的规定》貌似给了当事人另诉或者申请恢复执行的任意选择权，但实际上，在当事人对如何清偿执行依据确定的债务有明确约定的情况下，即明确约定是债的更新还是代物清偿、新债清偿情况下，当事人事实上没有程序选择自由。当然，如果当事人约定不明，则可以通过债权人实际选择来进一步明确执行和解协议的意义。选择另诉，则实际将执行和解协议定位为债的更新，不可以再申请恢复执行；选择恢复执行，则实际将执行和解协议定位为新债清偿，不宜再允许另诉。当事人约定不明时，司法解释规定的程序选择权才得到现实体现。

（二）其他诉讼救济问题

执行和解协议履行完毕，申请执行人因被执行人迟延履行、瑕疵履行遭受损害的，可以向执行法院另行提起诉讼。此时的诉讼问题，并非纯粹意义上的就履行执行和解协议提起诉讼的问题，而是与执行和解协议相关的，相对独立的诉讼。从债的角度分析，因迟延履行、瑕疵履行遭受损害形成的债，是损害赔偿之债，其原因、标的均不同于执行和解协议确定的权利义务，也不同于原执行依据所涉及的法律关系，具有相对的独立性。就此对相对独立的债提起诉讼，与执行和解协议履行完毕不能恢复执行在法律关系方面是协调的，既不会导致当事人双重获利，也不会导致"重复诉讼"。

当事人、利害关系人认为执行和解协议无效或者应予撤销的，可以向执行法院提起诉讼。也就是说，如果被执行人自觉履行和解协议，申请执行人一般不能申请恢复执行原生效法律文书。申请执行人如果意图恢复执行，需要看执行和解协议是否存在无效或者可以撤销的事由。而无效或者可撤销的问题，涉及比较复杂的事实审查及实体法律适用，宜通过诉讼途径予以解决。执行和解协议是否无效或者可撤销，与原执行依据所涉及的法律关系显然不同，原执行依据解决的是给付法律关系是否成立并应受保护问题，因此，不会存在重复诉讼问题。

——向国慧:《执行和解协议可诉性问题研究——兼析〈最高人民法院关于执行和解若干问题的规定〉相关条款》，载《中国应用法学》2021 年第 4 期。

26.法院能否裁定确认当事人之间以物抵债的和解协议

100.【以物抵债和解协议】

当事人达成以物抵债执行和解协议的，人民法院不得依据该协议作出以物抵债裁定。

——最高人民法院执行局编：《人民法院办理执行案件规范（第二版）》，人民法院出版社2022年版，第47页。

问题：当事人之间达成和解协议，约定对被执行人的房产评估后不经拍卖程序以物抵债的，法院是否可以出具裁定书予以确认？

答：当事人之间的和解协议属于当事人之间自主达成的私法意义上的协议，原则上应当由当事人自主履行，人民法院一般并不干预。实践中，为了履行和解协议中关于已经被法院查封财产过户的约定，人民法院也可出具过户裁定和协助执行通知书，但是，不宜对和解协议的效力予以确认。

——《人民司法》2011年第13期。

27.执行法院根据案外人与执行当事人达成的以物抵债协议作出房产过户裁定，上级法院能否以该协议导致案外人的债权无法受偿为由予以撤销

问题：某银行申请执行甲公司借贷纠纷一案，执行过程中，甲公司的债务人乙公司与某银行和甲公司签订抵债协议，自愿以其所有的一栋房产抵偿甲公司所欠某银行的债务。尔后，执行法院根据以物抵债协议下达了以物抵债裁定，并向房产管理部门送达了协助过户通知书。一年之后，丙公司诉乙公司借款纠纷生效判决确定。丙公司持生效判决向执行法院的上级法院提出执行申诉称，法院以裁定的形式执行当事人之间的和解协议没有法律依据。同时，在执行法院下达过户裁定时，丙公司与乙公司债权债务关系就已经存在，乙公司将自己的全部财产与某银行以及甲公司签订抵债协议，导致其债权无法受偿，侵害了其合法权益，故要求撤销执行法院的过户裁定。请问：丙公司的执行申诉请求是否成立？

《人民司法》研究组认为：实践中为了方便执行当事人之间完成财产过户手续，不少执行法院都通过裁定帮助当事人履行和解协议。这种做法虽然不妥，但也确实是习惯做法，不能无条件地一律撤销，应视具体情况而定。比如，对案外人的财产进行强制执行，其实质就是在没有执行依据的情况下，让案外人承受强制执行所带来的痛苦，它损害的是案外人的利益，也就是说，有权申诉的主体只能是被强制执行的案外人。本案中，如果案外人乙公司对此提出异议，则应撤销原裁定；如果乙公司对强制执行没有异议，从维护强制执行程序安定性的角度，不应仅根据此种情况就撤销以物抵债裁定。同时，按照我国现行法律，在债务人有多个债权人的情况下，法律并不禁止债务人对其中一个债权人先为履行，因为在其他债权人取得对债务人的强制执行依据并依法对债务人财产查封、扣押、冻结之前，债务人仍然有权自主处分自己的财产，包括向其中一个或者几个债权人进行全部或者部分履行。具体到本案，乙公司代替甲公司还债从而消灭二者之间的债权债务关系的行为也是履行债务的一种方式，除非甲公司所欠银行的债务是虚假的，否则这种履行就有效。但是，债务人的债务是否虚假，不宜由执行程序直接认定，应当由提出异议的其他债权人通过撤销权诉讼解决。因此，丙公司在执行监督程序中的请求不能成立。

——《人民司法》2009 年第 13 期。

28.人民法院应该执行一审生效判决还是二审达成的和解协议

109.【执行外和解】

执行过程中，被执行人根据当事人自行达成但未提交人民法院的和解协议，或者一方当事人提交人民法院但其他当事人不予认可的和解协议，依照民事诉讼法第二百三十二条规定提出异议的，人民法院按照下列情形，分别处理：

（一）和解协议履行完毕的，裁定终结原生效法律文书的执行；

（二）和解协议约定的履行期限尚未届至或者履行条件尚未成就的，裁定中止执行，但符合民法典第五百七十八条规定情形的除外；

（三）被执行人一方正在按照和解协议约定履行义务的，裁定中止执行；

（四）被执行人不履行和解协议的，裁定驳回异议；

（五）和解协议不成立、未生效或者无效的，裁定驳回异议。

执行程序开始前，双方当事人自行达成和解协议并履行，一方当事人申请强制执行原生效法律文书的，人民法院应予受理。

被执行人以已履行和解协议为由提出执行异议的，可以参照前款规定审查处理。

——最高人民法院执行局编：《人民法院办理执行案件规范（第二版）》，人民法院出版社2022年版，第51页。

双方在二审期间达成和解协议，人民法院应执行一审生效判决还是二审达成的和解协议？

问题： 刘某诉甲公司承揽合同纠纷一案，某县人民法院一审判决甲公司向刘某支付工程款若干。甲公司不服，提起上诉。后在法官主持下，双方在该案二审期间达成和解协议，甲公司遂撤回上诉。和解协议履行过程中，刘某向某县法院申请执行一审生效判决。对刘某的申请，有两种意见：第一种意见认为，双方和解协议未经法院依法确认，甲公司撤回上诉，一审判决即生效，刘某的申请应予支持。第二种意见认为，双方在二审期间达成和解协议，应当指出，和解协议虽未经法院确认，但依《合同法》规定："依法成立的合同，对当事人具有法律约束力。当事人应当按照约定履行自己的义务，不得擅自变更或者解除合同。依法成立的合同，受法律保护。"据此，人民法院对刘某的执行申请应裁定不予执行，双方应继续按和解协议履行各自义务。请问哪种意见正确？

《人民司法》研究组认为： 人民法院所作出的给付判决，一旦生效便具有执行力，债权人一旦提出申请，除执行力处于中止状态或者执行依据本身无法付诸执行的情形，人民法院必须执行。而能导致执行力中止的情形，按照现行法律只有两种，即：原执行依据处于再审状态；当事人在执行程序中达成和解协议。应当指出，诉讼中的和解协议不具有阻止执行的效力。当然，本案中执行一审生效判决，并非就意味着，诉讼中的和解协议对当事人没有约束力。甲公司可以以刘某违反和解协议约定为由另行提起诉讼，要求刘某承担违约责任。

——《人民司法》2009年第13期。

（六）暂缓执行与中止执行

29.暂缓执行决定的作出

第二条　暂缓执行由执行法院或者其上级人民法院作出决定，由执行机构统一办理。

人民法院决定暂缓执行的，应当制作暂缓执行决定书，并及时送达当事人。

——《最高人民法院印发〈关于正确适用暂缓执行措施若干问题的规定〉的通知》（2002年9月28日，法发〔2002〕16号）。

111.【暂缓决定的作出】

暂缓执行由执行法院或者其上级人民法院执行机构作出决定。人民法院决定暂缓执行的，应当制作暂缓执行决定书，并及时送达当事人。

——最高人民法院执行局编：《人民法院办理执行案件规范（第二版）》，人民法院出版社2022年版，第53页。

112.【依申请暂缓执行的情形】

有下列情形之一的，经当事人或者其他利害关系人申请，人民法院可以决定暂缓执行：

（一）执行措施或者执行程序违反法律规定的；

（二）执行标的物存在权属争议的；

（三）被执行人对申请执行人享有抵销权的。

——最高人民法院执行局编：《人民法院办理执行案件规范（第二版）》，人民法院出版社2022年版，第53页。

30.暂缓执行申请的审查及处理

第六条　人民法院在收到暂缓执行申请后，应当在十五日内作出决定，并在作出决定后五日内将决定书发送当事人或者其他利害关系人。

——《最高人民法院印发〈关于正确适用暂缓执行措施若干问题的规定〉的通知》(节选)(2002 年 9 月 28 日，法发〔2002〕16 号)。

当事人或者其他利害关系人申请暂缓执行的情形，适用《民事诉讼法》第 225 条[①]、第 227 条[②]，《民诉法执行程序解释》第 10 条[③]、第 16 条[④]的相关规定。

——最高人民法院执行局编著：《最高人民法院执行司法解释条文适用编注》，人民法院出版社 2019 年版，第 261 页。

113.【暂缓执行申请的审查及处理】

人民法院在收到暂缓执行申请后，应当在十五日内作出决定，并在作出决定后五日内将决定书发送当事人或者其他利害关系人。

——最高人民法院执行局编：《人民法院办理执行案件规范（第二版）》，人民法院出版社 2022 年版，第 53~54 页。

31.暂缓执行的担保

第四条第一款　人民法院根据本规定第三条决定暂缓执行的，应当同时责令申请暂缓执行的当事人或者其他利害关系人在指定的期限内提供相应的担保。

——《最高人民法院印发〈关于正确适用暂缓执行措施若干问题的规定〉

[①]　现为《民事诉讼法》(2023 年修正)第二百三十六条。

[②]　现为《民事诉讼法》(2023 年修正)第二百三十八条。

[③]　现为《最高人民法院关于适用〈中华人民共和国民事诉讼法〉执行程序若干问题的解释》(2020 年修正)第九条。

[④]　现为《最高人民法院关于适用〈中华人民共和国民事诉讼法〉执行程序若干问题的解释》(2020 年修正)第十五条。

的通知》(节选)(2002年9月28日，法发〔2002〕16号)。

114.【暂缓执行的担保】

人民法院根据本规范第112条决定暂缓执行的，应当同时责令申请暂缓执行的当事人或者其他利害关系人在指定的期限内提供相应的担保。

——最高人民法院执行局编：《人民法院办理执行案件规范（第二版）》，人民法院出版社2022年版，第54页。

32.继续执行优先原则

第四条第二款 被执行人或者其他利害关系人提供担保申请暂缓执行，申请执行人提供担保要求继续执行的，执行法院可以继续执行。

——《最高人民法院印发〈关于正确适用暂缓执行措施若干问题的规定〉的通知》(节选)(2002年9月28日，法发〔2002〕16号)。

115.【继续执行优先原则】

被执行人或者其他利害关系人提供担保申请暂缓执行，申请执行人提供担保要求继续执行的，执行法院可以继续执行。

——最高人民法院执行局编：《人民法院办理执行案件规范（第二版）》，人民法院出版社2022年版，第54页。

33.依职权暂缓执行的情形

第三十六条 当事人、利害关系人认为网络司法拍卖行为违法侵害其合法权益的，可以提出执行异议。异议、复议期间，人民法院可以决定暂缓或者裁定中止拍卖。

案外人对网络司法拍卖的标的提出异议的，人民法院应当依据《中华人民共和国民事诉讼法》第二百二十七条及相关司法解释的规定处理，并决定暂缓或者裁定中止拍卖。

——《最高人民法院关于人民法院网络司法拍卖若干问题的规定》(节选)(2016年8月2日，法释〔2016〕18号)。

第七条 有下列情形之一的，人民法院可以依职权决定暂缓执行：

（一）上级人民法院已经受理执行争议案件并正在处理的；

（二）人民法院发现据以执行的生效法律文书确有错误，并正在按照审判监督程序进行审查的。

人民法院依照前款规定决定暂缓执行的，一般应由申请执行人或者被执行人提供相应的担保。

——《最高人民法院印发〈关于正确适用暂缓执行措施若干问题的规定〉的通知》（节选）（2002年9月28日，法发〔2002〕16号）。

116.【依职权暂缓执行的情形】

有下列情形之一的，人民法院可以依职权决定暂缓执行：

（一）上级人民法院已经受理执行争议案件并正在处理的；

（二）人民法院发现据以执行的生效法律文书确有错误，并正在按照审判监督程序进行审查的；

（三）当事人、利害关系人对网络司法拍卖行为提出异议的，异议、复议期间，人民法院可以决定暂缓拍卖。案外人对网络司法拍卖的标的提出异议的，人民法院应决定暂缓拍卖。

人民法院依照前款第1项、第2项规定决定暂缓执行的，一般应由申请执行人或者被执行人提供相应的担保。

——最高人民法院执行局编：《人民法院办理执行案件规范（第二版）》，人民法院出版社2022年版，第54页。

34.暂缓执行期限届满后的恢复执行

第十三条 暂缓执行期限届满后，人民法院应当立即恢复执行。

暂缓执行期限届满前，据以决定暂缓执行的事由消灭的，如果该暂缓执行的决定是由执行法院作出的，执行法院应当立即作出恢复执行的决定；如果该暂缓执行的决定是由执行法院的上级人民法院作出的，执行法院应当将该暂缓执行事由消灭的情况及时报告上级人民法院，该上级人民法院应当在收到报告后十日内审查核实并作出恢复执行的决定。

——《最高人民法院印发〈关于正确适用暂缓执行措施若干问题的规定〉的通知》（节选）（2002 年 9 月 28 日，法发〔2002〕16 号）。

120.【暂缓执行期限届满后的恢复执行】

暂缓执行期限届满后，人民法院应当立即恢复执行。暂缓执行期限届满前，据以决定暂缓执行的事由消灭的，如果该暂缓执行的决定是由执行法院作出的，执行法院应当立即作出恢复执行的决定；如果该暂缓执行的决定是由执行法院的上级人民法院作出的，执行法院应当将该暂缓执行事由消灭的情况及时报告上级人民法院，该上级人民法院应当在收到报告后十日内审查核实并作出恢复执行的决定。

——最高人民法院执行局编：《人民法院办理执行案件规范（第二版）》，人民法院出版社 2022 年版，第 55 页。

35.证券公司进入破产程序后，刑事附带民事赔偿或者涉及追缴赃款的判决应中止执行

五、证券公司进入破产程序后，人民法院作出的刑事附带民事赔偿或者涉及追缴赃款赃物的判决应当中止执行，由相关权利人在破产程序中以申报债权等方式行使权利；刑事判决中罚金、没收财产等处罚，应当在破产程序债权人获得全额清偿后的剩余财产中执行。

——《最高人民法院关于依法审理和执行被风险处置证券公司相关案件的通知》（节选）（2009 年 5 月 26 日，法发〔2009〕35 号）。

121.【应当中止执行的情形】

（一）申请执行人表示可以延期执行的；

（二）案外人对执行标的提出确有理由的异议的；

（三）作为一方当事人的公民死亡，需要等待继承人继承权利或者承担义务的；

（四）作为一方当事人的法人或者其他组织终止，尚未确定权利义务承受人的；

（五）人民法院已受理以被执行人为债务人的破产申请的，或者依据《最高人民法院关于适用〈中华人民共和国民事诉讼法〉的解释》第五百一十一条规定，将案件移送破产审查的；

（六）被执行人申请撤销仲裁裁决并已由人民法院受理的，或者被执行人、案外人对仲裁裁决执行案件提出不予执行申请并提供适当担保的；

（七）执行依据按审判监督程序决定再审的，但追索赡养费、扶养费、抚养费、抚恤金、医疗费用、劳动报酬等案件，可以不中止执行的除外；

（八）执行过程中发现有非法集资犯罪嫌疑的，或者执行标的物属于公安机关、人民检察院、人民法院侦查、起诉、审理非法集资刑事案件的涉案财物的；

（九）人民法院认为应当中止执行的其他情形。

裁定对部分被执行人中止执行的，不影响对同一执行案件其他被执行人的执行。

——最高人民法院执行局编：《人民法院办理执行案件规范（第二版）》，人民法院出版社 2022 年版，第 56 页。

（七）终结本次执行程序与终结执行

36.终结本次执行程序的程序标准和实质标准

第一条 人民法院终结本次执行程序，应当同时符合下列条件：

（一）已向被执行人发出执行通知、责令被执行人报告财产；

（二）已向被执行人发出限制消费令，并将符合条件的被执行人纳入失信被执行人名单；

（三）已穷尽财产调查措施，未发现被执行人有可供执行的财产或者发现的财产不能处置；

（四）自执行案件立案之日起已超过三个月；

（五）被执行人下落不明的，已依法予以查找；被执行人或者其他人妨害执行的，已依法采取罚款、拘留等强制措施，构成犯罪的，已依法启动刑事责任追究程序。

第二条　本规定第一条第一项中的"责令被执行人报告财产",是指应当完成下列事项:

(一)向被执行人发出报告财产令;

(二)对被执行人报告的财产情况予以核查;

(三)对逾期报告、拒绝报告或者虚假报告的被执行人或者相关人员,依法采取罚款、拘留等强制措施,构成犯罪的,依法启动刑事责任追究程序。

人民法院应当将财产报告、核实及处罚的情况记录入卷。

第三条　本规定第一条第三项中的"已穷尽财产调查措施",是指应当完成下列调查事项:

(一)对申请执行人或者其他人提供的财产线索进行核查;

(二)通过网络执行查控系统对被执行人的存款、车辆及其他交通运输工具、不动产、有价证券等财产情况进行查询;

(三)无法通过网络执行查控系统查询本款第二项规定的财产情况的,在被执行人住所地或者可能隐匿、转移财产所在地进行必要调查;

(四)被执行人隐匿财产、会计账簿等资料且拒不交出的,依法采取搜查措施;

(五)经申请执行人申请,根据案件实际情况,依法采取审计调查、公告悬赏等调查措施;

(六)法律、司法解释规定的其他财产调查措施。

人民法院应当将财产调查情况记录入卷。

第四条　本规定第一条第三项中的"发现的财产不能处置",包括下列情形:

(一)被执行人的财产经法定程序拍卖、变卖未成交,申请执行人不接受抵债或者依法不能交付其抵债,又不能对该财产采取强制管理等其他执行措施的;

(二)人民法院在登记机关查封的被执行人车辆、船舶等财产,未能实际扣押的。

——《最高人民法院印发〈关于严格规范终结本次执行程序的规定(试行)〉的通知》(节选)(2016年10月29日,法〔2016〕373号)。

（二）终结本次执行的程序标准和实质标准

《最高人民法院关于严格规范终结本次执行程序的规定》（以下简称《终结本次执行规定》）第一条至第四条，对终结本次执行的程序标准和实质标准予以明确。这是《终结本次执行规定》中最重要的核心条款。由于终结本次执行程序的条件和标准比较复杂，无法全部囊括在一个条文中，故采取了概括规定加具体细化的形式。第一条概括性地对终结本次执行程序的条件作出了规定，第二条至第四条对第一条中的有关内容作具体细化的规定。第一条中的第一项至第五项作为终结本次执行程序的条件应当同时满足，缺一不可。其中第一项至第四项是一般情形下的条件，第五项是特殊情形下需要满足的要件。

《终结本次执行规定》第一条第一项是对进入执行程序后人民法院需要采取的常规执行措施的规定，即：应当发出执行通知，责令被执行人报告财产。而责令被执行人报告财产应当达到的标准和完成的事项，在第二条中作了明确要求，即应当完成下列四方面的工作：一是发出报告财产令；二是对报告的财产情况予以核查；三是对逾期报告拒绝报告或者虚假报告的被执行人或者相关人员，依法采取强制措施直至启动刑事责任追究程序；四是对上述财产报告核实及处罚情况必须记录入卷。本条内容与《最高人民法院关于民事执行中财产调查若干问题的规定》进行了衔接，关于财产报告中的报告程序、核实程序以及处罚情形，在该司法解释中作出了详细规定，《终结本次执行规定》中的关于财产报告制度的实施应当遵照该司法解释进行。

《终结本次执行规定》第一条第二项要求，必须将向被执行人发出限制消费令，符合条件的还应当纳入失信被执行人名单，根据现有司法解释的规定，只要被执行人不履行生效法律文书确定的义务，就应当向其发出限制消费令，而纳入失信被执行人名单还应当符合《最高人民法院关于公布失信被执行人名单信息的若干规定》列明的条件才可以纳入。

《终结本次执行规定》第一条第三项要求，在穷尽财产调查措施后，人民法院未发现被执行人有可供执行的财产，或者发现的财产不能处置。这是执行案件能否终结本次执行程序的实质标准。以下两点核心要点需要把握，即：

  1. 何谓穷尽财产调查措施。《终结本次执行规定》第三条对穷尽财产措施应当完成的事项进行了列明。应当说，人民法院的财产调查能力和手段，是随着社会经济发展，科技手段的不断进步而不断发展的，对于究竟何为穷尽财产调查措施，还应当结合现有的经济发展水平、财产查控能力现状等客观因素来综合认定。本条区分不同情况，规定了人民法院采取哪些执行措施，才算达到了"穷尽财产调查措施"的最低标准。其中：

第一项是对申请执行人或他人提供的财产线索的核实。申请执行人作为对其自身权益最为关注的个体，其查找财产的意愿最为强烈，此外，与案件有利害关系的第三人、社会公众都有可能向人民法院提供被执行人的财产线索，对于上述主体提供的财产线索，人民法院应当积极予以核实，以增加发现被执行人财产的可能。

第二项中的网络执行查控系统既包括由最高人民法院建立的执行案件网络查控系统，还包含执行法院所在地区已经建立的网络查控系统，执行法院应当在上述查控系统中对被执行人名下的存款、车辆及其他交通运输工具、不动产、有价证券等财产均进行了调查，才算是完成了网络调查事项。

第三项的规定是针对一些地区或者一些财产形式受网络技术发展及个别地区及领域信息化科技手段运用水平所限，暂时还不能通过网络调查方式予以查找，对于这部分地区或形式的财产，仍应充分运用传统的财产调查方式在被执行人住所地，或者可能隐匿转移财产所在地进行查找。

第四项是对搜查措施的规定。《民事诉讼法》第二百四十八条①、《最高人民法院关于适用〈中华人民共和国民事诉讼法〉的解释》第四百九十八条对搜查的适用条件和程序作了明确规定。搜查必须依照法定程序进行，由院长签发搜查令，并做好执行预案。

第五项规定了审计调查、公告悬赏等措施的运用。需要说明两个问题：一是采取审计调查、公告悬赏等调查措施，须以申请执行人申请为前提，法院原则上不依职权采取；二是是否采取审计调查、公告悬赏等调查措施，由法院根据案件实际情况决定。同时，本条内容与《最高人民法院关于民事执行中财产调查若干问题的规定》进行了衔接，未尽事宜在该司法解释中进一步细化和明确。此外，增加一项兜底条款，为未来执行工作中可能出现的其他财产调查措施留出空间。

---

① 现为《民事诉讼法》（2023年修正）第二百五十九条。

2.必须是未发现被执行人有可供执行的财产或者发现的财产不能处置。这里面包含三种可能的情况,即:一是被执行人完全没有可供执行的财产;二是被执行人可供执行的财产被处置完毕后,未发现其他可供执行的财产;三是发现的财产不能处置。那么,何谓发现的财产不能处置?规定第四条对此予以了明确:发现的财产不能处置包括:(1)被执行人的财产经法定程序拍卖、变卖未成交,申请执行人不接受抵债或者依法不能交付其抵债,又不能对该财产采取强制管理等其他执行措施。"经依法拍卖、变卖未成交",应按照《最高人民法院关于人民法院民事执行中拍卖、变卖财产的规定》第二十七条、第二十八条以及《最高人民法院关于人民法院网络司法拍卖若干问题的规定》的相关规定为标准进行判断和认定。(2)执行实践中比较突出的查封了特殊动产的档案登记,但却未能实际控制相关财产的情况,此类情形下,被执行人的财产实际上处于无法处置的情况。此外,规定原稿本来还有被执行人的财产属于依法免于执行的规定,例如被执行人生活必需的物品等,但经过研究我们认为,《民事诉讼法》第二百四十三条[①]、第二百四十四条[②]以及《最高人民法院关于人民法院民事执行中查封、扣押、冻结财产的规定》第五条、第六条中规定的豁免财产,本身就不属于可供执行的财产范围,其本来就已经被排除在了可供执行财产范围之外,因此,从逻辑上看,可供执行的财产中已经当然不包括豁免财产在内,因此无须在此处再行规定。而对于被执行人"唯一住房"的执行,实际上《最高人民法院关于人民法院办理执行异议和复议案件若干问题的规定》第二十条已经规定了在几种情形下,被执行人本人及所扶养家属维持生活必需的居住房屋都具备可以执行的条件,因此实际上,此类房屋在绝大部分情况下,均已可以作为被执行人可供执行的财产类型。因此,《终结本次执行规定》并未再将其作为不能处置的一类财产加以规定。

《终结本次执行规定》第一条第四项明确,终结本次执行程序的条件之一,还包括期间条件,即必须经过一定期间才能终结本次执行程序。该条是考虑到即使已经完成了其他各项要求的规定动作,如果刚刚进入执行程序随

---

① 现为《民事诉讼法》(2023年修正)第二百五十四条。
② 现为《民事诉讼法》(2023年修正)第二百五十五条。

即就决定终结本次执行程序，恐怕也很难说服申请执行人，人民法院已经穷尽了各项执行措施，故规定了从自执行案件立案之日起至少已经经过了三个月之后才能终结本次执行程序，这样也能更为充分地保障申请执行人的相关权利。

《终结本次执行规定》第一条第五项是对特殊情形下终结本次执行程序条件的规定。当执行案件的被执行人下落不明或者被执行人及相关人员有妨害执行的情形时，人民法院还应当依法查找被执行人。对妨害执行的被执行人依法采取罚款、拘留直至启动追究刑事责任程序的措施。

查找被执行人下落，其本质还是通过查人来找物；查找被执行人的措施多样，执行人员应当通过执行日志来记录采取的查找措施，比如根据申请执行人提供的联系方式联系，根据审判卷宗中留存的联系方式联系，如果实在找不到需要公告的，公告也是寻找的一种途径。目前，一些法院也在积极寻求地方公安或其他部门支持，通过车辆、住宿信息等方式来查找被执行人下落。随着科技手段不断发展，人民法院与其他职能部门联动机制的不断深入，被执行人的查找问题一定能有所突破，有所发展。

此外，征求意见中，比较集中的意见是，终结本次执行程序的条件应当增加申请执行人同意以及当事人双方达成执行和解协议不能在法定执行期限内履行完毕的情形。我们经过研究后认为，申请执行人同意，以及当事人双方达成和解协议不能在法定执行期限内履行完毕的，均不属于因被执行人无财产可供执行而导致的执行不能案件，因此，不宜规定在《终结本次执行规定》中作为可以终结本次执行程序的情形，否则《终结本次执行规定》设定的严格的标准及条件很可能再次被架空，无法达到规范该项制度的目的，另外还可能会引发社会质疑。

综合上述条款可以看出，一个案件想要终结本次执行程序，就必须采取以下三方面措施，即穷尽强制执行措施、穷尽财产调查措施和穷尽执行制裁措施。应当"严格控制退出本次执行程序的适用范围，严禁在没有穷尽其他一切执行措施之前，直接退出本次执行程序"。

——刘贵祥等：《〈最高人民法院关于严格规范终结本次执行程序的规定（试行）〉的理解与适用》，载最高人民法院执行局编：《执行工作指导》2017年第2辑（总第62辑），国家行政学院出版社2017年版，第142页。

24.严格把握规范终结本次执行程序的程序标准和实质标准。严禁对有财产可供执行的案件以终结本次执行方式结案，严禁因追求结案率而弄虚作假、虚假终本，损害申请执行人的合法权益。

依法穷尽必要的合理的财产调查措施。必须使用"总对总""点对点"网络查控系统全面核查财产情况；当事人提供财产线索的，应当及时核查，有财产的立即采取控制措施；有初步线索和证据证明被执行人存在规避执行、逃避执行嫌疑的，人民法院应当根据申请执行人申请采取委托专项审计、搜查等措施，符合条件的，应当采取罚款、司法拘留或者追究拒执罪等措施。

执行中已查控到财产的，人民法院应当依法及时推进变价处置程序，不得滥用《最高人民法院关于严格规范终结本次执行程序的规定（试行）》第四条关于"发现的财产不能处置"的规定，不得以申请执行人未申请拍卖为由不进行处置而终结本次执行程序；不得对轮候查封但享有优先权的财产未经法定程序商请首封法院移送处置权而终结本次执行程序。

人民法院终结本次执行程序应当制作执行裁定书并送达当事人。申请执行人对终结本次执行程序有异议的，人民法院应及时受理。严禁诱导胁迫申请执行人同意终结本次执行程序或者撤回执行申请。

——《最高人民法院关于进一步完善执行权制约机制加强执行监督的意见》（2021年12月6日，法〔2021〕322号）。

128.【终结本次执行程序的条件】

执行法院终结本次执行程序，应当同时符合下列条件：

（一）已向被执行人发出执行通知、责令被执行人报告财产；

（二）已向被执行人发出限制消费令，并将符合条件的被执行人纳入失信被执行人名单；

（三）已穷尽财产调查措施，未发现被执行人有可供执行的财产或者发现的财产不能处置；

（四）被执行人下落不明的，已依法予以查找；被执行人或者其他人妨害执行的，已依法采取罚款、拘留等强制措施，构成犯罪的，已依法启动刑事责任追究程序。

原终结本次执行程序中已发出限制消费令的恢复执行案件，人民法院再次终结本次执行程序的，可无须再根据前款第 2 项发出限制消费令。

130.【"穷尽财产调查措施"应完成事项】

本规范第 128 条第 1 款第 3 项中的"已穷尽财产调查措施"，是指应当完成下列调查事项：

（一）对申请执行人或者其他人提供的财产线索进行核查；

（二）通过网络执行查控系统对被执行人的存款、车辆及其他交通运输工具、不动产、有价证券等财产情况进行查询；

（三）无法通过网络执行查控系统查询本款第 2 项规定的财产情况的，在被执行人住所地或者可能隐匿、转移财产所在地进行必要调查；

（四）被执行人隐匿财产、会计账簿等资料且拒不交出的，依法采取搜查措施；

（五）经申请执行人申请，根据案件实际情况，依法采取审计调查、公告悬赏等调查措施；

（六）法律、司法解释规定的其他财产调查措施。

人民法院应当将财产调查情况记录入卷。

——最高人民法院执行局编：《人民法院办理执行案件规范（第二版）》，人民法院出版社 2022 年版，第 60~61 页。

37.终结执行裁定因未送达被执行人而未发生法律效力，案件可继续执行

150.【终结执行裁定】

除本规范第 149 条第 2 款规定的情形外，终结执行应当依法制作裁定书，载明终结执行的事由和法律依据，并送达当事人。终结执行的裁定，送达当事人后立即生效。

当事人、利害关系人自收到裁定之日起六十日内可以依照民事诉讼法第二百三十二条规定对终结执行行为提出异议。当事人、利害关系人未收到法律文书的，应当自知道或者应当知道人民法院终结执行之日起六十日内提出。超出期限提出执行异议的，人民法院不予受理。

——最高人民法院执行局编：《人民法院办理执行案件规范（第二版）》，人民法院出版社 2022 年版，第 70 页。

山东省高级人民法院：

你院〔2010〕鲁执复字第 41 号《关于恒丰银行与达隆公司借款合同纠纷执行一案中有关法律问题的请示》收悉。经研究，现提出以下处理意见：

烟台市中级人民法院（以下简称烟台中院）的终结执行裁定因未送达被执行人，并未发生法律效力。烟台中院继续执行于法有据。但达隆公司总经理被关押期间，达隆公司公章、营业执照被查封扣押期间和另案错误执行期间的利息损失均非恒丰银行的过错造成，达隆公司依法应当承担迟延履行期间的给债权人造成的利息损失，对此问题，达隆公司可另行主张权利。

另，烟台中院扣划的 2850 万元款项中包括烟台经济技术开发区人民法院（以下简称烟台开发区法院）裁定保全的款项，因烟台开发区法院的案件尚未作出判决，直接予以扣划错误，应当立即返还其保全的账户中。

此复

——《最高人民法院执行局关于恒丰银行与达隆公司借款合同纠纷执行一案中有关法律问题的请示的答复》（2011 年 5 月 27 日，〔2011〕执他字第 2 号），载江必新主编：《人民法院执行工作规范全集》，人民法院出版社 2017 年版，第 959 页。

38.当事人申请执行前就生效公证债权重新签订了还款协议，应终结执行

当事人申请执行前就生效公证债权重新签订了还款协议，该案是裁定不予执行还是终结执行？

问题：我院在执行一起公证债权案件中，查明双方当事人在公证书生效后，在未向法院申请执行前又重新签订了还款协议，对还款时间重新作了约定，故原公证债权对双方当事人丧失了约束力。对该案如何处理有两种观点：第一种观点是从程序上裁定不予执行，第二种观点是从实体上裁定终结执行。请问哪一种观点正确？

《人民司法》研究组认为：我们认为第二种观点是正确的。

依照《民事诉讼法》的规定，只有对仲裁裁决、公证债权文书的执行中才存在不予执行的问题。不予执行是对公证活动的合法性、正确性在执行中

进行司法监督的重要方式。因而,《民事诉讼法》第218条① 第2款明确规定:"公证债权文书确有错误的,人民法院裁定不予执行,并将裁定书送达双方当事人和公证机关。"也即公证债权文书确有错误才可依法裁定不予执行。本案中公证债权文书本身并无错误,不应适用关于不予执行的规定。

　　本案既已进入执行程序,且因当事人达成了新的协议,故已不能继续执行公证书,可以适用《民事诉讼法》第235条② 第6款之规定,裁定终结执行。因为当事人达成新的还款协议,产生了新的民事法律关系,经过公证的民事法律关系已被新的还款协议所取代,双方当事人对该还款协议的履行如有争议,可另行通过诉讼等程序解决。

　　——《人民司法》2001年第11期。

39.终结本次执行程序案件的动态管理

　　第十四条　除执行财产保全裁定、恢复执行的案件外,其他执行实施类案件的结案方式包括:

　　(一)执行完毕;

　　(二)终结本次执行程序;

　　(三)终结执行;

　　(四)销案;

　　(五)不予执行;

　　(六)驳回申请。

　　——《最高人民法院印发〈关于执行案件立案、结案若干问题的意见〉的通知》(2014年12月17日,法发〔2014〕26号)。

　　根据《最高人民法院关于执行案件立案、结案若干问题的意见》(以下简称《执行案件立结案意见》)第31条的规定,对终结本次执行程序案件要进行单独管理,对恢复执行案件要进行动态管理。

　　《执行案件立结案意见》第14条对除财产保全和恢复执行案件以外的执

---

　　① 现为《民事诉讼法》(2023年修正)第二百四十九条。
　　② 现为《民事诉讼法》(2023年修正)第二百六十九条。

行实施类案件规定了 6 种结案方式：执行完毕、终结本次执行程序、终结执行、销案、不予执行、驳回申请。从这几种结案方式可以看出，执行完毕是实体执结，而其他 5 种是程序执结，特别是销案、不予执行、驳回申请是程序上的完全结束，案件不可能再继续执行，终结执行中除符合法律和司法解释规定可以恢复执行的情形外，案件也是程序上的完全结束，只有终结本次执行程序不是程序上的完全结束，可以恢复执行。实现对终结本次执行程序案件的单独管理，对恢复执行案件进行动态管理，实际上就是将这部分案件从其他已报结的案件中分离出来，进行单独监管。一方面是为解决多年来执行实际工作中存在的案件底数不清、情况不明的问题；另一方面是为充分利用最高人民法院建成的网络执行查控系统对这部分案件定期进行财产查找，促使案件真正地实体执结，最大限度地保护当事人的合法权益。

目前，最高人民法院已经建立了终结本次执行程序案件的分类、动态管理机制，将全国法院执行案件信息管理系统中以终结本次执行程序方式报结的案件作为无财产案件进行单独管理，每半年利用最高人民法院"总对总"的网络执行查控系统进行一次财产查询，承办人可以查看查询结果，对有财产可供执行案件的及时恢复执行，全部执行完毕的，退出无财产案件库，未能全部执行完毕的，继续保留在无财产案件库中，再定期进行查询，周而复始，直至案件全部执行完毕止。各级法院也要建立起对终结本次执行程序案件进行单独和动态管理的机制，可以利用本省高级人民法院"点对点"的网络执行查控系统进行定期查询，让这些死案件、无财产案件活起来、动起来。

——江必新、刘贵祥主编，最高人民法院执行局编：《最高人民法院执行最新司法解释统一理解与适用》，中国法制出版社 2016 年版，第352~353 页。

（八）执行程序和破产程序的衔接

40.执行案件移送破产审查的管辖制度

3.执行案件移送破产审查，由被执行人住所地人民法院管辖。在级别管辖上，为适应破产审判专业化建设的要求，合理分配审判任务，实行以中级人民法院管辖为原则、基层人民法院管辖为例外的管辖制度。中级人民法院经高级人民法院批准，也可以将案件交由具备审理条件的基层人民法院审理。

——《最高人民法院印发〈关于执行案件移送破产审查若干问题的指导意见〉的通知》(节选)(2017年1月20日，法发〔2017〕2号)。

（二）合理确定执行转破产审查案件的管辖，促进司法资源恰当配置

执行转破产审查案件的管辖问题意义重大，直接关乎审判管理、审判任务配置、执行转破产审查的效率，影响破产审判专业化建设。对于执行转破产审查案件的地域管辖，仍然应当坚持破产案件的地域管辖原则，由被执行人住所地法院管辖。对于级别管辖，实务当中的认识并不一致。从普通破产案件的级别管辖来看，司法实践中一直是按照以往的司法解释，根据在不同级别的工商机关登记的债务人的不同，分别由基层人民法院和中级人民法院管辖。但目前无论是法院外部情况还是内部情况都发生了一些变化。

从外部情况看，随着企业登记制度的改革，企业工商登记权限在很多地方都已经下移，这直接影响人民法院破产案件任务量的配置；从内部情况看，2016年6月21日，最高人民法院经商中央编办同意，制定下发了《关于在中级人民法院设立清算与破产审判庭的工作方案》，要求在全国部分中级人民法院设立破产审判庭，从机构和人员配备方面推进破产审判专业化。为适应上述情况的变化，执行转破产审查案件的级别管辖也应相应调整。当前，对执行转破产审查案件可以积极探索实行以中级人民法院管辖为原则、基层法院管辖为例外的级别管辖制度。将执行转破产审查案件主要交由中级人民法

院审理，一方面，与中级人民法院设立破产审判庭工作相契合配套，有利于保障中级人民法院的破产案件数量，提高中级人民法院破产审判人员的素质，促进破产审判专业化建设；另一方面，主要是考虑全国绝大多数基层法院没有专门的破产审判庭，破产审判人员也凤毛麟角，破产案件多由普通民商事法官审理，在民商事案件级别管辖下移、案件量大幅增加的情况下，基层法院及其法官很难再有精力处理执行转破产审查案件。由中级人民法院审理执行转破产审查案件，有利于平衡案件压力，从中级人民法院层面上先行推进破产审判队伍专业化建设。广东、浙江、江苏等地区确有部分基层法院已经建立了专门的破产审判庭，破产审判人员专业水平也较高，具备审理破产案件的能力。对此，可以通过由中级人民法院指定管辖的方式，将执行转破产审查案件继续指定由相关基层法院审理。

——杜万华：《杜万华大法官民事商事审判实务演讲录（二）》，人民法院出版社 2019 年版，第 188~189 页。

执转破案件的管辖问题意义重大，直接关乎审判管理、破产审判任务配置、执转破的效率，影响破产审判专业化建设。

（一）地域管辖

对于执转破案件的地域管辖，制定过程中存在两种意见：一种意见主张由执行法院专属管辖，从而使执行案件和破产案件完全由同一个法院处理，将移送内化，简便高效，有利于执行程序与破产程序的衔接协调。另一种意见主张由被执行人住所地法院管辖，以便与既往的司法解释和破产司法实践相一致。《最高人民法院关于执行案件移送破产审查若干问题的指导意见》（以下简称《指导意见》）采纳了后一种意见。《指导意见》第 3 条规定，执转破案件由被执行人住所地法院管辖。根据《最高人民法院关于审理企业破产案件若干问题的规定》（法释〔2002〕23 号）第 1 条规定，企业法人被执行人住所地即其主要办事机构所在地。被执行人无办事机构的，由其注册地人民法院管辖。

（二）级别管辖

《指导意见》第 3 条规定，执转破案件实行以中级人民法院管辖为原则、基层人民法院管辖为例外的级别管辖制度。中级人民法院经高级人民法院批准，也可以将案件交由具备审理条件的基层人民法院审理。

《指导意见》的上述规定改变了以往按照企业登记的工商机关的不同层级确定破产案件级别管辖的做法。之所以做这种变化，主要是为了适应现实情况变化的需要。从外部情况看，随着企业登记制度的改革，企业工商登记权限在很多地方已经下移，这直接影响人民法院破产审判任务量的配置。从内部情况看，2016 年 6 月 21 日，最高人民法院经商中编办同意，制定下发了《关于在中级人民法院设立清算与破产审判庭的工作方案》，要求在全国部分中级人民法院设立破产审判庭，从机构和人员配备方面推进破产审判专业化建设。将执转破案件主要分配给中级人民法院审理，一方面，与中级人民法院设立破产审判庭工作相契合配套，有利于保障中级人民法院的破产案件数量，提高破产审判人员的素质，促进中级人民法院的破产审判专业化建设；另一方面，主要是考虑全国绝大多数基层法院没有专门的破产审判庭，破产审判人员也凤毛麟角，破产审判专业化程度不高，破产案件多由民商事法官审理，在民商事案件级别管辖下移、案件量大幅增加的情况下，基层法官很难再有精力处理执转破案件。由中级人民法院审理执转破案件，有利于平衡案件压力，从中级人民法院层面上先行推进破产审判机构和队伍专业化建设。当然，全国也有部分基层法院，例如东部沿海省份的一些基层法院已经建立了专门的破产审判庭，破产审判人员专业水平也较高，具备审理执转破案件的能力。此种情况下，可以采用由高级人民法院指定管辖的方式，将执转破案件交由相关基层法院审理。

——王富博：《〈关于执行案件移送破产审查若干问题的指导意见〉的理解与适用》，载《人民司法·应用》2017 年第 10 期。

41.受转送法院破产审查与受理

13.受移送法院的破产审判部门应当自收到移送的材料之日起三十日内作出是否受理的裁定。受移送法院作出裁定后，应当在五日内送达申请执行人、被执行人，并送交执行法院。

15.受移送法院裁定受理破产案件的，在此前的执行程序中产生的评估费、公告费、保管费等执行费用，可以参照破产费用的规定，从债务人财产中随时清偿。

16. 执行法院收到受移送法院受理裁定后，应当于七日内将已经扣划到账的银行存款、实际扣押的动产、有价证券等被执行人财产移交给受理破产案件的法院或管理人。

17. 执行法院收到受移送法院受理裁定时，已通过拍卖程序处置且成交裁定已送达买受人的拍卖财产，通过以物抵债偿还债务且抵债裁定已送达债权人的抵债财产，已完成转账、汇款、现金交付的执行款，因财产所有权已经发生变动，不属于被执行人的财产，不再移交。

——《最高人民法院印发〈关于执行案件移送破产审查若干问题的指导意见〉的通知》(2017 年 1 月 20 日，法发〔2017〕2 号)。

执行转破产审查程序除涉及案件材料移送外，还包括许多配套程序。其中，最重要的是财产的交接管控程序。执行法院作出移送决定后，为了便于受移送法院审查有关材料，固定被执行人财产状况，在受移送法院裁定是否受理破产案件前，针对被执行人的执行程序均应中止。但是，对被执行人的季节性商品、鲜活、易腐烂变质以及其他不宜长期保存的物品，执行法院应当及时变价处置，处置的价款不作分配。受移送法院裁定受理破产案件的，执行法院应当在收到裁定书之日起 7 日内，将该价款移交受理破产案件的法院。为防止案件移送后，被执行人的财产处于脱保状态，在受移送法院裁定受理破产案件之前，对被执行人的查封、扣押、冻结措施不解除。查封、扣押、冻结期限在破产审查期间届满的，申请执行人可以向执行法院申请延长期限，由执行法院负责办理。受移送法院裁定受理破产案件的，在执行程序中产生的评估费、公告费、保管费等执行费用，可以参照破产费用的规定，从债务人财产中随时清偿。执行法院收到受移送法院受理破产的裁定后，应当于 7 日内将已经扣划到账的银行存款、实际扣押的动产、有价证券等被执行人财产移交给破产案件的管理人。虽然《企业破产法》规定法院裁定受理破产申请的，应当同时指定管理人，但实践中往往受理与指定管理人并不完全同步，而是有一个时间差，此时执行法院移交的财产可以由受理破产案件的法院暂时保管。拍卖成交裁定已送达买受人的拍卖财产、以物抵债裁定已送达债权人的以物抵债财产，即便未办理变更登记手续或实际交付，所有权亦发生变动，不属于被执行人的财产，故无须移交。执行法院已完成转账、汇款、现金交付的执行款，也属于执行完毕的财产，同样不再移交。

——杜万华：《杜万华大法官民事商事审判实务演讲录（二）》，人民法院出版社 2019 年版，第 190~191 页。

受移送法院立案庭对执转破案件登记立案后，应及时将案件移送破产审判部门，由破产审判部门对债务人是否具备破产原因、应否启动破产程序进行审查。在破产审查过程中，人民法院应保障相关当事人依据破产法享有的异议权。《最高人民法院关于执行案件移送破产审查若干问题的指导意见》（以下简称《指导意见》）第十三条规定，受移送法院的破产审判部门应当自收到移送的材料之日起三十日内作出是否受理的裁定。

《民诉法司法解释》第五百一十四条[①]规定，被执行人住所地人民法院应当将是否受理破产案件的裁定告知执行法院。但裁定是否向申请执行人、被执行人送达，《民诉法司法解释》并未明确。我们认为，执转破案件的破产审查结果，直接影响执行程序的走向，关系当事人上诉权的行使，为保障当事人对执转破案件结果的知情权，保障当事人对后续程序的参与和监督，应将是否受理破产案件的裁定向申请执行人、被执行人送达。故此，《指导意见》第十四条规定，受移送法院作出裁定后，应当在五日内送达申请执行人、被执行人，并送交执行法院。

如果受移送法院的破产审判部门经审查认为案件不应由其管辖的，应当按《民事诉讼法》第三十六条[②]的规定将案件移送有管辖权的人民法院。

《指导意见》第十五条规定，受移送法院裁定受理破产案件的，在此前的执行程序中产生的评估费、公告费、保管费等执行费用，可以参照破产费用的规定，从债务人财产中随时清偿。

根据《企业破产法》第四十一条、第四十二条的规定，破产费用和共益债务均发生在人民法院受理破产申请之后。执行程序中发生的评估费、鉴定费、公告费、拍卖费、保管费、仓储费、运输费、监管费等执行费用，由于

---

① 现为《最高人民法院关于适用〈中华人民共和国民事诉讼法〉的解释》（2022 年修正）第五百一十一条。

② 现为《民事诉讼法》（2023 年修正）第三十七条。

产生于受理破产申请之前，显然不属于破产费用和共益债务。但执行费用是国家强制力管理、处置被执行人财产以及对被执行人采取其他强制执行措施而产生的必要费用，性质不同于普通债权，不应按普通债权进行申报受偿，应予以优先受偿。因执行程序中发生的评估费、鉴定费、公告费、拍卖费、保管费、仓储费、运输费、监管费等执行费用与破产程序中发生的管理、变价、分配债务人财产所支出的破产费用用途相同，且执行程序中实施的评估、鉴定、拍卖等行为的效力可以延续至破产程序中，评估、鉴定、拍卖结果可以直接为破产程序所用，故上述执行费用可以参照破产费用从债务人财产中随时受偿。

执转破不仅包括执行法院对案件材料的移送，还涉及被执行人财产的移交。当受移送法院裁定受理破产清算、破产重整、破产和解申请后，破产程序即已启动。根据《企业破产法》第十九条的规定，此时以个别清偿为目的的执行程序应当继续中止（执行法院决定移送时即已中止执行），执行法院通过执行措施查控的被执行人财产亦应移交给破产管理人，统一纳入破产程序中清偿。《指导意见》第十六条至第十七条从正反两个方面对应当移交的财产范围作出了规定，主要涉及执行标的物的移交和执行变价款的移交。

（一）执行标的物的移交

《指导意见》第十六条规定，执行法院收到受移送法院受理裁定后，应当于七日内将已经扣划到账的银行存款、实际扣押的动产、有价证券等被执行人财产移交给受理破产案件的法院或管理人。该条以列举的方式规定了审判实践中几种常见的应移交财产，并概括了其法律上的共同属性：必须是属于被执行人的财产，即尚未执行完毕、可以用于清偿被执行人债务的责任财产。不属于被执行人的财产，包括曾经属于被执行人所有、但因执行完毕而使所有权发生变动、不再属于被执行人的财产，因不能用以清偿被执行人的债务，故无须移交。

（二）未分配执行价款的移交

除执行标的物的权属变动认定存在争议外，实务中有争议的另一个问题是，在破产管辖法院裁定受理破产申请时，已进入执行法院或第三方账户却未分配给申请执行人的执行价款，是否属于破产程序中的债务人财产（即破产宣告后的破产财产）？应否移交？对此，存在两种观点：第一种观点认为，该价款属于债务人财产，不应再支付给申请执行人，而应移交给管理人，通过破产程序进行分配。第二种观点认为，该价款不属于债务人财产，应当分配给申请执行人。

《指导意见》采纳了第一种观点。根据《指导意见》第十七条的规定，在受移送法院裁定受理破产申请时，执行法院已完成转账、汇款、现金交付的执行价款，由于已经不属于债务人的财产，当然无须移交。但在裁定受理破产申请时，已进入执行法院或第三方账户却未分配给申请执行人的执行价款，由于尚未交付申请执行人用于清偿债务，我们认为仍属于未执行完毕的被执行人财产。理由是：其一，强制执行的最终目的是使债权人受清偿，拍卖、变卖等执行措施仅是实现这一目的的手段和方法，实施拍卖、变卖等执行措施取得变价款，却未实际分配给申请执行人的，债权尚未得到清偿，执行目的尚未达到，执行程序也并没有完毕。如该款项此时发生意外减损，其风险亦应由被执行人承担，而不应由申请执行人承担。其二，在参与分配制度中，此种情形一直是按未执行完毕处理。例如，《最高人民法院关于适用〈中华人民共和国民事诉讼法〉若干问题的意见》（法发〔1992〕22号）第298条规定："参与分配申请应当在执行程序开始后，被执行人的财产被清偿前提出。"虽然2015年2月4日起施行的《民诉法司法解释》第509条①对此作了文字修改，重新表述为"参与分配申请应当在执行程序开始后，被执行人的财产执行终结前提出"，但司法取向并未发生改变。

破产程序启动后，按照《企业破产法》第十九条的规定，执行程序应当中止，无论是被执行人还是人民法院都不应再对个别债权进行清偿。如果认定因先前个别执行行为而划入人民法院或第三方账户的执行变价款可以继续执行交付给申请执行人，则有违破产法的上述规定，应属于违法执行。根据《破产法司法解释（二）》第五条的规定，执行法院应当对此予以纠正。依法执行回转的财产，应当认定为债务人财产。故在法院裁定受理破产申请后，划入执行法院或第三方账户却未分配给申请执行人的执行价款，应作为债务人财产，并在债务人被宣告破产后列入破产财产，根据破产程序进行公平分配。

---

① 现为《最高人民法院关于适用〈中华人民共和国民事诉讼法〉的解释》（2022年修正）第五百零七条。

但是，如果该执行变价款是对债务人提供的担保物进行变价处置而来，因担保权人本就对担保物的价值享有优先受偿权，将该变价款优先分配给担保权人用于清偿债务，并不损害破产程序中其他债权人的利益，不违反公平原则，故不应受中止执行的限制。这属于执行变价款应移交的例外情形。

《企业破产法》第十三条规定，人民法院裁定受理破产申请的，应当同时指定管理人。在受移送法院已经指定管理人的情况下，执行法院应将尚未执行完毕的被执行人财产移交给管理人。但实践中破产程序启动与指定管理人往往并不同步，此时执行法院移交的财产可以由受理破产案件的法院暂时代为保管，待指定管理人后再移交给管理人。故《指导意见》第十六条规定，接受移交财产的主体是受理破产案件的法院或管理人。

——王富博：《〈关于执行案件移送破产审查若干问题的指导意见〉的理解与适用》，载《人民司法·应用》2017年第10期。

42.破产申请受理时待分配执行款的归属

16.执行法院收到受移送法院受理裁定后，应当于七日内将已经扣划到账的银行存款、实际扣押的动产、有价证券等被执行人财产移交给受理破产案件的法院或管理人。

——《最高人民法院印发〈关于执行案件移送破产审查若干问题的指导意见〉的通知》（节选）（2017年1月20日，法发〔2017〕2号）。

重庆市高级人民法院：

你院〔2017〕渝民他12号《关于破产申请受理前已经划扣到执行法院账户尚未支付给申请执行人的款项是否属于债务人财产及执行法院收到破产管理人中止执行告知函后应否中止执行问题的请示》收悉，经研究，答复如下：

人民法院裁定受理破产申请时已经扣划到执行法院账户但尚未支付给申请人执行的款项，仍属于债务人财产，人民法院裁定受理破产申请后，执行法院应当中止对该财产的执行。执行法院收到破产管理人发送的中止执行告知函后仍继续执行的，应当根据《最高人民法院关于适用〈中华人民共和国破产法〉若干问题的规定（二）》第五条依法予以纠正，故同意你院审判委员会的倾向性意见，由于法律、司法解释和司法政策的变化，我院 2004 年 12 月 22 日作出的《关于如何理解〈最高人民法院关于破产司法解释〉第六十八条的请示的答复》（〔2003〕民二他字第 52 号）相应废止。

此复

——《最高人民法院关于对重庆高院〈关于破产申请受理前已经划扣到执行法院账户尚未支付给申请执行人的款项是否属于债务人财产及执行法院收到破产管理人中止执行告知函后应否中止执行问题的请示〉的答复函》（2017 年 12 月 12 日，〔2017〕最高法民他 72 号）。

《最高人民法院关于对重庆高院〈关于破产申请受理前已经划扣到执行法院账户尚未支付给申请执行人的款项是否属于债务人财产及执行法院收到破产管理人中止执行告知函后应否中止执行问题的请示〉的答复函》与《最高人民法院关于执行案件移送破产审查若干问题的指导意见》第 16 条相关。本复函进一步明确人民法院裁定受理破产申请时已经扣划到执行法院账户但尚未支付给申请人执行的款项，仍属于债务人财产，受理破产申请后，应当中止执行并移交。同理，已进入执行法院或第三方账户却未分配给申请执行人的执行价款，仍应属于未执行完毕的被执行人财产，也应中止执行并予移交，但如果该执行变价款是对债务人提供的担保物进行变价处置而来，因担保权人本就对担保物的价值享有优先受偿权，将该变价款优先分配给担保权人用于清偿债务，并不损害破产程序中的其他债权人的利益，不违反公平原则，故不应受中止执行的限制，这属于执行变价款应移交的例外情形。上述规定应结合适用。

——最高人民法院执行局编著：《最高人民法院执行司法解释条文适用编注》，人民法院出版社 2019 年版，第 284~285 页。

43.受移送法院不予受理或驳回申请的处理

18.受移送法院作出不予受理或驳回申请裁定的，应当在裁定生效后七日内将接收的材料、被执行人的财产退回执行法院，执行法院应当恢复对被执行人的执行。

19.受移送法院作出不予受理或驳回申请的裁定后，人民法院不得重复启动执行案件移送破产审查程序。申请执行人或被执行人以有新证据足以证明被执行人已经具备了破产原因为由，再次要求将执行案件移送破产审查的，人民法院不予支持。但是，申请执行人或被执行人可以直接向具有管辖权的法院提出破产申请。

——《最高人民法院印发〈关于执行案件移送破产审查若干问题的指导意见〉的通知》(节选)(2017年1月20日，法发〔2017〕2号)。

《最高人民法院关于执行案件移送破产审查若干问题的指导意见》(以下简称《指导意见》)第十八条规定，受移送法院作出不予受理或驳回申请裁定的，应当在裁定生效后七日内将接收的材料、被执行人的财产退回执行法院，执行法院应当恢复对被执行人的执行。这是就受移送法院裁定不予受理或驳回申请时后续事宜处理所作的规定。理解此条，应注意两点：

第一，接收的材料、财产退还时间是不予受理或驳回申请裁定生效后七日内。不予受理或驳回申请裁定生效有两种情形：一是受移送法院作出不予受理或驳回申请裁定后，申请人并未提起上诉，一审裁定因而生效。二是受移送法院作出不予受理或驳回申请裁定后，申请人提起上诉，二审法院裁定驳回上诉的，二审裁定送达后生效。

在《指导意见》制定过程中，对于执转破中是否保留上诉权存在不同认识。我们认为，对不予受理或驳回申请裁定的上诉权，事关破产申请权的保护，属于诉权保障的内容，不容剥夺。况且，执转破与当事人直接申请破产本质并无不同，在破产申请权的保障上不应有所差别。《企业破产法》第十二条明确规定，申请人对于不予受理或驳回申请裁定不服的，有权提起上诉。执转破亦应如此。

在认为对不予受理或驳回申请裁定有权提起上诉的观点中，对于上诉权由谁行使仍然存在不同看法。有见解认为，执转破的决定是由执行法院作出，对不予受理或驳回申请裁定的上诉权应由执行法院行使，上诉人是执行法院。我们认为，如采纳职权主义移送模式，执行法院作为上诉人是适格的；但在不采纳职权主义移送模式的前提下，执转破的启动仍然遵循破产法的申请主义原则，上诉人应为申请人而非执行法院。申请人可以根据《指导意见》第十四条加以确定，即申请执行人申请或同意移送破产审查的，以该申请执行人为申请人；被执行人申请或同意移送破产审查的，以该被执行人为申请人；申请执行人、被执行人均同意移送破产审查的，双方均为申请人。

第二，不予受理或驳回申请裁定生效后七日内，执行法院应当恢复对被执行人的执行。为防止执行法院在恢复执行过程中改变原执行顺序，为个别申请执行人谋取不正当利益，恢复执行后仍应按原顺序执行。

为杜绝执行案件反复移送、相互扯皮、影响司法效率，《指导意见》第十九条规定，受移送法院作出不予受理或驳回申请的裁定生效后，人民法院不得重复启动执转破程序，即执转破实行一次移送原则。据此，受移送法院认定被执行人不具备破产原因而裁定不予受理或驳回申请的，其后即便申请执行人或被执行人以有新证据足以证明被执行人已经具备了破产原因为由，要求再次将执行案件移送破产审查的，人民法院仍不支持。实行一次移送原则并不影响申请执行人或被执行人直接向具有管辖权的法院提出破产申请的权利。

——王富博：《〈关于执行案件移送破产审查若干问题的指导意见〉的理解与适用》，载《人民司法·应用》2017年第10期。

44.执行案件移送破产审查的监督

21. 受移送法院拒绝接收移送的材料，或者收到移送的材料后不按规定的期限作出是否受理裁定的，执行法院可函请受移送法院的上一级法院进行监督。上一级法院收到函件后应当指令受移送法院在十日内接收材料或作出是否受理的裁定。

受移送法院收到上级法院的通知后，十日内仍不接收材料或不作出是否受理裁定的，上一级法院可以径行对移送破产审查的案件行使管辖权。上一级法院裁定受理破产案件的，可以指令受移送法院审理。

——《最高人民法院印发〈关于执行案件移送破产审查若干问题的指导意见〉的通知》（节选）（2017年1月20日，法发〔2017〕2号）。

执转破涉及不同法院或同一法院内部不同部门之间的关系，在强调相互协调配合以提高司法效率的同时，也要注重公权力之间的监督制约，确保执转破的立案、受理等程序依法顺利进行。在监督的方式上，《最高人民法院关于执行案件移送破产审查若干问题的指导意见》第二十一条借鉴了《最高人民法院关于适用〈中华人民共和国企业破产法〉若干问题的规定（一）》第九条的规定，提供了两种途径：一是执行法院和受移送法院之间的监督。当受移送法院拒绝接收移送的材料，或者收到移送的材料后不按规定的期限作出是否受理裁定的，执行法院可直接与受移送法院进行交涉，要求受移送法院自行纠正。交涉未果，可函请受移送法院的上一级法院进行监督。二是受移送法院的上级法院对下监督。受移送法院的上一级法院收到执行法院关于其下级法院拒绝接收移送的材料，或者不按期裁定是否受理的函件后，应当指令受移送法院在十日内接收材料或作出是否受理的裁定。受移送法院收到上级法院的通知后，十日内仍不接收材料或不作出是否受理裁定的，上一级法院可以径行对移送破产审查的案件行使管辖权。上一级法院裁定受理破产案件的，可以指令受移送法院审理。

——王富博：《〈关于执行案件移送破产审查若干问题的指导意见〉的理解与适用》，载《人民司法·应用》2017年第10期。

45.充分用好执行和解及破产重整等制度

13.依法用好执行和解和破产重整等相关制度。要在依法采取执行措施的同时，妥善把握执行时机、讲究执行策略、注意执行方法。对资金链暂时断裂，但仍有发展潜力、存在救治可能的企业，可以通过和解分期履行、兼并重组、引入第三方资金等方式盘活企业资产。要加大破产保护理念宣传，通过强化释明等方式引导执行债权人或被执行人同意依法将案件转入破产程序。对具有营运价值的企业通过破产重整、破产和解解决债务危机，充分发挥破产制度的拯救功能，帮助企业走出困境，平衡债权人、债务人、出资人、员工等利害关系人的利益，通过市场实现资源配置优化和社会整体价值最大化。

——《最高人民法院关于在执行工作中进一步强化善意文明执行理念的意见》（节选）（2019年12月16日，法发〔2019〕35号）。

（九）迟延履行期间债务利息和迟延履行金

46.再审案件中债务人加倍部分债务利息的起算

第一条　根据民事诉讼法第二百五十三条①规定加倍计算之后的迟延履行期间的债务利息，包括迟延履行期间的一般债务利息和加倍部分债务利息。

迟延履行期间的一般债务利息，根据生效法律文书确定的方法计算；生效法律文书未确定给付该利息的，不予计算。

加倍部分债务利息的计算方法为：加倍部分债务利息 = 债务人尚未清偿的生效法律文书确定的除一般债务利息之外的金钱债务 × 日万分之一点七五 × 迟延履行期间。

第二条　加倍部分债务利息自生效法律文书确定的履行期间届满之日起计算；生效法律文书确定分期履行的，自每次履行期间届满之日起计算；生效法律文书未确定履行期间的，自法律文书生效之日起计算。

——《最高人民法院关于执行程序中计算迟延履行期间的债务利息适用法律若干问题的解释》(节选)(2014 年 7 月 7 日，法释〔2014〕8 号)。

当事人不服已经发生法律效力的民事判决、裁定、调解书，可以根据《民事诉讼法》审判监督程序及相关司法解释规定申请再审。法院对当事人再审申请的处理结果，将对加倍部分债务利息的计算产生相应影响，需要根据再审裁判结果的不同情况，确定加倍部分债务利息的起算时间。具体分述如下：

（一）驳回再审申请、再审维持原生效法律文书或原生效法律文书部分判项

人民法院裁定驳回再审申请的，原生效法律文书效力不受影响，加倍部分债务利息仍按原生效法律文书确定的履行期间届满之日或法律文书生效之

---

①　现为《民事诉讼法》(2023 年修正) 第二百六十四条。

日起计算。例如，甲基层人民法院一审判决责令债务人于判决生效之日起 10 日内向债权人支付 30 万元，债务人不服，向乙中级人民法院上诉。乙中级人民法院二审判决驳回上诉，维持原判。二审判决于 ×× 年 8 月 6 日生效，债务人不服，向丙高级人民法院申请再审。丙高级人民法院审查后作出裁定，驳回债务人再审申请。在此期间债务人一直未履行一审判决确定的债务。本案加倍部分债务利息应从二审判决生效之日（也是一审判决生效之日）起经过 10 天，从第 11 天，即同年 8 月 17 日开始计算，履行期间届满之日（8 月 16 日）不计入迟延履行期间内。

人民法院经再审审理，认为原生效法律文书裁判结果正确，予以维持的，加倍部分债务利息按原生效法律文书确定的履行期间届满之日或法律文书生效之日起计算，再审中止执行期间的加倍部分债务利息，根据《最高人民法院关于执行程序中计算迟延履行期间的债务利息适用法律若干问题的解释》第 3 条的规定处理。例如，甲基层人民法院一审判决责令债务人于判决生效之日起 10 日内向债权人支付 30 万元，债务人不服，向乙中级人民法院上诉。乙中级人民法院二审判决驳回上诉，维持原判。二审判决于 ×× 年 7 月 2 日生效，债务人不服，向丙高级人民法院申请再审。丙高级人民法院审查后作出裁定：（1）指令乙中级人民法院再审；（2）再审期间，中止原判决的执行。乙中级人民法院审理后作出再审判决，维持二审判决。在此期间债务人一直未履行一审判决确定的债务。本案加倍部分债务利息应从二审判决生效之日（也是一审判决生效之日）起经过 10 天，从第 11 天，即同年 7 月 13 日开始计算，履行期间届满之日（7 月 12 日）不计入迟延履行期间内。再审中止执行的期间系因债务人申请引起，根据《最高人民法院关于执行程序中计算迟延履行期间的债务利息适用法律若干问题的解释》第 3 条第 3 款规定，应当计算加倍部分债务利息。

人民法院经再审审理，维持了部分判项的，该维持部分判项确定义务的加倍部分债务利息，按原判决确定的履行期间届满之日或原判决生效之日起计算，再审中止执行的期间，根据《最高人民法院关于执行程序中计算迟延履行期间的债务利息适用法律若干问题的解释》第 3 条规定处理。

人民法院裁定驳回再审申请、经再审审理维持原生效法律文书或维持部分判项的，系对原生效法律文书效力或相关判项效力的肯定。原法律文书属于已经生效的文书，再审维持的判项属于已经生效的判项，在没有其他裁判文书否定其效力的情况下，债务人应当按照原生效法律文书要求或者再审予以维持的相关判项要求履行债务，并计付加倍部分债务利息，对于符合《最高人民法院关于执行程序中计算迟延履行期间的债务利息适用法律若干问题的解释》规定的扣除计算期间情形的，在规定期间内不计算加倍部分债务利息。

需要说明的是，本部分所述再审维持的是原生效法律文书或原生效判决的部分判项，而非维持法律效力已经被否定的法律文书或其判项。关于再审撤销已经生效的二审判决，维持被二审否定的一审判决，或维持被二审否定的一审判决部分判项的情形，将在下文详述。

（二）再审撤销原生效法律文书或原生效法律文书部分判项

再审撤销原生效法律文书，驳回债权人诉讼请求或驳回债权人起诉的，则表明被执行人的债务自始不存在，原执行案件加倍部分债务利息不应计算，符合执行回转条件的，按《最高人民法院关于执行程序中计算迟延履行期间的债务利息适用法律若干问题的解释》第6条的规定处理。人民法院再审撤销原生效法律文书，使该文书的法律效力归于消灭，并且对债权人的诉讼请求或起诉不予支持，此时要求债务人支付加倍部分债务利息的基础不复存在，故不应对债务人计算加倍部分债务利息。如果原被执行人已经向原申请执行人部分履行或全部履行债务的，可以依法申请执行回转，并根据《最高人民法院关于执行程序中计算迟延履行期间的债务利息适用法律若干问题的解释》第6条的规定，要求原申请执行人承担加倍部分债务利息。再审撤销原生效法律文书部分判项的，被撤销部分判项确定义务的加倍部分债务利息不予计算。

（三）再审重新作出判决或判项、变更判项

再审撤销原生效法律文书重新作出判决，或撤销部分判项重新作出判项的，应当按照再审判决重新确定的给付内容和履行期间，结合债务人实际履行的情况，确定债务人是否还需要履行给付义务，以及是否存在迟延履行。再审判决变更原生效法律文书判项的，债务人应当按照变更后的判项履行给付义务，同时应考虑债务人已经履行债务的情况，确定债务人是否还需要继续履行以及是否构成迟延履行。

再审重新作出判决或判项、变更判项的，在再审判决生效前，这些判决或判项内容并不属于生效法律文书确定的给付内容，债务人没有履行这些判项的义务，随着再审判决的生效，这些判项确定的给付义务才被赋予强制履行的效力。原生效法律文书或原生效法律文书的相关判项，因被再审判决撤销、变更而不再具有法律效力，债务人只能根据再审判决重新作出的判项或变更后的判项履行义务。因此，在这种情况下，债务人应按照再审判决重新确定的给付内容和履行期间履行义务，被执行人加倍部分债务利息应从再审判决或相关判项确定的履行期间届满之日起计算。再审判决或相关判项未确定履行期间的，自再审判决生效之日起计算。

例如，甲基层人民法院一审判决责令债务人于判决生效之日起10日内向债权人支付50万元，债务人不服，向乙中级人民法院上诉。乙中级人民法院二审判决驳回上诉，维持原判。债务人不服，向丙高级人民法院申请再审。丙高级人民法院审查后作出裁定：（1）本案由丙高级人民法院提审；（2）再审期间，中止原判决的执行。丙高级人民法院审理后作出再审判决，撤销二审判决和一审判决，判令债务人于判决生效后10日内向债权人支付30万元。再审判决于××年11月15日生效。再审判决生效后，债务人一直未按判决要求履行义务，本案迟延履行期间的加倍部分债务利息应从再审判决生效之日起经过10天，从第11天，即同年11月26日开始计算，履行期间届满之日（11月25日）不计入迟延履行期间内。

再审重新作出判决或变更原判项后，债务人的给付义务既可能超过原生效法律文书确定的义务，也可能较原生效法律文书有所减少。对此，应当区分不同情况分别讨论：

1.再审判决确定的给付内容超过原生效法律文书：债务人应根据再审判决确定的履行期间履行给付义务，超过该履行期间未履行的，则构成迟延履行，应根据本条解释规定，自再审判决确定的履行届满之日起计算加倍部分债务利息，已经履行的部分，从计算基数中作相应扣减；再审判决未确定履行期间的，加倍部分债务利息自再审判决生效之日起计算，已经履行的部分，从计算基数中作相应扣减。

2.再审判决确定的给付内容少于原生效法律文书：债务人尚未按原生效法律文书履行的，或已经履行的数额尚不足再审判决确定的数额，则债务人应根据再审判决确定的给付义务和履行期间履行,逾期不履行的,构成迟延履行,自再审判决确定的履行期间届满之日起计算加倍部分债务利息,已经履行的部分,应从计算基数中作相应扣减;再审判决未确定履行期间的,加倍部分债务利息自再审判决生效之日起计算,已经履行的部分,从计算基数中作相应扣减;若债务人已经按原生效法律文书履行完毕,或已经履行的数额超过再审判决确定的数额,则将涉及执行回转的问题。

（四）再审撤销二审判决,维持被二审否定的一审判决或维持被二审否定的一审部分判项

二审如果撤销一审判决重新作出裁判的,再审判决生效前,对债务人来说,其履行义务的内容和履行期间是由二审判决确定的,并非依据一审判决。再审判决如果撤销二审判决,维持一审判决的,二审判决的效力被否定,一审判决由于再审判决的生效才成为有效判决,其法律效力源于再审的生效。换言之,一审判决的生效时间由再审判决的生效时间确定,再审判决生效时间即为一审判决的生效时间。因此应根据再审判决生效时间,结合一审判决确定的给付义务内容和履行期间,计算债务人迟延履行期间的加倍部分债务利息。一审判决未确定履行期间的,自再审判决生效之日起计算。

同理,再审维持被二审否定的一审部分判项,也应根据再审判决生效时间,结合一审判决被维持的判项内容及履行期间,计算债务人迟延履行期间的加倍部分债务利息。相关判项未确定履行期间的,自再审判决生效之日起计算。

例如,甲基层人民法院一审判决责令债务人于判决生效之日起 10 日内向债权人支付 50 万元,债务人不服,向乙中级人民法院上诉。乙中级人民法院二审判决撤销一审判决,驳回债权人的诉讼请求。债权人不服,向丙高级人民法院申请再审。丙高级人民法院审查后作出裁定:（1）本案由丙高级人民法院提审;（2）再审期间,中止原判决的执行。丙高级人民法院审理后作出再审判决,撤销二审判决,维持一审判决。再审判决于 ×× 年 10 月 21 日生效。再审判决生效后,债务人一直未按判决要求履行债务,本案迟延履行期间的加倍部分债务利息应从再审判决生效之日起经过 10 天,从第 11 天,即同年 11 月 1 日开始计算,履行期间届满之日（10 月 31 日）不计入迟延履行期间内。

——江必新、刘贵祥主编，最高人民法院执行局编：《最高人民法院关于执行程序中计算迟延履行期间的债务利息司法解释理解与适用》，人民法院出版社 2014 年版，第 57~62 页。

181.【加倍部分债务利息的起算日】

加倍部分债务利息自生效法律文书确定的履行期间届满之日起计算；生效法律文书确定分期履行的，自每次履行期间届满之日起计算；生效法律文书未确定履行期间的，自法律文书生效之日起计算。

如果再审判决维持原生效判决的，原生效判决自生效后，效力一直延续到再审判决作出之后，迟延履行期间债务利息自原生效判决确定的履行期间届满之日起计算；如果再审判决撤销原生效判决的，原生效判决的效力自始消灭，原生效判决确定的给付义务的迟延履行期间债务利息不再计算；如果再审判决改变原生效判决，原生效判决内容被维持的金钱给付部分，其效力因被再审判决认可而延续到再审判决作出之后，在计算该部分内容的迟延履行期间债务利息时，自原生效判决确定的履行期间届满之日起计算；如果再审判决改变原生效判决，再审判决新增的金钱给付内容，其效力始于再审判决生效，在计算该部分内容的迟延履行期间债务利息时，自再审判决确定的履行期间届满之日起计算。

——最高人民法院执行局编：《人民法院办理执行案件规范（第二版）》，人民法院出版社 2022 年版，第 84 页。

47.强制执行程序中参与分配时是否适用《最高人民法院关于执行程序中计算迟延履行期间的债务利息适用法律若干问题的解释》中规定的清偿顺序

184.【2014 年 8 月 1 日后本息清偿顺序】

被执行人的财产不足以清偿全部债务的，应当先清偿生效法律文书确定的金钱债务，再清偿加倍部分债务利息，但当事人对清偿顺序另有约定的除外。

——最高人民法院执行局编：《人民法院办理执行案件规范（第二版）》，人民法院出版社 2022 年版，第 85 页。

需要注意的是，执行程序中，被执行人履行了债务和申请执行人实现了债权有时并不同步。执行法院在处理完毕执行标的物后仍然存在分配执行款的问题，特别是针对多个债权人请求参与分配的情形。由此产生了一个问题，在执行中需要对多个债权人进行案款分配的情况下，是否应当适用《最高人民法院关于执行程序中计算迟延履行期间的债务利息适用法律若干问题的解释》中规定的清偿顺序？

我们认为，《最高人民法院关于执行程序中计算迟延履行期间的债务利息适用法律若干问题的解释》关于清偿顺序的规定主要适用于被执行人分次履行时，但同时也适用于执行案款分配程序中。所谓被执行人财产不能清偿债务，既指被执行人分次履行的情形，也指被执行人的财产在参与分配程序中不能清偿多份债务时的情形。如前所述，责令被执行人支付迟延履行利息是保障性执行措施的一种，是民事执行机关对迟延履行义务的被执行人依法督促其履行义务，并追究其迟延履行责任的公法上的制裁行为。其对债权人因迟延履行而遭受的损失的补偿功能并非其主要功能，而是一种反射性功能，债权人的损失主要应当由生效法律文书中确定的一般债务利息、违约金、赔偿金等进行弥补。对于债权人来说，实现生效法律文书确定的金钱债务是参与分配程序中最主要的任务。有鉴于此，参与分配程序中被执行人财产不足以清偿所有债务的，迟延履行利息的清偿顺序也应当适用《最高人民法院关于执行程序中计算迟延履行期间的债务利息适用法律若干问题的解释》的规定，即优先保证生效法律文书确定的金钱债务得到清偿，剩余款项再偿还迟延履行利息。因此，在参与分配时，要按照先偿付生效法律文书确定的金钱债务，再支付迟延履行期间利息的原则进行分配，如果在执行款项不足以支付所有生效法律义书确认的金钱债务时，迟延履行利息则不应当计入债权数额中参与分配。

——江必新、刘贵祥主编，最高人民法院执行局编：《最高人民法院关于执行程序中计算迟延履行期间的债务利息司法解释理解与适用》，人民法院出版社 2014 年版，第 122~123 页。

48.执行程序中，非金融机构受让金融不良债权是否参照适用受让日后停止计付利息

问：非金融机构受让金融机构转让的不良债权后，能否参照《最高人民法院关于审理涉及金融不良债权转让案件工作座谈会纪要》第九条的规定，在执行程序中向债务人主张不良债权受让日之后的利息？

答：《最高人民法院关于审理涉及金融不良债权转让案件工作座谈会纪要》（以下简称《不良债权纪要》）是办理此类案件的规范性、指导性文件，《不良债权纪要》第九条对金融不良债权受让日之后止付利息进行了规定，第十二条对《不良债权纪要》的适用范围，包括金融不良债权的转让时间及转让主体进行了限定。因此，《不良债权纪要》是对特定时期、特定范围内的金融不良债权转让案件确立的特殊的处置规则，其目的是依法公正妥善地审理涉及金融不良债权转让案件，防止国有资产流失，保障金融不良债权处置工作的顺利进行，维护社会公共利益和相关当事人合法权益，应当按照其适用范围的规定参照适用。如果将《不良债权纪要》适用范围以外的一般金融不良债权转让案件一律参照适用《不良债权纪要》精神，既没有明确的法律及司法文件依据，亦与依法平等保护各类民事主体财产权益的司法精神相悖。如果金融不良债权最初的转让时间和转让主体与《不良债权纪要》第十二条的规定不符，就不应参照适用《不良债权纪要》关于自受让日后停止计付利息的规定，非金融机构作为金融不良债权受让方，可以依双方约定享有债权利息。

——向国慧、叶欣：《执行审查部分问题解答》，载最高人民法院执行局编：《执行工作指导》2021年第1辑（总第77辑），人民法院出版社2021年版，第121页。

49.给付债务本金及利息的判决生效后，被执行人逾期没有给付，如何计算迟延履行期间的债务利息

177.【2014年8月1日前应付执行款的计算】

2014年8月1日前的应付执行款，按照下列方法计算：

执行款＝清偿的法律文书确定的金钱债务＋清偿的迟延履行期间的债务利息。

清偿的迟延履行期间的债务利息＝清偿的法律文书确定的金钱债务 × 同期贷款基准利率 ×2× 迟延履行期间。

178.【2014 年 8 月 1 日前迟延履行期间债务利息的计算基数】

2014 年 8 月 1 日前迟延履行期间的债务利息计算基数包括执行依据确定的债务本金、利息、罚息、滞纳金、违约金、评估费、鉴定费、公告费等因诉讼或仲裁所支出的费用，不包括案件受理费、保全申请费、其他申请费。

——最高人民法院执行局编：《人民法院办理执行案件规范（第二版）》，人民法院出版社 2022 年版，第 83 页。

50.执行中违约金计算终期争议的解决程序

生效判决确定被执行人给付违约金的终期为被执行人履行完毕相应合同义务之日，判决生效后，该合同义务的实际履行主体和方式发生了变化的，对于被执行人是否履行完毕以及何时履行完毕合同义务问题，涉及比较复杂的实体争议，可以由当事人协商解决；协商不成的，在执行程序中难以径行认定，宜由当事人通过另行诉讼的方式予以解决。

附：案情简介

甲与乙股权转让合同纠纷案中，执行依据主要内容为：（1）甲乙签订的股权转让合同有效，各方应当继续履行；（2）甲于本判决生效后 10 日内，将其持有的丙公司 15% 股权变更工商登记至乙名下；（3）本判决生效后 10 日内，甲将其占有的丙公司的公司法人章、财务章、合同专用章、营业执照正副本原件、组织机构代码证原件交予乙管理；（4）甲向乙支付自 2009 年 12 月 16 日至判决生效之日，甲未完成争议地块上房屋拆迁和重新与土地管理部门签订土地出让合同的违约金及至甲完成该两项合同义务之日止的违约金（按乙已付款人民币 1.2 亿元，每日万分之五计算）。因甲未履行生效法律文书确定的义务，乙向执行法院申请执行。2011 年 7 月 14 日，执行法院将判决第二项、第三项涉及的丙公司股权和全部印章、证照交付给乙。2011 年 9 月 20 日，乙以丙公司名义与丁就争议地块拆迁补偿等事宜签订了协议书。2011 年

11 月 18 日，乙以丙公司、戊公司名义与土地管理部门签订了出让争议地块的补充协议，约定将土地使用权受让方由丙公司调整为戊公司。2012 年 5 月 9 日，执行法院发还乙 3000 万元，并对剩余违约金部分中止执行。2016 年 4 月 13 日，不动产登记机关向丁出具核准注销通知书，对丁争议地块的不动产登记予以注销。甲乙双方就执行依据第四项内容的执行产生争议。执行法院执行机构曾就该执行依据是否明确征求审判部门意见，审判部门认为第四项判决没有问题，如果乙可以证明两项合同义务由乙实际履行而非甲实际履行，那么违约金可以一直计算。

——邵长茂、薛圣海：《执行中违约金计算终期争议的解决程序》，载最高人民法院执行局编：《执行工作指导》2020 年第 4 辑（总第 76 辑），人民法院出版社 2021 年版。

（十）执行费用

51.刑事裁判涉财产部分执行不收取诉讼费

发展改革委办公厅：

你厅《关于商请人民法院可否收取刑事案件涉财产执行诉讼费有关问题的函》收悉。经研究，我院认为，刑事裁判涉财产部分执行不同于民事执行，人民法院办理刑事涉财产部分执行案件，不应收取诉讼费。

——《最高人民法院办公厅关于刑事裁判涉财产部分执行可否收取诉讼费意见的复函》（节选）（2017 年 1 月 11 日，法办函〔2017〕19 号）。

367.【执行申请费的标准】

执行人民法院发生法律效力的判决、裁定、调解书，仲裁机构依法作出的裁决和调解书，公证机关依法赋予强制执行效力的债权文书，申请承认和执行外国法院判决、裁定以及国外仲裁机构裁决的，应当按照下列标准收取执行申请费：

（一）没有执行金额或者价额的，每件交纳 50 元至 500 元。

（二）执行金额或者价额不超过 1 万元的，每件交纳 50 元；超过 1 万元至 50 万元的部分，按照 1.5% 交纳；超过 50 万元至 500 万元的部分，按照 1% 交纳；超过 500 万元至 1000 万元的部分，按照 0.5% 交纳；超过 1000 万元的部分，按照 0.1% 交纳。

人民法院办理刑事裁判涉财产部分执行案件，不应收取执行申请费。

——最高人民法院执行局编：《人民法院办理执行案件规范（第二版）》，人民法院出版社 2022 年版，第 162 页。

52.诉讼费用等是否计算迟延履行利息

诉讼费用等是否计算迟延履行利息。对自 2007 年 4 月 1 日施行《诉讼费用交纳办法》后的案件，不应计算迟延履行利息。第一，根据《诉讼费用交纳办法》第 29 条第 1 款、《最高人民法院关于适用〈诉讼费用交纳办法〉的通知》的规定，如果预缴了诉讼费的原告胜诉，可以申请法院退回，执行程序中对于诉讼费的执行已经与其没有关系。第二，《诉讼费用交纳办法》改变了由申请执行人预缴执行申请费的做法，规定在执行后由被执行人缴纳。这样执行申请费是否计收利息也不再影响申请执行人的利益。第三，造成问题的原因是实践中有的法院并未及时退还申请执行人诉讼费用。部分法院没有严格执行有关规定，不应由被执行人承担这项责任。第四，拍卖费主要涉及佣金与拍卖中实际发生的费用，《最高人民法院关于人民法院民事执行中拍卖、变卖财产的规定》对此规定，佣金由拍卖机构于拍卖成交后按照一定的比例向买受人收取；拍卖未成交或者非因拍卖机构的原因撤回拍卖委托的，拍卖机构为本次拍卖已经支出的合理费用，应当由被执行人负担。只有在极少数情况下拍卖费用由申请执行人负担。

——江必新、刘贵祥主编，最高人民法院执行局编：《最高人民法院关于执行程序中计算迟延履行期间的债务利息司法解释理解与适用》，人民法院出版社 2014 年版，第 38 页。

（十一）强制措施和间接执行措施

53.达到解除限制消费条件，执行法院未纠正的，如何处理

第五百一十六条 被执行人不履行法律文书确定的义务的，人民法院除对被执行人予以处罚外，还可以根据情节将其纳入失信被执行人名单，将被执行人不履行或者不完全履行义务的信息向其所在单位、征信机构以及其他相关机构通报。

——《最高人民法院关于适用〈中华人民共和国民事诉讼法〉的解释》(节选)(2022 年 4 月 1 日修正)。

第一条 被执行人未履行生效法律文书确定的义务，并具有下列情形之一的，人民法院应当将其纳入失信被执行人名单，依法对其进行信用惩戒：

（一）有履行能力而拒不履行生效法律文书确定义务的；

（二）以伪造证据、暴力、威胁等方法妨碍、抗拒执行的；

（三）以虚假诉讼、虚假仲裁或者以隐匿、转移财产等方法规避执行的；

（四）违反财产报告制度的；

（五）违反限制消费令的；

（六）无正当理由拒不履行执行和解协议的。

第二条第二款 失信被执行人积极履行生效法律文书确定义务或主动纠正失信行为的，人民法院可以决定提前删除失信信息。

第十条 具有下列情形之一的，人民法院应当在三个工作日内删除失信信息：

（一）被执行人已履行生效法律文书确定的义务或人民法院已执行完毕的；

（二）当事人达成执行和解协议且已履行完毕的；

（三）申请执行人书面申请删除失信信息，人民法院审查同意的；

（四）终结本次执行程序后，通过网络执行查控系统查询被执行人财产两

次以上，未发现有可供执行财产，且申请执行人或者其他人未提供有效财产线索的；

（五）因审判监督或破产程序，人民法院依法裁定对失信被执行人中止执行的；

（六）人民法院依法裁定不予执行的；

（七）人民法院依法裁定终结执行的。

第十一条　被纳入失信被执行人名单的公民、法人或其他组织认为有下列情形之一的，可以向执行法院申请纠正：

（一）不应将其纳入失信被执行人名单的；

（二）记载和公布的失信信息不准确的；

（三）失信信息应予删除的。

第十二条　公民、法人或其他组织对被纳入失信被执行人名单申请纠正的，执行法院应当自收到书面纠正申请之日起十五日内审查，理由成立的，应当在三个工作日内纠正；理由不成立的，决定驳回。公民、法人或其他组织对驳回决定不服的，可以自决定书送达之日起十日内向上一级人民法院申请复议。上一级人民法院应当自收到复议申请之日起十五日内作出决定。

复议期间，不停止原决定的执行。

——《最高人民法院关于公布失信被执行人名单信息的若干规定》（2017年2月28日，法释〔2017〕7号）。

甲公司与乙公司执行审查案［最高人民法院（2020）最高法执监102号裁定书］

裁判要旨：申诉人现有证据可以证明法定代表人之间的股权转让合同属无效合同，损害其合法利益，法院认定为无效合同。旧生效的执行异议及复议裁定驳回申诉人的异议、复议请求确有不当，应予撤销。新生效判决推翻原限高的旧生效判决，认定被限高的法定代表人错误的，应当纠正错误的限制高消费措施。

最高人民法院认为，申诉人现有证据可以证明徐某与王某梅之间的股权转让合同属无效合同，损害其合法利益。申诉人提交的新证据唐山中院（2019）冀02民终6365号民事判决，确认徐某与王某梅于2018年10月26

日签订的乙公司股权转让合同系双方恶意串通，损害了第三人利益，应为无效合同，故唐山中院执行异议、河北高院复议裁定书中认定的徐某已不是乙公司的法定代表人，且其持有的股份已全部转让给现法定代表人王某梅，并有证据支持的裁定依据已发生变化。执行异议及复议裁定驳回甲的异议、复议请求确有不当，应予撤销。执行法院应根据案件执行情况，决定对徐某是否继续采取限制高消费措施。

——中国裁判文书网。

54.被限制消费的单位变更法定代表人后，应否解除对原法定代表人有关消费行为的限制

23.严格规范失信惩戒及限制消费措施。严格区分和把握采取纳入失信名单及限制消费措施的适用条件，符合失信情形的，纳入失信名单同时限制消费，仅符合限制消费情形的，不得纳入失信名单。

被执行人履行完毕的，人民法院必须在3个工作日内解除限制消费令，因情况紧急当事人申请立即解除的，人民法院应当立即解除限制消费令；在限制消费期间，被执行人提供有效担保或者经申请执行人同意的，人民法院应当在3个工作日内解除限制消费令。被执行人的法定代表人发生变更的，应当依当事人申请及时解除对原法定代表人的限制消费令。

纳入失信名单必须严格遵守法律规定并制作决定书送达当事人。当事人对将其纳入失信名单提出纠正申请的，人民法院应及时审查，及时纠正，不得拖延。案件执行完毕的，人民法院应当及时屏蔽失信信息并向征信部门推送，完善失信被执行人信用修复机制。

探索施行宽限期制度。人民法院可以根据案件具体情况，设置一定宽限期，在宽限期内暂不执行限制消费令和纳入失信名单，通过宽限期给被执行人以警示，促使其主动履行。

——《最高人民法院关于进一步完善执行权制约机制加强执行监督的意见》(节选)(2021年12月6日，法〔2021〕322号)。

问：被限制消费的单位变更法定代表人后，应否解除对原法定代表人有

关消费行为的限制？

答：司法解释规定对单位被执行人限制消费后，同时限制法定代表人等单位主要责任人员的有关消费行为，是基于推定法定代表人的消费行为与单位公务消费有关，防止其以个人名义使用单位财产消费，或者先以个人财产消费事后公款报销规避司法解释的禁止性规定。单位变更法定代表人后，上述推定的基础已不存在。根据《最高人民法院关于进一步完善执行权制约机制加强执行监督的意见》（法〔2021〕322号）第二十三条第二款之规定："被执行人的法定代表人发生变更的，应当依当事人申请及时解除对原法定代表人的限制消费令。"同时，可以对变更后的法定代表人的高消费及有关消费行为进行限制。所谓"解除对原法定代表人的限制消费令"，在实际操作层面即为将执行办案系统中的原法定代表人更换为变更后的法定代表人。

需要注意的是，根据《最高人民法院关于限制被执行人高消费及有关消费的若干规定》第三条第三款之规定，被执行单位的主要负责人、影响债务履行的直接责任人员、实际控制人等其他可以控制、支配被执行单位财产的主体，与法定代表人一样不得实施高消费及有关消费行为。故若原法定代表人属于上述主体，虽然其不再担任法定代表人，人民法院仍可继续对消费行为予以限制。在实操层面，应在执行办案系统中将原法定代表人列为影响债务履行的直接责任人员或者实际控制人。

实践中，人民法院可以根据单位章程等公司文件、登记机关的登记、备案信息或者国家企业信用信息公示系统的公示信息等认定原法定代表人是否属于被执行单位的高级管理人员和控股股东。综合原法定代表人在变更后是否仍对外代表被执行单位签订合同或者从事其他商业行为、进行审判执行活动，对内参与被执行单位决策、组织人事调整、财产处置等情形，原法定代表人属于实际控制人或者影响债务履行的直接责任人员具有高度可能性的，人民法院可以认定原法定代表人属于上述主体。

原法定代表人向人民法院申请解除对其本人有关消费行为的限制的，人民法院可以要求其说明不再担任法定代表人的理由，并签署保证书，保证其并非被执行单位的实际控制人和影响债务履行的直接责任人员。保证书应当载明据实陈述、如有虚假陈述愿意接受处罚等内容。原法定代表人应当在保证书上签名或者摁印。人民法院解除对原法定代表人有关消费行为的限制后，发现其使用被执行单位财产进行有关消费的，除依法对其予以制裁外，可以重新对其有关消费行为予以限制。

——王赫：《限制消费有关问题解答》，载最高人民法院执行局编：《执行工作指导》2022年第4辑（总第80辑），人民法院出版社2022年版，第242~243页。

55.对有履行能力而不履行义务的被执行人，可以进行罚款、拘留

199.【对拒不履行判决、裁定行为的罚款、拘留】

诉讼参与人或者其他人有下列行为之一的，人民法院可以根据情节轻重予以罚款、拘留；构成犯罪的，依法追究刑事责任：

（一）被执行人与他人恶意串通，通过诉讼、仲裁、调解等方式逃避履行法律文书确定的义务的；

（二）案外人与被执行人恶意串通转移被执行人财产的；

（三）被执行人拒绝报告、虚假报告或者无正当理由逾期报告财产情况的；

（四）伪造、隐藏、毁灭或者拒绝交出有关被执行人履行能力的重要证据，妨碍人民法院查明被执行人财产状况的；

（五）指使、贿买、胁迫他人对被执行人的财产状况和履行义务的能力问题作伪证的；

（六）在法律文书发生法律效力后隐藏、转移、变卖、毁损财产或者无偿转让财产、以明显不合理的价格交易财产、放弃到期债权、无偿为他人提供担保等，致使人民法院无法执行的；

（七）隐藏、转移、毁损或者未经人民法院允许处分已向人民法院提供担保的财产的；

（八）违反人民法院限制消费令进行消费的；

（九）有履行能力而拒不按照人民法院执行通知履行生效法律文书确定的义务的；

（十）在执行终结六个月内，被执行人或者其他人对已执行的标的有妨害行为的；

（十一）有义务协助执行的个人接到人民法院协助执行通知书后，拒不协助执行的；

（十二）接到人民法院协助执行通知书后，给当事人通风报信，协助其转移、隐匿财产的；

（十三）到期债权执行中的次债务人提出异议后又擅自向被执行人清偿，给申请执行人造成损失的；

（十四）其他拒不履行人民法院已经发生法律效力的判决、裁定的。

人民法院对有前款规定的行为之一的单位，可以对其主要负责人或者直接责任人员予以罚款、拘留；构成犯罪的，依法追究刑事责任。

——最高人民法院执行局编：《人民法院办理执行案件规范（第二版）》，人民法院出版社 2022 年版，第 92~94 页。

问题：被执行人在确有履行能力的情况下，未按生效法律文书的要求履行义务，其行为已符合《民事诉讼法》第 102 条①第 1 款第 6 项的规定，但是不属于《执行规定》第 100 条②列举的 10 种情形时，人民法院能否对其罚款、拘留？对此，我们有两种意见。一种意见认为：由于被执行人不履行法院生效法律文书的行为不属于该司法解释列举的 10 种情形，故不应对被执行人罚款、拘留。另一种意见认为：被执行人不履行法院生效法律文书确定的义务，虽然不属于该司法解释列举的 10 种情形，但是其行为已经符合《民事诉讼法》第 102 条第 1 款第 6 项的规定，故人民法院可以对被执行人罚款、拘留。请问上述意见哪种正确？

《人民司法》研究组认为：最高人民法院《执行规定》第 100 条不是对《民事诉讼法》第 102 条第 1 款第 6 项的否定，而是对其作出的补充性规定，以便于执行人员在实践中准确把握妨害执行行为的类型。因此，我们认为，来信中的另一种意见符合司法解释的本意，是正确的。

——《人民司法·应用》2011 年第 9 期。

---

① 现为《民事诉讼法》（2023 年修正）第一百一十四条。
② 现为《最高人民法院关于人民法院执行工作若干问题的规定（试行）》（2020 年修正）第 57 条。

（十二）刑事处罚

56.拒不执行判决、裁定罪中规定的"有能力执行而拒不执行"的行为起算时间的认定

251.【拒不执行判决、裁定的起算时间】

有能力执行而拒不执行判决、裁定的时间从判决、裁定发生法律效力时起算。

具有执行内容的判决、裁定发生法律效力后，负有执行义务的人有隐藏、转移、故意毁损财产等拒不执行行为，致使判决、裁定无法执行，情节严重的，应当以拒不执行判决、裁定罪定罪处罚。

——最高人民法院执行局编：《人民法院办理执行案件规范（第二版）》，人民法院出版社 2022 年版，第 118 页。

毛建文拒不执行判决、裁定案（最高人民法院指导案例 71 号）

裁判要点： 有能力执行而拒不执行判决、裁定的时间从判决、裁定发生法律效力时起算。具有执行内容的判决、裁定发生法律效力后，负有执行义务的人有隐藏、转移、故意毁损财产等拒不执行行为，致使判决、裁定无法执行，情节严重的，应当以拒不执行判决、裁定罪定罪处罚。

最高人民法院生效裁判认为：被告人毛建文负有履行生效裁判确定的执行义务，在人民法院具有执行内容的判决、裁定发生法律效力后，实施隐藏、转移财产等拒不执行行为，致使判决、裁定无法执行，情节严重，其行为已构成拒不执行判决罪。公诉机关指控的罪名成立。毛建文归案后如实供述了自己的罪行，可以从轻处罚。

本案的争议焦点为，拒不执行判决、裁定罪中规定的"有能力执行而拒不执行"的行为起算时间如何认定，即被告人毛建文拒不执行判决的行为是从相关民事判决发生法律效力时起算，还是从执行立案时起算。对此，法院认为，生效法律文书进入强制执行程序并不是构成拒不执行判决、裁定罪的

要件和前提，毛建文拒不执行判决的行为应从相关民事判决于 2013 年 1 月 6 日发生法律效力时起算。主要理由如下：第一，符合立法原意。全国人民代表大会常务委员会对刑法第三百一十三条规定解释时指出，该条中的"人民法院的判决、裁定"，是指人民法院依法作出的具有执行内容并已发生法律效力的判决、裁定。这就是说，只有具有执行内容的判决、裁定发生法律效力后，才具有法律约束力和强制执行力，义务人才有及时、积极履行生效法律文书确定义务的责任。生效法律文书的强制执行力不是在进入强制执行程序后才产生的，而是自法律文书生效之日起即产生。第二，与民事诉讼法及其司法解释协调一致。《中华人民共和国民事诉讼法》第一百一十一条规定：诉讼参与人或者其他人拒不履行人民法院已经发生法律效力的判决、裁定的，人民法院可以根据情节轻重予以罚款、拘留；构成犯罪的，依法追究刑事责任。《最高人民法院关于适用〈中华人民共和国民事诉讼法〉的解释》第一百八十八条规定：民事诉讼法第一百一十一条第一款第六项规定的拒不履行人民法院已经发生法律效力的判决、裁定的行为，包括在法律文书发生法律效力后隐藏、转移、变卖、毁损财产或者无偿转让财产、以明显不合理的价格交易财产、放弃到期债权、无偿为他人提供担保等，致使人民法院无法执行的。由此可见，法律明确将拒不执行行为限定在法律文书发生法律效力后，并未将拒不执行的主体仅限定为进入强制执行程序后的被执行人或者协助执行义务人等，更未将拒不执行判决、裁定罪的调整范围仅限于生效法律文书进入强制执行程序后发生的行为。第三，符合立法目的。拒不执行判决、裁定罪的立法目的在于解决法院生效判决、裁定的"执行难"问题。将判决、裁定生效后立案执行前逃避履行义务的行为纳入拒不执行判决、裁定罪的调整范围，是法律设定该罪的应有之义。将判决、裁定生效之日确定为拒不执行判决、裁定罪中拒不执行行为的起算时间点，能有效地促使义务人在判决、裁定生效后即迫于刑罚的威慑力而主动履行生效裁判确定的义务，避免生效裁判沦为一纸空文，从而使社会公众真正尊重司法裁判，维护法律权威，从根本上解决"执行难"问题，实现拒不执行判决、裁定罪的立法目的。

　　——《最高人民法院关于发布第 15 批指导性案例的通知》（2016 年 12 月 28 日，法〔2016〕449 号）。

说明

指导案例 71 号毛建文拒不执行判决、裁定案旨在明确有能力执行而拒不执行判决、裁定的时间从判决、裁定发生法律效力时起算。判决、裁定发生法律效力后，负有执行义务的人拒不执行，情节严重的，应当以拒不执行判决、裁定罪追究刑事责任。该指导案例从刑法及其立法解释和司法解释相关规定出发，统一了拒不执行判决、裁定罪中拒不执行行为的时间起算点，符合立法原意和立法目的，可以有效地促使义务人在判决、裁定生效后即迫于刑罚的威慑力而主动履行生效法律文书确定的义务，从而形成尊重司法裁判权威的良好氛围，维护生效裁判威严，有效缓解"执行难"。

（十三）委托执行与协助执行

57.委托执行必须严格按照委托执行的条件

委托执行有三个条件：一是执行法院经过财产调查程序；二是被执行人在本辖区内已无财产可供执行；三是被执行人在其他省、自治区、直辖市内有可供执行的财产。这三个条件应当同时具备，缺一不可。因此在执行实践中，为了避免委托法院"甩包袱"，将难以执行的案件委托出去，推卸责任，委托执行以被执行人在其他省、自治区、直辖市内有可供执行财产为前提，如果仅是被执行人的住所地在异地，并未发现有可供执行的财产，则执行法院不得办理委托执行。关于"被执行人在本辖区内已无财产可供执行"这一条件，委托法院可以通过同于普通案件的调查方式（如各地总结的针对个人"三查一核实"、针对公司法人等"四查一核实""五查一核实"等）查明被执行人在本辖区内有无财产可供执行。实践中对于"本辖区范围"的理解也存在分歧，有的认为应当以"省、自治区、直辖市"为范围界限，有的认为只应当以"委托法院管辖范围"为范围界限（如各地中级人民法院以管辖的地、市为范围界限，基层人民法院以管辖的区、县为范围界限）。由于目前各地情况不同，我们认为北京、上海等直辖市，委托法院（包括区、县基层人民法院）可以整个直辖市为"本辖区范围"的界限，其他省、自治区等委托法院根据自身情况可暂以该法院管辖的地、市或区、县为"本辖区范围"的界限，但随着各地执行联动机制的建立、拓展与完备，"本辖区范围"可以扩展至省、自治区、直辖市范围。至于"被执行人在其他省、自治区、直辖市内有可供执行财产"这一条件，委托法院可以通过委托调查、依据审判过程中查明事项、申请人提供线索等多种方式调查判断。

——江必新主编，最高人民法院执行局编：《最高人民法院执行司法解释、规范性文件理解与适用（2010~2013）》，中国法制出版社 2014 年版，第 29~30 页。

58.保全执行中协助执行义务的确定

株洲海川实业有限责任公司与中国银行股份有限公司长沙市蔡锷支行、湖南省德奕鸿金属材料有限公司财产保全执行复议案（最高人民法院指导案例 121 号）

裁判要点：财产保全执行案件的保全标的物系非金钱动产且被他人保管，该保管人依人民法院通知应当协助执行。当保管合同或者租赁合同到期后未续签，且被保全人不支付保管、租赁费用的，协助执行人无继续无偿保管的义务。保全标的物价值足以支付保管费用的，人民法院可以维持查封直至案件作出生效法律文书，执行保全标的物所得价款应当优先支付保管人的保管费用。保全标的物价值不足以支付保管费用，申请保全人支付保管费用的，可以继续采取查封措施；不支付保管费用的，执行法院可以处置保全标的物并继续保全变价款。

最高人民法院认为，湖南高院在中行蔡锷支行与德奕鸿公司等借款合同纠纷诉讼财产保全裁定执行案中，依据该院相关民事裁定中"冻结德奕鸿公司银行存款 4800 万元，或查封、扣押其等值的其他财产"的内容，对德奕鸿公司所有的存放于海川公司仓库的铅精矿采取查封措施，并无不当。但在执行实施中，虽然不能否定海川公司对保全执行法院负有协助义务，但被保全人与场地业主之间的租赁合同已经到期未续租，且有生效法律文书责令被保全人将存放货物搬出；此种情况下，要求海川公司完全无条件承担事实上的协助义务，并不合理。协助执行人海川公司的异议，实质上是主张在场地租赁到期的情况下，人民法院查封的财产继续占用场地，导致其产生相当于租金的损失难以得到补偿。湖南高院在发现该情况后，不应回避实际保管人的租金损失或保管费用的问题，应进一步完善查封物的保管手续，明确相关权利义务关系。如果查封的质押物确有较高的足以弥补租金损失的价值，则维持查封直至生效判决作出后，在执行程序中以处置查封物所得价款，优先补偿保管人的租金损失。但海川公司委托质量监督检验机构所做检验报告显示，案涉铅精矿系无价值的废渣，湖南高院在执行中，亦应对此事实予以核实。如情况属实，则应采取适当方式处理查封物，不宜要求协助执行人继续无偿保管无价值财产。保全标的物价值不足以支付保管费用，申请保全人支付保管费用的，可以继续采取查封措施，不支付保管费用的，可以处置保全标的物并继续保全变价款。执行法院仅以对德奕鸿公司财产采取保全措施合法，海川公司与德奕鸿公司之间的租赁合同纠纷是另一法律关系为由，驳回海川公司的异议不当，应予纠正。

——《最高人民法院关于发布第 23 批指导性案例的通知》（2019 年 12 月 24 日，法〔2019〕294 号 ）。

说明

指导案例 121 号株洲海川实业有限责任公司与中国银行股份有限公司长沙市蔡锷支行、湖南省德奕鸿金属材料有限公司财产保全执行复议案，针对协助执行义务人的权利保护问题，一方面明确查封标的物被他人保管的，该保管人应当按照人民法院的通知协助执行；另一方面又明确当保管合同或者租赁合同到期后未续签，且被保全人不支付保管、租赁费用的，协助执行人无继续无偿保管的义务，且处分保全标的物所得价款应优先支付保管费用等。

1. 关于协助执行义务的性质问题

所谓协助执行义务，是指根据人民法院裁定和协助执行通知书，协助执行人负有的协助实施执行措施的义务。协助执行义务是法定义务，其法律依据包括《民事诉讼法》第二百四十二条、第二百四十三条、第二百四十四条、第二百五十一条等。根据人民法院法律文书载明的执行措施的不同，协助执行义务的内容又可包括财产线索查询、查扣冻措施协助、资金划拨、登记变更、配合提存等。因此，同一法律主体，基于不同的法律关系，可能同时承担不同的义务，享有不同的权利，既可能是复数的公法义务（权利），也可能是复数的私法权利（义务），还可能二者兼具，现实中呈现出复杂的权利义务状态。原则上，因不同法律关系基础所产生的不同权利义务，遵循各自的规范逻辑运行，私法权利不得改变公法义务，公法义务不得消灭私法权利，反之亦同。

2. 关于协助执行人的范围问题

本案裁判要点明确：保全执行案件的保全标的物系非金钱动产且被他人保管，该保管人依人民法院通知应当协助执行。这涉及协助执行人的范围问题。在我国实证法中，并未明确协助执行人的范围，通常只在规定执行措施时，概括要求有关单位应当协助执行。根据其与执行财产在法律上或者事实上存在的关联，可将前述有关单位作如下类型化归纳：其一，是对财产享有处分权限或者能够控制财产权属变动者，例如应当向被执行人支付工资的单位、被执行人名下不动产的登记机构等；其二，是财产的实际占有者，例如被执行人财产的保管人；其三，掌握可供执行财产线索（被执行人不到案时掌握其下落）的主体等。需要指出的是，属于前述情况，仅是成为协助执行人的必要条件，而协助执行义务的实际产生，还需要人民法院作出具体裁定或者相关法律文书。

就本案而言，其特殊性在于：湖南高院虽然已经作出保全裁定，且在协助执行公告中载明，未经准许任何单位和个人不得对德奕鸿公司财产进行转移、损毁、变卖等，但其作出的协助执行通知书却未将德奕鸿公司财产的实际占有者即海川公司列为协助执行人。如此一来，便产生海川公司是否负有协助执行义务的问题。

首先应当明确的是，湖南高院作出的保全裁定、执行公告和协助执行通知书，均已发生法律效力。据此，德奕鸿公司所有的存放于海川公司仓库的铅精矿，在法律性质上属于查封财产，应无疑义。若海川公司隐藏、转移、变卖、毁损该财产，将构成妨害民事诉讼，亦有法律依据。在此种情况下，不能仅以协助执行通知书未列明海川公司，即否定海川公司对保全执行法院负有的协助义务。一方面，虽然海川公司与德奕鸿公司间的租赁合同已被解除，但铅精矿仍由海川公司实际占有，海川公司具备承担协助执行义务的必要条件。另一方面，法律要求人民法院发出协助执行通知书，目的在于保障协助执行人知晓义务与提出异议的权利。而就本案而言，海川公司已然知晓义务内容，且实际行使了提出执行异议的权利，此时若仍以协助执行通知书未列明海川公司为由否定其负有协助义务，将出现海川公司虽无协助执行义务、却又不得搬离铅精矿且无权提出异议的吊诡局面，实乃陷入形式窠臼而背离法律目的，并不可取。

综上所述，应当认定海川公司对保全执行法院负有协助义务。湖南高院未在协助执行通知书中列明海川公司并向其送达，属于程序瑕疵，应予注意。

3. 关于保全标的物保管费用的负担问题

本案裁判要点明确：当保管合同或者租赁合同到期后未续签，且被保全人不支付保管、租赁费用的，协助执行人无继续无偿保管的义务。保全标的物价值足以支付保管费用的，人民法院可以维持查封直至案件作出生效法律文书，执行保全标的物所得价款应当优先支付保管人的保管费用；保全标的物价值不足以支付保管费用，申请保全人支付保管费用的，可以继续采取查封措施，不支付保管费用的，可以处置保全标的物并继续保全变价款。这涉及保全标的物保管费用的负担问题。

我国法律对保全标的物的保管费用如何负担，并无明确规定。实务操作中，一般可由申请执行人预先垫付，之后用执行保全标的物所得价款退还，费用最终应由被执行人负担。就本案而言，海川公司与德奕鸿公司之间事先存在租赁合同关系，若无保全执行的相关情事，德奕鸿公司在租赁合同到期后继续使用案涉厂房，海川公司可以主张租赁合同继续有效、租金继续计算。易言之，海川公司有权就其厂房被占用获得对价。此种权利，不因海川公司负担协助执行义务而消灭。虽然人民法院的保全执行让铅精矿成为查封财产，但并未改变该财产继续占用海川公司厂房的事实，认为海川公司应当负担无偿保管义务的主张与理由，难以成立。此外，即便认为在原租赁合同到期后，海川公司与德奕鸿公司间成立保管关系，也不能改变前述结论。因为在保管关系下，海川公司难以向德奕鸿公司返还铅精矿的，可以将之拍卖或者变卖后提存价款，仍不负担无偿保管的义务。

在肯定协助执行人有权获得保管或者租赁费用之后，需要进一步明确该费用的负担问题。在保全标的物价值足以支付费用的情况下，标的物本身即可担保协助执行人的费用债权实现。因此，人民法院可以维持查封直至案件作出生效法律文书，执行保全标的物变价款应当优先支付协助执行人的保管费用。在保全标的物价值不足以支付费用的情况下，原本应当及时处置标的物，但若申请保全人支付费用的，协助执行人合理支出或者损失的费用债权得以实现，人民法院可以继续对标的物采取保全措施。

4.关于不宜长期保管物品的保全执行问题

本案裁判要点中明确：保全标的物价值不足以支付保管费用，申请保全人不支付保管费用的，可以处置保全标的物并继续保全变价款。这涉及不宜长期保管物品的保全执行问题。

在保全标的物价值不足以支付保管费用的情况下，协助执行人的费用债权无法由标的物担保实现，若申请保全人亦不支付，则协助执行人财产权益将遭受损害。此时仍继续以查封方式保全标的物，实乃放任协助执行人的损害扩大，难谓善意执法，处理结果亦不合理。此时，执行法院应将标的物及时处置并继续保全变价款，至少让协助执行人尽快止损，这种做法显然更为妥当。

《最高人民法院关于适用民事诉讼法的解释》（以下简称《民事诉讼法解释》）第一百五十三条规定："人民法院对季节性商品、鲜活、易腐烂变质以及其他不宜长期保存的物品采取保全措施时，可以责令当事人及时处理，由人民法院保存价款；必要时，人民法院可予以变卖，保存价款。"在方法论上，一个法条的概括规定之前若有例示规定，则概括规定在性质上必须具备例示规定之法律特征，否则该例示将毫无意义。就上述条文而言，应当归纳季节性商品、鲜活、易腐烂变质的法律特征，作为界定其他不宜长期保存的物品的依据。自季节性商品、鲜活、易腐烂变质与诉讼保全有关的方面观察，其法律特征在于：自身价值会随时间经过而显著减损，导致担保当事人权益实现的可能性亦随时间经过而降低，因而产生及时处置的必要。本案中，因保管铅精矿所产生的费用随时间经过而增加，若铅精矿的价值不足以支付且申请保全人亦不支付该费用，则海川公司的费用债权尚且难以实现，执行债权方（即申请执行人）的利益更不待言。据此，应当认为本案保全标的物属于其他不宜长期保存的物品，人民法院可依据《民事诉讼法解释》第一百五十三条予以及时处置。

——刘少阳：《株洲海川实业有限责任公司与中国银行股份有限公司长沙市蔡锷支行、湖南省德奕鸿金属材料有限公司财产保全执行复议案的理解与参照——保全执行中协助执行义务的确定》，载《人民司法·案例》2022 年11 期。

59.协助执行义务人或第三人违反人民法院有关执行通知，将法院查封冻结的被执行人财产转移的，能否申请执行人承担实体责任

200.【对协助执行义务单位的罚款、拘留】

有义务协助调查、执行的单位有下列行为之一的，人民法院除责令其履行协助义务外，并可以予以罚款：

（一）有关单位拒绝或者妨碍人民法院调查取证的；

（二）有关单位接到人民法院协助执行通知书后，拒不协助查询、扣押、冻结、划拨、变价财产的；

（三）有关单位接到人民法院协助执行通知书后，拒不协助扣留被执行人的收入、办理有关财产权证照转移手续、转交有关票证、证照或者其他财产的；

（四）有关单位接到人民法院协助执行通知书后，允许被执行人高消费及非生活或者经营必需的有关消费的；

（五）有关单位接到人民法院协助执行通知书后，允许被执行人出境的；

（六）有关单位接到人民法院协助执行通知书后，拒不停止办理有关财产权证照转移手续、权属变更登记、规划审批等手续的；

（七）有关单位接到人民法院协助执行通知书后，以需要内部请示、内部审批，有内部规定等为由拖延办理的；

（八）有关单位持有法律文书指定交付的财物或者票证，人民法院发出协助执行通知后，拒不转交的；

（九）其他拒绝协助执行的。

人民法院对有前款规定的行为之一的单位，可以对其主要负责人或者直接责任人员予以罚款；对仍不履行协助义务的，可以予以拘留；并可以向监察机关或者有关机关提出予以纪律处分的司法建议。

——最高人民法院执行局编：《人民法院办理执行案件规范（第二版）》，人民法院出版社 2022 年版，第 94 页。

最高人民法院认为，陕西高院对五被告人寄存在某中心的国债券实施查封时，除某省证券公司外，其余四被告人在某中心均实际存有与查封数额相等的国债券实物。陕西高院未对某省证券公司的 300 万元国债券实物是否存在进行核实确有失误，故对该笔 300 万元国债券的查封效力不予认可。对其余四被告人交存的国债券查封手续完备，程序合法，查封效力应予维持。陕西高院驳回某中心对国债券享有质押权主张的理由成立，本院予以支持。某中心作为协助执行人拒不履行协助义务，并擅自处分已被法院查封的国债券，且在限期内不能追回，根据《最高人民法院关于执行工作若干问题的规定（试行）》第四十四条[①]的规定，应承担相应的赔偿责任。陕西高院冻结某中心的银行存款合法有效。某银行所举证据不足以证明 273033 — 38 账户为股民保证金账户，亦不足以证明该账户内的资金全部为股民保证金。某银行未经人民法院许可，将 273033 — 38 账户销户致使该账户内的资金流失，是擅自解冻被人民法院冻结款项的行为，根据《最高人民法院关于执行工作若干问题的规定（试行）》第 33 条[②]的规定，应在转移款项范围内承担责任。

——《最高人民法院关于中国工商银行西安市东新街支行对陕西省高级人民法院强制执行 2000 万元提出异议一案的处理意见》（2003 年 5 月 13 日，〔2000〕执监字第 346 — 2 号），载江必新主编：《人民法院执行工作规范全集》，人民法院出版社 2017 年版，第 83 页。

案件的实际意义，是确立了协助执行人或第三人违反人民法院有关执行通知、未经人民法院许可将法院查封冻结的被执行人财产转移应向申请执行人承担实体责任的原则。本案中的某中心和某银行是协助人民法院执行的人，换句话说，是在人民法院的执行程序中负有一定义务的人。

人民法院查封、扣押、冻结财产，是为申请人（权利人）的利益而间接

---

① 现为《最高人民法院关于人民法院执行工作若干问题的规定（试行）》（2020 年修正）第 32 条。

② 现为《最高人民法院关于人民法院执行工作若干问题的规定（试行）》（2020 年修正）第 26 条。

或直接地控制、占有被执行人的财产，被执行人对该财产的处分权已被剥夺。在协助执行人或第三人协助人民法院保管该财产时，他是受人民法院的指定或委托而占有该财产，直接对人民法院和权利人负有妥善保管的责任，而不是对被执行人负责。如果他擅自转移该财产（不论其是否协助被执行人转移），既妨害了人民法院的执行工作，又侵害了申请执行人的实体权益，除应承担程序法上的妨害执行的责任外，还应承担实体法上的赔偿责任。按照新刑法和最高人民法院有关司法解释，这种行为也可能构成犯罪。最高人民法院在 1995 年 5 月法函〔1995〕51 号复函中，对信用社擅自转移人民法院冻结款项应向申请执行人承担责任的问题提出了明确意见：任何金融机构都有义务协助人民法院依法冻结有关单位的账户，成都市新华东路信用社在案件当事人的存款账户被冻结期间与被冻结账户的当事人串通，转走应入被冻结账户的款项，非法将资金转移，致使人民法院生效的法律文书无法执行，其行为是违法的。根据《民事诉讼法》第 103 条[①]的规定，信用社应承担妨害民事诉讼的法律责任，什邡县法院对其处罚是正确的。同时，由于信用社的行为还侵犯了债权人的权益，信用社亦应在被转移的款项数额内承担连带赔偿责任。

可以说，协助执行人和第三人在这种情况下承担的是实体责任，但却是由于程序上的原因而引起的。这是由法院在执行中的特殊地位所决定的。法院发出的协助执行通知书实际上就是法院发出的命令，协助执行人必须听从。被通知冻结的财产或交付的财产，实际上处于法院的特殊保护之下，此时申请执行人的利益就寄托在有关财产之上，协助执行人擅自转移该财产就产生了上述的双重责任，即妨害执行的责任和对于申请执行人的赔偿责任。

至于追究协助执行人赔偿责任的程序，首先应责令转移财产的协助执行人追回财产，其次是在不能追回的情况下裁定其承担责任。关于责令追回的形式，在执行时可以根据个案的具体情况决定采取适当的形式。

——于泓：《金融机构及协助执行人擅自处分法院查封物应承担责任的认定与法律适用》，载最高人民法院执行工作办公室编：《强制执行指导与参考》2003 年第 2 辑（总第 6 辑），法律出版社 2003 年版，第 296 页。

---

① 现为《民事诉讼法》（2023 年修正）第一百一十七条。

60.被执行人在异地享有的第三人到期债权能否委托执行

执行实务中对被执行人在异地享有的第三人到期债权案件能否委托执行也有争议。我们认为，被执行人在异地享有的第三人到期债权确定且无异议的，符合可供执行财产的界定，有助于申请执行人债权的实现，此类案件是可以委托的。反而言之，如果被执行人在异地享有的第三人到期债权不确定或者存在异议，不可归为可供执行财产的范围，此种情形下则不得办理委托手续。

——江必新主编，最高人民法院执行局编：《最高人民法院执行司法解释、规范性文件理解与适用（2010~2013）》，中国法制出版社2014年版，第42页。

61.委托执行后，为防止被执行人转移财产，发现被执行人财产，情况较为紧急时，委托法院能否采取查封、扣押、冻结等非处分性执行措施

我们认为，此时委托法院已经结案，从案件管理的角度讲，委托法院直接采取执行措施有可能造成多头执行的执行混乱情况。但是，在一些较为紧急的情况下，委托法院及时与受托法院沟通后是可以采取非处分性执行措施的。

——江必新主编，最高人民法院执行局编：《最高人民法院执行司法解释、规范性文件理解与适用（2010~2013）》，中国法制出版社2014年版，第67页。

（十四）执行回转

62.执行完毕后的调解书因债务人的代理人的代理权限问题被撤销，但双方的债权债务关系未改变，不需要执行回转

289.【执行回转与继续执行】

发生法律效力的执行裁定，并不因据以执行的法律文书被撤销而撤销。新的执行依据改变了原执行内容，需要执行回转的，人民法院应作出执行回转的裁定；已执行的内容没有超出新的执行依据所确定内容的，人民法院应继续执行。

——最高人民法院执行局编：《人民法院办理执行案件规范（第二版）》，人民法院出版社 2022 年版，第 133 页。

63.执行依据被撤销后，原债务人仍要承担给付义务的，如何执行回转

288.【执行回转的一般规定】

在执行中或执行完毕后，据以执行的法律文书被人民法院或其他有关机关撤销或变更的，原执行机构应当依照民事诉讼法第二百四十条的规定，依当事人申请或依职权，按照新的生效法律文书，作出执行回转的裁定，责令原申请执行人返还已取得的财产及其孳息。拒不返还的，强制执行。

执行回转应重新立案，适用执行程序的有关规定。

289.【执行回转与继续执行】

发生法律效力的执行裁定，并不因据以执行的法律文书被撤销而撤销。新的执行依据改变了原执行内容，需要执行回转的，人民法院应作出执行回转的裁定；已执行的内容没有超出新的执行依据所确定内容的，人民法院应继续执行。

——最高人民法院执行局编：《人民法院办理执行案件规范（第二版）》，人民法院出版社 2022 年版，第 132~133 页。

关于再审判决生效后，本溪市中级人民法院已给付裁定的抵债标的额在没有超出再审判决所确认标的额的情况下，是否需要依据再审判决重新进行评估的问题。

最高人民法院认为，执行裁定发生法律效力后，并不因据以执行的法律文书的撤销而撤销。如果新的执行依据改变了原执行内容，需要执行回转的，则人民法院作出执行回转的裁定；如已执行的标的额没有超出新的执行依据所确定的标的额，则人民法院应继续执行。本案中，本溪市中级人民法院已给付裁定的抵债标的额没有超出再审判决所确认的标的额，因此，是否需重新评估，关键看执行程序是否合法。如果执行程序合法，则维持原执行裁定的效力，继续执行，否则应予纠正，重新评估。

——《最高人民法院关于再审判决作出后如何处理原执行裁定的答复函》（2006 年 3 月 13 日，〔2005〕执他字第 25 号），载江必新主编，最高人民法院执行局编：《执行工作指导》2009 年第 2 辑（总第 30 辑），人民法院出版社2009 年版，第 970 页。

关于辽宁省高级人民法院再审判决生效后，本溪市中级人民法院已给付裁定的抵债标的额在没有超出再审判决所确认标的额的情况下，是否应撤销原执行裁定，重新评估执行的问题。

最高人民法院认为，原生效法律文书被撤销后，原执行裁定并不当然一并撤销。执行裁定发生法律效力后，并不因据以执行的法律文书的撤销而撤销。如果新的执行依据改变了原执行内容，需要执行回转的，则人民法院作出执行回转的裁定；如已执行的标的额没有超出新的执行依据所确定的标的额，则人民法院应继续执行。本案中，本溪市中级人民法院已给付裁定的抵债标的额没有超出再审判决所确认标的额，因此，是否需重新评估，关键看执行程序是否合法。如果执行程序合法，则维持原执行裁定的效力，继续执行。否则应予纠正，重新评估。

——刘涛：《关于再审判决作出后如何处理原执行裁定的请示案》，载最高人民法院执行工作办公室编：《执行工作指导》2006 年第 2 辑（总第 18 辑），人民法院出版社 2006 年版，第 77~82 页。

64.执行回转案件的申请执行人在被执行人破产案件中能否得到优先受偿保护

291.【破产时的执行回转】

在执行回转案件被执行人破产的情况下，人民法院可以比照取回权制度，对执行回转案件申请执行人的权利予以优先保护，认定应当执行回转部分的财产数额，不属于破产财产。审理破产案件的法院应当将该部分财产交由执行法院继续执行。

——最高人民法院执行局编：《人民法院办理执行案件规范（第二版）》，人民法院出版社 2022 年版，第 134 页。

天津市高级人民法院：

你院《关于执行回转案件的申请执行人在被执行人破产案件中能否得到优先受偿保护的请示》收悉。经研究，答复如下：

人民法院因原错误判决被撤销而进行执行回转，申请执行人在被执行人破产案件中能否得到优先受偿保护的问题，目前我国法律尚无明确规定。我们认为，因原错误判决而被执行的财产，并非因当事人的自主交易而转移。为此，不应当将当事人请求执行回转的权利作为普通债权对待。在执行回转案件被执行人破产的情况下，可以比照取回权制度，对执行回转案件申请执行人的权利予以优先保护，认定应当执行回转部分的财产数额，不属于破产财产。因此，审理破产案件的法院应当将该部分财产交由执行法院继续执行。

——《最高人民法院关于执行回转案件的申请执行人在被执行人破产案件中能否得到优先受偿保护的复函》(2006 年 12 月 14 日，〔2005〕执他字第 27 号)，载江必新主编，最高人民法院执行局编：《执行工作指导》2009 年第 2 辑 (总第 30 辑)，人民法院出版社 2009 年版，第 969 页。

1.首先应当肯定，在价值判断方面，执行回转的权利应当得到优先保护。执行回转作为再审制度的辅助手段，应当保护真正权利人的合法利益。如果当事人有能力执行回转而不予执行回转，势必造成再审公正价值的落空，使再审判决成为一张空头支票（"再审白条"）。由此将导致再审制度的功能丧失殆尽，加剧社会对司法不公的抱怨。

2. 不宜简单地将执行回转债权视为是一般不当得利债权。可以从执行回转所针对的财产的角度，讨论其与破产财产的关系。应当执行回转的财产，是一种特殊的财产，有必要区别于破产债务人的一般财产。这种财产是通过法院错误判决而强制执行的，是因公权错误干预而使其暂时处于非真正权利人掌控之下的一种特殊的财产，不以原债务人（现债权人）的自由意志为转移，与当事人之间通过自主交易行为而转移资金，有本质不同。如不将该财产区别于破产财产，则执行回转债权人因错误司法判决而被强制执行的财产，将作为其他债权人分配的基础，对回转债权人严重不公。

3. 认定应当执行回转的财产不属于破产财产，解释上也有一定的可行性。法律和司法解释中没有提到执行回转与破产财产处理上的关系问题，只能说是法律上的遗漏，并不能说是根本上否定执行回转优先得到保护。《最高人民法院关于审理企业破产案件若干问题的规定》第7条列举的不属于破产财产的财产，不应理解为是对该类财产的全部范围的规定，应不排斥实践中依法认定其他不属于破产财产范围的财产。这在起草者的有关著作中已经得到肯定。从取回权的角度看，破产取回权中涉及的财产一般都是有物的形态或者来源于有体物（如因原物毁损灭失而形成的代偿性取回权），但也承认以金钱形态存在的取回权，如信托财产、股民保证金等。理论上说，破产债务人持有这类财产构成一种推定的信托占有（借鉴英美法上的概念），其实质上的权利应属于执行回转债权人。如此比照，可将应当执行回转的财产（即使是金钱）认定为不属于破产财产，申请执行回转的权利人有取回权。

——黄金龙：《关于执行回转的债权在破产程序中能否优先受偿问题请示案》，载最高人民法院执行工作办公室编：《执行工作指导》2007年第1辑（总第21辑），人民法院出版社2007年版，第57~59页。

65.执行回转中如何确认迟延履行期间加倍部分债务利息的起止时间

在执行回转程序中，亦应根据《最高人民法院关于执行程序中计算迟延履行期间的债务利息适用法律若干问题的解释》的规定计算迟延履行期间加倍部分债务利息。如果原申请执行人（即新的生效法律文书确认的被执行人，下同）对新的生效法律文书迟延履行，加倍部分债务利息自新的生效法律文书确定的履行期间届满之日起计算；新的生效法律文书确定分期履行的，自每次履行期间届满之日起计算；新的生效法律文书未确定履行期间的，自法律文书生效之日起计算。在执行回转过程中，加倍部分债务利息亦应当计算至原申请执行人履行新的生效法律文书完毕之日；原申请执行人分次履行的，相应部分的加倍部分债务利息计算至每次履行完毕之日。

在执行回转过程中，人民法院依据新的生效法律文书划拨、提取被执行人的存款、收入、股息、红利等财产的，相应部分的加倍部分债务利息计算至划拨、提取之日；对原申请执行人财产拍卖、变卖或以物抵债的，计算至成交裁定或抵债裁定生效之日；对原申请执行人财产通过其他方式变价的，计算至财产变价完成之日。

在执行回转过程中，非因原申请执行人的申请，对执行行为提出异议复议或者提起案外人异议之诉而中止或暂缓执行的期间，不计算加倍部分债务利息。

——江必新、刘贵祥主编，最高人民法院执行局编：《最高人民法院关于执行程序中计算迟延履行期间的债务利息司法解释理解与适用》，人民法院出版社 2014 年版，第 159 页。

（十五）执行文书及送达

66.向诉讼代理人送达判决书为有效送达，开始计算申请执行期限

312.【诉讼代理人的送达】

受送达人有诉讼代理人的，人民法院既可以向受送达人送达，也可以向其诉讼代理人送达。受送达人指定诉讼代理人为代收人的，向诉讼代理人送达时，适用留置送达。

——最高人民法院执行局编：《人民法院办理执行案件规范（第二版）》，人民法院出版社 2022 年版，第 142 页。

海南省高级人民法院：

你院《关于如何确定判决书送达日期和申请执行期限起算时间的请示报告》收悉。经研究，答复如下：

同意你院审判委员会的第二种意见。根据《中华人民共和国民事诉讼法》第七十八条^①最高人民法院《关于适用〈中华人民共和国民事诉讼法〉若干问题的意见》第83条^②之规定，海南华能租赁有限公司（以下简称华能公司）的诉讼代理人明向阳签收诉讼文书，属于一般授权，不需要华能公司的特别授权。你院于1998年10月28日所实施的送达行为符合上述法律规定，应为有效。但你院未依照最高人民法院、最高人民检察院、公安部、司法部《关于律师参加诉讼的几项具体规定的联合通知》向代理律师送达诉讼文书副本，应以适当形式予以补正。你院于2001年4月9日给华能公司送达判决书为第二次送达，不影响1998年10月28日送达的效力。华能公司的申请执行期限应从1998年10月28日起算，本案已超过法定的申请执行期限，应不予立案执行。

此复

——《最高人民法院执行工作办公室关于如何确定判决书送达日期和申请执行期限起算时间问题的复函》（2002年7月19日，〔2002〕执他字第9号），载江必新主编：《人民法院执行工作规范全集》，人民法院出版社2017年版，第324页。

67.人民法院审理与执行中可以采用传真或者电子等送达方式

313.【电子送达】

经受送达人同意并在送达地址确认书中予以确认，人民法院可以采用电子送达等能够确认其收悉的方式送达执行文书。通过电子方式送达的裁定书，受送达人提出需要纸质文书的，人民法院应当提供。

前款规定的电子送达可以采用传真、电子邮件、移动通信等即时收悉的

---

① 现为《民事诉讼法》（2023年修正）第八十八条。
② 对应《最高人民法院关于适用〈中华人民共和国民事诉讼法〉的解释》（2022年修正）第一百三十二条。

特定系统作为送达媒介，以送达信息到达受送达人特定系统的日期为送达日期。到达受送达人特定系统的日期，为人民法院对应系统显示发送成功的日期，但受送达人证明到达其特定系统的日期与人民法院对应系统显示发送成功的日期不一致的，以受送达人证明到达其特定系统的日期为准。

——最高人民法院执行局编：《人民法院办理执行案件规范（第二版）》，人民法院出版社 2022 年版，第 143 页。

（十六）基本流程规范

1. 执行准备与启动

68.抵销权的行使应符合执行的相关要件

1. 主张抵销权的主体。执行是一种要式法律行为，必须依法定方式启动。我国立法例中采用的是债权人申请和执行机构依职权启动执行程序的折中主义。最高人民法院关于执行的司法解释中确认的原则是，执行一般应由当事人依法提出申请，移送执行的范围限于"给付赡养费、扶养费、抚育费的法律文书及刑事附带民事的判决、裁定和调解书"。从实体法关于抵销的要件分析，移送执行的几类债权应属于禁止抵销的情形，该几类案件的执行中应排除抵销权的行使。在依权利人申请启动执行程序的案件中，权利人启动执行程序是为了通过执行程序实现实体债权，权利人本身不会主动再为抵销，因此，主张抵销权的主体规定为被执行人。

2. 主张抵销权的时间。主张抵销应以抵销权的存在为前提，如果因法院执行已经使抵销权归于消灭，再为抵销的意思表示，则不发生抵销的效力。所以，在执行程序中主张抵销权的，必须在执行开始后至执行终结前提出。如果超过这个时间要件，则无法在执行中主张。

3. 主张抵销权的形式。我国《合同法》第 99 条[①]第 2 款规定：当事人主张抵销的，应当通知对方。通知自到达对方时生效。抵销不得附条件或者附期限。这表明，抵销权应向对方主张，但对主张抵销权的形式并没有明确规定，只要符合法律关于法律行为及意思表示的规定即可。考虑到实体法关于抵销权的规定和我国执行程序中执行法院的主体地位性，执行程序中被执行人主张抵销权的，应向执行法院提出书面执行异议，并应附证明抵销债权确实存在的相关证据，由执行法院以异议程序进行审查处理。

——江必新、刘贵祥主编，最高人民法院执行局编著：《最高人民法院办理执行异议和复议案件若干问题规定理解与适用》，人民法院出版社 2015 年版，第 245~246 页。

69.如何认定申请执行人认可债权

实践中，被执行人主张抵销时，如自动债权尚未经生效法律文书确认，申请执行人大多会以债发生的原因行为无效、可撤销或者债的数额不确定等为由提出抗辩。一般而言，此时自动债权尚处于不确定状态，执行机构对于申请执行人的抗辩以及自动债权本身不进行实体审查，应直接认定为申请执行人不认可债权，故不作抵销处理，裁定驳回被执行人主张抵销的异议，案件继续执行。但值得注意的是，若申请执行人对被执行人主张用于抵销的自动债权本身没有异议，仅以该自动债权未经诉讼确认等理由，主张不能抵销执行债权的，执行机构应允许被执行人抵销。若申请执行人对被执行人主张用于抵销的自动债权部分有异议，对没有异议的部分可先为抵销，有异议的部分告知被执行人另行通过诉讼等相关程序予以确认。

——江必新、刘贵祥主编，最高人民法院执行局编著：《最高人民法院办理执行异议和复议案件若干问题规定理解与适用》，人民法院出版社 2015 年版，第 246 页。

---

① 对应《民法典》第五百六十八条。

70.执行程序中我国领域外出具的授权委托书需办理证明手续

18.外国当事人在我国境外出具的授权委托书，应当履行相关的公证、认证或者其他证明手续。对于未履行相关手续的诉讼代理人，人民法院对其代理资格不予认可。

19.外国自然人在人民法院办案人员面前签署的授权委托书无需办理公证、认证或者其他证明手续，但在签署授权委托书时应出示身份证明和入境证明，人民法院办案人员应在授权委托书上注明相关情况并要求该外国自然人予以确认。

20.外国自然人在我国境内签署的授权委托书，经我国公证机关公证，证明该委托书是在我国境内签署的，无需在其所在国再办理公证、认证或者其他证明手续。

——《最高人民法院关于印发〈第二次全国涉外商事海事审判工作会议纪要〉的通知》（2005 年 12 月 26 日，法发〔2005〕26 号）。

安徽省高级人民法院：

你院〔2009〕皖执字第 00002 号《关于百事达（美国）企业有限公司申请执行中美合资安徽饭店有限公司清算委员会侵权纠纷一案的请示报告》收悉。经研究，我院认为：

执行程序亦属广义的诉讼程序的范畴，因此，《民事诉讼法》第二百四十条[1]在执行程序中亦应予以适用。本案中，百事达（美国）企业有限公司在案件进入执行程序后，另外委托信永中和会计师事务所有限责任公司对中美合资安徽饭店有限公司就有关公司清算的财务会计进行特别审计，如果该授权委托书是从中华人民共和国领域外寄交或者托交的，应当经所在国公证机关证明，并经中华人民共和国驻该国使领馆认证，或者履行中华人民共和国与该所在国订立的有关条约中规定的证明手续后，才具有效力。

——《最高人民法院〔2010〕执他字第 5 号函》（2010 年 4 月 23 日）。

---

① 现为《民事诉讼法》（2023 年修正）第二百七十五条。

　　该案焦点问题是：外国企业在执行程序中委托律师或者其他人代理查账行为是否适用《民事诉讼法》第二百四十条规定。《民事诉讼法》第二百四十条规定"在中华人民共和国领域内没有住所的外国人、无国籍人、外国企业和组织委托中华人民共和国律师或者其他人代理诉讼，从中华人民共和国领域外寄交或者托交的授权委托书，应当经所在国公证机关证明，并经中华人民共和国驻该国使领馆认证，或者履行中华人民共和国与该所在国订立的有关条约中规定的证明手续后，才具有效力。"《民事诉讼法》第二百四十条的立法本意是基于国外当事人的特殊性，确保诉讼中主体的合法和意思表示的真实性。适用该条文应当同时具备两个条件，一是在中华人民共和国领域内没有住所的外国人、无国籍人、外国企业和组织委托中华人民共和国律师或者其他人代理诉讼；二是委托书是从中华人民共和国领域外寄交或者托交的。只有同时具备这两个条件，授权委托书才应当经所在国公证机关证明，并经中华人民共和国驻该国使领馆认证，或者履行中华人民共和国与该所在国订立的有关条约中规定的证明手续后，才具有效力。对于上述规定中的"诉讼"的含义应作广义的理解，《民事诉讼法》第三编对执行程序作出了相关规定，因此，执行程序亦应属于广义的"诉讼"程序的范畴，故上述规定在执行程序中亦应予以适用。

　　具体涉及本案中美国公司出具的委托书是否需要办理公证认证手续问题，百事达（美国）企业有限公司在案件进入执行程序后，另外委托信永中和会计师事务所有限责任公司对中美合资安徽饭店有限公司就有关公司清算的财务会计进行特别审计，亦应当履行这一程序要求，但还需考察委托书出具的地点。如果委托书是在我国"领域外寄交或者托交"的，即委托书不是在我国境内出具的，则需依照上述规定办理公证认证手续。如果委托书是在我国境内出具的，则无需再按照上述规定办理公证认证手续，但按照最高人民法院第二次涉外商事海事审判工作会议纪要确定的原则，仍需办理一定的证明手续。此时存在两种情况，一种情况是当事人直接到人民法院签署授权委托书，即外国法人、其他组织的法定代表人或者负责人代表该法人、其他组织在人民法院办案人员面前签署的授权委托书，无需办理公证、认证或者其他证明手续，但在签署授权委托书时，外国法人、其他组织的法定代表人或者负责人除了向人民法院办案人员出示自然人身份证明和入境证明外，还必须提供该法人或者其他组织出具的能够证明其有权签署委托书的证明文件，且该证明文件必须办理公证、认证或者其他证明手续。人民法院办案人员应在授权委托书上注明相关情况并要求该法定代表人或者负责人予以确认。另一种情况是外国法人、其他组织的法定代表人或者负责人代表该法人、其他组织在我国境内签署的授权委托书，经我国公证机关公证，证明该委托书是在国境内签署，且该法定代表人或者负责人向人民法院提供了外国法人、其他组织出具的办理了公证、认证或者其他证明手续的能够证明其有权签署委托书的证明文件，该委托书无须在外国当事人的所在国办理公证、认证或者其他证明手续。

——李海军：《〈民事诉讼法〉第二百四十条在执行程序中的适用》，载江必新主编，最高人民法院执行局编：《执行工作指导》2010年第2辑（总第34辑），法律出版社2010年版，第102~103页。

2. 财产调查

71. 用足用活执行手段，利用互联网平台和资源，充分挖掘被执行人潜在的新类型财产线索

李某某利用电商平台规避执行案

裁判要旨： 法院执行工作不能仅停留于对被执行人名下的银行存款、有价证券、不动产、车辆等传统类型财产的查控，而是要用足用活执行手段，利用互联网平台和资源，对被执行人潜在的新类型财产线索充分挖掘。

案情简介： 代某某申请执行李某某买卖合同纠纷一案，在执行过程中，广东省佛山市南海区人民法院通过传统调查和网络查控措施，未查到李某某可供执行财产，故拟对诉讼财产保全阶段冻结的李某某持有一商贸公司75%的股权份额进行处置。因该公司未能提供相关的财务账册等资料，导致股权评估无法进行。后经执行法院充分利用互联网平台和资源进行调查，发现该商贸公司注册有"某光阴旗舰店"微博账号，账号内发布的信息均与童装销

售有关。执行法官又在淘宝、京东电商平台上发现该网店，并确认"某光阴旗舰店"就是由该商贸公司作为经营主体开设。经过进一步关联查询，执行法官还发现该商贸公司在淘宝网上开设有另一家名为"某花开童装旗舰店"的网店。经向浙江天猫网络有限公司调取两家网店的交易流水，"某光阴旗舰店"2017年1月1日起至2019年3月20日的营业额为1773667.81元，"某花开童装旗舰店"2017年1月1日起至2019年3月20日的营业额为7542580.03元。据此，执行法院判断该商贸公司的股权具有一定价值，被执行人具备履行能力。经执行法官多次督促和告诫，被执行人依然不理不睬，后执行法院将相关材料移送公安机关立案侦查，并对被执行人采取了拘留措施，被执行人家属随即代李某某主动履行了相应义务。

典型意义：本案中，南海区法院在用足用好现有财产调查措施的基础上，充分利用互联网平台和资源，另辟蹊径、深挖隐藏在公司背后的财产及财产收益，并因案施策，通过采取移送公安机关追究拒执罪的执行措施，有力震慑了被执行人，迫使其主动履行义务，依法保障了胜诉当事人的合法权益。如今，电商网店已经相当普遍，根据相关数据显示，仅在淘宝、京东等知名电商平台上就有超过1000万家网店。因此，法院执行工作不能仅停留于对被执行人名下的银行存款、有价证券、不动产、车辆等传统类型财产的查控，而是要用足用活执行手段，利用互联网平台和资源，对被执行人潜在的新类型财产线索充分挖掘，坚决打击那些挖空心思藏匿、转移财产并企图蒙混过关的失信被执行人，决不能让互联网变成拒不履行生效法律文书义务的温床。

——《最高法发布依法惩戒规避和抗拒执行典型案例》，载《人民法院报》2021年12月2日。

72.人民法院执行程序中能否对案外人财产进行处理

吉林省高级人民法院：

你院《关于法院执行程序中能否对案外人财产进行处理的请示》收悉。经研究，答复如下：

执行程序中案外人无合法依据占有被执行的标的物不动产的，执行法院依法可以强制迁出；案外人拒不迁出，对标的物上的财产，执行法院可以指定他人保管并通知领取；案外人不领取或下落不明的，为避免保管费用过高或财产价值减损，执行法院可以处分该财产，处分所得价款，扣除搬迁、保管及拍卖变卖等相关费用后，保存于执行法院账户，通知该案外人领取。

——《最高人民法院关于法院执行程序中能否对案外人财产进行处理的请示的答复》（〔2010〕执他字第1号），载江必新主编：《人民法院执行工作规范全集》，人民法院出版社2017年版，第746页。

73.在对报告义务人作出处罚时，应当尽可能地对违法行为进行区分

情节严重的行为包括（但不限于）以下几种：（1）被执行人以及其他财产申报义务主体态度恶劣并拒收人民法院的执行通知书或报告财产令的；（2）在执行通知书规定的履行法律文书确定义务的期限内，或在执行通知书载明的申报财产状况的期限内以及在人民法院报告财产令规定的期限内，为恶意逃避执行，转移、隐匿、毁损可供执行的被执行人的财产的；（3）隐瞒可供执行的财产或财产性权利的数额超过可供执行财产总额50%以上的；（4）财产申报义务主体未在人民法院执行通知书或报告财产令确定的申报期限内如实申报财产，人民法院责成其当面陈述，其拒绝回答的；（5）其他构成"拒绝报告"或"虚假报告"从重或加重情形的。第二，对于被执行人拒绝报告或虚假报告的，是只能处以一次惩罚，还是可以多次适用罚则的问题。我们认为，在申报程序中，法律确定了多次申报的精神，被执行人每次申报都有可能拒绝报告或虚假报告。在程序上，当被执行人受到处罚后，法院完全可以重新再责令其限期申报，如被执行人仍不申报或瞒报，则构成新的违法事实，法院可以再次对其进行处罚。[1] 特别是对于被执行人报告暂时无财产可供执行的情形，执行法院要尤其注意，必要时对其进行多次处罚。但处罚只是手段，执行的根本目的是实现债权，对被执行人多次处罚也有可能降低处罚的威慑力，因此工作的重点仍是查找财产，只有法院发现财产的能力变强，当事人才不敢欺骗法院。

——江必新主编，最高人民法院执行局编：《最高人民法院执行司法解释、规范性文件理解与适用（2010~2013）》，中国法制出版社2014年版，

---

[1] 顾明华：《关于我国被执行人财产申报制度的思考》，载中国法院网。

第 115 页。

74.悬赏执行在适用过程中的几个问题

由于悬赏执行在各地法院的实施缺乏统一的法律规范，仍处于摸索阶段，本意见仅对悬赏执行涉及的基本问题予以规定，在适用过程中应注意以下几点问题：

一、严格明确悬赏执行的适用范围

悬赏执行是法院通过司法手段完成司法任务的一种方式，依靠社会力量，通过走群众路线解决执行难问题，在很大程度上是申请执行人付出相应金钱代价促成案件执行，无形中解脱了执行人员，容易使其无法正确对待作为与不作为的界限，甚至对于难以执行的案件找到一个应付当事人的托词，导致执行人员懈怠。因此，在执行举报机制的设计中，应解决的首要问题是严格限定悬赏执行的适用范围，一般来说，被执行人失踪或下落不明，且无法查证被执行人财产状况的案件，以及被执行人转移财产或有隐匿转移财产嫌疑，且未在法院规定的期限内如实申报其财产状况的案件，才能在申请执行人申请的前提下，启动悬赏执行程序。同时，执行法院应对悬赏执行的辅助性作用有充分认识，它只是一种辅助的执行措施，绝不是万全之策，不可替代其他执行措施，不能减轻执行法院的执行任务，即便采取了悬赏措施，执行法院仍需积极采取其他执行措施，以收到相辅相成、事半功倍之效，更好地保护当事人合法权益。

二、悬赏执行中应顾及被执行人的隐私权问题

出于对赏金这种物质利益的追逐，举报人为了获得被执行人的有关信息，可能会千方百计地寻找线索，不排除可能会采用违法的方式，如监听、监视、跟踪等，这些行为不仅会严重侵犯被执行人的隐私权，影响其正常生活，还会因为悬赏执行的推行引发新的法律纠纷。为了防止上述情形，法院要在一定程度上限制举报人的行为，可以在悬赏公告中注明，举报人不得使用非法或不正当手段获取被执行人的财产线索，如果通过非法手段如非法拘禁、非法侵入他人住宅等方式获得被执行人的财产线索的，即使是真实的并具有可执行性，也不能领取赏金。

三、明确领取赏金的条件

首先，关于举报人的范围，为防止法院工作人员及家属在掌握相应执行财产信息后怠于执行的情况以及可能导致的司法腐败问题，在悬赏公告中应明确将法院工作人员及其近亲属排除在举报人之外。其次，举报的财产信息应不属于申请执行人已提供的、被执行人已申报的、人民法院或其他机关正在查封、冻结、扣押的范围，此类财产信息对执行不具有实质意义。第三，举报的财产信息必须是真实有效的，不能捕风捉影，排除虚假信息，而且须具有可执行性。最后，法律、法规及规范性文件对职业要求的规制不符合领取赏金的条件，如执行法官在执行活动中知悉的执行线索，瞒而不报而把线索透露给关系人，让关系人向法院提供线索的；银行工作人员利用工作之便向第三人泄露债务人银行账户；证券公司工作人员利用工作之便向第三人泄露债务人证券账户等，此类违反职业要求的行为，不符合领取赏金的条件。

四、对举报人的信息要加强保密，防止打击报复

保密是悬赏执行中最重要的操作守则，能提供真实线索，特别是有价值线索的举报人，通常是被执行人亲近或熟悉的人，对于提供被执行人财产信息的举报人而言，提供信息的最大顾虑和障碍是担心提供信息后受到报复，遭遇人身危险。如果举报人的人身安全无法得到保障，悬赏执行很难得到真正的贯彻执行，因此，作为发布公告和接收信息的人民法院有责任和义务做好保密工作，确保举报人的人身及财产的安全，尤其是对于举报人的资料，在未经本人同意的情况下，不得公之于众，真正发挥悬赏执行在解决执行难中的作用。

五、完善监督机制

任何涉及利益的工作，防止滋生腐败都是第一大要务。悬赏执行应当倡导社会各界积极参与，共同协助，同时亦应当加强协调与监督，完善机制。工商登记管理部门、房屋产权登记部门、税务部门、审计部门、国土资源管理部门等单位的工作人员在业务中发现被执行人财产线索的，应积极通过组织系统协助执行法院，而不应利用悬赏执行方式领取赏金，还包括上文中提到的银行、证券从业人员向第三人泄露被执行人信息的，也应通过制度设计予以排除。应当调动各方监督力量，避免国家工作人员利用权力，在悬赏执行机制中获取不正当利益，权力机关、纪检监察部门、检察机关、新闻媒体、

社会舆论和其他有关人员，都应参与到监督中来，对于悬赏执行中的违纪违法行为，必须做到严肃处理，使之承担相应的行政、民事甚至刑事法律责任，形成相应的法律责任梯度。

——江必新主编，最高人民法院执行局编：《最高人民法院执行司法解释、规范性文件理解与适用（2010~2013）》，中国法制出版社2014年版，第151~153页。

3. 财产控制

75.严格禁止超标的查封和乱查封

3. 合理选择执行财产。被执行人有多项财产可供执行的，人民法院应选择对被执行人生产生活影响较小且方便执行的财产执行。在不影响执行效率和效果的前提下，被执行人请求人民法院先执行某项财产的，应当准许；未准许的，应当有合理正当理由。

执行过程中，人民法院应当为被执行人及其扶养家属保留必需的生活费用。要严格按照中央有关产权保护的精神，严格区分企业法人财产与股东个人财产，严禁违法查封案外人财产，严禁对不得查封的财产采取执行措施，切实保护民营企业等企业法人、企业家和各类市场主体合法权益。要注意到，信托财产在信托存续期间独立于委托人、受托人各自的固有财产，并且受益人对信托财产享有的权利表现为信托受益权，信托财产并非受益人的责仕财产。因此，当事人因其与委托人、受托人或者受益人之间的纠纷申请对存管银行或信托公司专门账户中的信托资金采取保全或执行措施的，除符合《中华人民共和国信托法》第十七条规定的情形外，人民法院不应准许。

4. 严禁超标的查封。强制执行被执行人的财产，以其价值足以清偿生效法律文书确定的债权额为限，坚决杜绝明显超标的查封。冻结被执行人银行账户内存款的，应当明确具体冻结数额，不得影响冻结之外资金的流转和账户的使用。需要查封的不动产整体价值明显超出债权额的，应当对该不动产相应价值部分采取查封措施；相关部门以不动产登记在同一权利证书下为由提出不能办理分割查封的，人民法院在对不动产进行整体查封后，经被执行人申请，应当及时协调相关部门办理分割登记并解除对超标的部分的查封。相关部门无正当理由拒不协助办理分割登记和查封的，依照民事诉讼法第一百一十四条采取相应的处罚措施。

——《最高人民法院关于在执行工作中进一步强化善意文明执行理念的意见》(节选)(2019年12月16日，法发〔2019〕35号)。

一、关于超标的查封的界定

按照相关司法解释规定，查封财产以其价额足以清偿生效法律文书确定的债权额及执行费用为限，不得明显超标的查封。中央相关文件和最高人民法院也反复重申要严格禁止超标的查封和乱查封。但从实践来看，这一问题依然在一些法院不同程度存在。有的查封一项财产就足以清偿债务的而查封多项财产；有的只需冻结部分银行存款却要对账户进行整体冻结；有的可以对不动产相应价值部分进行查封，却采取了整体查封措施；有的应当采取"活封"措施的而进行"死封"。这些问题，损害了当事人和人民群众的合法权益，损害了人民法院的执行权威和司法公信力，也会对经济社会发展带来不利影响。对此，《最高人民法院关于在执行工作中进一步强化善意文明执行理念的意见》(以下简称《文明执行意见》)强调指出，人民法院要采取有效措施坚决纠正实践中出现的超标的查封、乱查封现象，畅通人民群众反映问题渠道，对有关线索实行"一案双查"，对不规范行为依法严肃处理，决不姑息。

值得注意的是，在执行案件中，由于债权额存在利息因素而不断增加，查封财产也可能会贬值或出现价格波动，甚至还存在流拍降价的风险，并且有些财产也很难准确估算出其价值。为保障申请执行人债权，执行人员在采取查封措施时，会适当多查封一些财产，这是很难避免的。尽管如此，执行人员也应当尽到合理注意义务，结合财产实际情况，通过网络大数据、了解市场行情、咨询专业人员等方式，最大限度确保查封财产价值与案件债权额大体相当，绝不能不分青红皂白，以计算不出财产价值或者财产可能会贬值为由，明显超标的查封被执行人财产。

二、关于不动产分割查封

关于不动产分割查封，最高人民法院出台的《关于人民法院办理财产保全案件若干问题的规定》第十五条第二款已有明确规定："可供保全的土地、房屋等不动产的整体价值明显高于保全裁定载明金额的，人民法院应当对该不动产的相应价值部分采取查封、扣押、冻结措施，但该不动产在使用上不可分或者分割会严重减损其价值的除外。"另外，最高人民法院之前下发的《关于在执行工作中规范执行行为切实保护各方当事人财产权益的通知》中，也明确要求如果登记在一个权利证书下的不动产价值超过应保全的数额，则应加强与国土部门的沟通、协商，对该不动产的相应价值部分采取保全措施，避免影响其他部分财产权益的正常行使。但实践中，上述规定落实的效果并不太理想，主要原因在于，一方面，有些执行人员认为分割登记属于相关部门的事情，与自身职责无关，没有动力去协调解决；另一方面，即使执行人员去积极协调，有的相关部门也依然以各种理由不予办理。《文明执行意见》第四条强调人民法院应当及时协调相关部门办理分割登记，是因为，虽然通常来讲分割登记的确不属于法院职责，但在整体查封构成明显超标的的情形下，协调有关部门办理分割登记和分割查封，是为民办实事解难忧的要求。总之，要使《关于人民法院办理财产保全案件若干问题的规定》第十五条的分割查封规定真正发挥作用，切实保障被执行人超出债权额部分的财产权益不受损害，需要人民法院和相关部门共同努力，形成工作合力，这是《文明执行意见》作此规定的主要目的。

在出台《文明执行意见》的新闻发布会上，人民法院通报了北京一中院分割登记和分割查封的一个典型案例。在这个案例中，被执行人的债务总额近5亿元，但其所有的一栋大楼价值约20亿元。法院对大楼整体查封后，经与登记部门沟通协调，进行了分割登记和分割查封，并由被执行人利用解除查封的楼层去融资，顺利清偿了本案债务，取得了非常好的效果。相反，如果法院将这栋价值20亿元的大楼整体拍卖，对于被执行人来说，显然将会有非常大的损失。法院在协调分割登记和分割查封过程中，的确需要耗费一定的时间和精力，但却能取得善意文明执行的良好社会效果。

需要注意的是，《文明执行意见》第四条主要针对实践中存在的突出问题确立价值导向并提出工作要求，其并未排除适用《关于人民法院办理财产保全案件若干问题的规定》第十五条第二款的除外条款。也就是说，如果查封的不动产在使用上的确不可分，比如查封被执行人名下一套两室一厅的商品房，虽然其价值超过执行债权额，但由于其在使用上的确不可分，人民法院也只能对其整体查封。

——刘贵祥：《严格把握财产查封、财产变现的法律界限为经济社会发展提供更加优质司法服务和保障》，载《人民法院报》2020 年 1 月 17 日。

76.财产查封中在建工程的变现

5.灵活采取查封措施。对能"活封"的财产，尽量不进行"死封"，使查封财产能够物尽其用，避免社会资源浪费。查封被执行企业厂房、机器设备等生产资料的，被执行人继续使用对该财产价值无重大影响的，可以允许其使用。对资金周转困难、暂时无力偿还债务的房地产开发企业，人民法院应按照下列情形分别处理：

（1）查封在建工程后，原则上应当允许被执行人继续建设。

（2）查封在建工程后，对其采取强制变价措施虽能实现执行债权人债权，但会明显贬损财产价值、对被执行人显失公平的，应积极促成双方当事人达成暂缓执行的和解协议，待工程完工后再行变价；无法达成和解协议，但被执行人提供相应担保并承诺在合理期限内完成建设的，可以暂缓采取强制变价措施。

（3）查封在建商品房或现房后，在确保能够控制相应价款的前提下，可以监督被执行人在一定期限内按照合理价格自行销售房屋。人民法院在确定期限时，应当明确具体的时间节点，避免期限过长影响执行效率、损害执行债权人合法权益。

——《最高人民法院关于在执行工作中进一步强化善意文明执行理念的意见》（节选）（2019 年 12 月 16 日，法发〔2019〕35 号）。

关于在建工程的变现。根据《最高人民法院关于在执行工作中进一步强化善意文明执行理念的意见》第 5 条的规定，对于一些资金周转困难、暂时无力偿还债务的房地产开发企业，人民法院查封其在建工程后，尽量促成双方当事人和解，给被执行人一定的缓冲期，让其把在建工程建起来，不仅能够最大限度实现申请执行人债权，而且也可以降低对被执行企业的不利影响。当然，如果房地产开发企业资金链完全断裂，已经没有挽救的可能，在建工程也无继续建设的可能，法院也只能拍卖这些在建工程。另外，如果法院查封的在建工程是商品房，已经取得了预售许可，也可以让被执行企业一边建设一边出售，法院在这一过程中只要控制住变卖款即可。

　　——刘贵祥：《严格把握财产查封、财产变现的法律界限为经济社会发展提供更加优质司法服务和保障》，载《人民法院报》2020 年 1 月 17 日。

77.被执行人提出超标的查封异议的处理

　　在采取查冻扣措施时注意把握执行政策。查封、扣押、冻结财产要严格遵守相应的适用条件与法定程序，坚决杜绝超范围、超标的查封、扣押、冻结财产，对银行账户内资金采取冻结措施的，应当明确具体冻结数额；对土地、房屋等不动产保全查封时，如果登记在一个权利证书下的不动产价值超过应保全的数额，则应加强与国土部门的沟通、协商，尽量仅对该不动产的相应价值部分采取保全措施，避免影响其他部分财产权益的正常行使。

　　在采取具体执行措施时，要注意把握执行政策，尽量寻求依法平等保护各方利益的平衡点：对能采取"活封""活扣"措施的，尽量不"死封""死扣"，使保全财产继续发挥其财产价值，防止减损当事人利益，如对厂房、机器设备等生产经营性财产进行保全时，指定被保全人保管的，应当允许其继续使用；对车辆进行查封，可考虑与交管部门建立协助执行机制，以在车辆行驶证上加注查封标记的方式进行，既可防止被查封车辆被擅自转让，也能让车辆继续使用，避免"死封"带来的价值贬损及高昂停车费用。对有多种财产并存的，尽量优先采取方便执行且对当事人生产经营影响较小的执行措施。在不损害债权人利益前提下，允许被执行人在法院监督下处置财产，尽可能保全财产市场价值。在条件允许的情况下可以为企业预留必要的流动资金和往来账户，最大限度降低对企业正常生产经营活动的不利影响。对符合法定情形的，应当在法定期限内及时解除保全措施，避免因拖延解保给被保全人带来财产损失。《最高人民法院关于人民法院办理财产保全案件若干问题的规定》即将正式施行，各级人民法院要在执行工作中认真贯彻落实。

——《最高人民法院关于在执行工作中规范执行行为切实保护各方当事人财产权益的通知》(节选)(法〔2016〕401 号)。

455.【明显超标的查封的禁止】

查封、扣押、冻结被执行人的财产，以其价额足以清偿法律文书确定的债权额及执行费用为限，不得明显超标的额查封、扣押、冻结。冻结被执行人银行账户内存款的，应当明确具体冻结数额，不得影响冻结之外资金的流转和账户的使用。需要查封的不动产整体价值明显超出债权额的，应当对该不动产相应价值部分采取查封措施；相关部门以不动产登记在同一权利证书下为由提出不能办理分割查封的，人民法院在对不动产进行整体查封后，经被执行人申请，应当及时协调相关部门办理分割登记并解除对超标的部分的查封。相关部门无正当理由拒不协助办理分割登记和查封的，依照《民事诉讼法》第一百一十七条采取相应的处罚措施。

发现超标的额查封、扣押、冻结的，人民法院应当根据被执行人的申请或者依职权，及时解除对超标的额部分财产的查封、扣押、冻结，但该财产为不可分物且被执行人无其他可供执行的财产或者其他财产不足以清偿债务的除外。

——最高人民法院执行局编：《人民法院办理执行案件规范（第二版）》，人民法院出版社 2022 年版，第 201 页。

78.对环境治理恢复保证金可先发出协助执行通知，待保证金符合返还条件时再予执行

贵州省高级人民法院：

你院（2017）黔执他 3 号《关于矿山地质灾害和地质环境治理恢复保证金能否作为执行标的的请示》收悉。经研究，答复如下：

原则同意你院审判委员会多数意见。设立矿山地质环境治理恢复保证金，是为了确保有充足资金用于治理恢复因矿产资源勘察开采活动造成的矿山地质环境破坏，以促进矿产资源的合理开发利用和经济社会、资源环境的协调

发展。矿山地质环境治理恢复保证金虽为企业所有，但应当遵循政府监管、专款专用的原则，只有在符合法定条件时，才可以返还采矿权人。在返还之前，采矿权人对保证金的使用受到严格限制，缺乏自主处分权利。人民法院在执行以采矿权人为被执行人的案件中，可向有关单位发出协助执行通知书，先对保证金采取查控措施，待保证金符合返还条件时再予执行。

——《最高人民法院关于矿山地质灾害和地质环境治理恢复保证金能否作为执行标的的答复》〔2018 年 9 月 30 日，（2018）最高法执他 11 号〕。

甲起诉乙煤业公司股权转让纠纷案中，执行法院追加丙矿业公司为被执行人，并作出裁定冻结并扣划丙矿业公司下属煤矿按当地国土资源局要求缴存的矿山地质环境治理恢复保证金（以下简称环境治理恢复保证金）。当地法院就环境治理恢复保证金能否执行的问题，请示最高人民法院。

——《关于矿山地质环境治理恢复保证金能否执行的问题（最高人民法院执行局法官会议纪要）》，载最高人民法院执行局编：《执行工作指导》2020 年第 1 辑（总第 73 辑），人民法院出版社 2020 年版，第 1~6 页。

79.人民法院在执行程序中能否查封被执行人拥有的药品批准文号

安徽省高级人民法院：

你院〔2009〕皖执复字第 0022 号《关于人民法院在执行程序中能否查封被执行人拥有的药品批准文号的请示报告》收悉。经研究，答复如下：

原则同意你院第二种少数人意见。药品批准文号系药品监督管理部门准许企业生产的合法标志，该批准文号受行政许可法的调整，本身不具有财产价值。因此，人民法院在执行中对药品批准文号不应进行查封。

——《最高人民法院关于人民法院在执行程序中能否查封被执行人拥有的药品批准文号的请示的答复》（2010 年 6 月 10 日，〔2010〕执他字第 2 号），载江必新主编：《人民法院执行工作规范全集》，人民法院出版社 2017 年版，第 387 页。

最高人民法院执行局承办该请示，征求了最高人民法院民三庭的意见。

结论为同意安徽省高级人民法院少数人意见。认为：药品批准文号系国家药品监督管理部门准许企业生产的合法标志，该批准文号受《行政许可法》的调整，本身不具有财产价值。因此，人民法院在执行中对药品批准文号不应进行查封。

1. 药品批准文号的属性。从《药品管理法》第 31 条"生产新药或者已有国家标准的药品的，须经国务院药品监督管理部门批准，并发给药品批准文号"及相关规定来看，颁发药品批准文号是一种行政许可行为。其与药品生产许可证、经营许可证、合格证、专利技术所有权等，共同使用，构成了药品生产企业的无形资产。药品批准文号具有行政许可的意义，依附于企业本身，不是财产权，法院不应查封。法院查封的应该是能处分的财产。

其次，《行政许可法》第 9 条规定："依法取得的行政许可，除法律、法规规定依照法定条件和程序可以转让的外，不得转让。"《药品管理法》第 82 条规定："伪造、变造、买卖、出租、出借许可证或者药品批准证明文件的，没收违法所得，并处违法所得一倍以上三倍以下的罚款；没有违法所得的，处二万元以上十万元以下的罚款；情节严重的，并吊销卖方、出租方、出借方的《药品生产许可证》《药品经营许可证》《医疗机构制剂许可证》或者撤销药品批准证明文件；构成犯罪的，依法追究刑事责任。"从以上相关法律规定来看，药品批准文号是禁止转让的。药品批准文号系国家药品监督管理部门准许企业生产的合法标志，其本身并没有财产价值，且文号依法不得转让，因药品批准文号与药品生产技术方案具有唯一对应的关系，若在专利侵权案件中若判令被告停止侵犯专利权的行为，可以通过撤销该药品批准文号的方式实现。

2. 药品批准文号与类似权利的区别。药品批准文号与采矿权、探矿权等财产权有共同点，但其性质不同于采矿权、探矿权等权利。采矿权等取得要支付价款，是可以转让的权利。而药品批准文号是企业的无形资产，其不同于无形财产，不能转让。

3. 从查封的目的来看，查封的目的是变现或者转化为财产形态。执行对象应该是有财产价值的财产。而药品批准文号目前在实践中无法评估，无法变现。若被执行人无其他财产可供执行，在此情况下查封该无法在流通领域变现的无形资产，实际意义不大。

4.从查封的效力来看，如果执行标的不能转让，不能控制，查封就没有意义，且执行程序不应当侵犯行政许可权。

——刘丽芳：《人民法院在执行程序中能否查封药品批准文号的请示与答复》，载江必新主编，最高人民法院执行局编：《执行工作指导》2010年第4辑（总第36辑），人民法院出版社2011年版，第135~138页。

80.不动产查封裁定的效力与善意第三人的保护

查封作为一种保全措施，具有限制被查封人处分权的效力。人民法院作出的查封裁定一经送达当事人就产生法律效力，被查封的当事人其后所为的任何处分行为均构成无权处分，原则上不能产生预期的法律后果。但查封裁定生效后，并不当然具有对抗善意第三人的效力，除非已经完成了查封公示。就不动产查封的公示方法而言，原则上应当通过办理查封登记的方式进行公示，只有在不动产本身并未登记产权的情况下，才能通过张贴封条、公告等方式进行公示。因此，查封裁定生效但未完成查封公示，被查封人处分被查封财产，构成善意取得的，相对人仍可依法取得物权，从而排除对该标的物的执行。

——《不动产查封裁定的效力与善意第三人的保护》，载贺小荣主编：《最高人民法院民事审判第二庭法官会议纪要——追寻裁判背后的法理》，人民法院出版社2018年版，第41~42页。

81.合同解除对预查封执行效力的影响

房屋预告登记保全的是预告登记权利人未来请求实现不动产物权的权利，是对预告登记期间预告登记义务人处分房屋效力的排斥。预查封的效力实为冻结不动产物权登记簿的登记，以限制预告登记人未来对标的物的处分。通过预查封固定的是预告登记本身以及本登记完成之后对房屋的查封，不包括通过执行程序对标的物进行拍卖、变卖、折价等。预查封的执行效果取决于预告登记能否符合本登记的条件。房屋买卖合同解除后，房屋买受人不再享有相应的物权期待权，预告登记的效力消灭。房屋出卖人有权向人民法院申请解除预查封，排除执行。

附：案情简介

案外人 A 公司系房地产开发企业，被执行人甲于 2014 年向其购买案涉 A 公司开发的商品房一套，付款方式为银行按揭贷款。相关合同约定，如甲不能按时偿还银行贷款导致银行要求 A 公司承担保证责任，则甲构成根本违约，A 公司享有合同解除权，并要求甲赔偿相应损失。2015 年 1 月，甲取得房屋预告登记证书。2015 年 7 月，甲开始逾期未偿还银行贷款。银行于 2017 年 1 月以书面形式通知 A 公司依照前述合同承担连带还款责任并提起诉讼，A 公司于 2018 年 2 月根据该案生效判决向银行偿还了剩余贷款及相应利息、违约金等。2017 年 3 月，A 公司提起仲裁，要求解除房屋买卖合同。仲裁机构裁决解除商品房买卖合同。

另案生效判决确认申请执行人 B 公司对甲享有债权，B 公司据此向法院申请强制执行，法院于 2015 年 4 月对前述预告登记在甲名下的案涉房产进行了预查封。A 公司于 2017 年 3 月向法院提出执行异议，被驳回后提起执行异议之诉，请求解除预查封。

——《合同解除对预查封执行效力的影响（最高人民法院第二巡回法庭 2019 年第 15 次法官会议纪要）》，载贺小荣主编：《最高人民法院第二巡回法庭法官会议纪要》（第一辑），人民法院出版社 2019 年版，第 175~176 页。

4. 财产变价

82.优先受偿权人放弃以物抵债，顺位在后债权人接受以物抵债，如何计算后位债权人应受清偿的债权金额

执行程序中，某一被执行人涉及多个执行依据，存在多位债权人等待受偿的情况较为普遍。在被执行人财产不足以清偿所有债权时，如何确定各位债权人之间的受偿顺序，直接关系每位债权人实体权益的实现。从法律规定来看，法定优先受偿权和抵押权等权利优先于一般债权受偿并无争议。但在拍卖、变卖不成，进入以物抵债环节，享有优先权的债权人明确表示不同意

以物抵债的情况下，一般债权人是否可以通过同意以物抵债获得优先受偿的资格，从而仅需补交流拍价与自身债权的差额即可。对该问题的理解应从现有法律规范出发，探寻执行中以物抵债的性质和分配顺序问题。

一、民事执行程序中以物抵债的性质

《最高人民法院关于适用〈中华人民共和国民事诉讼法〉的解释》《以下简称《民事诉讼法解释》）第四百八十九条、第四百九十条规定了执行程序中的两种以物抵债方式：当事人合意以物抵债与法院裁定以物抵债；合意以物抵债可以不经拍卖、变卖程序直接进行抵债；而裁定以物抵债主要出现在执行财产拍卖、变卖不成之后，经申请执行人同意，人民法院将该项财产作价后交付申请执行人抵偿债务。本案涉及的是第二种即裁定以物抵债。

关于裁定以物抵债的性质。《最高人民法院关于人民法院民事执行中拍卖、变卖财产的规定》（以下简称《拍卖、变卖规定》）第十六条、第二十三条至第二十五条规定，"一拍"流拍后债权人可以选择接受以物抵债，如果不接受，则财产进入"二拍"。"二拍"流拍后，债权人仍可以选择接受以物抵债，如果不接受，则根据财产性质确定是进入"三拍"或者退还被执行人。由此可见，裁定以物抵债与拍卖、变卖之间可以相互转化，以物抵债不成的，财产仍可能回到拍卖或者变卖程序，因此，裁定以物抵债与拍卖变卖一样，都属于对被执行人财产强制变价的执行措施，目的是最大限度实现债权人的权益。以物抵债的本质，相当于以流拍的财产保留价购买执行标的，只不过作为申请执行人可以在应受清偿的债权范围内与流拍的保留价进行抵销。

二、执行中多个债权人申请执行同一被执行人的清偿顺序

《最高人民法院关于人民法院执行工作若干问题的规定（试行）》（2020年修正）第五十五条（原第八十八条）确定了关于清偿顺序的三种处理原则：第一款规定多个债权人均具有金钱给付内容的债权，且对执行标的均无担保物权的，按照执行法院采取执行措施的先后顺序受偿，即适用优先主义原则；第二款规定债权人的债权种类不同的，基于所有权和担保物权而享有的债权优先于金钱债权受偿，有多个担保物权的，按照各担保物权成立的先后顺序清偿。第三款规定一份生效法律文书确定金钱给付内容的多个债权人申请执行，执行财产不足以清偿债务，各债权人对执行标的物均无担保物权的，按照各债权数额比例受偿，即平等主义原则。不过该款规定应结合《民事诉讼

法解释》第五百零八条、第五百一十条，在区分被执行人为自然人、其他组织还是企业法人两种情况下，予以理解。第五百零八条规定了被执行人为自然人或其他组织的适用参与分配程序，按照平等主义原则，普通债权人按照债权数额比例受偿；第五百十三条则规定了被执行人为企业法人的执行转破产程序。

从本案来看，三个债权人的债权种类不同。丙公司对案涉房地产享有抵押权；丁公司对案涉房地产享有建设工程优先受偿权；而甲公司享有的则是一般金钱债权。因此，在受偿顺序上，并不适用多位普通债权人平等受偿或者按照查封顺序优先受偿的原则，而是应该根据实体法上的债权种类，确定债权清偿顺序。由于丙公司享有的是担保物权，丁公司享有的是法律规定的建设工程优先受偿权，均优先于甲公司的普通债权，因此甲公司的受偿顺序应在丁公司和丙公司之后。

三、人民法院裁定以物抵债能否改变各债权人之间的法定受偿顺序

有观点认为，甲公司法定受偿顺序虽然居后，但因司法拍卖、变卖不成，进入以物抵债程序，由于优先权人丙、丁公司不同意以物抵债，应视为其放弃了这一轮的优先受偿，甲公司从而获得就该财产优先受偿的资格。我们认为，这一理由是不成立的，原因如下：

（一）以物抵债顺位的改变并不导致法定受偿顺序的改变

优先受偿权是实体法规定，解决的是多个债权人之间的受偿顺序问题；拍卖、变卖、以物抵债等执行措施是程序法规定，解决的是财产处置分配的具体程序问题。执行措施不能对债权的清偿顺序产生影响。根据《拍卖变卖规定》第十六条第二款规定，有两个以上执行债权人申请以拍卖财产抵债的，由法定受偿顺位在先的债权人优先承受；受偿顺位相同的，以抽签方式决定承受人。此条款明确的是案涉财产承受主体顺位问题，即有两个以上执行债权人均申请以拍卖财产抵债的，该流拍财产归属的顺序问题，受偿顺序在后的债权人可以因前位债权人未接受财产抵债，从而获得购买该财产的资格。但如前所述，以物抵债程序同拍卖、变卖一样，本身只是一种执行变价措施，而根据《民事诉讼法解释》第五百零八条的规定，执行法院就执行变价所得财产，应先扣除执行费用及清偿优先受偿的债权后，再就普通债权按照财产保全和执行中查封的先后顺序清偿。强制执行变价措施并不对多个执行债权

的清偿顺序产生影响。因此，虽然甲公司获得了购买案涉房产的第一顺位资格，但不会对该房产上原有的多个债权的清偿顺序产生影响。各债权的清偿顺序仍应按照法律的相关规定。

（二）对放弃以物抵债的理解

本案中，前位债权人放弃接受财产抵债，只是不愿意接受这一变价措施，并不意味着其放弃对流拍财产变价所得优先受偿的权利。《民法典》第三百九十三条规定了四种会造成担保物权消灭的事由，其中之一是债权人放弃担保物权。但对担保物权或者其他法定优先权的放弃必然需要权利人通过明示方式作出。在优先受偿权人未明示放弃其优先权、担保物权尚未实现，且主债权亦未消灭的情况下，担保物权等优先权仍然有效存在，认为放弃以物抵债即放弃优先受偿权，并无法律依据。接受抵债的债权人即承受人不会因接受以物抵债获得优先于其他债权人就抵债财产变现后的价值受偿的地位。

四、关于应受清偿债权额的计算

《拍卖变卖规定》第十六条第二款规定："承受人应受清偿的债权额低于抵债财产的价额的，人民法院应当责令其在指定的期间内补交差额。"实践中，对承受人应受清偿的债权额的范围存在不同理解。有观点认为，承受人应受清偿的债权额为其生效法律文书确认的债权金额。我们认为，这种理解是不准确的。首先，从法条本身来看，规定已经明确是以"承受人应受清偿的债权额"计算补交差额，而不是"承受人的债权额"。其次，因以物抵债相当于以流拍的财产保留价购买执行标的，只不过作为申请执行人可以在应受清偿的债权范围内与流拍的保留价进行抵消。因此，在存在多个债权人的情形下，执行法院应当按照法定顺位计算多个债权人各自应受清偿金额，而不是将流拍财产直接交由接受抵债的执行债权人受偿自身债权。

在存在优先受偿权与普通债权的情况下，如果优先受偿权人接受抵债的，则应在优先受偿权金额内先行受偿，如抵债财物价值超过优先受偿权的，则优先受偿权人需补交差额。如果优先受偿权人放弃以物抵债，普通债权人申请以物抵债，则必须先行支付优先受偿权人的债权金额。如果优先受偿债权数额已经超过抵债财物的流拍价格，即财产的执行变价所得尚不足以清偿优先受偿的债权，则因为普通债权人无法从流拍财产变价所得中接受清偿，其应受清偿的债权额为零。因此，其应按照变卖的流拍价全价进行购买。

——刘慧卓、邵夏虹：《优先受偿权人放弃以物抵债，顺位在后债权人接受以物抵债，如何计算后位债权人应受清偿的债权金额》，载最高人民法院执行局编：《执行工作指导》2023年第1辑（总第81辑），人民法院出版社2023年版，第19页。

83.执行程序中竞买人迟延交付部分保证金的，拍卖的效力如何确定

湖北省高级人民法院：

你院（2017）鄂执复112号《关于胡某某申请执行复议一案的请示报告》收悉。经研究，提出以下意见：

关于竞买人迟延交付部分保证金后又悔拍的，拍卖的效力如何确定的问题。执行程序中竞买人迟延交付部分保证金的，并不能当然否定竞拍资格及拍卖效力。你院应当围绕竞买人迟延缴纳部分竞买保证金是否损害当事人、其他竞买人合法权益，是否明显影响公平竞价及充分竞价等因素综合判断本案第一次拍卖效力。

——《最高人民法院关于竞买人迟延交付部分保证金是否影响拍卖效力的答复》[2020年3月31日，（2019）最高法执他5号]。

执行程序中竞买人迟延交付部分保证金的，并不能当然否定拍卖效力。相关法院应当围绕竞买人迟延缴纳部分竞买保证金是否损害当事人、其他竞买人利益，是否明显影响公平竞价及充分竞价等因素综合来判断本案第一次拍卖效力。

执行法院在执行某民间借贷纠纷案中通过产权交易所拍卖被执行人持有的股权。拍卖公告载明竞买保证金为200万元，有意竞买者应在5月3日16时（到账为准）前将保证金缴纳至指定账户，并于当日17时（法定工作时间）前到产权交易所办理竞买登记手续，取得竞买资格，逾期不予办理。5月3日，竞买人甲向该院指定账户汇入两笔资金，第一笔50万元到账时间为该日15时46分53秒，第二笔150万元到账时间为该日16时13分1秒。因甲汇入150万元的到账时间超过拍卖公告规定的保证金到账时间，产权交易所不予办理报名登记手续。甲指出拍卖公告中没有强调要全额缴纳保证金并要

求办理登记手续。产权交易所请示执行法院后于 4 日为甲办理了报名登记手续。同日，甲竞得股权并在拍卖成交确认书上签字。后因甲未在竞买协议约定期限内支付竞拍款，产权交易所向甲送达催款函，要求其在期限内交清余款，否则追究其法律责任。甲仍未履行，执行法院遂重新拍卖案涉股权，乙竞买成功。执行法院通知甲，其缴纳的保证金不予返还。甲以其因迟延交付部分保证金而不具备竞买资格等理由提出执行异议，请求撤销第一次拍卖。

当地法院就竞买人迟延交付部分保证金又悔拍，该拍卖应否撤销的问题请示最高人民法院。

——《竞买人迟延交付部分保证金后又悔拍的，拍卖效力如何认定的问题（最高人民法院执行局法官会议纪要）》，载最高人民法院执行局编：《执行工作指导》2020 年第 2 辑（总第 74 辑），人民法院出版社 2021 年版，第 46~50 页。

84.网络司法拍卖公告发布途径的认定

《最高人民法院关于人民法院网络司法拍卖若干问题的规定》第十二条第一款规定"法定途径"发布，主要考虑股权等特殊财产的拍卖，对此类财产拍卖前，人民法院除通过网络司法拍卖平台发布拍卖公告外，还应通过报纸等"法定途径"发布。如拍卖标的并非股权等特殊财产，则人民法院除通过网络司法拍卖平台发布拍卖公告外，无须同时另行通过报纸等"法定途径"发布。

A 法院在执行甲银行与乙公司等借款合同纠纷一案中，委托评估机构对乙公司名下土地使用权及房产进行了评估。在乙公司以评估价格过低为由对评估报告提出异议，并由评估机构作出答复后，A 法院在网络司法拍卖平台发布拍卖公告，对乙公司名下土地使用权和房产组织拍卖，丙以最高价竞得。A 法院出具拍卖裁定，裁定乙公司名下土地使用权及房产相应权利归丙所有，丙可持拍卖裁定到登记机构办理产权过户登记手续等。此后，因乙公司对 A 法院网络司法拍卖及相关行为提出异议，案经三级法院执行异议、复议和监督程序审查，最终 C 法院作出执行监督裁定，认为 A 法院网络司法拍卖公告发布程序不违反法律规定，遂裁定撤销 B 法院复议裁定，维持 A 法院异议裁定和拍卖裁定。乙公司不服 C 法院执行监督裁定，向最高人民法院申请执行监督。

——《网络司法拍卖中拍卖公告发布途径的认定（最高人民法院执行局法官会议纪要）》，载最高人民法院执行局编：《执行工作指导》2020 年第 3 辑（总第 75 辑），人民法院出版社 2020 年版。

85.漏拍不可分财产的效力问题

542.【合并拍卖】

拍卖的多项财产在使用上不可分，或者分别拍卖可能严重减损其价值的，应当合并拍卖。

——最高人民法院执行局编：《人民法院办理执行案件规范（第二版）》，人民法院出版社 2022 年版，第 236 页。

根据《最高人民法院关于人民法院民事执行中拍卖、变卖财产的规定》第 18 条[①]的规定，如果拍卖的多项财产在使用上不可分，或者分别拍卖可能严重减损其价值的，应当合并拍卖。例如，在拍卖土地时，应当对其上的房产、树木、道路一并拍卖。但是，如果在拍卖过程中，由于人民法院的疏忽或者当事人的隐瞒，造成漏拍不可分物时，是否要撤销拍卖后重新拍卖？由于《城市房地产管理法》明确规定了"房随地走"或者"地随房走"原则，对于不动产拍卖出现漏拍的处理，意见较为一致，即如果在拍卖土地时漏拍其上的房屋或者在拍卖房屋时漏拍其占用范围内的土地，应当撤销拍卖。对此，最高人民法院于 2014 年 10 月 23 日在答复山东省高级人民法院的（2014）执他字第 7 号函予以明确：根据《物权法》第 147 条[②]、《城市房地产管理法》第 32 条的相关规定，在执行被执行人所有的不动产时，应当遵循"房随地走、地随房走"原则，土地使用权与房产所有权应当一并处置。本案中，青岛市中级人民法院在未查明涉案房屋占用范围内土地使用权的情况下

---

① 现为《最高人民法院关于人民法院民事执行中拍卖、变卖财产的规定》（2020 年修正）第 15 条。

② 对应《民法典》第三百五十七条。

裁定将该房屋单独拍卖，不符合上述法律规定，故相关拍卖成交裁定依法应予撤销。对于其他不可分财产，例如树木、固定的机器设备等，则意见并不一致。有的主张应当撤销后重新拍卖；有的则主张，可以由买受人按照评估价补缴差价。我们认为，应根据漏拍的财产占拍定的价格比例而定，如漏拍财产占拍定财产超过一定比例，说明漏拍财产过多，会导致拍卖目的不能实现，应当撤销拍卖后重新拍卖；如果没有超过一定比例，则应当由买受人补缴差价款，买受人拒不补缴的，可以撤销拍卖。综合考虑实践中的情况，这个比例以 30% 为宜。但是，如果漏拍的原因是被执行人造成的，人民法院虽经依职权调查仍无法发现的，例如，隐蔽的内网工程则不应撤销拍卖，只需买受人按照评估价格补缴差价即可。

——江必新、刘贵祥主编，最高人民法院执行局编著：《最高人民法院办理执行异议和复议案件若干问题规定理解与适用》，人民法院出版社 2015 年版，第 286~287 页。

5. 参与分配

86.多个债权人申请执行同一被执行人时清偿顺序的处理原则

二、关于多个债权人申请执行同一被执行人的清偿顺序问题

根据 2020 年 12 月 23 日最高人民法院审判委员会第 1823 次会议通过的《最高人民法院关于修改〈最高人民法院关于人民法院扣押铁路运输货物若干问题的规定〉等十八件执行类司法解释的决定》，为避免条文重复，删去了《执行工作若干问题的规定》原第八十九条、第九十条、第九十二条至第九十六条的规定，但保留了《执行工作若干问题的规定》第五十五条（原第八十八条）规定。第五十五条的三款条文确定了关于清偿顺序的三种处理原则：第一款规定多个债权人均具有金钱给付内容的债权，且对执行标的物均无担保物权的，按照执行法院采取执行措施的先后顺序受偿，即适用优先主义原则；第二款规定债权人的债权种类不同的，基于所有权和担保物权而享有的

债权优先于金钱债权受偿，有多个担保物权的，按照各担保物权成立的先后顺序清偿；第三款规定一份生效法律文书确定金钱给付内容的多个债权人申请执行，执行财产不足以清偿债务，各债权人对执行标的物均无担保物权的，按照各债权数额比例受偿，即平等主义原则。《最高人民法院关于适用〈中华人民共和国民事诉讼法〉的解释》（以下简称《民诉法司法解释》）则是对于被执行人的财产不足以清偿全部债务时的处理原则进一步予以明确，第五百零八条、第五百一十条规定了被执行人为公民或其他组织的适用参与分配程序，按照平等主义原则，普通债权人按照债权数额比例受偿；第五百一十三条规定了被执行人为企业法人的执行转破产程序。上述《执行工作若干问题的规定》的规定系为执行程序中的一般规则，而非适用于被执行人资不抵债、申请执行人参与分配或执行转破产的情形，该部分规定与《民诉法司法解释》的相关规定并不冲突，共同构成了对于多个债权人申请执行同一被执行人的清偿顺序问题的体系化规定。

——《关于"对〈民事诉讼法〉司法解释疑问"的回复》，最高人民法院院长信箱，www.court.gov.cn。

87.被执行人财产经拍卖已处置变现情况下其他债权人申请参与分配的时间截止问题

根据《最高人民法院关于适用〈中华人民共和国民事诉讼法〉的解释》（以下简称《民诉法司法解释》），被执行人的其他已经取得执行依据的债权人发现被执行人的财产不能清偿所有债权的，可以向人民法院申请参与分配，于被执行人的财产执行终结前提出。本案中，被执行人的房产虽已过户，但拍卖案款尚未发放，仍在法院账户内，属于被执行人的财产，债权未得到清偿。执行法院下一步对案款的分配仍是执行的一个阶段，执行尚未终结。因此，其他债权人在案款分配之前提出参与分配的申请，并未逾期。

附：案情简介

被执行人甲的房产已经拍卖并过户，但拍卖案款尚未发放。另案债权人乙向执行法院就尚未分配的拍卖案款申请参与分配。执行法院以另案债权人乙申请时间逾期，驳回乙的申请。乙提出异议。经执行异议复议程序，乙不服复议裁定，向最高人民法院申请监督。

——《被执行人财产经拍卖已处置变现情况下其他债权人申请参与分配的时间截止问题（最高人民法院执行局专业法官会议纪要）》，载最高人民法院执行局编：《执行工作指导》2021 年第 1 辑（总第 77 辑），人民法院出版社 2021 年版，第 1~5 页。

88.房产拍卖流拍后，申请执行人接受以物抵债，如果存在其他参与分配的债权人，应如何处理

甲公司、赵某与乙公司、闫某等民间借贷纠纷执行监督案［最高人民法院（2018）最高法执监 848、847、845 号执行裁定书］

裁判要旨： 在审查当事人、利害关系人对以物抵债裁定提出异议是否超过期限时，参照适用《最高人民法院关于对人民法院终结执行行为提出执行异议期限问题的批复》对终结执行行为提出异议的期限规定。执行法院应按照原申请执行人依据相应债权申请查封的顺序确定受偿顺序。法院即使对未进行查封登记的地上建筑物或土地使用权查封登记，也只能认定为轮候查封。

最高人民法院认为，关于以物抵债裁定是否损害查封顺位在先的其他债权人利益的问题执行法院虽将春某、贾某的案件与陈某、郭某的案件合并执行，但仍应按照春某、贾某、陈某。郭某依据相应债权申请查封的顺序确定受偿顺序因甲公司受让了贾某、春某及陈某、郭某债权，河南省平顶山市中级人民法院裁定将全部涉案财产抵债给甲公司，实质上是将查封顺位在后的原贾某、春某债权受偿顺序提前，影响了在先轮候查封的债权人的合法权益

关于以物抵债裁定是否会导致土地与房产权属不一致的问题。《物权法》①确立了土地使用权与地上建筑物、构筑物及附属设施一体化处理原则，人民法院在执行程序中处置相关财产时，也应遵循这一原则，将土地使用权与地上建筑物、构筑物一并处分。河南省高级人民法院认为河南省平顶山市中级人民法院所作以物抵债裁定将导致未抵债给甲公司的部分建筑物的产权人与该建筑物所占用范围内的土地使用权人不一致的情况，并无不当。

在整体拍卖流拍后以整体抵债，才符合以物抵债规定的精神。若以其中

---

① 现为《民法典》物权编。

部分财产抵债，则会导致所抵债部分财产与原拍卖标的物不同。本案执行法院对案涉财产进行了整体拍卖，甲公司关于就不存在撤销理由的部分财产抵债的意见，不予采纳。综上，裁定驳回甲公司的申诉请求。

——中国裁判文书网。

（一）执行竞合时受偿顺位确立原则

关于受偿顺位，解决的是执行程序中产生的竞合问题。在几个金钱给付债权人对同一被执行人申请执行，或者对同一财产申请执行时会产生执行竞合，需要明确债权人之间的受偿顺位，是债权人平等受偿还是按其他规则确定受偿先后顺序。在金钱给付债权人与物的交付等非金钱给付权利人或者几个非金钱给付权利人都要求执行同一财产的情形下，都会产生执行竞合问题。

在执行竞合情形下，各国对受偿顺位的规定不尽相同。就金钱给付债权竞合而言，不论被执行人是自然人还是法人，一般用参与分配程序解决受偿问题。针对确定受偿顺位的方式不同，大体分为平等主义、优先主义及折中主义。德国采取优先主义。其理论基础是认为债权人在扣押物上取得质权，扣押在先所生的质权优先于扣押在后所生的质权。日本和法国采用平等主义，债权人根据其债权数额所占全部债权的比例，平均受偿。其理论基础是认为债务人的财产是其全体债权人的共同担保。折中主义是指债务人的财产不足以清偿债权时，申请执行的债权人与一定期限内参与分配的债权人，成为一个团体，以债权的数额比例平均受偿，并优先于该期限后申请参与分配的债权人。

我国法律和司法解释对执行竞合的处理方式主要有两种。一般情况下，采取优先主义。《最高人民法院关于人民法院执行工作若干问题的规定（试行）》第八十八条[①]第一款规定，多个债权人对同一被执行人申请执行，各债权人对执行标的物均无担保物权的，按照执行法院采取执行措施的先后顺序受偿。优先主义的优点之一在于促使当事人积极主动行使权利，而不是坐等分享他人维权的结果，优点之二在于有利于快速推动执行程序，不会因不断

[①] 现为《最高人民法院关于人民法院执行工作若干问题的规定（试行）》（2020年修正）第55条。

有人主张参与分配而拖延执行程序。优先主义的前提一般是被执行人的财产足以清偿债权人的债权，但被执行人财产是其债务的总担保，当财产不足时，如果仍然一律采取优先主义，就与债权平等原则相违背。因此，在法人财产不足以清偿债务时，有破产制度确保债权平等受偿。而在被执行人为非法人且其财产不足以清偿的情形下，由于没有破产制度确保当事人平等受偿，因此，债权人可以通过参与分配程序获得平等受偿。

（二）确定不动产查封、受偿顺序的具体方法

由于一般情况下按照执行法院采取执行措施的先后顺序确定受偿顺序，因此，确定执行措施采取的顺序尤为重要，其中争议较多的是不动产查封顺序问题。有人认为，土地和房屋的查封顺序要分别确定。其依据为《最高人民法院关于人民法院民事执行中查封、扣押、冻结财产的规定》（以下简称《查扣冻规定》）第九条①第二款"查封已登记的不动产，应当通知有关登记机关办理登记手续。未办理登记手续的，不得对抗其他已经办理登记手续的查封行为"的规定，和第二十三条②第二款"地上建筑物和土地使用权的登记机关不是同一机关的，应当分别办理查封登记"的规定。本案申诉人也是这种观点，其认为陈某、郭某是第一、二顺位的查封申请人，春某、贾某对建筑物、构筑物的查封属第一、二顺位。本案事实是，贾某虽申请执行法院对案涉土地 B29 地块运营商总部办公楼采取了查封措施，但该建筑占用范围内的土地使用权此前已被其他案件执行法院查封。

最高人民法院此前在相关案件中，对查封顺序确定原则也有过明确意见。最高人民法院（2016）最高法执监 204 号执行裁定书中表述道：《查扣冻规定》第二十三条第一款规定："查封地上建筑物的效力及于该地上建筑物使用范围内的土地使用权，查封土地使用权的效力及于地上建筑物，但土地使用权与地上建筑物的所有权分属被执行人与他人的除外。"虽然该条第二款同时规定，"地上建筑物和土地使用权的登记机关不是同一机关的，应当分别办理查封登记"，但其目的是要求执行法院完善执行措施，进行充分公示，未分别

---

① 现为《最高人民法院关于人民法院民事执行中查封、扣押、冻结财产的规定》（2020 年修正）第七条。

② 现为《最高人民法院关于人民法院民事执行中查封、扣押、冻结财产的规定》（2020 年修正）第二十一条。

办理查封登记并不影响其查封效力。该生效裁判遵循了未分别办理房、地查封手续时的房地一体的查封生效规则。

最高人民法院在（2018）最高法执他 10 号给宁夏回族自治区高级人民法院的函中重申，《查扣冻规定》第二十三条第一款规定，"查封地上建筑物的效力及于该地上建筑物使用范围内的土地使用权，查封土地使用权的效力及于地上建筑物，但土地使用权与地上建筑物的所有权分属被执行人与他人的除外"，这是"房地一体"原则在执行程序查封、扣押、冻结措施中的体现。虽然该条第二款同时规定，"地上建筑物和土地使用权的登记机关不是同一机关的，应当分别办理查封登记"，但其目的是要求执行法院完善执行措施，进行充分公示，避免执行争议，但因为该条第一款已对查封的效力范围作了明确规定，即使未分别办理查封登记也不影响查封效力。《查扣冻规定》第二十三条与第九条第二款规定的"未办理登记手续的，不得对抗其他已经办理了登记手续的查封、扣押、冻结行为"，并不存在矛盾之处。在法院仅对土地使用权进行了查封登记未对地上建筑物进行查封登记，或者仅对地上建筑物进行了查封登记未对地上建筑物使用范围内的土地使用权进行查封登记的情况下，其后其他法院即使对未进行查封登记的地上建筑物或土地使用权进行了查封登记，也只能认定为轮候查封。

根据上述精神，贾某对相关建筑物及该建筑物占用范围内的土地使用权均系轮候查封。陈某、郭某虽仅对土地使用权采取查封措施，根据查封土地使用权的效力及于地上建筑物的规定精神，陈某、郭某对本案所涉建筑物的查封顺序亦同于对土地使用权查封顺序。

（三）合并执行不能改变受偿顺位

一般情况下，对被执行人财产按照执行法院采取执行措施的先后顺序受偿，但在合并执行情况下，如何确定采取执行措施先后顺序却容易产生混乱。合并执行并不是严格的法律概念，是实践中一种通常的做法，一般将不同承办法院、承办法官办理的同一被执行人的案件交由承办法院、同一承办法官办理，统一开展财产调查、评估、处置及分配。合并执行在强化执行管理、集中执行资源方面具有意义。有的当事人认为，一旦合并执行，则其中一个案件中的查封效力及其同一执行法院执行的其他案件。尤其在多个债权人债权均转让给同一债权人的情况下，更容易认为债权转让前其中某一案件采取的首封的效力及于债权转让后的其他债权，也就是让受让债权的主体可以就受让的债权全部金额优先受偿。这种观点的错误在于，以因各种原因形成的合并执行否定不同债权之间的相对独立性。即使发生合并执行，甚至像本案一样，数个债权主体最终归于一个主体，由一个法院执行，但不能因为执行法院或者债权主体的同一，否定数个债权债务关系的相对独立性。由于数个债权债务关系相对独立，则基于其中一个债权债务关系采取的强制措施的效力仅能及于由该债权债务关系形成的执行案件，并据此确定受偿顺位，不能因为合并执行改变当事人的法律地位及受偿顺序，否则就可能损害其他债权人的合法利益。

执行法院虽将春某、贾某的案件与陈某、郭某的案件合并执行，但仍应按照春某、贾某、陈某、郭某依据相应债权申请查封的顺序确定受偿顺序。因甲公司受让了贾某、春某及陈某、郭某债权，平顶山中院裁定将全部涉案财产抵债给甲公司，实质上是将查封顺位在后的原贾某、春某债权受偿顺序提前，影响了在先轮候查封的债权人的合法权益。平顶山中院在陈某、郭某、春某、贾某将债权转让给甲公司后将四案合并执行，但该四案查封土地、房产的顺位情况不一，也并非全部首封案涉土地或房产。平顶山中院未按照法律规定据采取执行措施的先后顺序确定受偿顺序，将乙公司的部分土地使用权及地上部分建筑物裁定以物抵债给甲公司，该执行行为违反法律规定，侵害了顺位在先的其他债权人利益。

——向国慧：《〈甲公司与赵某军、乙公司等执行监督案〉的理解与参照——合并执行不改变受偿顺位》，载人民法院出版社编：《行政与执行法律文件解读》2022年第11辑（总第215辑），人民法院出版社2023年，第61页。

问：房产拍卖流拍后，申请执行人接受以物抵债，如果存在其他参与分配的债权人，应当如何处理？

答：《最高人民法院关于人民法院民事执行中拍卖、变卖财产的规定》第十六条第二款规定："有两个以上执行债权人申请以拍卖财产抵债的，由法定受偿顺位在先的债权人优先承受；受偿顺位相同的，以抽签方式决定承受人。承受人应受清偿的债权额低于抵债财产的价额的，人民法院应当责令其在指定的期限内补交差额。"

据此，在有其他债权人申请参与分配的情况下，应当区分房产承受主体和价款受偿金额两个问题，分别讨论。就前者，根据司法解释规定，应当根据法定受偿顺位确定承受人。如果受偿顺位在先执行债权人有多个的，且均申请以物抵债的，则应抽签确定承受人。就后者，无论由谁承受房产，其都只能就自己"应受清偿的债权额"受偿，如果抵债财产价额高于其"应受清偿的债权额"的，就应当补交差价。

举例说明：被执行人为企业法人，其房产流拍时保留价为100万元。申请执行人甲为首先查封的一般债权人，债权数额为40万元。申请参与分配的债权人有两个，抵押权人乙的债权数额为80万元，轮候查封的一般债权人丙的，债权数额为40万元。流拍后，甲和丙均申请以物抵债。鉴于被执行人为企业法人，且甲的查封在先，根据《最高人民法院关于适用〈中华人民共和国民事诉讼法〉的解释》第五百一十六条①的规定，甲乙丙债权的清偿顺位为，乙优先于甲，甲优先于丙。故就承受主体而言，应当由甲承受房产；就价款受偿金额而言，鉴于甲"应受清偿的债权额"（20万元，即100万元扣除乙优先受偿的80万元）低于抵债财产的价额（100万元），甲应当补交差价80万元给乙。

质言之，申请执行人接受抵债，并不意味着其获得了优先于其他债权人就抵债财产受偿的地位。以物抵债，应理解为以流拍的保留价购买执行标的。故接受抵债的债权人应当向执行法院支付相当于保留价金额的价款。但是，由于其作为申请执行人，有权从该价款中就应受分配的金额受偿，所以在受偿金额范围内，其执行债权可以与被执行人对其享有的价款债权相抵销，从而部分消灭其支付价款的义务。

——王赫：《执行实施部分问题解答》，载最高人民法院执行局编：《执行工作指导》2020年第4辑（总第76辑），人民法院出版社2021年版。

---

① 现为《最高人民法院关于适用〈中华人民共和国民事诉讼法〉的解释》（2022年修正）第五百一十四条。

6.款物的发放与保管

89.案外人拒不接收强制迁出不动产上的财产，人民法院在执行程序中如何处理

吉林省高级人民法院：

你院《关于法院执行程序中能否对案外人财产进行处理的请示》收悉。经研究，答复如下：

执行程序中案外人无合法依据占有被执行的标的物不动产的，执行法院依法可以强制迁出；案外人拒不迁出，对标的物上的财产，执行法院可指定他人保管并通知领取；案外人不领取或下落不明的，为避免保管费用过高或财产价值减损，执行法院可以处分该财产，处分所得价款，扣除搬迁、保管及拍卖变卖等相关费用后，保存于执行法院账户，通知该案外人领取。

——《最高人民法院执行局〔2010〕执他字第1号函》，载江必新主编，最高人民法院执行局编：《执行工作指导》2010年第1辑（总第33辑），人民法院出版社2010年版，第85页。

90.债权人在执行财产分配前已获偿的部分，原则上不再纳入"申请参与分配债权数额"的范围以确定受偿比例

甲银行与乙银行、丙银行及甲公司、乙公司、丁银行、丙公司、丁公司执行分配方案异议之诉案［最高人民法院（2021）最高法民终722号民事判决书］

裁判要旨：执行分配方案异议之诉中，债权人在执行财产分配前已获偿的部分，原则上不再纳入"申请参与分配债权数额"的范围以确定受偿比例。

最高人民法院认为，关于四债权银行此次执行分配前已获偿的款项应否纳入本次债权分配数额。本案已查明，四债权银行均为普通债权人，依据《最高人民法院关于适用〈中华人民共和国民事诉讼法〉的解释》第五百一

十条[①]"参与分配执行中，执行所得价款扣除执行费用，并清偿应当优先受偿的债权后，对于普通债权，原则上按照其占全部申请参与分配债权数额的比例受偿"的规定，四债权银行在此次执行财产分配前已获偿的本金部分，原则上不纳入此次"申请参与分配债权数额"的范围从而确定受偿比例，故甲银行主张将四债权银行已获偿本金纳入"申请参与分配债权数额"的范围确定受偿比例，缺少法律依据。本案中，丙银行、乙银行在参与本案执行分配时已扣除其受偿的款项，原审法院基于各债权人申请参与分配的债权数额比例作出分配，适用法律并无不当。此外，执行分配方案异议之诉的审理范围应以案涉《执行财产分配方案》确定分配的财产为限，而原审也查明，案涉《执行财产分配方案》载明，原审法院通过淘宝网司法拍卖平台对被执行人丁公司土地、房屋、建筑物、构筑物，及其设备进行拍卖，拍卖款总计：7584.262万元。即此次案涉《执行财产分配方案》系对丁公司执行款项进行分配，未涉及分配丙公司的款项，故甲银行主张原审法院遗漏对丙公司款项分配的事实以及未将执行丙公司所得款项纳入本案《执行财产分配方案》之中属于遗漏重要事实的理由亦不能成立。

——中国裁判文书网。

91.参与执行财产分配的普通债权是否应包括一般债务利息

蔡某晓因执行分配方案异议之诉案［最高人民法院（2021）最高法民再295号民事裁定书］

裁判要旨：执行财产不足以分配时，参与分配的普通债权除包括本金外，还应包括一般债务利息。

最高人民法院再审认为，关于参与分配的债权是否还应包括利息和保全费。《最高人民法院关于执行程序中计算迟延履行期间的债务利息适用法律若干问题的解释》第四条规定："被执行人的财产不足以清偿全部债务的，应当先清偿生效法律文书确定的金钱债务，再清偿加倍部分债务利息，但当事人对清偿顺序另有约定的除外。"根据该规定，在执行程序中参与分配的普通债权应当系生效法律文书确定的金钱债务，包括本金和一般债务利息。本案中，

---

① 现为《最高人民法院关于适用〈中华人民共和国民事诉讼法〉的解释》第五百零八条。

蔡某晓等部分债权人依据的生效法律文书确定的金钱债务包括本金和利息，厦门中院所作执行分配方案仅计入各债权本金，而未将一般债务利息一并计入债权数额按比例参与分配。故，该分配方案存在错误，应予撤销。

——中国裁判文书网。

7. 执行实施案件结案

92.据以执行的法律文书被人民法院撤销后，通过竞拍取得的财产应该如何处置

第十七条　有下列情形之一的，可以以"终结执行"方式结案：

（一）申请人撤销申请或者是当事人双方达成执行和解协议，申请执行人撤回执行申请的；

（二）据以执行的法律文书被撤销的；

（三）作为被执行人的公民死亡，无遗产可供执行，又无义务承担人的；

（四）追索赡养费、扶养费、抚育费案件的权利人死亡的；

（五）作为被执行人的公民因生活困难无力偿还借款，无收入来源，又丧失劳动能力的；

（六）作为被执行人的企业法人或其他组织被撤销、注销、吊销营业执照或者歇业、终止后既无财产可供执行，又无义务承受人，也没有能够依法追加变更执行主体的；

（七）依照刑法第五十三条规定免除罚金的；

（八）被执行人被人民法院裁定宣告破产的；

（九）行政执行标的灭失的；

（十）案件被上级人民法院裁定提级执行的；

（十一）案件被上级人民法院裁定指定由其他法院执行的；

（十二）按照《最高人民法院关于委托执行若干问题的规定》，办理了委托执行手续，且收到受托法院立案通知书的；

（十三）人民法院认为应当终结执行的其他情形。

前款除第（十）项、第（十一）项、第（十二）项规定的情形外，终结执行的，应当制作裁定书，送达当事人。

——《最高人民法院印发〈关于执行案件立案、结案若干问题的意见〉的通知》（节选）（2014 年 12 月 17 日，法发〔2014〕26 号）。

赵某明与甲公司执行申请案〔最高人民法院（2019）最高法执监 172 号执行裁定书〕

裁判要旨：据以执行的法律文书被人民法院撤销，理应依当事人的申请或依职权作出执行回转裁定或对拍卖行为进行纠正，责令申请执行人返还已取得的财产及其孳息。虽然本案申请执行人系通过人民法院的司法拍卖竞得设备公司的土地使用权及地上附着物，理应维护竞买人的权益。但考虑到其系本案申请执行人的特殊地位，且涉案土地使用权及地上附着物被拍卖后，只是办理了产权过户手续，取得了财产所有权，但并未实际占有该财产，故法院撤销拍卖及拍卖成交裁定，要求其返还取得土地使用权，并无不当。

最高人民法院认为，《民事诉讼法》第二百三十三条①规定，执行完毕后，据以执行的判决、裁定和其他法律文书确有错误，被人民法院撤销的，对已被执行的财产，人民法院应当作出裁定，责令取得财产的人返还；拒不返还的，强制执行。《最高人民法院关于人民法院执行工作若干问题的规定（试行）》第 109 条②规定，在执行中或者执行完毕后，据以执行的法律文书被人民法院或者其他有关机关撤销或者变更的，原执行机构应当依照《民事诉讼法》第二百一十四条的规定，依当事人的申请或者依职权，按照新的生效法律文书，作出执行回转的裁定，责令原申请执行人返还已取得的财产及其孳息。拒不返还的，强制执行。对于执行法院基于案件执行过程中作出的执行裁定而处置的财产，在该裁定被撤销后，被处置的财产是依据上述规定进行

---

① 现为《民事诉讼法》（2023 年修正）第二百四十四条。

② 现为《最高人民法院关于人民法院执行工作若干问题的规定（试行）》（2020 年修正）第 65 条，内容修改为：在执行中或执行完毕后，据以执行的法律文书被人民法院或其他有关机关撤销或变更的，原执行机构应当依照民事诉讼法第二百三十三条的规定，依当事人申请或依职权，按照新的生效法律文书，作出执行回转的裁定，责令原申请执行人返还已取得的财产及其孳息。拒不返还的，强制执行。执行回转应重新立案，适用执行程序的有关规定。

执行回转，还是参照上述规定对人民法院处置财产的执行行为进行纠错，理论界一直存有争论。但公认的是，无论是执行回转，还是对执行行为进行纠正，其所带来的法律后果是一致的，那就是申请执行人返还已取得的财产及其孳息。本案中，廊坊中院系基于追加刘某常、刘某忠为被执行人的裁定，才依法对设备公司的土地使用权及地上附着物予以拍卖。现该追加裁定已被河北高院撤销，即据以执行刘某常的法律文书被人民法院撤销，廊坊中院理应依当事人的申请或依职权作出执行回转裁定或对拍卖行为进行纠正，责令申请执行人返还已取得的财产及其孳息。基于追加刘某常、刘某忠为被执行人的裁定，申请执行人甲公司取得的财产为拍卖的设备公司的土地使用权及地上附着物。虽然甲公司系通过人民法院的司法拍卖竞得设备公司的土地使用权及地上附着物，理应维护竞买人的权益。但考虑到甲公司系本案申请执行人的特殊地位，且涉案土地使用权及地上附着物被拍卖后，甲公司只是办理了产权过户手续，取得了财产所有权，但并未实际占有该财产，该财产一直由刘某常及家人实际占有等实际情况。廊坊中院撤销拍卖及拍卖成交裁定，要求甲公司返还取得土地使用权，并无不当。

——中国裁判文书网。

（十七）金钱给付请求权的执行

1. 对银行存款的执行

93.军队单位作为经济纠纷案件的当事人可否对其银行账户上的存款采取诉讼保全和军队费用能否强行划拨偿还债务

河北省高级人民法院、江苏省高级人民法院：

〔1987〕冀法请字第 5 号关于军队单位作为经济纠纷案件的当事人可否对其银行账户上的存款采取诉讼保全的请示和苏法经〔1987〕51 号关于军队费

用能否强行划拨偿还债务的请示均已收悉。经研究，现答复如下：

二、按照中国人民银行、中国工商银行、中国农业银行、中国人民解放军总后勤部〔1985〕财字第110号通知印发的《军队单位在银行开设账户和存款的管理办法》中"军队工厂（矿）、农场、马场、军人服务部、省军区以上单位实行企业经营的招待所（含经总部、军区、军兵种批准实行企业经营的军以下单位招待所）"和企业的上级财务主管部门等单位，开设"特种企业存款，有息存款"的规定，军队从事生产经营活动应当以此账户结算。因此，在经济纠纷诉讼中，人民法院根据对方当事人申请或者依职权有权对军队的"特种企业存款"账户的存款采取诉讼保全措施，并可依照《民事诉讼法（试行）》第一百七十九条的规定，对该账户的存款采取执行措施。

三、人民法院在审理经济纠纷案件过程中，如果发现军队机关或所属单位以不准用于从事经营性业务往来结算的账户从事经营性业务往来结算和经营性借贷或者担保等违反国家政策、法律的，人民法院有权依法对其账户动用的资金采取诉讼保全措施和执行措施。军队一方当事人的上级领导机关，应当协助人民法院共同查清其账户的情况，依法予以冻结或者扣划。

——《最高人民法院关于军队单位作为经济纠纷案件的当事人可否对其银行账户上的存款采取诉讼保全和军队费用能否强行划拨偿还债务问题的批复》[1990年10月9日，法（经）复〔1990〕15号]，载江必新主编：《人民法院执行工作规范全集》，人民法院出版社2017年版，第692页。

94.被执行人的封闭贷款能否执行

各省、自治区、直辖市高级人民法院，新疆维吾尔自治区高级人民法院生产建设兵团分院：

1999年7月26日，中国人民银行、国家经贸委、国家计委、财政部和国家税务总局联合下发了《封闭贷款管理暂行办法》（银发〔1999〕261号），同年8月5日中国人民银行、国家计委、财政部、外经贸部和国家税务总局又联合下发了《外经贸企业封闭贷款管理暂行办法》（银发〔1999〕285号）。封闭贷款是商业银行根据国家政策向特定企业发放的具有特定用途的贷款，为保证这项工作的顺利进行，使封闭贷款达到预期目的，现将有关问题通知如下：

一、人民法院审理民事经济纠纷案件，不得对债务人的封闭贷款结算专户采取财产保全措施或者先予执行。

二、人民法院在执行案件时，不得执行被执行人的封闭贷款结算专户中的款项。

三、如果有证据证明债务人为逃避债务将其他款项打入封闭贷款结算专户的，人民法院可以仅就所打入的款项采取执行措施。

四、如果债权人从债务人的封闭贷款结算专户中扣取了老的贷款和欠息，或者扣收老的欠税及各种费用，债务人起诉的，人民法院应当受理，并按照《封闭贷款管理暂行办法》第14条的规定处理。债务人属于外经贸企业的，则按照《外经贸企业封闭贷款管理暂行办法》第21条的规定处理。

执行中有何问题，请及时向我院报告。

——《最高人民法院关于执行〈封闭贷款管理暂行办法〉和〈外经贸企业封闭贷款管理暂行办法〉中应注意的几个问题的通知》（2000年1月10日，法发〔2000〕4号），载肖扬总主编：《中华人民共和国法库（第二版）》，人民法院出版社2007年版，第13987页。

677.【封闭贷款结算专户资金】

人民法院不得执行被执行人的封闭贷款结算专户中的款项。

如果有证据证明债务人为逃避债务将其他款项打入封闭贷款结算专户的，人民法院可以仅就所打入的款项采取执行措施。

——最高人民法院执行局编：《人民法院办理执行案件规范（第二版）》，人民法院出版社2022年版，第286页。

问题：对1999年中国人民银行等五部门制定的《封闭贷款管理暂行办法》中"封闭运行期间"应如何理解？是指封闭贷款合同约定的借款之日起至约定还款之日止，还是指只要贷款没有还清，哪怕是过了约定还款日期，仍属于封闭运行期间？对此问题有两种意见，一种认为封闭运行期间应是借款之日起至约定还款之日止，而银行则认为只要该贷款没有还清，就仍属于封闭运行期间。

《人民司法》研究组认为：封闭贷款是按照国家有关政策用于特定目的的贷款。按照 1999 年 8 月中国人民银行、国家发展计划委员会、财政部、对外贸易经济合作部和国家税务总局制定的《封闭贷款管理暂行办法》《外经贸企业封闭贷款管理暂行办法》和最高人民法院有关司法解释的规定，封闭贷款实行专款专用，并设单独的账户，确保贷款用于约定的生产经营，不被挪作他用；确保回收款项用于清偿贷款，不被用作其他用途。在封闭运行期间内，司法机关也不得查封、冻结封闭贷款专用账户，更不得用于清偿借款人的其他债务。因此，封闭运行期间应当指封闭贷款实际发放、使用至清偿的整个期间，而不限于贷款合同约定的使用期间。如果在约定期间内借款人未清偿封闭贷款，对该专用账户人民法院仍然不能查封、冻结和执行。

——《人民司法》2005 年第 5 期。

95.人民法院能否执行区管委会的财政性资金

甘肃省高级人民法院：

你院甘高法〔1999〕07 号《关于能否强制执行金昌市东区管委会有关财产的请示》收悉。经研究，答复如下：

我们认为，预算内资金和预算外资金均属国家财政性资金，其用途国家有严格规定，不能用来承担连带经济责任。金昌市东区管委会属行政性单位，人民法院在执行涉及行政性单位承担连带责任的生效法律文书时，只能用该行政单位财政资金以外的自有资金清偿债务。为了保证行政单位正常的履行职能，不得对行政单位的办公用房、车辆等其他办公必需品采取执行措施。

此复

——《最高人民法院对甘肃高院〈关于能否强制执行金昌市东区管委会有关财产的请示〉的复函》（2001 年 4 月 19 日，〔2001〕执他字第 10 号），载江必新主编：《人民法院执行工作规范全集》，人民法院出版社 2017 年版，第 723 页。

财政部复函（财法函字〔2000〕8 号）已明确预算外资金已属各级政府的财政性资金，故过去执行中所称可以执行预算外资金的规定即国务院国发

〔1990〕68 号文件，因《国务院加强预算外资金管理的决定》国发〔1996〕29 号文件的颁布，而不再适用。且我院 2001 年 3 月 20 日又发布了法释〔2001〕8 号《关于审理军队、武警部队、政法机关移交、撤销企业和与党政机关脱钩企业相关纠纷案件若干问题的规定》，进一步明确，人民法院在执行涉及单位承担民事责任的生效判决时，只能用开办单位财政资金以外的自有资金清偿债务。如果开办单位没有财政资金以外自有资金的，应当依法裁定终结执行。

鉴于上述规定，最高人民法院在答复甘肃高院的请示中阐明，预算内资金和预算外资金均属国家财政性资金，其用途国家有严格规定，不能用来承担连带经济责任。金昌市东区管委会属行政性单位，人民法院在执行涉及行政性单位承担连带责任的生效法律文书时，只能用该行政单位财政资金以外的自有资金清偿债务。为了保证行政单位正常履行职能，不得对行政单位的办公用房、车辆等其他办公必需品采取执行措施。

——张小林：《关于能否强制执行甘肃金昌市东区管委会有关财产请示案》，载最高人民法院执行工作办公室编：《强制执行指导与参考》2003 年第 4 辑（总第 8 辑），法律出版社 2004 年版，第 237 页。

96.对被执行人存在银行的凭证式国库券可否采取执行措施

北京市高级人民法院：

你院京高法〔1997〕194 号《关于对被执行人在银行的凭证式记名国库券可否采取冻结、扣划强制措施的请示》收悉。经研究，答复如下：

被执行人存在银行的凭证式国库券是由被执行人交银行管理的到期偿还本息的有价证券，在性质上与银行的定期储蓄存款相似，属于被执行人的财产。依照《中华人民共和国民事诉讼法》第二百四十二条①规定的精神，人民法院有权冻结、划拨被执行人存在银行的凭证式国库券。有关银行应当按照人民法院的协助执行通知书将本息划归申请执行人。

此复

——《最高人民法院关于对被执行人存在银行的凭证式国库券可否采取执行措施问题的批复》（2020 年 12 月 29 日修正）。

---

① 现为《民事诉讼法》（2023 年修正）第二百四十九条。

537.【凭证式国库券】

被执行人存在银行的凭证式国库券是由被执行人交银行管理的到期偿还本息的有价证券,在性质上与银行的定期储蓄存款相似,属于被执行人的财产。依照民事诉讼法第二百四十九条规定的精神,人民法院有权冻结、划拨被执行人存在银行的凭证式国库券。

——最高人民法院执行局编:《人民法院办理执行案件规范(第二版)》,人民法院出版社 2022 年版,第 234 页。

97.人民法院不得冻结和扣划社会保险基金

各省、自治区、直辖市高级人民法院,新疆维吾尔自治区高级人民法院生产建设兵团分院:

近一个时期,少数法院在审理和执行社会保险机构原下属企业(现已全部脱钩)与其他企业、单位的经济纠纷案件时,查封社会保险机构开设的社会保险基金账户,影响了社会保险基金的正常发放,不利于社会的稳定。为杜绝此类情况发生,特通知如下:

社会保险基金是由社会保险机构代参保人员管理,并最终由参保人员享用的公共基金,不属于社会保险机构所有。社会保险机构对该项基金设立专户管理,专款专用,专项用于保障企业退休职工、失业人员的基本生活需要,属专项资金,不得挪作他用。因此,各地人民法院在审理和执行民事、经济纠纷案件时,不得查封、冻结或扣划社会保险基金;不得用社会保险基金偿还社会保险机构及其原下属企业的债务。

各地人民法院如发现有违反上述规定的,应当及时依法予以纠正。

——《最高人民法院关于在审理和执行民事、经济纠纷案件时不得查封、冻结和扣划社会保险基金的通知》(2000 年 2 月 18 日,法〔2000〕19 号),载肖扬总主编:《中华人民共和国法库(第二版)》,人民法院出版社 2007 年版,第 13988 页。

679.【社会保险基金】

对社会保险基金，人民法院不得作为社会保险机构及其原下属企业的财产予以执行。

——最高人民法院执行局编：《人民法院办理执行案件规范（第二版）》，人民法院出版社 2022 年版，第 286 页。

98.人民法院不得冻结和扣划国有企业下岗职工基本生活保障资金

各省、自治区、直辖市高级人民法院，新疆维吾尔自治区高级人民法院生产建设兵团分院：

据悉，最近一些地方人民法院在审理或执行经济纠纷案件中，冻结并划拨国有企业下岗职工基本生活保障资金，导致下岗职工基本生活无法保障，影响了社会稳定。为杜绝此类事件发生，特通知如下：

国有企业下岗职工基本生活保障资金是采取企业、社会、财政各承担三分之一的办法筹集的，由企业再就业服务中心设立专户管理，专项用于保障下岗职工基本生活，具有专项资金的性质，不得挪作他用，不能与企业的其他财产等同对待。各地人民法院在审理和执行经济纠纷案件时，不得将该项存于企业再就业服务中心的专项资金作为企业财产处置，不得冻结或划拨该项资金用以抵偿企业债务。

各地人民法院应对已审结和执行完毕的经济纠纷案件做一下清理，凡发现违反上述规定的，应当及时依法予以纠正。

——《最高人民法院关于严禁冻结或划拨国有企业下岗职工基本生活保障资金的通知》（1999 年 11 月 24 日，法〔1999〕228 号）。

678.【国有企业下岗职工基本生活保障资金】

对国有企业下岗职工基本生活保障资金，人民法院不得作为所在企业的财产予以执行。

——最高人民法院执行局编：《人民法院办理执行案件规范（第二版）》，人民法院出版社 2022 年版，第 286 页。

99.信用证开证保证金原则上可以采取冻结措施，不能扣划，但丧失保证金功能的账户存款，人民法院可依法采取扣划措施

信用证开证保证金属于有进出口经营权的企业向银行申请对国外（境外）方开立信用证而备付的具有担保支付性质的资金。为了严肃执法和保护当事人的合法权益，现就有关冻结、扣划信用证开证保证金的问题规定如下：

一、人民法院在审理或执行案件时，依法可以对信用证开证保证金采取冻结措施，但不得扣划。如果当事人、开证银行认为人民法院冻结和扣划的某项资金属于信用证开证保证金的，应当依法提出异议并提供有关证据予以证明。人民法院审查后，可按以下原则处理：对于确系信用证开证保证金的，不得采取扣划措施；如果开证银行履行了对外支付义务，根据该银行的申请，人民法院应当立即解除对信用证开证保证金相应部分的冻结措施；如果申请开证人提供的开证保证金是外汇，当事人又举证证明信用证的受益人提供的单据与信用证条款相符时，人民法院应当立即解除冻结措施。

二、如果银行因信用证无效、过期，或者因单证不符而拒付信用证款项并且免除了对外支付义务，以及在正常付出了信用证款项并从信用证开证保证金中扣除相应款额后尚有剩余，即在信用证开证保证金账户存款已丧失保证金功能的情况下，人民法院可以依法采取扣划措施。

三、人民法院对于为逃避债务而提供虚假证据证明属信用证开证保证金的单位和个人，应当依照民事诉讼法的有关规定严肃处理。

——《最高人民法院关于人民法院能否对信用证开证保证金采取冻结和扣划措施问题的规定》（2020年12月29日修正）。

685.【信用证开证保证金】

人民法院审理和执行案件时，依法可以对信用证开证保证金采取冻结措施，但不得扣划。

如果当事人、开证银行认为人民法院冻结和扣划的某项资金属于信用证开证保证金的，应当依法提出异议并提供有关证据予以证明。人民法院审查后，可按以下原则处理：对于确系信用证开证保证金的，不得采取扣划措施；

如果开证银行履行了对外支付义务，根据该银行的申请，人民法院应当立即解除对信用证开证保证金相应部分的冻结措施；如果申请开证人提供的开证保证金是外汇，当事人又举证证明信用证的受益人提供的单据与信用证条款相符时，人民法院应当立即解除冻结措施。

如果银行因信用证无效、过期，或者因单证不符而拒付信用证款项并且免除了对外支付义务，以及在正常付出了信用证款项并从信用证开证保证金中扣除相应款额后尚有剩余，即在信用证开证保证金账户存款已丧失保证金功能的情况下，人民法院可以依法采取扣划措施。

人民法院对于为逃避债务而提供虚假证据证明属信用证开证保证金的单位和个人，应当依照民事诉讼法的有关规定严肃处理。

——最高人民法院执行局编：《人民法院办理执行案件规范（第二版）》，人民法院出版社 2022 年版，第 289 页。

100.法院能否执行总公司已收取的资金和调拨给子公司经营管理的财产

问题：某运输总公司所属具有独立法人资格的子公司于 1990 年 5 月 3 日设立时的注册资金为 100 余万元。自 1990 年 7 月至 1996 年 7 月，该总公司先后以运输设备等固定资产形式调拨 700 余万元资金及 10 余亩土地使用权归子公司经营管理。在此期间，总公司先后从子公司收取近千万元的资金。1997 年 1 月 4 日，子公司在用总公司调拨的吊机、拖车为某装饰材料公司吊装设备（价值 103 万美元）时致该设备坠地损毁，经一、二审法院判决，该子公司应赔偿某装饰材料公司主机设备款 103 万美元、其他经济损失人民币 8 万余元。在法院执行期间，总公司又将其调拨给子公司经营管理的上述财产调回。法院能否执行该总公司从子公司收取的资金和总公司拨给子公司经营管理的财产（运输设备和土地使用权益）？

《人民司法》研究组认为：人民法院在执行程序中变更和追加被执行人应当严格依照《民事诉讼法》及其司法解释和最高人民法院《关于人民法院执行工作若干问题的规定（试行）》的有关条款进行。从本案情况看，母公司拨付了一定财产给子公司经营，并从子公司收取了近千万元资金，在子公司涉案后又将拨付的现金和实物收回。必须明确：母公司提供财产只是供子公司经营管理，不是投资，子公司对该财产不具有所有权和处分权。子公司具有独立法人资格，仅应以自己的财产承担民事责任。对母公司从子公司收取的款项是否违反双方的合同或法律规定，人民法院在执行程序中无权认定，当事人如果对此有异议，应通过诉讼程序解决。因此，本案不能追加母公司为被执行人而执行上述财产。

——《人民司法》2002年第8期。

2. 对机动车辆船舶的执行

101.执行案件中车辆登记单位与实际出资购买人不一致应如何处理

上海市高级人民法院：

你院沪高法〔1999〕321号《关于执行案件车辆登记单位与实际出资购买人不一致应如何处理的请示》收悉。经研究，答复如下：

本案被执行人即登记名义人上海福久快餐有限公司对其名下的三辆机动车并不主张所有权；其与第三人上海人工半岛建设发展有限公司签订的协议书与承诺书意思表示真实，并无转移财产之嫌；且第三人出具的购买该三辆车的财务凭证、银行账册明细表、缴纳养路费和税费的凭证，证明第三人为实际出资人，独自对该三辆机动车享有占有、使用、收益和处分权。因此，对本案的三辆机动车不应确定登记名义人为车主，而应当依据公平、等价有偿原则，确定归第三人所有。故请你院监督执行法院对该三辆机动车予以解封。

——《最高人民法院关于执行案件中车辆登记单位与实际出资购买人不一致应如何处理问题的复函》（2000年11月21日，〔2000〕执他字第25号），载江必新主编：《人民法院执行工作规范全集》，人民法院出版社2017年版，第735页。

102.人民法院如何处理原车主不配合办理机动车转籍过户登记的问题

人民法院裁判财产所有权转移的机动车在办理转籍过户登记时，需要处理好原车主不配合办理转移手续的问题：（1）对原车主拒不在《机动车变更、过户、改装、停驶、复驶、报废审批申请表》上签字或盖章情形的处理。人民法院判决（裁定、调解）财产所有权转移的机动车在办理转籍过户登记时，对车辆及其档案符合转籍过户有关规定，而原车主拒不在《机动车变更、过户、改装、停驶、复驶、报废审批申请表》上签字或盖章的，车辆管理所应当告知新车主，可以到判决（裁定、调解）的人民法院申请出具协助执行通知书。车辆管理所应当凭人民法院出具的协助执行通知书和新车主提供的判决（裁定、调解）书，直接办理转籍过户登记手续。属于进口机动车的，应当按照进口车转籍过户有关规定履行审批程序。（2）对原机动车所有人未向现机动车所有人提供机动车登记证书、号牌或者行驶证情形的处理。被人民法院、人民检察院和行政执法部门依法没收并拍卖，或者被人民法院调解、裁定、判决机动车所有权转移时，原机动车所有人未向现机动车所有人提供机动车登记证书、号牌或者行驶证的，现机动车所有人在办理转移登记时，应当提交人民法院出具的未得到机动车登记证书、号牌或者行驶证的协助执行通知书，或者人民检察院、行政执法部门出具的未得到机动车登记证书、号牌或者行驶证的证明。车辆管理所应当公告原机动车登记证书、号牌或者行驶证作废，并在办理转移登记的同时，补发机动车登记证书。

——江必新主编：《执行规范理解与适用——最新民事诉讼法与民诉法解释保全执行条文关联解读》，中国法制出版社2015年版，第403~404页。

3.对不动产的执行

103.执行过程中应保障被执行人及其所扶养家属的基本居住权

《最高人民法院关于人民法院办理执行异议和复议案件若干问题的规定》第二十条明确了在哪些情形下人民法院可以执行被执行人及其所扶养家属生活必需的住房,但并未对具体操作过程中的细节问题作更为详细的规定。居住权并不等于房屋所有权,人民法院在执行涉案房产的过程中,应当保障被执行人及其所扶养家属基本的居住权,不能仅考虑执行房屋,不顾被执行人及其所扶养家属的基本生活。对于执行阻力大、当事人拒不配合的案件,有必要制定执行预案,对被执行人及其所扶养家属进行妥善安置,在完成执行任务的同时,保障被执行人及其所扶养家属必要的居住条件。由政府提供公租房、廉租房等供被执行人及其所扶养家属居住的社会保障机制,在全国范围内尚未建立。对被执行人及其所扶养家属的安置,实践中存在很多实际障碍,对执行法院来说往往是个两难问题,考验法院的执行智慧。

——江必新、刘贵祥主编,最高人民法院执行局编著:《最高人民法院办理执行异议和复议案件若干问题规定理解与适用》,人民法院出版社 2015 年版,第 264 页。

104.被执行人唯一住房与维持其本人及所扶养家属生活必需住房的区分

744.【生活必需居住房屋的执行】

金钱债权执行中,对被执行人及所扶养家属维持生活必需的居住房屋,符合下列情形之一的,人民法院可以执行:

(一)对被执行人有扶养义务的人名下有其他能够维持生活必需的居住房屋的;

(二)执行依据生效后,被执行人为逃避债务转让其名下其他房屋的;

（三）申请执行人按照当地廉租住房保障面积标准为被执行人及所扶养家属提供居住房屋，或者同意参照当地房屋租赁市场平均租金标准从该房屋的变价款中扣除五至八年租金的。

——最高人民法院执行局编：《人民法院办理执行案件规范（第二版）》，人民法院出版社 2022 年版，第 314 页。

金钱债权的执行，需将被执行人财产进行变价后，以所得价款清偿债务。如果需要执行被执行人所有的唯一居住房屋，通常情况下，执行法院应考虑该房屋是否为被执行人及其所扶养家属生活所必需。被执行人的唯一住房和生活必需住房，在执行程序中是两个并不完全相同的概念。被执行人唯一住房，并非不能作为强制执行的标的物。即使对于被执行人及其所扶养家属维持生活必需的住房，在符合《最高人民法院关于人民法院办理执行异议和复议案件若干问题的规定》（以下简称《异议复议案件规定》）第二十条规定的条件下，也可以对生活必需的住房强制执行。换言之，被执行人唯一的住房和生活必需的住房，在符合法律、司法解释规定的条件下，均可以成为强制执行的标的。只是两者准许执行的标准和条件不同。被执行人及其所扶养家属维持生活必需的住房，在符合《异议复议案件规定》第二十条规定的条件下，可以执行。而被执行人的唯一住房，除了在符合《异议复议案件规定》第二十条规定条件下可以强制执行以外，在其他情况下，如果能够保障被执行人及其所扶养家属维持生活必需的居住条件，也可以采取相应的方式予以执行。例如，被执行人唯一住房的面积较大或者价值较高，超过被执行人及其所扶养家属生活必需，对于超过部分，可以根据《最高人民法院关于人民法院民事执行中查封、扣押、冻结财产的规定》第 7 条[①]，采取"以小换大、以差换好、以远换近"等方式，在保障被执行人及其所扶养家属基本居住条件的前提下，对被执行人的唯一住房进行置换，将超过生活必需部分的房屋变价款用于清偿债务。被执行人、利害关系人据此提出执行异议的，人民法院不予支持。

---

　① 　现为《最高人民法院关于人民法院民事执行中查封、扣押、冻结财产的规定》（2020 年修正）第 5 条。

——江必新、刘贵祥主编，最高人民法院执行局编著：《最高人民法院办理执行异议和复议案件若干问题规定理解与适用》，人民法院出版社 2015 年版，第 263 页。

105.执行程序中拍卖、变卖的不动产所有权发生转移的时间如何确定

云南省高级人民法院：

你院《关于拍卖、变卖财产规定第二十九条第二款规定不动产所有权发生转移是否包括"变卖方式的情形"的请示报告》收悉。经研究，答复如下：

人民法院在执行过程中依法裁定变卖土地使用权的，对该土地使用权转移时间的确定，适用最高人民法院《关于人民法院民事执行中拍卖、变卖财产的规定》第 29 条①第 2 款和最高人民法院、国土资源部、建设部《关于依法规范人民法院执行和国土资源房地产管理部门协助执行若干问题的通知》（法发〔2004〕5 号）第 27 条的规定。你院请示的陕西弘丰农业生产资料有限公司是否已根据陕西省高级人民法院（2002）陕高法执一民字第 025—2 号民事裁定书取得争议土地使用权的问题，应当按照上述规定精神，依法予以确定并妥善处理。

——《最高人民法院关于不动产所有权发生转移的时间如何确定的请示的答复》（2008 年 10 月 6 日，〔2007〕执他字第 19 号），载江必新主编，最高人民法院执行局编：《执行工作指导》2008 年第 3 辑（总第 27 辑），人民法院出版社 2009 年版，第 49 页。

《最高人民法院关于人民法院民事执行中拍卖、变卖财产的规定》（以下简称《拍卖规定》）确定了拍卖优先原则，但同时也规定了在满足一定条件的情况下可以变卖或以物抵债。执行程序中的拍卖、变卖或以物抵债均属于强制措施，都可能导致不动产物权变动的结果，且其导致的所有权转移与因民事法律行为引起的所有权转移有着本质上的区别。因为这三种变价方式中均有国家公权力的介入，故不能适用不动产物权变动的一般原则。也正是基于此，

---

① 现为《最高人民法院关于人民法院民事执行中拍卖、变卖财产的规定》（2020 年修正）第二十六条。

《拍卖规定》第 29 条规定了所有权转移的特殊时点，即不以办理过户登记为要件，而是以拍卖成交或抵债裁定送达买受人或者承受人时起转移。变卖是法定的标的物变价方式之一，只要符合法定条件，变卖产生的法律后果与拍卖相同，故在不动产物权变动标志的问题上，应适用与拍卖相同的规则，即准用《拍卖规定》第 29 条的规定。

——吴宪光、于泓：《关于不动产所有权发生转移的时间如何确定的请示与答复》，载江必新主编，最高人民法院执行局编：《执行工作指导》2008 年第 3 辑（总第 27 辑），人民法院出版社 2009 年版，第 47 页。

106.人民法院如何处理移转土地使用权问题

对于人民法院裁定移转土地使用权实务运作的问题，国家土地管理局在〔1997〕国土函字第 96 号复函 中作出了具体的规定，应注意掌握：（1）以出让、转让方式取得的国有土地使用权属当事人自有财产，人民法院对土地使用权（包括以土地为载体的各种权利、义务）转移的裁定，应作为土地权属转移的合法依据，土地管理部门应根据法院的裁定，及时进行变更土地登记。但人民法院在裁定中应明确告知当事人 30 日内到人民政府土地管理部门申请办理变更土地登记。并将裁定或判决内容以有效法律文书形式及时通知土地管理部门。（2）土地管理部门在对裁定的土地办理变更登记手续时，其权利取得的时间，应以人民法院裁定的权利取得时间为依据。对不申请办理变更登记或逾期申请的，其土地权利不受法律保护，涉及的土地按违法用地处理。（3）凡当事人在规定时间内申请办理变更登记手续的，土地管理部门应以法院裁定或判决时间先后为序确认土地权利。

——江必新主编：《执行规范理解与适用——最新民事诉讼法与民诉法解释保全执行条文关联解读》，中国法制出版社 2015 年版，第 403~404 页。

107.事先经双方当事人同意，事后经土地主管部门认可，执行程序中可以处置国有划拨土地使用权

安徽省高级人民法院：

你院〔2004〕皖执监字第 175 号《关于中国农业银行砀山县支行申请执

行安徽省国营砀山葡萄酒罐头工业公司、安徽省砀山果园场借款纠纷一案的请示》收悉。经研究，答复如下：

经审查，原则同意你院审判委员会倾向性意见。宿州市中级人民法院（2003）宿中法执字第130－1号民事裁定书所处置的财产虽然涉及国有划拨土地使用权，但事先已经双方当事人同意，事后砀山县土地主管部门又予认可，符合《中华人民共和国城市房地产管理法》和《中华人民共和国城镇国有土地使用权出让和转让暂行条例》的相关规定及国家土地局〔1997〕国土函字第九十六号《对最高人民法院法经〔1997〕18号函的复函》精神。因此，宿州市中级人民法院上述民事裁定并无不当。但是在具体工作中应严格程序，注意及时同相关部门沟通协商。

此复

——《最高人民法院对安徽省高级人民法院的复函》（2006年1月10日，〔2005〕执他字第15号），载江必新主编：《人民法院执行工作规范全集》，人民法院出版社2017年版，第503页。

根据我国有关法律和相关规定，我国城市市区土地实行公有制即国家所有，对于土地使用权的取得一般有两种方式，一是交付一定的土地转让金即有偿方式取得的土地使用权，二是通过划拨方式取得的土地使用权。前者是允许转让的，而后者由于不属于当事人的自有财产，法律明确规定是不能自行转让。但是，对划拨方式取得的土地使用权，经政府土地管理部门的同意，当事人交付土地出让金，履行了相关的手续后，该土地使用权是可以转让的。宿州中院在执行本案过程中，所作出的（2003）宿中法执字第130－1号以被执行人的房地产抵债的民事裁定，是在双方当事人同意以评估价格抵偿债务的前提下作出的，且砀山县土地管理部门同意依法协助执行，预收了该土地出让金，并又发出办理土地使用权出让过户手续的通知。因此，该项土地使用权的转让，符合国家土地局1997年8月18日〔1997〕国土函字第九十六号《国家土地管理局关于人民法院裁定转移土地使用权问题对最高人民法院法经〔1997〕18号函的复函》第四条的规定："对通过划拨方式取得的土地使用权，由于不属于当事人的自有财产，不能作为当事人财产进行裁定。但裁定转移地上建筑物、附着物涉及有关土地使用权时，在与当地土管理部门取得一致意见后，可裁定随地上物同时转移"；也符合《城市房地产管理法》第三十九条"以划拨方式取得土地使用权的，转让房地产时，应当按照国务院规定，报有批准权的人民政府审批。有批准权的人民政府准予转让的，应当由受让方办理土地使用权出让手续，并依照国家有关规定缴纳土地使用权出让金"的规定；也符合《城镇国有土地使用权出让和转让暂行条例》第四十五条第一款"符合下列条件的，经市、县人民政府土地管理部门和房产管理部门批准，其划拨土地使用权和地上建筑物、其他附着物所有权可以转让、出租、抵押：（一）土地使用者为公司、企业、其他经济组织和个人；（二）领有国有土地使用证；（三）具有地上建筑物、其他附着物合法的产权证明；（四）依照本条例第二章的规定签订土地使用权出让合同，向当地市、县人民政府补交土地使用权出让金或者以转让、出租、抵押所获收益抵交土地使用权出让金"的规定。而且，国务院国发〔1992〕61号《国务院关于发展房地产业若干问题的通知》第六项也明确规定："凡通过划拨方式取得的土地使用权，政府不收取地价补偿费，不得自行转让、出租和抵押；需要对土地使用权进行转让、出租、抵押和连同建筑物资产一起进行交易者，应到县级以上人民政府有关部门办理出让和过户手续，补交或者以转让、出租、抵押所获收益抵交土地使用权出让金。"

按照上述房地产法律和相关规定，对于以划拨方式取得土地使用权的，转让房地产时，应报有批准权的人民政府审批，准予转让的，应当由受让方办理土地使用权出让手续，并依法缴纳土地使用权出让金。因此，宿州中院在作出（2003）宿中法执字第130－1号民事裁定之前，应当事先与土地部门取得一致意见，农行杨山县支行交纳土地出让金后，才能裁定抵偿债务，而宿州中院先作出裁定，后才与土地部门协商，程序上颠倒了，但从当地土地部门同意协助执行，收取出让金，要求办理过户手续等一系列行为看，土地部门最终是予以认可的。

因此，宿州中院作出的（2003）宿中法执字第130－1号民事裁定并无不当，应予维持。

——《关于人民法院执行以划拨方式取得的土地使用权的请示与答复》，载最高人民法院执行工作办公室编：《执行工作指导》2006年第1辑（总第17辑），人民法院出版社2006年版，第70~76页。

108.能否以执行标的物不可分为由，在执行房产时将属于案外人的土地使用权合并执行

问题： 位于某市的某处房产与占用范围内的土地分属于不同的所有权人张三和使用权人李四。后土地使用权人李四将土地使用权转让给王武所有，张三将房屋抵押给银行。因张三欠债，法院以张三的房屋与王武的土地使用权属于不可分物为由裁定合并拍卖。请问法院的做法对吗？

《人民司法》研究组认为： 法院的做法是错误的。《最高人民法院关于人民法院民事执行中拍卖、变卖财产的规定》第18条①虽然规定了"如果拍卖的多项财产在使用上不可分，或者分别拍卖可能严重减损其价值的，应当合并拍卖"，但这里所指的不可分物是指该多项财产的所有权同属于被执行人所有的情况。而对于不属于同一所有权主体的财产，只能在进行变价时，告知权属状况，由买受人决定是否承担权属瑕疵所带来的风险。买受人一旦买受，只能承受原权利人的权利。

——《人民司法·应用》2009年第13期。

109.执行土地使用权时如何处置地上建筑物

742.【房地权属的转移原则】

在变价处理土地使用权、房屋时，土地使用权、房屋所有权同时转移；土地使用权与房屋所有权归属不一致的，受让人继受原权利人的合法权利。

——最高人民法院执行局编：《人民法院办理执行案件规范（第二版）》，人民法院出版社2022年版，第317条。

甲公司与乙公司土地使用权转让合同纠纷执行复议案 ［最高人民法院（2010）执复字第6号执行裁定书］

裁判要旨： 案涉宗地上的无证房屋和其他地上附着物具有独立的价值。

---

① 现为《最高人民法院关于人民法院民事执行中拍卖、变卖财产的规定》（2020年修正）第15条。

根据公平原则，应当在执行中对原权利人予以合理补偿。补偿的具体方式，可由双方协商解决。若协商不成，则由原审高院依照当地政府有关部门对无证房屋和地上附着物补偿的标准作出裁定。

最高人民法院认为，双方当事人 2006 年 11 月 23 日签订的《土地转让合同》第三条和本案生效判决明确规定，本案的执行标的物应为"赤国用〔2002〕字第 2144 号《国有土地使用证》及该证下 50589.83 平方米的土地及地上有证房屋"，据此不能确定该宗土地上的无证房屋和其他地上附着物属于执行标的物的范围。但根据《城镇国有土地使用权出让和转让暂行条例》（以下简称《暂行条例》）第二十三条的规定，土地使用权转让时，其地上建筑物、其他附着物所有权随之转让。故该案转让的土地上的无证房屋和地上附着物必须依法与土地使用权一并转让，内蒙古自治区高院在执行土地时将无证房屋和地上附着物一并执行给乙公司符合上述规定。该院（2010）内执异字第 2 号执行裁定引用《物权法》第一百四十六条①的规定不当，但上述《暂行条例》第二十三条与《物权法》的规定是一致的，故其适用法律并无实质错误。但是，鉴于双方当事人所签订的《土地转让合同》第三条特别注明甲公司"在该宗土地上的有证房屋一并转让"，并约定了总价款。由此可以判断该宗地上的无证房屋和其他地上附着物具有独立的价值。根据公平原则，应当在执行中对原权利人甲公司予以合理补偿。补偿的具体方式，可由双方协商解决。若协商不成，则由内蒙古自治区高院依照当地政府有关部门对无证房屋和地上附着物补偿的标准作出裁定。

综上，内蒙古自治区高院在执行土地时将该宗地上的无证房屋和其他地上附着物一并执行给乙公司是正确的，复议申请人要求撤销内蒙古自治区高院的执行行为和（2010）内执异字第 2 号执行裁定书的请求，本院不予支持。对无证房屋和其他地上附着物单独作价补偿的问题，因甲公司在异议中并未提出，故内蒙古自治区高院未对此作出裁定，并无不当，但该院对此应当作后续处理。

——江必新主编：《人民法院执行工作规范全集》，人民法院出版社 2017 年版，第 518 页。

---

① 对应《民法典》第六百零八条。

本案争议的焦点问题是：依法执行土地使用权，该宗地上的附着物应如何处置？就本案而言，应从以下四个方面分析：

首先，本案应依据生效判决及当事人的合同约定处理。本案生效判决确定的执行标的物为"赤国用〔2002〕字第2144号《国有土地使用证》及该证下50589.83平方米的土地及地上有证房屋"。双方当事人签订的《土地转让合同》第三条约定："甲方（信安公司）名下的土地使用证中载明的土地面积50589.83平方米和甲方在该宗土地上的有证房屋一并转让。"据此，不能确定该宗土地上的无证房屋和其他地上附着物属于执行范围。有观点认为，应当依据《合同法》第一百二十五条①的规定，按照合同解释的原则推定转让标的应当包括土地使用权及地上附着物，否则合同的目的难以实现。但我们认为，在执行依据明确的情况下，执行程序中不宜作出这样的推定，而应严格按照生效判决的判项执行。

其次，本案应如何执行。根据《暂行条例》第二十三条的规定，土地使用权转让时，其地上建筑物、其他附着物所有权随之转让。《物权法》第一百四十六条②规定了相同的内容，担保法关于土地和房屋抵押时也均有类似的规定。在执行程序中，对土地使用权或房屋强制执行时，必然要涉及相应的地上建筑物或土地使用权如何处理的问题，可以说"房随地走""地随房走"原则是处理房地产纠纷的一般原则，故本案土地上的无证房屋和地上附着物必须与土地使用权一并转让，否则将造成房地分离的局面。

再次，本案是否存在补偿问题。虽然地上附着物应当与土地使用权一并执行，但并不意味着申请执行人可以无偿取得地上附着物。前文已经论述，本案生效判决和当事人之间的转让合同并不涉及无证房屋和其他附着物，故转让价款也当然不包括这部分财产的价值。但这部分财产具有其独立的价值，根据当地政府有关部门发出的拆迁公告和通知，该宗土地已被纳入市统一规划，该宗土地使用权、地上有证房屋及地上附着物均分别被作价予以补偿。故根据公平原则，应当在执行程序中对原权利人给予合理补偿。

---

① 对应《民法典》第四百六十六条。
② 对应《民法典》第六百零八条。

最后，本案适用法律是否有误。本案双方当事人签订《土地转让合同》的时间为 2006 年 11 月 23 日，而《物权法》自 2007 年 10 月 1 日起实施，对本案没有溯及力，故内蒙古高院驳回复议裁定时适用《物权法》第一百四十六条规定不当，但由于《暂行条例》第二十三条与《物权法》的规定是一致的，故内蒙古自治区高院适用法律并无实质错误。

——于泓：《执行土地使用权时如何处置地上建筑物》，载江必新主编，最高人民法院执行局编：《执行工作指导》2011 年第 2 辑（总第 38 辑），人民法院出版社 2011 年版，第 102~114 页。

4. 对股权、其他投资权益的执行

110. 人民法院冻结股权的程序、生效时点、冻结顺位

第四条 人民法院可以冻结下列资料或者信息之一载明的属于被执行人的股权：

（一）股权所在公司的章程、股东名册等资料；

（二）公司登记机关的登记、备案信息；

（三）国家企业信用信息公示系统的公示信息。

案外人基于实体权利对被冻结股权提出排除执行异议的，人民法院应当依照民事诉讼法第二百二十七条[1]的规定进行审查。

第五条 人民法院冻结被执行人的股权，以其价额足以清偿生效法律文书确定的债权额及执行费用为限，不得明显超标的额冻结。股权价额无法确定的，可以根据申请执行人申请冻结的比例或者数量进行冻结。

被执行人认为冻结明显超标的额的，可以依照民事诉讼法第二百二十五条[2]的规定提出书面异议，并附证明股权等查封、扣押、冻结财产价额的证据材料。人民法院审查后裁定异议成立的，应当自裁定生效之日起七日内解除

---

[1] 现为《民事诉讼法》（2023 年修正）第二百三十一条。

[2] 现为《民事诉讼法》（2023 年修正）第二百二十八条。

对明显超标的额部分的冻结。

第六条 人民法院冻结被执行人的股权，应当向公司登记机关送达裁定书和协助执行通知书，要求其在国家企业信用信息公示系统进行公示。股权冻结自在公示系统公示时发生法律效力。多个人民法院冻结同一股权的，以在公示系统先办理公示的为在先冻结。

依照前款规定冻结被执行人股权的，应当及时向被执行人、申请执行人送达裁定书，并将股权冻结情况书面通知股权所在公司。

——《最高人民法院关于人民法院强制执行股权若干问题的规定》（节选）（2021年12月20日，法释〔2021〕20号）。

关于股权的冻结方法和效力等问题，司法实践一直存在争议。为解决上述争议，《最高人民法院关于人民法院强制执行股权若干问题的规定》（以下简称《强制执行规定》）第4条至第9条作了较为系统的规定。

1.冻结时的权属判断规则。《最高人民法院关于人民法院民事执行中查封、扣押、冻结财产的规定》（以下简称《查封、扣押、冻结规定》）第2条第1款规定，人民法院可以查封、扣押、冻结被执行人占有的动产、登记在被执行人名下的不动产、特定动产及其他财产权。股权作为财产权的一种，原则上应当适用上述规则。但根据《公司法》的有关规定，无论有限责任公司还是股份公司的股权，均不采用登记生效主义，股东可以依据股东名册、公司章程或者股票等行使股东权利。换言之，在公司登记机关的登记之外，还存在其他可以用来判断股权权属的书面材料。为此，《强制执行规定》第4条规定，对股权所在公司的章程和股东名册等资料、公司登记机关的登记及备案信息、国家企业信用信息公示系统的公示信息等资料或者信息之一载明属于被执行人的股权，人民法院均可以进行冻结。同时，案外人对冻结的股权主张排除执行的实体权利的，人民法院应当依照《民事诉讼法》第234条的规定进行审查。

2.股权冻结的方法。如前所述，在强制执行股权过程中，冻结程序规则不清晰一直是老大难问题。2014年，最高人民法院与原国家工商总局联合出台的《关于加强信息合作规范执行与协助执行的通知》第11条第1款规定，人民法院冻结股权时，应当向股权所在公司送达冻结裁定，并要求工商行政管理机关协助公示。虽然该规定的初衷是好的，但在实践中却产生了诸多争议。比如，人民法院仅向公司登记机关送达冻结手续的，或者仅向公司送达冻结手续的，该冻结是否生效？再如，在两家法院均冻结同一股权的情况下，有的法院只向公司登记机关送达了冻结手续，有的法院却只向公司送达了冻结手续，哪家法院的冻结为在先冻结？或者，虽然两家法院均向公司登记机关和公司送达了冻结手续，但由于有的法院在先向公司登记机关送达，有的法院在先向公司送达，在这种情况下，哪家法院的冻结为在先冻结，也存在很大争议。为此，《强制执行规定》第6条明确冻结股权的，应当向公司登记机关送达裁定书和协助执行通知书，由公司登记机关在国家企业信用信息公示系统进行公示，股权冻结自在公示系统公示时发生法律效力。多个人民法院冻结同一股权的，以在公示系统先办理公示的为在先冻结。这就有效解决了实践中的各类争议。根据该条规定，公司在为其股东办理股权变更手续时，应当提前到公示系统查询该股东的股权是否已被人民法院冻结，如已经冻结不得为其办理；市场主体在购买股权时，不仅要到公示系统查询该股权是否已被质押，也要查询该股权是否已被人民法院冻结，否则将会有"钱财两空"的不利风险。同时，根据《强制执行规定》第6条第2款的规定，人民法院也要将冻结股权的情况及时书面通知股权所在公司。

起草过程中，有观点认为，按照《公司法》的相关规定，股权所在公司掌握着股权权属变动的节点，尤其对于股份有限公司而言，公司登记机关并不登记非发起人股东的信息，向公司送达冻结手续，才能最先实现对股权的控制，所以应该将向公司送达冻结手续作为股权冻结的方法。经研究，我们认为，由于国家企业信用信息公示系统良好的公示性能和广泛的社会认可度，股权冻结情况在该系统公示后，股权所在公司不仅能够及时知晓，而且对于可能购买股权的不特定第三人来讲，也可以通过该系统适时查询拟购股权是否被法院冻结。在多个法院冻结同一股权的情况下，各个法院的冻结顺位在系统中也一目了然，能够有效杜绝目前实践中的各类争议。同时，在公示系统公示后，冻结即产生法律效力，被执行人就被冻结股权所作的转让、出质等有碍执行行为，并不能对抗人民法院的冻结措施，所以在公示系统公示，也能够起到所谓"控制"股权的目的。

3.股权冻结的效力。《最高人民法院关于人民法院民事执行中查封、扣押、冻结财产的规定》第24条第1款规定，被执行人就已经查封、扣押、冻结的财产所作的移转、设定权利负担或者其他有碍执行的行为，不得对抗申请执行人。该款明确了我国查封、扣押、冻结措施采用相对效力规则，即人民法院查封、扣押、冻结的财产，被执行人并未丧失处分权，依然可以转让该财产或者用该财产设定权利负担进行融资。依据上述规定，如果转让款或者融资款清偿了执行债权，则人民法院应当解除查封、扣押、冻结措施；如果未能清偿执行债权，由于查封、扣押、冻结措施之前已经进行了公示，受让人知道或者应当知道该财产上存在执行措施，故即便该财产已经转让到受让人名下，对于申请执行人而言依然属于被执行人的财产，人民法院可以进行处置变价。变价后，清偿执行债权仍有剩余的，则退还受让人。《强制执行规定》第7条①的规定，是上述规则在强制执行股权程序中的体现。

4.冻结股权后，是否影响公司增资、减资、合并、分立等。对此，此前实践中存在不同观点。一方面，股权所在公司增资、减资、合并、分立，常常会影响冻结股权的价值。在生效法律文书确定的执行标的就是股权的情况下，增资、减资等引起的股权比例变化更是对申请执行人具有直接影响。另一方面，如果冻结股权后，一律对股权所在公司的上述行为予以限制，又会对公司的经营活动造成较大干扰。为此，《强制执行规定》第8条确立了以下规则：第一，冻结股权并不当然限制股权所在公司实施增资、减资、合并、分立等行为。第二，人民法院可以根据案件具体情况，决定是否向股权所在公司送达协助执行通知书，要求其在实施增资、减资、合并、分立等行为前向人民法院报告有关情况。第三，人民法院收到报告后，并不进行审查，但除涉及国家秘密或者商业秘密外应当及时通知申请执行人，以便申请执行人根据具体情况，决定是否要提起损害赔偿之诉或者代位提起确认决议无效、撤销决议等诉讼。第四，股权所在公司接到协助执行通知书后，不履行报告义务的，人民法院可以依法追究其法律责任。这种"事先报告"结合"事后救济"的规则设计，既可以满足公司的正常经营需求，也为人民法院制裁不法行为和申请执行人寻求救济提供了制度支持。

---

① 现为《最高人民法院关于人民法院民事执行中拍卖、变卖财产的规定》(2020年修正)第5条。

5.冻结股权的效力是否自动及于股息、红利等收益。《最高人民法院关于冻结、拍卖上市公司国有股和社会法人股若干问题的规定》第7条第2款规定，股权冻结的效力及于股权产生的股息以及红利、红股等孳息，此为有关冻结上市公司股权的规定。《强制执行规定》起草过程中，多数意见认为，股息、红利等收益属于股东对股权所在公司享有的债权，冻结股权并不当然及于收益。对收益的执行，应当按照债权执行的规则处理。因此《强制执行规定》第9条明确规定，人民法院冻结被执行人基于股权享有的股息、红利等收益的，应当向股权所在公司送达冻结裁定；股息、红利等收益到期的，可以书面通知股权所在公司向申请执行人或者人民法院履行。

——何东宁、邵长茂、刘海伟、王赫：《〈最高人民法院关于人民法院强制执行股权若干问题的规定〉的理解与适用》，载《中国应用法学》2022年第2期。

111.人民法院冻结被执行人股权后的处置

第十条 被执行人申请自行变价被冻结股权，经申请执行人及其他已知执行债权人同意或者变价款足以清偿执行债务的，人民法院可以准许，但是应当在能够控制变价款的情况下监督其在指定期限内完成，最长不超过三个月。

第十一条 拍卖被执行人的股权，人民法院应当依照《最高人民法院关于人民法院确定财产处置参考价若干问题的规定》规定的程序确定股权处置参考价，并参照参考价确定起拍价。

确定参考价需要相关材料的，人民法院可以向公司登记机关、税务机关等部门调取，也可以责令被执行人、股权所在公司以及控制相关材料的其他主体提供；拒不提供的，可以强制提取，并可以依照民事诉讼法第一百一十一条、第一百一十四条的规定处理。

为确定股权处置参考价，经当事人书面申请，人民法院可以委托审计机构对股权所在公司进行审计。

第十二条 委托评估被执行人的股权，评估机构因缺少评估所需完整材料无法进行评估或者认为影响评估结果，被执行人未能提供且人民法院无法调取补充材料的，人民法院应当通知评估机构根据现有材料进行评估，并告知当事人因缺乏材料可能产生的不利后果。

评估机构根据现有材料无法出具评估报告的，经申请执行人书面申请，人民法院可以根据具体情况以适当高于执行费用的金额确定起拍价，但是股权所在公司经营严重异常，股权明显没有价值的除外。

依照前款规定确定的起拍价拍卖的，竞买人应当预交的保证金数额由人民法院根据实际情况酌定。

第十三条 人民法院拍卖被执行人的股权，应当采取网络司法拍卖方式。

依据处置参考价并结合具体情况计算，拍卖被冻结股权所得价款可能明显高于债权额及执行费用的，人民法院应当对相应部分的股权进行拍卖。对相应部分的股权拍卖严重减损被冻结股权价值的，经被执行人书面申请，也可以对超出部分的被冻结股权一并拍卖。

第十四条 被执行人、利害关系人以具有下列情形之一为由请求不得强制拍卖股权的，人民法院不予支持：

（一）被执行人未依法履行或者未依法全面履行出资义务；

（二）被执行人认缴的出资未届履行期限；

（三）法律、行政法规、部门规章等对该股权自行转让有限制；

（四）公司章程、股东协议等对该股权自行转让有限制。

人民法院对具有前款第一、二项情形的股权进行拍卖时，应当在拍卖公告中载明被执行人认缴出资额、实缴出资额、出资期限等信息。股权处置后，相关主体依照有关规定履行出资义务。

第十五条 股权变更应当由相关部门批准的，人民法院应当在拍卖公告中载明法律、行政法规或者国务院决定规定的竞买人应当具备的资格或者条件。必要时，人民法院可以就竞买资格或者条件征询相关部门意见。

拍卖成交后，人民法院应当通知买受人持成交确认书向相关部门申请办理股权变更批准手续。买受人取得批准手续的，人民法院作出拍卖成交裁定书；买受人未在合理期限内取得批准手续的，应当重新对股权进行拍卖。重新拍卖的，原买受人不得参加竞买。

买受人明知不符合竞买资格或者条件依然参加竞买，且在成交后未能在合理期限内取得相关部门股权变更批准手续的，交纳的保证金不予退还。保证金不足以支付拍卖产生的费用损失、弥补重新拍卖价款低于原拍卖价款差价的，人民法院可以裁定原买受人补交；拒不补交的，强制执行。

——《最高人民法院关于人民法院强制执行股权若干问题的规定》（节选）（2021 年 12 月 20 日，法释〔2021〕20 号）。

（四）股权拍卖的几类特殊情形

1. 整体拍卖与分割拍卖股权。不得超标的处置被执行人的财产是执行程序中的一项重要规则。《最高人民法院关于人民法院民事执行中拍卖、变卖财产的规定》（以下简称《拍卖、变卖规定》）第 14 条规定，拍卖多项财产时，其中部分财产卖得的价款足以清偿债务和支付被执行人应当负担的费用的，对剩余的财产应当停止拍卖，但被执行人同意全部拍卖的除外。《最高人民法院关于人民法院强制执行股权若干问题的规定》（以下简称《强制执行股权规定》）第 13 条第 2 款在此基础上进行了细化，明确在拍卖股权前，依据处置参考价并结合具体情况计算，拍卖被冻结股权所得价款可能明显高于债权额及执行费用的，应当对相应部分的股权进行拍卖，以避免超标的拍卖股权损害被执行人合法权益。此处的"结合具体情况"主要是指人民法院在拍卖前要根据公司经营状况、股价市场行情、拍卖溢价降价情况，以及分割拍卖与整体拍卖对股权价额的影响等因素综合考虑。同时，由于股权转让可能存在"控制权溢价"，如果对相应部分的股权拍卖严重减损被冻结股权价值，被执行人书面申请人民法院对全部被冻结股权进行拍卖的，人民法院也可以一并拍卖。

2. 瑕疵出资、未届出资期限股权的拍卖。对于被执行人瑕疵出资或者未届出资期限的股权，因其仍然具有价值，所以人民法院可以对其采取强制拍卖措施。对此，《强制执行股权规定》第 14 条第 1 款予以明确。问题在于，对于前述股权强制拍卖后，后续出资义务应当如何承担？为最大限度降低强制执行股权对公司、公司其他股东和公司债权人权益的影响，严格遵循有关公司法律制度，《强制执行股权规定》第 14 条第 2 款规定，前述股权处置后，相关主体依照有关规定履行出资义务。此处的"有关规定"，对于瑕疵出资的股权，主要是指《最高人民法院关于适用〈中华人民共和国公司法〉若干问题的规定（三）》第 18 条的规定。对于未届出资期限的股权，股权转让后，后续出资义务应当如何承担，现行法律、司法解释并未明确规定，实践中存在很大争议。起草过程中，有观点认为，人民法院强制执行此类股权时，原股东的出资义务尚未届期，股权被强制转让后，原股东不应再承担后续出资义务。也有观点认为，出资义务是股东对公司、其他股东的恒定义务，无论该出资义务是否已届期，都不因股权转让而消除，原股东仍应承担出资义务。还有观点认为，这一问题比较复杂，不宜在有关强制执行股权的司法解释中规定，而应当留待《公司法》及其司法解释予以明确，在《强制执行股权规定》中只要明确依照"有关规定"处理即可。《强制执行股权规定》最终采纳了最后一种意见。事实上，对于上述问题，《公司法（修订草案）》在第89条作出以下规定："股东转让已认缴出资但未届缴资期限的股权的，由受让人承担缴纳该出资的义务。股东未按期足额缴纳出资或者作为出资的非货币财产的实际价额显著低于所认缴的出资额，即转让股权的，受让人知道或者应当知道存在上述情形的，在出资不足的范围内与该股东承担连带责任。"

3. 自行转让受限股权的拍卖。依照《公司法》第141条的规定，股份有限公司发起人及董事、监事、高级管理人员持有的股权，在特定期限或特定比例内应当限制转让。该规定的立法目的在于防止前述人员投机牟利，损害其他股东利益。但是，在前述人员对外负有债务，人民法院为保护债权人利益，将前述人员持有的股权强制变价清偿债务的，不存在投机牟利问题，并不违反《公司法》的立法目的。相应的，公司章程、股东协议对股权转让所作的限制，是公司股东之间的内部约定，同样也不能对抗人民法院的强制执行。基于上述考虑，《强制执行股权规定》第14条第1款第3项、第4项明确对于前述股权，人民法院可以强制拍卖。当然，为尽可能降低强制处置股权对公司和其他股东的影响，买受人竞得股权后仍应当继续遵守有关限制股权转让的法律规定或者约定。

4. 前置审批类股权的拍卖。根据《证券法》《保险法》《商业银行法》《企业国有资产法》等法律规定，证券公司、保险公司、商业银行、国有企业等转让一定比例的股权前须经相关部门审批。人民法院对这类股权进行拍卖的，竞买人也应当符合相应的资格或条件。问题在于，应当要求竞买人在参与竞拍前即获得审批，还是可以在竞买成功后再获得审批？如果是后者，竞买人在竞买成功后未获审批的，应当如何处理？在起草过程中主要有两种观点：

一种观点认为，在拍卖前人民法院只要明示竞买人应有相应资格和条件即可，竞买人在竞买成功后自行办理审批手续。获得审批的，人民法院出具成交裁定书；未获审批的，人民法院对股权重新进行拍卖。此种方式的优势在于，可以提高拍卖效率，确保充分竞价，最大限度实现股权价值。劣势在于，此种方案会出现竞买人在竞买成功后因无法获得审批而导致重新拍卖的问题。另外一种观点认为，只有获得相关部门审批的竞买人才可以参加竞买，此种方式的优势在于，能够确保竞买成功的竞买人已获得审批资格，尽可能避免重新拍卖情形的出现。劣势在于：一是在竞买前即限定竞买人的资格，合理性存疑，且会导致股权拍卖竞价不充分，可能会存在暗箱操作；二是由审批部门对所有竞买人的资格进行审核，实际操作上并不可行，征求意见时，相关部门也提出这样的意见；三是即使在竞买前已获得审批，在竞买成功后办理变更登记时，也可能会因种种原因出现不能办理变更登记的情形。基于上述考虑，《强制执行股权规定》第15条最终采纳了第一种观点。

另外，根据《强制执行股权规定》第15条第3款规定，对于买受人明知不符合竞买资格或者条件依然参加竞买，且在成交后未能在合理期限内取得相关部门股权变更批准手续的，要参照悔拍处理，交纳的保证金不予退还。如果保证金不足以支付拍卖费用损失和两次拍卖差价的，是否需要原买受人补交？依照《拍卖、变卖规定》第22条的规定，人民法院是可以责令买受人补交的。由于《拍卖、变卖规定》对此问题已有规定，所以之后出台的《最高人民法院关于人民法院网络司法拍卖若干问题的规定》第24条对此问题未再规定，由此在实践中产生了误解和争议。有观点据此认为保证金不足以支付费用损失和两次拍卖差价的，无需原买受人补交。对此，《强制执行股权规定》第15条第3款再次明确，保证金不足以支付的，可以裁定原买受人补交；拒不补交的，强制执行，以重申最高人民法院对于悔拍保证金问题一贯的态度。

——何东宁、邵长茂、刘海伟、王赫：《〈最高人民法院关于人民法院强制执行股权若干问题的规定〉的理解与适用》，载《中国应用法学》2022年第2期。

112.人民法院执行国有股和社会法人股，必须进行拍卖

陕西省高级人民法院：

你院就如何适用《最高人民法院关于冻结、拍卖上市公司国有股和社会法人股若干问题的规定》第八条第三款的问题向我院请示。经研究，答复如下：

《最高人民法院关于冻结、拍卖上市公司国有股和社会法人股若干问题的规定》第八条第三款明确规定，人民法院执行股权，必须进行拍卖。你院应严格按照该规定执行。

此复

——《最高人民法院执行工作办公室致陕西省高级人民法院的复函》(2005年8月23日，〔2005〕执他字第10号)，载江必新主编：《人民法院执行工作规范全集》，人民法院出版社2017年版，第566页。

《最高人民法院关于冻结、拍卖上市公司国有股和社会法人股若干问题的规定》第八条第三款明确规定，人民法院执行股权，必须进行拍卖。从该规定内容看，对上市公司国有股和社会法人股变价，人民法院只能拍卖，不能未经拍卖而直接变卖。该规定是针对股权变价的特殊情况作出的。一方面，相对于动产、不动产而言，股权的价值比较难评估，不同的评估机构对同一股权所作的评估结果往往相差较大。因此，如果不经拍卖程序而直接对股权进行变卖，则变卖价格的公正性、合理性令人质疑，而拍卖最有利于体现财产的真正价值，使执行标的物卖到最高价格。另一方面，为了防止国有资产流失和损害第三人利益。如果允许不经拍卖而直接变卖，会给双方当事人串通故意压低股权价格提供可乘之机，从而造成国有资产流失。如果还有其他债权人，可能会损害其利益。

有关拍卖和变卖的顺序问题，《最高人民法院关于人民法院执行工作若干问题的规定（试行）》第四十八条 [1] 规定，被执行人申请对人民法院查封的财

---

[1] 现为《最高人民法院关于人民法院执行工作若干问题的规定（试行）》（2020年修正）第三十三条。

产自行变卖的，人民法院可以准许；《最高人民法院关于人民法院民事执行中拍卖、变卖财产的规定》第三十四条①第一款规定：对查封、扣押、冻结的财产，当事人双方及有关权利人同意变卖的，可以变卖。从上述两条法律规定看，拍卖是原则，但在符合一定条件的情况下也可以直接变卖。如果本案的执行标的物不是上市公司的社会法人股，那么根据上述两条法律规定，陕西高院的第一种意见是正确的，即在双方当事人和有关权利人同意的情况下，可以不经拍卖而直接变卖给长安信息公司或者其他第三人。由于本案的执行标的物是上市公司的社会法人股，而《最高人民法院关于冻结、拍卖上市公司国有股和社会法人股若干问题的规定》是专门针对冻结、拍卖上市公司国有股和社会法人股所作的规定，根据特别法优于普通法的原则，本案应当优先适用《最高人民法院关于冻结、拍卖上市公司国有股和社会法人股若干问题的规定》第八条的规定。另外，《最高人民法院关于人民法院民事执行中拍卖、变卖财产的规定》第三十三条②也明确规定，在执行程序中拍卖上市公司国有股和社会法人股的，适用《最高人民法院关于冻结、拍卖上市公司国有股和社会法人股若干问题的规定》。

——王惠君：《关于陕西省高级法院就〈最高人民法院关于冻结、拍卖上市公司国有股和社会法人股若干问题的规定〉第八条第三款如何适用问题的请示案》，载最高人民法院执行工作办公室编：《执行工作指导》2006年第1辑（总第17辑），人民法院出版社2006年版，第66~69页。

113.在被执行人仍有其他财产可供执行的情况下不宜执行其持有的上市公司国有股

甘肃省高级人民法院：

你院甘高法〔2002〕224号请示报告收悉，经研究现答复如下：

甘肃皇台酿造（集团）有限责任公司（下称皇台集团）将股权划转到北京皇台商贸公司（下称皇台商贸），系经甘肃省政府和财政部批准以划转的方

---

①　现为《最高人民法院关于人民法院民事执行中拍卖、变卖财产的规定》（2020年修正）第三十一条。

②　现为《最高人民法院关于人民法院民事执行中拍卖、变卖财产的规定》（2020年修正）第三十条。

式进行的，受让方皇台商贸不需向皇台集团支付对价。该划转行为是政府为实现企业跨地区发展战略需要的一种行为，不宜认定是当事人规避法律，逃避债务的行为，应当予以维持。皇台集团曾提出以成品酒等财产偿还债务，债权人拒绝接受，但执行法院应当执行该财产，以变价款清偿债务。根据《最高人民法院关于冻结、拍卖上市公司国有股和社会法人股若干问题的规定》第8条的规定，在皇台集团仍有其他财产可供执行的情况下，为维护广大股民的投资利益，维护证券市场的稳定，不宜执行股权。

请你院接此函后即解除对皇台集团所持有的皇台酒业股权的查封措施，通过对皇台集团其他财产的处理来实现债权人的债权。

——《最高人民法院执行工作办公室关于在被执行人仍有其他财产可供执行的情况下不宜执行其持有的上市公司国有股有关问题的答复》（2003年11月4日，〔2003〕执他字第8号），载江必新主编：《人民法院执行工作规范全集》，人民法院出版社2017年版，第559页。

5. 对证券及其交易结算资金的执行

114.被执行人在证券公司和登记结算机构的自营结算备付金等专项资金，人民法院不得冻结和扣划

六、证券登记结算机构依法按照业务规则收取并存放于专门清算交收账户内的下列资金，不得冻结、扣划：

（一）证券登记结算机构设立的资金集中交收账户、专用清偿账户内的资金。

（二）证券登记结算机构依法收取的证券结算风险基金和结算互保金。

（三）证券登记结算机构在银行开设的结算备付金专用存款账户和新股发行验资专户内的资金，以及证券登记结算机构为新股发行网下申购配售对象开立的网下申购资金账户内的资金。

（四）证券公司在证券登记结算机构开设的客户资金交收账户内的资金。

（五）证券公司在证券登记结算机构开设的自营资金交收账户内最低限额自营结算备付金及根据成交结果确定的应付资金。

——《最高人民法院等关于查询、冻结、扣划证券和证券交易结算资金有关问题的通知》（节选）（2008 年 1 月 10 日，法发〔2008〕4 号）。

809.【不得冻结、扣划的资金】

证券登记结算机构依法按照业务规则收取并存放于专门清算交收账户内的下列资金，不得冻结、扣划：

（一）证券登记结算机构设立的资金集中交收账户、专用清偿账户内的资金；

（二）证券登记结算机构依法收取的证券结算风险基金和结算互保金；

（三）证券登记结算机构在银行开设的结算备付金专用存款账户和新股发行验资专户内的资金，以及证券登记结算机构为新股发行网下申购配售对象开立的网下申购资金账户内的资金；

（四）证券公司在证券登记结算机构开设的客户资金交收账户内的资金；

（五）证券公司在证券登记结算机构开设的自营资金交收账户内最低限额自营结算备付金及根据成交结果确定的应付资金。

——最高人民法院执行局编：《人民法院办理执行案件规范（第二版）》，人民法院出版社 2022 年版，第 337 页。

115.关于冻结、扣划被风险处置证券公司客户证券交易结算资金的问题

一、关于涉及客户证券交易结算资金的冻结与扣划事项，应严格按照《证券法》、最高人民法院《关于冻结、扣划证券交易结算资金有关问题的通知》（法〔2004〕239 号）、最高人民法院、最高人民检察院、公安部、中国证券监督管理委员会《关于查询、冻结、扣划证券和证券交易结算资金有关问题的通知》（法发〔2008〕4 号）、最高人民法院《关于依法审理和执行被风险处置证券公司相关案件的通知》（法发〔2009〕35 号）的相关规定进行。人民法院在保全、执行措施中违反上述规定冻结、扣划客户证券交易结算资金的，

应坚决予以纠正。

二、在证券公司行政处置过程中，按照国家有关政策弥补客户证券交易结算资金缺口是中国证券投资者保护基金有限责任公司（以下简称保护基金公司）的重要职责，被风险处置证券公司的客户证券交易结算资金专用存款账户、结算备付金账户内资金均属于证券交易结算资金，保护基金公司对被风险处置证券公司因违法冻结、扣划的客户证券交易结算资金予以垫付弥补后，取得相应的代位权，其就此主张权利的，人民法院应予支持。被冻结、扣划的客户证券交易结算资金已经解冻并转入管理人账户的，经保护基金公司申请，相关破产案件审理法院应当监督管理人退回保护基金公司专用账户；仍处于冻结状态的，由保护基金公司向相关保全法院申请解冻，保全法院应将解冻资金返还保护基金公司专用账户；已经扣划的，由保护基金公司向相关执行法院申请执行回转，执行法院应将退回资金划入保护基金公司专用账户。此外，被冻结、扣划客户证券交易结算资金对应缺口尚未弥补的，由相关行政清理组申请保全或者执行法院解冻或退回。

——《最高人民法院关于部分人民法院冻结、扣划被风险处置证券公司客户证券交易结算资金有关问题的通知》（2010年6月22日，〔2010〕民二他字第21号）。

116.不经计算直接冻结全部股票，构成超标的额保全，裁定解除冻结

第一条 人民法院要求证券登记结算机构或者证券公司协助冻结债务人持有的上市公司股票，该股票已设立质押且质权人非案件保全申请人或者申请执行人的，适用本意见。

人民法院对前款规定的股票进行轮候冻结的，不适用本意见。

第二条 人民法院冻结质押股票时，在协助执行通知书中应当明确案件债权额及执行费用，证券账户持有人名称（姓名）、账户号码，冻结股票的名称、证券代码，需要冻结的数量、冻结期限等信息。

前款规定的需要冻结的股票数量，以案件债权额及执行费用总额除以每股股票的价值计算。每股股票的价值以冻结前一交易日收盘价为基准，结合股票市场行情，一般在不超过20%的幅度内合理确定。

第三条　证券登记结算机构或者证券公司受理人民法院的协助冻结要求后，应当在系统中对质押股票进行标记，标记的期限与冻结的期限一致。

其他人民法院或者其他国家机关要求对已被标记的质押股票进行冻结的，证券登记结算机构或者证券公司按轮候冻结依次办理。

第六条　质押股票在系统中被标记后，质权人持有证明其质押债权存在、实现质押债权条件成就等材料，向人民法院申请以证券交易所集中竞价、大宗交易方式在质押债权范围内变价股票的，应当准许，但是法律、司法解释等另有规定的除外。人民法院将债务人在证券公司开立的资金账户在质押债权、案件债权额及执行费用总额范围内进行冻结后，应当及时书面通知证券登记结算机构或者证券公司在系统中将相应质押股票调整为可售状态。

质权人申请通过协议转让方式变价股票的，人民法院经审查认为不损害案件当事人利益、国家利益、社会公共利益且在能够控制相应价款的前提下，可以准许。

质权人依照前两款规定自行变价股票的，应当遵守证券交易、登记结算相关业务规则。

第八条　在执行程序中，人民法院可以对在系统中被标记的质押股票采取强制变价措施。

第九条　在系统中被标记的任意一部分质押股票解除质押的，协助冻结的证券登记结算机构或者证券公司应当将该部分股票调整为冻结状态，并及时通知人民法院。

冻结股票的数量达到人民法院要求冻结的数量后，证券登记结算机构或者证券公司应当及时通知人民法院。人民法院经审查认为冻结的股票足以实现案件债权及执行费用的，应当书面通知证券登记结算机构或者证券公司解除对其他股票的标记和冻结。

——《最高人民法院、最高人民检察院、公安部、中国证券监督管理委员会关于进一步规范人民法院冻结上市公司质押股票工作的意见》（2021 年 3 月 1 日，法发〔2021〕9 号）

《最高人民法院、最高人民检察院、公安部、中国证券监督管理委员会关于进一步规范人民法院冻结上市公司质押股票工作的意见》（以下简称《质押股票意见》)第六条第一款中规定，人民法院在准许质权人自行变价股票时冻结债务人的资金账户。如此规定主要是基于两点考虑：（1）冻结资金账户的目的是防止股票变价款进入资金账户后被恶意转移。但按照《质押股票意见》确定的新型冻结方式技术实现路径，人民法院冻结质押股票后，并非所有的质权人都会申请自行变价股票，冻结质押股票时提前冻结资金账户，不仅必要性不足，而且也会徒增执行成本。（2）对于实践中存在的，甲法院在先冻结了质押股票但未冻结资金账户或者轮候冻结资金账户，乙法院在先冻结了资金账户但未冻结或者轮候冻结质押股票，股票变价款进入资金账户后应该如何处理的问题，我们认为，参照相关法律、司法解释规定并考虑到资金账户的特殊性，在这种情况下，冻结质押股票的效力应当及于进入资金账户的股票变价款，甲法院对变价款为在先冻结，相关法院可以依此进行解决。当然，为尽可能减少争议，执行法院在冻结质押股票尤其是通过证券公司协助冻结质押股票时，可以一并冻结债务人在证券公司的资金账户。

《意见》之所以区分"标记"和"冻结"，主要是基于两个方面的考虑：一方面，刚才提到，在传统冻结方式下，为保障案件债权人合法权益，执行法院一般会尽量多地冻结债务人持有的质押股票，这不仅存在超标的额冻结的风险，而且在上市公司将这一情况进行披露后还会引发市场恐慌。为此，《意见》第二条规定，人民法院冻结质押股票时，只要按照冻结非质押股票的计算方式在协助执行通知书中载明需要冻结的股票数量即可。股票冻结后，任意一部分质押股票解除质押的，协助机关即在系统中将该部分股票调整为冻结状态，并可以通过邮寄、电话等方式及时通知人民法院，直至满足人民法院需要冻结的数量为止。另一方面，为防止债务人与质权人恶意串通，擅自转让股票规避执行，人民法院也需要对质押股票进行一定程度的控制，由协助机关在系统中对这些股票进行标记。这不仅可以防止债务人、质权人任意处置股票，而且上市公司在披露冻结情况时，也可以全面、准确地描述质押股票的冻结现状，给市场主体更加清晰、准确的预期。综上，关于"标记"和"冻结"的关系，可以简单概括为"冻结"是目的，"标记"是实现冻结这一目的的手段。

关于"标记"的效力，《意见》第三条、第六条、第八条作了明确规定：一是，对已被标记的质押股票，质权人可以申请自行变价，但是法律、司法解释另有规定的除外。二是，其他人民法院或者其他国家机关对已被标记的股票进行冻结的，协助机关按照轮候冻结办理。三是，人民法院可以在执行程序中对被标记的股票进行强制变价，目的是防止实践中质权人既不申请自行变价也不解除对股票的质押，妨碍执行程序正常推进、损害案件债权人合法权益等情形的出现。

——《四单位相关部门负责人就〈最高人民法院、最高人民检察院、公安部、中国证券监督管理委员会关于进一步规范人民法院冻结上市公司质押股票工作的意见〉答记者问》(2021年3月1日)。

6. 对债权及收入的执行

117. 执行程序中能否扣划离退休人员离休金、退休金清偿其债务

780.【离休金、退休金、养老金】

对于离休金、退休金、养老金，在留出必要的生活费用外，人民法院可以作为被执行人的财产予以执行。

——最高人民法院执行局编：《人民法院办理执行案件规范（第二版）》，人民法院出版社2022年版，第326页。

天津市高级人民法院：

你院津高法〔2001〕28号《关于劳动保障部门应依法协助人民法院扣划被执行人工资收入的请示》收悉。经研究，答复如下：

为公平保护债权人和离退休债务人的合法权益，根据《民法通则》和《民事诉讼法》的有关规定，在离退休人员的其他可供执行的财产或者收入不足偿还其债务的情况下，人民法院可以要求其离退休金发放单位或者社会保障机构协助扣划其离休金或退休金，用以偿还该离退休人员的债务。上述单位或者机构应当予以协助。

人民法院在执行时应当为离退休人员留出必要的生活费用。生活费用标

准可参照当地的有关标准确定。

——《最高人民法院研究室关于执行程序中能否扣划离退休人员离休金退休金清偿其债务问题的答复》（2002年1月30日，法研〔2002〕13号），载江必新主编：《人民法院执行工作规范全集》，人民法院出版社2017年版，第478页。

118.住房公积金能否强制划拨

686.【住房公积金】

被执行人符合国务院《住房公积金管理条例》第二十四条规定的提取职工住房公积金账户内的存储余额的条件的，在保障被执行人依法享有的基本生活及居住条件的情况下，人民法院可以对被执行人住房公积金账户内的存储余额强制执行。

——最高人民法院执行局编：《人民法院办理执行案件规范（第二版）》，人民法院出版社2022年版，第290页。

安徽省高级人民法院：

你院〔2012〕皖执他字第00050号《关于强制划拨被执行人住房公积金问题的请示报告》收悉。经研究，答复如下：

根据你院报告中所述事实情况，被执行人吴某某已经符合国务院《住房公积金管理条例》第二十四条规定的提取职工住房公积金账户内的存储余额的条件，在保障被执行人依法享有的基本生活及居住条件的情况下，执行法院可以对被执行人住房公积金账户内的存储余额强制执行。

此复

——《最高人民法院执行局〔2013〕执他字第14号函》（2013年7月31日），载江必新、刘贵祥主编，最高人民法院执行局编：《执行工作指导》2014年第1辑（总第49辑），人民法院出版社2014年版，第101页。

住房公积金能否强制执行存在争议，从现有法律、行政法规、司法解释中，找不到直接的法律依据。从最高人民法院此前处理相关案件的做法看，一直持有较为保守的态度，在个案中没有明确住房公积金可以强制执行，但也未明确表示禁止。最高人民法院在〔2006〕执他字第9号对福建省高级人民法院的请示答复中表示："依据《住房公积金管理条例》第三条的规定，住房公积金是职工个人缴存或其所在单位为其缴存的住房储备金，虽属于职工个人所有，但适用范围上受严格限制。因住房公积金问题复杂，涉及面广，政策性强，在法律、法规未作出进一步明确规定前，不宜轻易强制执行。对你院请示的个案，请根据上述精神自行处理。"此后，在〔2012〕执他字第5号对山东省高级人民法院的请示答复中则认为："住房公积金问题复杂，涉及民生，政策性强。在法律、法规未作进一步的明确规定之前，关于住房公积金的执行问题，执行法院应确保住房公积金对案涉当事人的基本住房保障功能，在充分调查研究的基础上，本着审慎原则，依法妥善处理。"

最高人民法院执行局认为，综合考虑各方面情况，如果符合《住房公积金管理条例》第24条规定的提取条件的情形下，法院可以强制执行，住房公积金管理部门应当依法协助执行；其他虽然不符合提取条件，但是已经丧失了保障性质的情形，鉴于目前没有明确的法律规定，实践中做法也并不统一，需要谨慎对待，妥善处理与行政管理权之间的协调关系，因此在答复中没有涉及此类情形。在执行实践中，在部分地方法院已经取得突破的基础上，鼓励各地法院根据本地区具体情况与住房公积金中心积极探索，对住房公积金的执行制定操作规范。

在本请示涉及的具体执行案件中，被执行人吴某某已经退休，符合《住房公积金管理条例》第24条第2项规定的提取条件，应当可以强制执行。但具体执行过程中需要注意的是，对住房公积金执行的前提条件是需要保障当事人及其所扶养家属的基本居住权利。

——潘勇锋：《关于强制执行住房公积金问题的研究——关于能否强制划拨被执行人住房公积金问题请示案的分析》，载江必新、刘贵祥主编，最高人民法院执行局编：《执行工作指导》2014年第1辑（总第49辑），人民法院出版社2014年版，第94页。

119.受害人死亡后，生效判决确定的以定额方式计算的残疾赔偿金和护理费如何执行

内蒙古自治区高级人民法院：

你院《关于申诉人田秋来执行申诉一案的请示》收悉，经我院民事行政审判专业委员会讨论，现就相关法律问题提出如下意见：

一、生效判决以定额方式计算的残疾赔偿金，与受害人实际生存年限没有关联，受害人死亡后，残疾赔偿金作为受害人的财产权利，可以继承，继承人可依法申请继续按照生效判决确定的数额执行。

二、受害人死亡后，护理费不再产生，故尚未支付的护理费具有人身专属性，参照《中华人民共和国民事诉讼法》第二百五十七条①关于追索赡养费、扶养费、抚育费案件的权利人死亡，执行程序应当终结的规定，受害人死亡后，不再继续执行。

三、就本案的处理，已经执行的超过受害人实际生存年限的护理费，不再退还。

此复

——《最高人民法院对内蒙古自治区高级人民法院〈关于申诉人田秋来执行申诉一案的请示〉的答复》[2020年6月29日，（2020）最高法执他1号]。

120.死亡赔偿金不能作为执行财产

问题：在一起债务纠纷案件中，被告婚前欠原告2.2万元货款，已经进入执行程序，执行了2000元。后来，被告与他人结婚，在婚姻关系存续四年后，一次，被告骑摩托车上山采集山产品回家的途中，被某林场在道路上设置的检查栏杆撞死，该林场与死者家属协商并给付死者家属死亡赔偿金22万元。被告死亡后，留下的财产不足清偿原告的债务，且被告没有任何抚养人和赡养的人。

---

① 现为《民事诉讼法》（2023年修正）第二百六十四条。

请问：这笔死亡赔偿金能否作为执行款给付原告？法律依据是什么？

《人民司法》研究组认为：根据最高人民法院《人身损害赔偿解释》的规定，死亡赔偿金是对受害人死亡导致的财产损失的赔偿，应当以家庭整体收入的减少为标准进行计算。也就是说死亡赔偿金是对于具有经济性同一体性质的受害人家庭未来收入损失的赔偿，其前提当然是受害人因侵权事件而死亡。从时间顺序来看，应当是死亡事件发生在先，对由此产生的各项财产损失的损害赔偿请求权发生在后。死亡赔偿金在内容上是对构成经济性同一体的受害人近亲属未来收入损失的赔偿，其法律性质为财产损害赔偿，其赔偿请求权人为具有"钱袋共同"关系的近亲属，是受害人近亲属具有人身专属性质的法定赔偿金。因此，死亡赔偿金不是遗产，不能作为遗产继承，死亡人的债权人也不能主张受害人近亲属在获赔死亡赔偿金的范围内清偿受害人生前所欠债务。因此，我们认为，来信提到的案件中，该笔死亡赔偿金不能作为执行款给付原告。

——《人民司法·应用》2010 年第 11 期。

121.执行依据未明确认定申请执行人的债权对执行标的优先受偿的处理

实践中，有些执行依据只是确定了申请执行人的债权成立，并未在主文中明确认定申请执行人的债权对执行标的优先受偿，但根据法律、司法解释规定，其对执行标的应当享有优先受偿权。常见的情形例如，人民法院在民事调解书中，确定了申请执行人建设工程价款的数额，但未明确认定该工程款债权对建设工程变价款具有优先受偿的顺位。这种情形对优先受偿权案件的执行带来一些问题。申请执行人的债权是否能就执行标的价值优先受偿，实践中认识不一。

申请执行人对执行标的是否享有优先受偿权，应当根据权利的性质和法律、司法解释的规定认定，执行依据如果确认债权成立，即使没有在主文中明确表明其优先受偿的顺位，人民法院在执行程序中如确属办案需要，也应依法认定该权利是否具有优先受偿的属性。执行依据没有对债权优先受偿问题明确表态的原因有多种。有的情况是债权本身已经丧失优先受偿的条件；

有的情况是不需要对优先受偿问题作专门说明等。如果执行依据对申请执行人不具备优先受偿权的问题已作认定或阐述理由，执行程序不得再认定申请执行人享有优先受偿权。如果执行依据对债权是否优先受偿并未提及，则需根据案件具体情况分析。优先受偿权如果成立，其优先顺位系法律规定所赋予，在执行中若不予保护，有违法律、司法解释规定。而且，有的优先受偿权受法律、司法解释规定条件的限制，并非在任何情况下都能行使。这就需要人民法院根据相关规定，判断优先受偿权行使的条件是否成就。执行依据没有明确表明债权优先受偿的，并不意味着申请执行人就此丧失对执行标的的优先受偿权。执行法院应当结合执行依据的裁判内容，区分情况，根据法律、司法解释的规定，判断申请执行人对执行标的的优先受偿权是否成立。经审查，申请执行人对执行标的依法享有优先受偿权的，执行法院应予认定。

——江必新、刘贵祥主编，最高人民法院执行局编著：《最高人民法院办理执行异议和复议案件若干问题规定理解与适用》，人民法院出版社 2015 年版，第 410~411 页。

（十八）非金钱给付请求权的执行

122.执行探望权案件应着重把握的两个问题

在司法实践中，适用本条所遇到的一个突出问题，就是如何处理好探望权案件的执行问题。探望权是指夫妻离婚后，没有与子女共同生活的父或母一方，基于亲权和血缘关系，有关心、探望未与其共同生活子女的权利。探望权执行案件是指申请人以要求原配偶容忍并协助其探视子女为内容的案件。对于执行探望权案件应着重把握以下两个问题：

一、探望权执行案件的特点

（1）探望权案件的执行具有长期性和反复性。因为，申请执行人并不满足于一次性的探望，而是每隔一段时间的持续性的探望；被执行人可能偶尔满足申请人的一次要求，但却可能拒绝再次探望的要求。（2）执行目的是排除妨碍。探望权纠纷案件发生的原因在于出现了与子女共同生活的一方阻碍未与子女共同生活的一方探视子女，对此类案件强制执行的目的在于排除该妨碍，以保障未与子女共同生活的一方对子女的监护权得以实现。（3）探望权案件的被执行人是不履行协助义务人。权利人探视的对象一般是未成年的子女，其实际上却经常受与其共同生活的父或母的控制和支配，而与子女共同生活的父或母有义务协助权利人行使探望权。

二、对探望权案件如何执行

（1）在执行措施上，首先应当强调要多作说服教育工作，在教育无效的情况下可采取罚款、拘留等间接执行手段，并可按民事诉讼法的规定责令被执行人支付迟延履行金，迟延履行金的数额可根据被执行人拒绝探望的次数而加倍递增。如果被执行人无正当理由拒绝申请人探望申请的，法院可以根据申请执行人的申请变更监护权。（2）探望权案件的执行程序应当维持到子女成年时为止。也就是说，只要申请执行人向法院提出了申请，此案即进入执行程序，执行人员满足了申请执行人的一次探望请求后，并不意味着执行程序的结束，如果被执行人再次拒绝申请执行人探望要求，申请执行人可再次提出执行申请。子女成年后，因其已取得了完全的民事行为能力，执行已无依据，执行程序即告结束。

——江必新主编：《执行规范理解与适用——最新民事诉讼法与民诉法解释保全执行条文关联解读》，中国法制出版社2015年版，第412页。

123.替代履行的主体可以包括申请执行人

浙江东航建设集团有限公司执行申诉案［最高人民法院（2010）执监字第183号驳回申诉通知书］

浙江东航建设集团有限公司：

你公司不服浙江省高级人民法院（下称浙江高院）〔2010〕浙执复字第12号执行裁定向本院申诉。经研究，最高人民法院认为：

一、你公司认为除案涉工程的标高及层高外，其他工程质量问题有能力进行加固和修复，并就其他工程质量问题提出了修复方案。但慈溪市慈吉教育集团（下称慈吉集团）要求你公司严格遵循设计图纸及施工技术标准全面修复工程，不接受你公司的方案，要求按原设计单位出具的方案修复。你公司也认为根据该方案修复费用太大而没有同意。你公司在执行中未能提出符合原设计要求的修复方案，不能达到判决要求的修复标准，且该修复行为在性质上并非只能由你公司完成。故本案替代履行的条件成就，根据《民事诉讼法》第 228 条[①]、最高人民法院《执行规定》第 60 条[②] 第 2 款，可以由有关单位或其他人代替你公司完成修复行为，费用由你公司承担。上述规定并未将申请执行人排除在替代履行的主体之外，本案由申请执行人自行修复不违背公平合理的原则，有利于案件执行，应予准许。

二、你公司承担修复费用与慈吉集团支付工程款均为金钱给付义务，依债务性质可以相互折抵。且折抵之后，有利于降低案件执行成本，浙江高院对此予以折抵并无不当，本院予以维持。修复费用的确定应以替代履行实际发生的费用为准。但从案涉工程原设计单位出具的修复方案和浙江省宁波市中级人民法院对该方案委托鉴定的结果看，修复费用大大超出工程造价。如委托第三方修复，你公司可能承担的费用远高于浙江两级法院执行裁定中要求你公司承担的数额。另外，慈吉集团提出愿意自行修复工程，修复费用以工程造价为限，属慈吉集团处分权利的行为，由此可能出现的风险也由慈吉集团自行承担。且你公司一直未能提出低于工程造价并能全面修复案涉工程质量问题的方案。执行法院在慈吉集团作出让步的基础上，根据公平合理的原则裁定你公司承担的修复费用以工程造价为限，与原设计单位的修复方案所需费用相比，较为公平合理。

综上所述，你公司的申诉请求不能成立，本院予以驳回。

——江必新主编，最高人民法院执行局编：《执行工作指导》2011 年第 1 辑（总第 37 辑），人民法院出版社 2011 年版，第 82~83 页。

《民事诉讼法》第 228 条和最高人民法院《执行规定》第 60 条第 2 款规定的替代履行主体为"有关单位或者其他人"。从整个条文的表述方式看，有

---

① 现为《民事诉讼法》（2023 年修正）第二百三十九条。
② 现为《最高人民法院关于人民法院执行工作若干问题的规定（试行）》（2020 年修正）第四十四条。

关单位或者其他人应指被执行人以外的单位或个人，没有将申请执行人排除在外。从申请执行人方面看，完成修复任务才是其申请执行的目的，至于由谁来实施修复行为，并不存在根本性的利害冲突。但考虑到申请执行人和案件存在利害关系，如其滥用权利，也可能导致被执行人承担过高的费用，损害被执行人利益。因此，由申请执行人替代履行应不违背公平合理的原则，并有利于案件执行。

本案中，虽然慈吉集团与案件有利害关系，但东航公司不能按判决要求全面修复工程，慈吉集团要求按原设计方案修复工程，是以生效判决为依据的。从宁波中院在审判程序中对原设计单位修复方案进行价格鉴定的结果看，按生效判决修复的费用远高于慈吉集团主张的费用。慈吉集团对修复费用的请求是作了让步的，而且及时修复工程也符合慈吉集团的利益。因此，结合本案的实际情况，由申请执行人自行修复工程并无不当。

——乔宇、仲相：《完成行为的替代履行问题——浙江东航建设集团有限公司执行申诉案评析》，载江必新主编，最高人民法院执行局编：《执行工作指导》2011 年第 1 辑（总第 37 辑），人民法院出版社 2011 年版，第 81 页。

124.人身不能强制执行

湖北省高级人民法院：

你院鄂高法（1998）107 号《关于刘某枝诉王某松、赖某煌、陈某娥等解除非法收养关系一案执行中有关问题的请示》报告收悉。经研究，答复如下：

武汉市青山区人民法院（1996）青民初字第 101 号民事判决书已经发生法律效力，依法应予执行。但必须注意执行方法，不得强制执行王某的人身。可通过当地妇联、村委会等组织在做好养父母的说服教育工作的基础上，让生母刘某枝将孩子领回。对非法干预执行的人员，可酌情对其采取强制措施。请福建高院予以协助执行。

——《最高人民法院执行办公室关于人身可否强制执行问题的复函》（1999 年 10 月 15 日，〔1999〕执他字第 18 号），载江必新主编：《人民法院执行工作规范全集》，人民法院出版社 2017 年版，第 751~754 页。

（十九）特殊案件的执行

1.财产保全与先予执行案件的执行

125.执行前的财产保全的申请与立案

862.【执行前保全】

法律文书生效后，进入执行程序前，债权人因对方当事人转移财产等紧急情况，不申请保全将可能导致生效法律文书不能执行或者难以执行的，可以向执行法院申请采取保全措施。债权人申请财产保全的，应当写明生效法律文书的制作机关、文号和主要内容，并附生效法律文书副本。

债权人申请财产保全的，人民法院可以不要求提供担保。

债权人在法律文书指定的履行期间届满后五日内不申请执行的，人民法院应当解除保全。

——最高人民法院执行局编：《人民法院办理执行案件规范（第二版）》，人民法院出版社 2022 年版，第 361 页。

126.再审程序中财产保全措施应否解除

864.【上诉、再审期间的保全】

对当事人不服一审判决提起上诉的案件，在第二审人民法院接到报送的案件之前，当事人有转移、隐匿、出卖或者毁损财产等行为，必须采取保全措施的，由第一审人民法院依当事人申请或者依职权采取。第一审人民法院的保全裁定，应当及时报送第二审人民法院。

第二审人民法院裁定对第一审人民法院采取的保全措施予以续保或者采取新的保全措施的，可以自行实施，也可以委托第一审人民法院实施。

再审人民法院裁定对原保全措施予以续保或者采取新的保全措施的，可以自行实施，也可以委托原审人民法院或者执行法院实施。

891.【再审期间的保全】

再审审查期间，债务人申请保全生效法律文书确定给付的财产的，人民法院不予受理。

再审审理期间，原生效法律文书中止执行，当事人申请财产保全的，人民法院应当受理。

——最高人民法院执行局编：《人民法院办理执行案件规范（第二版）》，人民法院出版社 2022 年版，第 362 页、第 372 页。

127.物业服务交接纠纷中，业主或业主委员会能否申请人民法院先予执行

有观点认为，因为若业主大会通过有关程序解除了与原物业企业的合同，或合同期届满，原企业拒绝撤出或拒不移交有关资料的，可认定为构成对小区物业管理的妨碍。原物业企业拒绝撤出或拒不移交有关资料，新物业企业不能进行有效物业管理，会造成保安、保洁、设备维护、车库管理等的混乱，甚至瘫痪，影响整个居民小区的工作、生活，影响整个社区的安宁，这种妨碍应属"需要立即排除的妨碍"。因此，符合《民事诉讼法》关于"情况紧急"的规定。[①] 对此，笔者认为，物业交接纠纷的产生很大程度上在于原物业服务人对于合同解除或合同终止的质疑。如原物业服务人提出了双方物业服务合同未依法解除的抗辩或提起了反诉要求继续履行合同，那么人民法院在审理案件过程中需要对双方合同是否已经解除进行审理，在此情况下如人民法院依原告的申请先予执行，则相当于变相确认了物业服务合同已经解除，不利于双方纠纷的解决，还会酿成更大的纠纷。如果原物业服务人对于合同解除并无异议，只是出于其他方面的考虑不愿配合交接也不继续提供服务，造成物业管理秩序混乱，影响业主基本的正常的生活，则人民法院可以根据案件的具体情况审查是否准许原告先予执行的申请。

——最高人民法院民法典贯彻实施工作领导小组主编：《中华人民共和国民法典合同编理解与适用》，人民法院出版社 2020 年版，第 2646~2647 页。

[①] 王洪宇：《物管交接纠纷法理评析与实务分析》，载《现代物业新建设》2008 年第 3 期。

128.人民法院对保管物采取保全措施或执行措施时保管费用的支付

关于人民法院对保管物采取保全措施或执行措施时，保管费用的问题，2019 年最高人民法院发布第 23 批第 121 号指导性案例。该指导性案例的裁判要点指出：财产保全执行案件的保全标的物系非金钱动产且被他人保管，该保管人依人民法院通知应当协助执行。当保管合同或者租赁合同到期后未续签，且被保全人不支付保管、租赁费用的，协助执行人无继续无偿保管的义务。保全标的物价值足以支付保管费用的，人民法院可以维持查封直至案件作出生效法律文书，执行保全标的物所得价款应当优先支付保管人的保管费用；保全标的物价值不足以支付保管费用，申请保全人支付保管费用的，可以继续采取查封措施，不支付保管费用的，可以处置保全标的物并继续保全变价款。人民法院在审理案件过程中应注意参照执行。

——最高人民法院民法典贯彻实施工作领导小组主编：《中华人民共和国民法典合同编理解与适用》，人民法院出版社 2020 年版，第 2370 页。

129.禁令制度与先予执行制度的区别

禁令制度与先予执行制度先予执行，是指法院在诉讼作出判决之前，申请人可以请求法院裁定债务人给付一定数额的金钱或其他财物，或者实施、停止某种行为。[①] 先予执行虽然也是临时性措施，同样适用于情况紧急的情形，但两者存在一定的区别：

1.适用范围不同。禁令适用于所有民商事案件，包括侵权案件，而先予执行仅适用于双方具有持续性关系，或者有在先合同关系的案件中，在侵权纠纷中无法适用先予执行制度。

2.适用条件不同。先予执行的适用要求在双方当事人之间的权利义务关系明确、债务人有履行能力、不先予执行将会给债权人的生产生活造成严重损失的情形下，而禁令制度则是为了制止紧迫的"不法"侵害行为。

3.制度功能不同。先予执行是为了使权利人的权利在判决之前全部或部

---

① 参见江伟、肖建国：《民事诉讼法》，中国人民大学出版社 2008 年版，第 244 页。

分地得到实现和满足，而禁令则是为了制止行为人的不法侵害行为。

4.制度目的不同。禁令制度作为行为保全制度的一种，其侧重于保全，对案件的实质不产生影响，而先予执行虽然不是对案件实质的最终解决，但其往往预示着庭审的可能结局。[①]

——最高人民法院民法典贯彻实施工作领导小组主编：《中华人民共和国民法典人格权编理解与适用》，人民法院出版社 2020 年版，第 98 页。

130.抵押权是否及于抵押财产被保全查封后租金的认定

甲公司与乙公司上海分行、丙公司等财产保全执行复议案［最高人民法院（2020）最高法执复 169 号执行裁定书］

裁判要旨：抵押权人因债务人不履行到期债务而提起诉讼，在诉讼阶段申请保全并查封了抵押财产，之后又申请保全抵押财产自查封之日起的租金的，人民法院应予支持。

最高人民法院经审理认为，《民事诉讼法》第 225 条[②]规定，当事人、利害关系人认为执行行为违反法律规定的，可以向负责执行的人民法院提出书面异议。本案争议的执行行为系上海市高级人民法院（2018）沪民初 38 号 -2 协助执行通知书，该行为发生于 2019 年 12 月，效果持续至今。该行为合法与否，需要依据当时施行的法律和现行法律进行审查判断。争议执行行为作出时仍在施行的《物权法》第 197 条第 1 款[③]规定："债务人不履行到期债务或者发生当事人约定的实现抵押权的情形，致使抵押财产被人民法院依法扣押的，自扣押之日起抵押权人有权收取该抵押财产的天然孳息或者法定孳息，但抵押权人未通知应当清偿法定孳息的义务人的除外。"2021 年 1 月 1 日起，《民法典》施行，《物权法》同时废止。《民法典》第 412 条第 1 款规定："债务人不履行到期债务或者发生当事人约定的实现抵押权的情形，致使抵押财产被人民法院依法扣押的，自扣押之日起，抵押权人有权收取该抵押财产的天然孳息或者法定孳息，但是抵押权人未通知应当清偿法定孳息义务

---

① 参见江伟、肖建国：《民事诉讼中的行为保全初探》，载《政法论坛》1994 年第 3 期。
② 现为《民事诉讼法》（2023 年修正）第二百三十六条。
③ 对应《民法典》第四百一十二条第一款。

人的除外。"该条规定与《物权法》第 197 条确定的规则完全一致。本案中，乙公司上海分行已经在上海市高级人民法院提起诉讼，要求主债务人清偿主债务，要求担保人承担担保责任，包括要求甲公司就其抵押财产承担抵押担保责任。虽然甲公司对乙公司上海分行的主债权和抵押权是否有效均提出了质疑，乙公司上海分行的相关诉讼请求亦未经人民法院生效判决确认，但至少证明债权人认为债务人不履行到期债务、抵押权已经到期，存在实现抵押权以担保主债权实现的现实必要，甲公司亦未提交证明债务尚未到期或者债务人已经履行到期债务的证据。同时，基于债权人乙公司上海分行的申请，上海市高级人民法院已于 2018 年 7 月保全查封了系争房产。租金属于系争房产的法定孳息。丁公司向长宁区人民法院代管款账户汇入的租金系 2018 年11 月至 2019 年 12 月租金，该租金的形成时间晚于上海市高级人民法院对系争房产的查封日期。因此，本案中，乙公司上海分行作为抵押权人，一旦其权利经过生效判决确认，其享有的抵押权将及于抵押财产自 2018 年 7 月之后产生的法定孳息，包括丁公司向长宁区人民法院代管款账户汇入的租金。在乙公司上海分行的相关权利未经生效裁判确认之前，法院根据乙公司上海分行的诉讼保全申请，依据保全甲公司名下财产的保全裁定，向长宁区人民法院发出协助执行通知书，对丁公司汇入的 2018 年 7 月之后的涉案租金予以保全，避免将来租金流失影响生效判决执行，符合诉讼保全的立法本意，也符合《物权法》第 197 条和《民法典》第 412 条的规定。复议申请人甲公司的复议申请，缺乏事实和法律依据，法院不予支持。因此，驳回了甲公司的复议申请，维持上海市高级人民法院第 1 号裁定。

——中国裁判文书网。

本案核心争议是乙公司上海分行享有的抵押权是否及于涉案租金，涉及两个关键问题：一是《民法典》第 412 条的"扣押"是否包括对不动产的"查封"，二是《民法典》第 412 条的"扣押"是否包括诉讼保全阶段的"扣押"。下面，从这两个层面对裁判理由作进一步说明。

一方面，从概念的演绎角度分析，《民法典》第 412 条的"扣押"应当包括对不动产的"查封"。《民法典》共有 5 个条文用到了"扣押"，分别是第399 条、第 412 条、第 423 条、第 724 条和第 896 条，其中第 412 条和第 896

条单独使用了"扣押"，其余3个条文均使用了"查封、扣押"。从字面理解，似乎《民法典》第412条单独使用"扣押"，有区别于"查封，扣押"的特殊含义，但实则不然。"查封"和"扣押"，主要源于《民事诉讼法》及其相关司法解释有关执行措施的规定。《民法典》有关查封和扣押的概念内涵，应该遵从民事执行的相关法律及司法解释的规定。1998年开始施行的《最高人民法院关于人民法院执行工作若干问题的规定（试行）》[以下简称《执行工作规定（试行）》]对"查封"和"扣押"作了区别，该规定第41条规定，"对动产的查封，应当采取加贴封条的方式。不便加贴封条的、应当张贴公告。"第42条规定："被查封的财产，可以指令由被执行人负责保管。如继续使用被查封的财产对其价值无重大影响，可以允许被执行人继续使用。因被执行人保管或使用的过错造成的损失，由被执行人承担。"第43条规定："被扣押的财产，人民法院可以自行保管，也可以委托其他单位或个人保管。对扣押的财产，保管人不得使用。"根据上述规定，"扣押"一般适用于剥夺被执行人对扣押物占有的情形，而"查封"一般适用于不剥夺被执行人对查封物占有的情形。2005年施行的《最高人民法院关于人民法院民事执行中查封、扣押、冻结财产的规定》（以下简称《查封、扣押、冻结规定》），规定了财产的查封、扣押和保管方法，不再强调"扣押'和"查封"的上述区别。2021年1月施行的《关于修改执行类司法解释的决定》，根据《查封、扣押、冻结规定》的相关条文，删除了1998年《执行工作规定（试行）》的上述三个条文，亦不再强调"扣押"和"查封"的区别。因此，虽然《民法典》第412条仅规定了"扣押"，没有使用"查封、扣押"的表述，但亦不必再强调其仅适用于剥夺被执行人对扣押物占有的情形，该规定可以适用于不剥夺被执行人对扣押物占有的情形，包括查封不动产并允许被执行人继续使用的情形。

另一方面，从实践适用角度分析，《民法典》第412条的"扣押"应当包括对不动产的"查封"。实践中，不动产抵押普遍存在。根据2020年《查封、扣押、冻结规定》第7条"查封不动产的，人民法院应当张贴封条或者公告，并可以提取保存有关财产权证照"，对于不动产的查封，原则上不剥夺被执行人对查封财产的占有。因此，如果将《民法典》第412条的"扣押"限定为仅适用于剥夺被执行人占有的情形，可能会将实践中普遍存在的不动产抵押排除在该条的适用范围之外，有违立法本意。此外，《查封、扣押、冻结规定》第10条第2款规定，"由人民法院指定被执行人保管的财产，如果继续使用对该财产的价值无重大影响，可以允许被执行人继续使用；由人民法院保管或者委托第三人、申请执行人保管的，保管人不得使用"。根据该规定，剥夺被执行人占有的查封、扣押财产，保管人不得使用，包括不得出租。因此，如果将《民法典》第412条的"扣押"限定于剥夺被执行人占有的情形，在"扣押"之后，基本上不会存在租金这种法定孳息，该条文几乎没有实际适用的可能，显然也违背了该条文的立法本意。

——邵长茂、薛圣海：《上海汉中皇国际物业管理有限公司与平安银行股份有限公司上海分行、宁夏盛世荣华投资管理有限公司等财产保全执行复议案——抵押权是否及于抵押财产被保全查封后租金的认定》，载中国应用法学研究所主编：《中华人民共和国最高人民法院案例选》（第六辑），法律出版社2022年版，第126~129页。

2. 仲裁裁决的执行

131.对于仲裁裁决、调解书的不予执行，应当严格遵循法定程序、适用法定情形。在法无明文规定的情况下，不得随意扩大不予执行的情形

问：对申请不予执行仲裁裁决案件的各种情形，审查时对实体问题也审查，还是根据法律规定仅仅进行程序上的审查？例如，发现债权人确实存在"套路贷"，利用优势地位迫使债务人同意仲裁调解或其他导致债务人意思表示不真实的情形，法院是否有权裁定不予执行，理由为何？

答：仲裁作为一种纠纷解决机制，是当事人意思自治的体现。仲裁裁决、调解书由仲裁机构适用法定程序作出，系具有强制执行力的生效法律文书。因此，人民法院应当尊重仲裁结果。对于仲裁裁决、调解书的不予执行，应当严格遵循法定程序、适用法定情形。在法无明文规定的情况下，不得随意扩大不予执行的情形。

《民事诉讼法》第二百三十七条^①规定了被申请人可以申请不予执行仲裁裁决的七项事由，其中前六项均为程序性事由，第七项为"人民法院认定执行该裁决违背社会公共利益的，裁定不予执行"。《最高人民法院关于人民法院办理仲裁裁决执行案件若干问题的规定》（法释〔2018〕5号）对相关情形的审查和认定标准进行了细化。该规定第十一条第一款规定："人民法院对被执行人没有申请的事由不予审查，但仲裁裁决可能违背社会公共利益的除外。"第十七条规定："被执行人申请不予执行仲裁调解书或者根据当事人之间的和解协议、调解协议作出的仲裁裁决，人民法院不予支持，但该仲裁调解书或者仲裁裁决违背社会公共利益的除外。"

因此，人民法院在审查不予执行仲裁裁决案件时，应当严格按照法律、司法解释规定的法定情形进行审查，以法律、司法解释规定的程序性事由审查为主。在对是否违背社会公共利益进行审查时，要注意对公共利益条款的适用范围加以严格限制。对于相关仲裁裁决、调解书仅可能损害特定债权人等特定主体利益，特定债权人亦可通过相关法定救济程序予以救济的，一般不宜将其视为损害社会公共利益，避免公共利益条款的适用尺度过宽。但如果债权人在借贷过程中确实存在利用自身优势地位实施"套路贷"等情形，违反法律、行政法规强制性规定，给债务人及社会稳定带来了不利影响的，人民法院可以以仲裁裁决、调解书违背社会公共利益为由，对仲裁裁决、调解书进行必要的审查并裁定不予执行，以维护当事人合法权益和社会公共利益，进一步推动仲裁行业的规范发展。

——薛圣海、何东奇：《执行审查部分问题解答》，载最高人民法院执行局编：《执行工作指导》2020年第3辑（总第75辑），人民法院出版社2020年版，第159页。

132.不予执行仲裁裁决可否由法院依职权提起

主要观点：法院可以依职权主动裁决不予执行仲裁裁决，但是，范围应限于执行仲裁裁决违背社会公共利益的案件。

主要理由：

---

①　现为《民事诉讼法》（2023年修正）第二百三十八条。

《民事诉讼法》第237条^①第3款规定："人民法院认定执行该裁决违背社会公共利益的，裁定不予执行。"这一条文明确了法院可以依职权主动提起不予执行仲裁裁决，但是，范围限定为仲裁裁决违背社会公共利益的案件。该条文既是表明涉及公共利益的问题法院可以依职权主动提起不予执行仲裁裁决，也是表明法院对除此之外的情形不能主动提起不予执行仲裁裁决。这体现了立法对法院裁量权的严格限制，也是在限缩公权力对于私权利的过分干预。因此，对于仲裁裁决不涉及社会公共利益的，法院不应依职权主动裁决不予执行。

从《仲裁法》立法性质分析，可仲裁的事项都属于私权自治的领域，国家就是要将当事人可以自主处置的私权利授权由并非公权力机关的仲裁机构来行使。因此，一定程度上说，仲裁法是一部私权利处分授权法，也是一部公权力干预私权利处分的限制法。仲裁应当具有独立性、特殊性和权威性，司法机关不主动干涉仲裁事务，执行仲裁裁决就像执行生效判决一样，这应该成为一般原则，司法权主动干预仲裁应该仅是特例。这才是国家通过《仲裁法》设立独立于司法审判体系之外的仲裁体系的立法本意所在，也是从另一个角度体现了公权力对于私权利的充分尊重和保护。在审判领域是这样，在执行领域也应该是这样。

对于社会公共利益的判断一般是指涉及社会中不特定多数人的利益，如果仅涉及社会上某个个体或者集体的利益则不属于社会公共利益范畴。对于仲裁裁决侵犯第三人（个人或者集体）合法权利的情形，其他权利主体自己可以提起相关的侵权之诉，如果其他权利主体不提起相关诉讼保护自身权利，那也属于其私权自治的范围。法院没有必要主动帮助第三人行使权利，主动提起不予执行仲裁裁决，这是由于司法权自身的被动性所决定的。

对于公共利益的判断，还有一种特殊情况必须引起注意：就是由私权利引申出来的公共利益也属于法院依职权裁定不予执行的范畴。例如，2011年5月27日，最高人民法院下发了《关于依法制裁规避执行行为的若干意见》，该意见第16条中规定对于被执行人以虚假诉讼或者仲裁手段转移财产、虚构优先债权或者申请参与分配，损害申请执行人或其他债权人利益的，依照

---

① 现为《民事诉讼法》（2023年修正）第二百四十八条。

《刑法》的规定构成犯罪的，应当依法追究行为人的刑事责任。根据上述规定，如果有人取得的仲裁裁决符合上述意见中所列情形，向法院申请强制执行的，执行法院也可以依职权不予执行该仲裁裁决。

——高执研：《执行疑难问题问答（一）》，载最高人民法院执行局编：《执行工作指导》2013年第1辑（总第45辑），人民法院出版社2013年版，第106~107页。

3.劳动人事争议仲裁裁决的执行

133.劳动争议仲裁委员会作出的先予执行裁决不可诉，但可以申请强制执行

第十条 当事人不服劳动争议仲裁机构作出的预先支付劳动者劳动报酬、工伤医疗费、经济补偿或者赔偿金的裁决，依法提起诉讼的，人民法院不予受理。

用人单位不履行上述裁决中的给付义务，劳动者依法申请强制执行的，人民法院应予受理。

——《最高人民法院关于审理劳动争议案件适用法律问题的解释（一）》（2020年12月29日，法释〔2020〕26号）。

关于先予执行的效力问题，时间效力方面，人民法院裁定先予执行，其实质是使原告提前实现了将来判决可能确认的部分权利，使被告提前履行了将来判决生效后可能履行的部分义务，因此，先予执行的裁定必须采用书面形式，先予执行裁定送达当事人后立即生效，其时间效力应维持到判决生效时止，对当事人的效力，对当事人的效力主要表现在：当事人收到裁定后不允许提起上诉，必须按裁定的要求执行，当事人对裁定不服的，可以申请复议一次，但是，复议期间不停止裁定的执行，对有关单位和个人的效力，人民法院先予执行的裁定，需要有关单位和个人协助的，有关单位接到先予执

行的协助执行通知书，必须及时按通知要求予以协助，例如，通知单位将被申请人收入扣留，交给申请人。要求从被申请人的账户上将一定款额划拨给申请人等，对人民法院的效力，先予执行的裁定书送达当事人后，对人民法院也是有法律效力的，主要表现在：当事人不履行的，人民法院有责任采取强制执行措施；当事人对先予执行的裁定不服申请复议的，人民法院应及时审查，经审查认定裁定正确的，通知驳回当事人的申请；认定裁定不当的，作出新的裁定变更或者撤销原裁定。受诉人民法院院长或者上级人民法院发现采取先予执行措施确有错误的，应当按照审判监督程序立即纠正，由于先予执行的裁定是人民法院根据申请人的申请所采取的临时性措施，案件审理终结不一定就能作出完全满足原告诉讼请求的判决，甚至还可能出现原告败诉的情形，如果判决原告败诉，则应适用《民事诉讼法》第二百三十三条① 和《民事诉讼法司法解释》第一百七十三条关于执行回转的规定。

劳动争议仲裁程序结束后，通常情况下，当事人如获得仲裁委员会的支持，仅仅是获得仲裁裁决书而已，实现其中权利只能靠对方当事人主动履行仲裁裁决，或者向人民法院申请强制执行，部分裁决是在劳动仲裁整体裁决不能进行的情况下，为避免因仲裁时效太长而影响劳动者的基本生活、生存条件，保障劳动者当事人基本权益而设计的一种制度，所以，《最高人民法院关于审理劳动争议案件适用法律问题的解释（一）》第十条规定所说的预先支付劳动者劳动报酬、工伤医疗费、经济补偿或者赔偿金的裁决，一经作出立即生效，用人单位不服只能申请复议，不得向人民法院提起诉讼。

——最高人民法院民事审判第一庭编著：《最高人民法院新劳动争议司法解释（一）理解与适用》，人民法院出版社 2021 年版，第 146~147 页。

134.劳动者申请执行仲裁裁决在先，用人单位不申请撤销仲裁裁决而是向法院直接申请不予执行的处理

首先应明确，劳动争议仲裁委员会作出仲裁裁决后，一方当事人 没有起诉而是申请执行仲裁裁决，对方当事人在法定期间内既可以申 请撤销仲裁裁决，也可以直接向执行法院申请不予执行。根据《最高 人民法院关于人民法

---

① 现为《民事诉讼法》（2023 年修正）第二百三十七条。

院办理仲裁裁决执行案件若干问题的规定》第 20 条、《最高人民法院关于适用〈中华人民共和国仲裁法〉若干问题的解释》第 26 条的规定，当事人向人民法院申请撤销仲裁裁决被驳回后，又在执行程序中以相同事由提出不予执行申请的，人民法院不予支持；当事人向人民法院申请不予执行被驳回后，又以相同事由申请撤销仲裁裁决的，人民法院不予支持；在不予执行仲裁裁决案件审查期间，当事人向有管辖权的人民法院提出撤销仲裁裁决申请并被受理的，人民法院应当裁定中止对不予执行申请的审查；仲裁裁决被撤销或者决定重新仲裁的，人民法院应当裁定终结执行，并终结对不予执行申请的审查；撤销仲裁裁决申请被驳回或者申请执行人撤回撤销仲裁裁决申请的，人民法院应当恢复对不予执行申请的审查；被执行人撤回撤销仲裁裁决申请的，人民法院应当裁定终结对不予执行申请的审查，但案外人申请不予执行仲裁裁决的除外。

——最高人民法院民事审判第一庭编著：《最高人民法院新劳动争议司法解释（一）理解与适用》，人民法院出版社 2021 年版，第 300~303 页。

135.执行依据应具有给付内容且具体确定

能否强制执行劳动仲裁裁决中"其他请求事项，根据该企业有关规定办理"的内容？

问题：申请执行人刘某某申请执行沈阳市某防爆器材厂劳动争议仲裁一案，沈阳市甲区劳动争议仲裁委员会裁决：一、撤销防爆器材厂对刘某某作出的除名决定，防爆器材厂在 15 日内恢复刘某某的职工身份；二、其他请求事项，根据该企业有关规定办理；三、防爆器材厂承担申诉人预交的案件受理费。案件进入执行程序后，防爆器材厂按照法院的要求履行了仲裁裁决的第一项和第三项内容，但第二项内容，企业认为该企业所有需要补发工资和报销药费的职工均未解决，不能为刘某某单独解决，待企业有钱时统一解决。请问：能否强制执行仲裁裁决书中"其他请求事项，根据该企业有关规定办理"的内容？

《执行工作指导》研究组认为：执行依据所确定的判项如付诸执行，必须具备这样两个要件：（1）须有给付内容；（2）须给付内容具体确定。而本案中劳动仲裁裁决的第二项，企业是否应该为刘某某补发工资和报销医药费，仲裁裁决只是给出了"应当适用企业有关规定"这样的大前提，但是刘某某的请求是否适用该企业的有关规定，能够支持的具体请求数额是多少，仲裁裁决都没有给出明确的判断。也就是说该判项并没有完成大前提（法律规定）——小前提（案件事实）——结论（判项）这一逻辑判断过程，没有具体明确的给付内容，执行机构无法执行。因此，执行法院应当对该判项不予执行，告知申请人请求仲裁机关补充仲裁。

——江必新主编，最高人民法院执行工作办公室编：《执行工作指导》2008年第4辑（总第28辑），人民法院出版社2009年版，第208页。

4. 公证债权文书的执行

136.赋予强制执行效力的公证债权文书申请执行期限

贵州省高级人民法院：

关于中国工商银行贵阳市万东支行申请执行贵州豪力房地产开发有限公司、贵州华新房地产开发有限公司借款担保合同纠纷一案，你院〔2006〕黔高执字第1号报告收悉。经研究，现就本案涉及的有关法律适用问题答复如下：

根据最高人民法院和司法部《关于公证机关赋予强制执行效力的债权文书执行有关问题的联合通知》（下称《联合通知》）的精神，原公证书和执行证书一起构成人民法院强制执行的依据。但该《联合通知》并未明确规定执行证书在什么期限内出具。虽然司法部《公证程序规则》第五十五条明确了执行证书应当在法律规定的执行期限内出具，但该《公证程序规则》自2006年7月1日施行，对本案不具有溯及力。故在司法部《公证程序规则》施行前，债权人申请执行的期限可理解为从公证机构签发执行证书后起算。

——《最高人民法院执行工作办公室关于赋予强制执行效力的公证债权文书申请执行期限如何起算问题的函》（〔2006〕执监字第56—1号），载江必新主编：《人民法院执行工作规范全集》，人民法院出版社 2017 年版，第 302~303 页。

首先应该明确的是，申请执行期限是不变期间应严格按照《民事诉讼法》第二百一十九条[①] 的规定执行：即双方或者一方当事人是公民的为 1 年，双方是法人或者其他组织的为 6 个月。前款规定的期限，从法律文书规定履行期间的最后一日起计算；法律文书规定分期履行的，从规定的每次履行期间的最后一日起计算。

其次，《联合通知》第七条明确规定，债权人凭原公证书及执行证书可以向有管辖权的人民法院申请执行。也就是说，债权人必须取得执行证书才能申请执行，法院也才能受理。从广义上说，执行证书与原公证书一起构成法院强制执行的依据。但是，二者是有区别的。其一，赋予强制执行效力的公证债权文书是《民事诉讼法》和《最高人民法院关于人民法院执行工作若干问题的规定（试行）》规定的六种执行依据之一，其作为人民法院负责执行的生效法律文书是由法律和司法解释明文规定的。而执行证书是《联合通知》规定的，并不能单独作为向法院申请执行的依据。其二，从内容上看，赋予强制执行效力的公债权文书是符合条件的合同、协议、借据、欠单等债权文书，即债务人负有给付义务，且承诺在其不履行或不完全履行义务时接受强制执行的债权文书。而执行证书是在债务人不履行或不完全履行的事实已经发生后，公证机关根据债权人的申请签发的、注明被执行人、执行标的和申请执行期限的证书，相当于公证机关对原公证书作出之后发生的事实及债务人具有给付义务的再确认。

最后，在赋予强制执行效力的公证债权文书作为执行依据时，公证机关签发执行证书并不构成对申请执行期限的变更。关于这个问题，《联合通知》中没有明确规定，《公证程序规则》中也没有明确规定。司法部《关于如何适用〈公证程序规则〉第三十五条第二款规定的批复》（司复〔2005〕18 号）中曾经涉及这个问题。该批复全文如下："西藏自治区司法厅：你厅关于如何理解和掌握《公证程序规则》第三十五条第二款的请示（藏司字〔2004〕123

---

① 现为《民事诉讼法》（2023 年修正）第二百三十九条。

号）收悉。经研究，批复如下：债权人根据《公证程序规则》第三十五条第二款申请公证机构签发执行证书的，应当在《中华人民共和国民事诉讼法》第二百一十九条规定的期限内提出；逾期的，公证机关不予受理。公证机构在办理符合赋予强制执行条件和范围的债权文书公证，依法赋予该债权文书具有强制执行效力时，应当告知或者注明《中华人民共和国民事诉讼法》第二百一十九条规定的期限为申请签发执行证书的期限，同时也是凭原公证书及执行证书向有管辖权的人民法院申请执行的期限。"2006年7月1日施行的《公证程序规则》第五十五条规定，"……执行证书应当在法律规定的执行期限内出具。"对赋予强制执行效力的公证债权文书的申请执行期限的起算点问题的解答就有了明确的依据。即公证机构签发执行证书并不能改变法律规定的执行期限，公证机构应该在法律规定的执行期限内签发执行证书，债权人应当在法律规定的执行期限内申请强制执行。

本案的处理及评析：

首先，就本案而言，《公证程序规则》自2006年7月1日起实施，故对本案不具有溯及力。司法部司复〔2005〕18号批复也不适用，该批复规定了公证机构在办理具有强制执行效力的公证债权文书时，负有告知或注明债权人应在什么期限内申请签发执行证书的义务，该批复应自作出之日（2005年10月14日）起对公证机构具有约束力。本案公证债权文书在2004年作出，当时公证机关并没有注明或告知的义务。

其次，根据《联合通知》第6条的规定，"公证机关签发执行证书应当注明被执行人、执行标的和申请执行的期限。债务人已经履行的部分，在执行证书中予以扣除。因债务人不履行或不完全履行而发生的违约金、利息、滞纳金等，可以列入执行标的"，说明申请执行的期限应按照执行证书中注明的期限掌握。之所以这样规定，本意应该是告知债权人应在什么期限内行使申请执行权，避免因超过期限未申请而导致强制执行请求权的丧失。如果在执行证书中注明的申请执行期限在签发执行证书前已经开始起算甚至超期，则在逻辑上存在悖论，对债权人无疑是不公平的。

所以，在《联合通知》和旧的《公证程序规则》没有明确规定执行证书应在什么期限内作出的情况下，对申请执行期限问题应作出有利于债权人的解释，即申请执行的起算点应从公证机关签发执行证书后开始计算。

——于泓:《关于赋予强制执行效力的公证债权文书申请执行期限如何起算问题监督案》,载最高人民法院执行工作办公室编:《执行工作指导》2006年第4辑(总第20辑),人民法院出版社2007年版,第63~67页。

137.含担保协议的公证债权文书是否应予执行

山东省高级人民法院:

你院《关于公证机关赋予强制执行效力的包含担保协议的公证债权文书能否强制执行的请示》(〔2014〕鲁执复议字第47号)收悉。经研究,答复如下:

原则同意你院执行复议审查意见。人民法院对公证债权文书的执行监督应从债权人的债权是否真实存在并合法,当事人是否自愿接受强制执行等方面进行审查。《中华人民共和国民事诉讼法》第二百三十八条①第二款规定,公证债权文书确有错误的,人民法院裁定不予执行,并将裁定书送达双方当事人和公证机关。现行法律、司法解释并未对公证债权文书所附担保协议的强制执行作出限制性规定,公证机构可以对附有担保协议债权文书的真实性与合法性予以证明,并赋予其强制执行效力。

本案当事人泰安志高实业集团有限责任公司、淮南志高动漫文化科技发展有限责任公司、江东廷、岳洋、江焕溢等,在公证活动中,提交书面证明材料,认可本案所涉《股权收益权转让及回购合同》《支付协议》《股权质押合同》《抵押合同》《保证合同》等合同的约定,承诺在合同、协议不履行或不适当履行的情况下,放弃诉权,自愿直接接受人民法院强制执行。但当债权人申请强制执行后,本案担保人却主张原本由其申请的公证事项不合法,对公证机构出具执行证书提出抗辩,申请人民法院不予执行,作出前后相互矛盾的承诺与抗辩,有违诚实信用原则,不应予以支持。公证机构依法赋予强制执行效力的包含担保协议的公证债权文书,人民法院可以强制执行。

此复

——《最高人民法院关于公证机关赋予强制执行效力的包含担保协议的公证债权文书能否强制执行的复函》(2014年10月9日,(2014)执他字第

---

① 现为《民事诉讼法》(2023年修正)第二百四十九条。

25 号），载江必新、刘贵祥主编，最高人民法院执行局编：《执行工作指导》2015 年第 1 辑（总第 53 辑），国家行政学院出版社 2015 年版，第 143 页。

本案所涉法律适用问题产生争议的根源在于《联合通知》中没有明确公证效力是否及于担保人、担保物。2003 年，最高人民法院执行局刊物《强制执行指导与参考》公布《海南中行股权质押复函》，认为担保协议不属于公证管辖范围。此后，关于公证机构赋予强制执行效力包含担保协议的公证债权文书能否强制执行的法律适用问题产生争议，长期困扰公证机构和执行部门，实践中各地做法不一，亟待予以规范。

一、公证机关可以赋予附担保协议的债权文书强制执行效力

从法理看，公证活动属民事法律行为。《公证法》将公证定义为一种证明活动，公证纠纷本身也属民事纠纷，适用民事诉讼程序解决，公证机构承担民事责任，因此，公证法律关系就其实质仍属民事法律关系范畴。相对行政法律关系的"法无许可即禁止"原则；民事法律关系采用"法无禁止即许可"原则。所以，不能因为没有法律、法规的明确规定，就将担保合同排除在公证程序之外，否定公证程序对其适用，降低赋予强制执行效力公证债权文书的作用。

从立法看，现行法律并未单独对公证债权文书所附担保协议的强制执行作出限制性规定。合法有效的公证债权文书及其强制执行公证书作为人民法院执行依据之一，其执行效力所及的范围应当与判决书、调解书、仲裁裁决书等其他执行依据相同；如果单独对附担保协议的公证债权文书执行效力作出限制，显然缺乏法律规定。根据《物权法》和《民事诉讼法》，担保物权人可以依据抵押合同、质押合同直接申请人民法院强制执行，担保物权实现方式呈现更多样、更便捷、更效率的立法价值取向。据此，未经公证的担保合同可以通过非讼程序，直接申请人民法院强制执行；那么当事人认可的担保协议，经过公证机构确认并出具执行证书后，当然具有强制执行效力，否则有违立法精神。

从实践看，人民法院关于债权所附担保协议能否公证并赋予强制执行效力的司法观点产生变化。《海南中行股权质押复函》所涉案情是公证机构单独针对担保协议的公证，这种单独针对从合同所作的公证债权文书，其事实与

本案差别很大，而且函文所引《公证暂行条例》和《最高人民法院、司法部关于已公证的债权文书依法强制执行问题的答复》均被废止。随着社会经济的发展，现实中，前述观点没有获得认可，部分省份出台地方规范性文件，没有采纳《海南中行股权质押复函》观点，实践中大量担保债权经公证后，进入执行程序。最高人民法院官方微博和裁判文书公开网相继发布的两个案例均支持附担保协议的公证债权文书可以被赋予强制执行效力，体现出司法观点因社会发展而产生新的变化。

从合同看，借款合同所附的担保协议具备成为公证债权文书的特点。第一，内容特定性。无担保的商业性借贷属高风险的融资行为，绝大多数的商业性借贷都有担保，而债权文书中最重要的类型就是借款合同。担保合同作为借款合同的从合同，其内容也表现为以货币、物品、不动产、有价证券以及财产性权益等偿付债务，符合公证债权文书特点。第二，债权确定性。担保方式中保证、抵押、质押等法律关系均具有担保债权内容明确具体，各方当事人无异议的特点。至于留置、定金两种担保方式：根据留置权的定义与特征，留置物为债权人直接占用，不涉及强制执行；而且留置权的行使一般不会事先约定，极少出现留置合同申请公证的情形。定金通常出现在当事人双方存在对待给付义务的双务合同中，由于公证仅对给付义务由一方债务人承担，债权债务关系已明确的债权文书予以公证，并赋予强制执行效力。因此，对定金这种担保方式而言，主合同不符合公证赋予强制执行效力的条件，也就不会产生担保协议是否具有强制执行效力的争议。第三，当事人自愿性。如果担保是由债务人提供，担保义务与债务履行主体合一，担保人与债务人意思表示也是一致的，在自愿申请公证的前提下，担保人肯定属于自愿。如担保合同是由第三人提供的担保，公证机构则应当取得担保人的同意，即担保人同意赋予附担保协议债权文书强制执行效力，并同意在债务人不履行的情况下接受人民法院强制执行。

从执行看，附担保协议的债权文书被公证机构赋予强制执行效力后，担保合同的执行效力具有独立性。根据《担保法》第五条①和《物权法》第一百

---

① 对应《民法典》第六百八十二条，内容改为：保证合同是主债权债务合同的从合同。主债权债务合同无效的，保证合同无效，但是法律另有规定的除外。保证合同被确认无效后，债务人、保证人、债权人有过错的，应当根据其过错各自承担相应的民事责任。

七十二条①规定，主合同无效担保合同无效；反之即使担保合同无效，主合同仍然有效。前述规定的意义在于明确了担保合同的相对独立性和主合同的完全独立性，因此，在有担保协议的债权文书中，主合同与从合同分别存在的。此时的从合同，既可能是单独订立的书面合同；也包括主合同中的担保条款，当事人之间具有担保性质的信函、传真等。既然合同有主从之分，当附担保协议的债权文书进入公证程序发生强制执行效力时，担保合同的执行效力也应与主合同有所区分。根据《联合通知》第一条之规定，债权文书具备"债权债务关系明确，债权人和债务人对给付内容无异议，债务人有接受强制执行意思表示"的情况下，公证机构有权赋予其强制执行效力。此时，主合同具有强制执行效力，在没有取得担保人（仅指第三人担保情形）明示同意的情况下，担保合同没有强制执行效力，公证机构亦不能对担保人出具执行证书；执行法院对担保人财产也不能采取强制执行措施。此外，根据《联合通知》，债权债务关系是否"明确"是公证机构对债权文书赋予强制执行效力的法定条件。虽然，有担保的债权合同相对于无担保的债权合同，待证事实有可能会更复杂，但其债权债务的法律关系并不一定含糊不清，有无担保不应成为衡量债权债务是否明确的标准；更不能将有担保的债权债务关系认定为法律关系不明确，进而拒绝对担保合同予以公证。在担保合同内容真实、合法、明确，且担保人明示若债务人不履行或不适当履行给付义务，自愿接受强制执行的情况下，公证机构据此公证并赋予强制执行效力并无不当，人民法院依法应予立案执行。

二、适用民事诉讼的诚实信用原则

《民事诉讼法》将"诚实信用原则"明文化、法定化，明确要求诉讼主体行使诉讼权利应当善意、合法，符合民事诉讼制度设置的目的；不得滥用诉权，意图拖延、阻挠、规避、逃避人民法院的强制执行。执行程序中，如果一方当事人在立案前或执行中的言行已使对方当事人产生某种合理的期待，当对方按照此期待行动或完成时，一方当事人却作出与此前自己的言行相反或相矛盾的言行，从而侵害对方当事人的利益。这种情况下，人民法院可依诚实信用原则否定该行为的法律效果，驳回其主张。

---

① 对应《民法典》第三百八十八条。

本案公证阶段，担保人承诺放弃诉权，提交证明材料，认可包括《股权收益权转让及回购合同》《支付协议》《股权质押合同》《抵押合同》《保证合同》等在内的公证内容，在合同、协议不履行或不适当履行的情况下，自愿直接接受人民法院强制执行。但当本案进入执行阶段后，担保人出现前后相互矛盾的诉讼行为，主张公证内容违法，对公证机构出具执行证书的合法性提出抗辩。当本案担保人有义务根据公证债权文书内容，从事对方预期的一定行为时，实际上实施的却是完全违背对方预期的行为。这种前后矛盾，损害对方当事人权益，破坏执行程序正常进行的行为，属背信行为而应当禁止。因此，从维护民事诉讼诚实信用的角度分析，人民法院执行部门应当认可公证机构依法对担保债权赋予的强制执行效力。

综上，人民法院对公证债权文书的执行监督应围绕两方面：一是债权人的债权是否真实存在并合法；二是包括担保人在内的当事人是否自愿接受强制执行。第一方面的审查主要针对公证债权文书制发程序和证明内容是否合法，债权文书所载给付内容是否真实明确，所涉当事人是否具有自愿接受强制执行的意思表示。至于，担保合同是否属适格的公证对象，不属于判断公证债权文书是否合法的标准。第二方面的审查主要针对当事人在公证程序、执行程序中是否诚信，是否假借民事权利、诉讼权利之名，行损害对方当事人、增加人民法院负担、违反诉讼制度目的之实。对于这类行为，执行法院应当适用诚实信用原则加以规制。

——刘少阳：《含担保协议的公证债权文书是否应予执行的法律问题》，载江必新、刘贵祥主编，最高人民法院执行局编：《执行工作指导》2015年第1辑（总第53辑），国家行政学院出版社2015年版，第139~142页。

5. 刑事裁判涉财产部分的执行

138.人民法院审查处理刑事裁判涉财产部分执行案件案外人异议、复议，即使审查认为案情并非疑难复杂，也应当公开听证

问： 人民法院审查处理刑事裁判涉财产部分执行案件案外人异议、复议，如果审查认为案情并非疑难复杂，是否可以不听证？

答：《最高人民法院关于刑事裁判涉财产部分执行的若干规定》第十四条第二款明确规定，人民法院审查案外人异议、复议，应当公开听证。这一规定明显不同于普通民事执行案件，与《最高人民法院关于人民法院办理执行异议和复议案件若干问题的规定》第十二条的规定不完全一致。对于刑事案件执行中的财产案外人提出的异议、复议，应当适用《最高人民法院关于刑事裁判涉财产部分执行的若干规定》。

在民事执行中，如果案外人对执行标的提出异议的，应当适用《民事诉讼法》第二百二十七条[①]的规定，先由执行机构审查并作出裁定，申请执行人或案外人对裁定不服的，可以向执行法院提起债权人异议之诉或者案外人异议之诉。因此，异议之诉必须有申请执行人作为原告或者被告参加诉讼。由于大多数刑事财产执行案件无申请执行人，如果进入异议之诉，也缺乏相应的诉讼当事人。而对该问题适用《民事诉讼法》第二百二十五条[②]的规定，不需要区分有无被害人，可一律通过异议、复议程序审查处理，程序简便、统一。鉴于此，《最高人民法院关于刑事裁判涉财产部分执行的若干规定》对刑事裁判涉财产部分执行案件中的案外人异议，设计了不同于民事执行案件的处理程序，是在现行法律框架之下，相对较为合理的选择。由于没有诉讼救济渠道，同时鉴于案外人异议通常涉及较为复杂的事实，关系当事人重大实体权利，为确保程序公正，为各方当事人提供充分的程序保障，《最高人民法

---

① 现为《民事诉讼法》（2023 年修正）第二百三十八条。
② 现为《民事诉讼法》（2023 年修正）第二百三十六条。

院关于刑事裁判涉财产部分执行的若干规定》要求人民法院审查处理案外人异议、复议，应当公开听证。即便在审查过程中认为案情并非疑难复杂，也应当公开听证，对于没有听证的案件，属于重大程序违法。

——向国慧、叶欣：《执行审查部分问题解答》，载最高人民法院执行局编：《执行工作指导》2021年第1辑（总第77辑），人民法院出版社2021年版，第120~121页。

139.执行追缴程序中在赃款赃物不存在的情况下能否直接对被执行人执行退赔

追缴或退赔均为刑事判决所确定的判项内容，如果刑事判决仅判处继续追缴，执行中如果发现应当追缴的赃款赃物已不存在，能否直接转为执行退赔，将被执行人的合法财产予以执行，实践中存在困惑。笔者认为，为防止被执行人逃避应承担的刑事责任，在被执行人已将赃款赃物用掉、毁坏或挥霍的情况下，执行被执行人等值的合法财产，符合《刑法》第64条规定精神，但是有违审执分离原则。《刑法》第64条规定事项须经刑事裁判予以确认，执行机构无权在执行中改变判项内容，即便发现判项内容已发生变化，也应通过法定程序予以解决。如适用《最高人民法院关于刑事裁判涉财产部分执行的若干规定》第15条规定，可由刑事审判部门裁定变更后予以执行。执行中应当避免以执代审。

——江必新、刘贵祥主编，最高人民法院执行局编：《最高人民法院执行最新司法解释统一理解与适用》，中国法制出版社2016年版，第270页。

140.关于刑事裁判文书制作的规范要求

1.刑事判决应否保留违法所得继续追缴的判项

就此问题实践中一直存有争议。《最高人民法院关于适用刑法第六十四条有关问题的批复》规定："根据刑法第六十四条和《最高人民法院关于适用〈中华人民共和国刑事诉讼法〉的解释》第一百三十八条、第一百三十九条的规定，被告人非法占有、处置被害人财产的，应当依法予以追缴或者责令退赔。据此，追缴或者责令退赔的具体内容，应当在判决主文中写明；其中，判决前已经返还被害人的财产，应当注明。被害人提起附带民事诉讼，或者另行提起民事诉讼请求返还被非法占有、处置的财产的，人民法院不予受理。"鉴于法律、司法解释已将被告人非法占有、处置被害人财产的情形排除在附带民事诉讼的受案范围之外，如不在判决主文中写明追缴或者责令退赔的有关内容，则无法有效维护被害人的合法权益。尤其当被害人在判决生效后发现了被告人藏匿的财产，如无明确、具体的判决依据，司法机关就可能相互推诿，从而影响及时追缴。因此，追缴或者责令退赔的具体内容，应当在判决主文中写明。但是考虑违法所得继续追缴的执行难度，只有对于有证据证明赃物尚在的，才适宜判处继续追缴，其他情况下判处责令退赔更为恰当。

2. 刑事判决所附财产清单的法律效力

对于涉众型刑事案件，由于被害人、案外人、涉案财物数量较多，难以在判决书中详细列明的，则采用《收缴执行财物清单》作为刑事判决的附件，此为审判中的通行做法。该财物清单是刑事判决的组成部分，与刑事判决具有同等法律效力，理应与一审判决一并作出，如果被告人、被害人、案外人认为该清单认定事实错误，可与一审判决一并上诉，由二审一并审理。但实践中有的一审法院在终审判决生效后移送执行时才作出《收缴执行财物清单》，执行中如果被告人、被害人、案外人认为该清单认定事实错误而提出异议的，对其异议权利则不能及时予以救济。因此，审判部门对此应予规范。

3. 判决内容难以执行的处理方式

对于刑事判决判项内容不具体、不明确的执行案件，执行机构如何处理，征求意见中有的建议退回审判部门补正，有的建议以书面形式说明理由退回立案庭销案，有的建议裁定不予执行。以上建议和措施，目的是以倒逼机制促使审判部门规范制作刑事裁判文书，解决判项内容不具体、不明确的问题。我们认为，以上问题涉及人民法院内部的协调机制，不宜在司法解释中明确规定，以人民法院的内部规定予以规范更为恰当，故未将以上内容列入《刑事执行规定》中。

——江必新、刘贵祥主编，最高人民法院执行局编：《最高人民法院执行最新司法解释统一理解与适用》，中国法制出版社2016年版，第280页。

141.刑事财产执行经过无底价拍卖仍不能变价的，不能退还被执行人

1. 根据民事执行拍卖、变卖财产的规定，对于动产、不动产经过两次或三次拍卖而流拍，又未能变卖或以物抵债的，可以退还被执行人，而刑事财产执行即便经过无底价拍卖仍不能变价的，亦不能照此办理，因为财产刑为刑罚的种类，追缴、退赔为涉案财物的处置，皆是生效刑事裁判所确定内容，如果将被执行财产发还被执行人，相当于对被执行人所判刑罚或者涉案财物处置事项执行的改变或减、免，不符合刑罚执行的基本要求，有损于生效刑事裁判的严肃性，故不能退还被执行人。

2. 实践中，一些司法机关将需要上缴国库或发还被害人的涉案财物截留、擅自处置、挪作自用的情况时有发生，为此，2015 年 3 月中央办公厅、国务院办公厅联合下发的《关于进一步规范刑事诉讼涉案财物处置工作的意见》对此予以严格规范。上述意见第 10 条规定"建立中央政法机关交办案件涉案财物上缴中央国库制度。凡由最高人民检察院、公安部立案或者由其指定地方异地查办的重特大案件，涉案财物应当纳入中央政法机关的涉案财物账户；判决生效后，涉案财物除依法返还被害人以外，一律通过中央财政汇缴专户缴入中央国库。""建立中央政法机关交办案件办案经费安排制度。凡中央政法机关指定地方异地查办的重特大案件，其办案经费由中央财政保障，必要时提前预拨办案经费。涉案财物上缴中央国库后，由中央政法委员会会同中央政法机关对承办案件单位办案经费提出安排意见，财政部通过转移支付及时核拨地方财政，并由地方财政部门将经费按实际支出拨付承办案件单位。"各地执行机构应当严格依照该规定予以执行。

——江必新、刘贵祥主编，最高人民法院执行局编：《最高人民法院执行最新司法解释统一理解与适用》，中国法制出版社 2016 年版，第 296 页。

6. 行政案件的执行

142.责令采取补救措施判决执行内容及是否执行完毕的认定

魏其诚等与山东省济宁市任城区人民政府执行监督案［最高人民法院
（2019）最高法执监 267 号执行裁定书］

裁判要旨：行政判决责令行政机关采取补救措施的，该判决具有给付内
容，属于行为执行。行政机关按照判项要求履行义务并基本符合判决理由阐
述的法律精神的，可以认定案件执行完毕。

最高人民法院经审查认为：本案争议焦点是行政机关是否履行了生效判
决确定义务。本案执行依据为（2017）鲁行终 315 号行政判决，该判决在分
析征收决定的合法性问题时指出，征收补偿方案是征收决定的重要内容之一，
审查征收补偿方案是否合法是审理起诉征收决定案件中不可缺少的部分。《国
有土地上房屋征收与补偿条例》（以下简称《征收与补偿条例》）第二十一条 [①]
第一款规定，"被征收人可以选择货币补偿，也可以选择房屋产权调换。"因
房屋是居民赖以生存的重要生活物资，房屋被征收后，必然会给居民生活带
来不便，为避免因房屋征收造成居民居住困难问题的出现，故《征收与补偿
条例》特别赋予被征收人对补偿方式享有自主选择权。本案中，被上诉人任
城区政府制定的《西门大街棚户区改造项目房屋征收与补偿方案》在征收补
偿方式条款中规定，"本片区房屋征收实行货币补偿"，而未对房屋产权调换
作出相关规定。"房票"安置可以作为货币补偿与房屋产权调换补偿方式的补
充，但并不能作为替代房屋产权调换的补偿方式。该征收与补偿方案中关于
"房票"的规定实质上变相剥夺了被征收人关于补偿方式的选择权，导致被征
收人特别是产权面积较小的被征收人居住权无法得到保障。任城区政府作出
的被诉房屋征收决定明显不当。任城区政府作出的被诉征收决定变相剥夺了
被征收人货币补偿与房屋产权调换的选择权。该征收决定明显不当，本应予

---

① 现为《国有土地上房屋征收与补偿条例》第十九条。

以撤销，但因征收范围内绝大部分被征收人已经签订了补偿协议，且已进入了工程施工阶段，撤销该征收决定将会给国家和社会公共利益造成重大损失，故应确认其违法，任城区政府应严格按照《征收与补偿条例》的相关规定采取相应的补救措施。判决确认任城区政府作出的《西门大街棚户区改造项目房屋征收决定》违法，责令其采取补救措施。

从判决的上述判项及其理由看，执行内容是要求任城区政府采取补救措施，给被征收人货币补偿与房屋产权调换的选择权。任城区政府在执行期间作出了《关于对西门大街棚户区改造项目房屋征收补偿方式进行补充说明的公告》，明确被征收人可以选择货币补偿，也可以选择房屋产权调换。任城区政府从形式上给予了被征收人货币补偿与房屋产权调换的选择权，履行了生效判决确定的采取补救措施的义务。对行政行为是否实质违法，一般不宜由执行程序判断，山东高院明确了当事人可以提起行政诉讼，并无不当。

——中国裁判文书网。

对是否执行完毕的判断问题，主要涉及行政、行政审判与强制执行的关系，与民事案件对执行完毕与否的判断有所不同。

责令采取补救措施判决经常是概括性判决，而不是具体判决，具体如何补救，仍有赖行政机关根据具体情况作出行政行为。即使行政判决在事实认定及说理时指出了大体方向，通常也会给行政机关留出一定的自主裁量空间。到了执行阶段，执行法院同样不能越俎代庖，代替行政机关判断如何采取具体的补救措施。但在判决已经明确了具体的补救措施的情形下，执行法院应当严格按照判决执行。

基于对行政权及审判权的尊重，执行法院对执行完毕与否的判断，既要严格，又要谦抑。具体而言，对执行完毕与否的判断，一般以形式审查为原则，不进行实质审查。就责令采取补救措施的判决执行而言，执行法院主要审查补救措施是否符合判决要求的形式。在本案中，执行内容是要求某区政府采取补救措施，给被征收人货币补偿与房屋产权调换的选择权。某区政府在执行期间作出了《关于对西门大街棚户区改造项目房屋征收补偿方式进行补充说明的公告》，明确被征收人可以选择货币补偿，也可以选择房屋产权调换。某区政府从形式上给了被征收人货币补偿与房屋产权调换的选择权，履行了生效判决确定的采取补救措施的义务。对行政行为是否实质违法，是否实质上没有履行生效判决，一般不宜由执行程序判断，当然，行政机关的补救措施规避执行具有明显性的除外。由于行政机关采取的补救措施属于新的行政行为，当事人对其合法性有质疑的，仍然可以依法提起行政诉讼。

——向国慧：《责令采取补救措施判决执行内容及是否执行完毕的认定》，载最高人民法院执行局编：《执行工作指导》2020年第2辑（总第74辑），人民法院出版社2021年版，第71~79页。

143.人民法院能否裁定准予执行土地管理部门的行政处罚决定

1054.【申请强制执行】

对发生法律效力的行政判决书、行政裁定书、行政赔偿判决书和行政赔偿调解书，负有义务的一方当事人拒绝履行的，对方当事人可以依法申请人民法院强制执行。

——最高人民法院执行局编：《人民法院办理执行案件规范（第二版）》，人民法院出版社2022年版，第430页。

问题：某村民在其宅基地上建房时超出批准的宅基地范围，占用了部分村庄建成区土地，土地管理部门作出责令其限期拆除的处罚决定。该村民在法定期限内既不拆除，也不起诉，土地管理部门遂向法院申请强制执行。法院在处理当中有两种不同意见：一种意见认为，根据《土地管理法》第七十七条、第八十三条之规定，应裁定准予执行。另一种意见认为，村民超占部分为村庄建成区，依据《城乡规划法》第四十一条规定，应当办理乡村规划许可证，而后方可办理用地审批手续。对于该村民的违法建设行为，应当依据《城乡规划法》第六十五条之规定，由乡人民政府以未办理乡村规划许可证为由予以处罚，而不应由土地管理部门处罚，应裁定不予执行。请问哪种意见正确？

《人民司法》研究组认为：超出标准的宅基地范围建设房屋构成《土地管理法》第七十七条规定的"非法占用土地"的行为，按照本条规定及《土地管理法》第八十三条规定，土地管理部门 ① 有权责令违法者自行拆除违法建设的房屋；如其既不起诉又不履行，土地管理部门可以依法申请人民法院强制执行。

——《人民司法》2011 年第 19 期。

7. 涉外案件的执行

144.如何理解被执行人在我国领域内有实际可执行的财产

辽宁省高级人民法院：

你院〔2005〕辽民四他字第 2 号《关于北京长城高级润滑油品有限公司申请承认与执行朝鲜民主主义人民共和国和解决定一案有关适用法律问题的请示》收悉。经研究，答复如下：

我国民事诉讼法第二百六十九条 ② 规定，国外仲裁机构的裁决，需要中华人民共和国人民法院承认和执行的，应当由当事人直接向被执行人住所地或者其财产所在地的中级人民法院申请，人民法院应当依照中华人民共和国缔结或者参加的国际条约，或者按照互惠原则办理。该条所指"财产"，应当理解为被执行人在我国领域内拥有的实际可执行的财产，不包括未来可能进入我国境内的财产。本案中，被执行人朝鲜水产物贸易会社和朝鲜水产船舶经营会社的住所地均不在我国，朝鲜水产物贸易会社在我国领域内没有可供执行的财产，朝鲜水产船舶经营会社所有的船舶尚未进入我国领域，也不能认定其在我国领域内有可供执行的财产。"近期将有船舶进入大连港"具有不确定性，在朝鲜水产船舶经营会社所有的船舶进入大连港之前，大连市中级人民法院对本案不具有管辖权。

此复

——《最高人民法院关于北京长城高级润滑油品有限公司申请承认与

---

① 　现为《土地管理法》(2021 年修正) 第七十八条，将土地管理部门改为农业农村主管部门。

② 　现为《民事诉讼法》(2023 年修正) 第三百零四条。

执行朝鲜民主主义人民共和国和解决定案有关适用法律问题的请示的答复》（2005 年 11 月 23 日，〔2005〕民四他字第 43 号），载江必新主编：《人民法院执行工作规范全集》，人民法院出版社 2017 年版，第 690 页。

8.港澳台地区法院与仲裁机构作出的生效法律文书的执行

145.申请执行香港仲裁裁决时，法院在作出认可和执行裁定前，可以依申请采取保全措施

甲航运（新加坡）有限公司申请执行香港仲裁裁决案 ［（2018）粤 72 认港 1 号、（2019）粤 72 认港 1 号］

裁判要旨： 参照《最高人民法院关于内地与澳门特别行政区相互认可和执行仲裁裁决的安排》（以下简称《认可和执行仲裁安排》），并根据《民事诉讼法》及其司法解释有关规定，依当事人申请，分别在当事人申请认可和执行仲裁裁决前，采取诉前保全措施；在当事人申请认可和执行仲裁裁决后、法院作出认可和执行裁定之前，采取诉中保全措施。

（一）基本案情

2012 年 2 月 1 日，甲航运（新加坡）有限公司（以下简称甲公司）与乙运输有限公司（以下简称乙公司）签订包运合同，约定由乙公司运载甲公司货物，因该包运合同产生的所有争议提交香港仲裁，适用英国法。同年 4 月 21 日，甲公司向乙公司发送电子邮件，确认双方在前述包运合同的基础上达成补充合同，约定新增一批货物运输，其他条款和条件适用包运合同。后双方就补充合同的履行发生争议，甲公司于 2016 年 2 月 16 日在香港提起仲裁。香港仲裁庭分别作出首次终局裁决和费用终局裁决，裁决乙公司支付相应赔偿款项及相关仲裁费用。

仲裁裁决生效后，甲公司向广州海事法院申请认可和执行上述两份仲裁裁决。乙公司答辩认为，甲公司提交的仲裁协议未经公证认证，也未提交经过正式证明的中文译本；涉案货物运输系补充合同约定内容，补充合同是当

事人双方通过电话形式口头达成的，未约定仲裁条款或者仲裁协议，乙公司亦从未认可仲裁庭具有管辖权；执行仲裁裁决将违反内地仲裁法关于仲裁协议必须明示的要求以及民法总则关于意思表示的有关规定，违反社会公共利益。

（二）裁判结果

广州海事法院认为，第一，甲公司申请认可和执行仲裁裁决的文书符合《认可和执行仲裁安排》关于形式要件的要求。第二，仲裁协议成立与否属于对仲裁协议效力的审查范围，并且，因双方当事人未对确认仲裁协议效力的准据法作出约定，根据《认可和执行仲裁安排》第七条第一项，应依据仲裁地法律即香港法律对涉案仲裁协议是否成立进行审查。而依据香港法律有关规定，涉案电子邮件记载的合同并入条款构成有效成立的仲裁协议。第三，违反内地法律有关规定，并不能等同于违反内地社会公共利益，除非认可和执行仲裁裁决将造成严重损害内地法律基本原则的后果。内地仲裁法对仲裁协议的明示要求和民法总则对意思表示的要求，不属于内地法律的基本原则范围。基于以上理由，裁定认可和执行涉案两份仲裁裁决。另，根据甲公司的申请，广州海事法院于作出认可和执行仲裁裁决的裁定前，对乙公司在招商银行深圳分行的存款予以冻结。

（三）典型意义

第一，明确仲裁协议成立与否属于仲裁协议效力审查范围。仲裁协议是当事人申请认可和执行仲裁裁决时必须提交的文书，其直接关系到仲裁庭是否具有管辖权。对仲裁协议效力的审查，是认可和执行仲裁裁决需要解决的先决问题。为此，《认可和执行仲裁安排》第七条第一项明确规定仲裁协议无效的，裁定不予执行。但是，仲裁协议无效作广义理解还是狭义理解，是否包括仲裁协议不成立的情形，在实践中存在争议。本案没有局限于字面意思，而是从条文本意出发，认为仲裁协议是否成立是仲裁协议是否有效的前提，属于仲裁协议效力的审查范畴。仲裁协议无效应包括仲裁协议不成立的情形。

第二，在作出认可和执行裁定前，依申请采取保全措施。法院在受理认可和执行仲裁裁决申请之前或者之后，可否对被申请人的财产采取保全措施，《安排》并未明确规定，实践中理解也不一致。本案参照《认可和执行仲裁安排》，并根据《中华人民共和国民事诉讼法》及其司法解释有关规定，依当事人申请，分别在当事人申请认可和执行仲裁裁决前，采取诉前保全措施；在当事人申请认可和执行仲裁裁决后、法院作出认可和执行裁定之前，采取诉中保全措施。审理法院通过预防性救济措施促进裁决顺利执行，有利于保护当事人合法权益。

——《内地与香港特别行政区发布相互执行仲裁裁决的典型案例》，载《人民法院报》2020 年 11 月 28 日。

146.内地仲裁机构在香港设立的分支机构以香港为仲裁地作出的仲裁裁决属于香港仲裁裁决

美国某建筑师事务所申请执行香港仲裁裁决案［（2016）苏 01 认港 1 号］

裁判要旨：本案依仲裁地认定内地仲裁机构在香港设立的分支机构作出仲裁裁决的籍属，符合《最高人民法院关于香港仲裁裁决在内地执行的有关问题的通知》精神，也符合国际通行标准。

（一）基本案情

2013 年 3 月 29 日、5 月 15 日，美国某建筑师事务所（以下简称某事务所）与某地产开发有限公司（以下简称某公司）签订有关地块设计合同，并约定了仲裁条款，将争议提交中国国际经济贸易仲裁委员会，按照申请仲裁时该仲裁委员会现行有效的仲裁规则进行仲裁，仲裁地点为香港特区。因合同履行发生争议，2015 年 2 月，某事务所向中国国际经济贸易仲裁委员会香港仲裁中心（以下简称贸仲香港中心）申请仲裁，请求裁决某公司支付所欠设计费并承担违约责任等。

贸仲香港中心根据自 2015 年 1 月 1 日起施行的《中国国际经济贸易仲裁委员会仲裁规则》受理本案，并于 2015 年 11 月 28 日作出（2015）中国贸仲港裁字第 0003 号仲裁裁决。2016 年 6 月 7 日，某事务所向江苏省南京市中级人民法院申请执行该仲裁裁决第 3 项，即支付利息部分。某公司未提出异议。

（二）裁判结果

江苏省南京市中级人民法院经审查认为，某公司对涉案仲裁裁决无异议，并已经履行仲裁裁决所确定的设计费本金部分，仅对第三项逾期利息部分未予支付。涉案仲裁裁决亦不存在违反内地社会公共利益的情形。故依据《最高人民法院关于内地与香港特别行政区相互执行仲裁裁决的安排》(以下简称《安排》)第一条、第七条的规定，裁定执行该仲裁裁决第三项。

（三）典型意义

该案是内地仲裁机构在香港设立的分支机构以香港为仲裁地作出的仲裁裁决获得内地法院执行的首案，具有里程碑意义。该案明确，确认仲裁裁决籍属的标准为仲裁地，并据此认定涉案仲裁裁决系香港仲裁裁决，符合《安排》的适用条件。

内地法律对不同类型仲裁裁决规定了不同审查标准，且一般以仲裁机构所在地确定仲裁裁决的籍属。《最高人民法院关于香港仲裁裁决在内地执行的有关问题的通知》(以下简称《通知》)规定，对于在香港作出的临时仲裁裁决，以及国外仲裁机构在香港作出的仲裁裁决，人民法院应当按照《安排》的规定进行审查。这实际上明确了以仲裁地而非仲裁机构所在地作为判断仲裁裁决籍属的标准。但是，《通知》并未明确规定内地仲裁机构以香港为仲裁地作出的仲裁裁决是否属于香港仲裁裁决的问题。本案依仲裁地认定内地仲裁机构在香港设立的分支机构作出仲裁裁决的籍属，符合《通知》精神，也符合国际通行标准。

——《内地与香港特别行政区发布相互执行仲裁裁决的典型案例》，载《人民法院报》2020 年 11 月 28 日。

二、执行审查案件办理规范

（一）执行异议、执行复议

1. 一般规定

147.关于案外人执行异议之诉审理的规定

119.【案外人执行异议之诉的审理】案外人执行异议之诉以排除对特定标的物的执行为目的，从程序上而言，案外人依据《民事诉讼法》第227条[①]提出执行异议被驳回的，即可向执行人民法院提起执行异议之诉。人民法院对执行异议之诉的审理，一般应当就案外人对执行标的物是否享有权利、享有什么样的权利、权利是否足以排除强制执行进行判断。至于是否作出具体的确权判项，视案外人的诉讼请求而定。案外人未提出确权或者给付诉讼请求的，不作出确权判项，仅在裁判理由中进行分析判断并作出是否排除执行的判项即可。但案外人既提出确权、给付请求，又提出排除执行请求的，人民法院对该请求是否支持、是否排除执行，均应当在具体判项中予以明确。执行异议之诉不以否定作为执行依据的生效裁判为目的，案外人如认为裁判确有错误的，只能通过申请再审或者提起第三人撤销之诉的方式进行救济。

——《最高人民法院关于印发〈全国法院民商事审判工作会议纪要〉的通知》(2019年11月8日，法〔2019〕254号)。

一是案外人另行提起确权之诉如何处理？对于当事人能否不在执行异议之诉中确权，另行提起确权之诉存在争议。理论界存在两种观点，一种观点

---

① 现为《民事诉讼法》(2023年修正)第二百三十八条。

认为，民事诉讼法并未禁止当事人另案确权，因此，当事人可以另案确权。另一种观点认为，如果已经提起执行异议之诉，当事人应当在执行异议之诉中确权，不能另案确权。因为另案诉讼容易造成案外人与被执行人恶意串通、逃避执行的情况，且申请执行人并非另案判决的当事人，并不受该判决的约束。因此，应当在执行异议之诉中确权，一并解决案外人、申请执行人与被执行人之间的权利纠纷。案外人另行确权的，人民法院应当裁定不予受理，已经受理的，应当裁定驳回起诉。关于在执行异议之诉外能否再另案提起确权之诉的问题，实务中争议也非常大。《江苏省高级人民法院执行异议之诉案件审理指南》指出：执行过程中，案外人以其对执行标的享有实体权利为由提出执行异议，人民法院裁定驳回其异议后，案外人仍然不服的，既可以提起执行异议之诉，并可在执行异议之诉案件中同时提出确认其实体权利的诉讼请求；也可以单独提起确认之诉。案外人向有管辖权的人民法院单独提起确认之诉的，不能产生阻却执行的法律效果。如果案外人既要单独提起确认之诉，又要对执行产生影响，就应当向执行法院提起确认之诉。《北京市高级人民法院关于审理执行异议之诉案件适用法律若干问题的指导意见（试行）》规定：法院针对执行标的物的强制执行过程中，案外人以被执行人为被告就执行标的物另行提起确权之诉的，不予受理，已经受理的，应当裁定驳回起诉，并告知其可以依据《民事诉讼法》第 204 条[①]的规定主张权利。我们认为，对于能否允许当事人不提执行异议之诉，另行起诉确权的问题，《最高人民法院关于执行权合理配置和科学运行的若干意见》明确规定，人民法院的查封排除了其他法院关于该查封物的另案确权。执行异议复议规定也规定，案外人依据执行标的被查封、扣押、冻结后作出的另案生效法律文书提出排除执行异议，人民法院不予支持。因此，从目前来看，不宜再允许当事人另案确权。所以，目前根据《最高人民法院关于依法制裁规避执行行为的若干意见》第 9 条和第 11 条、《最高人民法院关于执行权合理配置和科学运行的若干意见》第 26 条的规定，案外人对已经被法院查封、扣押、冻结的财产主张确权，只能提起执行异议之诉，不能另行提起确权之诉，对另案提出的确权之诉，裁定不予受理，已经受理的，裁定驳回起诉。

---

① 现为《民事诉讼法》（2023 年修正）第二百一十二条。

二是案外人认为仲裁裁决本身有错误，针对仲裁裁决提起执行异议之诉如何处理？如果认为判决裁定本身有错误，案外人的救济途径是案外人申请再审。如果认为仲裁裁决本身有错误，案外人如何救济？《最高人民法院关于人民法院办理仲裁裁决执行案件若干问题的规定》于 2018 年 3 月 1 日起施行。根据该司法解释第 2 条的规定，案外人对仲裁裁决执行案件申请不予执行的，负责执行的中级人民法院应当另行立案审查处理。可见，案外人如果对作为执行依据的仲裁裁决或仲裁调解书有异议的，该司法解释赋予了案外人依法申请不予执行的权利。当事人提起执行异议之诉的，应当不予受理，已经受理的，应当驳回起诉。

三是案外人认为公证债权文书本身有错误，针对公证债权文书提起执行异议之诉如何处理？此种情况下，案外人系针对执行依据提出异议，案外人提起执行异议之诉的，应当不予受理，已经受理的，应当驳回起诉。案外人认为作为执行依据的公证债权文书存在错误应通过其他法定程序进行救济。第一，案外人可依照《公证法》第 39 条的规定，向公证机关提出复查。公证书内容违法或者与事实不符的，公证机关应当撤销该公证书。案外人亦可提起诉讼，请求人民法院判令公证机关撤销公证债权文书。第二，执行终结前，案外人可以依照《民事诉讼法》第 238 条[①]第 2 款及《公证法》第 37 条的规定向执行法院提出申请裁定不予执行该公证债权文书。第三，根据《最高人民法院关于公证债权文书执行若干问题的规定》第 24 条规定，就公证债权文书涉及的民事权利义务争议直接向有管辖权的人民法院提起基础关系诉讼。

——最高人民法院民事审判第二庭编著：《〈全国法院民商事审判工作会议纪要〉理解与适用》，人民法院出版社 2019 年版，第 605~607 页。

148.次债务人对到期债权执行提出的异议被驳回后，能否提起执行异议之诉

第四百九十九条 人民法院执行被执行人对他人的到期债权，可以作出冻结债权的裁定，并通知该他人向申请执行人履行。

该他人对到期债权有异议，申请执行人请求对异议部分强制执行的，人

---

① 现为《民事诉讼法》（2023 年修正）第二百四十九条。

民法院不予支持。利害关系人对到期债权有异议的，人民法院应当按照民事诉讼法第二百三十四条规定处理。

对生效法律文书确定的到期债权，该他人予以否认的，人民法院不予支持。

——《最高人民法院关于适用〈中华人民共和国民事诉讼法〉的解释》（节选）（2022 年 4 月 1 日修正）。

在到期债权执行场合，执行法院往往会向次债务人发送履行通知，依据《执行工作规定（试行）》的相关规定，履行通知往往会指定 15 天的履行或异议期限，次债务人在履行通知指定的期限内没有提出异议又不履行的，执行法院有权裁定对其强制执行。尽管该裁定性质上属于执行依据，但与生效裁判等执行依据不同，裁定本身并未对债务人与次债务人的权利义务关系进行实体判断，且次债务人也不是以自身对到期债权享有所有权、担保物权等民事权益而提出排除执行，故次债务人的异议只能通过执行复议等执行监督程序救济。

附：案情简介

A 公司对 B 公司享有的债权已经生效判决确认，A 公司在执行过程中主张 B 公司对 C 公司享有到期债权，并申请执行对 C 公司的该项债权。法院依据当事人的申请，向 C 公司发送了到期债权执行通知书，C 公司未在指定的异议期内提出异议，但在法院执行其财产时其提出执行异议，被驳回后遂提起执行异议之诉。

——《关于到期债权的执行（最高人民法院第二巡回法庭 2021 年第 20 次法官会议纪要）》，载贺小荣主编：《最高人民法院第二巡回法庭法官会议纪要》（第三辑），人民法院出版社 2021 年版，第 1~14 页。

149.案外人异议之诉的功能定位与裁判范围

案外人异议之诉制度虽然早在 2007 年《民事诉讼法》修改时即已确立，但当下仍有不少人将其误解为一般意义上的确认、形成或给付之诉。鉴于此，有必要追溯其设置目的与功能定位，重申其审理范围与判决要旨，厘清其与一般诉讼、案外人申请再审及第三人撤销之诉的本质区别。

一、案外人异议之诉的设置目的与功能定位

有人认为，案外人异议之诉的目的在于确认权属。之所以出现这种误解，缘于不了解该制度设置的根本目的。实际上，案外人异议之诉制度之设置，主要基于以下考虑：首先，从一般意义上说，执行法律关系纷繁复杂，执行中合法权益遭受侵害的情形在所难免，救济与侵害理应相伴相随。案外人异议之诉作为一种执行救济，是执行法律体系中不可或缺的内容。其次，从执行程序的审查原则看，执行贵在迅速、及时，故应遵循形式化原则。执行法院对被执行人责任财产的认定，通常仅依外观证据判断，难免将事实上属于案外人的财产作为被执行人的财产查封，这就有必要为案外人提供相应的救济途径。最后，从救济途径本身看，执行中不仅需要有救济，而且救济途径还必须充分。如果仅仅是程序权利受到侵害，通过提出异议和申请复议救济即可，但如果是实体权利受到侵害，则应赋予案外人提起诉讼进行救济的权利，惟其如此，才能为各方当事人提供更为充分的程序保障。

通常情形下，民事主体之间就某项财产的权属发生争议的，可以通过确权诉讼等途径解决纷争。而案外人异议之诉针对的则不是通常意义上的权属争议，其适用的典型情形是：法院在执行中已经对某项财产予以查封，而案外人认为其对该查封财产享有所有权或者其他足以阻止该项财产转让、交付的实体权利。此际，对案外人而言，其所面临的最为紧迫的问题，不是与其他民事主体之间的权属纷争等实体争议，而是如何有效地阻止法院正在实施的执行行为，案外人异议之诉正是为了阻止执行而赋予案外人的一种救济途径。从另一个角度观察，上述情形下，如果将案外人异议之诉设计为一种普通的确权、形成或给付之诉，则应当以被执行人为被告，这种设计极易导致被执行人与案外人恶意串通，通过法院生效裁判对抗执行，显然不是一种最佳选择。

基于上述分析，不难得出结论：案外人异议之诉最直接的功能在于阻止、排除对执行标的的强制执行，故其具有形成之诉的性质。同时，案外人所主张的实体法律关系是异议权的先决问题，案外人异议之诉中往往须对此问题先行解决，否则通常难以作出是否排除执行的判决。故案外人异议之诉同时具有确认第三人所主张的实体权利的功能，从而兼具确认之诉的性质。案外人异议之诉兼具两种不同性质、两种不同功能，不同于传统诉讼类型，属于一种特殊的救济诉讼。

二、案外人异议之诉的审理范围与判项内容

案外人异议之诉的审理范围如何？其判决主文应包含哪些内容？现行法律和司法解释未作明确规定，理论界和实务中不无分歧，有必要重点讨论。

司法实践中，相当一部分法院将案外人异议之诉的审理范围限于就执行标的的实体法律关系争议，在判决主文中亦仅就异议标的的实体法律关系争议作出判断。笔者认为，正如前文所述，案外人提起异议之诉的根本目的在于阻止执行，本诉的基本功能在于解决异议标的能否执行的问题。因此，仅就实体法律关系进行审理和判断，会与一般意义上的确认、给付或形成之诉的功能相混淆，显然背离了异议之诉的本来目的，无异于本末倒置，是一种完全错误的做法。

与上述观点相反，另一种观点则认为，案外人异议之诉仅应围绕异议标的应否执行这一诉讼请求进行审理，在判决主文中亦应仅对应否执行问题作出判断，而不应涉及实体法律关系争议。客观而言，这一观点有其合理性：一是符合本诉设置的根本目的与基本定位；二是可以将本诉与一般意义上的确认、形成和给付之诉有效区分；三是可以避免因权属问题悬而难决而影响法院作出应否执行的判断；四是因审理范围相对简单、清晰，有利于快审快结。许多大陆法系国家的第三人异议之诉审判中大致采取了这种做法。

笔者认为，比较上述两种观点，综合考量各种因素，采取折中的观点更为合理，即通常情况下，案外人异议之诉中既应对实体上的法律关系进行审理，也应对应否执行问题进行审理；判决主文中既应包含实体权利义务问题的判断，亦应包含应否执行问题的判断。作为例外，在实体权利义务关系难以认定等情形下，判决主文中可仅包含应否执行问题。主张这一观点，主要基于以下两点考虑：

一是案外人异议之诉虽旨在解决应否继续执行的问题，但实体法律关系往往是应否继续执行的前提，法院在审判实践中往往要先查清权属等实体问题，然后在此基础上作出应否继续执行的判断。将相关实体法律关系纳入审理范围，一揽子解决权属和应否继续执行两个层面的问题，符合我国司法实践的现实逻辑和惯常思维。

二是如果异议之诉中只对应否继续执行问题进行审理和裁判，则会导致案外人异议之诉判决生效后，当事人就前诉中事实上已经审理的实体法律关系另行诉讼，既有违诉讼经济，也难以防止就同一法律关系作出相互矛盾的判断。

但司法实践中可能存在这样的例外情形：法院经审理已经达到了可以作出应否执行判断的程度，但异议标的的权属等实体法律关系尚难确定，此际，如果拘泥于裁判主文中必须包含实体法律关系判断的观点，势必导致案外人异议之诉迁延日久，同样背离了其根本目的。故笔者主张在例外情形下，判决主文中可仅对应否执行问题作出判断。当然，随着我国的诉讼和执行制度日臻精致、完善，司法实践经验日益丰富，也不排除以后将案外人异议之诉的审理范围仅限定为应否执行问题。

三、案外人异议之诉与相关制度的关系

欲准确把握适用案外人异议之诉制度，有必要厘清其与案外人申请再审、第三人撤销之诉的异同。三者的相同之处在于，均系案外第三人利用诉讼途径进行救济的制度，均属于事后救济。但三者存在本质区别。

案外人异议之诉不同于案外人申请再审，主要体现在：其一，性质不同。前者是一种执行救济制度；后者则是一种审判监督制度。其二，目的功能不同。前者解决的是异议标的应否执行的问题，旨在阻止、排除对特定标的的执行；后者解决的则是生效法律文书的对错问题，旨在撤销、变更原生效法律文书。其三，适用情形不同。根据《民事诉讼法》第二百二十七条[①]的规定，前者针对的标的物是法院在执行中审查认定属于被执行人的标的物，而非执行依据中确定执行的标的物，不涉及执行依据本身的对错问题；后者针对的标的物则是作为执行依据的生效判决、裁定、调解书中确定的标的物，旨在通过改变或撤销原生效法律文书维护案外人就该标的享有的合法权益。

案外人异议之诉也不同于第三人撤销之诉，主要体现在：其一，性质不同。如前所述，前者是一种特殊的执行救济制度；后者本质上仍属于通常的诉讼程序。其二，目的功能不同。前者旨在阻止、排除对特定标的的执行，后者旨在通过一个新诉改变或撤销前诉生效判决、裁定或调解书，维护第三

---

① 现为《民事诉讼法》（2023 年修正）第二百三十四条。

人因此受到损害的民事权益。其三，主体范围不同。前者中的案外人，可以是实体权利因执行受到损害的不特定第三人，而后者中的第三人，则须为因不能归责于本人的事由未参加诉讼的有独立请求权第三人或无独立请求权第三人。其四，适用情形不同。根据《民事诉讼法》第五十六条①第三款的规定，适格第三人如有证据证明生效法律文书部分或全部内容错误，损害其民事权益的，即可提起第三人撤销之诉。可见，第三人撤销之诉针对的仍然是生效法律文书的对错问题，且在诉讼终结后的一定期限内均有适用可能，而不限于执行阶段。

——刘贵祥：《案外人异议之诉的功能定位与裁判范围》，载《人民法院报》2014年6月4日。

150.异议人提交的名为"情况反映""执行申诉书"，实则向人民法院提出执行异议的书面申请，只要有明确的异议请求，执行法院应作为相关执行异议案件审查处理

1243.【执行行为异议的一般规定】

执行过程中，当事人、利害关系人认为执行法院的执行行为违反法律或司法解释规定的，可以向执行法院提出执行行为异议。

执行法院审查处理执行行为异议，应当自收到书面异议之日起十五日内作出裁定。

903.【执行行为异议的形式要件】

异议人提出执行行为异议，应当向人民法院提交申请书。申请书应当载明具体的异议请求、事实、理由等内容，并附下列材料：

（一）异议人的身份证明；

（二）相关证据材料；

（三）送达地址和联系方式。

——最高人民法院执行局编：《人民法院办理执行案件规范（第二版）》，人民法院出版社2022年版，第493页、第375页。

---

① 现为《民事诉讼法》（2023年修正）第五十九条。

司法实践中，异议人并非完全按照《民事诉讼法》规定和人民法院要求提交书面异议申请。异议申请书的表现形式多种多样，有的申请书冠以"执行申诉书"的名称，有的以"情况反映"表达异议诉求，还有的以"执行监督申请书"或"再审申请书"为表现形式，实则属于向人民法院提出执行异议。另外，异议人的法律素养参差不齐，有的异议申请毫无条理，异议请求表达不清，或者没有法律依据，甚至从内容到形式都不能称之为法律文书。我国不具备执行异议、复议案件全部实行律师代理的条件，大量执行异议、复议案件都没有律师参与，执行异议、复议申请书并不都能符合法律、司法解释规定的形式要求。针对这种现状，实践中对于异议人提交的以"情况反映""执行申诉书"等为名，实则向人民法院提出执行异议的书面申请，只要有明确的异议请求，执行法院应作为相关执行异议案件审查处理。异议人提交的书面申请所提异议请求不明确，无法审查处理的，执行法院可要求提出异议的申请人补正，明确其异议请求后，再行立案审查。对于表述形式不规范的书面申请，经审查申请书，能够基本掌握异议人的异议请求、所述事实及理由的，执行法院应当按照书面异议表述的基本含义进行审查，相关异议人可向执行法院补充、明确其异议请求。

——江必新、刘贵祥主编，最高人民法院执行局编著：《最高人民法院办理执行异议和复议案件若干问题规定理解与适用》，人民法院出版社2015年版，第26~27页。

151.不予受理执行申请的裁定能否提出执行异议

对于不予受理执行申请的裁定能否提出执行异议？依照《最高人民法院关于人民法院执行工作若干问题的规定（试行）》第18条①的规定，人民法院受理执行案件应当符合一定条件，对不符合条件的执行申请，人民法院应当裁定不予受理。司法实践中，人民法院对执行申请裁定是否受理，直接决定着债权人的债权能否通过法院强制实现，对申请执行人的利益有决定性的

---

① 现为《最高人民法院关于人民法院执行工作若干问题的规定（试行）》（2020年修正）第十六条。

影响，法律上应当赋予申请执行人相应的救济途径，这一点并不存在争议。但是，申请执行人能否依照《民事诉讼法》第 225 条[①]的规定，向作出不予受理执行申请的法院提出执行行为异议，实践中却存在不同观点。有一种观点认为，人民法院不予受理执行申请，属于立案环节的问题，不属于执行行为，因此不应当依照该条规定提出异议。还有观点认为，对执行申请不予受理与对起诉不予受理属于同一性质的问题，而根据《民事诉讼法》第 123 条[②]的规定，人民法院对于不符合起诉条件的裁定不予受理，原告对裁定不服的，可以提起上诉。那么申请执行人对不予受理执行申请的裁定不服的，也应当可以提起上诉，如可以将其归入依照《民事诉讼法》第 225 条可以提出异议的范围，就会出现在同一部法律中对同一性质的问题不同对待的情形。

但是，对于不予受理执行申请固然应当像对起诉不予受理异议，允许提起上诉，但是鉴于《民事诉讼法》对不予受理可以上诉的内容规定在第一审普通程序一章中，严格来说，很难在执行程序中适用，在这种情况下，将不予受理执行申请的裁定纳入《民事诉讼法》第 225 条的适用范围，符合为当事人提供充分救济途径的理念。《最高人民法院办理执行异议和复议案件若干问题的规定》对执行行为的时点界定，也应适当予以拓宽，即对于执行开始和执行终结这两个时点法院所为的行为，都纳入执行行为的范围，赋予当事人提出异议的权利来实现对当事人合法权利更为全面的救济，就是为了避免出现对不予受理执行申请裁定，债权人既不能提起上诉，也不能提出异议和复议，进而导致其实体权利的实现成为无根之木、无本之源。

同理，当事人对人民法院受理不当的执行申请同样有权提出执行异议。这是对实施执行的一些特殊行为的程序性救济，如果人民法院受理了依法不应受理的执行申请，将直接侵害债务人免予被强制执行的程序权利并可能给债务人的实体权益造成侵害，即导致债务人承担其依法不应承担的债务。为了保护债务人的合法权益，在执行法院受理了依法不应受理的执行申请后，被执行人有权提出执行异议，要求执行法院撤销已受理的执行案件。这与对不予受理裁定通过执行异议程序救济相比，在程序上是一致的、在逻辑上也

---

① 现为《民事诉讼法》（2023 年修正）第二百三十六条。

② 现为《民事诉讼法》（2023 年修正）第一百二十八条。

是合理的。

——江必新、刘贵祥主编，最高人民法院执行局编著:《最高人民法院办理执行异议和复议案件若干问题规定理解与适用》，人民法院出版社 2015 年版，第 41~43 页。

152.人民法院应正确处理当事人、利害关系人同时提出执行异议

依照《民事诉讼法》第 225 条[①]之规定，当事人、利害关系人均是提出执行行为异议的主体。既然当事人、利害关系人都有提出执行异议的权利，对于同一强制执行案件，针对同一执行行为，则可能会出现当事人、利害关系人同时提出异议的情形，即为执行异议救济程序的竞合。执行法院在处理异议时应当区分不同情况，予以处理。各个异议权利主体如基于各自的理由请求救济，执行法院审查后作出的裁定结果则可能并不相同。例如，在执行法院拍卖被执行人的不动产以清偿债务的金钱给付案件的执行中，对于评估机构的评估报告所确定的评估价，申请执行人主张过高而提出异议，认为难以变现，侵犯其合法权益。与之同时，被执行人认为评估价太低而提出异议，竞买人则针对公平竞价权利受到不当妨害提出异议。此时，执行法院审查后，可认为其中一部分人的异议理由正当，而据此重新评估或重新确定拍卖保留价，同时又以无理由驳回另一部分人的执行异议。当然，如经审查，执行法院认为评估拍卖程序正当，也可以确认异议人的主张均不能成立，而裁定予以驳回。

——江必新、刘贵祥主编，最高人民法院执行局编著:《最高人民法院办理执行异议和复议案件若干问题规定理解与适用》，人民法院出版社 2015 年版，第 79~80 页。

153.注意把握执行行为异议程序与执行监督程序的关系

《执行工作若干规定》第一百二十九条[②]专门规定了上级人民法院有权对

---

① 现为《民事诉讼法》（2023 年修正）第二百三十二条。
② 现为《最高人民法院关于人民法院执行工作若干问题的规定（试行）》（2020 年修正）第七十一条。

下级人民法院执行工作进行监督。从近年来的执行实践来看，执行监督的内容非常丰富，不仅涉及执行行为，也涉及执行依据。就法院的执行行为而言，又涉及滥用执行权和怠于行使执行权等不同的情形。提起的原因也包括当事人、利害关系人申诉和上级人民法院主动启动两方面。执行监督制度，客观上起到了保护执行当事人、利害关系人等主体合法权益的作用，一定程度上弥补了执行救济制度供给不足的缺陷。随着相关主体申请执行监督的案件越来越多，执行监督案件审查处理的程序也愈发规范，无论在权利主体的保护方面，还是人民法院的执行规范化方面，都起到了相当积极的作用。

但应当注意的是，执行监督与当事人、利害关系人提起执行异议等执行救济是两个不同的概念。尽管二者都可能会达到纠正执行错误和瑕疵的实际效果，但是纠错的途径、启动程序、审查处理程序、法律文书、法律效力等都不尽相同。二者可以作为两种不同的纠错机制同时存在，在具体适用时可以并行不悖，因此可能出现执行救济程序与执行监督程序竞合的情况。

执行监督是人民法院内部的一种监督、指导和纠错制度，其实施主体是不同层级的人民法院，具体程序在法院内部运行，当事人、利害关系人可以参与，但在程序提起的过程中参与范围有限，对于程序的进行也无主导权。上级法院以监督程序审查处理之后，除作出裁定或决定以外，还可以视情况向有关法院下发内部函文，对下进行指导。当事人、利害关系人虽有权向上级法院反映情况，请求上级法院行使执行监督权，以保护其合法权益，但这种权利一般解释为宪法赋予公民的申诉权，而非执行救济权。因此种申诉行为并不必然产生相应的程序法上的效果，向上级法院反映情况后，是否会得到处理，以及在多大程度上得到处理，均由人民法院审查确定，申诉人自身无法决定。与申请执行监督不同，提出执行异议是法律赋予当事人、利害关系人的法定权利，其对违法执行行为提出异议进而申请复议，只要符合法定条件，执行法院和上一级法院就必须进行审查处理，并作出裁定，裁定应当送达当事人、利害关系人和有关法院。在此过程中，当事人、利害关系人有权依法参与执行救济程序的运行，表达意见和主张，提出抗辩和理由，提供证据，进行质证和辩论，以此来影响救济裁定的作出。因此，对于不当执行行为，在当事人、利害关系人未提出异议或者对裁定不服时未向上一级人民法院申请复议时，如果上级人民法院发现执行法院存在违法执行问题，则应当主动依法进行监督；如果当事人、利害关系人已经提出了异议或正在申请复议，在救济程序正常进行的情况下，上级法院一般无需再就同一问题重复进行监督。当然，作为一项监督权力，上级法院认为必要时可以随时行使监督权。

——江必新、刘贵祥主编，最高人民法院执行局编著：《最高人民法院办理执行异议和复议案件若干问题规定理解与适用》，人民法院出版社 2015 年版，第 80~81 页。

154.案外人对多项执行标的提出异议的，其申请异议的期限应如何计算

依照《最高人民法院关于人民法院办理执行异议和复议案件若干问题的规定》的精神，特定标的由当事人之外的买受人受让的，案外人异议应是在其提出异议的特定标的的具体执行程序终结前提出，如果特定标的已执行完结，即使债权未全部实现，案件尚在执行过程中，案外人对该特定标的也不应再提出异议。如标的涉及多个，其中某个或多个标的已执行完结，即使尚有其他标的仍在执行过程中，案外人对已经执行完结的标的也不应再提出异议。如果多个标的的受让人均是由买受人受让的，则其提出异议的期限应当是整个执行程序终结前。如果多个执行标的中，既有当事人之外的买受人受让，又有当事人受让的情形，则案外人提出异议的期限，应当根据是否由买受人受让来区分案外人就特定标的提出异议的期限。

——江必新、刘贵祥主编，最高人民法院执行局编著：《最高人民法院办理执行异议和复议案件若干问题规定理解与适用》，人民法院出版社 2015 年版，第 92~93 页。

155.积极的执行异议与消极的执行异议

整体理解执行异议制度，按照执行异议的积极与否，事实上可以将执行异议分为积极的执行异议和消极的执行异议。所谓积极的执行异议，是指当事人或利害关系人对执行机构的消极行为，提出积极的要求予以救济，比如，对执行机构超过程序法规定期限的行为提出异议。所谓消极的执行异议，是

指当事人、利害关系人对执行机构的积极行为，提出消极的主张予以救济。从《民事诉讼法》第二百二十五条①对违法的执行行为，人民法院应当予以"裁定撤销或者改正"的用语看，这里的执行行为应当是指作为行为，即积极的行为，但是对于特殊情况下的消极执行行为，也没有排除，例如轮候查封的债权人请求在先查封法院处置财产的行为，按照规定应当可以提出异议。但是从长远来看，对于不作为行为，由于其具有不同于作为行为的特点，救济程序应当单列，将来拟建立"申请"制度予以规范。针对前述所言的其他消极行为，目前可以适用的法律条款主要为《民事诉讼法》第二百零三条规定的"人民法院自收到申请执行书之日起超过六个月未执行的，申请执行人可以向上一级人民法院申请执行。上一级人民法院经审查，可以责令原人民法院在一定期限内执行，也可以决定由本院执行或指令其他人民法院执行"。2008 年的《最高人民法院关于适用〈中华人民共和国民事诉讼法〉执行程序若干问题的解释》也进一步细化了该消极执行行为异议程序。该解释第 12 条②规定：上一级人民法院依照《民事诉讼法》第二百零三条③规定责令执行法院限期执行的，应当向其发出督促执行令，并将有关情况书面通知申请执行人。上一级人民法院决定由本院执行或者指令本辖区其他人民法院执行的，应当作出裁定，送达当事人并通知有关人民法院。第十三条④规定：上一级人民法院责令执行法院限期执行，执行法院在指定期间内无正当理由仍未执行完结的，上一级人民法院应当裁定由本院执行或者指令本辖区其他人民法院执行。

——江必新、刘贵祥主编，最高人民法院执行局编著：《最高人民法院办理执行异议和复议案件若干问题规定理解与适用》，人民法院出版社 2015 年版，第 108~109 页。

---

① 现为《民事诉讼法》(2023 年修正) 第二百三十六条。

② 现为《民事诉讼法》(2023 年修正) 第二百三十七条。

③ 现为《最高人民法院关于适用〈中华人民共和国民事诉讼法〉执行程序若干问题的解释》(2020 年修正) 第十一条。

④ 现为《最高人民法院关于适用〈中华人民共和国民事诉讼法〉执行程序若干问题的解释》(2020 年修正) 第十二条。

156.执行异议书面审查中对特殊法律问题审查时也应举行听证

法律问题也有举行听证的必要。对于适用法律错误等问题的审查认定，只是相对于澄清事实问题来说，适用书面审理可行性要强，但并不是说没有问题。事实上，适用法律问题可能与事实问题一样，是一个复杂的问题，即使高素质的法官也难免有主观片面上的错误。真理往往在辩论中才能更加明确。即使法官允许双方当事人书面交锋辩论，撇开书面辩论本身的不够直接的局限性不谈，当事人不能从口头辩论的直接感受中体会心理满足和判决的公正性、书面辩论更容易拉长诉讼时间等，又会产生其他的与迅速、公正解决纠纷的目的不相容的问题。

——江必新、刘贵祥主编，最高人民法院执行局编著：《最高人民法院办理执行异议和复议案件若干问题规定理解与适用》，人民法院出版社 2015 年版，第 169~170 页。

157.审查案外人异议，要注意案外人与申请执行人之间对执行标的物或履行债务是否有特殊的约定

1277.【案外人异议的审查处理】

案外人对执行标的提出的异议，经审查，按照下列情形分别处理：

（一）案外人对执行标的不享有足以排除强制执行的权益的，裁定驳回其异议；

（二）案外人对执行标的享有足以排除强制执行的权益的，裁定中止执行。

——最高人民法院执行局编：《人民法院办理执行案件规范（第二版）》，人民法院出版社 2022 年版，第 505 页。

对案外人的异议是否成立，除了依照《最高人民法院关于人民法院办理执行异议和复议案件若干问题的规定》第二十条的规定进行审查外，还要注意案外人与申请执行人之间对执行标的物或者履行债务是否有特殊的约定。

如果案外人取得执行标的物的权利，系依照与申请执行人的特殊约定，而且在合同中约定了案外人以取得的执行标的物对申请执行人履行给付义务，也不能阻止执行。例如，执行依据确定李四向张三偿还借款 300 万元，申请执行前，张三、李四和王五签订和解协议约定，由王五参加某法院举行的拍卖会，竞拍张三经营需要的挖掘机用来抵顶李四所欠债务。后王五拍得一辆挖掘机并暂存在李四处。进入执行程序后，法院扣押了该挖掘机，王五对该挖掘机主张所有权，根据其与张三的和解协议，其权利不能排除张三对执行标的物的执行。

——江必新、刘贵祥主编，最高人民法院执行局编著：《最高人民法院办理执行异议和复议案件若干问题规定理解与适用》，人民法院出版社 2015 年版，第 343~344 页。

158.执行异议之诉不受案外人异议裁定审查结论的限制

终局判决一旦获得确定，该判决对请求之判断就成为规范今后当事人之间法律关系的基准，当同一事项再度成为问题时，当事人不能对该判断提出争议、不能提出与之相矛盾的主张，法院也不能作出与该判断相矛盾或抵触之判断。这种确定判决之判断被赋予的通用性或拘束力，就是所谓的既判力。与形式的确定力相对，既判力也被称为实体的确定力。案外人异议程序虽然审查处理实体法问题，但人民法院在案外异议审查中对案外人所主张的实体权利所作裁定并没有既判力。因此，民事诉讼法规定案外人、当事人不服该裁定的，有权提起执行异议之诉。审理执行异议之诉的审判部门不受案外人异议裁定结论拘束，应根据查明的案件事实和相关法律规定作出裁判，不能直接将案外人异议审查裁定作为执行异议之诉的审理依据。根据《民事诉讼法解释》第 312~313 条[①] 规定：对案外人提起的执行异议之诉，人民法院经审理，按照下列情形分别处理：（1）案外人就执行标的享有足以排除强制执行的民事权益的，判决不得执行该执行标的；（2）案外人就执行标的不享有足以排除强制执行的民事权益的，判决驳回诉讼请求；案外人同时提出确认其

---

① 　现为《最高人民法院关于适用〈中华人民共和国民事诉讼法〉的解释》（2022 年修正）第三百一十条至第三百一十一条。

权利的诉讼请求的，人民法院可以在判决中一并作出裁判。对申请执行人提起的执行异议之诉，人民法院经审理，按照下列情形分别处理：（1）案外人就执行标的不享有足以排除强制执行的民事权益的，判决准许执行该执行标的；（2）案外人就执行标的享有足以排除强制执行的民事权益的，判决驳回诉讼请求。对于执行异议之诉的裁判作出后，案外人异议裁定的法律效力问题，《最高人民法院关于适用〈中华人民共和国民事诉讼法〉的解释》第314条①规定：对案外人执行异议之诉，人民法院判决不得对执行标的的执行的，执行异议裁定失效。对申请执行人执行异议之诉，人民法院判决准许对该执行标的的执行的，执行异议裁定失效，执行法院可以根据申请执行人的申请或者依职权恢复执行。

——江必新、刘贵祥主编，最高人民法院执行局编著：《最高人民法院办理执行异议和复议案件若干问题规定理解与适用》，人民法院出版社2015年版，第364~365页。

159.执行程序中被执行人主张抵销的，执行法院应当如何审查

1263.【债务抵销的审查处理】

当事人互负到期债务，被执行人请求抵销，请求抵销的债务符合下列情形的，除依照法律规定或者按照债务性质不得抵销的以外，人民法院应予支持：

（一）已经生效法律文书确定或者经申请执行人认可；

（二）与被执行人所负债务的标的物种类、品质相同。

——最高人民法院执行局编：《人民法院办理执行案件规范（第二版）》，人民法院出版社2022年版，第500页。

---

① 现为《最高人民法院关于适用〈中华人民共和国民事诉讼法〉的解释》（2022年修正）第三百一十二条。

160.人民法院在执行中发现执行申请不符合受理条件，依职权裁定驳回执行申请的，申请执行人可以向上一级人民法院申请复议

问：人民法院在执行中发现执行申请不符合受理条件，依职权裁定驳回执行申请的，申请执行人应当如何救济？

答：目前，民事诉讼法对于驳回执行申请裁定如何救济并无明确规定，但从司法解释的有关规定、实务做法和执行法理论看，由申请执行人向上一级人民法院申请复议是比较合适的。

第一，《最高人民法院关于人民法院办理仲裁裁决执行案件若干问题的规定》第五条、《最高人民法院关于公证债权文书执行若干问题的规定》第七条均明确规定申请执行人对驳回执行申请裁定不服的，可以自裁定送达之日起十日内向上一级人民法院申请复议。虽然这两部司法解释分别适用于以仲裁裁决、调解书以及公证债权文书为执行依据的执行案件，但鉴于不同执行依据在该问题上并无实质差别，故可以参照适用。

第二，人民法院受理强制执行申请后，被执行人认为该申请不符合受理条件的，司法实务观点认为应由被执行人依据《民事诉讼法》第二百二十五条①提出异议。人民法院经审查，认为被执行人异议理由成立的，裁定驳回执行申请。对该裁定不服的，根据《民事诉讼法》第二百二十五条可向上一级人民法院申请复议。驳回执行申请裁定的救济方式，不应因该裁定的作出系人民法院依职权启动还是被执行人提出异议而有区别。因此，人民法院依职权驳回执行申请，申请执行人不服的应当向上一级人民法院申请复议。

第三，从执行法理论看，之所以规定执行异议这种"同级审查"的救济方法，是因为强制执行的单方性、效率性。详言之，执行行为应否作出，原则上由执行法院根据申请执行人提供的材料进行形式审查后予以判断，并不要求先听询被执行人的意见，也没有给予被执行人相应抗辩的机会。因此，有必要给予被执行人提出执行异议的权利，以保障其"听审权"。反之，如果执行行为作出前，执行法院已经听询了被执行人的意见，并在此基础上作

---

① 现为《民事诉讼法》（2023年修正）第二百三十六条。

出了相应的执行行为，再由同一法院审查异议就缺乏价值，此时应当向上一级人民法院寻求救济。对申请执行人而言，其"听审权"在执行法院层级已经在申请执行环节获得保护。进入执行程序后，若执行法院对强制执行申请是否符合受理条件有所疑问，裁定驳回执行申请前也会先询问申请执行人，并允许其补交证明材料。在此种情况下，执行法院裁定驳回执行申请后，再由该法院审查申请执行人的异议，并不利于节约司法资源和及时救济申请执行人。

——王赫：《执行实施部分问题解答》，载最高人民法院执行局编：《执行工作指导》2020年第4辑（总第76辑），人民法院出版社2021年版。

161.在执行异议案件中，人民法院作出不得执行或者准予执行的判决，不应判决撤销执行裁定

问：在执行异议案件中，人民法院作出不得执行或者准予执行的判决，是否应判决撤销执行裁定？

答：对该问题存在两种观点：一种观点认为，执行异议裁定是人民法院依法作出的生效法律文书。案外人执行异议之诉案件中人民法院判决不得对执行标的执行的，或者申请执行人执行异议之诉案件中人民法院判决准许对执行标的执行的，相当于推翻了执行异议裁定，否定了执行异议裁定的效力，因此在判决中应一并撤销执行异议裁定。另一种观点认为，人民法院支持案外人、申请执行人在执行异议之诉中的诉讼请求，事实上已经否认了执行异议裁定的效力，没有必要在判决中撤销执行异议裁定。我们认为第二种观点是正确的，理由是：《最高人民法院关于适用〈中华人民共和国民事诉讼法〉的解释》第三百一十四条①规定："对案外人执行异议之诉，人民法院判决不得对执行标的执行的，执行异议裁定失效。对申请执行人执行异议之诉，人民法院判决准许对该执行标的执行的，执行异议裁定失效，执行法院可以根据申请执行人的申请或者依职权恢复执行。"故上述情况下，执行异议裁定失效，在执行异议之诉判决中无需撤销执行异议裁定。

---

① 现为《最高人民法院关于适用〈中华人民共和国民事诉讼法〉的解释》（2022年修正）第三百一十二条。

——本书研究组：《在执行异议案件中，人民法院作出不得执行或者准予执行的判决，是否应判决撤销执行裁定》，载最高人民法院民事审判第一庭编：《民事审判指导与参考》2018 年第 4 辑（总第 76 辑），人民法院出版社2019 年版，第 233 页。

162.案外人在执行标的经执行程序发生权属变动后提出执行异议并被驳回，能否提起执行异议之诉

执行异议之诉以"执行过程中"案外人对执行标的提出书面异议为前提，目的在于阻却执行程序的继续进行，在执行法院已作出以房抵债的裁定并送达之后，执行程序已终结，案外人此后才提出执行异议及执行异议之诉，不符合执行异议之诉的受理条件，应不予受理；已经受理的，应驳回起诉。

附：案情简介

为执行甲公司欠乙公司工程款债务 1081 万余元及其利息，一审法院在第一次拍卖流拍后，于 2016 年 5 月 20 日裁定将涉案房屋作价 1129 万余元交付乙公司抵偿欠款，该裁定主文第一项还写明"房屋所有权自裁定送达申请执行人乙公司时起转移"。该裁定于 2016 年 5 月 23 日送达甲公司和乙公司。

案外人张某（借款出借人、房屋买受人）与甲公司（借款人、房屋出让人）于 2013 年 3 月 16 日签订借款 800 万元的借款合同和出售诉争房屋的商品房买卖合同（房屋总价款 800 万元），该商品房买卖合同已办理网签备案。张某实际向甲公司借款本金 753.5 万元。因甲公司不能偿还该借款本金及部分利息，双方于 2013 年 4 月 15 日约定将诉争房屋交付张某，张某于 2014 年 10月搬入涉案房屋居住，但未办理过户登记手续。2016 年 9 月 1 口张某向 审法院提出案外人执行异议申请。一审法院于 2016 年 10 月 11 日裁定驳回张某的异议申请。张某不服该裁定提出执行异议之诉，请求：确认诉争房屋归其所有；判令撤销一审法院有关执行裁定，停止对诉争房屋的强制执行，解除对该房产的查封措施。

——《执行标的权属，因执行而变动后案外人能否提起执行异议之诉》，载贺小荣主编：《最高人民法院第二巡回法庭法官会议纪要》（第一辑），人民法院出版社 2019 年版，第 158~160 页。

163.在执行异议案件中，人民法院作出不得执行或者准予执行的判决时，无须另行撤销执行裁定

问：在执行异议案件中，人民法院作出不得执行或者准予执行的判决，是否应判决撤销执行裁定？

答：执行异议案件包括案外人执行异议之诉和申请执行人执行异议之诉。在案外人执行异议之诉中，人民法院经过审查，如果判决不得执行特定执行标的，则应该终结执行程序、解除执行措施，此时就需要处理执行法院先前作出的驳回案外人执行异议裁定。同理，在申请执行人执行异议之诉中，人民法院经过审查，如果判决准许执行该执行标的，则需要处理执行法院先前作出的中止执行裁定。

对这两种情形的处理存在两种观点：一种观点认为，执行异议裁定是人民法院依法作出的生效法律文书。案外人执行异议之诉案件中人民法院判决不得对执行标的执行的，或者申请执行人执行异议之诉案件中人民法院判决准许对执行标的执行的，相当于推翻了执行异议裁定，否定了执行异议裁定的效力，因此，在判决中应一并撤销执行异议裁定。另一种观点认为，人民法院支持案外人、申请执行人在执行异议之诉中的诉讼请求，事实上已经否认了执行异议裁定的效力，没有必要在判决中撤销执行异议裁定。我们认为第二种观点是正确的，理由是最高人民法院《关于适用〈中华人民共和国民事诉讼法〉的解释》第三百一十四条规定，"对案外人执行异议之诉，人民法院判决不得对执行标的执行的，执行异议裁定失效。对申请执行人执行异议之诉，人民法院判决准许对该执行标的执行的，执行异议裁定失效，执行法院可以根据申请执行人的申请或者依职权恢复执行"。可见，司法解释已经规定，在执行异议案件的判决结果和执行异议的裁定结果相反的情况下，执行异议裁定失效。因此，在执行异议之诉判决中无须另行撤销执行异议裁定。

——最高人民法院民事审判第一庭编著：《民事审判实务问答》，法律出版社 2021 年版，第 392~393 页。

164.人民法院对房屋承租人就执行腾退房屋提出的执行异议应如何认定和处理

问： 人民法院对房屋承租人就执行腾退房屋提出的执行异议应如何认定和处理？

答： 针对房屋承租人在执行程序中提出的异议，人民法院应区分不同情况分别予以处理。（1）执行依据确定被执行人应当为以不动产交易为目的的申请执行人办理过户手续。根据"买卖不破租赁"的原则，执行依据对转移租赁物房屋所有权的认定和处理并不影响租赁权，执行机构作出执行裁定的效力不及于实现房屋占有转移，如执行机构进行不动产腾退，承租人据此提出的异议当属对执行行为的异议，应适用《民事诉讼法》第二百二十五条[①]的规定进行审查。（2）执行机构裁定拍卖被执行人房屋实现金钱债权。除非拍卖变卖公告明确说明房屋附着租赁，否则第三人买受房屋时对拍卖变卖公告载明的房屋权属等情况有理由产生合理信赖，拍卖成交裁定的效力及于房屋所有权转移和占有转移，案外人根据"买卖不破租赁""抵押不破租赁"等理由主张其享有足以对抗执行变价交付执行标的权利属于实体权利判断范畴，应属于执行异议之诉受理范围。（3）执行机构裁定以物抵债实现金钱债权。此类执行中，申请执行人原本不以取得房屋所有权为目的，不了解抵债房屋租赁状况，因债务人账户无财产执行，同意以物抵债并经执行法院认可，除非申请执行人明知房屋存在租赁，以物抵债裁定的效力范围应当包括所有权转移和占有转移，承租人提出的异议亦属于执行异议之诉受理范围。

——本书研究组：《人民法院对房屋承租人就执行腾退房屋提出的执行异议应如何认定和处理》，载最高人民法院民事审判第一庭编：《民事审判指导与参考》2020年第1辑（总第81辑），人民法院出版社2021年版，第219页。

---

① 现为《民事诉讼法》（2023年修正）第二百三十六条。

165.案外人提起执行异议之诉和另行起诉的关系

问:《民事诉讼法》第二百二十七条[①]规定:"执行过程中,案外人对执行标的提出书面异议的,人民法院应当自收到书面异议之日起十五日内审查,理由成立的,裁定中止对该标的的执行;理由不成立的,裁定驳回。案外人、当事人对裁定不服,认为原判决、裁定错误的,依照审判监督程序办理;与原判决、裁定无关的,可以自裁定送达之日起十五日内向人民法院提起诉讼。"在执行程序中,案外人以被执行人为被告就执行标的物另行提起确权之诉,人民法院是否应当不予受理并告知案外人根据该条规定主张权利?

答:不应当,这种做法限制了当事人的诉权。当事人在另行起诉和执行异议之诉中有选择权,即便在执行程序中,案外人也可以不提出排除对执行标的的执行的诉讼请求,而仅就执行标的的确权或者给付进行起诉,这是案外人的权利。这种情况属于案外人另行提起了新的普通诉讼,而非执行异议之诉。如果其诉讼请求得到支持,可再以该案中的生效法律文书为证据,向原执行法院提起执行异议或者申请执行回转。但这种方法不利于案外人权益保护,人民法院在审查案外人另行提起的新诉时应予适当释明。

案外人在提起执行异议之诉后,一审判决作出前,又向执行法院就相同执行标的提起确权之诉的,应当合并审理。案外人在提起执行异议之诉且同时对执行标的提起确权之诉后,又就相同执行标的的向其他法院提起确权之诉的,受理确权之诉的人民法院应当将案件移送执行法院一并审理,执行异议之诉已经作出裁判的,则应当驳回起诉。案外人在提出排除对执行标的的执行的诉讼请求的同时,又提出对执行标的的进行确权的诉讼请求的,人民法院作出裁判后,案外人就不能再对执行标的的确权另行起诉。

——最高人民法院民事审判第一庭编著:《民事审判实务问答》,法律出版社 2021 年版,第 403~404 页。

[①] 现为《民事诉讼法》(2023 年修正)第二百三十八条。

166.在执行复议过程中新的司法解释生效的应当适用该司法解释规定的程序进行审查

一、关于《最高人民法院关于公证债权文书执行若干问题的规定》(以下简称《公证债权文书规定》)相关条文是否具有溯及力的问题

法不溯及既往是现代社会一个重要的法治原则。根据该原则,新实施的法律不得适用于其实施前已经发生的事实和法律关系。"昨天的行为不能适用今天的法律"。法作为社会的行为规范,它通过对违反者的惩戒来促使人们遵守执行。人们之所以对自己的违法行为承担不利后果,就是因为事先已经知道或者应当知道哪些行为是法律允许的、哪些行为是法律不允许的。不能要求人们遵守还没有制定出来的法律,法只对其生效后的行为有规范作用。一般认为,法不溯及既往原则的理论基础是信赖保护理论,即人们基于以往法律所获得的利益,不能因新实施的法律而被剥夺。

我国《立法法》第九十三条规定:"法律、行政法规、地方性法规、自治条例和单行条例、规章不溯及既往,但为了更好地保护公民、法人和其他组织的权利和利益而作的特别规定除外。"该规定确立了我国以法不溯及既往为原则,以溯及既往为例外的法律适用规则。由于该规定未将作为重要法律渊源的司法解释列入其中,司法解释是否应当遵守该规定便存在争议。一种观点认为司法解释具有溯及力,主要理由为司法解释系对法律的解释,该解释并未超出当事人的预期,其本身的性质决定了其可以在法律的时间效力范围内追溯既往。另外一种观点认为司法解释不应具有溯及力,在我国法治并不完善和立法"宜粗不宜细"的情况下,司法解释往往承担着填补法律漏洞功能,司法解释溯及既往会侵害当事人的信赖利益。

笔者认为,如上所述,法律之所以不能溯及既往,在于法律溯及既往会侵犯当事人的信赖利益。反过来讲,如果法律溯及既往不会侵害当事人的信赖利益,溯及既往就并非不可。从这个意义上来讲,法律是否具有溯及力,会因该法律是程序法还是实体法而有所区别。这便是实践中普遍形成共识的"实体从旧、程序从新"原则。所谓"实体从旧",是指实体法不能溯及既往;所谓"程序从新",是指新法颁布之后的诉讼法律行为或者事件适用新法,其

道理在于程序法旨在提供法律救济和实现权利的方法和途径，而程序法溯及既往不会侵害当事人的信赖利益。2012年最高人民法院制定的《关于修改后的民事诉讼法施行时未结案件适用法律若干问题的规定》，明确规定对于新法施行时未结案件，适用新法；新法施行前依照旧法规定已经完成的程序事项，仍然有效；涉及当事人实体权利处分的事项，原则上从旧。2021年12月，最高人民法院下发《关于认真学习贯彻〈全国人民代表大会常务委员会关于修改《中华人民共和国民事诉讼法》的决定〉的通知》，明确以下规则：2022年1月1日之后人民法院受理的民事案件，适用修改后的民事诉讼法。2022年1月1日之前人民法院未审结的案件，尚未进行的诉讼行为适用修改后的民事诉讼法；依照修改前的民事诉讼法或者最高人民法院《民事诉讼程序繁简分流改革试点实施办法》的有关规定，已经完成的诉讼行为，仍然有效。中级人民法院、专门人民法院对2022年1月1日之后受理的第二审民事案件，可以依照修改后的民事诉讼法的有关规定适用独任制审理。上述规定对于明确新旧民事诉讼法的统一法律适用规则发挥了重要作用。笔者认为，如果说对于实体性司法解释是否具有溯及力存在争议的话，那么对于程序性司法解释来讲，依照上述规定适用"程序从新"原则应当不存在争议。

　　具体到本案，复议法院的立案时间是2018年1月9日，作出复议裁定的时间为2018年11月20日。《公证债权文书规定》自2018年10月1日起施行。根据2015年《民事诉讼法解释》第四百八十条第一款第三项的规定，公证债权文书的内容与事实不符，属于不予执行案件的审查范围。但根据《公证债权文书规定》第十二条、第二十二条的规定，实体性争议应当通过诉讼途径解决。纠纷解决和权利救济途径属于程序性规定，在适用时应当适用"程序从新"规则，即对于《公证债权文书规定》施行时尚未审结的复议案件，应当适用该司法解释；该司法解释施行前依照之前的规定已经完成的程序事项，仍然有效。况且，本案诉争焦点为实体事项，且双方争议很大，通过诉讼程序更有利于查清案件事实并保障当事人合法权益。依照《公证债权文书规定》通过诉讼程序进行审查能够更好保障各方当事人的实体权利，也能够充分发挥人民法院对公证的监督作用，这也符合《立法法》第九十三条法律溯及既往例外情形的本意。

二、关于能否在执行监督裁定中明确终结审查卿某的不予执行申请并撤销复议异议裁定的问题

裁定终结审查是人民法院在执行审查实践中探索出来的一种审查处理方式，现行法律及司法解释并未规定其适用情形。在具体案件中，一般参照《民事诉讼法》第一百五十四条规定的终结诉讼的有关精神，在出现案件审查无法进行或没有必要进行的情形时而裁定终结审查。具体到本案来讲，由于在审查过程中，《公证债权文书规定》开始施行，依据该规定，对于本案争议的实体事项应当通过诉讼程序审理，执行程序已无权进行审查。因此，在执行监督裁定中明确终结审查卿某的不予执行申请，并无争议。问题在于，在裁定终结审查时，是否需要撤销下级法院的复议裁定和异议裁定？

在民事诉讼二审审理和再审审理过程中，对于因出现《民事诉讼法》第一百五十四条和《民事诉讼法解释》第四百零四条规定的情形而裁定终结诉讼的，一般不会对原审裁判作出评判。对于在二审过程中终结诉讼的，一审裁判并未生效；对于在再审程序中终结诉讼的，原审裁判仍然有效，之前裁定中止执行的原生效裁判自动恢复执行。一般来讲，人民法院在复议和监督程序中终结审查的，可以参照上述规则。

但本案的不同之处在于，如前所述，在复议审查过程中，《公证债权文书规定》已经施行，依照"程序从新"规则，某高院应当终结审查并告知复议申请人另行提起诉讼。某高院继续依据之前的规定进行审查，属于程序重大违法，必须在监督裁定中予以撤销。也即，本案终结审查的适用情形与其他终结审查的适用情形不同，需要在监督程序中对复议裁定作出评判。对此，法官会讨论时并不存在争议。问题在于，对于在《公证债权文书规定》施行之前已经依照原有规定作出审查结论的异议裁定，是否需要一并撤销？在本案讨论过程中，形成了前述两种截然相反的观点。法官会多数意见采纳了第一种观点，即认为应当一并撤销异议裁定。主要理由有三：一是本案为监督案件，如果仅在监督裁定中裁定终结审查并撤销复议裁定，而未撤销异议裁定，则异议裁定即发生法律效力或者至少其是否有效还存在争议，这显然不是监督裁定的本意；二是即使认为在监督裁定已经明确终结审查不予执行申请的情况下异议裁定并未生效，但异议裁定在审查过程中认定的事实或者结论依然会对后续的诉讼程序造成干扰；三是本案属于适用终结审查的特殊情形，撤销异

议裁定符合监督裁定的本意，亦不损害当事人合法权益。

——邵长茂、刘海伟：《在执行复议过程中新的司法解释生效的应当适用该司法解释规定的程序进行审查》，载最高人民法院执行局编：《执行工作指导》2022年第4辑（总第80辑），人民法院出版社2023年版，第42页。

167.在执行异议之诉中提起确权之诉的，确权之诉不受提起执行异议之诉的十五天期限限制

最高人民法院民一庭意见：在执行异议之诉中，当事人对执行标的增加确权请求的，可以在法庭辩论结束前提出，不受在驳回执行异议裁定送达之日起15日内提起的限制。对该诉讼请求，人民法院可以在判决中一并作出裁判。

附：案情简介

甲公司与乙公司因拖欠买卖货款发生纠纷，诉讼中，双方达成调解协议，确认了乙公司拖欠货款的金额，并由乙公司法定代表人张某及其妻谢某某二人对欠付款项承担连带还款责任，法院出具民事调解书对双方调解协议约定事项予以确认。后，乙公司并未履行民事调解书确定的还款义务，甲公司申请强制执行，一审法院执行过程中，查封了张某、谢某某二人之子张某某名下的房屋一套、存款11余万元。张某某作为案外人，提起执行异议，一审法院于2014年8月11日裁定驳回其异议。张某某不服该裁定，于2014年10月22日提起案外人执行异议之诉，请求：（1）判令停止执行该房屋及存款，确认被冻结的银行存款为张某某所有；（2）甲公司承担本案全部诉讼费用。一审庭审中，张某某当庭增加诉讼请求：确认被查封冻结的涉案房产为张某某所有。

——最高人民法院民一庭：《在执行异议之诉中提起确权之诉的，确权之诉不受提起执行异议之诉的十五天期限限制》，载最高人民法院民事审判第一庭编：《民事审判指导与参考》2019年第4辑（总第80辑），人民法院出版社2021年版，第163~166页。

168.被执行人到期债权的债务人不具有案外人执行异议之诉原告主体资格

《最高人民法院关于适用〈中华人民共和国民事诉讼法〉的解释》第五百零一条^①规定了第三人（条文中的"他人"）及相关权利人（条文中的"利害关系人"）的救济。即第三人对其与被执行人之间的债权债务关系提出异议的，执行法院不得继续执行该债权。在该第三人提出执行异议未得到执行法院支持的情况下，其不能通过案外人执行异议之诉主张权利，只能按照《民事诉讼法》第二百二十五条^②规定，向上一级法院申请复议。针对"对他人的到期债权"享有执行异议之诉起诉主体资格的，须是针对执行标的"对他人的到期债权"享有实体权利的人。至于申请执行人则可以通过代位诉讼救济其权利。

附：案情简介

2012年7月23日，甲公司实际控股人张某某1、法定代表人张某某2作为转让方与冯某、车某某作为受让方就甲公司股权转让事宜签订《煤矿股权转让协议》，该协议约定：张某某1、张某某2将其拥有的甲公司100%股权全部转让给冯某、车某某，转让总价款为15000万元；自该协议订立之日前该煤矿发生的债权、债务均由张某某1处置，该协议签订之日起所发生的债权、债务均由冯某、车某某负责。冯某、车某某以张某某1、张某某2为被告向Y区法院提起诉讼，诉讼请求为确认《煤矿股权转让协议》合法有效。Y区法院于2014年4月10日作出民事判决，确认《煤矿股权转让协议》合法有效。Y区法院查明，张某某1、张某某2实际持有甲公司74.7899%股权。Y区法院认为张某某1、张某某2实际是将其持有的74.7899%股权转让给冯某、车某某，且双方对股权登记依法进行了变更，故折合相应股权转让价款

---

① 现为《最高人民法院关于适用〈中华人民共和国民事诉讼法〉的解释》（2022年修正）第四百九十九条，内容修改为：人民法院执行被执行人对他人的到期债权，可以作出冻结债权的裁定，并通知该他人向申请执行人履行。该他人对到期债权有异议，申请执行人请求对异议部分强制执行的，人民法院不予支持。利害关系人对到期债权有异议的，人民法院应当按照民事诉讼法第二百三十四条规定处理。对生效法律文书确定的到期债权，该他人予以否认的，人民法院不予支持。

② 现为《民事诉讼法》（2023年修正）第二百三十六条。

为 112 184850 元。另查明，冯某、车某某已支付股权转让款 8500 万元，张某某 1、张某某 2 认可 2012 年 10 月 29 日收到股权转让款 3755761.10 元，同年 11 月 8 日收到股权转让款 850 万元。双方当事人对尚余 14929088.90 元股权转让价款存在争议。

另，李某某诉张某某 1 民间借贷纠纷一案，L 中院于 2015 年 2 月 11 日民事调解结案。在执行该民间借贷纠纷一案过程中，L 中院于 2015 年 4 月 9 日作出执行裁定，并依据该裁定向案外人冯某、车某某发出协助执行通知，冻结张某某 1 对冯某、车某某的债权 1308 万元。之后，冯某、车某某向 L 中院提出案外人执行异议申请。2015 年 12 月 30 日，L 中院作出执行裁定，驳回冯某、车某某的案外人异议，并告知其可提起案外人执行异议之诉。

2015 年 10 月 12 日，冯某、车某某与张某某 1、张某某 2 签订调解协议，对双方之间债权债务进行明确，确认冯某、车某某已经通过现汇打款方式支付张某某 1、张某某 2 股权转让价款 10041 万元，张某某 1、张某某 2 委托冯某、车某某垫付款项 12019444 元，冯某、车某某共计支付张某某 1、张某某 2112429444 元，股权转让款已支付完毕。S 省 T 市 Y 区 G 镇人民调解委员会对该调解协议予以确认，Y 区法院作出民事裁定，对上述调解协议予以确认。

2016 年 1 月，冯某、车某某以李某某、张某某 1 为被告提起本案案外人执行异议之诉，请求撤销 L 中院作出的执行裁定及协助执行通知。

——姜伟主编：《最高人民法院第四巡回法庭疑难案件裁判要点与观点》，人民法院出版社 2020 年版，第 326~334 页。

2.《执行异议和复议规定》第二十六条的适用

169.案外人依据另案生效法律文书主张排除执行异议的处理——对《执行异议和复议规定》第二十六条的理解与适用

第二十六条 金钱债权执行中，案外人依据执行标的被查封、扣押、冻结前作出的另案生效法律文书提出排除执行异议，人民法院应当按照下列情形，分别处理：

（一）该法律文书系就案外人与被执行人之间的权属纠纷以及租赁、借用、保管等不以转移财产权属为目的的合同纠纷，判决、裁决执行标的归属于案外人或者向其返还执行标的且其权利能够排除执行的，应予支持；

（二）该法律文书系就案外人与被执行人之间除前项所列合同之外的债权纠纷，判决、裁决执行标的归属于案外人或者向其交付、返还执行标的的，不予支持；

（三）该法律文书系案外人受让执行标的的拍卖、变卖成交裁定或者以物抵债裁定且其权利能够排除执行的，应予支持。

金钱债权执行中，案外人依据执行标的被查封、扣押、冻结后作出的另案生效法律文书提出排除执行异议的，人民法院不予支持。

非金钱债权执行中，案外人依据另案生效法律文书提出排除执行异议，该法律文书对执行标的的权属作出不同认定的，人民法院应当告知案外人依法申请再审或者通过其他程序解决。

申请执行人或者案外人不服人民法院依照本条第一、二款规定作出的裁定，可以依照民事诉讼法第二百二十七条[①]规定提起执行异议之诉。

——《最高人民法院关于人民法院办理执行异议和复议案件若干问题的规定》（节选）（2020 年 12 月 29 日修正）。

案外人依据另案生效法律文书主张异议的处理。执行程序中，如何处理案外人依据人民法院、仲裁委员会作出的确认执行标的的权属属于案外人，或者向其交付、返还执行标的的另案生效法律文书主张异议的问题，理论上和实践中存在三种不同的观点：

第一种观点认为，根据《最高人民法院关于人民法院执行工作若干问题的规定（试行）》第 102 条[②]第 1 款第 3 项规定，执行标的是其他法院或仲裁机构正在审理案件的争议标的物，需要等待该案件审理完毕确定权属的，执行法院应当中止执行。因此，无论对于执行法院还是执行当事人，另案生效

---

① 现为《民事诉讼法》（2023 年修正）第二百三十八条。
② 本条已被《最高人民法院关于修改〈最高人民法院关于人民法院扣押铁路运输货物若干问题的规定〉等十八件执行类司法解释的决定》（2020 年 12 月 29 日）删除。

法律文书均具有拘束力，执行法院不应当执行已经法定程序认定属于案外人的财产。

第二种观点认为，任何类型的另案生效法律文书对于申请执行人和执行法院均不产生既判力。因为，无论是另案判决还是仲裁裁决，其既判力都有主观范围的限制，仅限于参加诉讼或仲裁并受到程序保障的当事人及其承担人。而申请执行人并未参加被执行人与第三人之间的诉讼或仲裁程序，更没有得到充分的程序保障，另案法律文书的效力当然不能及于申请执行人，也不具有排除强制执行的效力。

第三种观点则认为，对另案生效法律文书应当具体分析，不能一概而论。对于基于所有权等物权请求权所进行的确权，应当承认其阻止执行的效力，而对于因合同或者合同解除、无效等债权请求权进行的确权，不能阻止执行。对于判决交付或者返还特定物的，亦照此原则处理。

《最高人民法院关于人民法院执行工作若干问题的规定（试行）》第二十六条综合以上几种意见，根据申请执行的债权种类、另案生效法律文书作出时间、基础法律关系的性质规定了不同的效力：

1.金钱债权执行。在金钱债权执行中，应当根据另案生效法律文书作出于执行标的被查封、扣押、冻结（以下统称查封）前后不同而对其效力作出不同认定。如果另案生效法律文书作出于执行标的被查封、扣押、冻结之前。根据纠纷的基础法律关系性质区分为两种情况：一种是案外人和被执行人之间因执行标的权属纠纷，或者借用、保管、租赁等不以转移财产权属为目的的债权纠纷，另案生效法律文书确认执行标的归属于案外人或者向其交付、返还执行标的的，不能执行已经生效判决确认属于案外人的财产。另一种是买卖合同等债权纠纷，如果另案生效法律文书判决、裁决执行标的归属于案外人或者向其交付、返还执行标的，此时执行标的所有权仍属于被执行人，案外人只不过对被执行人享有物的交付请求权而已，其和申请执行人正要实现的金钱债权同属债权性质，不能排除执行，而应当依据查封先后确定先后受偿顺序。还要指出，案外人与被执行人之间的这类债权纠纷，本不应对执行标的作出确权判决、裁决，有的法院或者仲裁机构虽出于种种原因进行确权，但不能排除执行。

另案生效法律文书作出于执行标的被查封之后的。执行标的被人民法院查封之后，案外人只能通过案外人异议程序来主张排除执行的实体权利，其和被执行人通过另案诉讼、仲裁等程序作出的生效法律文书，无论主文内容是什么，由于申请执行人并未参加该程序，基于既判力主观范围的限制，对其并无约束力。人民法院在异议审查程序中，不受该法律文书的限制，也不应支持案外人的异议。但是，如果案外人的异议符合司法解释规定的其他保护条件，例如物权期待权保护，或者符合执行程序中的权属判断标准的，应当认定其异议成立。

2.对于交付特定物的执行等非金钱债权执行而言。如果案外人依据另案生效法律文书提出排除执行的异议，该法律文书对执行标的权属作出了与执行依据不同的认定，实际上是两个执行依据出现了矛盾，案外人的异议也属于对执行依据本身的异议，应当通过申请再审、提起第三人撤销之诉等程序解决。

——刘贵祥、范向阳：《解读〈关于人民法院办理执行异议和复议案件若干问题的规定〉》，载杜万华主编：《解读最高人民法院司法解释、指导性案例（民事诉讼卷）》，人民出版社2016年版，第723~724页。

170.执行异议之诉中，案外人依据另案判决或调解书主张权利的处理

问：法院在执行生效法律文书确定的金钱债权过程中，针对特定标的物实施强制执行，案外人以另案生效判决、调解书为依据，要求对该标的物停止执行的，应当如何处理？

答：应当根据另案生效判决、调解书的性质作出区分，如果案外人依据另案确权判决或形成判决对该执行标的物享有所有权，依据《民法典》物权编第二百二十九条的规定，"因人民法院、仲裁机构的法律文书或者人民政府的征收决定等，导致物权设立、变更、转让或者消灭的，自法律文书或者征收决定等生效时发生效力"。案外人自判决生效之日起即取得该标的物法律上的所有权，依据物权应当优先于债权的理论，案外人享有的物权应当优先于申请执行人的债权。因此，法院应当判决停止对标的物的执行。如果另案给付判决或调解书确认被执行人向案外人转移该执行标的物的所有权，案外人在完成对执行标的物的物权公示手续前，享有的仅是请求转移标的物所有权

的债权，而申请执行人享有的是金钱债权，两者在性质上都是债权。在发生冲突时，如果其中有的判决存在错误，应当通过审判监督程序解决，如果两个判决均不存在错误，则应当通过执行竞合程序解决。根据《最高人民法院关于适用〈中华人民共和国民事诉讼法〉的解释》第五百零八条[1]第一款规定，"被执行人为公民或者其他组织，在执行程序开始后，被执行人的其他已经取得执行依据的债权人发现被执行人的财产不能清偿所有债权的，可以向人民法院申请参与分配"。对于同种性质的债权，如果被执行人的财产不能满足同一顺序执行权利人的，应当按照比例分配，依据是最高人民法院《关于适用〈中华人民共和国民事诉讼法〉的解释》第五百一十条[2]第一句，"参与分配执行中，执行所得价款扣除执行费用，并清偿应当优先受偿的债权后，对于普通债权，原则上按照其占全部申请参与分配债权数额的比例受偿"。

——最高人民法院民事审判第一庭编著：《民事审判实务问答》，法律出版社 2021 年版，第 399~400 页。

171.案外人对执行标的享有所有权等实体权利的主张本身不能成立时的法律适用问题

1275.【权利人的判断标准】

对案外人的异议，人民法院应当按照下列标准判断其是否系权利人：

（一）已登记的不动产，按照不动产登记簿判断；未登记的建筑物、构筑物及其附属设施，按照土地使用权登记簿、建设工程规划许可、施工许可等相关证据判断；

（二）已登记的机动车、船舶、航空器等特定动产，按照相关管理部门的登记判断；未登记的特定动产和其他动产，按照实际占有情况判断；

（三）银行存款和存管在金融机构的有价证券，按照金融机构和登记结算机构登记的账户名称判断；有价证券由具备合法经营资质的托管机构名义持有的，按照该机构登记的实际投资人账户名称判断；

---

[1] 现为《最高人民法院关于适用〈中华人民共和国民事诉讼法〉的解释》（2022 年修正）第五百零六条。

[2] 现为《最高人民法院关于适用〈中华人民共和国民事诉讼法〉的解释》（2022 年修正）第五百零八条。

（四）股权按照工商行政管理机关的登记和企业信用信息公示系统公示的信息判断；

（五）其他财产和权利，有登记的，按照登记机构的登记判断；无登记的，按照合同等证明财产权属或者权利人的证据判断。

案外人依据另案生效法律文书提出排除执行异议，该法律文书认定的执行标的权利人与依照前款规定得出的判断不一致的，依照本规范第1276条规定处理。

1276.【另案生效法律文书排除执行异议的处理】

金钱债权执行中，案外人依据执行标的被查封、扣押、冻结前作出的另案生效法律文书提出排除执行异议，人民法院应当按照下列情形，分别处理：

（一）该法律文书系就案外人与被执行人之间的权属纠纷以及租赁、借用、保管等不以转移财产权属为目的的合同纠纷，判决、裁决执行标的归属于案外人或者向其返还执行标的且其权利能够排除执行的，应予支持；

（二）该法律文书系就案外人与被执行人之间除前项所列合同之外的债权纠纷，判决、裁决执行标的归属于案外人或者向其交付、返还执行标的的，不予支持；

（三）该法律文书系案外人受让执行标的的拍卖、变卖成交裁定或者以物抵债裁定且其权利能够排除执行的，应予支持。

金钱债权执行中，案外人依据执行标的被查封、扣押、冻结后作出的另案生效法律文书提出排除执行异议的，人民法院不予支持。

非金钱债权执行中，案外人依据另案生效法律文书提出排除执行异议，该法律文书对执行标的权属作出不同认定的，人民法院应当告知案外人依法申请再审或者通过其他程序解决。

申请执行人或者案外人不服人民法院依照本条第1款、第2款规定作出的裁定，可以依照民事诉讼法第二百三十四条规定提起执行异议之诉。

——最高人民法院执行局编：《人民法院办理执行案件规范（第二版）》，人民法院出版社2022年版，第503~504页。

实践中，有的案外人对执行标的享有所有权或其他实体权利的主张本身就不能成立，遑论对抗申请执行人的优先受偿权。对此，执行法院是否可以适用《最高人民法院关于人民法院办理执行异议和复议案件若干问题的规定》（以下简称《执行异议和复议规定》）第25条规定，直接裁定驳回案外人异议？例如，案外人对申请执行人享有优先受偿权的不动产主张所有权，该不动产仍登记在被执行人名下，执行法院可否适用《执行异议和复议规定》第25条，驳回案外人异议？

《执行异议和复议规定》第25条、第27条各有其侧重内容。在案外人对执行标的享有所有权等实体权利的主张成立的情况下，第27条着重解决的是案外人的实体权利能否对抗申请执行人的优先受偿权，此时没有第25条适用的余地，执行法院只能依据第27条审查案外人异议是否成立。但在案外人对执行标的享有所有权等实体权利的主张本身就不能成立的前提下，第25条和第27条对此都有适用的空间，不能完全排除第25条规定的适用。在案外人异议形式审查原则已被司法解释确立的前提下，不动产未登记在案外人名下，动产未被案外人实际占有的事实，本身即表示案外人对执行标的主张所有权的异议请求不能成立，其对抗申请执行人优先受偿权的问题更无从谈起，故《执行异议和复议规定》第25条也可以适用于这类案外人异议案件的处理。

——江必新、刘贵祥主编，最高人民法院执行局编著：《最高人民法院办理执行异议和复议案件若干问题规定理解与适用》，人民法院出版社2015年版，第411~412页。

3.《执行异议和复议规定》第二十七条的适用

172.案外人的实体权利与申请执行人优先受偿权冲突时的处理——对《执行异议和复议规定》第二十七条的理解与适用

第二十七条 申请执行人对执行标的依法享有对抗案外人的担保物权等优先受偿权，人民法院对案外人提出的排除执行异议不予支持，但法律、司法解释另有规定的除外。

——《最高人民法院关于人民法院办理执行异议和复议案件若干问题的

规定》（节选）（2020年12月29日修正）。

　　申请执行人对执行标的依法享有优先受偿权的，有权对执行标的的价值，先于无优先顺位的普通债权受偿。而执行过程中，案外人对执行标的主张所有权，或者租赁权、消费者物权期待权等其他阻止执行的实体权利的情况下，依据法律、司法解释规定，申请执行人对执行标的的优先受偿权足以对抗案外人权利的，人民法院对案外人异议不予支持。但在法律、司法解释另有规定的情况下，如果申请执行人的优先受偿权不能对抗案外人权利的，人民法院对案外人异议则应予支持。本条司法解释所称优先受偿权，是指申请执行人就特定执行标的价值优先受偿的权利。执行实践中常见的优先受偿权，主要包括担保物权和建设工程价款优先受偿权，其他类型优先受偿权的执行案件相对较少。

　　案外人主张的权利，应当是所有权等在性质上能够阻止人民法院对执行标的的强制执行的实体权利。案外人如果对执行标的主张抵押权、质权、留置权等不能阻止对该标的的强制执行的实体权利（《最高人民法院关于人民法院执行工作若干问题的规定（试行）》第40条[①]），则不属于本条司法解释调整范围。另外，案外人对执行标的尚未取得所有权，但享有应向其交付的债权请求权的，除法律、司法解释明确规定能够阻止执行的情形以外［例如，《最高人民法院关于人民法院办理执行异议和复议案件若干问题的规定》（以下简称《异议和复议规定》）第28~30条等］，案外人对执行标的的债权请求权，原则上不能阻止执行，也不能对抗申请执行人的优先受偿权。

　　通常情况下，人民法院只能对被执行人的责任财产强制执行，不能损害案外人合法的财产权利，但是在申请执行人对执行标的享有担保物权，或者其他优先受偿权的情况下，根据法律规定，其担保物权足以对抗案外人主张所有权的，不论案外人主张的所有权是否成立，申请执行人的优先受偿权应获得优先保护，但法律、司法解释对此另有规定的除外。如果案外人对执行标的主张租赁权或其他实体权利的，则应根据案件具体情况和相关法律规定

---

　　① 现为《最高人民法院关于人民法院执行工作若干问题的规定（试行）》（2020年修正）第31条。

审查判断。执行实践中，最为常见的担保物权类型是抵押权。

实践中应当注意的问题：

1. 执行依据未明确认定申请执行人的债权对执行标的优先受偿的处理

实践中，有些执行依据只是确定了申请执行人的债权成立，并未在主文中明确认定申请执行人的债权对执行标的的优先受偿，但根据法律、司法解释规定，其对执行标的的应当享有优先受偿权。常见的情形例如，人民法院在民事调解书中，确定了申请执行人建设工程价款的数额，但未明确认定该工程款债权对建设工程变价款具有优先受偿的顺位。这种情形对优先受偿权案件的执行带来一些问题。申请执行人的债权是否能就执行标的的价值优先受偿，实践中认识不一。申请执行人对执行标的的是否享有优先受偿权，应当根据权利的性质和法律、司法解释的规定认定，执行依据如果确认债权成立，即使没有在主文中明确表明其优先受偿的顺位，人民法院在执行程序中如确属办案需要，也应依法认定该权利是否具有优先受偿的属性。执行依据没有对债权优先受偿问题明确表态的原因有多种。有的情况是债权本身已经丧失优先受偿的条件；有的情况是不需要对优先受偿问题作专门说明；等等。如果执行依据对申请执行人不具备优先受偿权的问题已作认定或阐述理由，执行程序不得再认定申请执行人享有优先受偿权。如果执行依据对债权是否优先受偿并未提及，则需根据案件具体情况分析。优先受偿权如果成立，其优先顺位系法律规定所赋予，在执行中若不予保护，有违法律、司法解释规定。而且，有的优先受偿权受法律、司法解释规定条件的限制，并非在任何情况下都能行使。这就需要人民法院根据相关规定，判断优先受偿权行使的条件是否成就。执行依据没有明确表明债权优先受偿的，并不意味着申请执行人就此丧失对执行标的的优先受偿权。执行法院应当结合执行依据的裁判内容，区分情况，根据法律、司法解释的规定，判断申请执行人对执行标的的优先受偿权是否成立。经审查，申请执行人对执行标的的依法享有优先受偿权的，执行法院应予认定。

2. 案外人对执行标的的享有所有权等实体权利的主张本身不能成立时的法律适用问题

实践中，有的案外人对执行标的的享有所有权或其他实体权利的主张本身就不能成立，遑论对抗申请执行人的优先受偿权。对此，执行法院是否可以适用《异议和复议规定》第25条规定，直接裁定驳回案外人异议？例如，案外人对申请执行人享有优先受偿权的不动产主张所有权，该不动产仍登记在被执行人名下，执行法院可否适用《异议和复议规定》第25条，驳回案外人异议？《异议和复议规定》第25条、第27条各有其侧重内容。在案外人对执行标的享有所有权等实体权利的主张成立的情况下，第27条着重解决的是案外人的实体权利能否对抗申请执行人的优先受偿权，此时没有第25条适用的余地，执行法院只能依据第27条审查案外人异议是否成立。但在案外人对执行标的享有所有权等实体权利的主张本身就不能成立的前提下，第25条和第27条对此都有适用的空间，不能完全排除第25条规定的适用。在案外人异议形式审查原则已被司法解释确立的前提下，不动产未登记在案外人名下，动产未被案外人实际占有的事实，本身即表示案外人对执行标的主张所有权的异议请求不能成立，其对抗申请执行人优先受偿权的问题更无从谈起，故《异议和复议规定》第25条也可以适用于这类案外人异议案件的处理。

——江必新、刘贵祥主编，最高人民法院执行局编著：《最高人民法院关于人民法院办理执行异议和复议案件若干问题的规定理解与适用》，人民法院出版社2015年版，第390~392页，410~412页。

173.对《最高人民法院关于人民法院办理执行异议和复议案件若干问题的规定》第二十七条"但法律、司法解释另有规定的除外"的理解

第二十七条　申请执行人对执行标的依法享有对抗案外人的担保物权等优先受偿权，人民法院对案外人提出的排除执行异议不予支持，但法律、司法解释另有规定的除外。

——《最高人民法院关于人民法院办理执行异议和复议案件若干问题的规定》（2020年12月29日修正）。

问：对《最高人民法院关于人民法院办理执行异议和复议案件若干问题的规定》第二十七条"但法律、司法解释另有规定的除外"如何理解？是否认为第二十八条、第二十九条、第三十条都是但书之外的情形，普通购房人和商品房消费者是否优先于抵押权人？

答： 该问题在实践中存在着一定争议。参照最高人民法院的相关案例与《全国法院民商事审判工作会议纪要》(以下简称《九民纪要》)第一百二十五条、第一百二十六条的规定，我们认为，《最高人民法院关于人民法院办理执行异议和复议案件若干问题的规定》(法释〔2020〕21号，以下简称《异议复议规定》)第二十七条规定的但书，包括《异议复议规定》第二十九条规定情形下的商品房消费者和第三十条规定的在先办理了受让物权预告登记的买受人，但不包括第二十八条规定情形下的一般房屋买卖合同的买受人和第三十条规定的在后办理了受让物权预告登记的买受人。

第一，除商品房消费者外，一般房屋买卖合同的买受人不得对抗抵押权。《九民纪要》第一百二十五条将《异议复议规定》第二十九条规定的案外人界定为"从开发商手中购买房屋的商品房消费者"，并在第一百二十六条中明确了商品房消费者的权利与抵押权的关系。第一百二十六条规定为："根据《最高人民法院关于建设工程价款优先受偿权问题的批复》第1条、第2条的规定，交付全部或者大部分款项的商品房消费者的权利优先于抵押权人的抵押权，故抵押权人申请执行登记在房地产开发企业名下但已销售给消费者的商品房，消费者提出执行异议的，人民法院依法予以支持。但应当特别注意的是，此情况是针对实践中存在的商品房预售不规范现象而对消费者作出的特别保护，是例外规定，必须严格把握条件，避免扩大范围，以免动摇抵押权具有优先性的基本原则。因此，这里的商品房消费者应当仅限于符合本纪要第125条规定的商品房消费者。买受人不是本纪要第125条规定的商品房消费者，而是一般的房屋买卖合同的买受人，不适用上述处理规则。"

尽管《民法典》并未对这一问题予以明确规定，且《九民纪要》中提及的上述批复已废止，但《异议复议规定》第二十九条规定仍然有效。在被执行人系房地产开发企业的情况下，作为案外人的商品房消费者，在其满足《异议复议规定》第二十九条的情形时，其对商品房享有的权利可以对抗抵押权，这是为保护消费者生存权所作的特殊规定。除此之外，《异议复议规定》第二十八条规定的一般房屋买卖合同的买受人，无法依据第二十九条对抗申请执行人的抵押权等担保物权。

第二，根据实体法规则，一般买受人不得对抗抵押权人。一方面，在先有抵押、后有买卖的情况下，一般房屋买卖合同的买受人亦无法依据《异议复议规定》第二十八条对抗抵押权。《民法典》第四百零六条第一款规定：
"抵押期间，抵押人可以转让抵押财产。当事人另有约定的，按照其约定。抵押财产转让的，抵押权不受影响。"该条规定了抵押权的追及效力，意味着一般房屋买卖合同的买受人即便履行完毕了买卖合同并取得了房屋权属，亦不得对抗抵押权。因此，《异议复议规定》第二十八条不属于第二十七条规定的但书情形。另一方面，在先有买卖、后有抵押的情况下，根据《民法典》第三百一十一条规定，抵押权将参照适用善意取得制度而产生对抗买受人的效力。先有买卖，买受人如果符合《异议复议规定》第二十八条规定，对争议房屋享有的是物权期待权。但因房屋登记在原出让人名下，原出让人又将房屋抵押登记给第三人。根据上述规定，符合一定条件下的抵押权因善意取得而合法有效。此时，买受人可以向原出让人请求损害赔偿。假设原出让人为了达到不想将房屋出售给买受人的目的，而与抵押权人串通并办理了抵押登记，此时，抵押权人并非善意，承认抵押权享有对抗买受人的效力，可能有失公允。

第三，《异议复议规定》第三十条规定的预告登记权利人与抵押权人之间的优先问题，需要区分预告登记与抵押登记的时间先后。根据《民法典》第二百二十一条第二款规定，预告登记后，未经预告登记的权利人同意，处分该不动产的，不发生物权效力。因此，如果预告登记在先，未经预告登记权利人同意，出让人在房屋上设定抵押，该抵押权不得对抗预告登记权利人。此时，对预告登记权利人提出的案外人异议，符合《异议复议规定》第二十七条的但书规定，人民法院应予支持。如果抵押登记在先，预告登记在后，按照上述第二个问题的分析，在先有抵押、后有买卖的情况下，预告登记权利人不得对抗抵押权。此时，对预告登记权利人提出的案外人异议，不符合《异议复议规定》第二十七条的但书规定，人民法院不予支持。

——薛圣海、何东奇：《执行审查部分问题解答》，载最高人民法院执行局编：《执行工作指导》2020年第3辑（总第75辑），人民法院出版社2020年版，第159页。

174.前案债权人依抵押权申请强制执行房屋时，买受房屋的案外人，可以善意取得为由提起案外人执行异议之诉

执行异议之诉的目的在于判断案外人是否对执行标的享有足以排除强制执行的民事权益，而案外人申请再审程序是案外人认为作为执行依据的裁判文书本身存在错误。本案梁某主张其有权排除法院对于案涉房屋的强制执行，理由并非前案判决内容错误且损害其民事权益，而是主张其已通过合法受让取得案涉房屋所有权，构成善意取得。因此，对于梁某是否构成善意取得，是否有权排除法院针对案涉房屋的强制执行，应当通过执行异议之诉的审理依法认定。梁某在程序上享有诉权，其起诉符合执行异议之诉的受理条件，受诉法院应予受理。

附：案情简介

1997 年 6 月，甲银行向乙公司发放贷款 1000 万元，期限 1 年，乙公司以其拥有的 13 亩土地使用权及该土地上的 10 幢房屋提供抵押担保，并在工商行政管理机关办理了抵押登记。借款到期后，乙公司尚欠 700 万元本金及利息未偿还。1999 年期间，乙公司将抵押房屋出售，李某购买了其中的 803 号房屋并办理了房屋产权证。2004 年 6 月，甲银行提起诉讼，法院于 2005 年 5 月作出生效判决，判令乙公司向甲银行偿还借款本金及利息，甲银行可以就抵押物优先受偿。判决还认为：根据《担保法》第 42 条规定和该省人民政府相关批复，在工商行政管理机关办理的案涉抵押登记有效。乙公司又将房屋转让他人，根据《最高人民法院关于适用〈中华人民共和国担保法〉若干问题的解释》第 67 条的规定，因该抵押已经依法登记，故甲银行仍然可以行使抵押权。如乙公司在转让房屋时未告知第三人房屋已设定抵押，第三人可另案向乙公司主张权利。

2005 年 12 月，甲银行申请强制执行。2006 年 3 月，执行法院张贴公告查封案涉 10 幢房屋及土地使用权，但未实际执行。2010 年，李某将 803 号房屋转让给梁某并办理了产权转移登记，梁某持有房屋产权证书。梁某于 2016 年 1 月以案外人的身份提出执行异议，被驳回后提起执行异议之诉，请求判决停止对案涉 803 号房屋的执行，原审法院指引梁某通过案外人申请再审程

序解决其诉求。

——《案外人执行异议诉讼请求是否与原裁判有关的认定》，载贺小荣主编：《最高人民法院第二巡回法庭法官会议纪要》（第一辑），人民法院出版社2019年版，第144~147页。

4.《执行异议和复议规定》第二十八条的适用

175.无过错不动产买受人物权期待权的保护一对《执行异议和复议规定》第二十八条的理解与适用

第二十八条 金钱债权执行中，买受人对登记在被执行人名下的不动产提出异议，符合下列情形且其权利能够排除执行的，人民法院应予支持：

（一）在人民法院查封之前已签订合法有效的书面买卖合同；

（二）在人民法院查封之前已合法占有该不动产；

（三）已支付全部价款，或者已按照合同约定支付部分价款且将剩余价款按照人民法院的要求交付执行；

（四）非因买受人自身原因未办理过户登记。

——《最高人民法院关于人民法院办理执行异议和复议案件若干问题的规定》（节选）（2020年12月29日修正）。

根据《物权法》第9条[①]、第14条[②]、第28~30条[③]的规定，除了继承、征收等非因法律行为所取得的物权外，不动产物权的设立、变更、转让和消灭，必须经依法登记，始能发生效力。基于我国现行房地产开发以及登记制度的不完善等原因，不动产买受人签订买卖合同之后，往往不能及时进行登记，买受人取得法律意义上的所有权总会滞后于债权合意很长一段时间，有的甚

[①] 对应《民法典》第二百零九条。

[②] 对应《民法典》第二百一十四条。

[③] 分别对应《民法典》第二百二十九条、第二百三十条、第二百三十一条。

至长达十几年。在这段间隙中，买卖的不动产在法律上仍属于出卖人所有，如果仅仅将买受人当作普通的债权人，基于债权的相对性，其对房屋的登记或者交付请求权并不具有排除出卖人的其他债权人就买卖不动产提出的受偿要求，将面临其他金钱债权人请求就买卖不动产另行变价的不测风险。由于不动产处于人民群众的基本生活资料地位，尤其是在强调"无恒产者无恒心"的我国，对不动产买受人在执行程序中予以优先保护，对于增强人民群众对法律公平的信心无疑具有特殊的意义。

在执行程序对不动产受让人进行优先保护的理论基础是买受人物权期待权保护。买受人物权期待权滥觞于德国，经德国帝国法院 1920 年判决确认并逐渐被其他大陆法系国家所接受。它是指对于签订买卖合同的买受人，在已经履行合同部分义务的情况下，虽然尚未取得合同标的物的所有权，但赋予其类似所有权人的地位，其物权的期待权具有排除执行等物权效力。我国对物权期待权的保护，首见于 2002 年最高人民法院《关于建设工程价款优先受偿权问题的批复》这一司法解释中，该批复对具有消费者身份的房屋买受人予以优先于金钱债权人的特殊保护。尔后，2004 年 3 月 1 日生效的《最高人民法院、国土资源部、建设部关于依法规范人民法院执行和国土资源房地产管理部门协助执行若干问题的通知》第 15 条，将物权期待权保护的对象扩大至自开发商处受让房屋的所有买受人。2005 年 1 月 1 日，最高人民法院又在《最高人民法院关于人民法院民事执行中查封、扣押、冻结财产的规定》（以下简称《查封、扣押、冻结规定》）第 17 条，将物权期待权保护的对象再次扩大到所有登记财产的买受人。《物权法》生效之后，是否还有必要再坚持《查封、扣押、冻结规定》第 17 条[①] 所确定的原则存在一定的争议。经过研究，我们认为，《查封、扣押、冻结规定》第 17 条适用的基本社会环境和制度基础并未得到根本改变，社会上仍然存在大量非买受人的原因而未登记的不动产，如果不加分别一律准许强制执行，将会危及社会稳定。因此，《查封、扣押、冻结规定》第 17 条的基本精神仍应当予以坚持，但是，应当根据适用中出现的问题进行修改和补充。

---

① 现为《最高人民法院关于人民法院民事执行中查封、扣押、冻结财产的规定》（2020 年修正）第十五条。

本条对无过错买受人物权期待权保护的要件，和《查封、扣押、冻结规定》第17条相比有所区别：

一、申请实现的债权应当限于金钱债权

《查封、扣押、冻结规定》第17条对于申请执行的债权种类没有限制，在实践中产生了一些问题。因为，对于非金钱债权的执行，买受人的物权期待权是否能够具有排除效力，不无疑问。例如，在一房多卖的情况下，多个执行依据均确定被执行人交付房产，实际上是物的交付请求权之间的竞合，取决于正在申请实现的物之交付请求权是物权还是债权，抑或和案外人的权利同样的物权期待权等等因素，恐不能简单得出案外人的物权期待权优先的结论，尚需要认真调研后制订专门的规则进行调整。

二、在人民法院查封之前已签订合法有效的书面买卖合同

物权期待权所依据的基础法律关系必须合法有效。我国法律虽承认物权行为，但并不承认物权行为的独立性；物权的变动实行"债权合意加登记"，所以，物权能够合法变动的前提是以物权变动为内容的债权合同成立并且有效。买受人物权期待权从权利性质上虽非物权，但由于其正在接近物权，对其保护的前提和基础也是其未来将过渡为物权，因此，作为其基础权利的债权必须合法有效，本条的表述是"受让人与被执行人签订有合法有效的书面买卖合同"。之所以要求必须在查封前签订书面买卖合同，是基于《城市房地产管理法》第41条"房地产转让，应当签订书面转让合同，合同中应当载明土地使用权取得的方式"的规定。同时，也为执行机构甄别真实的买受人提供证据。

三、已支付全部价款，或者已按照合同约定支付部分价款且将剩余价款按照人民法院的要求交付执行

在价款交付上，和《查封、扣押、冻结规定》第17条要求全部交付价款不同，对于买受人按照约定支付部分价款并且在人民法院指定的期限内将剩余价款交付执行的，也纳入保护范围。从实践中看，相当一部分不动产买卖合同所涉金额巨大，当事人之间多约定分期付款，案外人虽仅支付部分款项，但系按照合同约定的进度支付，如其将剩余价款按照人民法院指定的期限交付执行，不影响债权受偿，自然没有拒绝保护的道理。需要注意，对于买受人剩余价款的支付，本条的规定是按照人民法院要求的时间，而非按照合同

约定期限。因为，执行财产在被查封之前并非静止不动，而是一直在社会交易流转过程中，其上会不断负载第三人的实体权利，如果人民法院完全受制于被执行人与第三人的合同约定，必将一筹莫展。如此规定，体现出执行权作为公权力对被执行人与第三人之间的民事权利进行适当的干预，在被执行人与第三人之间进行了适当的利益平衡。

四、人民法院查封前已经合法占有不动产

首先，买受人物权期待权之所以要保护，就是因为买受人已经为取得物权履行了一定义务并以一定的方式对外进行了公示，尽管这种公示的方式较之法定的登记公示方式在效力上较弱。其次，占有不动产的行为必须发生在查封前。在查封后占有的，受查封的效力所及，不得对抗债权人。同时，要求在查封前已经占有不动产，也是为了减少被执行人与第三人恶意串通的可能性。这里涉及对"占有"的理解。占有应理解成对不动产的管理和支配。以房屋为例，一般认为，拿到房屋的钥匙、办理物业的入住手续，即应视为对房屋已经有事实上的管理和支配权。但是，就不动产的性质而言，并没有特殊的要求。也就是说如果不动产为房屋的话，不管是商业用房，还是居住用房，均应一体保护。

五、非因买受人自身原因未办理过户登记

从实践中看，能够归责于买受人的原因，可以分为三个层面，一是对他人权利障碍的忽略。例如，不动产之上设定有其他人的抵押权登记，而买受人没有履行合理的注意义务，导致登记时由于存在他人抵押权而无法登记。二是对政策限制的忽略。例如，明知某地限制购房，在不符合条件的情况下仍然购房导致无法办理过户手续。三是消极不行使登记权利。例如，有的交易当事人为了逃税等而故意不办理登记的，不应受到该原则的保护。一个有争议的问题是，有的人认为，买房人本来可以通过提起诉讼行使物权登记请求权并通过法院强制执行来完成物权变动的使命，但却没有行使，能否视为买受人的原因。我们认为，对于普通的民事主体，不可将其都视为法律专家，此种情况，不能视为买受人有过错。何况，诉讼与执行本身也有一定时间要求，不能满足对买受人物权期待权的保护要求。

——江必新、刘贵祥主编，最高人民法院执行局编著：《最高人民法院关于人民法院办理执行异议和复议案件若干问题规定理解与适用》，人民法院出版社 2015 年版，第 421~425 页。

176.抵债受让人能否依据《执行异议和复议规定》第二十八条享有物权期待权

四、抵债受让人不宜依据《最高人民法院关于人民法院办理执行异议和复议案件若干问题的规定》(以下简称《执行异议和复议规定》)第二十八条享有物权期待权

抵债受让人依据《执行异议和复议规定》第二十八条主张物权期待权，法院不宜支持，主要理由是：

（一）以物抵债协议当事人不具有购买不动产的意思表示

从前述法律规定看，在当事人签订买卖合同时买受人才能对不动产产生物权期待权。以物抵债协议当事人并没有买卖的合意，抵债受让人仅希望实现其金钱债权，物的交付只是金钱债权履行的替代手段，其不能产生对物之交付的期待权，故不能适用《执行异议和复议规定》第二十八条规定。即便有些情况下当事人签订了商品房买卖合同，其基础也是以物抵债，法律关系未发生实质变化。如果商品房买卖合同未能履行，抵债受让人仍然可以主张原债权。

（二）《执行异议和复议规定》第二十八条不宜作扩大解释

有些案件扩大解释了《执行异议和复议规定》第二十八条规定第一项和第三项，即认为可以将以房抵债协议视为当事人签订了合法有效的不动产买卖合同，原债权已经转化为购房款。该种扩大解释并不符合该规定的条文主旨。

公示公信原则是物权变动中的一项基本原则，物权期待权缺乏公示，应严格限制其适用范围，不宜扩大解释。物权期待权的成立依赖于买卖合同当事人的履行进度，第三人无法通过查阅不动产登记簿获得权利信息。赋予抵偿受让人物权期待权必定会损害其他债权人的利益。对物权期待权予以保护主要基于社会政策考量，使购买不动产的人不必担心被法院强制执行，维护交易安全。抵债受让人并无予以特殊保护之必要。此外，《执行异议和复议规定》第二十八条制定背景是不动产登记存在滞后性，该问题可以通过物权法

规定的预告登记制度解决，即抵债受让人的利益可以通过其他途径获得保护。

（三）抵债受让人享有物权期待权损害债权平等原则

债权的效力一律平等，不因成立的先后、发生的原因而存在优劣之别，已到清偿期的债权人对债务人的一般责任财产有平等受偿权。如果赋予抵债受让人物权期待权，能够排除强制执行，则导致当事人自行确认并签订清偿协议的债权优先于经过司法机关确认并采取执行措施的债权受偿，扰乱债权清偿顺序，损害债权平等受偿原则。

（四）抵债受让人享有物权期待权增大法院甄别虚假诉讼的负担

以物抵债协议仅需当事人签字即成立，买受人无需再履行缴纳购房款义务，当事人极易伪造以物抵债事实，以逃避强制执行。由于缺乏足够的履行事实和技术手段，法院难以判定以物抵债事实是否真实存在。即便有些当事人签订的《商品房买卖合同》经过网签，能够确定签订时间，但是当事人是否存在原债权债务，仍然难以判断，使得物权期待权的保护问题复杂化，审理难度较大。如果将以物抵债协议纳入《执行异议和复议规定》第二十八条的适用范围，将会有更多案件诉至法院，增加法院负担，不利于将司法资源分配给最需要法律保护的当事人，不符合诉讼经济效率原则。

——谢爱梅、李东旭：《以物抵债协议与〈执行异议和复议规定〉第二十八条之适用》，载最高人民法院民事审判第一庭编：《民事审判指导与参考》2018年第3辑（总第75辑），人民法院出版社2018年版，第203~205页。

177.商品房消费者提起执行异议之诉，排除强制执行的判定

125.【案外人系商品房消费者】实践中，商品房消费者向房地产开发企业购买商品房，往往没有及时办理房地产过户手续。房地产开发企业因欠债而被强制执行，人民法院在对尚登记在房地产开发企业名下但已出卖给消费者的商品房采取执行措施时，商品房消费者往往会提出执行异议，以排除强制执行。对此，《最高人民法院关于人民法院办理执行异议和复议案件若干问题的规定》第29条规定，符合下列情形的，应当支持商品房消费者的诉讼请求：一是在人民法院查封之前已签订合法有效的书面买卖合同；二是所购商品房系用于居住且买受人名下无其他用于居住的房屋；三是已支付的价款超

过合同约定总价款的百分之五十。人民法院在审理执行异议之诉案件时，可参照适用此条款。

问题是，对于其中"所购商品房系用于居住且买受人名下无其他用于居住的房屋"如何理解，审判实践中掌握的标准不一。"买受人名下无其他用于居住的房屋"，可以理解为在案涉房屋同一设区的市或者县级市范围内商品房消费者名下没有用于居住的房屋。商品房消费者名下虽然已有 1 套房屋，但购买的房屋在面积上仍然属于满足基本居住需要的，可以理解为符合该规定的精神。

对于其中"已支付的价款超过合同约定总价款的百分之五十"如何理解，审判实践中掌握的标准也不一致。如果商品房消费者支付的价款接近于百分之五十，且已按照合同约定将剩余价款支付给申请执行人或者按照人民法院的要求交付执行的，可以理解为符合该规定的精神。

——《最高人民法院关于印发〈全国法院民商事审判工作会议纪要〉的通知》(节选)(2019 年 11 月 8 日，法〔2019〕254 号)。

一是网签是否视为双方签订了书面合同。一般而言，书面买卖合同以买卖双方签订的纸质的买卖合同居多，但近年来房屋行政主管部门一直推行房屋买卖合同网签备案制度，当事人若未签订纸质房屋买卖合同，而仅仅是进行了网签，是否构成上述规定中的书面买卖合同，十分关键。然何谓书面买卖合同？《合同法》第 11 条 ① 规定了书面合同的形式，即以合同书、信件和数据电文（包括电报、电传、传真、电子数据交换和电子邮件）等可以有形地表现所载内容的形式。质言之，只要买卖合同可以有形的方式记录和固定在载体上，即成立书面买卖合同。记录买卖合同的载体既可以是传统的纸张等物质性媒介，也包括数据、电文等非物质性媒介。无论采用物质性媒介记录，还是采用非物质性媒介记录，只要买卖双方就《商品房销售管理办法》第 16 条规定的商品房买卖合同的主要内容形成意思合致，并以有形的方式加以记录、固定，就应当认为双方成立了书面买卖合同。就房屋买卖中的网签而言，系买卖双方就房屋买卖具体内容协商达成一致后，在网络交易平台上进行签

---

① 　对应《民法典》第四百六十九条。

约的一种交易方式，网签系统是房屋行政主管部门为防止一房多卖而建立的网络化管理系统。因此，网签除反映了买卖双方的意思表示以外，还附加了房屋行政主管部门对双方合同关系的确认及公示，[①] 足以认定为买卖双方就标的房屋签订了书面房屋买卖合同。在不存在其他无效事由的情况下，网签可以认定为执行异议复议规定第 28 条第 1 项规定的合法有效的书面买卖合同。江苏省高级人民法院 2019 年 2 月份发布的《执行异议及执行异议之诉案件审理指南（二）》亦持此种观点。[②] 综上所述，房屋出卖人与买受人在房屋行政主管部门建立的网络交易平台上，就标的房屋买卖事宜所进行的网上签约，在包含《商品房销售管理办法》第 16 条规定的商品房买卖合同主要内容的情况下，由于已经以有形的方式将双方的意思表示记录和固定下来，符合书面合同的本质特征，构成《最高人民法院关于人民法院办理执行异议和复议案件若干问题的规定》（以下简称《执行异议和复议规定》）第 28 条、第 29 条规定的书面买卖合同。

二是商铺、写字楼、商住两用房是否参照适用本条的规定。商住两用房由于也具备居住属性，亦应当予以保护，可以参照适用该条规定。商铺、写字楼具有投资属性，不属于消费者生存权保护的范畴，不能参照适用本条规定。

三是如何理解"买受人名下"，买受人名下无房屋，但其配偶、未成年子女名下有房屋，此时，能否排除执行。对于"名下"应当作宽泛的理解，应当将买受人、实行夫妻共同财产制的配偶一方以及未成年子女作一并考虑。只要三者之一名下有房屋，即可视为已有居住用房。

四是对购房人已支付价款的审查证明标准如何把握。一种观点认为，执行异议之诉与普通商品房买卖纠纷案件并无本质区别，在审查和证明标准上不宜强调特殊性。对于购房人已支付的价款是否超过合同约定总价款的百分

---

① 参见司伟、王小青：《执行异议之诉中不动产买受人排除强制执行的要件审查》，载《人民司法》2019 年第 23 期。

② 《江苏省高级人民法院执行异议及执行异议之诉案件审理指南（二）》第 9 条规定："金钱债权执行中，执行法院对被执行人为房地产开发企业名下的商品房采取强制执行措施，商品房买受人（仅限自然人）以其系消费者为由提起案外人异议及由此引发执行异议之诉，同时符合以下条件的，应予支持：（1）案外人与被执行人在案涉房屋被查封之前已签订合法有效的书面买卖合同（含网签）且已办理商品房预售登记。"

之五十的问题，如果购房人能够提供发票、收据，或者房地产开发企业对付款事实表示认可，即可认定购房人对房屋享有足以排除强制执行的权利。另一种观点则认为，执行异议之诉涉及案外人、申请执行人和被执行人三方当事人的利益，与普通商品房买卖纠纷案件并不相同，在审查和证明标准上应注意其特殊性。如果购房人仅能提供发票、收据，或者房地产开发企业对付款事实表示认可，尚不足以认定该条件已满足。人民法院还应当对购房人的购房款转账凭证予以查实。现金支付购房款的，应对购房款来源等事实予以查实，在此基础上才能对购房人是否对房屋享有足以排除强制执行的权利做出认定。我们倾向于第二种观点。赋予符合一定条件的商品房买受人对房地产开发企业所享有的转移所购房屋所有权之债权，优先于其他债权人对房屋开发企业所享有的金钱债权的效力，是对债权平等原则的突破。同时，这一规定使此种情形下的买受人购买商品房的行为产生了对抗房屋开发企业金钱债权人的效力，突破了合同的相对性原则，但又缺乏足以产生公信力的公示方式，对交易安全和作为被执行人的房地产开发企业的金钱债权人的利益影响甚大，也增加了被执行人和案外人通过执行异议之诉恶意串通逃避执行的道德风险。因此，在适用该条规定时应当从严审查。

五是名下仅有一套房的公司能否适用本条，是否构成消费者购房人？本条的规定是基于自然人生存利益至上的考虑，公司为经营主体，因此，公司购房人并不属于消费者购房人，不适用本条，可以适用《全国法院民商事审判工作会议纪要》第 127 条。另外，需要注意的是，如果公司购房系以公司名义购买，为了满足公司内部个人成员消费且将房屋分配给公司内部个人居住的，此时公司是否为消费者购房人。一方面，从购房人主体上看，自然人可以成为消费者并无争议，但对法人或者其他组织能否成为消费者存在争议。有观点认为，如果法人或者其他组织以单位名义购买，但已经分配给职工个人居住，可以认定其为消费者。[①]

　　——最高人民法院民事审判第二庭编著：《〈全国法院民商事审判工作会议纪要〉理解与适用》，人民法院出版社 2019 年版，第 630~633 页。

---

① 江必新、刘贵祥主编：《最高人民法院关于人民法院办理执行异议和复议案件若干问题规定理解与适用》，人民法院出版社 2015 年版，第 432~433 页。

5.《执行异议和复议规定》第二十九条的适用

178.房屋消费者物权期待权的保护一对《执行异议和复议规定》第二十九条的理解与适用

第二十九条　金钱债权执行中，买受人对登记在被执行的房地产开发企业名下的商品房提出异议，符合下列情形且其权利能够排除执行的，人民法院应予支持：

（一）在人民法院查封之前已签订合法有效的书面买卖合同；

（二）所购商品房系用于居住且买受人名下无其他用于居住的房屋；

（三）已支付的价款超过合同约定总价款的百分之五十。

——《最高人民法院关于人民法院办理执行异议和复议案件若干问题的规定》（节选）（2020年12月29日修正）。

河南省高级人民法院：

你院《关于明确房企风险化解中权利顺位问题的请示》（豫高法〔2023〕36号）收悉。就人民法院在审理房地产开发企业因商品房已售逾期难交付引发的相关纠纷案件中涉及的商品房消费者权利保护问题，经研究，批复如下：

一、建设工程价款优先受偿权、抵押权以及其他债权之间的权利顺位关系，按照《最高人民法院关于审理建设工程施工合同纠纷案件适用法律问题的解释（一）》第三十六条的规定处理。

二、商品房消费者以居住为目的购买房屋并已支付全部价款，主张其房屋交付请求权优先于建设工程价款优先受偿权、抵押权以及其他债权的，人民法院应当予以支持。

只支付了部分价款的商品房消费者，在一审法庭辩论终结前已实际支付剩余价款的，可以适用前款规定。

三、在房屋不能交付且无实际交付可能的情况下，商品房消费者主张价款返还请求权优先于建设工程价款优先受偿权、抵押权以及其他债权的，人民法院应当予以支持。

——《最高人民法院关于商品房消费者权利保护问题的批复》（节选）（法释〔2023〕1号，2023年4月21日）。

房屋消费者物权期待权保护，也叫弱者保护，是指在执行程序中，基于对消费者生存权这一更高价值的维护，赋予消费者对买受房屋的物权期待权以排除执行的效力。这一原则是从最高人民法院《关于建设工程价款优先受偿权问题的批复》中推论出来的。该批复明示，建设工程价款优先权优先于抵押权和其他债权，建筑工程价款优先权不能对抗已经交付全部或者大部分所购商品房价款的消费者，而抵押权又优先于一般债权，用数学符号表示该司法解释中权利保护的递序关系就是 A>B>C>D，在逻辑上呈现出典型的传递法律关系，因此，我们很容易得出结论，抵押权和一般债权的行使也不能对抗购房的消费者。和无过错不动产买受人物权期待权的保护一样，消费者的保护也有其深刻的社会基础，消费者购房的目的都是用来居住，在房价高企的当今社会，有的消费者毕其一生，甚至是两代人的收入，方购得一处安身立命之所，其对房屋的物权期待权在顺位上应当优先于其他债权。

根据本条规定，和无过错买受人物权期待权保护相比，消费者物权期待权保护条件有这样以下相同点和不同点。

一、相同点

1. 申请执行的债权都是金钱债权。

2. 均要求在人民法院查封之前已签订合法有效的书面买卖合同。

二、不同点

1. 异议指向标的物必须是房地产经营者所开发的商品房。这就把一般民事主体之间的民事交易排除在消费者保护原则之外，也就是说只限于一手房买卖。因为，其一，消费者是相对于经营者而言，只有从经营者接受商品的人才能称为消费者，而二手房交易的买受人显然不能称为消费者。其二，消费者保护的标准，既不要求主观上无过错，也不要求交付全部价款，更不要求占有房屋，总体上比较宽泛。如果放宽到所有的房屋，将造成对消费者保护的泛滥，给被执行人与案外人通谋逃避执行以可乘之机。因此，必须从严掌握。对于房地产经营者开发的商品房销售而言，由于有比一般民事主体相对严格的监管制度，一般都签订有规范的商品房销售合同，绝大部分还要办理销售合同备案、网签或者预登记手续，比较容易判断。

2. 保护的对象必须是消费者。按照《消费者权益保护法》第 2 条的规定，消费者是为生活消费需要而购买商品、使用商品或者接受服务的人。如何判断一个购房人是不是消费者呢？首先，从自然属性上看，消费者必然是自然人，法人或者其他组织由于不存在生活消费的问题，不在消费者之列，但是，如果法人或者其他组织以单位名义购买，但已经分配给职工个人居住，可以认定为消费者。其次，在判断购房人是"为生活需要"还是"为生产经营需要"的问题上，确实存在技术上的难题。如以购房人主观上是不是为了生活需要判断，存在一定的难度，有的人购买普通居住用房可能是为了出租牟利；有的人购买商业用房，可能就靠收取其租金维持基本生活。对此，原最高人民法院执行办 2005 年 12 月 25 日作出的〔2005〕执他字第 16 号批复认为：《最高人民法院关于建设工程价款优先受偿权问题的批复》（法释〔2002〕16号）第 2 条关于已交付购买商品房的全部或者大部分款项的消费者应优先保护的规定，是为了保护个人消费者的居住权而设置的，消费者购房应是直接用于满足其生活居住需要，而不是用于经营，不应作扩大解释。从最高人民法院最近几年监督案件的经验来看，基本形成了以案外人购买房屋的性质作为判断的"客观标准"。也就是说，如果案外人所购房屋的性质为居住用房，则认定为消费者。如果所购房产为写字楼、门面房等经营性用房，则不是消费者。为了减少执行法官在具体案件中的判断难度，本条第 2 项将其表述为：所购商品房系用于居住且买受人名下无其他用于居住的房屋。这里的"用于居住"应当作宽泛理解，不管是单纯的居住房还是商住两用住房，只要有居住功能的，即应视为用于居住的房屋。这里的"无其他用于居住的房屋"，是指买受人在被执行房屋所在地长期居住，而在同一地点其名下无其他能够用于居住的房屋。

3. 交付了 50% 以上的购房款。前述建设工程价款司法解释的用语是大部分购房款，但"大部分"并非规范用语，究竟是指 51% 还是 60%？在语义上存在不确定性。我们认为，既然消费者物权期待权保护体现了对消费者生存权的倾斜，只要其缴纳的购房款超过 50%，就应保护。本条从有利于消费者的原则出发,将大部分价款的标准确定为超过 50% 即可。当然,需要提醒的是,在案外人仅支付部分购房款的情形下,执行法院可以对买受人应当支付的剩余房款,按照到期债权进行执行。

实践中应当注意的问题:

在具体执行中,由于被执行的房屋千差万别,有的消费者可能并不主张排除执行异议,而是主张就其购房款对房屋变价款优先受偿。《最高人民法院关于人民法院办理执行异议和复议案件若干问题的规定》原本拟对此作出规定,后来考虑到该问题并不属于异议复议的问题,且涉及案外人在分配顺序上的优先权问题,较为复杂,留待在参与分配司法解释中作出规定。我们认为,购房人在本来可以排除执行的情况下,放弃物权期待权,转而就价款优先受偿,有利于执行,应予支持。

——江必新、刘贵祥主编,最高人民法院执行局编著:《最高人民法院关于人民法院办理执行异议和复议案件若干问题规定理解与适用》,人民法院出版社 2015 年版,第 431~430 页,第 436 页。

179.执行异议之诉中对购房人支付购房款等事实应从严审查

最高人民法院民一庭意见认为:执行异议之诉不仅涉及案外人和被执行人的利益,还涉及申请执行人的利益。人民法院审理执行异议之诉案件,应全面考虑不同当事人之间的利害关系,充分保护各方当事人的合法权益,在适用《最高人民法院关于人民法院办理执行异议和复议案件若干问题的规定》第二十九条规定对案外人权利予以特别保护时,应当从严审查、严格把握。尤其对丁购房人已支付的价款是否超过合同约定总价款的百分之五十的事实,转账支付购房款的,应对购房款转账凭证予以查实,现金支付购房款的,应对购房款来源等事实予以查实,在保护案外人合法权益时,也应防止被执行人与案外人恶意串通损害申请执行人的权益。

附:案情简介

2011 年 1 月 4 日,王某与甲公司签订了商品房买卖合同,约定甲公司将案涉房屋卖给王某用于居住,总价款 631106 元。该事实有王某提交的《商品房买卖合同》、房款收据、前期物业服务合同、公共维修基金、物业费、水电费、天然气购买收据等证据证实。2011 年 7 月 20 日，乙信用社因甲公司到期未偿还借款 1700 万元向沧州中院起诉，沧州中院于 2014 年 3 月 10 日作出（2013）沧民初字第 199 号民事判决书，判决丙公司与甲公司共同偿还乙信用社借款本金 1700 万元及利息。在上述案件执行过程中，沧州中院于 2014 年 6 月 4 日作出（2014）沧执字第 265 号裁定书，查封了甲公司名下位于某某市的众凯嘉园 9 号楼、10 号楼的部分房屋（包含案涉房屋）。王某向法院提出异议，要求终止执行。执行法院作出裁定，撤销（2014）沧执字第 265 号执行裁定对案涉室房屋的查封。乙信用社不服，提起申请执行人执行异议之诉。

——最高人民法院民一庭：《执行异议之诉中对购房人支付购房款等事实应从严审查》，载最高人民法院民事审判第一庭编：《民事审判指导与参考》2018 年第 3 辑（总第 75 辑），人民法院出版社 2018 年版，第 212~216 页。

6. 可以排除强制执行的情形

180.租赁物的实际所有权人可以对抗名义所有权人的债权人对该租赁物的强制执行

在司法实务中，存在这样的情形：出租人和承租人虽在融资租赁合同中约定，在融资租赁期间，租赁物的所有权归属于出租人，但因便于管理、理赔、年检等客观原因的存在，租赁物登记在了承租人名下。为了防止承租人恶意转让设备，出租人又与承租人约定，将租赁物抵押给出租人，并在承租人所在地的车管所等登记部门办理抵押登记。后承租人的债权人持法院生效裁判文书申请对登记在承租人名下的租赁物进行强制执行，出租人则以其为真正的权利人为由向法院提出案外人执行异议。

我们认为，以上问题的实质在于租赁物的实际所有权人能否对抗名义所有权人的债权人对该租赁物的申请司法强制执行效力。上述两种不同的法律适用选择，实际上也是对商事外观主义原则适用范围的争论。一般而言，商事外观主义是指在商事交易中，即使公示于外的事实与实际情形不符，只要第三人对公示在外的事实主观信赖合理,则该第三人据以作出的民事法律行为效力受法律的优先保护。商事外观主义作为商法的基本原则之一,其实际上是一项在特定场合下权衡实际权利人与外部第三人之间利益冲突所应遵循的法律选择适用准则,通常不能直接作为案件处理依据。外观主义原则的目的在于减少交易成本,维护交易安全,为此不得不将实际权利人的利益置于可能遭受风险的境地,可能导致一个无过错的当事人的利益遭受损失,应当谨慎使用商事外观主义原则,其适用范围应局限于就相关标的从事交易的第三人。基于以上考虑,《民商审判会议纪要》明确规定:"从现行法律规则看,外观主义是为保护交易安全设置的例外规定,一般适用于因合理信赖权利外观或意思表示外观的交易行为。实际权利人与名义权利人的关系,应注重财产的实质归属,而不单纯地取决于公示外观。总之,审判实务中要准确把握外观主义的适用边界,避免泛化和滥用。"根据上述纪要精神,我们认为,对此出租人的上述执行异议,依法应予支持。

——最高人民法院民法典贯彻实施工作领导小组主编:《中华人民共和国民法典合同编理解与适用》,人民法院出版社 2020 年版,第 1665~1667 页。

181.在执行异议之诉中,异议人为登记在被执行人名下的机动车买受人并已实际交付占有的,该异议人具有排除强制执行的民事权益

原《物权法》第二十三条[①]规定动产物权变动采取交付生效主义,机动车作为特殊动产应予适用,该基本原则在执行异议之诉中并未动摇。因此,出卖人向买受人交付机动车后,即发生机动车物权变动的法律效力,是否办理物权变更登记,仅是能否对抗善意第二人的要件,不是机动车物权变动的生效要件。一般债权的申请执行人不属于该法第二十四条规定的"善意第三人",买受人可以其物权对抗一般债权人并排除执行。为防止案外人与被执行人恶意串通,通过虚假交易恶意对抗执行,故在执行异议之诉中,有必要实质审查异议人是否为真实买受人并完成交付。在排除虚假诉讼合理怀疑,可以认定异议人为真实物权人的情况下,异议人具有排除强制执行的民事权益。

---

① 对应《民法典》第二百二十四条。

甲基于生效判决确定的金钱债权申请执行乙名下车辆，案外人丙提出执行异议，主张登记在乙名下的车辆归丙所有，理由是其在查封前已经从乙处购买该车辆并交付占有，法院驳回其异议，丙据此提起执行异议之诉。

——《执行异议之诉中机动车实际买受人是否可以排除执行（最高人民法院第二巡回法庭 2020 年第 3 次法官会议纪要）》，载贺小荣主编：《最高人民法院第二巡回法庭法官会议纪要》（第二辑），人民法院出版社 2021 年版，第 200~214 页。

182.案外人依据另案生效裁判对金钱债权的执行提起执行异议之诉，请求排除执行的判定

124.【案外人依据另案生效裁判对金钱债权的执行提起执行异议之诉】作为执行依据的生效裁判并未涉及执行标的物，只是执行中为实现金钱债权对特定标的物采取了执行措施。对此种情形，《最高人民法院关于人民法院办理执行异议和复议案件若干问题的规定》第 26 条规定了解决案外人执行异议的规则，在审理执行异议之诉时可以参考适用。依据该条规定，作为案外人提起执行异议之诉依据的裁判将执行标的物确权给案外人，可以排除执行；作为案外人提起执行异议之诉依据的裁判，未将执行标的物确权给案外人，而是基于不以转移所有权为目的的有效合同（如租赁、借用、保管合同），判令向案外人返还执行标的物的，其性质属于物权请求权，亦可以排除执行；基于以转移所有权为目的有效合同（如买卖合同），判令向案外人交付标的物的，其性质属于债权请求权，不能排除执行。

应予注意的是，在金钱债权执行中，如果案外人提出执行异议之诉依据的生效裁判认定以转移所有权为目的的合同（如买卖合同）无效或应当解除，进而判令向案外人返还执行标的物的，此时案外人享有的是物权性质的返还请求权，本可排除金钱债权的执行，但在双务合同无效的情况下，双方互负返还义务，在案外人未返还价款的情况下，如果允许其排除金钱债权的执行，将会使申请执行人既执行不到被执行人名下的财产，又执行不到本应返还给被执行人的价款，显然有失公允。为平衡各方当事人的利益，只有在案外人已经返还价款的情况下，才能排除普通债权人的执行。反之，案外人未返还

价款的，不能排除执行。

　　——《最高人民法院关于印发〈全国法院民商事审判工作会议纪要〉的通知》（节选）（2019 年 11 月 8 日，法〔2019〕254 号）。

　　一是正确理解执行异议之诉的设立目的。关于上述三种争议观点，从执行异议之诉的设立目的看，我们认为以第三种观点为妥。第一种观点与现行执行异议之诉的法律制度设计不符。第二种观点只看重程序权利却忽视实体权利。第三种观点从权利基础的角度出发综合考虑，更具合理性。在同一物上既存在物权又存在债权时，无论其成立次序先后，物权优先于债权。

　　二是准确把握能够排除执行的另案生效法律文书的类型。物权属于绝对性权利，具有对世性，物权优先于债权属基本民法原则。如果案外人持针对执行标的的物权纠纷作出的另案生效法律文书，基于物权优先原则，足以请求排除债权人对执行标的的强制执行。案外人基于物权请求权获得的胜诉裁决，相当于确认了其物权权利主体的身份，从而足以排斥他人干涉，包括对标的物的执行。有关物权纠纷的法律文书生效后，通常直接发生物权变动的效果。《物权法》第 28 条① 规定："因人民法院、仲裁委员会的法律文书或者人民政府的征收决定等，导致物权设立、变更、转让或者消灭的，自法律文书或者人民政府的征收决定等生效时发生效力。"与物权的支配权不同，债权为权利人只能请求债务人履行给付义务的权利。譬如，基于买卖合同等债权请求权作出的法律文书，虽判令交付标的物，但仅有生效法律文书，在债务人未履行给付标的物的义务之前，物权未发生变动，该债权和申请执行人要实现的金钱债权同属债权性质，基于债权平等原则，案外人的该债权不具有优先效力，故该债权法律文书不能排除执行。但是，借用、保管、租赁等合同纠纷，虽为合同纠纷，但该类合同不以转移物的权属为目的，其涉及保管、租赁费用等债权请求权，同时也是对借用、保管、租赁标的物的所有权的确认，或判令返还原所有权人，这实际包括对物权权属的确认或返还原物，性质上属于物权请求权，故案外人持该类法律文书可请求排除对标的物的强制执行。除此之外，人民法院在执行过程中出具的拍卖成交裁定书、变

---

　　① 　对应《民法典》第二百二十九条。

卖成交裁定书和以物抵债裁定书，该类执行裁定书生效即产生物权变动的效力，同样可以作为案外人对执行标的主张享有物权的依据。综上，参照《最高人民法院关于人民法院办理执行异议和复议案件若干问题的规定》第二十六条的规定，通常情况下，可请求排除执行的另案生效法律文书的类型包括：（1）案外人和被执行人之间权属纠纷的法律文书，并确认案外人对执行标的享有物权；（2）案外人和被执行人之间租赁、借用、保管等不以转移财产权属为目的的合同纠纷，判决、裁决执行标的归属于案外人或者向其返还执行标的；（3）人民法院在执行程序中作出的拍卖成交裁定书、变卖成交裁定书和以物抵债裁定书。

三是妥善处理案外人依据确认合同解除或者无效的另案生效法律文书提起执行异议之诉的情形。另案生效法律文书确认合同解除或者无效，并判定不动产或者股权等返还给出卖人的，出卖人据此要求买受人返还，此时出卖人享有的是物权性质的返还请求权，本可排除金钱债权的执行，但在双务合同无效或者已经解除的情况下，双方互负返还义务，在出卖人未返还价款的情况下，如果允许其排除金钱债权的执行，将会使申请执行人既执行不到被执行人名下的财产，又执行不到本应返还给被执行人的价款，显然有失公允。为平衡各方当事人的利益，只有在出卖人已经返还价款的情况下，才能排除申请执行人的执行。反之，出卖人未返还价款的，不能排除执行。这里所指"物权"性质的返还请求权，是因为标的物原来的权属就属于案外人。这里讲"物权性质"，并不就是物权请求权，因为标的物权属已经转移，而是具有物权请求权性质。

本条规定是否适用于买受人没有支付对价的情形？另案生效判决、裁定不动产或者股权等因合同解除、无效须返还给出卖人的，之前买受人就没有支付对价，此时，出卖人排除执行的诉讼请求是否应当得到支持？我们认为，此种情况与出卖人已经返还对价的情形极其相似，举重以明轻，出卖人对该不动产或者股权等享有足以排除强制执行的民事权益。

——最高人民法院民事审判第二庭编著：《〈全国法院民商事审判工作会议纪要〉理解与适用》，人民法院出版社2019年版，第625~627页。

183.第三方受房产开发商之债权人指定购房，应根据合同性质等情形裁判能否排除强制执行

在案外人执行异议之诉案件中，对于房产开发商与其债权人协商，由债权人指定第三方与房产开发商签订购房合同，以购房款项抵顶金钱之债的，应当结合双方签约目的判定该购房合同的性质。在双方存在购买房屋的真实意思表示，且该意思表示不违反法律规定的前提下，应认定双方存在真实的购房合同。若被执行的商品房登记在开发商名下的，在适用《最高人民法院关于人民法院办理执行异议和复议案件若干问题的规定》第二十八条与第二十九条规定上产生竞合，人民法院在判定案外人（该第三方）是否享有足以排除强制执行的民事权益时，可以选择适用。

附：案情简介

2011 年 7 月 26 日，某置业公司与陈某某、案外某公司签订借款合同，陈某某出借 5000 万元给某置业公司，由案外某公司提供连带责任保证。后三方又签订协议约定，某置业公司同意以其开发的位于 Z 市的 14 套房产，面积共计 5194.00 平方米，以 10 000 元 / 平方米的价格与陈某某或其指定主体签订购房合同、办理房产登记备案手续，以抵偿陈某某的借款本息。某置业公司负责与陈某某指定主体签订《商品房买卖合同》并负责交付房屋，仍由案外某公司提供担保。

2011 年 12 月，蒋某某作为陈某某指定的购房主体与某置业公司签订《商品房买卖协议书》，协议书载明：蒋某某购买某置业公司 23e 号楼 2 单元西户房产一处，建筑面积约为 356 平方米，房产单价为 10 000 元 / 平方米，总价为 356 万元，购房价款抵偿陈某某相应债权。2013 年 3 月 4 日，蒋某某缴纳了房产测绘费、燃气管网工程费、物业费、维修基金、房产登记费等各项费用合计 43 993 元后，某置业公司通知蒋某某领取了房屋钥匙。2014 年 7 月 11 日，蒋某某与某置业公司进行房屋交接，与某物业公司签订了《前期物业管理服务协议》《消防安全责任书》。蒋某某按照《商品房买卖合同》履行了全部合同义务，但某置业公司未与蒋某某办理该房产的备案登记手续。2015 年 1 月 4 日，冯某某因他案申请执行某置业公司，并申请法院查封了上述房产。

蒋某某作为案外人提出执行异议。

蒋某某向法院起诉称，某置业公司与蒋某某签订《商品房买卖合同》成立在法院查封之前，蒋某某在法院查封前已经支付了全部购房款，案涉房屋在法院查封前已经完成交付，不能办理过户并非蒋某某的原因造成的，故蒋某某对案涉房屋享有足以排除强制执行的民事权益。请求判令：终止对案涉房产的执行，并确认该房产归其所有。

——姜伟主编：《最高人民法院第四巡回法庭疑难案件裁判要点与观点》，人民法院出版社 2020 年版，第 310~318 页。

184.一房数卖中权利保护顺位优先的买受人可以排除其他买受人强制过户的执行申请

在一房数卖情况下，如果数份房屋买卖合同均有效且买受人均要求履行合同的，一般应按照已经办理房屋所有权变更登记、合法占有房屋以及合同履行情况、买卖合同成立先后等顺序确定权利保护顺位。权利保护顺位在前的买受人请求排除权利保护顺位在后的买受人申请的强制过户执行的，应予支持。

附：案情简介

2012 年 7 月 9 日陈某（贷款人）与王某（借款人）及甲公司等（担保人）签订了最高额借款合同，之后王某共向陈某借款 1300 万元。因王某不能按期归还借款，甲公司与陈某 2014 年 7 月 2 日达成了协议书，协议书第 1 条约定："甲方（甲公司）应归还的借款和利息，乙方（陈某）同意以房产作价归还……"等内容。2014 年 7 月 2 日，甲公司与陈某签订了"商品房买卖合同"，将案涉某小区第 3 幢第 × 单元 ××× 号房出卖给陈某，并出具了收据，收据记载款项为 196636 元。2017 年 5 月 18 日，陈某向 A 仲裁委员会申请仲裁，A 仲裁委员会于 2017 年 9 月 20 日作出仲裁裁决书，裁决陈某与甲公司 2014 年 7 月 2 日签订的 85 份《商品房买卖合同》合法有效，甲公司在裁决生效后 30 日内向陈某交付某小区 85 套房屋（包括本案 3 号楼 × 单元 ××× 室）等。2018 年 8 月 22 日，一审法院执行部门作出协助执行通知书，责令 B 区管委会建设事业部住房保障中心将甲公司名下某花园小区 85 套房产（包括本案 3 号楼 × 单元 ××× 室）过户（含备案）至陈某下。2018 年 9 月 10 日，B 区管委会建设事业部向谢某发出告知书。告知书主要内容：我中心于 2018 年 8 月 27 日接到一审法院协助执行通知书及 A 仲裁委员会裁决书，要求将被执行人甲公司名下所有的某小区 85 套房产过户（备案）至陈某名下。经核实，被执行的房屋 3-×-××× 于 2016 年 10 月 17 日网签备案在你名下，现书面告知，你应于 15 日内向一审法院提起异议并将结果告知我中心，否则我中心将按照一审法院协助执行通知书协助执行。谢某向一审法院提出异议，一审法院于 2018 年 10 月 18 日作出执行裁定书，驳回了谢某的异议请求。2018 年 11 月 1 日，谢某提起本案诉讼。谢某起诉请求：（1）依法停止对甲公司开发的某小区 3 号楼 × 单元 ××× 室房屋的强制执行；（2）依法确认甲公司的某小区 3 号楼 × 单元 ××× 室房屋归谢某所有；（3）诉讼费由陈某承担。

2016 年 8 月 30 日，谢某经建行某分理处向甲公司交纳了 108000 元，注明购房款，2016 年 9 月 29 日谢某与甲公司签订了商品房买卖合同，房屋为凯瑞花园 3 号楼 × 单元 ××× 室，房屋单价 3029.62 元 / 平方米，建筑面积 89.38 平方米。2016 年 10 月 25 日，谢某、中国建设银行股份有限公司某分行、甲公司（保证人）签订了个人住房借款合同，谢某一直按借款合同每月归还 1264.81 元。谢某将该房屋积极装修，于 2018 年 7 月入住。一审法院认为，谢某的起诉不符合"有明确的排除对执行标的执行的诉讼请求，且诉讼请求与原判决、裁定无关"的法律规定，不享有足以排除强制执行的民事权益。二审法院认为，谢某的诉请符合《最高人民法院关于人民法院办理执行异议和复议案件若干问题的规定》第 28 条的规定，谢某主张的民事权益足以排除强制执行，应予以支持。

陈某申请再审称，（1）谢某旨在否认案涉仲裁裁决书的效力，应当依照相关规定向人民法院申请复议，不享有提起案外人执行异议之诉的程序权利。（2）《最高人民法院关于人民法院办理执行异议和复议案件若干问题的规定》第 28 条适用的是执行"金钱债权"的案件，本案不是执行金钱债权案件，不适用该条规定，二审法院适用法律错误。

——姜伟主编：《最高人民法院第四巡回法庭疑难案件裁判要点与观点》，人民法院出版社 2020 年版，第 334~340 页。

7. 不能排除强制执行的情形

185.次债务人在冻结债权的法律文书生效后，以履行另案法律文书为由对履行到期债权通知提出的异议是否可以阻却执行

问：次债务人在冻结债权的法律文书生效后，以履行另案法律文书为由对履行到期债权通知提出的异议是否可以阻却执行？

答：在执行案件中，若被执行人的财产不足以清偿债务，而又对次债务人享有到期债权，就会产生对次债务人到期债权的执行问题。次债务人到期债权执行制度，增加了申请执行人实现债权的可能性，有效提升了执行的效率。这一制度涉及申请执行人、被执行人、次债务人等多方主体的利益，在执行过程中，既需要保护申请执行人的权利，也需要保护次债务人的合法权益，精准把握两者之间的平衡点尤为重要。

首先，次债务人就履行到期债权通知提出的异议，并非当然产生阻却执行的效力。对次债务人到期债权执行涉及次债务人及债务人（被执行人）之间的实体法律关系，在未经审判程序等法定程序确定相关实体权利义务关系的情况下，执行程序对次债务人直接执行需要有严格的前提条件，其核心是次债务人认可到期债权，一旦次债务人否认到期债权，则应当通过诉讼等程序解决实体争议。因此，《最高人民法院关于适用〈中华人民共和国民事诉讼法〉的解释》第五百零一条①第二款、《最高人民法院关于人民法院执行工作若干问题的规定（试行）》第六十三条②均明确规定，次债务人对到期债权有异议，申请执行人请求对异议部分强制执行的，人民法院不予支持。但是，为了提高执行效率，司法解释也明确有关非实质否认债权债务的异议事由不具有阻却执行的效果。例如，《最高人民法院关于人民法院执行工作若干

---

① 现为《最高人民法院关于适用〈中华人民共和国民事诉讼法〉的解释》(2022 年修正) 第四百九十九条。

② 现为《最高人民法院关于适用〈中华人民共和国民事诉讼法〉的解释》(2022 年修正) 第四十七条。

问题的规定（试行）》第六十四条①第一款规定："第三人提出自己无履行能力或其与申请执行人无直接法律关系，不属于本规定所指的异议。"在这种情况下，次债务人并非否定到期债权，对其强制执行与实体法律关系并不冲突。此外，《最高人民法院关于适用〈中华人民共和国民事诉讼法〉的解释》第五百零一条第三款明确规定，对生效法律文书确定的到期债权，该他人予以否认的，人民法院不予支持。在有生效法律文书确定到期债权的情况下，相关的实体权利义务已经通过法定程序得到确定，直接执行并不会损害次债务人的诉讼权利等程序保障权利。因此，有关次债务人一旦提出异议就一律产生阻却执行效力的观点，具有片面性。

其次，次债务人以履行冻结债权后生效的另案法律文书为由提出异议，不能当然产生阻却执行的效力。实践中，执行法院在诸如调解书等法律文书生效前发出协助执行通知或履行到期债权通知，并根据上述通知要求次债务人不得擅自支付到期债权，采取冻结债权措施。根据《最高人民法院关于人民法院民事执行中查封、扣押、冻结财产的规定》第二十六条②第一款规定，被执行人就已经查封、扣押、冻结的财产所作的移转、设定权利负担或者其他有碍执行的行为，不得对抗申请执行人。根据该规定精神，冻结债权的法律文书具有固定债务人与次债务人之间债权债务关系的法律效力，在冻结债权的法律文书生效后，对债务人及次债务人之间债权债务关系进行的变更、解除、债权转让或者其他有碍执行的行为均不能对抗申请执行人，申请执行人仍可以按法定程序向次债务人主张权利。换言之，次债务人不能以协助执行通知或履行到期债权通知生效后权利义务关系发生变化为由提出不履行债务的异议。否则无异于认可在冻结债权的法律文书生效后仍可以对债权进行处分，这将导致实质性否定冻结的法律效力。在冻结法律文书生效后，次债务人如果要清偿债务，只能根据要求向执行法院支付，向其他主体支付的行为与冻结法律文书要求相违背。一般来说，冻结的法律文书生效后另案生效法律文书改变了债权债务关系，如果不涉及优先债权等情况，不能对抗申请

---

① 现为《最高人民法院关于人民法院执行工作若干问题的规定（试行）》（2020年修正）第四十八条。

② 现为《最高人民法院关于人民法院民事执行中查封、扣押、冻结财产的规定》（2020年修正）第二十四条。

冻结债权的申请执行人，次债权人所提出的异议不能当然阻却执行。

关于对已履行了诸如调解书等法律文书所确定义务的次债务人以及另案债权人的权利救济问题，因实践中情况较为复杂且尚未形成统一的意见，需进一步研究后予以答复。

——向国慧、叶欣：《执行审查部分问题解答》，载最高人民法院执行局编：《执行工作指导》2021 年第 1 辑（总第 77 辑），人民法院出版社 2021 年版，第 118~120 页。

186.另案查封之后签订不动产买卖合同的，能否排除执行

即便系另案查封，且另案所依据的基础法律关系并非本案当事人之间的法律关系，但只要是在查封状态中签订的不动产买卖合同，就不符合《最高人民法院关于人民法院办理执行异议和复议案件若干问题的规定》第二十八条第一项规定的"在人民法院查封之前已签订合法有效书面买卖合同"之情形。且在查封状态下签订不动产买卖合同，执行异议申请人对不动产不能办理过户是有预期的，其对未办理过户存在过错，亦不符合《最高人民法院关于人民法院办理执行异议和复议案件若干问题的规定》第二十八条第四项规定的"非因买受人自身原因未办理过户登记"之情形。故不能排除执行。

2014 年 1 月 21 日，甲公司以工程建设需要为由，向李某借款 120 万元，双方签订《借款协议书》，并约定以甲公司名下案涉房产作为抵押。双方未到相关部门办理抵押登记手续，甲公司仅将案涉房产产权证原件交由李某保管。借款到期后，甲公司未偿还借款本息。双方于 2014 年 9 月 17 日进行协商并签订《转让协议》，约定将案涉房产以 96 万元的价格出售给李某，房款从甲公司所欠借款本息中扣除，并约定 3 个月内完成过户手续。后李某多次要求甲公司协助其过户，但一直无法过户。原来双方在签订《转让协议》前，甲公司已将案涉房产租赁给刘某，甲公司将该房产租赁合同原件及租金收取权一并转交给李某，现该门面由李某实际占有使用。

谭某因与甲公司、中国建设银行股份有限公司邵阳市某支行房屋买卖合同纠纷一案，向湖南省邵阳市中级人民法院提起诉讼，诉讼过程中谭某申请

财产保全。该院于 2015 年 5 月 18 日作出财产保全民事裁定，查封了包含案涉房产在内的甲公司相关财产。对于谭某提起的诉讼一案，该院作出（2015）邵中民三初字第 17 号民事判决。判决生效后，甲公司未主动履行义务，谭某申请执行。该院于 2016 年 4 月 25 日作出执行裁定，裁定拍卖案涉房产。执行过程中，李某提出书面异议，该院裁定驳回李某的执行异议申请。

另，案涉房产因另案在 2014 年 6 月 25 日已经被湖南省邵阳市北塔区人民法院裁定查封，查封期限 2 年，自 2014 年 7 月 1 日至 2016 年 6 月 30 日。2016 年 4 月 14 日，该院解除查封。

——最高人民法院第一巡回法庭编著：《最高人民法院第一巡回法庭民商事主审法官会议纪要》（第 1 卷），中国法制出版社 2020 年版，第 36~54 页。

187.案外人不能以被执行人账户中的资金系其误汇为由排除强制执行

被执行人账户中的资金被执行法院冻结后，案外人以该账户中的资金系其误汇，其系资金的实际所有权人等为由，提起执行异议之诉，请求排除强制执行的，人民法院不予支持。理由：

一、货币作为一种特殊动产，同时作为不特定物，流通性系其基本属性，在银行执行了汇款人意图的情况下，即发生资金交付的效力，货币合法转入产生的民事权利由账户所有人享有，汇入被执行人账户的资金为被执行人责任财产，属于可供执行的财产。

二、基于货币占有即所有的基本原则，即使错误汇款确属事实，对于汇款人而言，错误汇款的法律后果是其对汇入款项账户所有权人享有不当得利请求权，属丁债权范畴，而非物权，该不当得利请求权并无优先于其他普通金钱债权的效力，不能排除强制执行。

三、案外人虽然不能以被执行人账户中的资金系其误汇为由排除强制执行，但如果案外人确有证据证明其系错误汇款的，其可依法另行向被执行人主张不当得利返还等。

——最高人民法院民一庭微信公众号，2022 年 1 月 24 日。

188.案外人将其所有的款项误汇至被执行人账户后被法院冻结扣划，案外人请求排除强制执行的，应否支持

问： 案外人将其所有的款项误汇至被执行人账户，该账户此后因被执行人的债权人申请强制执行而冻结，现案外人以其汇入该账户上的款项系误汇为由，在提出执行异议被驳回后又提起执行异议之诉，请求排除对该款项强制执行的，应否支持？

答： 虽然案外人将其所有的款项误汇至被执行人账户的行为缺乏当事人的真实意思表示，但除非法律、司法解释有明确规定的以外（如担保法司法解释规定的保证金质押），对于货币这一种类物，一般均应适用"占有即所有"的规则认定其权属，故该行为并不因欠缺真实意思表示而不能产生转移款项实体权益的法律效果；相反，汇款在到达被执行人账户之时即发生权属转移。

这种受益并没有法律上的理由，可能构成不当得利。《民法典》第九百八十五条规定："得利人没有法律根据取得不当利益的，受损失的人可以请求得利人返还取得的利益，但是有下列情形之一的除外：（一）为履行道德义务进行的给付；（二）债务到期之前的清偿；（三）明知无给付义务而进行的债务清偿。"据此，不当得利的构成要件为：一方获利，他方受损，一方受利与他方受损具有因果关系，获利无合法根据。在错汇款项的情况下，被执行人虽然没有相应的意思表示，但在事实上已经因此而获利，即使该款项又因其债权人的申请而被法院强制执行，也不改变其已经获得的事实，因为这导致被执行人因此而清偿了对其债权人相应的债务，案外人当然因此遭受了相应的损失；而被执行人的获利没有合法依据。因此，案外人将其所有的款项误汇至被执行人账户的行为，在案外人与被执行人之间构成了典型的不当得利之债。由此，案外人享有的是不当得利债权，其可以基于不当得利而请求被执行人返还相应款项，法律已经赋予了案外人此种救济途径。

从性质上看，不当得利债权属于普通债权，并不具有优先受偿性。而如果支持了案外人针对该错汇款项提出的执行异议请求，则在实质上是赋予了此种债权优先于其他普通债权获得清偿的权利，这无疑违背了对于普通债权

而言的债权平等的基本原则。比如，对于参与分配案件中的普通债权，《最高人民法院关于适用〈中华人民共和国民事诉讼法〉的解释》第五百一十条[①]规定："参与分配执行中，执行所得价款扣除执行费用，并清偿应当优先受偿的债权后，对于普通债权，原则上按照其占全部申请参与分配债权数额的比例受偿。清偿后的剩余债务，被执行人应当继续清偿。债权人发现被执行人有其他财产的，可以随时请求人民法院执行。"因此，对于此种情形下案外人提出的排除执行请求，法院一般不应支持。

——最高人民法院民事审判第一庭编：《民事审判实务问答》，法律出版社 2021 年版，第 394~395 页。

189.账户借用人能否排除强制执行

人民法院因执行被执行人财产冻结了被执行人名下账户，案外人以其系该被冻结账户的借用人和该账户中资金的实际权利人为由，请求排除强制执行的，人民法院能否支持其诉讼请求？

被执行人账户被执行法院冻结后，案外人以其系账户的借用人和账户中资金的实际权利人为由提起执行异议之诉，请求排除强制执行的，除法律、行政法规另有规定外，人民法院应不予支持。理由：一、《民法典》第二百二十四条规定："动产物权的设立和转让，自交付时发生效力，但法律另有规定的除外。"《人民币银行结算账户管理办法》（中国人民银行令〔2003〕第 5 号）第四十五条第二款规定，存款人不得出租、出借银行结算账户，第六十五条第一款第四项亦规定，存款人使用银行结算账户，不得有出租、出借银行结算账户的行为。二、货币作为一种特殊动产，同时作为不特定物，流通性系其基本属性，货币占用即所有，账户借用人违规借用银行账户，由此带来的风险应自行承担。三、"法律、行政法规另有规定"，主要是指，法律或司法解释等明确特殊账户有专款专用的安排，实质上不属于开户人所有，经法定程序可以解除冻结相应款项。如以相关基金会、政府监管账户名义开立的生态损害修复赔偿金账户。再如，最高人民法院、人力资源社会保障部、中国

---

① 现为《最高人民法院关于适用〈中华人民共和国民事诉讼法〉的解释》（2022 年修正）第五百零八条。

银保监会发布的《关于做好防止农民工工资专用账户资金和工资保证金被查封、冻结或者划拨有关工作的通知》对农民工工资账户的安排。

——《账户借用人不能排除强制执行（最高人民法院民事审判第一庭2021年第22次专业法官会议纪要）》，载最高人民法院民事审判第一庭编：《民事审判指导与参考》2021年第4辑（总第88辑），人民法院出版社2022年版，第228~229页。

8. 其他问题

190.执行标的权属的判断标准——对《执行异议和复议规定》第二十五条的理解与适用

第二十五条　对案外人的异议，人民法院应当按照下列标准判断其是否系权利人：

（一）已登记的不动产，按照不动产登记簿判断；未登记的建筑物、构筑物及其附属设施，按照土地使用权登记簿、建设工程规划许可、施工许可等相关证据判断；

（二）已登记的机动车、船舶、航空器等特定动产，按照相关管理部门的登记判断；未登记的特定动产和其他动产，按照实际占有情况判断；

（三）银行存款和存管在金融机构的有价证券，按照金融机构和登记结算机构登记的账户名称判断；有价证券由具备合法经营资质的托管机构名义持有的，按照该机构登记的实际出资人账户名称判断；

（四）股权按照工商行政管理机关的登记和企业信用信息公示系统公示的信息判断；

（五）其他财产和权利，有登记的，按照登记机构的登记判断；无登记的，按照合同等证明财产权属或者权利人的证据判断。

案外人依据另案生效法律文书提出排除执行异议，该法律文书认定的执行标的权利人与依照前款规定得出的判断不一致的，依照本规定第二十六条规定处理。

——《最高人民法院关于人民法院办理执行异议和复议案件若干问题的规定》(节选)(2020 年 12 月 29 日修正)。

关于执行标的权属的判断标准。案外人异议审查中，对案外人的实体权利是坚持程序审查还是实质审查，是《最高人民法院关于人民法院办理执行异议和复议案件若干问题的规定》(以下简称《规定》)起草过程中争议最大的问题之一。一种意见认为，案外人异议审查一般应当坚持形式审查，即根据登记、占有等执行标的外观权利表征来判断权属。主要的理由是：(1)案外人异议制度建立执行前置审查程序的初衷，就是为了过滤掉一些明显成立或者不成立的案外人异议，例如查封登记在案外人名下的不动产，而把实质审查的任务交给执行异议之诉承担。(2)案外人异议审查的主要目的在于对案外人的实体权利主张成立与否迅速判断，只有十五日的审查期间，程序上对各方当事人的保障并不周全，难以承担实质审查的任务。(3)案外人异议审查的结论并非终局结论，无论什么样的结果，当事人或者案外人不服的，可提起执行异议之诉进行救济。反之，如果实质审查，势必混淆案外人异议和执行异议之诉不同功能。当然，如果法律或者司法解释赋予执行机构实质审查权，则属例外。例如，《最高人民法院关于人民法院民事执行中查封、扣押、冻结财产的规定》第十七条[①]所规定的无过错买受人的物权期待权，即属于此例。

另一种意见认为，从公平保护案外人合法权利的目的出发，案外人异议应当是实质审查，即应当根据执行标的实际权属状况来确定权属。因为，目前查封时对执行标的权属的判断坚持的就是形式审查的原则，如果异议审查和查封时的权属判断标准一致，则案外人异议制度没有意义，所以案外人对执行标的实体权属的确定，不受登记等制度限制，应当按照实际权属进行认定。

经最高人民法院审委会充分讨论，《规定》第二十五条原则采纳第一种意

[①] 　现为《最高人民法院关于人民法院民事执行中查封、扣押、冻结财产的规定》(2020 年修正)第十五条。

见，即以形式审查为原则，以实质审查为例外。在审查案外人异议时，在权利人的判断上，尤其是在权属判断上，应当坚持以下具体标准：（1）执行标的为不动产时，如果有登记的，应当按照不动产登记簿记载。对于没有登记的建筑物、构筑物及其附属设施，可以根据土地使用权登记簿、建设工程规划许可、施工许可等行政审批资料来判断，如果土地使用登记和行政审批一致，应当认定权利人为土地登记权利人；如果二者不一致，还要结合其他证据判断。（2）对于已登记的汽车、船舶、航空器等特定动产，应根据登记进行判断。这和物权法关于特定动产物权变动的标准有一定差异。因为，对执行程序而言，汽车、船舶、航空器作为高度移动的物，如果以占有作为判断标准，占有情况的瞬息变化，将成为执行机构的难以承受之重。当然，如果特定动产没有登记或者是其他不需要登记的动产，才退而求其次，根据实际占有情况进行判断。（3）银行存款和存管在金融机构的有价证券，根据金融机构和登记结算机构登记的账户名称判断。有的公司出于经营需要，借用别人的账户进行资金和证券的存管，一方面，违反了相关管理制度；另一方面，其借用账户的信息并不对外进行公示，申请执行人和执行法院难以从技术上进行判断，如果其对被执行人名下账户中的存款和证券主张所有权，不应支持。但是，有的有价证券，例如国债，可能由信托公司等具备合法经营资质的托管机构名义持有，应当按照托管机构登记的实际投资人账户名称判断权属。（4）对于股权，可以分为两类，一类是上市公司股权，属于有价证券的范畴，应当以登记结算机构和证券公司的登记作为判断权属的标准；一类是非上市公司的股权，在公司法修改之后，工商管理部门仅仅登记股东名单，不再登记具体股权数额，具体的股权数额在企业信息公示系统进行公示，应按照工商行政管理机关的登记信息和公示系统公示的信息进行判断。（5）对于前四类没有穷尽的其他财产权，例如商标权、著作权、债权，有登记的，按照登记判断；无登记的，则按照当事人之间的合同、持有财产的情况等证据进行判断。

需要提醒的是，案外人异议审查标准并非对案外人权利进行最终确权，而是为适应案外人异议的形式审查要求而采取的技术判断标准，案外人异议是否成立最终还要靠执行异议之诉判断。

——刘贵祥、范向阳：《解读〈关于人民法院办理执行异议和复议案件若干问题的规定〉》，载杜万华主编：《解读最高人民法院司法解释、指导性案例（民事诉讼卷）》，人民出版社 2016 年版，第 721~722 页。

191.办理了预告登记的物权期待权的保护——对《执行异议和复议规定》第三十条的理解与适用

第三十条 金钱债权执行中，对被查封的办理了受让物权预告登记的不动产，受让人提出停止处分异议的，人民法院应予支持；符合物权登记条件，受让人提出排除执行异议的，应予支持。

——《最高人民法院关于人民法院办理执行异议和复议案件若干问题的规定》(2020 年 12 月 29 日修正)。

预告登记，是指为保全一项请求权而进行的不动产登记，该项请求权所要达到的目的，是在将来发生不动产物权变动。这种登记是不动产登记的特殊类型。其他的不动产登记都是对现实的不动产物权进行登记，而预告登记所登记的，不是不动产物权，而是目的在于将来发生不动产物权变动的请求权。预告登记的本质特征是使被登记的请求权具有物权的效力，也就是说，进行了预告登记的请求权，对后来发生的与该项请求权内容相同的不动产物权的处分行为，具有对抗的效力，这样，所登记的请求权就得到了保护。预告登记是与本登记相对应的概念。本登记就是指对于已经实际发生的物权变动进行的登记，通常所说的登记都是指本登记。预告登记的法律性质，其实就是一种特殊的担保，即借助于不动产登记的作用，以物权的法律效力来保障债权目的的实现。预告登记效力属于物权性质，但是纳入登记的请求权本身却没有物权效力，只是登记这种公示的行为使得这种请求权具有了排他效力。经预告登记保全的请求权，不但可以对抗不动产的所有权人和其他物权人，也可以对抗任意第三人，这就达到了保障请求权中的物权取得权的法律效果。

《物权法》第 20 条[①] 规定：当事人签订买卖房屋或者其他不动产物权的协议，为保障将来实现物权，按照约定可以向登记机构申请预告登记。预告登

[①] 对应《民法典》第二百二十一条。

记后，未经预告登记的权利人同意，处分该不动产的，不发生物权效力。预告登记后，债权消灭或者自能够进行不动产登记之日起 3 个月内未申请登记的，预告登记失效。本条司法解释根据物权法关于预告登记法律效力的规定，对金钱债权执行过程中，不动产物权受让人基于其请求权已经办理预告登记的事实提出案外人异议的，人民法院应当如何审查，确立了具体标准。所谓金钱债权，指以给付一定数额之金钱为目的之债权而言。① 预告登记的权利人对不动产享有的是物权期待权，并未完成本登记，尚未取得不动产所有权。其案外人异议能否被支持，还要视异议的具体内容而定。本条司法解释对预告登记权利人提出的案外人异议区分了两种情况：一是如果受让人请求停止处分不动产，因预告登记的目的就是为了排除包括强制执行在内的处分行为，人民法院对停止处分的异议请求应予支持；二是如果受让人请求排除人民法院查封，则应审查其是否符合取得物权的条件，如果符合，则受让人应确定无疑地取得不动产物权，人民法院应当解除查封。

一、受让人提出异议请求停止处分已查封的不动产

本条司法解释适用的执行标的是不动产。实践中，以办理了预告登记为由提出案外人异议的主体，主要是该不动产物权的受让人。根据《物权法》第 20 条，不动产物权受让人既可以是房屋的买受人，也可以是其他不动产物权协议的权利人。预告登记期内，预告登记权利人的不动产物权期待权（物权取得权），虽然尚处于债权状态，但已经具备了对抗所有权人和第三人的物权效力，未经预告登记权利人同意，处分该不动产的，不发生物权效力。预告登记权利人的请求权，在性质上属于能够阻止人民法院处分该不动产的实体权利，执行程序中，对预告登记权利人的物权期待权也应依法予以保护。被执行人转让不动产物权，受让人尚未完成物权变更登记，但对人民法院查封的该不动产已经办理了受让物权预告登记的，对于受让人提出的停止处分该不动产的案外人异议，人民法院应予支持。办理了受让物权预告登记的不动产被人民法院查封期间，预告登记权利人无法再按照不动产物权协议完成不动产物权登记。

如果执行法院依法查封该不动产时，预告登记尚未办理，受让人的物权

---

① 杨与龄：《强制执行法论》（最新修正），中国政法大学出版社 2002 年版，第 254 页。

期待权还没有通过预告登记获得物权效力，根据《最高人民法院关于人民法院民事执行中查封、扣押、冻结财产的规定》第 26 条[①]，受让人对已查封财产申请不动产预告登记的行为，不得对抗申请执行人，不能停止执行法院对该不动产的处分；只有在人民法院查封不动产没有公示的情况下，其效力才不得对抗善意第三人。

二、受让人提出异议请求排除对已查封不动产的强制执行

如果只是停止处分已办理预告登记的不动产，而不解除查封的话，不动产受让人仍然无法完成本登记。停止处分不动产和排除对不动产的执行，对于预告登记权利人的影响是不同的。因此，本条司法解释对人民法院停止处分不动产和排除对不动产的强制执行，分别规定了不同的审查标准。受让人对被查封的不动产提出停止处分的异议，只要符合该不动产已经办理了受让物权预告登记的条件，即可获得人民法院支持；而受让人提出异议，请求排除对该不动产的强制执行，则应视是否符合预告登记物权的取得条件而定。如果受让人能够提出证据证明，其按照约定已经符合取得预告登记物权的条件，可以确定地取得不动产物权，人民法院对其异议请求应予支持，将相关执行措施予以解除，以利受让人办理物权登记。反之，则不应解除对该不动产的查封等执行措施。

实践中应当注意的问题：

《最高人民法院关于适用〈中华人民共和国民事诉讼法〉的解释》第 316 条[②]规定：人民法院对执行标的裁定中止执行后，申请执行人在法律规定的期间内未提起执行异议之诉的，人民法院应当自起诉期限届满之日起 7 日内解除对该执行标的采取的执行措施。据此，买受人关于停止处分已办理预告登记不动产的异议获得人民法院支持，执行法院裁定中止对该不动产的执行后，如果申请执行人没有在法律规定的期间内提起申请执行人许可执行之诉的，人民法院也应当在司法解释规定的期限内解除对该不动产的查封。

——江必新、刘贵祥主编，最高人民法院执行局编著：《最高人民法院关

---

① 现为《最高人民法院关于人民法院民事执行中查封、扣押、冻结财产的规定》（2020 年修正）第 24 条。

② 现为《最高人民法院关于适用〈中华人民共和国民事诉讼法〉的解释》（2022 年修正）第 314 条。

于人民法院办理执行异议和复议案件若干问题规定理解与适用》，人民法院出版社 2015 年版，第 438~441 页。

192.实际施工人提出异议，主张对工程款享有优先受偿权，人民法院如何审查处理

问：实际施工人提出异议，主张对工程款享有优先受偿权，人民法院如何审查处理？

答：在执行过程中，法院执行承包人享有的工程款债权，准备处置发包人名下的不动产时，经常会碰到实际施工人主张对该不动产享有建设工程价款优先受偿权的情形。

首先，关于何为实际施工人。实际施工人不是法律规定的民事主体。已经废止的《最高人民法院关于审理建设工程施工合同纠纷案件适用法律问题的解释》[法释〔2004〕14 号，以下简称原《建设工程解释（一）》]第一次使用了"实际施工人"概念。该解释在多个条文中涉及"实际施工人"，相关理解适用观点认为，"实际施工人"一般是指建设工程施工合同被认定无效后，具体实施工程施工的建设单位和个人，如转承包方、违法分包的承包方、不具有建筑资质的承包方等，但在不同条文、不同语境下，"实际施工人"的内涵略有差异，也存在一定争议。之后，已经废止的《最高人民法院关于审理建设工程施工合同纠纷案件适用法律问题的解释（二）》[法释〔2018〕20 号，以下简称原《建设工程解释（二）》]以及现行的《最高人民法院关于审理建设工程施工合同纠纷案件适用法律问题的解释（一）》[法释〔2020〕25 号，以下简称《建设工程解释（一）》]，均继续使用"实际施工人"概念，概念内涵与原《建设工程解释（一）》基本一致。

其次，关于实际施工人是否享有建设工程价款的优先受偿权。《民法典》第八百零七条规定："发包人未按照约定支付价款的，承包人可以催告发包人在合理期限内支付价款。发包人逾期不支付的，除根据建设工程的性质不宜折价、拍卖外，承包人可以与发包人协议将该工程折价，也可以请求人民法院将该工程依法拍卖。建设工程的价款就该工程折价或者拍卖的价款优先受偿"。《建设工程解释（一）》第三十五条规定："与发包人订立建设工程施工

合同的承包人，依据民法典第八百零七条的规定请求其承建工程的价款就工程折价或者拍卖的价款优先受偿的，人民法院应予支持。"第三十六条规定："承包人根据民法典第八百零七条规定享有的建设工程价款优先受偿权优于抵押权和其他债权。"上述法律及司法解释中均未明确规定实际施工人享有优先受偿权。《建设工程解释（一）》第三十五条是在原《建设工程解释（二）》第十七条规定的基础上作的修改，仅仅将该条的"根据合同法第二百八十六条规定"修改为"依据民法典第八百零七条的规定"，实际规则没有变化，有关原《建设工程解释（二）》第十七条规定的规则精神，仍可资借鉴。根据原《建设工程解释（二）》第十七条理解与适用观点，依法享有工程价款优先受偿权的人必须与发包人存在直接的施工合同关系，建设工程的勘察人、设计人、分包人、实际施工人、监理人以及与发包人无合同关系的装饰装修工程的施工人均不应享有此项权利。因此，《建设工程解释（一）》第四十三条规定实际施工人可以有条件地向发包人主张工程价款，但并未赋予实际施工人直接向发包人主张工程价款优先受偿权的权利。毕竟司法解释突破债权相对性，赋予实际施工人有条件地向发包人主张工程价款的权利，是基于保护处于弱势地位的建筑工人权益的目的，与优先权并无必然联系。另外，《建设工程解释（一）》第四十四条规定："实际施工人依据民法典第五百三十五条规定，以转包人或者违法分包人怠于向发包人行使到期债权或者与该债权有关的从权利，影响其到期债权实现，提起代位权诉讼的，人民法院应予支持。"根据《民法典》第五百三十五条规定的理解适用观点，"与该债权有关的从权利"是指附属于主债权的权利，比如担保物权和建设工程价款优先受偿权等。因此，如果转包人或者违法分包人系与发包人签订合同的承包人的，在其怠于主张优先受偿权的情况下，实际施工人可以行使代位权，代承包人向发包人主张优先受偿权。综上，实际施工人一般不得向发包人主张优先受偿权，但在特定情形下，可以代位主张优先受偿权。

最后，关于对于实际施工人优先受偿的主张如何处理。我们认为，尽管《最高人民法院关于适用〈中华人民共和国民事诉讼法〉的解释》[法释

〔2020〕20号，以下简称《民事诉讼法解释》〕第五百零八条[①]将参与分配程序的适用主体限定为被执行人为公民或者其他组织，但对于企业法人为被执行人的案件，在执行的特定财产上存在优先权、担保物权，且该财产不足以清偿全部债务的情况下，人民法院仍然需要对所得案款进行分配，并制作分配方案。因此，人民法院在对建设工程变价款进行分配的过程中，需要对所得案款进行分配，并制作分配方案。在制作分配方案时，对于承包人的优先受偿主张，人民法院可以结合施工合同履行情况、征询发包人等各方的意见确定优先受偿数额；但对实际施工人的优先受偿主张，可以引导其通过《民事诉讼法解释》第五百一十一条、第五百一十二条[②]规定的分配方案异议及分配方案异议之诉程序，对相关争议予以解决，确定最终的分配方案。

——薛圣海、何东奇：《执行审查部分问题解答》，载最高人民法院执行局编：《执行工作指导》2020年第3辑（总第75辑），人民法院出版社2020年版。

193.交付全部或者大部分款项的商品房消费者的权利优先于抵押权人的抵押权

126.【商品房消费者的权利与抵押权的关系】根据《最高人民法院关于建设工程价款优先受偿权问题的批复》第1条、第2条的规定，交付全部或者大部分款项的商品房消费者的权利优先于抵押权人的抵押权，故抵押权人申请执行登记在房地产开发企业名下但已销售给消费者的商品房，消费者提出执行异议的，人民法院依法予以支持。但应当特别注意的是，此情况是针对实践中存在的商品房预售不规范现象为保护消费者生存权而作出的例外规定，必须严格把握条件，避免扩大范围，以免动摇抵押权具有优先性的基本原则。因此，这里的商品房消费者应当仅限于符合本纪要第125条规定的商品房消费者。买受人不是本纪要第125条规定的商品房消费者，而是一般的房屋买卖合同的买受人，不适用上述处理规则。

---

① 现为《最高人民法院关于适用〈中华人民共和国民事诉讼法〉的解释》（2022年修正）第五百零六条。

② 现为《最高人民法院关于适用〈中华人民共和国民事诉讼法〉的解释》（2022年修正）第五百零九条、第五百一十条。

——《最高人民法院关于印发〈全国法院民商事审判工作会议纪要〉的通知》(2019 年 11 月 8 日,法〔2019〕254 号)。

山东省高级人民法院:

你院在办理有关案件中,就"开发商未建成房产时购房者的购房款能否优先于建筑工程价款和土地使用权抵押债权受偿问题"形成两种意见。多数人认为交付全部或者大部分款项的购房者享有的购房款返还请求权优先于承包人的建设工程价款优先权和抵押权人的抵押权。少数人认为债权应当平等保护,购房者享有的购房款请求权不应优先于其他一般债权。因该问题涉及《最高人民法院关于建设工程价款优先受偿权问题的批复》(法释〔2002〕16 号,下称《批复》)的理解和适用,你院向我院提交(2014)鲁执三他字第 9 号、第 10 号两个报告进行请示。因两个报告请示的系同一法律问题,经研究,一并答复如下:

一、《批复》第一条规定:人民法院在审理房地产纠纷案件和办理执行案件中,应当依照《中华人民共和国合同法》第二百八十六条①的规定,认定建筑工程的承包人的优先受偿权优于抵押权和其他债权。第二条规定:消费者交付购买商品房的全部或者大部分款项后,承包人就该商品房享有的工程价款优先受偿权不得对抗买受人。上述两个条文明确规定了房屋买受人的权利优先于建筑工程承包人的优先受偿权与抵押权人的抵押权,体现了优先保护处于相对弱势地位的房屋买受人的精神。

二、基于《批复》保护处于弱势地位的房屋买受人的精神,对于《批复》第二条"承包人的工程价款优先受偿权不得对抗买受人"的规定,应当理解为既不得对抗买受人在房屋建成情况下的房屋交付请求权,也不得对抗买受人在房屋未建成等情况下的购房款返还请求权。

三、综合考虑《批复》的立法目的、相关制度的衔接、各方主体的利益平衡等多种因素,我院认为你院审判委员会的多数人意见更符合《批复》的精神,处理结果更为妥当。我院原则同意你院审判委员会的多数人意见。

四、请你院依照《批复》的规定与精神,以你院审判委员会的多数人意

---

① 对应《民法典》第八百零七条。

见为基础，结合具体案情依法妥善处理相关案件。同时注意以下几个问题：

1. 对于房屋买受人主张的违约金是否优先保护问题，你院应当在兼顾建筑工程承包人、抵押权人等各方当事人合法权益的基础上妥善处理，避免相关主体之间的利益失衡。

2. 与执行程序相比，破产程序能更好地清理债权债务。在破产程序中，《批复》关于优先保护商品房买受人权利的规定也应予以适用，请你院考虑可否引导相关案件通过破产程序处理。

3. 如相关案件债务人不能进入破产程序，在房屋买受人的购房款返还请求权未经生效法律文书确认的情况下，根据现行法律规定，应通过参与分配程序实现其优先受偿。在参与分配程序中，应注意确保对各方当事人依法进行程序性救济。

你院请示问题涉及相关案件中大量房屋买受人的利益保护，关系到社会稳定的大局，山东省委、省政府一直予以密切关注。你院要紧紧依靠山东省委的领导，积极争取山东省政府的支持，坚持司法为民，严格把握法律规定与政策精神，针对可能出现的问题制定相应预案，依法妥善处理相关案件，切实防止出现社会性群体事件，依法保护各方当事人的合法权益。

——《最高人民法院对山东省高级人民法院就处置济南彩石山庄房屋买卖合同纠纷案请示的答复》（2014年7月28日，〔2014〕执他字第23、24号）。

1. 未取得商品房预售许可证，购房人的权利是否优先于抵押权？该问题在司法实践中争议很大。有观点认为即使是消费者购房人，在交易时也应当审查房地产企业是否取得商品房预售许可证。在房地产企业取得商品房预售许可证时，消费者购房人才有值得保护的信赖利益，反之，消费者购房人的权利则不应优先得到保护。换言之，在满足纪要规定的消费者购房人排除执行的条件的同时，还应满足房地产企业取得商品房预售许可证的条件，消费者购房人的权利才优先于抵押权。我们认为，不应当区分是否取得商品房预售许可证，无论是否取得商品房预售许可证，消费者购房人的权利均应优先于抵押权，这是基于"生存利益至上"的考虑。《最高人民法院关于建设工程价款优先受偿权问题的批复》（以下简称《优先受偿权批复》）中并未对消费者购房人的权利作限定条件，因此，即使没有取得商品房预许可证，消费者购房人的权利也优先于抵押权。另外，预售许可证是行政管理手段，没有预售许可证，开发商应当受到行政处罚，但不应当影响民事合同的效力。没有预售许可证，购房合同无效的法律规定属于管理性强制性规定，而非效力性强制性规定。

2. 消费者购房人的权利与建设工程价款优先受偿权冲突时，何者优先？按照《优先受偿权批复》，当两者发生冲突时，消费者购房人的权利优先，从权利的排序看，消费者购房人的权利优先于建设工程价款优先受偿权，优先于抵押权。同理，当建设工程价款优先受偿权人与抵押权人的权利发生冲突时，前者的权利优先。

3. 出售在先，抵押权设定在后，购房人的权利优先还是抵押权优先？应当区分是否为消费者购房人，如果是一般购房人，其取得的不是物权期待权，本质是债权，其并不优先于抵押权。如果是消费者购房人，基于生存利益至上的考虑，其权利优先于抵押权。实际上，购房人的权利是否优先于抵押权，取决于其是一般购房人还是消费购房人，而与抵押权设定在出售之前还是出售之后无关。

4. 如果消费者购房人明知存在抵押权，其权利能否优先保护？我们认为，不应当区分是否明知，只要符合消费者购房人排除执行的条件，就应当优先保护消费者购房人的权利。从物权法与相关行政法规规定的协调上，也应该保护购房人的利益。物权法规定买卖抵押物需要征得抵押权人同意，并且需要将买卖价款优先清偿抵押权人的债务。对于购房人来说，其在开发商已经对商品房进行预售的情况下，能够相信抵押权人同意转让抵押物，且相信其所交付的购房款已经按照物权法的规定用于提前清偿抵押权所担保的债务。在此基础上，即使购房人明知所购买的房屋有抵押权负担，也应该优先保护购房人的利益。至于行政法规中所规定的预售条件则应通过完善行政管理的途径来解决，而不能让购房人来承担此种风险。[①]

5. 对于在房地产开发企业没有建成房屋的情况下，交付全部或者大部分

---

① 张燕、仲伟珩：《银行抵押权、预售商品房购房人权利的冲突与解决》，载《人民司法》2017年第 16 期。

款项的购房者享有的购房款返还请求权是否优先于抵押权人的抵押权的问题，在司法实践中也存在争议。一种观点认为，购房者的购房款返还请求权属于债权请求权，根据物权优先于债权的原则，其不能优先于抵押权。另一种观点认为，从《优先受偿权批复》规定的精神看，根据生存权至上的原则，其应优先于抵押权。我们倾向于第二种观点。对于《优先受偿权批复》不能作机械的理解。基于《优先受偿权批复》保护处于弱势地位的房屋买受人的精神，对于《优先受偿权批复》第2条"承包人的工程价款优先受偿权不得对抗买受人"的规定，应当理解为既不得对抗买受人在房屋建成情况下的房屋交付请求权，也不得对抗买受人在房屋未建成等情况下的购房款返还请求权。综合考虑《最高人民法院关于建设工程价款优先受偿权的批复》的立法目的、相关制度的衔接、各方主体的利益平衡等多种因素，对于房地产开发企业没有建成房屋的情况，交付全部或者大部分款项的购房者享有的购房款返还请求权应当优先于抵押权人的抵押权。

——最高人民法院民事审判第二庭编著：《〈全国法院民商事审判工作会议纪要〉理解与适用》，人民法院出版社2019年版，第637~638页。

194.房屋不能交付且无实际交付可能时，商品房消费者能否主张价款返还请求权优先于建设工程优先受偿权、抵押权以及其他债权

河南省高级人民法院：

你院《关于明确房企风险化解中权利顺位问题的请示》（豫高法〔2023〕36号）收悉。就人民法院在审理房地产开发企业因商品房已售逾期难交付引发的相关纠纷案件中涉及的商品房消费者权利保护问题，经研究，批复如下：

一、建设工程价款优先受偿权、抵押权以及其他债权之间的权利顺位关系，按照《最高人民法院关于审理建设工程施工合同纠纷案件适用法律问题的解释（一）》第三十六条的规定处理。

二、商品房消费者以居住为目的购买房屋并已支付全部价款，主张其房屋交付请求权优先于建设工程价款优先受偿权、抵押权以及其他债权的，人民法院应当予以支持。

只支付了部分价款的商品房消费者，在一审法庭辩论终结前已实际支付

剩余价款的，可以适用前款规定。

三、在房屋不能交付且无实际交付可能的情况下，商品房消费者主张价款返还请求权优先于建设工程价款优先受偿权、抵押权以及其他债权的，人民法院应当予以支持。

——《最高人民法院关于商品房消费者权利保护问题的批复》（法释〔2023〕1号，2023年4月21日）。

在具体执行中，由于被执行的房屋千差万别，有的消费者可能并不主张排除执行异议，而是主张就其购房款对房屋变价款优先受偿。《最高人民法院关于人民法院办理执行异议和复议案件若干问题的规定》原本拟对此作出规定，后来考虑到该问题并不属于异议复议的问题，且涉及案外人在分配顺序上的优先权问题，较为复杂，留待在参与分配司法解释中作出规定。我们认为，购房人在本来可以排除执行的情况下，放弃物权期待权，转而就价款优先受偿，有利于执行，应予支持。

——江必新、刘贵祥主编，最高人民法院执行局编著：《最高人民法院关于人民法院办理执行异议和复议案件若干问题规定理解与适用》，人民法院出版社2015年版，第436页。

195.承揽人完成的工作成果被作为定作人的财产查封、扣押，承揽人提起案外人执行异议之诉的，人民法院不予受理

人民法院在执行过程中，将承揽人完成工作成果作为定作人财产查封、扣押，承揽人以其对该工作成果享有优先权提起案外人执行异议之诉，人民法院不予受理。承揽人可以依据《最高人民法院关于适用〈中华人民共和国民事诉讼法〉的解释》第五百零八条①的规定直接参与执行分配，主张优先受偿权。

——最高人民法院民法典贯彻实施工作领导小组主编：《中华人民共和国民法典合同编理解与适用》，人民法院出版社2020年版，第1879页。

---

① 现为《最高人民法院关于适用〈中华人民共和国民事诉讼法〉的解释》（2022年修正）第五百零六条。

（二）执行监督

196.人民法院围绕哪些内容对公证债权文书进行监督

第三条　当事人对执行裁定不服，向人民法院申请复议或者申请执行监督，有下列情形之一的，人民法院应当以适当的方式向其释明法律规定或者法定救济途径，一般不作为执行复议或者执行监督案件受理：

（一）依照民事诉讼法第二百三十四条规定，对案外人异议裁定不服，依照审判监督程序办理或者向人民法院提起诉讼的；

（二）依照《最高人民法院关于民事执行中变更、追加当事人若干问题的规定》第三十二条规定，对处理变更、追加当事人申请的裁定不服，可以向人民法院提起执行异议之诉的；

（三）依照民事诉讼法第二百四十四条规定，仲裁裁决被人民法院裁定不予执行，当事人可以重新申请仲裁或者向人民法院起诉的；

（四）依照《最高人民法院关于公证债权文书执行若干问题的规定》第二十条规定，公证债权文书被裁定不予执行或者部分不予执行，当事人可以向人民法院提起诉讼的；

（五）法律或者司法解释规定不通过执行复议程序进行救济的其他情形。

——《最高人民法院关于办理申请执行监督案件若干问题的意见》（法发〔2023〕4号）（节选）。

甲公司与乙公司等公证债权文书执行异议申诉案［最高人民法院（2011）执监字第180号执行裁定书］

裁判要旨：人民法院对公证债权文书的监督主要应围绕两个方面：一是债权人的债权是否真实存在并且合法。二是当事人是否自愿接受强制执行。只要公证债权文书能够反映债权合法存在，债权的数额和种类确定，当事人自愿接受强制执行的意思表示清楚，人民法院就应当予以执行。

最高人民法院认为，人民法院对公证债权文书的监督主要应围绕两个方面：一是债权人的债权是否真实存在并且合法。二是当事人是否自愿接受强制执行。只要公证债权文书能够反映债权合法存在，债权的数额和种类确定，当事人自愿接受强制执行的意思表示清楚，人民法院就应当予以执行。就本案而言，则涉及三个焦点问题，即：（1）《委托贷款合同》和《还款协议》是否违反金融管理的强制性规定；（2）是否只能对三方当事人之间的《委托贷款借款合同》进行公证；（3）执行证书的签发程序是否存在足以不予执行的违法情形。分析如下：

（一）关于《委托贷款合同》和《还款协议》是否违反金融管理的强制性规定

企业委托银行进行贷款的行为，根据银行业管理部门的有关规定，并不违法。从本案当事人双方所签合同中，无论是《委托贷款合同》还是《还款协议》均明确指出，双方的借贷款是通过杭州银行北京分行进行委托贷款，其后在履行合同时也通过杭州银行北京分行发放了贷款，说明《委托贷款合同》和《还款协议》指向的标的是委托贷款法律关系。622号裁定割裂《委托贷款合同》《还款协议》与通过杭州银行北京分行进行的委托贷款之间的联系，抛开委托贷款关系的实质，将《委托贷款合同》和《还款协议》等同于资金拆借行为，显属不当。

（二）关于是否只能对三方当事人之间的《委托贷款借款合同》进行公证

本案当事人之间存在多个合同，其中《委托贷款合同》《还款协议》《委托贷款借款合同》之间关于委托贷款事项的约定，除关于违约金数额的计算标准不同外，利率、期限等核心条款均不存在冲突。根据《委托贷款借款合同》，在委托贷款关系的三方当事人中，杭州银行北京分行仅负有通知、提醒和监管职责，不承担任何实体义务，所有的违约责任均由甲公司和乙公司自行承担。故甲公司作为实际权利人和委托人，与借款人另行签订《还款协议》，与委托贷款业务的性质并无不合。在当事人之间对同一笔债权存在多个合同时，公证哪一个合同属于当事人意思自治的范围，人民法院不应当干预。甲公司和乙公司选择最有利于债权实现的《委托贷款合同》和《还款协议》进行公证，不违反法律的禁止性规定。107号裁定以当事人之间的债权债务的基础法律关系是委托贷款关系，就必须公证《委托贷款借款合同》的结论没有法律依据。

（三）关于执行证书的签发程序是否存在足以不予执行的违法情形

第一，关于未对甲公司违约放款的事实核查的问题。根据三方签订的《委托贷款借款合同》第四条约定，借款实际放款日和到期日以借款借据为准，说明该期限是可变期限。甲公司在申请执行证书时，已经将第二笔款项的到期日按照实际放款日相应予以顺延，对第二笔贷款的计息日也按照实际放款日进行计算。同时，如果甲公司确实存在违约情形，乙公司应当对违约放款的问题提出异议，但直至甲公司申请执行，该公司始终未对第二笔款项放款的期限提出异议，而且一直在使用该笔借款。北京一中院仅仅依据双方当事人之间合同的某一个条款就判断甲公司违约放款，显然没有对当事人之间的合同约定进行全面审查。622 号裁定关于此点的认定事实有误。

第二，关于未询问债务人的问题。中信公证处除对担保人济南丙公司的核实是在执行证书签发之后，其他时间均是在执行证书签发当天。而且当天接受询问的债务人提出的数额问题，甲公司在申请时已经认可。对济南丙公司的核实虽在执行证书签发之后，但是，由于其是从债务人，在主债务人对债权债务关系并无异议的情况下，对其是否核实并不构成对执行证书签发程序的重大影响，且其在事后的核实程序中也并无异议。因此，622 号裁定关于此点的事实认定亦属错误。

第三，关于执行证书多计算债权数额的问题。执行证书是否多计算债权数额，不能构成人民法院不予执行的理由。如果确实存在多计算债权数额的问题，人民法院查实后在执行程序中可以进行核减。

另外，关于被执行人在北京一中院审查时所提出的违约金数额过高的问题，由于违约金数额是否过高不能构成不予执行公证债权文书的理由，且北京一中院和北京高院对此问题均未审查，本院在执行监督程序中亦不予审查。

——中国裁判文书网。

（三）执行协调

197.拍卖无效的认定只能是原执行法院或者上级法院

河北省高级人民法院、辽宁省高级人民法院：

邯郸市峰峰矿区人民法院（下称矿区法院）与营口市中级人民法院（下称营口中院）、营口市鲅鱼圈区人民法院（下称鲅鱼圈法院）围绕中国煤炭物资沈阳公司（下称煤炭公司）相关房产的执行和审判所产生的争议协调一案，我院已经审查完毕，现提出如下处理意见：

一、矿区法院查封与营口中院轮候查封的位于营口市经济技术开发区三家子街的房产，虽然房产证号不同，但均指向同一幢房产，矿区法院查封在先，且查封面积大于营口中院的轮候查封面积，营口中院的查封依法不能生效。在矿区法院依法于2005年7月18日作出拍卖成交裁定后，依据我院《关于人民法院民事执行中拍卖、变卖财产的规定》第二十九条之规定，上述涉案房产的所有权就依法转移给竞买人徐万龙所有，营口中院不得将已经转移给徐万龙的房产作为煤炭公司的财产予以执行，不得阻拦矿区法院将拍卖成交的房产交付竞买人徐万龙。

二、人民法院的强制拍卖属于公法意义上的拍卖，如果竞买人或者相关利害关系人对强制拍卖的效力存在异议，可以依法向执行法院或者执行法院的上级法院提出，其他任何机构和个人均无权认定。鲅鱼圈法院无权通过民事诉讼程序判定矿区法院的强制拍卖无效。

以上意见，请遵照执行。

——《最高人民法院关于河北峰峰矿区法院与辽宁营口中院执行中煤沈阳公司争议协调案的处理意见函》(2008年4月17日，〔2006〕执协字第15—1号)，载江必新主编：《人民法院执行工作规范全集》，人民法院出版社2017年版，第431~433页。

执行程序中的强制拍卖不同于普通民事拍卖，在性质上属于公法拍卖，强制拍卖的公法性由这样几个因素决定：（1）强制执行的公法性。强制执行是执行机关基于债权人的申请，运用国家公权力，强制债务人履行债务，以实现债权人权利的行为。此种行为系执行机关行使国家权力的行为，属于公法上行为应无疑义。而拍卖正是强制执行机关在行使强制执行权的过程中，对查封标的物的一项变价措施，属于强制执行措施的一种，当然也应当属于公法上的行为。（2）拍卖主体的特定性。和任意拍卖中委托人为拍卖标的物的所有权人和优先权人，拍卖人为从事拍卖行业的中介组织不同，强制拍卖中实施拍卖的主体必然是执行机关，很多国家和地区，都是执行机关亲自实施拍卖行为，以体现强制拍卖的公法性质。我国虽然出于种种考虑，采用委托社会拍卖中介机构的办法实施拍卖，但此时拍卖机构只不过处于协助人民法院完成拍卖工作的地位，并不是独立的拍卖主体，无权判定公法措施的对错与否，其受人民法院委托进行拍卖活动的一切法律后果均由人民法院承担。（3）处分标的物的非合意性。在任意拍卖中，拍卖人对标的物的拍卖必须有权利人的授权，否则所进行的处分为无权处分。而在强制拍卖中，执行机关对债务人财产的拍卖并不征求债务人的同意，人民法院在强制拍卖中对拍卖物所进行的处分显然不同于任意拍卖中的出卖人，只不过是基于公法上的处分权对执行标的物所进行的处分。（4）拍卖法律关系中权利义务的不对等性。在任意拍卖中，委托人、拍卖人、竞买人之间权利义务是对等的，不存在只享有权利而不履行义务的法律关系主体。而在强制拍卖中，执行机关与受委托从事拍卖的中介机构、竞买人之间在法律上是不对等的：首先，表现在执行机关与拍卖机构之间，拍卖机构必须接受执行机关的监督，如果出现违反拍卖程序的行为，执行机关有权予以纠正；拍卖机构要按照执行机关的指令行事，比如在拍卖过程中，要按照执行机关的中止、暂缓指令而中止、暂缓拍卖程序。其次，表现在执行机关与竞买人之间，执行机关要审查竞买人的竞买资格，在竞买人不缴纳或者不及时缴纳竞买价金时，按照最高人民法院司法解释规定，可以依职权直接裁定竞买人承担由此造成的损失，而不需要通过诉讼确定。

强制拍卖的公法性特点决定了认定拍卖无效的权力主体只能是原执行法

院或者上级法院，由他们通过执行监督程序或者执行异议程序认定，这是因为：首先，强制拍卖法律关系主体之间的不平等性，决定了强制拍卖无效不能成为普通民事案件的受案范围，不能按照普通民事程序审理法院拍卖的效力。其次，如果允许通过诉讼程序确认拍卖无效，则为地方保护打开了制度缺口，因为执行法院在异地执行时，可能会发生被执行人串通案外人通过当地法院直接宣布外地法院的拍卖无效的情形。基于上述理由，鲅鱼圈区法院宣布峰峰矿区法院的拍卖无效不当。如果乾坤公司认为矿区法院的拍卖行为损害了其利益，应当以向矿区法院或者矿区法院的上级法院提出异议的方式进行救济。此案暴露出当前在强制拍卖效力的认定程序上，各地法院各行其是的混乱现象，亟须尽快予以规范。

——范向阳：《河北峰峰矿区法院与辽宁营口中院执行中煤沈阳公司争议协调案》，载最高人民法院执行工作办公室编：《执行工作指导》2008年第2辑（总第26辑），人民法院出版社2008年版，第66~73页。

第三部分　指导案例与人民法院案例库参考案例

一、指导案例

指导案例 34 号

李晓玲、李鹏裕申请执行厦门海洋实业（集团）股份有限公司、厦门海洋实业总公司执行复议案

（最高人民法院审判委员会讨论通过　2014 年 12 月 18 日发布）

关键词　民事诉讼　执行复议　权利承受人　申请执行

裁判要点

生效法律文书确定的权利人在进入执行程序前合法转让债权的，债权受让人即权利承受人可以作为申请执行人直接申请执行，无需执行法院作出变更申请执行人的裁定。

相关法条

《中华人民共和国民事诉讼法》第二百三十六条 ① 第一款

基本案情

原告投资 2234 中国第一号基金公司（Investments 2234 China Fund Ⅰ B.V.，以下简称 2234 公司）与被告厦门海洋实业（集团）股份有限公司（以下简称海洋股份公司）、厦门海洋实业总公司（以下简称海洋实业公司）借款合同纠纷一案，2012 年 1 月 11 日由最高人民法院作出终审判决，判令：海洋实业

---

① 现为《中华人民共和国民事诉讼法》（2023 年修正）第二百四十七条。

公司应于判决生效之日起偿还 2234 公司借款本金 2274 万元及相应利息；2234 公司对蜂巢山路 3 号的土地使用权享有抵押权。在该判决作出之前的 2011 年 6 月 8 日，2234 公司将其对于海洋股份公司和海洋实业公司的 2274 万元本金债权转让给李晓玲、李鹏裕，并签订《债权转让协议》。2012 年 4 月 19 日，李晓玲、李鹏裕依据上述判决和《债权转让协议》向福建省高级人民法院（以下简称福建高院）申请执行。4 月 24 日，福建高院向海洋股份公司、海洋实业公司发出（2012）闽执行字第 8 号执行通知。海洋股份公司不服该执行通知，以执行通知中直接变更执行主体缺乏法律依据，申请执行人李鹏裕系公务员，其受让不良债权行为无效，由此债权转让合同无效为主要理由，向福建高院提出执行异议。福建高院在异议审查中查明：李鹏裕系国家公务员，其本人称，在债权转让中，未实际出资，并已于 2011 年 9 月退出受让的债权份额。

福建高院认为：一、关于债权转让合同效力问题。根据《最高人民法院关于审理涉及金融不良债权转让案件工作座谈会纪要》（以下简称《纪要》）第六条关于金融资产管理公司转让不良债权存在"受让人为国家公务员、金融监管机构工作人员"的情形无效和《中华人民共和国公务员法》第五十三条第十四项①明确禁止国家公务员从事或者参与营利性活动等相关规定，作为债权受让人之一的李鹏裕为国家公务员，其本人购买债权受身份适格的限制。李鹏裕称已退出所受让债权的份额，该院受理的执行案件未做审查仍将李鹏裕列为申请执行人显属不当。二、关于执行通知中直接变更申请执行主体的问题。最高人民法院〔2009〕执他字第 1 号《关于判决确定的金融不良债权多次转让人民法院能否裁定变更申请执行主体请示的答复》（以下简称 1 号答复）认为："《最高人民法院关于人民法院执行工作若干问题的规定（试行）》（以下简称《执行规定》），已经对申请执行人的资格予以明确。其中第 18 条②第 1 款规定：'人民法院受理执行案件应当符合下列条件：……（2）申请执行人是生效法律文书确定的权利人或其继承人、权利承受人。'该条中的'权利承受人'，包含通过债权转让的方式承受债权的人。依法从金融资产管理公司

---

① 现为《中华人民共和国公务员法》第五十六条第十六项。
② 现为《最高人民法院关于人民法院执行工作若干问题的规定（试行）》（2020 年修正）第十六条。

受让债权的受让人将债权再行转让给其他普通受让人的,执行法院可以依据上述规定,依债权转让协议以及受让人或者转让人的申请,裁定变更申请执行主体。"据此,该院在执行通知中直接将本案受让人作为申请执行主体,未作出裁定变更,程序不当,遂于 2012 年 8 月 6 日作出(2012)闽执异字第 1 号执行裁定,撤销(2012)闽执行字第 8 号执行通知。

李晓玲不服,向最高人民法院申请复议,其主要理由如下:一、李鹏裕的公务员身份不影响其作为债权受让主体的适格性。二、申请执行前,两申请人已同 2234 公司完成债权转让,并通知了债务人(即被执行人),是合法的债权人;根据《执行规定》有关规定,申请人只要提交生效法律文书、承受权利的证明等,即具备申请执行人资格,这一资格在立案阶段已予审查,并向申请人送达了案件受理通知书;1 号答复适用于执行程序中依受让人申请变更的情形,而本案申请人并非在执行过程中申请变更执行主体,因此不需要裁定变更申请执行主体。

裁判结果

最高人民法院于 2012 年 12 月 11 日作出(2012)执复字第 26 号执行裁定:撤销福建高院(2012)闽执异字第 1 号执行裁定书,由福建高院向两被执行人重新发出执行通知书。

裁判理由

最高人民法院认为:本案申请复议中争议焦点问题是,生效法律文书确定的权利人在进入执行程序前合法转让债权的,债权受让人即权利承受人可否作为申请执行人直接申请执行,是否需要裁定变更申请执行主体,以及执行中如何处理债权转让合同效力争议问题。

一、关于是否需要裁定变更申请执行主体的问题。变更申请执行主体是在根据原申请执行人的申请已经开始了的执行程序中,变更新的权利人为申请执行人。根据《执行规定》第 18 条、第 20 条[①]的规定,权利承受人有权以自己的名义申请执行,只要向人民法院提交承受权利的证明文件,证明自己是生效法律文书确定的权利承受人的,即符合受理执行案件的条件。这种情况不属于严格意义上的变更申请执行主体,但二者的法律基础相同,故也可

---

① 现为《最高人民法院关于人民法院执行工作若干问题的规定(试行)》(2020 年修正)第十八条。

以理解为广义上的申请执行主体变更，即通过立案阶段解决主体变更问题。1号答复的意见是，《执行规定》第18条可以作为变更申请执行主体的法律依据，并且认为债权受让人可以视为该条规定中的权利承受人。本案中，生效判决确定的原权利人2234公司在执行开始之前已经转让债权，并未作为申请执行人参加执行程序，而是权利受让人李晓玲、李鹏裕依据《执行规定》第18条的规定直接申请执行。因其申请已经法院立案受理，受理的方式不是通过裁定而是发出受理通知，债权受让人已经成为申请执行人，故并不需要执行法院再作出变更主体的裁定，然后发出执行通知，而应当直接发出执行通知。实践中有的法院在这种情况下先以原权利人作为申请执行人，待执行开始后再作出变更主体裁定，因其只是增加了工作量，而并无实质性影响，故并不被认为程序上存在问题。但不能由此反过来认为没有作出变更主体裁定是程序错误。

二、关于债权转让合同效力争议问题，原则上应当通过另行提起诉讼解决，执行程序不是审查判断和解决该问题的适当程序。被执行人主张转让合同无效所援引的《纪要》第五条也规定：在受让人向债务人主张债权的诉讼中，债务人提出不良债权转让合同无效抗辩的，人民法院应告知其向同一人民法院另行提起不良债权转让合同无效的诉讼；债务人不另行起诉的，人民法院对其抗辩不予支持。关于李鹏裕的申请执行人资格问题。因本案在异议审查中查明，李鹏裕明确表示其已经退出债权受让，不再参与本案执行，故后续执行中应不再将李鹏裕列为申请执行人。但如果没有其他因素，该事实不影响另一债权受让人李晓玲的受让和申请执行资格。李晓玲要求继续执行的，福建高院应以李晓玲为申请执行人继续执行。

指导案例 35 号

广东龙正投资发展有限公司与广东景茂
拍卖行有限公司委托拍卖执行复议案

（最高人民法院审判委员会讨论通过 2014 年 12 月 18 日发布）

关键词 民事诉讼 执行复议 委托拍卖 恶意串通 拍卖无效

裁判要点

拍卖行与买受人有关联关系，拍卖行为存在以下情形，损害与标的物相关权利人合法权益的，人民法院可以视为拍卖行与买受人恶意串通，依法裁定该拍卖无效：（1）拍卖过程中没有其他无关联关系的竞买人参与竞买，或者虽有其他竞买人参与竞买，但未进行充分竞价的；（2）拍卖标的物的评估价明显低于实际价格，仍以该评估价成交的。

相关法条

《中华人民共和国民法通则》第五十八条 [①]

《中华人民共和国拍卖法》第六十五条

基本案情

广州白云荔发实业公司（以下简称荔发公司）与广州广丰房产建设有限公司（以下简称广丰公司）、广州银丰房地产有限公司（以下简称银丰公司）、广州金汇房产建设有限公司（以下简称金汇公司）非法借贷纠纷一案，广东省高级人民法院（以下简称广东高院）于 1997 年 5 月 20 日作出（1996）粤法经一初字第 4 号民事判决，判令广丰公司、银丰公司共同清偿荔发公司借款 160647776.07 元及利息，金汇公司承担连带赔偿责任。

广东高院在执行前述判决过程中，于 1998 年 2 月 11 日裁定查封了广丰公司名下的广丰大厦未售出部分，面积 18851.86m²。次日，委托广东景茂拍卖行有限公司（以下简称景茂拍卖行）进行拍卖。同年 6 月，该院委托的广东粤财房地产评估所出具评估报告，结论为：广丰大厦该部分物业在 1998 年

---

① 对应《中华人民共和国民法典》第一百四十四条、第一百四十六条、第一百五十三条、第一百五十四条。

6 月 12 日的拍卖价格为 102493594 元。后该案因故暂停处置。

2001 年初，广东高院重新启动处置程序，于同年 4 月 4 日委托景茂拍卖行对广丰大厦整栋进行拍卖。同年 11 月初，广东高院在报纸上刊登拟拍卖整栋广丰大厦的公告，要求涉及广丰大厦的所有权利人或购房业主，于 2001 年 11 月 30 日前向景茂拍卖行申报权利和登记，待广东高院处理。根据公告要求，向景茂拍卖行申报的权利有申请交付广丰大厦预售房屋、回迁房屋和申请返还购房款、工程款、银行借款等，金额高达 15 亿余元，其中，购房人缴纳的购房款逾 2 亿元。

2003 年 8 月 26 日，广东高院委托广东财兴资产评估有限公司（即原广东粤财房地产评估所）对广丰大厦整栋进行评估。同年 9 月 10 日，该所出具评估报告，结论为：整栋广丰大厦（用地面积 3009m²，建筑面积 34840m²）市值为 3445 万元，建议拍卖保留价为市值的 70% 即 2412 万元。同年 10 月 17 日，景茂拍卖行以 2412 万元将广丰大厦整栋拍卖给广东龙正投资发展有限公司（以下简称龙正公司）。广东高院于同年 10 月 28 日作出（1997）粤高法执字第 7 号民事裁定，确认将广丰大厦整栋以 2412 万元转给龙正公司所有。2004 年 1 月 5 日，该院向广州市国土房管部门发出协助执行通知书，要求将广丰大厦整栋产权过户给买受人龙正公司，并声明原广丰大厦的所有权利人，包括购房人、受让人、抵押权人、被拆迁人或拆迁户等的权益，由该院依法处理。龙正公司取得广丰大厦后，在原主体框架结构基础上继续投入资金进行续建，续建完成后更名为"时代国际大厦"。

2011 年 6 月 2 日，广东高院根据有关部门的意见对该案复查后，作出（1997）粤高法执字第 7 — 1 号执行裁定，认定景茂拍卖行和买受人龙正公司的股东系亲属，存在关联关系。广丰大厦两次评估价格差额巨大，第一次评估了广丰大厦约一半面积的房产，第二次评估了该大厦整栋房产，但第二次评估价格仅为第一次评估价格的 35%，即使考虑市场变化因素，其价格变化也明显不正常。根据景茂拍卖行报告，拍卖时有三个竞买人参加竞买，另外两个竞买人均未举牌竞价，龙正公司因而一次举牌即以起拍价 2412 万元竞买成功。但经该院协调有关司法机关无法找到该二人，后书面通知景茂拍卖行提供该二人的竞买资料，景茂拍卖行未能按要求提供；景茂拍卖行也未按照《拍卖监督管理暂行办法》第四条"拍卖企业举办拍卖活动，应当于拍卖日前七天内到拍卖活动所在地工商行政管理局备案……拍卖企业应当在拍卖活动结束后 7 天内，将竞买人名单、身份证明复印件送拍卖活动所在地工商行政管理局备案"的规定，向工商管理部门备案。现有证据不能证实另外两个竞买人参加了竞买。综上，可以认定拍卖人景茂拍卖行和竞买人龙正公司在拍卖广丰大厦中存在恶意串通行为，导致广丰大厦拍卖不能公平竞价，损害了购房人和其他债权人的利益。根据《中华人民共和国民法通则》（以下简称《民法通则》）第五十八条、《中华人民共和国拍卖法》（以下简称《拍卖法》）第六十五条的规定，裁定拍卖无效，撤销该院 2003 年 10 月 28 日作出的（1997）粤高法执字第 7 号民事裁定。对此，买受人龙正公司和景茂拍卖行分别向广东高院提出异议。

龙正公司和景茂拍卖行异议被驳回后，又向最高人民法院申请复议。主要复议理由为：对广丰大厦前后两次评估的价值相差巨大的原因存在合理性，评估结果与拍卖行和买受人无关；拍卖保留价也是根据当时实际情况决定的，拍卖成交价是当时市场客观因素造成的；景茂拍卖行不能提供另外两名竞买人的资料，不违反《拍卖法》第五十四条第二款关于"拍卖资料保管期限自委托拍卖合同终止之日起计算，不得少于五年"的规定；拍卖广丰大厦的拍卖过程公开、合法，拍卖前曾四次在报纸上刊出拍卖公告，法律没有禁止拍卖行股东亲属的公司参与竞买。故不存在拍卖行与买受人恶意串通、损害购房人和其他债权人利益的事实。广东高院推定竞买人与拍卖行存在恶意串通行为是错误的。

裁判结果

广东高院于 2011 年 10 月 9 日作出（2011）粤高法执异字第 1 号执行裁定：维持（1997）粤高法执字第 7 － 1 号执行裁定意见，驳回异议。裁定送达后，龙正公司和景茂拍卖行向最高人民法院申请复议。最高人民法院于 2012 年 6 月 15 日作出（2012）执复字第 6 号执行裁定：驳回龙正公司和景茂拍卖行的复议请求。

裁判理由

最高人民法院认为：受人民法院委托进行的拍卖属于司法强制拍卖，其与公民、法人和其他组织自行委托拍卖机构进行的拍卖不同，人民法院有权对拍卖程序及拍卖结果的合法性进行审查。因此，即使拍卖已经成交，人民法院发现其所委托的拍卖行为违法，仍可以根据《民法通则》第五十八条、《拍卖法》第六十五条等法律规定，对在拍卖过程中恶意串通，导致拍卖不能公平竞价、损害他人合法权益的，裁定该拍卖无效。

买受人在拍卖过程中与拍卖机构是否存在恶意串通，应从拍卖过程、拍卖结果等方面综合考察。如果买受人与拍卖机构存在关联关系，拍卖过程没有进行充分竞价，而买受人和拍卖机构明知标的物评估价和成交价明显过低，仍以该低价成交，损害标的物相关权利人合法权益的，可以认定双方存在恶意串通。

本案中，在景茂拍卖行与买受人之间因股东的亲属关系而存在关联关系的情况下，除非能够证明拍卖过程中有其他无关联关系的竞买人参与竞买，且进行了充分的竞价，否则可以推定景茂拍卖行与买受人之间存在串通。该竞价充分的举证责任应由景茂拍卖行和与其有关联关系的买受人承担。2003年拍卖结束后，景茂拍卖行给广东高院的拍卖报告中指出，还有另外两个自然人参加竞买，现场没有举牌竞价，拍卖中仅一次叫价即以保留价成交，并无竞价。而买受人龙正公司和景茂拍卖行不能提供其他两个竞买人的情况。经审核，其复议中提供的向工商管理部门备案的材料中，并无另外两个竞买人参加竞买的资料。拍卖资料经过了保存期，不是其不能提供竞买人情况的理由。据此，不能认定有其他竞买人参加了竞买，可以认定景茂拍卖行与买受人龙正公司之间存在串通行为。

鉴于本案拍卖系直接以评估机构确定的市场价的70%之保留价成交的，故评估价是否合理对于拍卖结果是否公正合理有直接关系。之前对一半房产的评估价已达一亿多元，但是本次对全部房产的评估价格却只有原来一半房产评估价格的35%。拍卖行明知价格过低，却通过亲属来购买房产，未经多轮竞价，严重侵犯了他人的利益。拍卖整个楼的价格与评估部分房产时的价格相差悬殊，拍卖行和买受人的解释不能让人信服，可以认定两者间存在恶意串通。同时，与广丰大厦相关的权利有申请交付广丰大厦预售房屋、回迁房屋和申请返还购房款、工程款、银行借款等，总额达15亿余元，仅购房人登记所交购房款即超过2亿元。而本案拍卖价款仅为2412万元，对于没有优先受偿权的本案申请执行人毫无利益可言，明显属于无益拍卖。鉴于景茂拍卖行负责接受与广丰大厦相关的权利的申报工作，且买受人与其存在关联关系，可认定景茂拍卖行与买受人对上述问题也应属明知。因此，对于此案拍卖导致与广丰大厦相关的权利人的权益受侵害，景茂拍卖行与买受人龙正公司之间构成恶意串通。

综上，广东高院认定拍卖人景茂拍卖行和买受人龙正公司在拍卖广丰大厦中存在恶意串通行为，导致广丰大厦拍卖不能公平竞价、损害了购房人和其他债权人的利益，是正确的。故（1997）粤高法执字第7—1号及（2011）粤高法执异字第1号执行裁定并无不当，景茂拍卖行与龙正公司申请复议的理由不能成立。

指导案例 36 号

中投信用担保有限公司与海通证券股份有限公司等证券权益纠纷执行复议案

（最高人民法院审判委员会讨论通过　2014 年 12 月 18 日发布）

关键词　民事诉讼　执行复议　到期债权　协助履行

裁判要点

被执行人在收到执行法院执行通知之前，收到另案执行法院要求其向申请执行人的债权人直接清偿已经法院生效法律文书确认的债务的通知，并清偿债务的，执行法院不能将该部分已清偿债务纳入执行范围。

相关法条

《中华人民共和国民事诉讼法》第二百二十四条[①]第一款

基本案情

中投信用担保有限公司（以下简称中投公司）与海通证券股份有限公司（以下简称海通证券）、海通证券股份有限公司福州广达路证券营业部（以下简称海通证券营业部）证券权益纠纷一案，福建省高级人民法院（以下简称福建高院）于 2009 年 6 月 11 日作出（2009）闽民初字第 3 号民事调解书，已经发生法律效力。中投公司于 2009 年 6 月 25 日向福建高院申请执行。福

---

①　现为《中华人民共和国民事诉讼法》（2023 年修正）第二百三十五条。

建高院于同年 7 月 3 日立案执行，并于当月 15 日向被执行人海通证券营业部、海通证券发出（2009）闽执行字第 99 号执行通知书，责令其履行法律文书确定的义务。

被执行人海通证券及海通证券营业部不服福建高院（2009）闽执行字第99 号执行通知书，向该院提出书面异议。异议称：被执行人已于 2009 年 6月 12 日根据北京市东城区人民法院（以下简称北京东城法院）的履行到期债务通知书，向中投公司的执行债权人潘鼎履行其对中投公司所负的到期债务 11222761.55 元，该款汇入了北京东城法院账户；上海市第二中级人民法院（以下简称上海二中院）为执行上海中维资产管理有限公司与中投公司纠纷案，向其发出协助执行通知书，并于 2009 年 6 月 22 日扣划了海通证券的银行存款 8777238.45 元。以上共计向中投公司的债权人支付了 2000 万元，故其与中投公司之间已经不存在未履行（2009）闽民初字第 3 号民事调解书确定的付款义务的事实，福建高院向其发出的执行通知书应当撤销。为此，福建高院作出（2009）闽执异字第 1 号裁定书，认定被执行人异议成立，撤销（2009）闽执行字第 99 号执行通知书。申请执行人中投公司不服，向最高人民法院提出了复议申请。申请执行人的主要理由是：北京东城法院的履行到期债务通知书和上海二中院的协助执行通知书，均违反了最高人民法院给江苏省高级人民法院的（2000）执监字第 304 号关于法院判决的债权不适用《关于适用〈中华人民共和国民事诉讼法〉若干问题的意见》[①] 第 300 条规定（以下简称意见第 300 条）的复函精神，福建高院的裁定错误。

裁判结果

最高人民法院于 2010 年 4 月 13 日作出（2010）执复字第 2 号执行裁定，驳回中投信用担保有限公司的复议请求，维持福建高院（2009）闽执异字第 1号裁定。

裁判理由

最高人民法院认为：最高人民法院（2000）执监字第 304 号复函是针对个案的答复，不具有普遍效力。随着民事诉讼法关于执行管辖权的调整，该函中基于执行只能由一审法院管辖，认为经法院判决确定的到期债权不适

[①]　现已失效。

用意见第300条的观点已不再具有合理性。对此问题正确的解释应当是：对经法院判决（或调解书，以下通称判决）确定的债权，也可以由非判决法院按照意见第300条规定的程序执行。因该到期债权已经法院判决确定，故第三人（被执行人的债务人）不能提出债权不存在的异议（否认生效判决的定论）。本案中，北京东城法院和上海二中院正是按照上述精神对福建高院（2009）闽民初字第3号民事调解书确定的债权进行执行的。被执行人海通证券无权对生效调解书确定的债权提出异议，不能对抗上海二中院强制扣划行为，其自动按照北京东城法院的通知要求履行，也是合法的。

被执行人海通证券营业部、海通证券收到有关法院通知的时间及其协助有关法院执行，是在福建高院向其发出执行通知之前。在其协助有关法院执行后，其因（2009）闽民初字第3号民事调解书而对于申请执行人中投公司负有的2000万元债务已经消灭，被执行人有权请求福建高院不得再依据该调解书强制执行。

综上，福建高院（2009）闽执异字第1号裁定书认定事实清楚，适用法律正确。故驳回中投公司的复议请求，维持福建高院（2009）闽执异字第1号裁定。

指导案例 37 号

上海金纬机械制造有限公司与瑞士瑞泰克公司仲裁裁决执行复议案

（最高人民法院审判委员会讨论通过 2014 年 12 月 18 日发布）

关键词 民事诉讼 执行复议 涉外仲裁裁决 执行管辖 申请执行期间起算

裁判要点

当事人向我国法院申请执行发生法律效力的涉外仲裁裁决，发现被申请执行人或者其财产在我国领域内的，我国法院即对该案具有执行管辖权。当事人申请法院强制执行的时效期间，应当自发现被申请执行人或者其财产在我国领域内之日起算。

相关法条

《中华人民共和国民事诉讼法》第二百三十九条①、第二百七十三条②

基本案情

上海金纬机械制造有限公司（以下简称金纬公司）与瑞士瑞泰克公司（RETECH Aktiengesellschaft，以下简称瑞泰克公司）买卖合同纠纷一案，由中国国际经济贸易仲裁委员会于 2006 年 9 月 18 日作出仲裁裁决。2007 年 8 月 27 日，金纬公司向瑞士联邦兰茨堡（Lenzburg）法院（以下简称兰茨堡法院）申请承认和执行该仲裁裁决，并提交了由翻译社翻译、经上海市外事办公室及瑞士驻上海总领事认证的仲裁裁决书翻译件。同年 10 月 25 日，兰茨堡法院以金纬公司所提交的仲裁裁决书翻译件不能满足《承认及执行外国仲裁裁决公约》（以下简称《纽约公约》）第四条第二点关于"译文由公设或宣誓之翻译员或外交或领事人员认证"的规定为由，驳回金纬公司申请。其后，金纬公司又先后两次向兰茨堡法院递交了分别由瑞士当地翻译机构翻译的仲裁裁决书译件和由上海上外翻译公司翻译、上海市外事办公室、瑞士驻上海总领事认证的仲裁裁决书翻译件以申请执行，仍被该法院分别于 2009 年 3 月 17 日和 2010 年 8 月 31 日，以仲裁裁决书翻译文件没有严格意义上符合《纽约公约》第四条第二点的规定为由，驳回申请。

2008 年 7 月 30 日，金纬公司发现瑞泰克公司有一批机器设备正在上海市浦东新区展览，遂于当日向上海市第一中级人民法院（以下简称上海一中院）申请执行。上海一中院于同日立案执行并查封、扣押了瑞泰克公司参展机器设备。瑞泰克公司遂以金纬公司申请执行已超过《中华人民共和国民事诉讼法》（以下简称《民事诉讼法》）规定的期限为由提出异议，要求上海一中院不受理该案，并解除查封，停止执行。

裁判结果

上海市第一中级人民法院于 2008 年 11 月 17 日作出（2008）沪一中执字第 640 − 1 民事裁定，驳回瑞泰克公司的异议。裁定送达后，瑞泰克公司向

---

① 现为《中华人民共和国民事诉讼法》（2023 年修正）第二百五十条。

② 现为《中华人民共和国民事诉讼法》（2023 年修正）第二百九十条。

上海市高级人民法院申请执行复议。2011 年 12 月 20 日，上海市高级人民法院作出（2009）沪高执复议字第 2 号执行裁定，驳回复议申请。

裁判理由

法院生效裁判认为：本案争议焦点是我国法院对该案是否具有管辖权以及申请执行期间应当从何时开始起算。

一、关于我国法院的执行管辖权问题

根据《民事诉讼法》的规定，我国涉外仲裁机构作出的仲裁裁决，如果被执行人或者其财产不在中华人民共和国领域内的，应当由当事人直接向有管辖权的外国法院申请承认和执行。鉴于本案所涉仲裁裁决生效时，被执行人瑞泰克公司及其财产均不在我国领域内，因此，人民法院在该仲裁裁决生效当时，对裁决的执行没有管辖权。

2008 年 7 月 30 日，金纬公司发现被执行人瑞泰克公司有财产正在上海市参展。此时，被申请执行人瑞泰克公司有财产在中华人民共和国领域内的事实，使我国法院产生了对本案的执行管辖权。申请执行人依据《民事诉讼法》"一方当事人不履行仲裁裁决的，对方当事人可以向被申请人住所地或者财产所在地的中级人民法院申请执行"的规定，基于被执行人不履行仲裁裁决义务的事实，行使民事强制执行请求权，向上海一中院申请执行。这符合我国《民事诉讼法》有关人民法院管辖涉外仲裁裁决执行案件所应当具备的要求，上海一中院对该执行申请有管辖权。

考虑到《纽约公约》规定的原则是，只要仲裁裁决符合公约规定的基本条件，就允许在任何缔约国得到承认和执行。《纽约公约》的目的在于便利仲裁裁决在各缔约国得到顺利执行，因此并不禁止当事人向多个公约成员国申请相关仲裁裁决的承认与执行。被执行人一方可以通过举证已经履行了仲裁裁决义务进行抗辩，向执行地法院提交已经清偿债务数额的证据，这样即可防止被执行人被强制重复履行或者超标的履行的问题。因此，人民法院对该案行使执行管辖权，符合《纽约公约》规定的精神，也不会造成被执行人重复履行生效仲裁裁决义务的问题。

二、关于本案申请执行期间起算问题

依照《民事诉讼法》(2007年修正)第二百一十五条①的规定,"申请执行的期间为二年。""前款规定的期间,从法律文书规定履行期间的最后一日起计算;法律文书规定分期履行的,从规定的每次履行期间的最后一日起计算;法律文书未规定履行期间的,从法律文书生效之日起计算。"鉴于我国法律有关申请执行期间起算,是针对生效法律文书作出时,被执行人或者其财产在我国领域内的一般情况作出的规定;而本案的具体情况是,仲裁裁决生效当时,我国法院对该案并没有执行管辖权,当事人依法向外国法院申请承认和执行该裁决而未能得到执行,不存在怠于行使申请执行权的问题;被执行人一直拒绝履行裁决所确定的法律义务;申请执行人在发现被执行人有财产在我国领域内之后,即向人民法院申请执行。考虑到这类情况下,外国被执行人或者其财产何时会再次进入我国领域内,具有较大的不确定性,因此,应当合理确定申请执行期间起算点,才能公平保护申请执行人的合法权益。

鉴于债权人取得有给付内容的生效法律文书后,如债务人未履行生效文书所确定的义务,债权人即可申请法院行使强制执行权,实现其实体法上的请求权,此项权利即为民事强制执行请求权。民事强制执行请求权的存在依赖于实体权利,取得依赖于执行根据,行使依赖于执行管辖权。执行管辖权是民事强制执行请求权的基础和前提。在司法实践中,人民法院的执行管辖权与当事人的民事强制执行请求权不能是抽象或不确定的,而应是具体且可操作的。义务人瑞泰克公司未履行裁决所确定的义务时,权利人金纬公司即拥有了民事强制执行请求权,但是,根据《民事诉讼法》的规定,对于涉外仲裁机构作出的仲裁申请执行,如果被执行人或者其财产不在中华人民共和国领域内,应当由当事人直接向有管辖权的外国法院申请承认和执行。此时,因被执行人或者其财产不在我国领域内,我国法院对该案没有执行管辖权,申请执行人金纬公司并非其主观上不愿或怠于行使权利,而是由于客观上纠纷本身没有产生人民法院执行管辖连接点,导致其无法向人民法院申请执行。人民法院在受理强制执行申请后,应当审查申请是否在法律规定的时效期间内提出。具有执行管辖权是人民法院审查申请执行人相关申请的必要前提,

---

① 现为《中华人民共和国民事诉讼法》(2023年修正)第二百五十条。

因此应当自执行管辖确定之日，即发现被执行人可供执行财产之日，开始计算申请执行人的申请执行期限。

指导案例 43 号

国泰君安证券股份有限公司海口滨海大道（天福酒店）证券营业部申请错误执行赔偿案

（最高人民法院审判委员会讨论通过　2014 年 12 月 25 日发布）

关键词　国家赔偿　司法赔偿　错误执行　执行回转

裁判要点

1. 赔偿请求人以人民法院具有《中华人民共和国国家赔偿法》第三十八条规定的违法侵权情形为由申请国家赔偿的，人民法院应就赔偿请求人诉称的司法行为是否违法，以及是否应当承担国家赔偿责任一并予以审查。

2. 人民法院审理执行异议案件，因原执行行为所依据的当事人执行和解协议侵犯案外人合法权益，对原执行行为裁定予以撤销，并将被执行财产恢复至执行之前状态的，该撤销裁定及执行回转行为不属于《中华人民共和国国家赔偿法》第三十八条规定的执行错误。

相关法条

《中华人民共和国国家赔偿法》第三十八条

基本案情

赔偿请求人国泰君安证券股份有限公司海口滨海大道（天福酒店）证券营业部（以下简称国泰海口营业部）申请称：海南省高级人民法院（以下简称海南高院）在未依法对原生效判决以及该院（1999）琼高法执字第 9-10、9-11、9-12、9-13 号裁定（以下分别简称 9-10、9-11、9-12、9-13 号裁定）进行再审的情况下，作出（1999）琼高法执字第 9-16 号裁定（以下简称 9-16 号裁定），并据此执行回转，撤销原 9-11、9-12、9-13 号裁定，造成国泰海口营业部已合法取得的房产丧失，应予确认违法，并予以国家赔偿。

海南高院答辩称：该院 9-16 号裁定仅是纠正此前执行裁定的错误，并未改变原执行依据，无须经过审判监督程序。该院 9—16 号裁定及其执行回转行为，系在审查案外人执行异议成立的基础上，使争议房产回复至执行案件开始时的产权状态，该行为与国泰海口营业部经判决确定的债权，及其尚不明确的损失主张之间没有因果关系。国泰海口营业部赔偿请求不能成立，应予驳回。

法院经审理查明：1998 年 9 月 21 日，海南高院就国泰海口营业部诉海南国际租赁有限公司（以下简称海南租赁公司）证券回购纠纷一案作出（1998）琼经初字第 8 号民事判决，判决海南租赁公司向国泰海口营业部支付证券回购款本金 3620 万元和该款截至 1997 年 11 月 30 日的利息 16362296 元；海南租赁公司向国泰海口营业部支付证券回购款本金 3620 万元的利息，计息方法为：从 1997 年 12 月 1 日起至付清之日止按年息 18% 计付。

1998 年 12 月，国泰海口营业部申请海南高院执行该判决。海南高院受理后，向海南租赁公司发出执行通知书并查明该公司无财产可供执行。海南租赁公司提出其对第三人海南中标物业发展有限公司（以下简称中标公司）享有到期债权。中标公司对此亦予以认可，并表示愿意以景瑞大厦部分房产直接抵偿给国泰海口营业部，以偿还其欠海南租赁公司的部分债务。海南高院遂于 2000 年 6 月 13 日作出 9—10 号裁定，查封景瑞大厦的部分房产，并于当日予以公告。同年 6 月 29 日，国泰海口营业部、海南租赁公司和中标公司共同签订《执行和解书》，约定海南租赁公司、中标公司以中标公司所有的景瑞大厦部分房产抵偿国泰海口营业部的债务。据此，海南高院于 6 月 30 日作出 9—11 号裁定，对和解协议予以认可。

在办理过户手续过程中，案外人海南发展银行清算组（以下简称海发行清算组）和海南创仁房地产有限公司（以下简称创仁公司）以海南高院 9—11 号裁定抵债的房产属其所有，该裁定损害其合法权益为由提出执行异议。海南高院审查后分别作出 9—12 号、9—13 号裁定，驳回异议。2002 年 3 月 14 日，国泰海口营业部依照 9—11 号裁定将上述抵债房产的产权办理变更登记至自己名下，并缴纳相关税费。海发行清算组、创仁公司申诉后，海南高院经再次审查认为：9—11 号裁定将原金通城市信用社（后并入海南发展银行）恢中标公司购买并已支付大部分价款的房产当作中标公司房产抵债给国泰海口营业部，损害了海发行清算组的利益，确属不当，海发行清算组的异议理由成立，创仁公司异议主张应通过诉讼程序解决。据此海南高院于 2003 年 7 月 31 日作出 9-16 号裁定，裁定撤销 9-11 号、9-12 号、9-13 号裁定，将原裁定抵债房产回转过户至执行前状态。

2004 年 12 月 18 日，海口市中级人民法院（以下简称海口中院）对以海发行清算组为原告、中标公司为被告、创仁公司为第三人的房屋确权纠纷一案作出（2003）海中法民再字第 37 号民事判决，确认原抵债房产分属创仁公司和海发行清算组所有。该判决已发生法律效力。2005 年 6 月，国泰海口营业部向海口市地方税务局申请退税，海口市地方税务局将契税退还国泰海口营业部。2006 年 8 月 4 日，海南高院作出 9-18 号民事裁定，以海南租赁公司已被裁定破产还债，海南租赁公司清算组请求终结执行的理由成立为由，裁定终结（1998）琼经初字第 8 号民事判决的执行。

（1998）琼经初字第 8 号民事判决所涉债权，至 2004 年 7 月经协议转让给国泰君安投资管理股份有限公司（以下简称国泰投资公司）。2005 年 11 月 29 日，海南租赁公司向海口中院申请破产清算。破产案件审理中，国泰投资公司向海南租赁公司管理人申报了包含（1998）琼经初字第 8 号民事判决确定债权在内的相关债权。2009 年 3 月 31 日，海口中院作出（2005）海中法破字第 4-350 号民事裁定，裁定终结破产清算程序，国泰投资公司债权未获得清偿。

2010 年 12 月 27 日，国泰海口营业部以海南高院 9-16 号裁定及其行为违法，并应予返还 9-11 号裁定抵债房产或赔偿相关损失为由向该院申请国家赔偿。2011 年 7 月 4 日，海南高院作出（2011）琼法赔字第 1 号赔偿决定，决定对国泰海口营业部的赔偿申请不予赔偿。国泰海口营业部对该决定不服，向最高人民法院赔偿委员会申请作出赔偿决定。

裁判结果

最高人民法院赔偿委员会于 2012 年 3 月 23 日作出（2011）法委赔字第 3 号国家赔偿决定：维持海南省高级人民法院（2011）琼法赔字第 1 号赔偿决定。

裁判理由

最高人民法院认为：被执行人海南租赁公司没有清偿债务能力，因其对第三人中标公司享有到期债权，中标公司对此未提出异议并认可履行债务，中标公司隐瞒其与案外人已签订售房合同并收取大部分房款的事实，与国泰海口营业部及海南租赁公司三方达成《执行和解书》。海南高院据此作出 9-11 号裁定。但上述执行和解协议侵犯了案外人的合法权益，国泰海口营业部据此取得的争议房产产权不应受到法律保护。海南高院 9-16 号裁定系在执行程序中对案外人提出的执行异议审查成立的基础上，对原 9-11 号裁定予以撤销，将已被执行的争议房产回复至执行前状态。该裁定及其执行回转行为不违反法律规定，且经生效的海口中院（2003）海中法民再字第 37 号民事判决所认定的内容予以印证，其实体处理并无不当。国泰海口营业部债权未得以实现的实质在于海南租赁公司没有清偿债务的能力，国泰海口营业部及其债权受让人虽经破产债权申报，仍无法获得清偿，该债权未能实现与海南高院 9-16 号裁定及其执行行为之间无法律上的因果联系。因此，海南高院 9-16 号裁定及其执行回转行为，不属于《中华人民共和国国家赔偿法》及相关司法解释规定的执行错误情形。

指导案例 71 号

毛建文拒不执行判决、裁定案

（最高人民法院审判委员会讨论通过 2016 年 12 月 28 日发布）

关键词 刑事 拒不执行判决、裁定罪 起算时间

裁判要点

有能力执行而拒不执行判决、裁定的时间从判决、裁定发生法律效力时起算。具有执行内容的判决、裁定发生法律效力后，负有执行义务的人有隐藏、转移、故意毁损财产等拒不执行行为，致使判决、裁定无法执行，情节严重的，应当以拒不执行判决、裁定罪定罪处罚。

相关法条

《中华人民共和国刑法》第三百一十三条

基本案情

浙江省平阳县人民法院于 2012 年 12 月 11 日作出（2012）温平鳌商初字

第 595 号民事判决，判令被告人毛建文于判决生效之日起 15 日内返还陈先银挂靠在其名下的温州宏源包装制品有限公司投资款 20 万元及利息。该判决于 2013 年 1 月 6 日生效。因毛建文未自觉履行生效法律文书确定的义务，陈先银于 2013 年 2 月 16 日向平阳县人民法院申请强制执行。立案后，平阳县人民法院在执行中查明，毛建文于 2013 年 1 月 17 日将其名下的浙 CVU661 小型普通客车以 15 万元的价格转卖，并将所得款项用于个人开销，拒不执行生效判决。毛建文于 2013 年 11 月 30 日被抓获归案后如实供述了上述事实。

裁判结果

浙江省平阳县人民法院于 2014 年 6 月 17 日作出（2014）温平刑初字第 314 号刑事判决：被告人毛建文犯拒不执行判决罪，判处有期徒刑十个月。宣判后，毛建文未提起上诉，公诉机关未提出抗诉，判决已发生法律效力。

裁判理由

法院生效裁判认为：被告人毛建文负有履行生效裁判确定的执行义务，在人民法院具有执行内容的判决、裁定发生法律效力后，实施隐藏、转移财产等拒不执行行为，致使判决、裁定无法执行，情节严重，其行为已构成拒不执行判决罪。公诉机关指控的罪名成立。毛建文归案后如实供述了自己的罪行，可以从轻处罚。

本案的争议焦点为，拒不执行判决、裁定罪中规定的"有能力执行而拒不执行"的行为起算时间如何认定，即被告人毛建文拒不执行判决的行为是从相关民事判决发生法律效力时起算，还是从执行立案时起算。对此，法院认为，生效法律文书进入强制执行程序并不是构成拒不执行判决、裁定罪的要件和前提，毛建文拒不执行判决的行为应从相关民事判决于 2013 年 1 月 6 日发生法律效力时起算。主要理由如下：第一，符合立法原意。全国人民代表大会常务委员会对《刑法》第三百一十三条规定解释时指出，该条中的"人民法院的判决、裁定"，是指人民法院依法作出的具有执行内容并已发生法律效力的判决、裁定。这就是说，只有具有执行内容的判决、裁定发生法律效力后，才具有法律约束力和强制执行力，义务人才有及时、积极履行生效法律文书确定义务的责任。生效法律文书的强制执行力不是在进入强制执行程序后才产生的，而是自法律文书生效之日起即产生。第二，与民事诉讼法及其司法解释协调一致。《中华人民共和国民事诉讼法》第一百一十一条规定：诉讼参与人或者其他人拒不履行人民法院已经发生法律效力的判决、裁定的，人民法院可以根据情节轻重予以罚款、拘留；构成犯罪的，依法追究刑事责任。《最高人民法院关于适用〈中华人民共和国民事诉讼法〉的解释》第一百八十八条第（一）项规定，《民事诉讼法》第一百一十一条第一款第六项规定的拒不履行人民法院已经发生法律效力的判决、裁定的行为，包括：（一）在法律文书发生法律效力后隐藏、转移、变卖、毁损财产或者无偿转让财产、以明显不合理的价格交易财产、放弃到期债权、无偿为他人提供担保等，致使人民法院无法执行的。由此可见，法律明确将拒不执行行为限定在法律文书发生法律效力后，并未将拒不执行的主体仅限定为进入强制执行程序后的被执行人或者协助执行义务人等，更未将拒不执行判决、裁定罪的调整范围仅限于生效法律文书进入强制执行程序后发生的行为。第三，符合立法目的。拒不执行判决、裁定罪的立法目的在于解决法院生效判决、裁定的"执行难"问题。将判决、裁定生效后立案执行前逃避履行义务的行为纳入拒不执行判决、裁定罪的调整范围，是法律设定该罪的应有之义。将判决、裁定生效之日确定为拒不执行判决、裁定罪中拒不执行行为的起算时间点，能有效地促使义务人在判决、裁定生效后即迫于刑罚的威慑力而主动履行生效裁判确定的义务，避免生效裁判沦为一纸空文，从而使社会公众真正尊重司法裁判，维护法律权威，从根本上解决"执行难"问题，实现拒不执行判决、裁定罪的立法目的。

（生效裁判审判人员：郭朝晖、曾洪宁、裴伦）

指导案例 117 号

中建三局第一建设工程有限责任公司 与澳中财富（合肥）投资置业有限公司、 安徽文峰置业有限公司执行复议案

（最高人民法院审判委员会讨论通过　2019 年 12 月 24 日发布）

关键词　执行　执行复议　商业承兑汇票　实际履行

裁判要点

根据民事调解书和调解笔录，第三人以债务承担方式加入债权债务关系的，执行法院可以在该第三人债务承担范围内对其强制执行。债务人用商业承兑汇票来履行执行依据确定的债务，虽然开具并向债权人交付了商业承兑汇票，但因汇票付款账户资金不足、被冻结等不能兑付的，不能认定实际履行了债务，债权人可以请求对债务人继续强制执行。

相关法条

《中华人民共和国民事诉讼法》第二百二十五条 ①

基本案情

中建三局第一建设工程有限责任公司（以下简称中建三局一公司）与澳中财富（合肥）投资置业有限公司（以下简称澳中公司）建设工程施工合同纠纷一案，经安徽省高级人民法院（以下简称安徽高院）调解结案，安徽高院作出的民事调解书，确认各方权利义务。调解协议中确认的调解协议第一条第 6 款第 2 项、第 3 项约定本协议签订后为偿还澳中公司欠付中建三局一公司的工程款，向中建三局一公司交付付款人为安徽文峰置业有限公司（以下简称文峰公司）、收款人为中建三局一公司（或收款人为澳中公司并背书给中建三局一公司），金额总计为人民币 6000 万元的商业承兑汇票。同日，安徽高院组织中建三局一公司、澳中公司、文峰公司调解的笔录载明，文峰公司明确表示自己作为债务承担者加入调解协议，并表示知晓相关的义务及后果。之后，文峰公司分两次向中建三局一公司交付了金额总计为人民币陆千

---

①　现为《中华人民共和国民事诉讼法》（2023 年修正）第二百三十六条。

万元的商业承兑汇票，但该汇票因文峰公司相关账户余额不足、被冻结而无法兑现，也即中建三局一公司实际未能收到 6000 万元工程款。

中建三局一公司以澳中公司、文峰公司未履行调解书确定的义务为由，向安徽高院申请强制执行。案件进入执行程序后，执行法院冻结了文峰公司的银行账户。文峰公司不服，向安徽高院提出异议称，文峰公司不是本案被执行人，其已经出具了商业承兑汇票；另外，即使其应该对商业承兑汇票承担代付款责任，也应先执行债务人澳中公司，而不能直接冻结文峰公司的账户。

裁判结果

安徽省高级人民法院于 2017 年 9 月 12 日作出（2017）皖执异 1 号执行裁定：一、变更安徽省高级人民法院（2015）皖执字第 00036 号执行案件被执行人为澳中财富（合肥）投资置业有限公司。二、变更合肥高新技术产业开发区人民法院（2016）皖 0191 执 10 号执行裁定被执行人为澳中财富（合肥）投资置业有限公司。中建三局第一建设工程有限责任公司不服，向最高人民法院申请复议。最高人民法院于 2017 年 12 月 28 日作出（2017）最高法执复 68 号执行裁定：撤销安徽省高级人民法院（2017）皖执异 1 号执行裁定。

裁判理由

最高人民法院认为，涉及票据的法律关系，一般包括原因关系（系当事人间授受票据的原因）、资金关系（系指当事人间在资金供给或资金补偿方面的关系）、票据预约关系（系当事人间有了原因关系之后，在发出票据之前，就票据种类、金额、到期日、付款地等票据内容及票据授受行为订立的合同）和票据关系（系当事人间基于票据行为而直接发生的债权债务关系）。其中，原因关系、资金关系、票据预约关系属于票据的基础关系，是一般民法上的法律关系。在分析具体案件时，要具体区分原因关系和票据关系。

本案中，调解书作出于 2015 年 6 月 9 日，其确认的调解协议第一条第 6 款第 2 项约定：本协议签订后 7 个工作日内向中建三局一公司交付付款人为文峰公司、收款人为中建三局一公司（或收款人为澳中公司并背书给中建三局一公司）、金额为人民币叁仟万元整、到期日不迟于 2015 年 9 月 25 日的商业承兑汇票；第 3 项约定：于本协议签订后 7 个工作日内向中建三局一公司交付付款人为文峰公司、收款人为中建三局一公司（或收款人为澳中公司并背书给中建三局一公司）、金额为人民币叁仟万元整、到期日不迟于2015年12月25日的商业承兑汇票。同日，安徽高院组织中建三局一公司、澳中公司、文峰公司调解的笔录载明：承办法官询问文峰公司"你方作为债务承担者，对于加入本案和解协议的义务及后果是否知晓？"文峰公司代理人邵红卫答："我方知晓。"承办法官询问中建三局一公司"你方对于安徽文峰置业有限公司加入本案和解协议承担债务是否同意？"中建三局一公司代理人付琦答："我方同意。"综合上述情况，可以看出，三方当事人在签订调解协议时，有关文峰公司出具汇票的意思表示不仅对文峰公司出票及当事人之间授受票据等问题作出了票据预约关系范畴的约定，也对文峰公司加入中建三局一公司与澳中公司债务关系、与澳中公司一起向中建三局一公司承担债务问题作出了原因关系范畴的约定。因此，根据调解协议，文峰公司在票据预约关系层面有出票和交付票据的义务，在原因关系层面有就6000万元的债务承担向中建三局一公司清偿的义务。文峰公司如期开具真实、足额、合法的商业承兑汇票，仅是履行了其票据预约关系层面的义务，而对于其债务承担义务，因其票据付款账户余额不足、被冻结而不能兑付案涉汇票，其并未实际履行，中建三局一公司申请法院对文峰公司强制执行，并无不当。

（生效裁判审判人员：毛宜全、朱燕、邱鹏）

指导案例 118 号

东北电气发展股份有限公司与国家开发银行股份有限公司、沈阳高压开关有限责任公司等执行复议案

（最高人民法院审判委员会讨论通过　2019 年 12 月 24 日发布）

关键词　执行　执行复议　撤销权　强制执行

裁判要点

1. 债权人撤销权诉讼的生效判决撤销了债务人与受让人的财产转让合

同，并判令受让人向债务人返还财产，受让人未履行返还义务的，债权人可以债务人、受让人为被执行人申请强制执行。

2. 受让人未通知债权人，自行向债务人返还财产，债务人将返还的财产立即转移，致使债权人丧失申请法院采取查封、冻结等措施的机会，撤销权诉讼目的无法实现的，不能认定生效判决已经得到有效履行。债权人申请对受让人执行生效判决确定的财产返还义务的，人民法院应予支持。

相关法条

《中华人民共和国民事诉讼法》第二百二十五条[①]

基本案情

国家开发银行股份有限公司（以下简称国开行）与沈阳高压开关有限责任公司（以下简称沈阳高开）、东北电气发展股份有限公司（以下简称东北电气）、沈阳变压器有限责任公司、东北建筑安装工程总公司、新东北电气（沈阳）高压开关有限公司（现已更名为沈阳兆利高压电器设备有限公司，以下简称新东北高开）、新东北电气（沈阳）高压隔离开关有限公司（原沈阳新泰高压电气有限公司，以下简称新东北隔离）、沈阳北富机械制造有限公司（原沈阳诚泰能源动力有限公司，以下简称北富机械）、沈阳东利物流有限公司（原沈阳新泰仓储物流有限公司，以下简称东利物流）借款合同、撤销权纠纷一案，经北京市高级人民法院（以下简称北京高院）一审、最高人民法院二审，最高人民法院于 2008 年 9 月 5 日作出（2008）民二终字第 23 号民事判决，最终判决结果为：一、沈阳高开偿还国开行借款本金人民币 15000 万元及利息、罚息等，沈阳变压器有限责任公司对债务中的 14000 万元及利息、罚息承担连带保证责任，东北建筑安装工程总公司对债务中的 1000 万元及利息、罚息承担连带保证责任。二、撤销东北电气以其对外享有的 7666 万元对外债权及利息与沈阳高开持有的在北富机械 95% 的股权和在东利物流 95% 的股权进行股权置换的合同；东北电气与沈阳高开相互返还股权和债权，如不能相互返还，东北电气在 24711.65 万元范围内赔偿沈阳高开的损失，沈阳高开在 7666 万元范围内赔偿东北电气的损失。三、撤销沈阳高开以其在新东北隔离 74.4% 的股权与东北电气持有的在沈阳添升通讯设备有限公司（以下简

---

① 现为《中华人民共和国民事诉讼法》（2023 年修正）第二百三十六条。

称沈阳添升）98.5% 的股权进行置换的合同。双方相互返还股权，如果不能相互返还，东北电气应在 13000 万元扣除 2787.88 万元的范围内赔偿沈阳高开的损失。依据上述判决内容，东北电气需要向沈阳高开返还下列三项股权：在北富机械的 95% 股权、在东利物流的 95% 股权、在新东北隔离的 74.4% 股权，如不能返还，扣除沈阳高开应返还东北电气的债权和股权，东北电气需要向沈阳高开支付的款项总额为 27000 万余元。判决生效后，经国开行申请，北京高院立案执行，并于 2009 年 3 月 24 日，向东北电气送达了执行通知，责令其履行法律文书确定的义务。

2009 年 4 月 16 日，被执行人东北电气向北京高院提交了《关于履行最高人民法院（2008）民二终字第 23 号民事判决的情况说明》（以下简称说明一），表明该公司已通过支付股权对价款的方式履行完毕生效判决确定的义务。北京高院经调查认定，根据中信银行沈阳分行铁西支行的有关票据记载，2007 年 12 月 20 日，东北电气支付的 17046 万元分为 5800 万元、5746 万元、5500 万元，通过转账付给沈阳高开；当日，沈阳高开向辽宁新泰电气设备经销有限公司（沈阳添升 98.5% 股权的实际持有人，以下简称辽宁新泰），辽宁新泰向新东北高开，新东北高开向新东北隔离，新东北隔离向东北电气通过转账支付了 5800 万元、5746 万元、5500 万元。故北京高院对东北电气已经支付完毕款项的说法未予认可。此后，北京高院裁定终结本次执行程序。

2013 年 7 月 1 日，国开行向北京高院申请执行东北电气因不能返还股权而按照判决应履行的赔偿义务，请求控制东北电气相关财产，并为此提供保证。2013 年 7 月 12 日，北京高院向工商管理机关发出协助执行通知书，冻结了东北电气持有的沈阳高东加干燥设备有限公司 67.887% 的股权及沈阳凯毅电气有限公司 10%（10 万元）的股权。

对此，东北电气于 2013 年 7 月 18 日向北京高院提出执行异议，理由是：一、北京高院在查封财产前未作出裁定；二、履行判决义务的主体为沈阳高开与东北电气，国开行无申请强制执行的主体资格；三、东北电气已经按本案生效判决之规定履行完毕向沈阳高开返还股权的义务，不应当再向国开行支付 17000 万元。同年 9 月 2 日，东北电气向北京高院出具《关于最高人民法院（2008）民二终字第 23 号判决书履行情况的说明》（以下简称说明二），具体说明本案终审判决生效后的履行情况：1. 关于在北富机械 95% 股权和东利物流 95% 股权返还的判项。2008 年 9 月 18 日，东北电气、沈阳高开、新东北高开（当时北富机械 95% 股权的实际持有人）、沈阳恒宇机械设备有限公司（当时东利物流 95% 股权的实际持有人，以下简称恒宇机械）签订四方协议，约定由新东北高开、恒宇机械代东北电气向沈阳高开分别返还北富机械 95% 股权和东利物流 95% 股权；2. 关于新东北隔离 74.4% 的股权返还的判项。东北电气与沈阳高开、阜新封闭母线有限责任公司（当时新东北隔离 74.4% 股权的实际持有人，以下简称阜新母线）、辽宁新泰于 2008 年 9 月 18 日签订四方协议，约定由阜新母线代替东北电气向沈阳高开返还新东北隔离 74.4% 的股权。2008 年 9 月 22 日，各方按照上述协议交割了股权，并完成了股权变更工商登记。相关协议中约定，股权代返还后，东北电气对代返还的三个公司承担对应义务。

2008 年 9 月 23 日，沈阳高开将新东北隔离的股权、北富机械的股权、东利物流的股权转让给沈阳德佳经贸有限公司，并在工商管理机关办理完毕变更登记手续。

裁判结果

北京市高级人民法院审查后，于 2016 年 12 月 30 日作出（2015）高执异字第 52 号执行裁定，驳回了东北电气发展股份有限公司的异议。东北电气发展股份有限公司不服，向最高人民法院申请复议。最高人民法院于 2017 年 8 月 31 日作出（2017）最高法执复 27 号执行裁定，驳回东北电气发展股份有限公司的复议请求，维持北京市高级人民法院（2015）高执异字第 52 号执行裁定。

裁判理由

最高人民法院认为：

一、关于国开行是否具备申请执行人的主体资格问题

经查，北京高院 2016 年 12 月 20 日的谈话笔录中显示，东北电气的委托代理人雷爱民明确表示放弃执行程序违法、国开行不具备主体资格两个异议请求。从雷爱民的委托代理权限看，其权限为：代为申请执行异议、应诉、答辩，代为承认、放弃、变更执行异议请求，代为接收法律文书。因此，雷爱民在异议审查程序中所作的意思表示，依法由委托人东北电气承担。故，东北电气在异议审查中放弃了关于国开行不具备申请执行人的主体资格的主

张，在复议审查程序再次提出该项主张，本院依法可不予审查。即使东北电气未放弃该主张，国开行申请执行的主体资格也无疑问。本案诉讼案由是借款合同、撤销权纠纷，法院经审理，判决支持了国开行的请求，判令东北电气偿还借款，并撤销了东北电气与沈阳高开股权置换的行为，判令东北电气和沈阳高开之间相互返还股权，东北电气如不能返还股权，则承担相应的赔偿责任。相互返还这一判决结果不是基于东北电气与沈阳高开双方之间的争议，而是基于国开行的诉讼请求。东北电气向沈阳高开返还股权，不仅是对沈阳高开的义务，而且实质上主要是对胜诉债权人国开行的义务。故国开行完全有权利向人民法院申请强制有关义务人履行该判决确定的义务。

二、关于东北电气是否履行了判决确定的义务问题

（一）不能认可本案返还行为的正当性

法律设置债权人撤销权制度的目的，在于纠正债务人损害债权的不当处分财产行为，恢复债务人责任财产以向债权人清偿债务。东北电气返还股权、恢复沈阳高开的偿债能力的目的，是为了向国开行偿还其债务。只有在通知胜诉债权人，以使其有机会申请法院采取冻结措施，从而能够以返还的财产实现债权的情况下，完成财产返还行为，才是符合本案诉讼目的的履行行为。任何使国开行诉讼目的落空的所谓返还行为，都是严重背离该判决实质要求的行为。因此，认定东北电气所主张的履行是否构成符合判决要求的履行，都应以该判决的目的为基本指引。尽管在本案诉讼期间及判决生效后，东北电气与沈阳高开之间确实有运作股权返还的行为，但其事前不向人民法院和债权人作出任何通知，且股权变更登记到沈阳高开名下的次日即被转移给其他公司，在此情况下，该种行为实质上应认定为规避判决义务的行为。

（二）不能确定东北电气协调各方履行无偿返还义务的真实性

东北电气主张因为案涉股权已实际分别转由新东北高开、恒宇机械、阜新母线等三家公司持有，无法由东北电气直接从自己名下返还给沈阳高开，故由东北电气协调新东北高开、恒宇机械、阜新母线等三家公司将案涉股权无偿返还给沈阳高开。如其所主张的该事实成立，则也可以视为其履行了判决确定的返还义务。但依据本案证据不能认定该事实。

1. 东北电气的证据前后矛盾，不能做合理解释。本案在执行过程中，东北电气向北京高院提交过两次说明，即 2009 年 4 月 16 日提交的说明一和

2013 年 9 月 2 日提交的说明二。其中，说明一显示，东北电气与沈阳高开于 2007 年 12 月 18 日签订协议，鉴于双方无法按判决要求相互返还股权和债权，约定东北电气向沈阳高开支付股权转让对价款，东北电气已于 2007 年 12 月 20 日（二审期间）向沈阳高开支付了 17046 万元，并以 2007 年 12 月 18 日东北电气与沈阳高开签订的《协议书》、2007 年 12 月 20 日中信银行沈阳分行铁西支行的三张银行进账单作为证据。说明二则称，2008 年 9 月 18 日，东北电气与沈阳高开、新东北高开、恒宇机械签订四方协议，约定由新东北高开、恒宇机械代东北电气向沈阳高开返还了北富机械 95% 股权、东利物流 95% 股权；同日，东北电气与沈阳高开、阜新母线、辽宁新泰亦签订四方协议，约定由阜新母线代东北电气向沈阳高开返还新东北隔离 74.4% 的股权；2008 年 9 月 22 日，各方按照上述协议交割了股权，并完成了股权变更工商登记。

对于其所称的履行究竟是返还上述股权还是以现金赔偿，东北电气的前后两个说明自相矛盾。第一，说明一表明，东北电气在二审期间已履行了支付股权对价款义务，而对于该支付行为，经过北京高院调查，该款项经封闭循环，又返回到东北电气，属虚假给付。第二，在执行程序中，东北电气 2009 年 4 月 16 日提交说明一时，案涉股权的交割已经完成，但东北电气并未提及 2008 年 9 月 18 日东北电气与沈阳高开、新东北高开、恒宇机械签订的四方协议；第三，既然 2007 年 12 月 20 日东北电气与沈阳高开已就股权对价款进行了交付，那么 2008 年 9 月 22 日又通过四方协议，将案涉股权返还给沈阳高开，明显不符合常理。第四，东北电气的《重大诉讼公告》于 2008 年 9 月 26 日发布，其中提到接受本院判决结果，但并未提到其已经于 9 月 22 日履行了判决，且称其收到诉讼代理律师转交的本案判决书的日期是 9 月 24 日，现在又坚持其在 9 月 22 日履行了判决，难以自圆其说。由此只能判断其在执行过程中所谓履行最高人民法院判决的说法，可能是对过去不同时期已经发生了的某种与涉案股权相关的转让行为，自行解释为是对本案判决的履行行为。故对四方协议的真实性及东北电气的不同阶段的解释的可信度高度存疑。

2. 经东北电气协调无偿返还涉案股权的事实不能认定。工商管理机关有关登记备案的材料载明，2008 年 9 月 22 日，恒宇机械持有的东利物流的股权、新东北高开持有的北富机械的股权、阜新母线持有的新东北隔离的股权已过户至沈阳高开名下。但登记资料显示，沈阳高开与新东北高开、沈阳高开与恒宇机械、沈阳高开与阜新母线签订的《股权转让协议书》中约定有沈阳高开应分别向三公司支付相应的股权转让对价款。东北电气称，《股权转让协议书》系按照工商管理部门的要求而制作，实际上没有也无须支付股权转让对价款。对此，东北电气不能提供充分的证据予以证明，北京高院到沈阳市有关工商管理部门调查，亦未发现足以证明提交《股权转让协议书》确系为了满足工商备案登记要求的证据。且北京高院经查询案涉股权变更登记的工商登记档案，其中除了有《股权转让协议书》，还有主管部门同意股权转让的批复、相关公司同意转让、受让或接收股权的股东会决议、董事会决议等材料，这些材料均未提及作为本案执行依据的生效判决以及两份四方协议。在四方协议本身存在重大疑问的情况下，人民法院判断相关事实应当以经工商备案的资料为准，认定本案相关股权转让和变更登记是以备案的相关协议为基础的，即案涉股权于 2008 年 9 月 22 日登记到沈阳高开名下，属于沈阳高开依据转让协议有偿取得，与四方协议无关。沈阳高开自取得案涉股权至今是否实际上未支付对价，以及东北电气在异议复议过程中所提出的恒宇机械已经注销的事实，新东北高开、阜新母线关于放弃向沈阳高开要求支付股权对价的承诺等，并不具有最终意义，因其不能排除新东北高开、恒宇机械、阜新母线的债权人依据经工商登记备案的有偿《股权转让协议》，向沈阳高开主张权利，故不能改变《股权转让协议》的有偿性质。因此，依据现有证据无法认定案涉股权曾经变更登记到沈阳高开名下系经东北电气协调履行四方协议的结果，无法认定系东北电气履行了生效判决确定的返还股权义务。

（生效裁判审判人员：黄金龙、杨春、刘丽芳）

指导案例 119 号

安徽省滁州市建筑安装工程有限公司
与湖北追日电气股份有限公司执行复议案

（最高人民法院审判委员会讨论通过　2019 年 12 月 24 日发布）

关键词　执行　执行复议　执行外和解　执行异议　审查依据

裁判要点

执行程序开始前，双方当事人自行达成和解协议并履行，一方当事人申请强制执行原生效法律文书的，人民法院应予受理。被执行人以已履行和解协议为由提出执行异议的，可以参照《最高人民法院关于执行和解若干问题的规定》第十九条的规定审查处理。

相关法条

《中华人民共和国民事诉讼法》第二百二十五条①

基本案情

安徽省滁州市建筑安装工程有限公司（以下简称滁州建安公司）与湖北追日电气股份有限公司（以下简称追日电气公司）建设工程施工合同纠纷一案，青海省高级人民法院（以下简称青海高院）于 2016 年 4 月 18 日作出（2015）青民一初字第 36 号民事判决，主要内容为：一、追日电气公司于本判决生效后十日内给付滁州建安公司工程款 1405.02533 万元及相应利息；二、追日电气公司于本判决生效后十日内给付滁州建安公司律师代理费 24 万元。此外，还对案件受理费、鉴定费、保全费的承担作出了判定。后追日电气公司不服，向最高人民法院提起上诉。

二审期间，追日电气公司与滁州建安公司于 2016 年 9 月 27 日签订了《和解协议书》，约定："1. 追日电气公司在青海高院一审判决书范围内承担总金额 463.3 万元，其中 1）合同内本金 413 万元；2）受理费 11.4 万元；3）鉴定费 14.9 万元；4）律师费 24 万元……3. 滁州建安公司同意在本协议签订后七个工作日内申请青海高院解除对追日电气公司全部银行账户的查封，解冻

---

① 现为《中华人民共和国民事诉讼法》（2023 年修正）第二百三十六条。

后三日内由追日电气公司支付上述约定的 463.3 万元，至此追日电气公司与滁州建安公司所有账务结清，双方至此不再有任何经济纠纷。"和解协议签订后，追日电气公司依约向最高人民法院申请撤回上诉，滁州建安公司也依约向青海高院申请解除了对追日电气公司的保全措施。追日电气公司于 2016 年 10 月 28 日向滁州建安青海分公司支付了 412.880667 万元，滁州建安青海分公司开具了一张 413 万元的收据。2016 年 10 月 24 日，滁州建安青海分公司出具了一份《情况说明》，要求追日电气公司将诉讼费、鉴定费、律师费共计 50.3 万元支付至程一男名下。后为开具发票，追日电气公司与程一男、王兴刚、何寿倒签了一份标的额为 50 万元的工程施工合同，追日电气公司于 2016 年 11 月 23 日向王兴刚支付 40 万元、2017 年 7 月 18 日向王兴刚支付了 10 万元，青海省共和县国家税务局代开了一张 50 万元的发票。

后滁州建安公司于 2017 年 12 月 25 日向青海高院申请强制执行。青海高院于 2018 年 1 月 4 日作出（2017）青执 108 号执行裁定：查封、扣押、冻结被执行人追日电气公司所有的人民币 1000 万元或相应价值的财产。实际冻结了追日电气公司 3 个银行账户内的存款共计 126.605118 万元，并向追日电气公司送达了（2017）青执 108 号执行通知书及（2017）青执 108 号执行裁定。

追日电气公司不服青海高院上述执行裁定，向该院提出书面异议。异议称：双方于 2016 年 9 月 27 日协商签订《和解协议书》，现追日电气公司已完全履行了上述协议约定的全部义务。现滁州建安公司以协议的签字人王兴刚没有代理权而否定《和解协议书》的效力，提出强制执行申请的理由明显不能成立，并违反诚实信用原则，青海高院作出的执行裁定应当撤销。为此，青海高院作出（2017）青执异 18 号执行裁定，撤销该院（2017）青执 108 号执行裁定。申请执行人滁州建安公司不服，向最高人民法院提出复议申请。

主要理由是：案涉《和解协议书》的签字人为"王兴刚"，其无权代理滁州建安公司签订该协议，该协议应为无效；追日电气公司亦未按《和解协议书》履行付款义务；追日电气公司提出的《和解协议书》亦不是在执行阶段达成的，若其认为《和解协议书》有效，一审判决不应再履行，应申请再审或另案起诉处理。

裁判结果

青海省高级人民法院于 2018 年 5 月 24 日作出（2017）青执异 18 号执行

裁定，撤销该院（2017）青执108号执行裁定。安徽省滁州市建筑安装工程有限公司不服，向最高人民法院申请复议。最高人民法院于2019年3月7日作出（2018）最高法执复88号执行裁定，驳回安徽省滁州市建筑安装工程有限公司的复议请求，维持青海省高级人民法院（2017）青执异18号执行裁定。

裁判理由

最高人民法院认为：

一、关于案涉《和解协议书》的性质

案涉《和解协议书》系当事人在执行程序开始前自行达成的和解协议，属于执行外和解。与执行和解协议相比，执行外和解协议不能自动对人民法院的强制执行产生影响，当事人仍然有权向人民法院申请强制执行。追日电气公司以当事人自行达成的《和解协议书》已履行完毕为由提出执行异议的，人民法院可以参照《最高人民法院关于执行和解若干问题的规定》第十九条的规定对和解协议的效力及履行情况进行审查，进而确定是否终结执行。

二、关于案涉《和解协议书》的效力

虽然滁州建安公司主张代表其在案涉《和解协议书》上签字的王兴刚未经其授权，其亦未在《和解协议书》上加盖公章，《和解协议书》对其不发生效力，但是《和解协议书》签订后，滁州建安公司根据约定向青海高院申请解除了对追日电气公司财产的保全查封，并就《和解协议书》项下款项的支付及开具收据发票等事宜与追日电气公司进行多次协商，接收《和解协议书》项下款项、开具收据、发票，故滁州建安公司以实际履行行为表明其对王兴刚的代理权及《和解协议书》的效力是完全认可的，《和解协议书》有效。

三、关于案涉《和解协议书》是否已履行完毕

追日电气公司依据《和解协议书》的约定以及滁州建安公司的要求，分别向滁州建安公司和王兴刚等支付了412.880667万元、50万元款项，虽然与《和解协议书》约定的463.3万元尚差4000余元，但是滁州建安公司予以接受并为追日电气公司分别开具了413万元的收据及50万元的发票，根据《最高人民法院关于贯彻执行〈中华人民共和国民法通则〉若干问题的意见（试

行）》第66条^①的规定，结合滁州建安公司在接受付款后较长时间未对付款金额提出异议的事实，可以认定双方以行为对《和解协议书》约定的付款金额进行了变更，构成合同的默示变更，故案涉《和解协议书》约定的付款义务已经履行完毕。关于付款期限问题，根据《最高人民法院关于执行和解若干问题的规定》第十五条的规定，若滁州建安公司认为追日电气公司延期付款对其造成损害，可另行提起诉讼解决，而不能仅以此为由申请执行一审判决。

（生效裁判审判人员：于明、朱燕、杨春）

指导案例120号

青海金泰融资担保有限公司与上海金桥工程建设发展有限公司、青海三工置业有限公司执行复议案

（最高人民法院审判委员会讨论通过 2019年12月24日发布）

关键词 执行 执行复议 一般保证 严重不方便执行

裁判要点

在案件审理期间保证人为被执行人提供保证，承诺在被执行人无财产可供执行或者财产不足清偿债务时承担保证责任的，执行法院对保证人应当适用一般保证的执行规则。在被执行人虽有财产但严重不方便执行时，可以执行保证人在保证责任范围内的财产。

相关法条

《中华人民共和国民事诉讼法》第二百二十五条^②

《中华人民共和国担保法》第十七条^③第一款、第二款

---

① 现已失效。

② 现为《中华人民共和国民事诉讼法》（2023年修正）第二百三十六条。

③ 对应《中华人民共和国民法典》第六百八十七条。

基本案情

青海省高级人民法院（以下简称青海高院）在审理上海金桥工程建设发展有限公司（以下简称金桥公司）与青海海西家禾酒店管理有限公司（后更名为青海三工置业有限公司，以下简称家禾公司）建设工程施工合同纠纷一案期间，依金桥公司申请采取财产保全措施，冻结家禾公司账户存款 1500 万元（账户实有存款余额 23 万余元），并查封该公司 32438.8 平方米土地使用权。之后，家禾公司以需要办理银行贷款为由，申请对账户予以解封，并由担保人宋万玲以银行存款 1500 万元提供担保。青海高院冻结宋万玲存款 1500 万元后，解除对家禾公司账户的冻结措施。2014 年 5 月 22 日，青海金泰融资担保有限公司（以下简称金泰公司）向青海高院提供担保书，承诺家禾公司无力承担责任时，愿承担家禾公司应承担的责任，担保最高限额 1500 万元，并申请解除对宋万玲担保存款的冻结措施。青海高院据此解除对宋万玲 1500 万元担保存款的冻结措施。案件进入执行程序后，经青海高院调查，被执行人青海三工置业有限公司（原青海海西家禾酒店管理有限公司）除已经抵押的土地使用权及在建工程外（在建工程价值 4 亿余元），无其他可供执行财产。保全阶段冻结的账户，因提供担保解除冻结后，进出款 8900 余万元。执行中，青海高院作出执行裁定，要求金泰公司在三日内清偿金桥公司债务 1500 万元，并扣划担保人金泰公司银行存款 820 万元。金泰公司对此提出异议称，被执行人青海三工置业有限公司尚有在建工程及相应的土地使用权，请求返还已扣划的资金。

裁判结果

青海省高级人民法院于 2017 年 5 月 11 日作出（2017）青执异 12 号执行裁定：驳回青海金泰融资担保有限公司的异议。青海金泰融资担保有限公司不服，向最高人民法院提出复议申请。最高人民法院于 2017 年 12 月 21 日作出（2017）最高法执复 38 号执行裁定：驳回青海金泰融资担保有限公司的复议申请，维持青海省高级人民法院（2017）青执异 12 号执行裁定。

裁判理由

最高人民法院认为，《最高人民法院关于人民法院执行工作若干问题的规定（试行）》第八十五条^①规定："人民法院在审理案件期间，保证人为被执行人提供保证，人民法院据此未对被执行人的财产采取保全措施或解除保全措施的，案件审结后如果被执行人无财产可供执行或其财产不足清偿债务时，即使生效法律文书中未确定保证人承担责任，人民法院有权裁定执行保证人在保证责任范围内的财产。"上述规定中的保证责任及金泰公司所做承诺，类似于担保法规定的一般保证责任。《中华人民共和国担保法》第十七条第一款及第二款规定："当事人在保证合同中约定，债务人不能履行债务时，由保证人承担保证责任的，为一般保证。一般保证的保证人在主合同纠纷未经审判或者仲裁，并就债务人财产依法强制执行仍不能履行债务前，对债权人可以拒绝承担保证责任。"《最高人民法院关于适用〈中华人民共和国担保法〉若干问题的解释》^②第一百三十一条规定："本解释所称'不能清偿'指对债务人的存款、现金、有价证券、成品、半成品、原材料、交通工具等可以执行的动产和其他方便执行的财产执行完毕后，债务仍未能得到清偿的状态。"依据上述规定，在一般保证情形，并非只有在债务人没有任何财产可供执行的情形下，才可以要求一般保证人承担责任，即债务人虽有财产，但其财产严重不方便执行时，可以执行一般保证人的财产。参照上述规定精神，由于青海三工置业有限公司仅有在建工程及相应的土地使用权可供执行，既不经济也不方便，在这种情况下，人民法院可以直接执行金泰公司的财产。

（生效裁判审判人员：赵晋山、葛洪涛、邵长茂）

---

① 现为《最高人民法院关于人民法院执行工作若干问题的规定（试行）》（2020年修正）第五十四条。

② 现已废止。

指导案例 121 号

株洲海川实业有限责任公司与中国银行股份有限公司长沙市蔡锷支行、湖南省德奕鸿金属材料有限公司财产保全执行复议案

（最高人民法院审判委员会讨论通过　2019 年 12 月 24 日发布）

关键词　执行　执行复议　协助执行义务　保管费用承担

裁判要点

财产保全执行案件的保全标的物系非金钱动产且被他人保管，该保管人依人民法院通知应当协助执行。当保管合同或者租赁合同到期后未续签，且被保全人不支付保管、租赁费用的，协助执行人无继续无偿保管的义务。保全标的物价值足以支付保管费用的，人民法院可以维持查封直至案件作出生效法律文书，执行保全标的物所得价款应当优先支付保管人的保管费用；保全标的物价值不足以支付保管费用，申请保全人支付保管费用的，可以继续采取查封措施，不支付保管费用的，可以处置保全标的物并继续保全变价款。

相关法条

《中华人民共和国民事诉讼法》第二百二十五条[①]

基本案情

湖南省高级人民法院（以下简称湖南高院）在审理中国银行股份有限公司长沙市蔡锷支行（以下简称中行蔡锷支行）与湖南省德奕鸿金属材料有限公司（以下简称德奕鸿公司）等金融借款合同纠纷案中，依中行蔡锷支行申请，作出民事诉讼财产保全裁定，冻结德奕鸿公司银行存款 4800 万元，或查封、扣押其等值的其他财产。德奕鸿公司因生产经营租用株洲海川实业有限责任公司（以下简称海川公司）厂房，租期至 2015 年 3 月 1 日；将该公司所有并质押给中行蔡锷支行的铅精矿存放于此。2015 年 6 月 4 日，湖南高院作出协助执行通知书及公告称，人民法院查封德奕鸿公司所有的堆放于海川公司仓库的铅精矿期间，未经准许，任何单位和个人不得对上述被查封资产进

---

① 现为《中华人民共和国民事诉讼法》（2023 年修正）第二百三十六条。

行转移、隐匿、损毁、变卖、抵押、赠送等，否则，将依法追究其法律责任。2015年3月1日，德奕鸿公司与海川公司租赁合同期满后，德奕鸿公司既未续约，也没有向海川公司交还租用厂房，更没有交纳房租、水电费。海川公司遂以租赁合同纠纷为由，将德奕鸿公司诉至湖南省株洲市石峰区人民法院。后湖南省株洲市石峰区人民法院作出判决，判令案涉租赁合同解除，德奕鸿公司于该判决生效之日起十五日内向海川公司返还租赁厂房，将囤放于租赁厂房内的货物搬走；德奕鸿公司于该判决生效之日起十五日内支付欠缴租金及利息。海川公司根据判决，就德奕鸿公司清场问题申请强制执行。同时，海川公司作为利害关系人对湖南高院作出的协助执行通知书及公告提出执行异议，并要求保全申请人中行蔡锷支行将上述铅精矿搬离仓库，并赔偿其租金损失。

裁判结果

湖南省高级人民法院于2016年11月23日作出（2016）湘执异15号执行裁定：驳回株洲海川实业有限责任公司的异议。株洲海川实业有限责任公司不服，向最高人民法院申请复议。最高人民法院于2017年9月2日作出（2017）最高法执复2号执行裁定：一、撤销湖南省高级人民法院（2016）湘执异15号执行裁定。二、湖南省高级人民法院应查明案涉查封财产状况，依法确定查封财产保管人并明确其权利义务。

裁判理由

最高人民法院认为，湖南高院在中行蔡锷支行与德奕鸿公司等借款合同纠纷诉讼财产保全裁定执行案中，依据该院相关民事裁定中"冻结德奕鸿公司银行存款4800万元，或查封、扣押其等值的其他财产"的内容，对德奕鸿公司所有的存放于海川公司仓库的铅精矿采取查封措施，并无不当。但在执行实施中，虽然不能否定海川公司对保全执行法院负有协助义务，但被保全人与场地业主之间的租赁合同已经到期未续租，且有生效法律文书责令被保全人将存放货物搬出；此种情况下，要求海川公司完全无条件负担事实上的协助义务，并不合理。协助执行人海川公司的异议，实质上是主张在场地租赁到期的情况下，人民法院查封的财产继续占用场地，导致其产生相当于租金的损失难以得到补偿。湖南高院在发现该情况后，不应回避实际保管人的租金损失或保管费用的问题，应进一步完善查封物的保管手续，明确相关权利义务关系。如果查封的质押物确有较高的足以弥补租金损失的价值，则维持查封直至生效判决作出后，在执行程序中以处置查封物所得价款，优先补偿保管人的租金损失。但海川公司委托质量监督检验机构所做检验报告显示，案涉铅精矿系无价值的废渣，湖南高院在执行中，亦应对此事实予以核实。如情况属实，则应采取适当方式处理查封物，不宜要求协助执行人继续无偿保管无价值财产。保全标的物价值不足以支付保管费用，申请保全人支付保管费用的，可以继续采取查封措施，不支付保管费用的，可以处置保全标的物并继续保全变价款。执行法院仅以对德奕鸿公司财产采取保全措施合法，海川公司与德奕鸿公司之间的租赁合同纠纷是另一法律关系为由，驳回海川公司的异议不当，应予纠正。

（生效裁判审判人员：黄金龙、刘少阳、马岚）

指导案例 200 号

斯万斯克蜂蜜加工公司申请承认和
执行外国仲裁裁决案

（最高人民法院审判委员会讨论通过 2022 年 12 月 27 日发布）

关键词 民事 申请承认和执行外国仲裁裁决 快速仲裁 临时仲裁
裁判要点

仲裁协议仅约定通过快速仲裁解决争议，未明确约定仲裁机构的，由临时仲裁庭作出裁决，不属于《承认及执行外国仲裁裁决公约》第五条第一款规定的情形，被申请人以采用临时仲裁不符合仲裁协议约定为由，主张不予承认和执行该临时仲裁裁决的，人民法院不予支持。

相关法条

1.《中华人民共和国民事诉讼法》第二百九十条 ①（本案适用的是 2017 年 6 月 27 日修正的《中华人民共和国民事诉讼法》第二百八十三条）

---

① 现为《中华人民共和国民事诉讼法》（2023 年修正）第三百零四条。

2.《承认及执行外国仲裁裁决公约》第五条

基本案情

2013 年 5 月 17 日，卖方南京常力蜂业有限公司（以下简称常力蜂业公司）与买方斯万斯克蜂蜜加工公司（SvenskHonungsfora — dlingAB）（以下简称斯万斯克公司）签订了编号为 NJRS13001 的英文版蜂蜜销售《合同》，约定的争议解决条款为 "in case of disputes governed by Swedish law and that disputes should be settled by Expedited Arbitration in Sweden."（中文直译为："在受瑞典法律管辖的情况下，争议应在瑞典通过快速仲裁解决。"）另《合同》约定了相应的质量标准：蜂蜜其他参数符合欧洲（2001/112/EC，2001 年 12 月 20 日），无美国污仔病、微粒子虫、瓦螨病等。

在合同履行过程中，双方因蜂蜜品质问题发生纠纷。2015 年 2 月 23 日，斯万斯克公司以常力蜂业公司为被申请人就案涉《合同》向瑞典斯德哥尔摩商会仲裁院申请仲裁，请求常力蜂业公司赔偿。该仲裁院于 2015 年 12 月 18 日以其无管辖权为由作出 SCCF2015/023 仲裁裁决，驳回了斯万斯克公司的申请。

2016 年 3 月 22 日，斯万斯克公司再次以常力蜂业公司为被申请人就案涉《合同》在瑞典申请临时仲裁。在仲裁审查期间，临时仲裁庭及斯德哥尔摩地方法院向常力蜂业公司及该公司法定代表人邮寄了相应材料，但截至 2017 年 5 月 4 日，临时仲裁庭除了收到常力蜂业公司关于陈述《合同》没有约定仲裁条款、不应适用瑞典法的两份电子邮件外，未收到其他任何意见。此后临时仲裁庭收到常力蜂业公司代理律师提交的关于反对仲裁庭管辖权及延长提交答辩书的意见书。2018 年 3 月 5 日、6 日，临时仲裁庭组织双方当事人进行了听证。听证中，常力蜂业公司的代理人对仲裁庭的管辖权不再持异议，常力蜂业公司的法定代表人赵上生也未提出相应异议。该临时仲裁庭于 2018 年 6 月 9 日依据瑞典仲裁法作出仲裁裁决：1. 常力蜂业公司违反了《合同》约定，应向斯万斯克公司支付 286230 美元及相应利息；2. 常力蜂业公司应向斯万斯克公司赔偿 781614 瑞典克朗、1021718.45 港元。

2018 年 11 月 22 日，斯万斯克公司向江苏省南京市中级人民法院申请承认和执行上述仲裁裁决。

法院审查期间，双方均认为应当按照瑞典法律来理解《合同》中的仲裁条款。斯万斯克公司认为争议解决条款的中文意思是"如发生任何争议，应适用瑞典法律并在瑞典通过快速仲裁解决"。而常力蜂业公司则认为上述条款的中文意思是"为瑞典法律管辖下的争议在瑞典进行快速仲裁解决"。

裁判结果

江苏省南京市中级人民法院于 2019 年 7 月 15 日作出（2018）苏 01 协外认 8 号民事裁定，承认和执行由 Peter Thorp、Sture Larsson 和 Nils Eliasson 组成的临时仲裁庭于 2018 年 6 月 9 日针对斯万斯克公司与常力蜂业公司关于 NJRS13001《合同》作出的仲裁裁决。

裁判理由

法院生效裁判认为：依据查明及认定的事实，由 Peter Thorp、Sture Larsson 和 Nils Eliasson 组成的临时仲裁庭作出的案涉仲裁裁决不具有《承认及执行外国仲裁裁决公约》第五条第一款乙、丙、丁项规定的不予承认和执行的情形，也不违反我国加入该公约时所作出的保留性声明条款，或违反我国公共政策或争议事项不能以仲裁解决的情形，故对该裁决应当予以承认和执行。

关于临时仲裁裁决的程序是否存在与仲裁协议不符的情形。该项争议系双方对《合同》约定的争议解决条款"in case of disputes governed by Swedish law and that disputes should be settled by Expedited Arbitration in Sweden." 的理解问题。从双方对该条款中文意思的表述看，双方对在瑞典通过快速仲裁解决争端并无异议，仅对快速仲裁是否可以通过临时仲裁解决发生争议。快速仲裁相对于普通仲裁而言，更加高效、便捷、经济，其核心在于简化了仲裁程序、缩短了仲裁时间、降低了仲裁费用等，从而使当事人的争议以较为高效和经济的方式得到解决。而临时仲裁庭相对于常设的仲裁机构而言，也具有高效、便捷、经济的特点。具体到本案，双方同意通过快速仲裁的方式解决争议，但该快速仲裁并未排除通过临时仲裁的方式解决，当事人在仲裁听证过程中也没有对临时仲裁提出异议，在此情形下，由临时仲裁庭作出裁决，符合双方当事人的合意。故应认定案涉争议通过临时仲裁庭处理，并不存在与仲裁协议不符的情形。

（生效裁判审判人员：姜欣、蔡晓文、吴勇）

二、人民法院案例库参考案例

（一）首次执行案件

某银行黄石分行与大冶市某置业公司等执行实施案
——"期转现"贯彻善意理念，"放养鱼"助力营商环境

关键词：执行　执行实施　金融借款合同　善意文明执行　法治化营商环境　期房转现房　执行和解

裁判要旨

人民法院保全查封的在建工程，在该在建工程已具备竣工验收、办理不动产权属首次登记条件时，可能涉及超标的查封的，可以在双方当事人一致同意且不损害国家、社会公共利益和第三人合法权益的前提下，依申请执行人的申请或依职权解除查封。办理不动产权属首次登记后，依法进行司法评估并解除对超标的部分的不动产的查封，再行依法处置。

关联索引

《最高人民法院关于适用〈中华人民共和国民事诉讼法〉的解释》第491条

《最高人民法院关于人民法院民事执行中查封、扣押、冻结财产的规定》第19条

《最高人民法院关于人民法院民事执行中拍卖、变卖财产的规定》第20条、第26条

《最高人民法院关于在执行工作中进一步强化善意文明执行理念的意见》第4条、第5条

执行：湖北省黄石市中级人民法院（2022）鄂02执99-2号执行裁定书（2022年4月21日）

湖北省黄石市中级人民法院（2022）鄂02执99-3号执行裁定书（2022

年 5 月 20 日）

湖北省黄石市中级人民法院（2022）鄂 02 执 99-5 号执行裁定书（2022 年 6 月 21 日）

湖北省黄石市中级人民法院（2022）鄂 02 执 99-1 号结案通知书（2022 年 6 月 28 日）

某某信托公司与上海某某投资公司、杭州某某 房地产公司、舟山某某置业公司执行实施案
——形成于抵押权设立后的租赁权，不妨害抵押权实现的， 可在征得申请执行人同意后不予涤除

关键词： 执行　执行实施　带租拍卖　涤除租赁权　抵押权

裁判要旨

拍卖财产上形成于抵押权设立后的租赁权，并非一律应予涤除。若租赁权不影响抵押权的实现，可以在征得申请执行人同意后予以带租拍卖。

关联索引

《最高人民法院关于人民法院民事执行中拍卖、变卖财产的规定》第 28 条

执行依据：北京市方圆公证处（2019）京方圆执字第 00331 号执行证书（2019 年 10 月 25 日）

执行：浙江省舟山市中级人民法院（2019）浙 09 执 155 号之八十一号执行裁定（2020 年 11 月 25 日）

郭某甲、郭某乙与郭某丙执行实施案

——被执行人全家均系低保户，申请人属于未成年人的，符合司法救助条件，应优先保护

关键词：执行　执行实施　生活困难　未成年人　执行不能　司法救助

裁判要旨

未成年人作为权利人向人民法院申请强制执行，其合法权益应竭力予以保护，在涉生活费、教育费等与未成年人权益息息相关的金钱债权执行过程中，若被执行人系低保人群且无财产可供执行，执行案件虽可依法终本但并未让未成年人真正实现其胜诉权益，在被执行人系低保人群且确无财产可供执行时，案件可以及时启动司法救助程序，对未成年人进行司法救助，充分保障未成年人的合法权益。

关联索引

《最高人民法院关于加强和规范人民法院国家司法救助工作的意见》第3条

《人民法院国家司法救助案件办理程序规定（试行）》第15条

执行：四川省宝兴县人民法院（2021）川1827执398号执行裁定（2021年12月7日）

某银行股份有限公司成都分行与成都某置业有限公司执行实施案

——坚持善意文明执行理念，依法采取"活封"措施

关键词：执行　执行实施　善意文明执行　活封　民营房企　保交楼

裁判要旨

强化善意文明执行理念，在依法保障胜诉当事人合法权益同时，最大限度减少对被执行人权益影响。在具体个案中，对于资金周转困难、暂时无力偿还债务的房地产开发企业，灵活采取查封措施，对能"活封"的财产，尽

量不进行"死封"，使查封财产能够物尽其用，避免社会资源浪费。查封在建商品房或现房后，在确保能够控制相应价款的前提下，可以监督被执行人在一定期限内按照合理价格自行销售房屋。人民法院在确定期限时，应当明确具体的时间节点，避免期限过长影响执行效率，损害执行债权人合法权益。

关联索引

《最高人民法院关于在执行工作中进一步强化善意文明执行理念的意见》第5条

执行：四川省成都市中级人民法院（2022）川01执4769号结案通知书（2023年9月11日）

长宁某银行与汪某等执行实施案
——"以租代拍"的资产处置方式的适用

关键词： 执行　执行实施　善意文明执行　以租代拍

裁判要旨

被执行人的财产无法拍卖或者变卖的，经申请执行人同意，且不损害其他债权人合法权益和社会公共利益的，人民法院可以将该项财产交付申请执行人管理，以"以租代拍"方式进行资产处置，收取租金用于偿还被执行人履行生效法律文书确定的给付义务。

关联索引

《最高人民法院关于适用〈中华人民共和国民事诉讼法〉的解释》第490条

《最高人民法院关于人民法院民事执行中拍卖、变卖财产的规定》第32条第3款

《最高人民法院关于在执行工作中进一步强化善意文明执行理念的意见》第5条

执行：四川省长宁县人民法院（2023）川1524执恢26号执行裁定（2023年3月28日）

钟某某与刘某等执行实施案

——《主动履行证明书》等信用修复激励机制在执行程序中的审查与适用

关键词：执行 执行实施 主动履行 信用修复激励机制

裁判要旨

信用修复激励机制是法院在失信被执行人纠正自身违法失信行为、主动履行判决义务的前提下，对其作出解除失信拒执惩戒措施，撤销失信信息公示，出具《主动履行证明书》等信用修复声明，对主动履行行为施加正向激励的措施和过程。法院在执行程序中，能动运用《主动履行证明书》等信用修复激励机制，通过对被执行人主动履行行为施加正向激励，充分释放被执行人的履行潜力，促进和保障达成执行目的，兑现胜诉权益；同时实施信用修复，重建被执行人信用评价，消除被执行人正常开展授信融资、行政审批、项目招投标等经营活动的信用障碍，盘活其信用资源，实现社会整体利益价值最大化。

关联索引

《最高人民法院关于在执行工作中进一步强化善意文明执行理念的意见》第 21 条

《最高人民法院关于优化法治环境、促进民营经济发展壮大的指导意见》第 25 条

《最高人民法院关于为加快建设全国统一大市场提供司法服务和保障的意见》第 13 条

执行：广东省广州市花都区人民法院（2022）粤 0114 执 4600 号通知书（2022 年 6 月 28 日）

武某某与高某某执行实施案

——被执行人配偶不能提供证据证明名下银行存款系其个人财产的，法院可以进行冻结

关键词：执行　执行实施　夫妻共有财产　冻结扣划　执行完毕

裁判要旨

被执行人名下无可供执行财产时，法院应充分调查被执行人是否与他人拥有共同财产。被执行人配偶名下银行存款虽以个人名义所存，但不能提供证据证明案涉存款系其个人财产，法院可以对被执行人共有的登记在案外人名下的涉案银行存款进行冻结。

关联索引

《中华人民共和国民法典》第 1062 条

《最高人民法院关于适用〈中华人民共和国民法典〉婚姻家庭编的解释（一）》第 25 条、第 26 条、第 27 条

《最高人民法院关于人民法院民事执行中查封、扣押、冻结财产的规定》第 12 条

执行：山东省济宁高新技术产业开发区人民法院（2022）鲁 0891 执 1367号执行裁定（2022 年 11 月 24 日）

代某吉与代某平、黄某荣执行实施案

——执行和解中最有利于未成年人原则的适用

关键词：执行　执行实施　首次执行　执行和解　未成年人财产权利　最有利于未成年人原则

裁判要旨

执行和解中，监护人应严格履行监护责任，若执行和解内容有损害未成年人合法权益的，人民法院有权依法予以阻止。人民法院依职权保护未成年

人合法权益，可以根据保护权益的性质作出相应的财产保护告知书等，履行告知、督促、释明等职责，及时纠正当事人认识误区，促成案件顺利执行完毕。

关联索引

《中华人民共和国民法典》第 34 条、第 35 条

《中华人民共和国未成年人保护法》第 4 条、第 100 条、第 108 条

《最高人民法院关于执行和解若干问题的规定》第 1 条

执行：重庆市江津区人民法院（2021）渝 0116 执 1505 号执行裁定（2021 年 4 月 20 日）

（二）恢复执行案件

某合伙企业与某甲公司等执行实施案
——当事人无明确约定的，最高债权的限额不限于本金，应包括债权本金、利息、实现债权费用等全部债权

关键词： 执行　执行实施　恢复执行　借款合同　最高额抵押　债权转让　优先受偿

裁判要旨

具有"最高债权额"限度，是最高额担保区别于一般抵押权及一般保证的根本特征。对"最高债权额"的正确认定，决定着抵押权人基于该权利所能获得的优先受偿权的最高限度，以及担保人承担担保责任的最高限度。如将"最高债权额"仅理解为债权本金，那么当债务人逾期时，合同实际产生的利息、违约金、实现债权费用等总额处于不确定状态，使得债权总额冲破最高限额的限制，实际上变成一种无额度担保，不利于保护合同当事人的预期利益，亦与最高额担保制度设立的本意相悖。故当事人无明确约定时，"最高债权额"即包括债权本金、利息、实现债权费用等全部债权。

关联索引

《中华人民共和国民法典》第 389 条、第 420 条、第 690 条、第 691 条

《最高人民法院关于适用〈中华人民共和国民法典〉有关担保制度的解释》第 15 条

首次执行：山东省胶州市人民法院（2018）鲁 0281 执 3374 号执行裁定（2019 年 3 月 13 日）

恢复执行：山东省胶州市人民法院（2022）鲁 0281 执恢 441 号执行裁定（2023 年 3 月 23 日）

（三）执行异议案件

朱某花案外人执行复议案
——比例原则在唯一住房拍卖中的适用

关键词：执行　执行复议　比例原则　唯一住房拍卖　基本生存与居住权益

裁判要旨

拍卖被执行人名下唯一住房时，应当根据比例原则，依次审查拍卖的适当性、必要性及衡量性。可用比例原则的三个子原则以"三步法"对拍卖行为予以规范审查。其一，拍卖涉案房屋难以实现执行到位的执行目的，不符合适当性原则；其二，可选择其他替代执行措施而减少对权益的侵害的，不符合必要性原则；其三，拍卖涉案房屋对被执行人及案外人权益的损害后果，与拍卖可达目的之间不成比例的，不符合衡量性原则。若有一个要件不符合，则不宜对被执行人名下唯一住房予以拍卖，保障被执行人基本生存与居住权益。

关联索引

《最高人民法院关于人民法院民事执行中查封、扣押、冻结财产的规定》第 4 条、第 12 条第 1 款

《最高人民法院关于人民法院办理执行异议和复议案件若干问题的规定》第 20 条第 1 款

执行依据：广西壮族自治区柳州市柳南区人民法院（2021）桂 0204 刑初

615 号刑事判决书（2021 年 12 月 29 日）

执行异议：广西壮族自治区柳州市柳南区人民法院（2022）桂 0204 执异 37 号执行裁定（2022 年 7 月 8 日）

执行复议：广西壮族自治区柳州市中级人民法院（2022）桂 02 执复 60 号执行裁定（2022 年 9 月 13 日）

叶某、朱某与某集团有限公司执行异议案

——案外人虽支付商铺全部款项并已占有，但不能对抗施工人对该商铺享有的建设工程价款优先受偿权

关键词： 执行　执行异议　建设工程价款　优先受偿权　案外人　经营用房

裁判要旨

买受人虽支付了商铺的全部购房款且实际占有使用，但商铺属于投资经营用房，不属于消费者生存权特别保护的范畴，其权利不能对抗施工人的建设工程价款优先受偿权。施工人请求法院强制执行享有优先权的建设工程价款债权，人民法院强制执行登记在被执行的房地产开发企业名下的该商铺，买受人提出排除执行异议的，法院不予支持。

关联索引

《中华人民共和国民事诉讼法》（2023 年修正）第 238 条（本案适用的是 2021 年 12 月 24 日修正的《中华人民共和国民事诉讼法》第 234 条）

《最高人民法院关于适用〈中华人民共和国民事诉讼法〉执行程序若干问题的解释》第 14 条

《最高人民法院关于人民法院办理执行异议和复议案件若干问题的规定》第 27 条、第 29 条

执行异议：四川省泸州市中级人民法院（2023）川 05 执异 65 号执行裁定（2023 年 6 月 26 日）

执行异议之诉：四川省泸州市中级人民法院（2023）川 05 民初 38 号民事判决（2023 年 9 月 14 日）

胡某与宋某执行异议案

——在法院查封之前已签订合法有效的书面租赁合同且已占有使用该不动产的案外人主张租赁权方能成立

关键词： 执行 执行异议 案外人异议 租赁权

裁判要旨

1. 对于案外人主张承租权成立的条件应进行严格审查，须同时符合以下两个条件方能成立：其一，在法院查封之前已签订合法有效的书面租赁合同；其二，在法院查封之前承租人已占有使用该不动产。

2. 在案外人异议案件的审查中，应该综合是否实际缴纳租金、租金是否严重偏离市场价格、缴纳方式是否符合一般交易习惯、物业管理缴费凭证等因素综合进行认定，以防止承租人与被执行人恶意串通拖延执行。在涉及房屋买卖以及抵押登记的情形时，也可以参考相关合同中是否有关于房屋出租情况的表述。

3. 案外人承租在先的租赁权成立仍不能阻却拍卖等强制执行措施，其产生的法律后果是签署租赁协议及合法占有的承租人能在租赁期内阻止向受让人移交占有被执行人的不动产，即继续承租涉案房屋直至租赁期满。实践中，需要予以明确的是该项异议属于案外人针对执行标的提出的异议，执行法院应当对此进行立案审查，并作出裁定，不可直接认定租赁权成立并予以执行。

关联索引

《中华人民共和国民事诉讼法》（2023 年修正）第 238 条（本案适用的是 2017 年 6 月 27 日修正的《中华人民共和国民事诉讼法》第 227 条）

《最高人民法院关于人民法院办理执行异议和复议案件若干问题的规定》第 31 条

执行异议：北京市西城区人民法院（2019）京 0102 执异 144 号执行裁定（2019 年 7 月 31 日）

某甲公司与山东某公司执行异议案
——对农民工工资专用账户的审查认定

关键词： 执行　执行异议　农民工工资专用账户

裁判要旨

农民工工资专用账户具有专款专用的特征，该特征体现在：一是账户内资金系专款，即由建设单位支付总包单位的工资性工程款，该工程款数额按工程施工合同约定的数额或者比例确定；二是账户内资金需专用，即用于支付农民工工资，不得转入除本项目农民工本人银行账户以外的账户。同时，根据《工程建设领域农民工工资专用账户管理暂行办法》的规定，农民工工资专用账户还应具备在项目所在地专用账户监管部门进行备案、开户银行在业务系统中对账户进行特殊标识等形式要件。

关联索引

《中华人民共和国民事诉讼法》（2023 年修正）第 236 条（本案适用的是 2021 年 12 月 24 日修正的《中华人民共和国民事诉讼法》第 232 条）

《最高人民法院关于人民法院办理执行异议和复议案件若干问题的规定》第 17 条

执行异议：山东省淄博市周村区人民法院（2023）鲁 0306 执异 40 号执行裁定（2023 年 3 月 24 日）

临清某公司与许某执行异议案
——强制执行中，人民法院在满足一定条件下可以依法
冻结商品房预售资金监管账户资金

关键词： 执行　执行异议　专项资金　商品房预售资金

裁判要旨

商品房预售资金监管账户是预售人在竣工验收前出售其开发的商品房时，

于该项目所在地的银行设立的专用账户，人民法院可以依法冻结商品房预售资金监管账户。

关联索引

《中华人民共和国民事诉讼法》（2023 年修正）第 236 条（本案适用的是 2021 年 12 月 24 日修正的《中华人民共和国民事诉讼法》第 232 条）

执行异议：山东省临清市人民法院（2022）鲁 1581 执异 139 号执行裁定（2022 年 12 月 13 日）

孙某某与李某某等执行异议案

——对于债权清偿顺位，当事人有约定的依约定；没有约定的依法确定

关键词：执行　执行异议　清偿顺位　约定

裁判要旨

当事人对于债权清偿顺序有约定的，从其约定；当事人对于清偿顺序没有约定的，按照法律规定的顺序清偿；当事人对于清偿项目部分有约定的，对于有约定的部分，从其约定，对于没有约定的部分，按照法律规定的顺序确定。

关联索引

《中华人民共和国民法典》第 561 条

《最高人民法院关于执行程序中计算迟延履行期间的债务利息适用法律若干问题的解释》第 4 条

《最高人民法院关于人民法院办理执行异议和复议案件若干问题的规定》第 17 条

执行异议：山东省烟台经济技术开发区人民法院（2022）鲁 0691 执异 29 号执行裁定（2022 年 3 月 9 日）

周某某与甲公司执行异议案

——案外人主张对房产排除执行，如未登记非因其自身原因导致，应认定其对案涉房屋未办理过户登记手续并无过错

关键词：执行　执行异议　案外人　不动产　所有权认定　排除执行

裁判要旨

《最高人民法院关于人民法院办理执行异议和复议案件若干问题的规定》第 28 条规定："金钱债权执行中，买受人对登记在被执行人名下的不动产提出异议，符合下列情形且其权利能够排除执行的，人民法院应予支持：（一）在人民法院查封之前已签订合法有效的书面买卖合同；（二）在人民法院查封之前已合法占有该不动产；（三）已支付全部价款，或者已按照合同约定支付部分价款且将剩余价款按照人民法院的要求交付执行；（四）非因买受人自身原因未办理过户登记。"房屋尚未办理备案手续，客观上不具备办理产权过户登记的条件，买受人未取得案涉房屋所有权，并非其自身原因导致，应认定其对案涉房屋未办理过户登记手续并无过错。

关联索引

《最高人民法院关于人民法院办理执行异议和复议案件若干问题的规定》第 28 条

执行异议：山东省日照经济技术开发区人民法院（2021）鲁 1191 执异 13 号执行裁定（2021 年 10 月 13 日）

武某某、田某某等与聊城某公司、
赵某某执行异议案
——一人公司股东与公司财产混同，应对公司债务承担连带责任

关键词：执行 执行异议 一人公司 财产混同 追加被执行人 连带责任

裁判要旨

一人公司因股东单一，具有管理结构简单，股东有限责任等优势，但因缺乏股东之间的制衡，一人公司股东容易利用控制公司的便利，混淆公司财产和股东个人财产，将公司财产充作股东个人财产使用，损害债权人的利益。因此，《公司法》对一人公司财产管理具有严格的规定。如果股东与公司财产混同，或者股东不能举证证明公司财产和股东财产独立，均应对公司债务承担连带责任。

关联索引

《最高人民法院关于民事执行中变更、追加当事人若干问题的规定》第20条

执行异议：山东省聊城市茌平区人民法院（2022）鲁1503执异28号执行裁定（2022年7月30日）

冯某某与丁某某执行异议案
——执行依据被撤销，人民法院应当按照新的生效
法律文书将已执行的财产予以执行回转

关键词：执行 执行异议 执行回转 撤销执行依据 责令返还

裁判要旨

执行回转制度，是指案件执行完毕后，因原来的执行依据被撤销，法院根据新的生效法律文书，责令原申请执行人或者采取强制执行措施，将已执行的财产返还给原被执行人的制度。执行回转制度是纠正执行结果、保护当

事人合法权益的必要救济制度。适用条件包括：（1）原执行依据已被全部或部分执行。（2）原执行依据已被依法全部或部分撤销或变更；存在明确否定原执行依据的新生效法律文书，但原申请执行人拒不返还财产，或者不主动履行新执行依据和执行回转的裁定。（3）法院应当根据新的执行依据，重新立案并制作执行回转裁定。

关联索引

《中华人民共和国民事诉讼法》（2023年修正）第236条、第244条（本案适用的是2017年6月27日修正的《中华人民共和国民事诉讼法》第225条、第233条）

执行异议：山东省临清市人民法院（2021）鲁1581执异27号执行裁定（2021年3月5日）

陈某某执行异议案

——买受人因办理贷款或筹资等行为而逾期，但主观上不存在悔拍目的，又积极筹措资金，并在合理期限内缴纳拍卖款的，不宜直接认定为悔拍

关键词： 执行　执行异议　司法拍卖　悔拍　缴纳拍卖款

裁判要旨

买受人因办理贷款或筹资等行为，导致逾期支付拍卖款，因买受人主观上不存在悔拍目的、客观上又积极履行合同筹措资金，并在合理期限内缴纳拍卖款，此类情形不宜直接认定为悔拍。

关联索引

《最高人民法院关于人民法院民事执行中拍卖、变卖财产的规定》第25条

执行异议：上海市杨浦区人民法院（2020）沪0110执异145号执行裁定（2020年7月24日）

某经营管理公司与某投资公司执行异议案

——案外人以其对执行标的享有抵押权为由请求排除执行的，人民法院不予支持

关键词：执行 执行异议 抵押权 排除执行

裁判要旨

执行过程中，除法律有特别规定的情形外，应当由首先查封、扣押、冻结（以下简称查封）的法院负责处分查封财产。案外人主张对被执行的财产享有抵押权，并以此为由向负责处分查封财产的执行法院提起执行标的异议，请求排除执行的，依法不能成立，人民法院不予支持。案外人可通过申请参与分配主张权利。

关联索引

《最高人民法院关于人民法院办理执行异议和复议案件若干问题的规定》第 24 条

执行异议：云南省昆明市中级人民法院（2022）云 01 执异 2652 号执行裁定（2022 年 10 月 20 日）

（四）执行复议案件

蔡某不服限制出境决定申请复议案

——人民法院对采取限制出境措施应重点审查对当事人不采取限制出境措施是否不利于案件的审理和执行

关键词：执行 复议 限制出境决定 不利于执行

裁判要旨

根据《中华人民共和国出境入境管理法》第 28 条第 2 项的规定，外国人

有未了结的民事案件，人民法院决定不准出境的，出入境管理部门可不予准许其出境。人民法院对采取限制出境措施应持极为谨慎的态度，重点审查对当事人不采取限制出境措施是否不利于案件的审理和执行，是否能合理保障可能的胜诉方的利益，是否超出合理的裁量范围等。

关联索引

《中华人民共和国出境入境管理法》第 28 条

一审：北京市高级人民法院（2020）京民终字第 261 号决定书（2020 年 6 月 5 日）

二审：最高人民法院（2021）最高法民复 1 号决定书（2021 年 12 月 25 日）

甲公司与乙银行执行复议案
——抵押财产被保全查封后，抵押权人有权收取抵押财产的法定孳息

关键词： 执行　执行复议　保全　抵押权效力　法定孳息

裁判要旨

债务人不履行到期债务或者发生当事人约定的实现抵押权的情形，致使抵押财产被人民法院依法扣押的，自扣押之日起，抵押权人有权收取该抵押财产的天然孳息或者法定孳息，不以人民法院生效判决对被担保债权进行确认和进入执行程序为前提，但抵押权人未通知应当清偿法定孳息的义务人的除外。

关联索引

《中华人民共和国民法典》第 412 条

执行异议：上海市高级人民法院（2020）沪执异 1 号执行裁定（2020 年 9 月 7 日）

执行复议：最高人民法院（2020）最高法执复 169 号执行裁定（2021 年 3 月 31 日）

遵义某房地产公司与重庆某信托公司等执行复议案

——申请执行人依法转让债权后，未将债权转让情况
通知被执行人或不能确认是否通知的，不影响
债权受让人向执行法院申请变更其为申请执行人

关键词： 执行　执行复议　债权转让通知效力　变更申请执行人

裁判要旨

申请执行人依法转让债权后，未将债权转让事宜通知被执行人或不能确认是否通知的，不影响债权受让人依照《最高人民法院关于民事执行中变更、追加当事人若干问题的规定》第9条向执行法院申请变更其为申请执行人，但在申请执行人将债权转让情况通知被执行人前，被执行人向申请执行人履行生效法律文书确定的义务具有清偿效力。

关联索引

《中华人民共和国民法典》第546条（本案适用的是1999年10月1日施行的《中华人民共和国合同法》第80条）

《最高人民法院关于民事执行中变更、追加当事人若干问题的规定》第9条

执行异议：重庆市高级人民法院（2019）渝执异21号执行裁定（2019年5月7日）

执行复议：最高人民法院（2019）最高法执复91号执行裁定（2019年9月27日）

郜某某与胡某某执行复议案

——败诉方因未缴纳诉讼费用被立案强制执行后，不能以已向审理法院申请复核为由请求中止执行

关键词： 执行　执行复议　中止执行　诉讼费执行　申请复核

裁判要旨

判决生效后，人民法院向应当缴纳诉讼费用的败诉方发出交纳诉讼费用通知书，败诉方未在指定期限内交纳诉讼费用的，可以立案执行。被执行人主张其已向审理法院申请复核诉讼费数额，应当于复核决定作出后再予以强制执行的，因复核程序不属于人民法院应当中止执行的情形，不应支持。生效民事判决确定本案诉讼费用由两个败诉方共同负担，但未明确区分份额的，法院有权对其中之一进行全部执行，该被执行人如认为其履行义务超过其应承担份额，可依法另行向另一方追偿。

关联索引

《最高人民法院关于适用〈中华人民共和国民事诉讼法〉的解释》第 207 条

执行异议：湖北省高级人民法院（2021）鄂执异 3 号执行裁定（2021 年 7 月 7 日）

执行复议：最高人民法院（2021）最高法执复 95 号执行裁定（2021 年 12 月 20 日）

深圳某投资公司与湖北某贸易公司执行复议案

——债权受让人和转让人同时申请执行，应参照适用第三人申请变更、追加其为申请执行人的相应规定

关键词： 执行　执行复议　申请和受理条件　申请执行人资格　变更

裁判要旨

债权受让人和债权转让人同时申请执行，应参照适用第三人申请变更、

追加其为申请执行人的相应规定，即在生效法律文书确定的债权依法转让给第三人的条件下，应同时满足"申请执行人必须书面认可第三人取得该债权"这一条件。若当事人对债权转让合同效力发生争议，应通过另行诉讼解决。

关联索引

《最高人民法院关于人民法院执行工作若干问题的规定（试行）》第16条

《最高人民法院关于民事执行中变更、追加当事人若干问题的规定》第9条

执行异议：湖北省高级人民法院（2020）鄂执34号执行裁定（2021年3月25日）

执行复议：最高人民法院（2021）最高法执复59号执行裁定（2021年9月26日）

某银行呼和浩特分行执行复议案

——申请执行的生效法律文书不具备明确具体的给付内容，不符合执行条件

关键词：执行 执行复议 借款合同 驳回执行申请 执行条件 执行依据 内容不明

裁判要旨

当事人申请人民法院执行的生效法律文书应当具备明确具体的给付内容，否则不符合执行条件。生效判决主文确定了案涉质权标的物、行使质权范围及具体金额计算方法，由于计算方法中的被执行人应承担的违约金并不明确，不符合执行依据确定的给付内容应当具体、明确的法定情形，目前并不具备执行条件。待违约金确定、执行依据的给付内容明确后，申请执行人可再申请执行。

关联索引

《最高人民法院关于适用〈中华人民共和国民事诉讼法〉的解释》（2022年修正）第461条（本案适用的是2020年12月23日修正的《最高人民法院关于适用〈中华人民共和国民事诉讼法〉的解释》第463条）

执行异议：内蒙古自治区高级人民法院（2018）内执 54 号之四十七执行裁定（2020 年 12 月 10 日）

执行复议：最高人民法院（2021）最高法执复 22 号执行裁定（2021 年 9 月 24 日）

郑某某与某投资有限公司、某置业有限公司借款合同纠纷执行复议案

——判决确定的权利人在诉讼期间转让债权，受让人作为第三人参加诉讼，判决确认债权转让事实的，受让人可以直接申请执行

关键词：执行　执行复议　受让债权　判决拘束力　变更申请执行主体

裁判要旨

债权受让人申请变更申请执行人，或者直接申请执行的，应当取得转让人的书面认可的要求，原则上应适用于债权转让未经生效裁判确认的情况。生效判决将债权受让人列为无独立请求权的第三人，并对债权转让的相关事实进行了查明的，执行立案阶段或执行中处理申请执行主体变更的问题时，在无相反证据的情况下，可以将该判决认定的事实作为基本依据。认定债权转让事实的生效判决对转让人和受让人具有拘束力。因此，执行法院在没有再征询转让人意见的情形下，直接立案受理，并不违反《最高人民法院关于民事执行中变更、追加当事人若干问题的规定》的要求。

关联索引

《最高人民法院关于人民法院执行工作若干问题的规定（试行）》（2020 年修正）第 16 条［本案适用的是 1998 年 7 月 8 日施行的《最高人民法院关于人民法院执行工作若干问题的规定（试行）》第 18 条］

《最高人民法院关于适用〈中华人民共和国民事诉讼法〉的解释》第 249 条

《最高人民法院关于民事执行中变更、追加当事人若干问题的规定》第 9 条

执行异议：四川省高级人民法院（2019）川执异 2 号执行裁定（2019 年 8 月 30 日）

执行复议：最高人民法院（2020）最高法执复 1 号执行裁定（2020 年 6 月 9 日）

赣州某房地产公司与杨某某、赣州某开发公司执行复议案
——利害关系人办理商品房网签手续不能获得优先受偿权亦不能获得法院查封的效力

关键词： 执行 执行复议 民间借贷 查封 扣押 冻结

裁判要旨

签订买卖合同后的网签备案是行政强制性行为，是商品房买卖的公示而非抵押担保的公示，并不具有物权预告登记的公示效力。作为政府部门规范房地产开发企业、房屋中介公司等相关主体进行商品房预售管理的网上备案登记行为，与人民法院依照民事诉讼法等法律在保全或执行阶段对被保全人或被执行人的不动产等财产进行控制的查封行为从性质到效力完全不同，非经人民法院的法定程序，相关民事主体无法通过网签备案登记获得查封的效力。

关联索引

《中华人民共和国民法典》第 208 条

《中华人民共和国民事诉讼法》（2023 年修正）第 255 条（本案适用的是 2017 年 6 月 27 日修正的《中华人民共和国民事诉讼法》第 244 条）

执行异议：江西省高级人民法院（2020）赣执异 3 号执行裁定（2021 年 2 月 2 日）

执行复议：最高人民法院（2021）最高法执复 90 号执行裁定（2021 年 12 月 20 日）

陕西某公司与银川某公司、成都
某公司等保证合同纠纷执行复议案
——被保全人对保全裁定提起执行异议的，不予支持

关键词： 执行　执行复议　执行异议　异议程序　复议程序

裁判要旨

人民法院依据保全裁定对被执行人名下的银行存款采取冻结措施，符合保全裁定确定的内容。被保全人认为不应对该公司采取财产保全措施，请求撤销保全裁定，是对该保全裁定不服。依照相关法律规定，可以向作出该保全裁定的人民法院申请复议一次，而不应通过执行异议程序解决争议。

关联索引

《中华人民共和国民事诉讼法》第 111 条（本案适用的是 2017 年 6 月 27 日修正的《中华人民共和国民事诉讼法》第 108 条）

《最高人民法院关于人民法院办理财产保全案件若干问题的规定》第 25 条

执行异议：陕西省高级人民法院（2019）陕执异 18 号执行裁定（2019 年 12 月 20 日）

执行复议：最高人民法院（2020）最高法执复 125 号执行裁定（2020 年 12 月 30 日）

某某公司与溧阳某某公司等国内非涉外
仲裁纠纷执行复议案
——财产处置行为已停止且评估报告已经过期的，
对评估异议的审查应当终结

关键词： 执行　执行复议　财产处置　破产　评估　终结

裁判要旨

复议审查期间，复议申请人已进入破产重整程序，执行法院对该执行案

件终结本次执行程序，执行程序中的财产处置行为已停止。执行程序中对案涉资产进行评估的目的是为处置财产确定参考价，由于执行程序中的处置行为已经停止，且案涉资产评估报告已超过1年的有效期，即便在符合法律和司法解释规定的情形下重新进入处置程序也应重新确定参考价，继续审查评估问题没有实际意义，法院应终结对异议请求的审查。

关联索引

《中华人民共和国企业破产法》第19条

《最高人民法院关于人民法院执行工作若干问题的规定（试行）》（2008年修正）第102条第1项

执行异议：江苏省高级人民法院（2020）苏执异106号执行裁定（2020年4月16日）

执行复议：最高人民法院（2020）最高法执复118号执行裁定（2020年12月31日）

乙公司申请执行复议案
——确认到期债权的生效文书进入再审且裁定中止执行的，依据该生效文书所作限期履行通知书应当中止执行

关键词：执行 执行复议 生效法律文书确认 到期债权 限期履行通知书

裁判要旨

被执行人对第三人享有的到期债权已由法院生效法律文书确认，执行法院向第三人发出履行到期债务的通知后，第三人予以否认该到期债权的，不予支持。该生效法律文书因在其他法院被提起再审而裁定中止执行的，执行法院所发通知书理应中止执行，但不应当因此而被撤销。

关联索引

《中华人民共和国民事诉讼法》（2023年修正）第236条（本案适用的是2017年6月27日修正的《中华人民共和国民事诉讼法》第225条）

《最高人民法院关于适用〈中华人民共和国民事诉讼法〉的解释》（2022

年修正）第 499 条（本案适用的是 2015 年 1 月 30 日修正的《最高人民法院关于适用〈中华人民共和国民事诉讼法〉的解释》第 501 条）

《最高人民法院关于人民法院执行工作若干问题的规定（试行）》（2020 年修正）第 45 条［本案适用的是 1998 年 7 月 8 日发布的《最高人民法院关于人民法院执行工作若干问题的规定（试行）》第 61 条］

《最高人民法院关于人民法院办理执行异议和复议案件若干问题的规定》第 23 条第 1 款第 1 项

执行异议：海南省高级人民法院（2019）琼执异 234 号执行裁定（2019 年 12 月 28 日）

执行复议：最高人民法院（2020）最高法执复 46 号执行裁定（2020 年 6 月 29 日）

云南某物流公司与华某混凝土公司执行复议案
——到期债权的执行

关键词：执行　执行复议　工程款　到期债权　异议

裁判要旨

人民法院执行被执行人对案外第三人享有的到期债权，在保全阶段作出裁定冻结该债权，明确第三人不得对债务人清偿。进入执行程序后，在执行法院发出履行到期债务通知书前，第三人就冻结债权数额提出异议，仅承认部分债权数额的，可以参照《最高人民法院关于人民法院执行工作若干问题的规定（试行）》第 47 条和第 48 条规定，对其承认的部分强制执行。

关联索引

《最高人民法院关于适用〈中华人民共和国民事诉讼法〉的解释》第 159 条、第 501 条

《最高人民法院关于人民法院民事执行中查封、扣押、冻结财产的规定》第 1 条

《最高人民法院关于人民法院执行工作若干问题的规定（试行）》第 45 条、第 46 条、第 47 条、第 48 条

执行异议：云南省昆明市官渡区人民法院（2020）云 0111 执异 474 号执行裁定（2020 年 10 月 23 日）

执行复议：云南省昆明市中级人民法院（2021）云 01 执复 9 号执行裁定（2021 年 3 月 19 日）

厦门某投资公司执行复议案

——终结本次执行程序后对于第三人变更申请执行人的申请，应予受理审查

关键词：执行　执行复议　终结执行　终结本次执行程序　变更追加主体资格

裁判要旨

在终结本次执行程序制度确立之前，执行案件因被执行人确无财产可供执行等原因而终结执行，实际属于终结本次执行程序的范畴。根据法律规定，在终结本次执行程序后，当事人、利害关系人可以向人民法院申请变更、追加执行当事人，符合法定情形的，人民法院应予支持。执行法院以执行案件终结执行为由，认为第三人变更申请执行人的申请应不予受理，属适用法律错误，应予纠正。

关联索引

《最高人民法院关于严格规范终结本次执行程序的规定（试行）》第 16 条

《最高人民法院关于民事执行中变更、追加当事人若干问题的规定》第 9 条

执行异议：天津市高级人民法院（2021）津执异 34 号执行裁定（2021 年 3 月 17 日）

执行复议：最高人民法院（2021）最高法执复 60 号执行裁定（2021 年 9 月 30 日）

张某田与刘某平等股权转让纠纷执行复议案

——民事判决判令"股权转让协议有效，继续履行"，原告申请强制执行后，被告亦可据此申请强制执行

关键词： 执行　执行复议　股权转让　双务履行　强制执行

裁判要旨

发生法律效力的民事判决、裁定，当事人必须履行。一方拒绝履行的，对方当事人可以向人民法院申请强制执行。如果执行依据明确原告与被告应依据双方签订的《股权转让协议》继续履行。因《股权转让协议》系双务履行合同，分别约定了原告与被告的权利与义务，需转让方和受让方的共同履行才能完成合同约定的转让行为，在给付内容明确、双方互付义务的情形下，继续履行意味着协议双方均有履行义务，一方拒不履行的，另一方可向人民法院申请强制执行。原告据此申请强制执行后，在被告履行了转让股权等主要义务而原告拒不支付股权转让款的情形下，被告亦可向人民法院申请强制执行。

关联索引

《中华人民共和国民事诉讼法》（2023 年修正）第 247 条（本案适用的是 2017 年 6 月 27 日修正的《中华人民共和国民事诉讼法》第 236 条）

《最高人民法院关于人民法院执行工作若干问题的规定（试行）》第 2 条

执行异议：陕西省高级人民法院（2020）陕执异 5 号执行裁定（2020 年 4 月 20 日）

执行复议：最高人民法院（2020）最高法执复 99 号、123 号执行裁定（2020 年 12 月 4 日）

第四部分　法答网精选答问

1. 罚金刑的刑事执行案件中对于被执行人名下的唯一住房是否可以执行?

答疑意见: 目前刑法、刑事诉讼法及其司法解释对于刑事裁判涉财产部分执行的程序法律规定较为原则。根据《最高人民法院关于刑事裁判涉财产部分执行的若干规定》(法释〔2014〕13 号)第十六条,人民法院办理刑事裁判涉财产部分执行案件,刑法、刑事诉讼法及有关司法解释没有相应规定的,参照适用民事执行的有关规定。因此,对于罚金刑的刑事执行案件中被执行人名下唯一住房执行问题,可参照适用民事执行中的相关规定办理。

根据《最高人民法院关于人民法院民事执行中查封、扣押、冻结财产的规定》(以下简称《查封、扣押、冻结规定》)第四条、第五条规定,对被执行人及其所扶养家属生活所必需的居住房屋,人民法院可以查封,但不得拍卖、变卖或者抵债。对于超过被执行人及其所扶养家属生活所必需的房屋和生活用品,人民法院根据申请执行人的申请,在保障被执行人及其所扶养家属最低生活标准所必需的居住房屋和普通生活必需品后,可予以执行。根据《最高人民法院关于人民法院办理执行异议和复议案件若干问题的规定》第二十条规定,申请执行人按照当地廉租住房保障面积标准为被执行人及所扶养家属提供居住房屋,或者同意参照当地房屋租赁市场平均租金标准从该房屋的变价款中扣除五至八年租金时,被执行人以执行标的系本人及所扶养家属维持生活必需的居住房屋为由提出异议的,人民法院不予支持。

需要注意的是,被执行人及其所扶养家属的"唯一住房"和"生活必需住房"两个概念并不完全相同。被执行人及其所扶养家属唯一的住房,并非完全不能作为强制执行的标的物,如果能够保障被执行人及其所扶养家属维持生活必需的居住条件，可采取相应的方式予以执行。"唯一住房"是否为被执行人"生活必需"应结合被执行人的经济状况、房屋实际占有使用情况以及房屋的价值、地理位置等因素来综合考量、认定。若房屋存在出租、出借给他人使用等并非用来实际居住的情形，则可以认定被执行人并非依靠涉案房产维持其基本生存，人民法院可对该房产予以执行；若房屋面积较大或者价值较高，超过被执行人及其所扶养家属生活必需，可根据《查封、扣押、冻结规定》第五条的规定，采取"以小换大、以差换好、以远换近"等方式，在保障被执行人及其所扶养家属基本居住条件的前提下，对该"唯一住房"进行置换，将超过生活必需部分的房屋变价款用于执行财产刑。

点评专家：北京师范大学刑事法律科学研究院教授、博士生导师，中国法学会案例法学研究会理事 刘 科

点评意见：在罚金刑的刑事执行过程中，对于被执行人名下只有唯一住房是否可以执行的问题，刑法、刑事诉讼法及有关司法解释中并没有明确规定。对此，需要结合刑事法学的基本理论和司法实践中的具体情况来妥善解决。答疑意见提出参照《查封、扣押、冻结规定》来处理该问题，在此基础上区分被执行人及其所扶养家属的"唯一住房"和"生活必需住房"两个不同概念，并对"唯一住房"可执行的原则（是否为"生活必需住房"）以及具体情形作了分析，符合刑事法学的基本原理和司法解释的规定精神。答疑意见的观点鲜明、准确，逻辑清晰，依据充分，对于类似问题的处理具有很强的指导意义。

2.股权流拍后，申请执行人申请以物抵债的，是否应当具备资格或条件？如申请执行人不具备资格或条件，法院能否作出以物抵债裁定，待申请执行人另寻有资质的第三人后，再将股权登记至第三人名下？

答疑意见：第一，股权系股东通过向公司出资取得，可凭此依法享有资产收益、参与重大决策和选择管理者等权利。根据民事诉讼法及相关司法解释的规定，人民法院对被执行人持有的股权可以采取执行措施。强制执行股权最常用的措施是冻结和变价转让，其中变价程序包括评估、拍卖和变卖等

方式，与强制执行其他财产权的措施基本相同。

《最高人民法院关于人民法院执行工作若干问题的规定（试行）》第三十九条第二款规定："对被执行人在有限责任公司中被冻结的投资权益或股权，人民法院可以依据《中华人民共和国公司法》第七十一条、第七十二条、第七十三条的规定，征得全体股东过半数同意后，予以拍卖、变卖或以其他方式转让。不同意转让的股东，应当购买该转让的投资权益或股权，不购买的，视为同意转让，不影响执行。"据此，在一般股权执行中，司法解释并未对竞买人资格提出限制要求，但处置中应注意符合公司法对于股权转让的要求，充分保护股东的优先购买权。《最高人民法院关于人民法院民事执行中拍卖、变卖财产的规定》《最高人民法院关于人民法院网络司法拍卖若干问题的规定》均对司法拍卖过程中优先购买权的行使有所规定，即在拍卖过程中，其他股东可以通过参与竞买的方式行使其优先购买权。

第二，除一般股权外，根据证券法、保险法、商业银行法等法律规定，证券公司、保险公司、保险资产管理公司、商业银行、外资银行、基金管理公司、融资担保公司、期货公司等转让一定比例股权的，受让股权的主体需经过相关部门审批。特殊公司股权或关乎国家产业结构安全，或关乎国家金融秩序、经济秩序稳定，为了维护国家产业安全等目的，相关法律法规对特殊公司的股权变更设定了行政许可的前置审批程序。因此，拍卖此类"特殊公司股权"程序中应该尊重行政审批规范。特殊公司股权变更的行政许可，审查内容可能涉及受让后股权结构、受让人的资金来源、财务状况、资本补充能力和诚信状况等，但是不同类型公司有一定差异。执行程序中对此应该予以遵守，防止因强制执行而打破或架空行政许可的制度目的。

基于以上背景，《最高人民法院关于人民法院强制执行股权若干问题的规定》第十五条对此类特殊公司股权处置作出了专门规定："股权变更应当由相关部门批准的，人民法院应当在拍卖公告中载明法律、行政法规或者国务院决定规定的竞买人应当具备的资格或者条件。必要时，人民法院可以就竞买资格或者条件征询相关部门意见。拍卖成交后，人民法院应当通知买受人持成交确认书向相关部门申请办理股权变更批准手续。买受人取得批准手续的，人民法院作出拍卖成交裁定书；买受人未在合理期限内取得批准手续的，应当重新对股权进行拍卖。重新拍卖的，原买受人不得参加竞买。买受人明知不符合竞买资格或者条件依然参加竞买，且在成交后未能在合理期限内取得相关部门股权变更批准手续的，交纳的保证金不予退还。保证金不足以支付拍卖产生的费用损失、弥补重新拍卖价款低于原拍卖价款差价的，人民法院可以裁定原买受人补交；拒不补交的，强制执行。"根据该条规定，人民法院对特殊公司股权进行拍卖时，竞买人应当符合相应的资格或条件，在强制执行的同时遵循行政许可要求，体现出执行权应与行政权相容而非互斥的治理理念。特殊公司股权执行中，无论是拍卖处置给竞买人，或以物抵债给申请执行人，在上述第十五条规定适用时，股权受让人均应具有相关资质，确保处置后及时推进行政审批手续办理。如题所述，如将股权以物抵债给不具有竞买资质的申请执行人，由其另寻找具有资质的承接主体，再将股权过户登记至第三人名下，从执行效率及效果上看，该执行方式均具有极大不确定性，极易引发新的执行异议，故不应作为特殊公司股权执行的一般规范做法。如果申请执行人已经现实物色到具有符合资质的第三方有承接股权的意愿，则完全可通过由该第三方参与竞买的方式竞得股权，实现执行目的。

第三，关于要求买受人何时办理股权变更审批的问题，司法解释规定的解决方案为，拍卖前执行法院并不审核参与竞买人的资质，在拍卖成交后出具成交裁定前由买受人向有关部门申请办理股权变更批准手续，此时相关部门会对其股权变更资质进行审查。首先，在竞买前即审核竞买人资格，存在暗箱操作的风险，可能导致股权拍卖竞价不充分。其次，特殊公司股权形式多样，涉及不同的审批部门，在拍卖前审核竞买资格，不仅一线执行人员无此能力和精力，而且会大大增加审批部门的工作量，不具有实操性。最后，竞买人即使在竞买前已获得审批，在竞买成功后办理变更登记时，也会因种种原因出现不能办理变更登记的情形，反而会引发更多矛盾纠纷。据此，特殊公司股权拍卖前，执行法院应尽到充分的公示义务，即股权变更应当由相关部门批准的，应当在拍卖公告中载明法律、行政法规或者国务院决定规定的竞买人应当具备的资格或者条件，让竞买者充分注意并知悉，避免存在重大误解参与竞买。处置成交后，执行法院应当及时通知买受人（或接受以物抵债的债权人）持成交确认书等法律文书向相关部门申请办理股权变更批准手续。如竞买人（或接受以物抵债的债权人）未通过行政审批，不能获得受让股权的行政许可的情况下，本条司法解释规定也根据其自身是否有过错分别提供了不同解决路径。

点评专家：中国政法大学诉讼法学研究院教授 谭秋桂

点评意见：对股权执行，实质是通过兑现股权的财产性价值实现申请执行人的金钱给付请求权。除了公司资产，股东参与公司重大决策和选择管理者等权利也是影响股权财产性价值的重要因素。实践中对股权执行应遵守公司法等实体法有关股权取得和流转的所有规范。其中，法律对于股东资格或者条件有特别要求的，对股权执行中股权的拍定人、买受人、接受抵债的申请执行人，必须具备法律规定的特殊资格或者条件。否则，股权拍卖、变卖、抵债行为应为无效，相关主体有过错的，应依法承担相应的法律责任。处理股权流拍后以股权抵债的申请执行人的资格或者条件，同样应当遵循上述基本规则。本条答疑意见，以对股权执行的基本原理为理论基础，系统梳理了现行法律和司法解释对股权执行的规定，对于接受以流拍的股权抵债的申请执行人的资格或者条件、第三人接受抵债股权的问题进行了既合原理又合法律规范的解答，不仅能够直接解决提问者的疑惑，还能指导对股权执行的相关司法实践，实现了回答问题与政策指导的完美结合。

3. 行政机关作出行政决定后，在诉讼期限内向法院申请保全应如何处理？如果诉讼期限内即可申请保全，诉讼管辖法院与非诉执行审查法院不同的，应如何确定管辖？

答疑意见：《最高人民法院关于适用〈中华人民共和国行政诉讼法〉的解释》（以下简称《行诉法解释》）第七十六条第一款规定："人民法院对于因一方当事人的行为或者其他原因，可能使行政行为或者人民法院生效裁判不能或者难以执行的案件，根据对方当事人的申请，可以裁定对其财产进行保全、责令其作出一定行为或者禁止其作出一定行为；当事人没有提出申请的，人民法院在必要时也可以裁定采取上述保全措施。"第一百五十九条规定："行政机关或者行政行为确定的权利人申请人民法院强制执行前，有充分理由认为被执行人可能逃避执行的，可以申请人民法院采取财产保全措施。后者申请强制执行的，应当提供相应的财产担保。"根据前述规定，行政机关作出行政决定后，在诉讼期限内向法院申请保全的，人民法院应当依法进行审查。保全申请符合法定条件的，人民法院应当裁定采取保全措施。关于可以管辖行政机关保全申请的人民法院，可以参照《行诉法解释》第七十七条第一款"利害关系人因情况紧急，不立即申请保全将会使其合法权益受到难以弥补的损害的，可以在提起诉讼前向被保全财产所在地、被申请人住所地或者对案件有管辖权的人民法院申请采取保全措施"的规定予以确定。主要理由是，行政机关申请保全的目的在于确保行政行为可以依法得到执行，无论行政相对人或利害关系人提起行政诉讼，抑或行政机关申请非诉执行，均可能存在因行政行为无法或难以得到执行而需申请保全的情形，行政机关依法可以提出申请。采取保全措施的人民法院与对案件有管辖权的人民法院不一致的，并不影响有管辖权的法院对案件依法进行审理。

点评专家：武汉大学法学院教授 江国华

点评意见：实践中，基于完善非诉强制执行前的保全探索，可能出现在诉讼时效届满前，行政机关为执行不动产，先行向"不动产所在地有管辖权的人民法院"提出财产保全申请，并被法院受理且作出支持保全裁定，其后相对人或利害关系人向"最初作出行政行为的行政机关所在地人民法院"提起行政诉讼，如此，就可能出现对案件有管辖权的法院和作出保全裁定人民法院不是同一法院的问题。本条答疑意见围绕这一问题的解决，针对行政机关向人民法院申请保全法律依据及适用情形予以解答，条分缕析，逻辑清楚，法律解释正确，具有明确的针对性和很强的实用性。

第五部分　相关规定

一、执行综合规范

（一）基本规范

中华人民共和国民事诉讼法（节选）

（1991 年 4 月 9 日第七届全国人民代表大会第四次会议通过　根据 2007 年 10 月 28 日第十届全国人民代表大会常务委员会第三十次会议《关于修改〈中华人民共和国民事诉讼法〉的决定》第一次修正　根据 2012 年 8 月 31 日第十一届全国人民代表大会常务委员会第二十八次会议《关于修改〈中华人民共和国民事诉讼法〉的决定》第二次修正　根据 2017 年 6 月 27 日第十二届全国人民代表大会常务委员会第二十八次会议《关于修改〈中华人民共和国民事诉讼法〉和〈中华人民共和国行政诉讼法〉的决定》第三次修正　根据 2021 年 12 月 24 日第十三届全国人民代表大会常务委员会第三十二次会议《关于修改〈中华人民共和国民事诉讼法〉的决定》第四次修正　根据 2023 年 9 月 1 日第十四届全国人民代表大会常务委员会第五次会议《关于修改〈中华人民共和国民事诉讼法〉的决定》第五次修正）

目　录

第三编 执行程序

第十九章 一般规定

第二百三十五条 发生法律效力的民事判决、裁定，以及刑事判决、裁定中的财产部分，由第一审人民法院或者与第一审人民法院同级的被执行的财产所在地人民法院执行。

法律规定由人民法院执行的其他法律文书，由被执行人住所地或者被执行的财产所在地人民法院执行。

第二百三十六条 当事人、利害关系人认为执行行为违反法律规定的，可以向负责执行的人民法院提出书面异议。当事人、利害关系人提出书面异议的，人民法院应当自收到书面异议之日起十五日内审查，理由成立的，裁定撤销或者改正；理由不成立的，裁定驳回。当事人、利害关系人对裁定不服的，可以自裁定送达之日起十日内向上一级人民法院申请复议。

第二百三十七条 人民法院自收到申请执行书之日起超过六个月未执行的，申请执行人可以向上一级人民法院申请执行。上一级人民法院经审查，可以责令原人民法院在一定期限内执行，也可以决定由本院执行或者指令其他人民法院执行。

第二百三十八条 执行过程中，案外人对执行标的提出书面异议的，人民法院应当自收到书面异议之日起十五日内审查，理由成立的，裁定中止对该标的的执行；理由不成立的，裁定驳回。案外人、当事人对裁定不服，认为原判决、裁定错误的，依照审判监督程序办理；与原判决、裁定无关的，可以自裁定送达之日起十五日内向人民法院提起诉讼。

第二百三十九条 执行工作由执行员进行。

采取强制执行措施时，执行员应当出示证件。执行完毕后，应当将执行情况制作笔录，由在场的有关人员签名或者盖章。

人民法院根据需要可以设立执行机构。

第二百四十条 被执行人或者被执行的财产在外地的，可以委托当地人民法院代为执行。受委托人民法院收到委托函件后，必须在十五日内开始执行，不得拒绝。执行完毕后，应当将执行结果及时函复委托人民法院；在三十日内如果还未执行完毕，也应当将执行情况函告委托人民法院。

受委托人民法院自收到委托函件之日起十五日内不执行的，委托人民法院可以请求受委托人民法院的上级人民法院指令受委托人民法院执行。

第二百四十一条 在执行中，双方当事人自行和解达成协议的，执行员应当将协议内容记入笔录，由双方当事人签名或者盖章。

申请执行人因受欺诈、胁迫与被执行人达成和解协议，或者当事人不履行和解协议的，人民法院可以根据当事人的申请，恢复对原生效法律文书的执行。

第二百四十二条 在执行中，被执行人向人民法院提供担保，并经申请执行人同意的，人民法院可以决定暂缓执行及暂缓执行的期限。被执行人逾期仍不履行的，人民法院有权执行被执行人的担保财产或者担保人的财产。

第二百四十三条 作为被执行人的公民死亡的，以其遗产偿还债务。作为被执行人的法人或者其他组织终止的，由其权利义务承受人履行义务。

第二百四十四条 执行完毕后，据以执行的判决、裁定和其他法律文书确有错误，被人民法院撤销的，对已被执行的财产，人民法院应当作出裁定，责令取得财产的人返还；拒不返还的，强制执行。

第二百四十五条 人民法院制作的调解书的执行，适用本编的规定。

第二百四十六条 人民检察院有权对民事执行活动实行法律监督。

第二十章 执行的申请和移送

第二百四十七条 发生法律效力的民事判决、裁定，当事人必须履行。一方拒绝履行的，对方当事人可以向人民法院申请执行，也可以由审判员移送执行员执行。

调解书和其他应当由人民法院执行的法律文书，当事人必须履行。一方拒绝履行的，对方当事人可以向人民法院申请执行。

第二百四十八条 对依法设立的仲裁机构的裁决，一方当事人不履行的，对方当事人可以向有管辖权的人民法院申请执行。受申请的人民法院应当执行。

被申请人提出证据证明仲裁裁决有下列情形之一的，经人民法院组成合议庭审查核实，裁定不予执行：

（一）当事人在合同中没有订有仲裁条款或者事后没有达成书面仲裁协议的；

（二）裁决的事项不属于仲裁协议的范围或者仲裁机构无权仲裁的；

（三）仲裁庭的组成或者仲裁的程序违反法定程序的；

（四）裁决所根据的证据是伪造的；

（五）对方当事人向仲裁机构隐瞒了足以影响公正裁决的证据的；

（六）仲裁员在仲裁该案时有贪污受贿，徇私舞弊，枉法裁决行为的。

人民法院认定执行该裁决违背社会公共利益的，裁定不予执行。

裁定书应当送达双方当事人和仲裁机构。

仲裁裁决被人民法院裁定不予执行的，当事人可以根据双方达成的书面仲裁协议重新申请仲裁，也可以向人民法院起诉。

第二百四十九条 对公证机关依法赋予强制执行效力的债权文书，一方当事人不履行的，对方当事人可以向有管辖权的人民法院申请执行，受申请的人民法院应当执行。

公证债权文书确有错误的，人民法院裁定不予执行，并将裁定书送达双方当事人和公证机关。

第二百五十条 申请执行的期间为二年。申请执行时效的中止、中断，适用法律有关诉讼时效中止、中断的规定。

前款规定的期间，从法律文书规定履行期间的最后一日起计算；法律文书规定分期履行的，从最后一期履行期限届满之日起计算；法律文书未规定履行期间的，从法律文书生效之日起计算。

第二百五十一条 执行员接到申请执行书或者移交执行书，应当向被执行人发出执行通知，并可以立即采取强制执行措施。

第二十一章　执行措施

第二百五十二条 被执行人未按执行通知履行法律文书确定的义务，应当报告当前以及收到执行通知之日前一年的财产情况。被执行人拒绝报告或者虚假报告的，人民法院可以根据情节轻重对被执行人或者其法定代理人、有关单位的主要负责人或者直接责任人员予以罚款、拘留。

第二百五十三条 被执行人未按执行通知履行法律文书确定的义务，人民法院有权向有关单位查询被执行人的存款、债券、股票、基金份额等财产情况。人民法院有权根据不同情形扣押、冻结、划拨、变价被执行人的财产。人民法院查询、扣押、冻结、划拨、变价的财产不得超出被执行人应当履行义务的范围。

人民法院决定扣押、冻结、划拨、变价财产，应当作出裁定，并发出协助执行通知书，有关单位必须办理。

第二百五十四条 被执行人未按执行通知履行法律文书确定的义务，人民法院有权扣留、提取被执行人应当履行义务部分的收入。但应当保留被执行人及其所扶养家属的生活必需费用。

人民法院扣留、提取收入时，应当作出裁定，并发出协助执行通知书，被执行人所在单位、银行、信用合作社和其他有储蓄业务的单位必须办理。

第二百五十五条 被执行人未按执行通知履行法律文书确定的义务，人民法院有权查封、扣押、冻结、拍卖、变卖被执行人应当履行义务部分的财产。但应当保留被执行人及其所扶养家属的生活必需品。

采取前款措施，人民法院应当作出裁定。

第二百五十六条 人民法院查封、扣押财产时，被执行人是公民的，应当通知被执行人或者他的成年家属到场；被执行人是法人或者其他组织的，应当通知其法定代表人或者主要负责人到场。拒不到场的，不影响执行。被执行人是公民的，其工作单位或者财产所在地的基层组织应当派人参加。

对被查封、扣押的财产，执行员必须造具清单，由在场人签名或者盖章后，交被执行人一份。被执行人是公民的，也可以交他的成年家属一份。

第二百五十七条 被查封的财产，执行员可以指定被执行人负责保管。因被执行人的过错造成的损失，由被执行人承担。

第二百五十八条 财产被查封、扣押后，执行员应当责令被执行人在指定期间履行法律文书确定的义务。被执行人逾期不履行的，人民法院应当拍卖被查封、扣押的财产；不适于拍卖或者当事人双方同意不进行拍卖的，人民法院可以委托有关单位变卖或者自行变卖。国家禁止自由买卖的物品，交有关单位按照国家规定的价格收购。

第二百五十九条 被执行人不履行法律文书确定的义务，并隐匿财产的，人民法院有权发出搜查令，对被执行人及其住所或者财产隐匿地进行搜查。

采取前款措施，由院长签发搜查令。

第二百六十条 法律文书指定交付的财物或者票证，由执行员传唤双方当事人当面交付，或者由执行员转交，并由被交付人签收。

有关单位持有该项财物或者票证的，应当根据人民法院的协助执行通知书转交，并由被交付人签收。

有关公民持有该项财物或者票证的，人民法院通知其交出。拒不交出的，强制执行。

第二百六十一条 强制迁出房屋或者强制退出土地，由院长签发公告，责令被执行人在指定期间履行。被执行人逾期不履行的，由执行员强制执行。

强制执行时，被执行人是公民的，应当通知被执行人或者他的成年家属到场；被执行人是法人或者其他组织的，应当通知其法定代表人或者主要负责人到场。拒不到场的，不影响执行。被执行人是公民的，其工作单位或者房屋、土地所在地的基层组织应当派人参加。执行员应当将强制执行情况记入笔录，由在场人签名或者盖章。

强制迁出房屋被搬出的财物，由人民法院派人运至指定处所，交给被执行人。被执行人是公民的，也可以交给他的成年家属。因拒绝接收而造成的损失，由被执行人承担。

第二百六十二条 在执行中，需要办理有关财产权证照转移手续的，人民法院可以向有关单位发出协助执行通知书，有关单位必须办理。

第二百六十三条 对判决、裁定和其他法律文书指定的行为，被执行人未按执行通知履行的，人民法院可以强制执行或者委托有关单位或者其他人完成，费用由被执行人承担。

第二百六十四条 被执行人未按判决、裁定和其他法律文书指定的期间履行给付金钱义务的，应当加倍支付迟延履行期间的债务利息。被执行人未按判决、裁定和其他法律文书指定的期间履行其他义务的，应当支付迟延履行金。

第二百六十五条 人民法院采取本法第二百五十三条、第二百五十四条、第二百五十五条规定的执行措施后，被执行人仍不能偿还债务的，应当继续履行义务。债权人发现被执行人有其他财产的，可以随时请求人民法院执行。

第二百六十六条　被执行人不履行法律文书确定的义务的，人民法院可以对其采取或者通知有关单位协助采取限制出境，在征信系统记录、通过媒体公布不履行义务信息以及法律规定的其他措施。

第二十二章　执行中止和终结

第二百六十七条　有下列情形之一的，人民法院应当裁定中止执行：

（一）申请人表示可以延期执行的；

（二）案外人对执行标的提出确有理由的异议的；

（三）作为一方当事人的公民死亡，需要等待继承人继承权利或者承担义务的；

（四）作为一方当事人的法人或者其他组织终止，尚未确定权利义务承受人的；

（五）人民法院认为应当中止执行的其他情形。

中止的情形消失后，恢复执行。

第二百六十八条　有下列情形之一的，人民法院裁定终结执行：

（一）申请人撤销申请的；

（二）据以执行的法律文书被撤销的；

（三）作为被执行人的公民死亡，无遗产可供执行，又无义务承担人的；

（四）追索赡养费、扶养费、抚养费案件的权利人死亡的；

（五）作为被执行人的公民因生活困难无力偿还借款，无收入来源，又丧失劳动能力的；

（六）人民法院认为应当终结执行的其他情形。

第二百六十九条　中止和终结执行的裁定，送达当事人后立即生效。

最高人民法院
关于适用《中华人民共和国民事诉讼法》的解释（节选）

（2014 年 12 月 18 日最高人民法院审判委员会第 1636 次会议通过　根据

2020 年 12 月 23 日最高人民法院审判委员会第 1823 次会议通过的

《最高人民法院关于修改〈最高人民法院关于人民法院民事调解

工作若干问题的规定〉等十九件民事诉讼类司法解释的决定》

第一次修正　根据 2022 年 3 月 22 日最高人民法院审判委员会

第 1866 次会议通过的《最高人民法院关于修改〈最高人民法院

关于适用《中华人民共和国民事诉讼法》的解释〉的决定》

第二次修正　该修正自 2022 年 4 月 10 日起施行）

二十一、执行程序

第四百六十条　发生法律效力的实现担保物权裁定、确认调解协议裁定、支付令，由作出裁定、支付令的人民法院或者与其同级的被执行财产所在地的人民法院执行。

认定财产无主的判决，由作出判决的人民法院将无主财产收归国家或者集体所有。

第四百六十一条　当事人申请人民法院执行的生效法律文书应当具备下列条件：

（一）权利义务主体明确；

（二）给付内容明确。

法律文书确定继续履行合同的，应当明确继续履行的具体内容。

第四百六十二条　根据民事诉讼法第二百三十四条规定，案外人对执行标的提出异议的，应当在该执行标的的执行程序终结前提出。

第四百六十三条　案外人对执行标的提出的异议，经审查，按照下列情形分别处理：

（一）案外人对执行标的不享有足以排除强制执行的权益的，裁定驳回其异议；

（二）案外人对执行标的享有足以排除强制执行的权益的，裁定中止执行。

驳回案外人执行异议裁定送达案外人之日起十五日内，人民法院不得对执行标的进行处分。

第四百六十四条　申请执行人与被执行人达成和解协议后请求中止执行或者撤回执行申请的，人民法院可以裁定中止执行或者终结执行。

第四百六十五条　一方当事人不履行或者不完全履行在执行中双方自愿达成的和解协议，对方当事人申请执行原生效法律文书的，人民法院应当恢复执行，但和解协议已履行的部分应当扣除。和解协议已经履行完毕的，人民法院不予恢复执行。

第四百六十六条　申请恢复执行原生效法律文书，适用民事诉讼法第二百四十六条申请执行期间的规定。申请执行期间因达成执行中的和解协议而中断，其期间自和解协议约定履行期限的最后一日起重新计算。

第四百六十七条　人民法院依照民事诉讼法第二百三十八条规定决定暂缓执行的，如果担保是有期限的，暂缓执行的期限应当与担保期限一致，但最长不得超过一年。被执行人或者担保人对担保的财产在暂缓执行期间有转移、隐藏、变卖、毁损等行为的，人民法院可以恢复强制执行。

第四百六十八条　根据民事诉讼法第二百三十八条规定向人民法院提供执行担保的，可以由被执行人或者他人提供财产担保，也可以由他人提供保证。担保人应当具有代为履行或者代为承担赔偿责任的能力。

他人提供执行保证的，应当向执行法院出具保证书，并将保证书副本送交申请执行人。被执行人或者他人提供财产担保的，应当参照民法典的有关规定办理相应手续。

第四百六十九条　被执行人在人民法院决定暂缓执行的期限届满后仍不履行义务的，人民法院可以直接执行担保财产，或者裁定执行担保人的财产，但执行担保人的财产以担保人应当履行义务部分的财产为限。

第四百七十条　依照民事诉讼法第二百三十九条规定，执行中作为被执行人的法人或者其他组织分立、合并的，人民法院可以裁定变更后的法人或者其他组织为被执行人；被注销的，如果依照有关实体法的规定有权利义务承受人的，可以裁定该权利义务承受人为被执行人。

第四百七十一条 其他组织在执行中不能履行法律文书确定的义务的，人民法院可以裁定执行对该其他组织依法承担义务的法人或者公民个人的财产。

第四百七十二条 在执行中，作为被执行人的法人或者其他组织名称变更的，人民法院可以裁定变更后的法人或者其他组织为被执行人。

第四百七十三条 作为被执行人的公民死亡，其遗产继承人没有放弃继承的，人民法院可以裁定变更被执行人，由该继承人在遗产的范围内偿还债务。继承人放弃继承的，人民法院可以直接执行被执行人的遗产。

第四百七十四条 法律规定由人民法院执行的其他法律文书执行完毕后，该法律文书被有关机关或者组织依法撤销的，经当事人申请，适用民事诉讼法第二百四十条规定。

第四百七十五条 仲裁机构裁决的事项，部分有民事诉讼法第二百四十四条第二款、第三款规定情形的，人民法院应当裁定对该部分不予执行。

应当不予执行部分与其他部分不可分的，人民法院应当裁定不予执行仲裁裁决。

第四百七十六条 依照民事诉讼法第二百四十四条第二款、第三款规定，人民法院裁定不予执行仲裁裁决后，当事人对该裁定提出执行异议或者复议的，人民法院不予受理。当事人可以就该民事纠纷重新达成书面仲裁协议申请仲裁，也可以向人民法院起诉。

第四百七十七条 在执行中，被执行人通过仲裁程序将人民法院查封、扣押、冻结的财产确权或者分割给案外人的，不影响人民法院执行程序的进行。

案外人不服的，可以根据民事诉讼法第二百三十四条规定提出异议。

第四百七十八条 有下列情形之一的，可以认定为民事诉讼法第二百四十五条第二款规定的公证债权文书确有错误：

（一）公证债权文书属于不得赋予强制执行效力的债权文书的；

（二）被执行人一方未亲自或者未委托代理人到场公证等严重违反法律规定的公证程序的；

（三）公证债权文书的内容与事实不符或者违反法律强制性规定的；

（四）公证债权文书未载明被执行人不履行义务或者不完全履行义务时同意接受强制执行的。

人民法院认定执行该公证债权文书违背社会公共利益的，裁定不予执行。

公证债权文书被裁定不予执行后，当事人、公证事项的利害关系人可以就债权争议提起诉讼。

第四百七十九条　当事人请求不予执行仲裁裁决或者公证债权文书的，应当在执行终结前向执行法院提出。

第四百八十条　人民法院应当在收到申请执行书或者移交执行书后十日内发出执行通知。

执行通知中除应责令被执行人履行法律文书确定的义务外，还应通知其承担民事诉讼法第二百六十条规定的迟延履行利息或者迟延履行金。

第四百八十一条　申请执行人超过申请执行时效期间向人民法院申请强制执行的，人民法院应予受理。被执行人对申请执行时效期间提出异议，人民法院经审查异议成立的，裁定不予执行。

被执行人履行全部或者部分义务后，又以不知道申请执行时效期间届满为由请求执行回转的，人民法院不予支持。

第四百八十二条　对必须接受调查询问的被执行人、被执行人的法定代表人、负责人或者实际控制人，经依法传唤无正当理由拒不到场的，人民法院可以拘传其到场。

人民法院应当及时对被拘传人进行调查询问，调查询问的时间不得超过八小时；情况复杂，依法可能采取拘留措施的，调查询问的时间不得超过二十四小时。

人民法院在本辖区以外采取拘传措施时，可以将被拘传人拘传到当地人民法院，当地人民法院应予协助。

第四百八十三条　人民法院有权查询被执行人的身份信息与财产信息，掌握相关信息的单位和个人必须按照协助执行通知书办理。

第四百八十四条　对被执行的财产，人民法院非经查封、扣押、冻结不得处分。对银行存款等各类可以直接扣划的财产，人民法院的扣划裁定同时具有冻结的法律效力。

第四百八十五条 人民法院冻结被执行人的银行存款的期限不得超过一年，查封、扣押动产的期限不得超过两年，查封不动产、冻结其他财产权的期限不得超过三年。

申请执行人申请延长期限的，人民法院应当在查封、扣押、冻结期限届满前办理续行查封、扣押、冻结手续，续行期限不得超过前款规定的期限。

人民法院也可以依职权办理续行查封、扣押、冻结手续。

第四百八十六条 依照民事诉讼法第二百五十四条规定，人民法院在执行中需要拍卖被执行人财产的，可以由人民法院自行组织拍卖，也可以交由具备相应资质的拍卖机构拍卖。

交拍卖机构拍卖的，人民法院应当对拍卖活动进行监督。

第四百八十七条 拍卖评估需要对现场进行检查、勘验的，人民法院应当责令被执行人、协助义务人予以配合。被执行人、协助义务人不予配合的，人民法院可以强制进行。

第四百八十八条 人民法院在执行中需要变卖被执行人财产的，可以交有关单位变卖，也可以由人民法院直接变卖。

对变卖的财产，人民法院或者其工作人员不得买受。

第四百八十九条 经申请执行人和被执行人同意，且不损害其他债权人合法权益和社会公共利益的，人民法院可以不经拍卖、变卖，直接将被执行人的财产作价交申请执行人抵偿债务。对剩余债务，被执行人应当继续清偿。

第四百九十条 被执行人的财产无法拍卖或者变卖的，经申请执行人同意，且不损害其他债权人合法权益和社会公共利益的，人民法院可以将该项财产作价后交付申请执行人抵偿债务，或者交付申请执行人管理；申请执行人拒绝接收或者管理的，退回被执行人。

第四百九十一条 拍卖成交或者依法定程序裁定以物抵债的，标的物所有权自拍卖成交裁定或者抵债裁定送达买受人或者接受抵债物的债权人时转移。

第四百九十二条 执行标的物为特定物的，应当执行原物。原物确已毁损或者灭失的，经双方当事人同意，可以折价赔偿。

双方当事人对折价赔偿不能协商一致的，人民法院应当终结执行程序。申请执行人可以另行起诉。

第四百九十三条　他人持有法律文书指定交付的财物或者票证，人民法院依照民事诉讼法第二百五十六条第二款、第三款规定发出协助执行通知后，拒不转交的，可以强制执行，并可依照民事诉讼法第一百一十七条、第一百一十八条规定处理。

他人持有期间财物或者票证毁损、灭失的，参照本解释第四百九十二条规定处理。

他人主张合法持有财物或者票证的，可以根据民事诉讼法第二百三十四条规定提出执行异议。

第四百九十四条　在执行中，被执行人隐匿财产、会计账簿等资料的，人民法院除可依照民事诉讼法第一百一十四条第一款第六项规定对其处理外，还应责令被执行人交出隐匿的财产、会计账簿等资料。被执行人拒不交出的，人民法院可以采取搜查措施。

第四百九十五条　搜查人员应当按规定着装并出示搜查令和工作证件。

第四百九十六条　人民法院搜查时禁止无关人员进入搜查现场；搜查对象是公民的，应当通知被执行人或者他的成年家属以及基层组织派员到场；搜查对象是法人或者其他组织的，应当通知法定代表人或者主要负责人到场。拒不到场的，不影响搜查。

搜查妇女身体，应当由女执行人员进行。

第四百九十七条　搜查中发现应当依法采取查封、扣押措施的财产，依照民事诉讼法第二百五十二条第二款和第二百五十四条规定办理。

第四百九十八条　搜查应当制作搜查笔录，由搜查人员、被搜查人及其他在场人签名、捺印或者盖章。拒绝签名、捺印或者盖章的，应当记入搜查笔录。

第四百九十九条　人民法院执行被执行人对他人的到期债权，可以作出冻结债权的裁定，并通知该他人向申请执行人履行。

该他人对到期债权有异议，申请执行人请求对异议部分强制执行的，人民法院不予支持。利害关系人对到期债权有异议的，人民法院应当按照民事诉讼法第二百三十四条规定处理。

对生效法律文书确定的到期债权，该他人予以否认的，人民法院不予支持。

第五百条 人民法院在执行中需要办理房产证、土地证、林权证、专利证书、商标证书、车船执照等有关财产权证照转移手续的，可以依照民事诉讼法第二百五十八条规定办理。

第五百零一条 被执行人不履行生效法律文书确定的行为义务，该义务可由他人完成的，人民法院可以选定代履行人；法律、行政法规对履行该行为义务有资格限制的，应当从有资格的人中选定。必要时，可以通过招标的方式确定代履行人。

申请执行人可以在符合条件的人中推荐代履行人，也可以申请自己代为履行，是否准许，由人民法院决定。

第五百零二条 代履行费用的数额由人民法院根据案件具体情况确定，并由被执行人在指定期限内预先支付。被执行人未预付的，人民法院可以对该费用强制执行。

代履行结束后，被执行人可以查阅、复制费用清单以及主要凭证。

第五百零三条 被执行人不履行法律文书指定的行为，且该项行为只能由被执行人完成的，人民法院可以依照民事诉讼法第一百一十四条第一款第六项规定处理。

被执行人在人民法院确定的履行期间内仍不履行的，人民法院可以依照民事诉讼法第一百一十四条第一款第六项规定再次处理。

第五百零四条 被执行人迟延履行的，迟延履行期间的利息或者迟延履行金自判决、裁定和其他法律文书指定的履行期间届满之日起计算。

第五百零五条 被执行人未按判决、裁定和其他法律文书指定的期间履行非金钱给付义务的，无论是否已给申请执行人造成损失，都应当支付迟延履行金。已经造成损失的，双倍补偿申请执行人已经受到的损失；没有造成损失的，迟延履行金可以由人民法院根据具体案件情况决定。

第五百零六条 被执行人为公民或者其他组织，在执行程序开始后，被执行人的其他已经取得执行依据的债权人发现被执行人的财产不能清偿所有债权的，可以向人民法院申请参与分配。

对人民法院查封、扣押、冻结的财产有优先权、担保物权的债权人，可以直接申请参与分配，主张优先受偿权。

第五百零七条 申请参与分配，申请人应当提交申请书。申请书应当写明参与分配和被执行人不能清偿所有债权的事实、理由，并附有执行依据。

参与分配申请应当在执行程序开始后，被执行人的财产执行终结前提出。

第五百零八条　参与分配执行中，执行所得价款扣除执行费用，并清偿应当优先受偿的债权后，对于普通债权，原则上按照其占全部申请参与分配债权数额的比例受偿。清偿后的剩余债务，被执行人应当继续清偿。债权人发现被执行人有其他财产的，可以随时请求人民法院执行。

第五百零九条　多个债权人对执行财产申请参与分配的，执行法院应当制作财产分配方案，并送达各债权人和被执行人。债权人或者被执行人对分配方案有异议的，应当自收到分配方案之日起十五日内向执行法院提出书面异议。

第五百一十条　债权人或者被执行人对分配方案提出书面异议的，执行法院应当通知未提出异议的债权人、被执行人。

未提出异议的债权人、被执行人自收到通知之日起十五日内未提出反对意见的，执行法院依异议人的意见对分配方案审查修正后进行分配；提出反对意见的，应当通知异议人。异议人可以自收到通知之日起十五日内，以提出反对意见的债权人、被执行人为被告，向执行法院提起诉讼；异议人逾期未提起诉讼的，执行法院按照原分配方案进行分配。

诉讼期间进行分配的，执行法院应当提存与争议债权数额相应的款项。

第五百一十一条　在执行中，作为被执行人的企业法人符合企业破产法第二条第一款规定情形的，执行法院经申请执行人之一或者被执行人同意，应当裁定中止对该被执行人的执行，将执行案件相关材料移送被执行人住所地人民法院。

第五百一十二条　被执行人住所地人民法院应当自收到执行案件相关材料之日起三十日内，将是否受理破产案件的裁定告知执行法院。不予受理的，应当将相关案件材料退回执行法院。

第五百一十三条　被执行人住所地人民法院裁定受理破产案件的，执行法院应当解除对被执行人财产的保全措施。被执行人住所地人民法院裁定宣告被执行人破产的，执行法院应当裁定终结对该被执行人的执行。

被执行人住所地人民法院不受理破产案件的，执行法院应当恢复执行。

第五百一十四条　当事人不同意移送破产或者被执行人住所地人民法院

不受理破产案件的，执行法院就执行变价所得财产，在扣除执行费用及清偿优先受偿的债权后，对于普通债权，按照财产保全和执行中查封、扣押、冻结财产的先后顺序清偿。

第五百一十五条　债权人根据民事诉讼法第二百六十一条规定请求人民法院继续执行的，不受民事诉讼法第二百四十六条规定申请执行时效期间的限制。

第五百一十六条　被执行人不履行法律文书确定的义务的，人民法院除对被执行人予以处罚外，还可以根据情节将其纳入失信被执行人名单，将被执行人不履行或者不完全履行义务的信息向其所在单位、征信机构以及其他相关机构通报。

第五百一十七条　经过财产调查未发现可供执行的财产，在申请执行人签字确认或者执行法院组成合议庭审查核实并经院长批准后，可以裁定终结本次执行程序。

依照前款规定终结执行后，申请执行人发现被执行人有可供执行财产的，可以再次申请执行。再次申请不受申请执行时效期间的限制。

第五百一十八条　因撤销申请而终结执行后，当事人在民事诉讼法第二百四十六条规定的申请执行时效期间内再次申请执行的，人民法院应当受理。

第五百一十九条　在执行终结六个月内，被执行人或者其他人对已执行的标的有妨害行为的，人民法院可以依申请排除妨害，并可以依照民事诉讼法第一百一十四条规定进行处罚。因妨害行为给执行债权人或者其他人造成损失的，受害人可以另行起诉。

最高人民法院
关于人民法院执行公开的若干规定

2006 年 12 月 23 日　　　　　　　　　　　　　　法发〔2006〕35 号

为进一步规范人民法院执行行为，增强执行工作的透明度，保障当事人的知情权和监督权，进一步加强对执行工作的监督，确保执行公正，根据《民事诉讼法》和有关司法解释等规定，结合执行工作实际，制定本规定。

第一条　本规定所称的执行公开，是指人民法院将案件执行过程和执行程序予以公开。

第二条　人民法院应当通过通知、公告或者法院网络、新闻媒体等方式，依法公开案件执行各个环节和有关信息，但涉及国家秘密、商业秘密等法律禁止公开的信息除外。

第三条　人民法院应当向社会公开执行案件的立案标准和启动程序。

人民法院对当事人的强制执行申请立案受理后，应当及时将立案的有关情况、当事人在执行程序中的权利和义务以及可能存在的执行风险书面告知当事人；不予立案的，应当制作裁定书送达申请人，裁定书应当载明不予立案的法律依据和理由。

第四条　人民法院应当向社会公开执行费用的收费标准和根据，公开执行费减、缓、免交的基本条件和程序。

第五条　人民法院受理执行案件后，应当及时将案件承办人或合议庭成员及联系方式告知双方当事人。

第六条　人民法院在执行过程中，申请执行人要求了解案件执行进展情况的，执行人员应当如实告知。

第七条　人民法院对申请执行人提供的财产线索进行调查后，应当及时将调查结果告知申请执行人；对依职权调查的被执行人财产状况和被执行人申报的财产状况，应当主动告知申请执行人。

第八条　人民法院采取查封、扣押、冻结、划拨等执行措施的，应当依法制作裁定书送达被执行人，并在实施执行措施后将有关情况及时告知双方当事人，或者以方便当事人查询的方式予以公开。

第九条 人民法院采取拘留、罚款、拘传等强制措施的，应当依法向采取强制措施的人出示有关手续，并说明对其采取强制措施的理由和法律依据。采取强制措施后，应当将情况告知其他当事人。

采取拘留或罚款措施的，应当在决定书中告知被拘留或者被罚款的人享有向上级人民法院申请复议的权利。

第十条 人民法院拟委托评估、拍卖或者变卖被执行人财产的，应当及时告知双方当事人及其他利害关系人，并严格按照《民事诉讼法》和最高人民法院《关于人民法院民事执行中拍卖、变卖财产的规定》等有关规定，采取公开的方式选定评估机构和拍卖机构，并依法公开进行拍卖、变卖。

评估结束后，人民法院应当及时向双方当事人及其他利害关系人送达评估报告；拍卖、变卖结束后，应当及时将结果告知双方当事人及其他利害关系人。

第十一条 人民法院在办理参与分配的执行案件时，应当将被执行人财产的处理方案、分配原则和分配方案以及相关法律规定告知申请参与分配的债权人。必要时，应当组织各方当事人举行听证会。

第十二条 人民法院对案外人异议、不予执行的申请以及变更、追加被执行主体等重大执行事项，一般应当公开听证进行审查；案情简单，事实清楚，没有必要听证的，人民法院可以直接审查。审查结果应当依法制作裁定书送达各方当事人。

第十三条 人民法院依职权对案件中止执行的，应当制作裁定书并送达当事人。裁定书应当说明中止执行的理由，并明确援引相应的法律依据。

对已经中止执行的案件，人民法院应当告知当事人中止执行案件的管理制度、申请恢复执行或者人民法院依职权恢复执行的条件和程序。

第十四条 人民法院依职权对据以执行的生效法律文书终结执行的，应当公开听证，但申请执行人没有异议的除外。

终结执行应当制作裁定书并送达双方当事人。裁定书应当充分说明终结执行的理由，并明确援引相应的法律依据。

第十五条 人民法院未能按照最高人民法院《关于人民法院办理执行案

件若干期限的规定》中规定的期限完成执行行为的，应当及时向申请执行人说明原因。

第十六条　人民法院对执行过程中形成的各种法律文书和相关材料，除涉及国家秘密、商业秘密等不宜公开的文书材料外，其他一般都应当予以公开。

当事人及其委托代理人申请查阅执行卷宗的，经人民法院许可，可以按照有关规定查阅、抄录、复制执行卷宗正卷中的有关材料。

第十七条　对违反本规定不公开或不及时公开案件执行信息的，视情节轻重，依有关规定追究相应的责任。

第十八条　各高级人民法院在实施本规定过程中，可以根据实际需要制定实施细则。

第十九条　本规定自 2007 年 1 月 1 日起施行。

最高人民法院
关于高级人民法院统一管理执行工作
若干问题的规定

2000 年 1 月 14 日　　　　　　　　　　　　　　法发〔2000〕3 号

为了保障依法公正执行，提高执行工作效率，根据有关规定和执行工作具体情况，现就高级人民法院统一管理执行工作的若干问题规定如下：

一、高级人民法院在最高人民法院的监督和指导下，对本辖区执行工作的整体部署、执行案件的监督和协调、执行力量的调度以及执行装备的使用等，实行统一管理。

地方各级人民法院办理执行案件，应当依照法律规定分级负责。

二、高级人民法院应当根据法律、法规、司法解释和最高人民法院的有关规定，结合本辖区的实际情况制定统一管理执行工作的具体规章制度，确定一定时期内执行工作的目标和重点，组织本辖区内的各级人民法院实施。

三、高级人民法院应当根据最高人民法院的统一部署或本地区的具体情况适时组织集中执行和专项执行活动。

四、高级人民法院在组织集中执行、专项执行或其他重大执行活动中，可以统一调度、使用下级人民法院的执行力量，包括执行人员、司法警察、执行装备等。

五、高级人民法院有权对下级人民法院的违法、错误的执行裁定、执行行为函告下级法院自行纠正或直接下达裁定、决定予以纠正。

六、高级人民法院负责协调处理本辖区内跨中级人民法院辖区的法院与法院之间的执行争议案件。对跨高级人民法院辖区的法院与法院之间的执行争议案件，由争议双方所在地的两地高级人民法院协商处理；协商不成的，按有关规定报请最高人民法院协调处理。

七、对跨高级人民法院辖区的法院与公安、检察等机关之间的执行争议案件，由执行法院所在地的高级人民法院与有关公安、检察等机关所在地的高级人民法院商有关机关协调解决，必要时可报请最高人民法院协调处理。

八、高级人民法院对本院及下级人民法院的执行案件，认为需要指定执行的，可以裁定指定执行。

高级人民法院对最高人民法院函示指定执行的案件，应当裁定指定执行。

九、高级人民法院对下级人民法院的下列案件可以裁定提级执行：

1. 高级人民法院指令下级人民法院限期执结，逾期未执结需要提级执行的；

2. 下级人民法院报请高级人民法院提级执行，高级人民法院认为应当提级执行的；

3. 疑难、重大和复杂的案件，高级人民法院认为应当提级执行的。

高级人民法院对最高人民法院函示提级执行的案件，应当裁定提级执行。

十、高级人民法院应监督本辖区内各级人民法院按有关规定精神配备合格的执行人员，并根据最高人民法院的要求和本辖区的具体情况，制定培训计划，确定培训目标，采取切实有效措施予以落实。

十一、中级人民法院、基层人民法院和专门人民法院执行机构的主要负责人在按干部管理制度和法定程序规定办理任免手续前应征得上一级人民法院的同意。

上级人民法院认为下级人民法院执行机构的主要负责人不称职的，可以建议有关部门予以调整、调离或者免职。

十二、高级人民法院应根据执行工作需要，商财政、计划等有关部门编制本辖区内各级人民法院关于交通工具、通讯设备、警械器具、摄录器材等执行装备和业务经费的计划，确定执行装备的标准和数量，并由本辖区内各级人民法院协同当地政府予以落实。

十三、下级人民法院不执行上级人民法院对执行工作和案件处理作出的决定，上级人民法院应通报批评；情节严重的，可以建议有关部门对有关责任人员予以纪律处分。

十四、中级人民法院、基层人民法院和专门人民法院对执行工作的管理职责由高级人民法院规定。

十五、本规定自颁布之日起执行。

（二）执行管辖

最高人民法院
关于推动新时代人民法庭工作高质量发展的意见

2021 年 9 月 13 日　　　　　　　　　　　　　　法发〔2021〕24 号

为深入贯彻习近平法治思想，更加注重强基导向，强化人民法庭建设，提升基层人民法院司法水平，更好服务全面推进乡村振兴，服务基层社会治理，服务人民群众高品质生活需要，现就推动新时代人民法庭工作高质量发展提出如下意见。

一、加强新时代人民法庭工作的重要意义和指导思想

1.重要意义。人民法庭作为基层人民法院的派出机构，是服务全面推进乡村振兴、基层社会治理、人民群众高品质生活需要的重要平台，也是体现中国特色社会主义司法制度优越性的重要窗口。加强新时代人民法庭工作，

有利于夯实党的执政基础，巩固党的执政地位；有利于满足人民群众公平正义新需求，依法维护人民群众权益；有利于以法治方式服务巩固拓展脱贫攻坚成果，全面推进乡村振兴；有利于健全覆盖城乡的司法服务网络，促进基层治理体系和治理能力现代化。

2. 指导思想。坚持以习近平新时代中国特色社会主义思想为指导，深入贯彻习近平法治思想，增强"四个意识"、坚定"四个自信"、做到"两个维护"，牢记"国之大者"，坚持党的绝对领导，坚持以人民为中心，坚持强基导向，深刻把握人民法庭处于服务群众、解决纠纷第一线与守护公平正义最后一道防线的辩证统一关系，有效发挥桥梁、窗口作用，推动更高水平的平安中国、法治中国建设，为实现"十四五"时期经济行稳致远、社会安定和谐，为实现人民对美好生活的向往、促进全体人民共同富裕，为全面建设社会主义现代化强国提供更加有力的司法服务和保障。

二、准确把握新时代人民法庭工作原则

3. 坚持"三个便于"。紧紧围绕"努力让人民群众在每一个司法案件中感受到公平正义"的目标，主动回应人民对美好生活的向往和公平正义新期待，坚持便于当事人诉讼，便于人民法院依法独立公正高效行使审判权，便于人民群众及时感受到公平正义的工作原则，不断弘扬人民司法优良传统和时代价值。

4. 坚持"三个服务"。紧扣"三农"工作重心历史性转移，发挥面向农村优势，积极服务全面推进乡村振兴；紧扣推进国家治理体系和治理能力现代化，发挥面向基层优势，积极服务基层社会治理；紧扣新时代社会主要矛盾新变化，发挥面向群众优势，积极服务人民群众高品质生活需要。

5. 坚持"三个优化"。综合考虑城乡差异，一要优化法庭布局。区分城区法庭、城乡结合法庭、乡村法庭，不断优化人民法庭区域布局。二要优化队伍结构。结合案件数量、区域面积、人口数量、交通条件、信息化发展状况、参与乡村振兴和社会治理任务等因素，建立并实行人员编制动态调整机制。三要优化专业化建设。坚持综合性与专业化建设相结合，实现人民法庭专业化建设更好服务乡村振兴和辖区基层治理需要。农村地区要继续加强和完善综合性人民法庭建设；城市近郊或者城区，可以由相关人民法庭专门或者集中负责审理道交、劳动、物业、旅游、少年、家事、金融商事、环境资源等案件；产业特色明显地区，可以由专业化人民法庭专门负责审理涉及特定区域或者特定产业的案件。

三、积极服务全面推进乡村振兴

6. 服务乡村产业振兴。妥善处理涉"三农"领域传统纠纷以及休闲农业、乡村旅游、民宿经济、健康养老等新业态纠纷，促进农村产业融合发展，推动建立现代农业产业体系、生产体系和经营体系。深入贯彻粮食安全战略，积极参加保护种业知识产权专项行动，依法服务种业科技自立自强、种源自主可控，助推种业振兴。依法妥善处理涉及农业农村发展要素保障、城乡经济循环、征用征收等案件，保障农业农村改革，促进农业产业发展。

7. 维护农民合法权益。依法妥善审理涉及农村土地"三权分置"、乡村产业发展等纠纷，落实"资源变资产、资金变股金、农民变股东"，让农民更多分享产业增值收益。依法保障进城落户农民农村土地承包权、宅基地使用权、集体收益分配权，促进在城镇稳定就业生活的农民自愿有序进城落户。推动落实城乡劳动者平等就业、同工同酬，依法保障农民工工资支付和其他劳动权益。

8. 推动乡村文明进步。依法妥善处理家事、邻里纠纷，注重矛盾纠纷实质性、源头化解，依法治理高价彩礼、干预婚姻自由、虐待遗弃家庭成员等不良习气，依法打击封建迷信活动，培育和弘扬社会主义核心价值观。依法保护农村文化遗产和非物质文化遗产，加强保护历史文化名镇名村、传统村落、民族村寨，促进优秀传统乡土文化保护和乡村文化产业发展。引导依法制定村规民约，推进移风易俗，推动创建文明村镇、文明家庭。

9. 保护农村生态环境。深入践行"绿水青山就是金山银山"理念，依法妥善审理环境资源案件，会同农业农村、自然资源、生态环境等部门健全执法司法协调联动机制，加强农业面源污染防治，推动国土综合整治和生态修复，推动解决"垃圾围村"和乡村黑臭水体等突出环境问题，助推农业生产方式绿色转型，改善乡村生态环境，助力建设美丽宜居乡村。

四、积极服务基层社会治理

10. 推动健全基层社会治理体系。坚持和发展新时代"枫桥经验",积极融入党委领导的基层治理体系,充分利用辖区党委组织优势,与城乡基层党组织广泛开展联建共建,推进基层党建创新与基层治理创新相结合,强化党建引领基层治理作用,促进完善中国特色基层治理制度。推广"群众说事、法官说法""寻乌经验"等做法,依托"街乡吹哨、部门报到、接诉即办"等基层治理机制,推动司法资源向街乡、村镇、社区下沉。充分运用平安建设考核和创建"无讼"乡村社区等政策制度,服务基层党委政府以更大力度加强矛盾纠纷多元化解机制建设。

11. 明确参与基层治理途径。立足人民法庭法定职责,依法有序参与基层社会治理。对没有形成纠纷但具有潜在风险的社会问题,可以向乡镇、社区有关单位提出法律风险防控预案;对已经发生矛盾纠纷的社会问题,可以提出可能适用的法律依据以及相应裁判尺度,但是不宜在诉讼外对已经立案的纠纷提出处理意见;对审判、执行、信访等工作中发现普遍存在的社会问题,应当通过司法建议、白皮书、大数据研究报告等方式,及时向党委、政府反馈,服务科学决策。

12. 加强源头预防化解矛盾。加强辖区多发常见类型化纠纷的源头治理,形成源头预防、非诉挺前、多元化解的分层递进前端治理路径。强化与当地乡镇街道的衔接、与综治中心的协同,充分利用网格化管理机制平台,及时掌握和研判综治矛盾纠纷信息,发挥网格员、特邀调解员作用,促进基层纠纷源头化解。充分运用人民法院调解平台等工作平台,推动人民法庭进乡村、进社区、进网格,广泛对接基层解纷力量,形成基层多元解纷网络,在线开展化解、调解、司法确认等工作。推动人民调解员进人民法庭、法官进基层全覆盖,加强委托调解、委派调解的实践应用,充分释明调解优势特点,引导人民群众通过非诉讼方式解决矛盾纠纷。

13. 加强基层法治宣传。推动建立以人民法庭为重要支点的基层社会法治体系,充分利用专业优势,加强对特邀调解员、人民调解员等在诉前或者诉中开展调解工作的指导,引导支持社会力量参与基层治理。通过巡回审判、公开审理、以案说法、送法下乡等活动,增强基层干部群众法治观念和依法办事能力。发挥司法裁判示范引领功能，推动裁判文书网、人民法庭信息平台与普法宣传平台对接，加强法治宣传教育，推动社会主义核心价值观和法治精神深入人心。

14. 完善相关纠纷审理规则。人民法庭在案件审理过程中，遇到审理依据和裁判标准不明确等类型化问题，可以及时按程序报告。高级人民法院应当依照民法典、乡村振兴促进法等法律规定，对辖区内反映强烈、处理经验成熟的问题以纪要、审判指南、参考性案例等方式及时明确裁判指引。最高人民法院应当适时就重点法律适用问题出台司法解释或者其他规范性文件。

五、积极服务人民群众高品质生活需要

15. 加强民生司法保障。切实实施民法典，依法妥善审理家事、民间借贷、人身损害赔偿等基层易发多发案件，畅通权利救济渠道，维护人民群众合法权益。深化家事审判改革，用好心理辅导干预、家事调查、诉前调解、案后回访等措施，加大人身安全保护令制度落实力度，保障留守儿童、留守妇女、留守老人以及困难群体和特殊人群的人身安全和人格尊严。依法妥善审理养老育幼、教育培训、就业创业、社会保险、医疗卫生、社会服务、住房保障等领域案件，促进提高公共服务质量水平。维护军人军属合法权益，最大限度把涉军纠纷化解在基层，解决在初始阶段。

16. 提升一站式诉讼服务能力。坚持因地制宜，在人民法庭建立诉讼服务站，在人民法庭及辖区乡镇街道综治中心或者矛盾调解中心设立自助诉讼服务设备，方便当事人随时随地办理诉讼业务。建立健全诉讼服务辅导机制，为人民群众提供在线调解、开庭等事务现场辅导服务。进一步增强人民法庭跨域立案诉讼服务质效，更加方便群众就近起诉、办理诉讼事务。有条件的人民法庭，可以设立视频调解室，提供跨地域视频调解等服务。

17. 完善直接立案机制。推进完善人民法庭直接立案或者基层人民法院派驻立案机制。推进人民法庭跨域立案服务，确保能够作为立案协作端办理跨辖区、跨县、跨市、跨省立案。适应人民法庭辖区主导产业或者中心工作需要，合理确定收案范围。

18. 推进案件繁简分流。积极优化司法确认程序，完善小额诉讼程序和简易程序规则，健全审判组织适用模式，推行在线审理机制，依法综合运用督

促程序、司法确认程序、小额诉讼程序、简易程序、独任制审理等，积极推广适用令状式、要素式、表格式等裁判文书，有效降低当事人诉讼成本，提升司法效率，充分保障人民群众合法诉讼权益。

19. 推动解决送达难。发挥数字化时代电子通讯优势，加强电子送达，推行集约化送达方式。发挥基层网格员作用，充分调动网格员积极性，发挥其熟悉社区情况、了解辖区人员信息的优势，综合运用现代和传统手段破解送达难题。

20. 推进直接执行机制。探索部分案件由人民法庭直接执行的工作机制，由人民法庭执行更加方便当事人的案件，可以由人民法庭负责执行。可以根据人员条件设立专门执行团队或者相对固定人员负责执行。案件较多的人民法庭，探索由基层人民法院派驻执行组等方式，提高执行效率，最大限度方便群众实现诉讼权益。人民法庭执行工作由基层人民法院执行机构统一管理，专职或者兼职人员纳入执行人员名册，案件纳入统一的执行案件管理平台，切实预防廉政风险。

六、不断深化新时代人民法庭人员管理机制改革

21. 完善司法责任制综合配套改革。落实独任庭、合议庭办案责任制，完善审判权力和责任清单，健全"四类案件"识别监管机制，落实统一法律适用机制，建立符合人民法庭实际的审判监督管理机制，坚持放权与监督相统一。落实法官员额制改革要求，综合考虑人员结构、案件类型、难易程度等因素，适应繁简分流和专业化建设需要，配强审判辅助力量，探索完善符合实际的审判团队组建和运行模式。

22. 探索建立编制动态调整机制。坚持以案定员、以任务定员，每个人民法庭至少配备1名审判员、1名法官助理、1名书记员、1名司法警察或者安保人员，逐步实现有条件有需求的人民法庭配备3名以上审判员；可以根据辖区面积、人口、案件数量、基层社会治理任务等因素合理调整人员配置。针对部分人民法庭人员编制不足、人民法庭之间办案数量不均的情况，高级人民法院要积极协调地方编制部门，建立省级层面人员编制动态调整机制，基层人民法院要在核定编制内将编制向案件数量多、基层治理任务重的人民法庭倾斜。结合四级法院审级职能定位改革，推动人员编制向基层和办案一

线倾斜。

23. 完善干部锻炼培养机制。探索建立基层人民法院新入职人员选派到人民法庭工作锻炼，无人民法庭工作经历的新晋人员尤其是审判人员、审判辅助人员优先到人民法庭挂职锻炼，基层人民法院机关与人民法庭人员之间定期轮岗交流等机制。人民法庭庭长在同一职位工作满一定年限的，应当根据有关规定进行交流。提拔晋升时适度向长期在人民法庭工作的干警倾斜，选配基层人民法院院领导时，具有人民法庭庭长任职经历的人员在同等条件下优先考虑；入额遴选时，具有三年以上人民法庭工作经历的法官助理，同等条件下优先选任；中级人民法院遴选法官，应当接收适当比例具有人民法庭工作经历的法官。积极争取省级人社部门支持，建立聘用制书记员便捷招录机制，推动下放招聘权限，减少招聘环节；积极协调省级有关部门，探索建立聘用制书记员定向培养模式，委托定点学校定向招生、培养，毕业后回原籍人民法庭工作。

24. 落实人民陪审员选任、参审和保障制度。加强对人民陪审员的日常监督管理，规范选任及退出机制，落实随机抽选为主、个人申请与组织推荐为补充以及年度参审案件数量上限等规定。积极与同级财政部门等研究落实现有政策规定，加大经费投入，规范使用范围，激发人民陪审员参与人民法庭案件审理的积极性。

25. 切实加强履职保障。完善人民法庭干警精准培训机制，设置与人民法庭职能定位相对应的培训内容，全面提升人民法庭干警依法履职能力。因依法履职遭受不实举报的，应当协调有关单位，及时澄清事实，消除不良影响，依法追究相关单位或者个人的责任。人民法庭干警及其近亲属受到人身威胁的，协调当地公安机关采取必要保护措施；认真落实关于依法惩治袭警违法犯罪行为的指导意见，依法加强对人民法庭司法警察的履职保护。推动完善法院因公伤亡干警特殊补助政策。积极落实中央有关因公牺牲法官、司法警察抚恤政策，认真做好"两金"申报、发放和备案工作。鼓励各地法院为人民法庭干警投保工伤保险和人身意外伤害保险。

七、建立健全新时代人民法庭工作考核机制

26. 完善考核内容。探索建立符合人民法庭工作规律的专门考核办法，综

合考虑执法办案、指导调解、诉源治理等因素，适当增加诉源治理、诉前调解等考核权重，重点考核"化解矛盾"质效。建立健全与执法办案和参与社会治理职责相适应，区分人员类别、岗位特点的考评体系，制定针对性强、简便易行的绩效考核办法。可以采取定量与定性相结合、量化为主的方式，科学制定和使用量化指标，采用加权测算等计算方法，合理设置权重比例。坚决清理、取消不合理、不必要的考评项目和指标，切实为基层减负，为干警减压。乡村振兴服务任务重、参与基层社会治理好的基层人民法院，可以先行先试。

27. 优化考核指标。执法办案考核应当遵循司法规律，综合考虑案件类型、繁简程度、适用程序、巡回审判等因素，包括办案数量、办案质量、办案效率和办案效果等基本内容。指导调解考核应当充分利用人民法院调解平台数据，通过诉前调解案件占一审立案比、调解案件成功率、调解案件自动履行率等指标，量化指导调解的数量和效果。加强诉源治理考核，对于法治宣传、法律培训、矛盾纠纷研判通报、司法建议等可以考核次数，对于推动制定村规民约和居民公约、召开综治联席会、重大事项法律风险提示法律意见等，既要考核量化次数，也要考核质量效果。

八、切实提升新时代人民法庭建设保障

28. 加强基础设施建设。高级人民法院要按照科学论证、统筹规划、优化布局的原则，合理安排年度建设计划，力争在"十四五"期间实现人民法庭办公办案和辅助用房得到充分保障，规范化标准化建设得到显著加强，业务装备配备水平得到较大提升，网上立案、电子送达、网上开庭等信息化设施设备配备齐全，信息化建设应用效果进一步强化，人民法庭外观标识完全统一，人民法庭工作生活条件得到较大改善。

29. 加强法庭安保工作。基层人民法院院长是人民法庭安保工作的第一责任人，人民法庭庭长是直接责任人。完善安全防范设施装备配备，每个人民法庭应当配备必要的防爆安检、防暴防护等设备。强化案件风险评估和安全隐患排查，加强防范措施和应急处突演练，落实"人防、物防、技防"措施。加强司法警察部门对人民法庭安保工作的督察指导培训，增强干警安全意识和风险防范处置能力。加强人民法庭与驻地公安派出所联防联动，推动有条件的人民法庭设立驻庭警务室。

30. 完善经费保障制度。推动适时调整人民法庭建设标准，争取省级有关部门加大对人民法庭基础设施经费保障力度，增加对车辆、安保设备、信息化运维等支出投入。持续加大对革命老区、民族地区、边疆地区和脱贫地区人民法庭经费保障的政策倾斜力度，充分运用好有关转移支付资金，帮助解决办案经费保障和物资装备建设等问题。主动争取地方党委政府领导和支持，继续落实好人民法庭庭长职级待遇和干警工作津贴、补贴等政策，切实解决人民法庭在人财物保障方面存在的问题困难。对于已经实施省以下地方法院财物省级统一管理的地区，根据事权与财权相统一的原则，积极争取由当地财政保障人民法庭服务保障辖区经济社会发展的经费，由高级人民法院争取协调省级有关部门根据实际，下放人民法庭新建、维修等经费项目审批权。

31. 加强购买社会化服务的规模化、规范化。结合各地实际，加强人民法庭编外人员配备保障，梳理适合购买社会化服务的事务性工作范围和项目，规范有序开展向社会购买服务，建立健全公开竞标、运营监管、业务培训等制度，所需经费列入年度预算统筹保障。完善事务性工作的集约化管理工作流程，探索组建专业工作团队，集中办理文书送达、财产保全等事务。

32. 加强人民法庭"两个平台"建设。各级人民法院应当强化人民法庭工作平台应用，加强对人民法庭数据的收集、填报、分析和运用，实时监测办案数据，全面掌握人民法庭工作动态，准确研判存在的问题和原因，提高工作针对性、实效性和预见性。加强人民法庭信息平台建设，发动基层人民法院干警特别是人民法庭干警参与宣传工作，及时推送人民法庭工作成效、典型案件，深入挖掘先进典型和感人事迹，加大人民法庭工作宣传力度，全面展现人民法庭干警良好精神风貌和工作作风。人民法庭"两个平台"建设情况应当作为人民法庭工作的考核内容。

九、有效加强新时代人民法庭工作的组织领导

33. 加强党的建设。坚持"支部建在庭上"，实现党的组织和党的工作全覆盖。坚持以党建带队建促审判，推进人民法庭党支部标准化、规范化建设，高质量推进基层党建创新，把党建引领贯穿人民法庭工作全过程。推动全面从严治党、从严治院、从严管理向基层延伸，推动队伍教育管理走深走实，

严格落实防止干预司法"三个规定"等铁规禁令，完善人民法庭内部管理和日常监督制度，确保公正廉洁司法。

34. 加强汇报协调。要定期或者不定期就人民法庭工作向当地党委作专题汇报，推动把加强人民法庭工作作为强基导向、乡村振兴、基层治理体系和治理能力现代化等重点工作纳入党委政府总体工作格局，切实解决人民法庭工作实际困难。

35. 健全工作机制。探索地方三级人民法院院长抓人民法庭工作的组织领导思路，切实把人民法庭工作当做"一把手"工程，将法院工作重心下移到基层基础。各级人民法院院领导应当深入人民法庭开展调查研究，高级、中级人民法院院领导应当确定 1–2 个人民法庭作为联系点，并适时调整，经常性到人民法庭调查研究。强化发挥各级人民法院人民法庭领导小组及其办事机构的实际作用，加强归口管理，统筹推进人民法庭工作，定期研究解决人民法庭在职能发挥、人财物保障等方面存在的问题困难和解决思路举措，积极推动人民法庭工作融入当地社会治理体制。

本意见自 2021 年 9 月 22 日起实施，之前有关人民法庭的规定与本意见不一致的，按照本意见执行。

最高人民法院执行局
关于法院能否以公司证券登记结算地为财产所在地获得管辖权问题的复函

2010 年 7 月 15 日   〔2010〕执监字第 16 号函

广东省高级人民法院：

关于唐山钢铁集团有限责任公司执行申诉一案，你院《关于深圳中院执行中华乐业有限公司与唐山钢铁集团有限责任公司仲裁裁决一案的情况报表》收悉。经研究，答复如下：

经核查，唐山钢铁集团有限责任公司作为上市公司，其持有的证券在上市交易前存管于中国证券登记结算有限责任公司深圳分公司，深圳市中级人民法院（以下简称深圳中院）以此认定深圳市为被执行人的财产所在地受理了当事人一方的执行申请。本院认为，证券登记结算机构是为证券交易提供集中登记、存管与结算服务的机构，但证券登记结算机构存管的仅是股权凭证，不能将股权凭证所在地视为股权所在地。由于股权与其发行公司具有密切的联系，因此，应当将股权的发行公司住所地认定为该类财产所在地。深圳中院将证券登记结算机构所在地认定为上市公司的财产所在地予以立案执行不当。

请你院监督深圳中院依法撤销案件及相关法律文书，并告知申请人依法向有管辖权的人民法院申请执行。同时，鉴于深圳中院对被执行人的股权已采取冻结措施，为防止已冻结财产被转移，请你院监督深圳中院做好已控被执行人财产与新的执行法院的衔接工作，避免申请执行人的权益受到损害。

（三）委托执行与协助执行

最高人民法院
关于委托执行若干问题的规定

（2011 年 4 月 25 日最高人民法院审判委员会第 1521 次会议通过
根据 2020 年 12 月 23 日最高人民法院审判委员会第 1823 次会议
通过的《最高人民法院关于修改〈最高人民法院关于人民法院
扣押铁路运输货物若干问题的规定〉等十八件执行类
司法解释的决定》修正）

为了规范委托执行工作，维护当事人的合法权益，根据《中华人民共和国民事诉讼法》的规定，结合司法实践，制定本规定。

第一条 执行法院经调查发现被执行人在本辖区内已无财产可供执行，且在其他省、自治区、直辖市内有可供执行财产的，可以将案件委托异地的同级人民法院执行。

执行法院确需赴异地执行案件的，应当经其所在辖区高级人民法院批准。

第二条 案件委托执行后，受托法院应当依法立案，委托法院应当在收到受托法院的立案通知书后作销案处理。

委托异地法院协助查询、冻结、查封、调查或者送达法律文书等有关事项的，受托法院不作为委托执行案件立案办理，但应当积极予以协助。

第三条 委托执行应当以执行标的物所在地或者执行行为实施地的同级人民法院为受托执行法院。有两处以上财产在异地的，可以委托主要财产所在地的人民法院执行。

被执行人是现役军人或者军事单位的，可以委托对其有管辖权的军事法院执行。

执行标的物是船舶的，可以委托有管辖权的海事法院执行。

第四条 委托执行案件应当由委托法院直接向受托法院办理委托手续，并层报各自所在的高级人民法院备案。

事项委托应当通过人民法院执行指挥中心综合管理平台办理委托事项的相关手续。

第五条 案件委托执行时，委托法院应当提供下列材料：

（一）委托执行函；

（二）申请执行书和委托执行案件审批表；

（三）据以执行的生效法律文书副本；

（四）有关案件情况的材料或者说明，包括本辖区无财产的调查材料、财产保全情况、被执行人财产状况、生效法律文书的履行情况等；

（五）申请执行人地址、联系电话；

（六）被执行人身份证件或者营业执照复印件、地址、联系电话；

（七）委托法院执行员和联系电话；

（八）其他必要的案件材料等。

第六条 委托执行时，委托法院应当将已经查封、扣押、冻结的被执行人的异地财产，一并移交受托法院处理，并在委托执行函中说明。

委托执行后，委托法院对被执行人财产已经采取查封、扣押、冻结等措施的，视为受托法院的查封、扣押、冻结措施。受托法院需要继续查封、扣押、冻结，持委托执行函和立案通知书办理相关手续。续封续冻时，仍为原委托法院的查封冻结顺序。

查封、扣押、冻结等措施的有效期限在移交受托法院时不足 1 个月的，委托法院应当先行续封或者续冻，再移交受托法院。

第七条　受托法院收到委托执行函后，应当在 7 日内予以立案，并及时将立案通知书通过委托法院送达申请执行人，同时将指定的承办人、联系电话等书面告知委托法院。

委托法院收到上述通知书后，应当在 7 日内书面通知申请执行人案件已经委托执行，并告知申请执行人可以直接与受托法院联系执行相关事宜。

第八条　受托法院如发现委托执行的手续、材料不全，可以要求委托法院补办。委托法院应当在 30 日内完成补办事项，在上述期限内未完成的，应当作出书面说明。委托法院既不补办又不说明原因的，视为撤回委托，受托法院可以将委托材料退回委托法院。

第九条　受托法院退回委托的，应当层报所在辖区高级人民法院审批。高级人民法院同意退回后，受托法院应当在 15 日内将有关委托手续和案卷材料退回委托法院，并作出书面说明。

委托执行案件退回后，受托法院已立案的，应当作销案处理。委托法院在案件退回原因消除之后可以再行委托。确因委托不当被退回的，委托法院应当决定撤销委托并恢复案件执行，报所在的高级人民法院备案。

第十条　委托法院在案件委托执行后又发现有可供执行财产的，应当及时告知受托法院。受托法院发现被执行人在受托法院辖区外另有可供执行财产的，可以直接异地执行，一般不再行委托执行。根据情况确需再行委托的，应当按照委托执行案件的程序办理，并通知案件当事人。

第十一条　受托法院未能在 6 个月内将受托案件执结的，申请执行人有权请求受托法院的上一级人民法院提级执行或者指定执行，上一级人民法院应当立案审查，发现受托法院无正当理由不予执行的，应当限期执行或者作出裁定提级执行或者指定执行。

第十二条　异地执行时，可以根据案件具体情况，请求当地法院协助执行，当地法院应当积极配合，保证执行人员的人身安全和执行装备、执行标的物不受侵害。

第十三条　高级人民法院应当对辖区内委托执行和异地执行工作实行统

一管理和协调，履行以下职责：

（一）统一管理跨省、自治区、直辖市辖区的委托和受托执行案件；

（二）指导、检查、监督本辖区内的受托案件的执行情况；

（三）协调本辖区内跨省、自治区、直辖市辖区的委托和受托执行争议案件；

（四）承办需异地执行的有关案件的审批事项；

（五）对下级法院报送的有关委托和受托执行案件中的相关问题提出指导性处理意见；

（六）办理其他涉及委托执行工作的事项。

第十四条 本规定所称的异地是指本省、自治区、直辖市以外的区域。各省、自治区、直辖市内的委托执行，由各高级人民法院参照本规定，结合实际情况，制定具体办法。

第十五条 本规定施行之后，其他有关委托执行的司法解释不再适用。

最高人民法院
印发《关于严格规范执行事项委托工作的管理办法（试行）》的通知

2017 年 9 月 8 日   法发〔2017〕27 号

各省、自治区、直辖市高级人民法院，解放军军事法院，新疆维吾尔自治区高级人民法院生产建设兵团分院：

现将《最高人民法院关于严格规范执行事项委托工作的管理办法（试行）》印发给你们，请认真贯彻执行。

附：

关于严格规范执行事项委托工作的管理办法（试行）

为严格规范人民法院执行事项委托工作，加强各地法院之间的互助协作，发挥执行指挥中心的功能优势，节约人力物力，提高工作效率，结合人民法院执行工作实际，制定本办法。

第一条 人民法院在执行案件过程中遇有下列事项需赴异地办理的，可以委托相关异地法院代为办理。

（一）冻结、续冻、解冻、扣划银行存款、理财产品；

（二）公示冻结、续冻、解冻股权及其他投资权益；

（三）查封、续封、解封、过户不动产和需要登记的动产；

（四）调查被执行人财产情况。

（五）其他人民法院执行事项委托系统中列明的事项。

第二条 委托调查被执行人财产情况的，委托法院应当在委托函中明确具体调查内容、具体协助执行单位并附对应的协助执行通知书。调查内容应当为总对总查控系统尚不支持的财产类型及范围。

第三条 委托法院进行事项委托一律通过执行办案系统发起和办理，不再通过线下邮寄材料方式进行。受托法院收到线下邮寄材料的，联系委托法院线上补充提交事项委托后再予办理。

第四条 委托法院发起事项委托应当由承办人在办案系统事项委托模块中录入委托法院名称、受托法院名称、案号、委托事项、办理期限、承办人姓名、联系方式，并附相关法律文书。经审批后，该事项委托将推送至人民法院执行事项委托系统，委托法院执行指挥中心核查文书并加盖电子签章后推送给受托法院。

第五条 受托法院一般应当为委托事项办理地点的基层人民法院，受托同级人民法院更有利于事项委托办理的除外。

第六条 办理期限应当根据具体事项进行合理估算，一般应不少于十天，不超过二十天，需要紧急办理的，推送事项委托后，通过执行指挥中心联系受托法院，受托法院应当于 24 小时内办理完毕。

第七条　相关法律文书应当包括执行裁定书、协助执行通知书、委托执行函、送达回证（或回执），并附执行公务证件扫描件，委托扣划已冻结款项的，应当提供执行依据扫描件并加盖委托法院电子签章。

第八条　受托法院通过人民法院执行事项委托系统收到事项委托后，应当尽快核实材料并签收办理。

第九条　委托办理的事项超出本办法第一条所列范围且受托法院无法办理的，受托法院与委托法院沟通后可予以退回。

第十条　委托法院提供的法律文书不符合要求或缺少必要文书、收到法院无法办理的，应及时与委托法院沟通告知应当补充的材料。未经沟通，受托法院不得直接退回该委托。委托法院应予 3 日内通过系统补充材料，补充材料后仍无法办理的，受托法院可说明原因后退回。

第十一条　受托法院应当及时签收并办理事项委托，完成后及时将办理情况及送达回证、回执或其他材料通过系统反馈委托法院，委托法院应当及时确认办结。

第十二条　执行事项委托不作为委托执行案件立案办理，事项委托由受托法院根据本地的实际按一定比例折合为执行实施案件计入执行人员工作量并纳入考核范围。

第十三条　委托法院可在人民法院执行事项委托系统中对已经办结的事项委托进行评价，或向受托法院的上级法院进行投诉并说明具体投诉原因，被投诉的受托法院可通过事项委托系统说明情况。评价、投诉信息将作为考核事项委托工作的一项指标。

第十四条　各高级、中级人民法院应当认真履行督促职责，通过执行指挥管理平台就辖区法院未及时签收并办理、未及时确认办结情况进行督办。最高人民法院、高级人民法院定期对辖区法院事项委托办理情况进行统计、通报。

（四）执行惩戒、刑事处罚

全国人民代表大会常务委员会
关于《中华人民共和国刑法》
第三百一十三条的解释

（2002 年 8 月 29 日第九届全国人民代表大会

常务委员会第二十九次会议通过）

全国人民代表大会常务委员会讨论了刑法第三百一十三条规定的"对人民法院的判决、裁定有能力执行而拒不执行，情节严重"的含义问题，解释如下：

刑法第三百一十三条规定的"人民法院的判决、裁定"，是指人民法院依法作出的具有执行内容并已发生法律效力的判决、裁定。人民法院为依法执行支付令、生效的调解书、仲裁裁决、公证债权文书等所作的裁定属于该条规定的裁定。

下列情形属于刑法第三百一十三条规定的"有能力执行而拒不执行，情节严重"的情形：

（一）被执行人隐藏、转移、故意毁损财产或者无偿转让财产、以明显不合理的低价转让财产，致使判决、裁定无法执行的；

（二）担保人或者被执行人隐藏、转移、故意毁损或者转让已向人民法院提供担保的财产，致使判决、裁定无法执行的；

（三）协助执行义务人接到人民法院协助执行通知书后，拒不协助执行，致使判决、裁定无法执行的；

（四）被执行人、担保人、协助执行义务人与国家机关工作人员通谋，利用国家机关工作人员的职权妨害执行，致使判决、裁定无法执行的；

（五）其他有能力执行而拒不执行，情节严重的情形。

国家机关工作人员有上述第四项行为的，以拒不执行判决、裁定罪的共

511

犯追究刑事责任。国家机关工作人员收受贿赂或者滥用职权，有上述第四项行为的，同时又构成刑法第三百八十五条、第三百九十七条规定之罪的，依照处罚较重的规定定罪处罚。

现予公告。

最高人民法院
关于限制被执行人高消费及有关消费的若干规定

（2010 年 5 月 17 日最高人民法院审判委员会第 1487 次会议通过
根据 2015 年 7 月 6 日最高人民法院审判委员会第 1657 次会议通过的
《最高人民法院关于修改〈最高人民法院关于限制被执行人
高消费的若干规定〉的决定》修正）

为进一步加大执行力度，推动社会信用机制建设，最大限度保护申请执行人和被执行人的合法权益，根据《中华人民共和国民事诉讼法》的有关规定，结合人民法院民事执行工作的实践经验，制定本规定。

第一条 被执行人未按执行通知书指定的期间履行生效法律文书确定的给付义务的，人民法院可以采取限制消费措施，限制其高消费及非生活或者经营必需的有关消费。

纳入失信被执行人名单的被执行人，人民法院应当对其采取限制消费措施。

第二条 人民法院决定采取限制消费措施时，应当考虑被执行人是否有消极履行、规避执行或者抗拒执行的行为以及被执行人的履行能力等因素。

第三条 被执行人为自然人的，被采取限制消费措施后，不得有以下高消费及非生活和工作必需的消费行为：

（一）乘坐交通工具时，选择飞机、列车软卧、轮船二等以上舱位；

（二）在星级以上宾馆、酒店、夜总会、高尔夫球场等场所进行高消费；

（三）购买不动产或者新建、扩建、高档装修房屋；

（四）租赁高档写字楼、宾馆、公寓等场所办公；

（五）购买非经营必需车辆；

（六）旅游、度假；

（七）子女就读高收费私立学校；

（八）支付高额保费购买保险理财产品；

（九）乘坐 G 字头动车组列车全部座位、其他动车组列车一等以上座位等其他非生活和工作必需的消费行为。

被执行人为单位的，被采取限制消费措施后，被执行人及其法定代表人、主要负责人、影响债务履行的直接责任人员、实际控制人不得实施前款规定的行为。因私消费以个人财产实施前款规定行为的，可以向执行法院提出申请。执行法院审查属实的，应予准许。

第四条　限制消费措施一般由申请执行人提出书面申请，经人民法院审查决定；必要时人民法院可以依职权决定。

第五条　人民法院决定采取限制消费措施的，应当向被执行人发出限制消费令。限制消费令由人民法院院长签发。限制消费令应当载明限制消费的期间、项目、法律后果等内容。

第六条　人民法院决定采取限制消费措施的，可以根据案件需要和被执行人的情况向有义务协助调查、执行的单位送达协助执行通知书，也可以在相关媒体上进行公告。

第七条　限制消费令的公告费用由被执行人负担；申请执行人申请在媒体公告的，应当垫付公告费用。

第八条　被限制消费的被执行人因生活或者经营必需而进行本规定禁止的消费活动的，应当向人民法院提出申请，获批准后方可进行。

第九条　在限制消费期间，被执行人提供确实有效的担保或者经申请执行人同意的，人民法院可以解除限制消费令；被执行人履行完毕生效法律文书确定的义务的，人民法院应当在本规定第六条通知或者公告的范围内及时以通知或者公告解除限制消费令。

第十条　人民法院应当设置举报电话或者邮箱，接受申请执行人和社会公众对被限制消费的被执行人违反本规定第三条的举报，并进行审查认定。

第十一条　被执行人违反限制消费令进行消费的行为属于拒不履行人民法院已经发生法律效力的判决、裁定的行为，经查证属实的，依照《中华人民共和国民事诉讼法》第一百一十一条^①的规定，予以拘留、罚款；情节严重，构成犯罪的，追究其刑事责任。

有关单位在收到人民法院协助执行通知书后，仍允许被执行人进行高消费及非生活或者经营必需的有关消费的，人民法院可以依照《中华人民共和国民事诉讼法》第一百一十四条^②的规定，追究其法律责任。

最高人民法院 最高人民检察院
关于办理拒不执行判决、裁定刑事案件
适用法律若干问题的解释

法释〔2024〕13号

（2024年1月8日最高人民法院审判委员会第1911次会议、2024年7月23日最高人民检察院第十四届检察委员会第三十四次会议通过 最高人民法院、最高人民检察院2024年10月30日公告公布 自2024年12月1日起施行）

为依法惩治拒不执行判决、裁定犯罪，确保人民法院判决、裁定依法执行，切实维护当事人合法权益，根据《中华人民共和国刑法》《中华人民共和国刑事诉讼法》《中华人民共和国民事诉讼法》《中华人民共和国行政诉讼法》等法律规定，现就办理拒不执行判决、裁定刑事案件适用法律若干问题解释如下：

第一条 被执行人、协助执行义务人、担保人等负有执行义务的人，对人民法院的判决、裁定有能力执行而拒不执行，情节严重的，应当依照刑法第三百一十三条的规定，以拒不执行判决、裁定罪处罚。

本解释所称负有执行义务的人，包括自然人和单位。

第二条 刑法第三百一十三条规定的"人民法院的判决、裁定"，是指人

---

① 现为《民事诉讼法》（2023年修正）第一百一十四条。
② 现为《民事诉讼法》（2023年修正）第一百一十七条。

民法院依法作出的具有执行内容并已发生法律效力的判决、裁定。人民法院为依法执行支付令、生效的调解书、仲裁裁决、公证债权文书等所作的裁定属于该条规定的裁定。

第三条　负有执行义务的人有能力执行而拒不执行，且具有下列情形之一，应当认定为全国人民代表大会常务委员会关于刑法第三百一十三条的解释中规定的"其他有能力执行而拒不执行，情节严重的情形"：

（一）以放弃债权、放弃债权担保等方式恶意无偿处分财产权益，或者恶意延长到期债权的履行期限，或者以虚假和解、虚假转让等方式处分财产权益，致使判决、裁定无法执行的；

（二）实施以明显不合理的高价受让他人财产、为他人的债务提供担保等恶意减损责任财产的行为，致使判决、裁定无法执行的；

（三）伪造、毁灭、隐匿有关履行能力的重要证据，以暴力、威胁、贿买方法阻止他人作证或者指使、贿买、胁迫他人作伪证，妨碍人民法院查明负有执行义务的人财产情况，致使判决、裁定无法执行的；

（四）具有拒绝报告或者虚假报告财产情况、违反人民法院限制消费令等拒不执行行为，经采取罚款、拘留等强制措施后仍拒不执行的；

（五）经采取罚款、拘留等强制措施后仍拒不交付法律文书指定交付的财物、票证或者拒不迁出房屋、退出土地，致使判决、裁定无法执行的；

（六）经采取罚款、拘留等强制措施后仍拒不履行协助行使人身权益等作为义务，致使判决、裁定无法执行，情节恶劣的；

（七）经采取罚款、拘留等强制措施后仍违反人身安全保护令、禁止从事相关职业决定等不作为义务，造成被害人轻微伤以上伤害或者严重影响被害人正常的工作生活的；

（八）以恐吓、辱骂、聚众哄闹、威胁等方法或者以拉拽、推搡等消极抗拒行为，阻碍执行人员进入执行现场，致使执行工作无法进行，情节恶劣的；

（九）毁损、抢夺执行案件材料、执行公务车辆和其他执行器械、执行人员服装以及执行公务证件，致使执行工作无法进行的；

（十）其他有能力执行而拒不执行，情节严重的情形。

第四条　负有执行义务的人有能力执行而拒不执行，且具有下列情形之一，应当认定属于"情节特别严重"的情形：

（一）通过虚假诉讼、虚假仲裁、虚假公证等方式妨害执行，致使判决、裁定无法执行的；

（二）聚众冲击执行现场，致使执行工作无法进行的；

（三）以围攻、扣押、殴打等暴力方法对执行人员进行人身攻击，致使执行工作无法进行的；

（四）因拒不执行，致使申请执行人自杀、自残或者造成其他严重后果的；

（五）其他情节特别严重的情形。

第五条 有能力执行是指负有执行义务的人有全部执行或者部分执行给付财产义务或履行特定行为义务的能力。

在认定负有执行义务的人的执行能力时，应当扣除负有执行义务的人及其所扶养家属的生活必需费用。

第六条 行为人为逃避执行义务，在诉讼开始后、裁判生效前实施隐藏、转移财产等行为，在判决、裁定生效后经查证属实，要求其执行而拒不执行的，可以认定其有能力执行而拒不执行，情节严重，以拒不执行判决、裁定罪追究刑事责任。

前款所指诉讼开始后，一般是指被告接到人民法院应诉通知后。

第七条 全国人民代表大会常务委员会关于刑法第三百一十三条的解释和本解释中规定的"致使判决、裁定无法执行"，一般是指人民法院依据法律及相关规定采取执行措施后仍无法执行的情形，包括判决、裁定全部无法执行，也包括部分无法执行。

第八条 案外人明知负有执行义务的人有能力执行而拒不执行人民法院的判决、裁定，与其通谋，协助实施隐藏、转移财产等拒不执行行为，致使判决、裁定无法执行的，以拒不执行判决、裁定罪的共犯论处。

第九条 负有执行义务的人有能力执行而拒不执行人民法院的判决、裁定，同时构成拒不执行判决、裁定罪，妨害公务罪，袭警罪，非法处置查封、扣押、冻结的财产罪等犯罪的，依照处罚较重的规定定罪处罚。

第十条 拒不执行支付赡养费、扶养费、抚养费、抚恤金、医疗费用、劳动报酬等判决、裁定，构成犯罪的，应当依法从重处罚。

第十一条 实施刑法第三百一十三条规定的拒不执行判决、裁定行为，情节显著轻微危害不大的，不认为是犯罪；在提起公诉前，履行全部或者部分执行义务，犯罪情节轻微的，可以依法不起诉。在一审宣告判决前，履行全部或者部分执行义务，犯罪情节轻微的，可以依法从轻或者免除处罚。

第十二条　对被告人以拒不执行判决、裁定罪追诉时，对其故意毁损、无偿处分、以明显不合理价格处分、虚假转让等方式违法处置的财产，应当依法予以追缴或者责令退赔，交由执行法院依法处置。

第十三条　人民检察院应当结合侦查移送情况对涉案财产进行审查，在提起公诉时对涉案财产提出明确处理意见。人民法院应当依法作出判决，对涉案财产作出处理。

第十四条　申请执行人有证据证明同时具有下列情形，人民法院认为符合刑事诉讼法第二百一十条第三项规定的，以自诉案件立案审理：

（一）负有执行义务的人拒不执行判决、裁定，侵犯了申请执行人的人身、财产权利，应当依法追究刑事责任的；

（二）申请执行人曾经提出控告，而公安机关或者人民检察院对负有执行义务的人不予追究刑事责任的。

自诉人在判决宣告前，可以同被告人自行和解或者撤回自诉。

第十五条　拒不执行判决、裁定刑事案件，一般由执行法院所在地人民法院管辖。

第十六条　本解释自2024年12月1日起施行。《最高人民法院关于审理拒不执行判决、裁定刑事案件适用法律若干问题的解释》（法释〔2015〕16号）同时废止。最高人民法院、最高人民检察院此前发布的司法解释和规范性文件与本解释不一致的，以本解释为准。

（五）执行监督

最高人民法院
关于办理申请执行监督案件若干问题的意见

2023 年 1 月 19 日　　　　　　　　　　　　法发〔2023〕4 号

　　为进一步完善申请执行监督案件办理程序，推动法律正确统一适用，根据《中华人民共和国民事诉讼法》的规定和《最高人民法院关于进一步完善执行权制约机制加强执行监督的意见》的要求，结合执行工作实际，制定本意见。

　　第一条　当事人、利害关系人对于人民法院依照民事诉讼法第二百三十二条规定作出的执行复议裁定不服，向上一级人民法院申请执行监督，人民法院应当立案，但法律、司法解释或者本意见另有规定的除外。

　　申请人依法应当提出执行异议而未提出，直接向异议法院的上一级人民法院申请执行监督的，人民法院应当告知其向异议法院提出执行异议或者申请执行监督；申请人依法应当申请复议而未申请，直接向复议法院的上一级人民法院申请执行监督的，人民法院应当告知其向复议法院申请复议或者申请执行监督。

　　人民法院在办理执行申诉信访过程中，发现信访诉求符合前两款规定情形的，按照前两款规定处理。

　　第二条　申请执行人认为人民法院应当采取执行措施而未采取，向执行法院请求采取执行措施的，人民法院应当及时审查处理，一般不立执行异议案件。

　　执行法院在法定期限内未执行，申请执行人依照民事诉讼法第二百三十三条规定请求上一级人民法院提级执行、责令下级人民法院限期执行或者指令其他人民法院执行的，应当立案办理。

第三条　当事人对执行裁定不服，向人民法院申请复议或者申请执行监督，有下列情形之一的，人民法院应当以适当的方式向其释明法律规定或者法定救济途径，一般不作为执行复议或者执行监督案件受理：

（一）依照民事诉讼法第二百三十四条规定，对案外人异议裁定不服，依照审判监督程序办理或者向人民法院提起诉讼的；

（二）依照《最高人民法院关于民事执行中变更、追加当事人若干问题的规定》第三十二条规定，对处理变更、追加当事人申请的裁定不服，可以向人民法院提起执行异议之诉的；

（三）依照民事诉讼法第二百四十四条规定，仲裁裁决被人民法院裁定不予执行，当事人可以重新申请仲裁或者向人民法院起诉的；

（四）依照《最高人民法院关于公证债权文书执行若干问题的规定》第二十条规定，公证债权文书被裁定不予执行或者部分不予执行，当事人可以向人民法院提起诉讼的；

（五）法律或者司法解释规定不通过执行复议程序进行救济的其他情形。

第四条　申请人向人民法院申请执行监督，有下列情形之一的，不予受理：

（一）针对人民法院就复议裁定作出的执行监督裁定提出执行监督申请的；

（二）在人民检察院对申请人的申请作出不予提出检察建议后又提出执行监督申请的。

前款第一项规定情形，人民法院应当告知当事人可以向人民检察院申请检察建议，但因人民检察院提出检察建议而作出执行监督裁定的除外。

第五条　申请人对执行复议裁定不服向人民法院申请执行监督的，参照民事诉讼法第二百一十二条规定，应当在执行复议裁定发生法律效力后六个月内提出。

申请人因超过提出执行异议期限或者申请复议期限向人民法院申请执行监督的，应当在提出异议期限或者申请复议期限届满之日起六个月内提出。

申请人超过上述期限向人民法院申请执行监督的，人民法院不予受理；已经受理的，裁定终结审查。

第六条　申请人对高级人民法院作出的执行复议裁定不服的，应当向原审高级人民法院申请执行监督；申请人向最高人民法院申请执行监督，符合下列情形之一的，最高人民法院应当受理：

（一）申请人对执行复议裁定认定的基本事实和审查程序无异议，但认为适用法律有错误的；

（二）执行复议裁定经高级人民法院审判委员会讨论决定的。

第七条 向最高人民法院申请执行监督的，执行监督申请书除依法必须载明的事项外，还应当声明对原裁定认定的基本事实、适用的审查程序没有异议，同时载明案件所涉法律适用问题的争议焦点、论证裁定适用法律存在错误的理由和依据。

申请人提交的执行监督申请书不符合前款规定要求的，最高人民法院应当给予指导和释明，一次性全面告知其在十日内予以补正；申请人无正当理由逾期未予补正的，按撤回监督申请处理。

第八条 高级人民法院作出的执行复议裁定适用法律确有错误，且符合下列情形之一的，最高人民法院可以立执行监督案件：

（一）具有普遍法律适用指导意义的；

（二）最高人民法院或者不同高级人民法院之间近三年裁判生效的同类案件存在重大法律适用分歧，截至案件审查时仍未解决的；

（三）最高人民法院认为应当立执行监督案件的其他情形。

最高人民法院对地方各级人民法院、专门人民法院已经发生法律效力的执行裁定，发现确有错误，且符合前款所列情形之一的，可以立案监督。

第九条 向最高人民法院申请的执行监督案件符合下列情形之一的，最高人民法院可以决定由原审高级人民法院审查：

（一）案件可能存在基本事实不清、审查程序违法、遗漏异议请求情形的；

（二）原执行复议裁定适用法律可能存在错误，但不具有普遍法律适用指导意义的。

第十条 高级人民法院经审查，认为原裁定适用法律确有错误，且符合本意见第八条第一项、第二项规定情形之一，需要由最高人民法院审查的，经该院审判委员会讨论决定后，可以报请最高人民法院审查。

最高人民法院收到高级人民法院根据前款规定提出的报请后，认为有必要由本院审查的，应当立案审查；认为没有必要的，不予立案，并决定交高级人民法院立案审查。

第十一条　最高人民法院应当自收到执行监督申请书之日起三十日内，决定由本院或者作出执行复议裁定的高级人民法院立案审查。

最高人民法院决定由原审高级人民法院审查的，应当在作出决定之日起十日内将执行监督申请书和相关材料交原审高级人民法院立案审查，并及时通知申请人。

第十二条　除《最高人民法院关于执行案件立案、结案若干问题的意见》第二十六条规定的结案方式外，执行监督案件还可采用以下方式结案：

（一）撤销执行异议裁定和执行复议裁定，发回异议法院重新审查；或者撤销执行复议裁定，发回复议法院重新审查；

（二）按撤回执行监督申请处理；

（三）终结审查。

第十三条　人民法院审查执行监督案件，一般应当作出执行裁定，但不支持申诉请求的，可以根据案件具体情况作出驳回通知书。

第十四条　本意见自 2023 年 2 月 1 日起施行。本意见施行以后，最高人民法院之前有关意见的规定与本意见不一致的，按照本意见执行。

最高人民法院于本意见施行之前受理的申请执行监督案件，施行当日尚未审查完毕的，应当继续审查处理。

最高人民法院
关于审理涉执行司法赔偿案件
适用法律若干问题的解释

法释〔2022〕3号

（2021年12月20日最高人民法院审判委员会第1857次会议通过
2022年2月8日最高人民法院公告公布　自2022年2月8日起施行）

为正确审理涉执行司法赔偿案件，保障公民、法人和其他组织的合法权益，根据《中华人民共和国国家赔偿法》等法律规定，结合人民法院国家赔偿审判和执行工作实际，制定本解释。

第一条　人民法院在执行判决、裁定及其他生效法律文书过程中，错误采取财产调查、控制、处置、交付、分配等执行措施或者罚款、拘留等强制措施，侵犯公民、法人和其他组织合法权益并造成损害，受害人依照国家赔偿法第三十八条规定申请赔偿的，适用本解释。

第二条　公民、法人和其他组织认为有下列错误执行行为造成损害申请赔偿的，人民法院应当依法受理：

（一）执行未生效法律文书，或者明显超出生效法律文书确定的数额和范围执行的；

（二）发现被执行人有可供执行的财产，但故意拖延执行、不执行，或者应当依法恢复执行而不恢复的；

（三）违法执行案外人财产，或者违法将案件执行款物交付给其他当事人、案外人的；

（四）对抵押、质押、留置、保留所有权等财产采取执行措施，未依法保护上述权利人优先受偿权等合法权益的；

（五）对其他人民法院已经依法采取保全或者执行措施的财产违法执行的；

（六）对执行中查封、扣押、冻结的财产故意不履行或者怠于履行监管职责的；

（七）对不宜长期保存或者易贬值的财产采取执行措施，未及时处理或者违法处理的；

（八）违法拍卖、变卖、以物抵债，或者依法应当评估而未评估，依法应当拍卖而未拍卖的；

（九）违法撤销拍卖、变卖或者以物抵债的；

（十）违法采取纳入失信被执行人名单、限制消费、限制出境等措施的；

（十一）因违法或者过错采取执行措施或者强制措施的其他行为。

第三条 原债权人转让债权的，其基于债权申请国家赔偿的权利随之转移，但根据债权性质、当事人约定或者法律规定不得转让的除外。

第四条 人民法院将查封、扣押、冻结等事项委托其他人民法院执行的，公民、法人和其他组织认为错误执行行为造成损害申请赔偿的，委托法院为赔偿义务机关。

第五条 公民、法人和其他组织申请错误执行赔偿，应当在执行程序终结后提出，终结前提出的不予受理。但有下列情形之一，且无法在相关诉讼或者执行程序中予以补救的除外：

（一）罚款、拘留等强制措施已被依法撤销，或者实施过程中造成人身损害的；

（二）被执行的财产经诉讼程序依法确认不属于被执行人，或者人民法院生效法律文书已确认执行行为违法的；

（三）自立案执行之日起超过五年，且已裁定终结本次执行程序，被执行人已无可供执行财产的；

（四）在执行程序终结前可以申请赔偿的其他情形。

赔偿请求人依据前款规定，在执行程序终结后申请赔偿的，该执行程序期间不计入赔偿请求时效。

第六条 公民、法人和其他组织在执行异议、复议或者执行监督程序审查期间，就相关执行措施或者强制措施申请赔偿的，人民法院不予受理，已经受理的予以驳回，并告知其在上述程序终结后可以依照本解释第五条的规定依法提出赔偿申请。

公民、法人和其他组织在执行程序中未就相关执行措施、强制措施提出异议、申请复议或者申请执行监督，不影响其依法申请赔偿的权利。

第七条 经执行异议、复议或者执行监督程序作出的生效法律文书，对执行行为是否合法已有认定的，该生效法律文书可以作为人民法院赔偿委员会认定执行行为合法性的根据。

赔偿请求人对执行行为的合法性提出相反主张，且提供相应证据予以证明的，人民法院赔偿委员会应当对执行行为进行合法性审查并作出认定。

第八条 根据当时有效的执行依据或者依法认定的基本事实作出的执行行为，不因下列情形而认定为错误执行：

（一）采取执行措施或者强制措施后，据以执行的判决、裁定及其他生效法律文书被撤销或者变更的；

（二）被执行人足以对抗执行的实体事由，系在执行措施完成后发生或者被依法确认的；

（三）案外人对执行标的享有足以排除执行的实体权利，系在执行措施完成后经法定程序确认的；

（四）人民法院作出准予执行行政行为的裁定并实施后，该行政行为被依法变更、撤销、确认违法或者确认无效的；

（五）根据财产登记采取执行措施后，该登记被依法确认错误的；

（六）执行依据或者基本事实嗣后改变的其他情形。

第九条 赔偿请求人应当对其主张的损害负举证责任。但因人民法院未列清单、列举不详等过错致使赔偿请求人无法就损害举证的，应当由人民法院对上述事实承担举证责任。

双方主张损害的价值无法认定的，应当由负有举证责任的一方申请鉴定。负有举证责任的一方拒绝申请鉴定的，由其承担不利的法律后果；无法鉴定的，人民法院赔偿委员会应当结合双方的主张和在案证据，运用逻辑推理、日常生活经验等进行判断。

第十条 被执行人因财产权被侵犯依照本解释第五条第一款规定申请赔偿，其债务尚未清偿的，获得的赔偿金应当首先用于清偿其债务。

第十一条 因错误执行取得不当利益且无法返还的，人民法院承担赔偿责任后，可以依据赔偿决定向取得不当利益的人追偿。

因错误执行致使生效法律文书无法执行，申请执行人获得国家赔偿后申请继续执行的，不予支持。人民法院承担赔偿责任后，可以依据赔偿决定向被执行人追偿。

第十二条　在执行过程中，因保管人或者第三人的行为侵犯公民、法人和其他组织合法权益并造成损害的，应当由保管人或者第三人承担责任。但人民法院未尽监管职责的，应当在其能够防止或者制止损害发生、扩大的范围内承担相应的赔偿责任，并可以依据赔偿决定向保管人或者第三人追偿。

第十三条　属于下列情形之一的，人民法院不承担赔偿责任：

（一）申请执行人提供财产线索错误的；

（二）执行措施系根据依法提供的担保而采取或者解除的；

（三）人民法院工作人员实施与行使职权无关的个人行为的；

（四）评估或者拍卖机构实施违法行为造成损害的；

（五）因不可抗力、正当防卫或者紧急避险造成损害的；

（六）依法不应由人民法院承担赔偿责任的其他情形。

前款情形中，人民法院有错误执行行为的，应当根据其在损害发生过程和结果中所起的作用承担相应的赔偿责任。

第十四条　错误执行造成公民、法人和其他组织利息、租金等实际损失的，适用国家赔偿法第三十六条第八项的规定予以赔偿。

第十五条　侵犯公民、法人和其他组织的财产权，按照错误执行行为发生时的市场价格不足以弥补受害人损失或者该价格无法确定的，可以采用下列方式计算损失：

（一）按照错误执行行为发生时的市场价格计算财产损失并支付利息，利息计算期间从错误执行行为实施之日起至赔偿决定作出之日止；

（二）错误执行行为发生时的市场价格无法确定，或者因时间跨度长、市场价格波动大等因素按照错误执行行为发生时的市场价格计算显失公平的，可以参照赔偿决定作出时同类财产市场价格计算；

（三）其他合理方式。

第十六条　错误执行造成受害人停产停业的，下列损失属于停产停业期间必要的经常性费用开支：

（一）必要留守职工工资；

（二）必须缴纳的税款、社会保险费；

（三）应当缴纳的水电费、保管费、仓储费、承包费；

（四）合理的房屋场地租金、设备租金、设备折旧费；

（五）维系停产停业期间运营所需的其他基本开支。

错误执行生产设备、用于营运的运输工具，致使受害人丧失唯一生活来源的，按照其实际损失予以赔偿。

第十七条 错误执行侵犯债权的，赔偿范围一般应当以债权标的额为限。债权受让人申请赔偿的，赔偿范围以其受让债权时支付的对价为限。

第十八条 违法采取保全措施的案件进入执行程序后，公民、法人和其他组织申请赔偿的，应当作为错误执行案件予以立案审查。

第十九条 审理违法采取妨害诉讼的强制措施、保全、先予执行赔偿案件，可以参照适用本解释。

第二十条 本解释自 2022 年 3 月 1 日起施行。施行前本院公布的司法解释与本解释不一致的，以本解释为准。

最高人民法院
关于建立执行约谈机制的若干规定

2016 年 3 月 8 日　　　　　　　　　　　　　　　法发〔2016〕7 号

为进一步规范全国法院执行工作，及时发现、纠正下级法院在执行履职中存在的消极执行、违法执行等问题，促进解决"执行难"，根据《中华人民共和国民事诉讼法》等法律、司法解释的规定，结合人民法院执行工作实际，制定本规定。

第一条 本规定所称约谈，是指最高人民法院在本规定明确的有关情形发生时，约见未履行职责或履行职责不到位的高级人民法院相关负责人，进行告诫谈话、指出问题、责令整改纠正的一种执行监督措施。

第二条 有下列情形之一的，可进行约谈：

（一）通过全国法院执行案件流程信息管理系统发现高级人民法院辖区内超期执行案件超过已受理案件比例5%、或存在有财产可供执行案件无正当理由超期不作为等其他严重消极执行问题的；

（二）通过信访渠道等发现辖区内违法执行等问题突出，产生不良影响的；

（三）对最高人民法院有明确处理意见的监督、督办案件，无正当理由在规定期限内或者在合理期限内不予落实或者落实不到位的；

（四）对最高人民法院部署的重点执行工作、专项工作等不予落实或者落实情况未达到要求的；

（五）其他需要约谈的情形。

第三条　最高人民法院执行局在履行执行监督、管理职责中，认为符合本规定第二条规定的情形，有必要进行约谈的，经局长办公会研究同意后，可先向拟约谈的高级人民法院发出《约谈预通知》，指出其存在的问题、提出整改要求及时限，并明确整改不落实将予以正式约谈。

高级人民法院收到《约谈预通知》后，未能落实整改要求且无合理解释的，经最高人民法院相关院领导批准后，向其正式发出《约谈通知》，启动约谈程序。

第四条　《约谈通知》一般以最高人民法院执行局名义于约谈前七个工作日发出，告知被约谈人关于约谈的事由、方式、时间、地点、参加人等事项。

第五条　约谈工作由最高人民法院执行局组织实施，必要时可报请院领导参加。

约谈可由最高人民法院执行局单独实施，也可邀请最高人民法院监察部门等其他部门共同实施；邀请相关部门共同实施的，应提前就约谈事项与其进行沟通、会商。

第六条　约谈具体程序如下：

（一）向被约谈人说明约谈的事由和目的；

（二）向被约谈人提出处理意见，明确整改要求及时限；

（三）被约谈人对落实处理意见、整改要求进行表态。

第七条　约谈结束后应制作约谈纪要，主要内容包括约谈事由、处理意见、整改要求及时限等。

约谈纪要报批准约谈的院领导同意后，以最高人民法院执行局名义印发被约谈人。

第八条 最高人民法院执行局监督、指导被约谈人落实约谈提出的处理意见和整改要求，并将落实情况层报批准约谈的院领导。

对按期落实处理意见和整改要求的，不再处理；对超期未落实或者落实不到位的，可采取以下方式处理：

（一）向被约谈人所在高级人民法院党组通报；

（二）在全国法院系统通报；

（三）涉嫌违法违纪的，向最高人民法院监察部门通报情况，并提出对相关责任人员进行调查处理的建议；

（四）在社会治安综合治理目标责任考核中予以相应的扣分。

第九条 就社会舆论关注事项进行的约谈，可视情况对外公布约谈情况及结果，也可邀请媒体及相关公众代表列席约谈。

第十条 本规定自 2016 年 3 月 9 日起施行。

最高人民法院
关于执行案件督办工作的规定（试行）

2006 年 5 月 18 日　　　　　　　　　　　　　法发〔2006〕11 号

为了加强和规范上级法院对下级法院执行案件的监督，根据《中华人民共和国民事诉讼法》及有关司法解释的规定，结合人民法院执行工作的实践，制定本规定。

第一条 最高人民法院对地方各级人民法院执行案件进行监督。高级人民法院、中级人民法院对本辖区内人民法院执行案件进行监督。

第二条 当事人反映下级法院有消极执行或者案件长期不能执结，上级法院认为情况属实的，应当督促下级法院及时采取执行措施，或者在指定期限内办结。

第三条 上级法院应当在受理反映下级法院执行问题的申诉后十日内，对符合督办条件的案件制作督办函，并附相关材料函转下级法院。遇有特殊情况，上级法院可要求下级法院立即进行汇报，或派员实地进行督办。

下级法院在接到上级法院的督办函后，应指定专人办理。

第四条 下级法院应当在上级法院指定的期限内，将案件办理情况或者处理意见向督办法院作出书面报告。

第五条 对于上级法院督办的执行案件，被督办法院应当按照上一级法院的要求，及时制作案件督办函，并附案件相关材料函转至执行法院。被督办法院负责在上一级法院限定的期限届满前，将督办案件办理情况书面报告上一级法院，并附相关材料。

第六条 下级法院逾期未报告工作情况或案件处理结果的，上级法院根据情况可以进行催报，也可以直接调卷审查，指定其他法院办理，或者提级执行。

第七条 上级法院收到下级法院的书面报告后，认为下级法院的处理意见不当的，应当提出书面意见函告下级法院。下级法院应当按照上级法院的意见办理。

第八条 下级法院认为上级法院的处理意见错误，可以按照有关规定提请上级法院复议。

对下级法院提请复议的案件，上级法院应当另行组成合议庭进行审查。经审查认为原处理意见错误的，应当纠正；认为原处理意见正确的，应当拟函督促下级法院按照原处理意见办理。

第九条 对于上级法院督办的执行案件，下级法院无正当理由逾期未报告工作情况或案件处理结果，或者拒不落实、消极落实上级法院的处理意见，经上级法院催办后仍未纠正的，上级法院可以在辖区内予以通报，并依据有关规定追究相关法院或者责任人的责任。

第十条 本规定自公布之日起施行。

二、执行程序

（一）执行时限

最高人民法院
关于人民法院办理执行案件若干期限的规定

2006 年 12 月 23 日   法发〔2006〕35 号

为确保及时、高效、公正办理执行案件，依据《民事诉讼法》和有关司法解释的规定，结合执行工作实际，制定本规定。

第一条 被执行人有财产可供执行的案件，一般应当在立案之日起 6 个月内执结；非诉执行案件一般应当在立案之日起 3 个月内执结。

有特殊情况须延长执行期限的，应当报请本院院长或副院长批准。

申请延长执行期限的，应当在期限届满前 5 日内提出。

第二条 人民法院应当在立案后 7 日内确定承办人。

第三条 承办人收到案件材料后，经审查认为情况紧急、需立即采取执行措施的，经批准后可立即采取相应的执行措施。

第四条 承办人应当在收到案件材料后 3 日内向被执行人发出执行通知书，通知被执行人按照有关规定申报财产，责令被执行人履行生效法律文书确定的义务。

被执行人在指定的履行期间内有转移、隐匿、变卖、毁损财产等情形的，人民法院在获悉后应当立即采取控制性执行措施。

第五条 承办人应当在收到案件材料后 3 日内通知申请执行人提供被执行人财产状况或财产线索。

第六条 申请执行人提供了明确、具体的财产状况或财产线索的，承办人应当在申请执行人提供财产状况或财产线索后 5 日内进行查证、核实。情况紧急的，应当立即予以核查。

申请执行人无法提供被执行人财产状况或财产线索，或者提供财产状况或财产线索确有困难，需人民法院进行调查的，承办人应当在申请执行人提出调查申请后 10 日内启动调查程序。

根据案件具体情况，承办人一般应当在 1 个月内完成对被执行人收入、银行存款、有价证券、不动产、车辆、机器设备、知识产权、对外投资权益及收益、到期债权等资产状况的调查。

第七条　执行中采取评估、拍卖措施的，承办人应当在 10 日内完成评估、拍卖机构的遴选。

第八条　执行中涉及不动产、特定动产及其他财产需办理过户登记手续的，承办人应当在 5 日内向有关登记机关送达协助执行通知书。

第九条　对执行异议的审查，承办人应当在收到异议材料及执行案卷后 15 日内提出审查处理意见。

第十条　对执行异议的审查需进行听证的，合议庭应当在决定听证后 10 日内组织异议人、申请执行人、被执行人及其他利害关系人进行听证。

承办人应当在听证结束后 5 日内提出审查处理意见。

第十一条　对执行异议的审查，人民法院一般应当在 1 个月内办理完毕。

需延长期限的，承办人应当在期限届满前 3 日内提出申请。

第十二条　执行措施的实施及执行法律文书的制作需报经审批的，相关负责人应当在 7 日内完成审批程序。

第十三条　下列期间不计入办案期限：

1. 公告送达执行法律文书的期间；

2. 暂缓执行的期间；

3. 中止执行的期间；

4. 就法律适用问题向上级法院请示的期间；

5. 与其他法院发生执行争议报请共同的上级法院协调处理的期间。

第十四条　法律或司法解释对办理期限有明确规定的，按照法律或司法解释规定执行。

第十五条　本规定自 2007 年 1 月 1 日起施行。

最高人民法院案件审限管理规定

2001 年 11 月 5 日   法〔2001〕164 号

为了严格执行法律和有关司法解释关于审理期限的规定，提高审判工作效率，保护当事人的诉讼权利，结合本院实际情况，制定本规定。

一、本院各类案件的审理期限

第一条 审理刑事上诉、抗诉案件的期限为一个月，至迟不得超过一个半月；有《刑事诉讼法》第一百二十六条规定情形之一的，经院长批准，可以延长一个月。

第二条 审理对民事判决的上诉案件，期限为三个月；有特殊情况需要延长的，经院长批准，可以延长三个月。

审理对民事裁定的上诉案件，期限为一个月。

第三条 审理对妨害诉讼的强制措施的民事决定不服申请复议的案件，期限为五日。

第四条 审理行政上诉案件的期限为两个月；有特殊情况需要延长的，经院长批准，可以延长两个月。

第五条 审理赔偿案件的期限为三个月；有特殊情况需要延长的，经院长批准，可以延长三个月。

第六条 办理刑事复核案件的期限为两个月；有特殊情况需要延长的，由院长批准。

办理再审刑事复核案件的期限为四个月；有特殊情况需要延长的，由院长批准。

第七条 对不服本院生效裁判或不服高级人民法院复查驳回、再审改判的各类申诉或申请再审案件，应当在三个月内审查完毕，作出决定或裁定，至迟不得超过六个月。

第八条 按照审判监督程序重新审理的刑事案件的审理期限为三个月；

有特殊情形需要延长的，经院长批准，可以延长三个月。

裁定再审的民事、行政案件，根据再审适用的不同程序，分别执行第一审或第二审审理期限的规定。

第九条　办理下级人民法院按规定向我院请示的各类适用法律的特殊案件，期限为三个月；有特殊情况需要延长的，经院长批准，可以延长三个月。

第十条　涉外、涉港、澳、台民事案件应当在庭审结束后三个月内结案；有特殊情况需要延长的，由院长批准。

第十一条　办理管辖争议案件的期限为两个月；有特殊情况需要延长的，经院长批准，可以延长两个月。

第十二条　办理执行协调案件的期限为三个月，至迟不得超过六个月。

二、立案、结案时间及审理期限的计算

第十三条　二审案件应当在收到上（抗）诉书及案卷材料后的五日内立案。

按照审判监督程序重新审判的案件，应当在作出提审、再审裁定或决定的次日立案。

刑事复核案件、适用法律的特殊请示案件、管辖争议案件、执行协调案件应当在收到高级人民法院报送的案卷材料后三日内立案。

第十四条　立案庭应当在决定立案并办妥有关诉讼收费事宜后，三日内将案卷材料移送相关审判庭。

第十五条　案件的审理期限从立案次日起计算。

申诉或申请再审的审查期限从收到申诉或申请再审材料并经立案后的次日起计算。

涉外、涉港、澳、台民事案件的结案期限从最后一次庭审结束后的次日起计算。

第十六条　不计入审理期限的期间依照本院《关于严格执行案件审理期限制度的若干规定》（以下简称《若干规定》）第九条执行。

案情重大、疑难，需由审判委员会作出决定的案件，自提交审判委员会之日起至审判委员会作出决定之日止的期间，不计入审理期限。

需要向有关部门征求意见的案件，征求意见的期间不计入审理期限，参

照《若干规定》第九条第八项的规定办理。

要求下级人民法院查报的案件，下级人民法院复查的期间不计入审理期限。

第十七条 结案时间除按《若干规定》第十条执行外，请示案件的结案时间以批复、复函签发日期为准，审查申诉的结案时间以作出决定或裁定的日期为准，执行协调案件以批准协调方案日期为准。

三、案件延长审理期限的报批

第十八条 刑事案件需要延长审理期限的，应当在审理期限届满七日以前，向院长提出申请。

第十九条 其他案件需要延长审理期限的，应当在审理期限届满十日以前，向院长提出申请。

第二十条 需要院长批准延长审理期限的，院长应当在审限届满以前作出决定。

第二十一条 凡变动案件审理期限的，有关合议庭应当及时到立案庭备案。

四、对案件审理期限的监督、管理

第二十二条 本院各类案件审理期限的监督、管理工作由立案庭负责。

距案件审限届满前十日，立案庭应当向有关审判庭发出提示。

对超过审限的案件实行按月通报制度。

第二十三条 审判人员故意拖延办案，或者因过失延误办案，造成严重后果的，依照《人民法院审判纪律处分办法（试行）》第五十九条的规定予以处分。

本规定自 2002 年 1 月 1 日起执行。

最高人民法院
关于严格执行案件审理期限制度的若干规定

法释〔2000〕29 号

（2000 年 9 月 14 日最高人民法院审判委员会第 1130 次会议通过
2000 年 9 月 22 日最高人民法院公告公布 自 2000 年 9 月 28 日起施行）

为提高诉讼效率，确保司法公正，根据刑事诉讼法、民事诉讼法、行政诉讼法和海事诉讼特别程序法的有关规定，现就人民法院执行案件审理期限制度的有关问题规定如下：

一、各类案件的审理、执行期限

第一条 适用普通程序审理的第一审刑事公诉案件、被告人被羁押的第一审刑事自诉案件和第二审刑事公诉、刑事自诉案件的期限为一个月，至迟不得超过一个半月；附带民事诉讼案件的审理期限，经本院院长批准，可以延长两个月。有刑事诉讼法第一百二十六条规定情形之一的，经省、自治区、直辖市高级人民法院批准或者决定，审理期限可以再延长一个月；最高人民法院受理的刑事上诉、刑事抗诉案件，经最高人民法院决定，审理期限可以再延长一个月。

适用普通程序审理的被告人未被羁押的第一审刑事自诉案件，期限为六个月；有特殊情况需要延长的，经本院院长批准，可以延长三个月。

适用简易程序审理的刑事案件，审理期限为二十日。

第二条 适用普通程序审理的第一审民事案件，期限为六个月；有特殊情况需要延长的，经本院院长批准，可以延长六个月，还需延长的，报请上一级人民法院批准，可以再延长三个月。

适用简易程序审理的民事案件，期限为三个月。

适用特别程序审理的民事案件，期限为三十日；有特殊情况需要延长的，经本院院长批准，可以延长三十日，但审理选民资格案件必须在选举日前审结。

审理第一审船舶碰撞、共同海损案件的期限为一年；有特殊情况需要延长的，经本院院长批准，可以延长六个月。

审理对民事判决的上诉案件，审理期限为三个月；有特殊情况需要延长的，经本院院长批准，可以延长三个月。

审理对民事裁定的上诉案件，审理期限为三十日。

对罚款、拘留民事决定不服申请复议的，审理期限为五日。

审理涉外民事案件，根据民事诉讼法第二百四十八条的规定，不受上述案件审理期限的限制。

审理涉港、澳、台的民事案件的期限，参照涉外审理民事案件的规定办理。

第三条 审理第一审行政案件的期限为三个月；有特殊情况需要延长的，经高级人民法院批准可以延长三个月。高级人民法院审理第一审案件需要延长期限的，由最高人民法院批准，可以延长三个月。

审理行政上诉案件的期限为两个月；有特殊情况需要延长的，由高级人民法院批准，可以延长两个月。高级人民法院审理的第二审案件需要延长期限的，由最高人民法院批准，可以延长两个月。

第四条 按照审判监督程序重新审理的刑事案件的期限为三个月；需要延长期限的，经本院院长批准，可以延长三个月。

裁定再审的民事、行政案件，根据再审适用的不同程序，分别执行第一审或第二审审理期限的规定。

第五条 执行案件应当在立案之日起六个月内执结，非诉执行案件应当在立案之日起三个月内执结；有特殊情况需要延长的，经本院院长批准，可以延长三个月，还需延长的，层报高级人民法院备案。

委托执行的案件，委托的人民法院应当在立案后一个月内办理完委托执行手续，受委托的人民法院应当在收到委托函件后三十日内执行完毕。未执行完毕，应当在期限届满后十五日内将执行情况函告委托人民法院。

刑事案件没收财产刑应当即时执行。

刑事案件罚金刑，应当在判决、裁定发生法律效力后三个月内执行完毕，至迟不超过六个月。

二、立案、结案时间及审理期限的计算

第六条　第一审人民法院收到起诉书（状）或者执行申请书后，经审查认为符合受理条件的应当在七日内立案；收到自诉人自诉状或者口头告诉的，经审查认为符合自诉案件受理条件的应当在十五日内立案。

改变管辖的刑事、民事、行政案件，应当在收到案卷材料后的三日内立案。

第二审人民法院应当在收到第一审人民法院移送的上（抗）诉材料及案卷材料后的五日内立案。

发回重审或指令再审的案件，应当在收到发回重审或指令再审裁定及案卷材料后的次日内立案。

按照审判监督程序重新审判的案件，应当在作出提审、再审裁定（决定）的次日立案。

第七条　立案机构应当在决定立案的三日内将案卷材料移送审判庭。

第八条　案件的审理期限从立案次日起计算。

由简易程序转为普通程序审理的第一审刑事案件的期限，从决定转为普通程序次日起计算；由简易程序转为普通程序审理的第一审民事案件的期限，从立案次日起连续计算。

第九条　下列期间不计入审理、执行期限：

（一）刑事案件对被告人作精神病鉴定的期间；

（二）刑事案件因另行委托、指定辩护人，法院决定延期审理的，自案件宣布延期审理之日起至第十日止准备辩护的时间；

（三）公诉人发现案件需要补充侦查，提出延期审理建议后，合议庭同意延期审理的期间；

（四）刑事案件二审期间，检察院查阅案卷超过七日后的时间；

（五）因当事人、诉讼代理人、辩护人申请通知新的证人到庭、调取新的证据、申请重新鉴定或者勘验，法院决定延期审理一个月之内的期间；

（六）民事、行政案件公告、鉴定的期间；

（七）审理当事人提出的管辖权异议和处理法院之间的管辖争议的期间；

（八）民事、行政、执行案件由有关专业机构进行审计、评估、资产清理

的期间；

（九）中止诉讼（审理）或执行至恢复诉讼（审理）或执行的期间；

（十）当事人达成执行和解或者提供执行担保后，执行法院决定暂缓执行的期间；

（十一）上级人民法院通知暂缓执行的期间；

（十二）执行中拍卖、变卖被查封、扣押财产的期间。

第十条 人民法院判决书宣判、裁定书宣告或者调解书送达最后一名当事人的日期为结案时间。如需委托宣判、送达的，委托宣判、送达的人民法院应当在审限届满前将判决书、裁定书、调解书送达受托人民法院。受托人民法院应当在收到委托书后七日内送达。

人民法院判决书宣判、裁定书宣告或者调解书送达有下列情形之一的，结案时间遵守以下规定：

（一）留置送达的，以裁判文书留在受送达人的住所日为结案时间；

（二）公告送达的，以公告刊登之日为结案时间；

（三）邮寄送达的，以交邮日期为结案时间；

（四）通过有关单位转交送达的，以送达回证上当事人签收的日期为结案时间。

三、案件延长审理期限的报批

第十一条 刑事公诉案件、被告人被羁押的自诉案件，需要延长审理期限的，应当在审理期限届满七日以前，向高级人民法院提出申请；被告人未被羁押的刑事自诉案件，需要延长审理期限的，应当在审理期限届满十日前向本院院长提出申请。

第十二条 民事案件应当在审理期限届满十日前向本院院长提出申请；还需延长的，应当在审理期限届满十日前向上一级人民法院提出申请。

第十三条 行政案件应当在审理期限届满十日前向高级人民法院或者最高人民法院提出申请。

第十四条 对于下级人民法院申请延长办案期限的报告，上级人民法院应当在审理期限届满三日前作出决定，并通知提出申请延长审理期限的人民法院。

需要本院院长批准延长办案期限的，院长应当在审限届满前批准或者决定。

四、上诉、抗诉二审案件的移送期限

第十五条 被告人、自诉人、附带民事诉讼的原告人和被告人通过第一审人民法院提出上诉的刑事案件，第一审人民法院应当在上诉期限届满后三日内将上诉状连同案卷、证据移送第二审人民法院。被告人、自诉人、附带民事诉讼的原告人和被告人直接向上级人民法院提出上诉的刑事案件，第一审人民法院应当在接到第二审人民法院移交的上诉状后三日内将案卷、证据移送上一级人民法院。

第十六条 人民检察院抗诉的刑事二审案件，第一审人民法院应当在上诉、抗诉期限届满后三日内将抗诉书连同案卷、证据移送第二审人民法院。

第十七条 当事人提出上诉的二审民事、行政案件，第一审人民法院收到上诉状，应当在五日内将上诉状副本送达对方当事人。人民法院收到答辩状，应当在五日内将副本送达上诉人。

人民法院受理人民检察院抗诉的民事、行政案件的移送期限，比照前款规定办理。

第十八条 第二审人民法院立案时发现上诉案件材料不齐全的，应当在两日内通知第一审人民法院。第一审人民法院应当在接到第二审人民法院的通知后五日内补齐。

第十九条 下级人民法院接到上级人民法院调卷通知后，应当在五日内将全部案卷和证据移送，至迟不超过十日。

五、对案件审理期限的监督、检查

第二十条 各级人民法院应当将审理案件期限情况作为审判管理的重要内容，加强对案件审理期限的管理、监督和检查。

第二十一条 各级人民法院应当建立审理期限届满前的催办制度。

第二十二条 各级人民法院应当建立案件审理期限定期通报制度。对违反诉讼法规定，超过审理期限或者违反本规定的情况进行通报。

第二十三条 审判人员故意拖延办案，或者因过失延误办案，造成严重

后果的，依照《人民法院审判纪律处分办法（试行）》第五十九条的规定予以处分。

审判人员故意拖延移送案件材料，或者接受委托送达后，故意拖延不予送达的，参照《人民法院审判纪律处分办法（试行）》第五十九条的规定予以处分。

第二十四条　本规定发布前有关审理期限规定与本规定不一致的，以本规定为准。

（二）执行当事人及其变更、追加

最高人民法院
关于民事执行中变更、追加当事人
若干问题的规定

（2016年8月29日最高人民法院审判委员会第1691次会议通过

根据2020年12月23日最高人民法院审判委员会第1823次会议

通过的《最高人民法院关于修改〈最高人民法院关于人民法院

扣押铁路运输货物若干问题的规定〉等十八件执行类

司法解释的决定》修正）

为正确处理民事执行中变更、追加当事人问题，维护当事人、利害关系人的合法权益，根据《中华人民共和国民事诉讼法》等法律规定，结合执行实践，制定本规定。

第一条　执行过程中，申请执行人或其继承人、权利承受人可以向人民法院申请变更、追加当事人。申请符合法定条件的，人民法院应予支持。

第二条　作为申请执行人的自然人死亡或被宣告死亡，该自然人的遗产管理人、继承人、受遗赠人或其他因该自然人死亡或被宣告死亡依法承受生效法律文书确定权利的主体，申请变更、追加其为申请执行人的，人民法院应予支持。

作为申请执行人的自然人被宣告失踪，该自然人的财产代管人申请变更、追加其为申请执行人的，人民法院应予支持。

第三条　作为申请执行人的自然人离婚时，生效法律文书确定的权利全部或部分分割给其配偶，该配偶申请变更、追加其为申请执行人的，人民法院应予支持。

第四条　作为申请执行人的法人或非法人组织终止，因该法人或非法人组织终止依法承受生效法律文书确定权利的主体，申请变更、追加其为申请执行人的，人民法院应予支持。

第五条　作为申请执行人的法人或非法人组织因合并而终止，合并后存续或新设的法人、非法人组织申请变更其为申请执行人的，人民法院应予支持。

第六条　作为申请执行人的法人或非法人组织分立，依分立协议约定承受生效法律文书确定权利的新设法人或非法人组织，申请变更、追加其为申请执行人的，人民法院应予支持。

第七条　作为申请执行人的法人或非法人组织清算或破产时，生效法律文书确定的权利依法分配给第三人，该第三人申请变更、追加其为申请执行人的，人民法院应予支持。

第八条　作为申请执行人的机关法人被撤销，继续履行其职能的主体申请变更、追加其为申请执行人的，人民法院应予支持，但生效法律文书确定的权利依法应由其他主体承受的除外；没有继续履行其职能的主体，且生效法律文书确定权利的承受主体不明确，作出撤销决定的主体申请变更、追加其为申请执行人的，人民法院应予支持。

第九条　申请执行人将生效法律文书确定的债权依法转让给第三人，且书面认可第三人取得该债权，该第三人申请变更、追加其为申请执行人的，人民法院应予支持。

第十条　作为被执行人的自然人死亡或被宣告死亡，申请执行人申请变更、追加该自然人的遗产管理人、继承人、受遗赠人或其他因该自然人死亡或被宣告死亡取得遗产的主体为被执行人，在遗产范围内承担责任的，人民法院应予支持。

作为被执行人的自然人被宣告失踪，申请执行人申请变更该自然人的财产代管人为被执行人，在代管的财产范围内承担责任的，人民法院应予支持。

第十一条 作为被执行人的法人或非法人组织因合并而终止，申请执行人申请变更合并后存续或新设的法人、非法人组织为被执行人的，人民法院应予支持。

第十二条 作为被执行人的法人或非法人组织分立，申请执行人申请变更、追加分立后新设的法人或非法人组织为被执行人，对生效法律文书确定的债务承担连带责任的，人民法院应予支持。但被执行人在分立前与申请执行人就债务清偿达成的书面协议另有约定的除外。

第十三条 作为被执行人的个人独资企业，不能清偿生效法律文书确定的债务，申请执行人申请变更、追加其出资人为被执行人的，人民法院应予支持。个人独资企业出资人作为被执行人的，人民法院可以直接执行该个人独资企业的财产。

个体工商户的字号为被执行人的，人民法院可以直接执行该字号经营者的财产。

第十四条 作为被执行人的合伙企业，不能清偿生效法律文书确定的债务，申请执行人申请变更、追加普通合伙人为被执行人的，人民法院应予支持。

作为被执行人的有限合伙企业，财产不足以清偿生效法律文书确定的债务，申请执行人申请变更、追加未按期足额缴纳出资的有限合伙人为被执行人，在未足额缴纳出资的范围内承担责任的，人民法院应予支持。

第十五条 作为被执行人的法人分支机构，不能清偿生效法律文书确定的债务，申请执行人申请变更、追加该法人为被执行人的，人民法院应予支持。法人直接管理的责任财产仍不能清偿债务的，人民法院可以直接执行该法人其他分支机构的财产。

作为被执行人的法人，直接管理的责任财产不能清偿生效法律文书确定债务的，人民法院可以直接执行该法人分支机构的财产。

第十六条 个人独资企业、合伙企业、法人分支机构以外的非法人组织作为被执行人，不能清偿生效法律文书确定的债务，申请执行人申请变更、追加依法对该非法人组织的债务承担责任的主体为被执行人的，人民法院应予支持。

第十七条　作为被执行人的营利法人，财产不足以清偿生效法律文书确定的债务，申请执行人申请变更、追加未缴纳或未足额缴纳出资的股东、出资人或依公司法规定对该出资承担连带责任的发起人为被执行人，在尚未缴纳出资的范围内依法承担责任的，人民法院应予支持。

第十八条　作为被执行人的营利法人，财产不足以清偿生效法律文书确定的债务，申请执行人申请变更、追加抽逃出资的股东、出资人为被执行人，在抽逃出资的范围内承担责任的，人民法院应予支持。

第十九条　作为被执行人的公司，财产不足以清偿生效法律文书确定的债务，其股东未依法履行出资义务即转让股权，申请执行人申请变更、追加该原股东或依公司法规定对该出资承担连带责任的发起人为被执行人，在未依法出资的范围内承担责任的，人民法院应予支持。

第二十条　作为被执行人的一人有限责任公司，财产不足以清偿生效法律文书确定的债务，股东不能证明公司财产独立于自己的财产，申请执行人申请变更、追加该股东为被执行人，对公司债务承担连带责任的，人民法院应予支持。

第二十一条　作为被执行人的公司，未经清算即办理注销登记，导致公司无法进行清算，申请执行人申请变更、追加有限责任公司的股东、股份有限公司的董事和控股股东为被执行人，对公司债务承担连带清偿责任的，人民法院应予支持。

第二十二条　作为被执行人的法人或非法人组织，被注销或出现被吊销营业执照、被撤销、被责令关闭、歇业等解散事由后，其股东、出资人或主管部门无偿接受其财产，致使该被执行人无遗留财产或遗留财产不足以清偿债务，申请执行人申请变更、追加该股东、出资人或主管部门为被执行人，在接受的财产范围内承担责任的，人民法院应予支持。

第二十三条　作为被执行人的法人或非法人组织，未经依法清算即办理注销登记，在登记机关办理注销登记时，第三人书面承诺对被执行人的债务承担清偿责任，申请执行人申请变更、追加该第三人为被执行人，在承诺范围内承担清偿责任的，人民法院应予支持。

第二十四条　执行过程中，第三人向执行法院书面承诺自愿代被执行人履行生效法律文书确定的债务，申请执行人申请变更、追加该第三人为被执行人，在承诺范围内承担责任的，人民法院应予支持。

第二十五条 作为被执行人的法人或非法人组织，财产依行政命令被无偿调拨、划转给第三人，致使该被执行人财产不足以清偿生效法律文书确定的债务，申请执行人申请变更、追加该第三人为被执行人，在接受的财产范围内承担责任的，人民法院应予支持。

第二十六条 被申请人在应承担责任范围内已承担相应责任的，人民法院不得责令其重复承担责任。

第二十七条 执行当事人的姓名或名称发生变更的，人民法院可以直接将姓名或名称变更后的主体作为执行当事人，并在法律文书中注明变更前的姓名或名称。

第二十八条 申请人申请变更、追加执行当事人，应当向执行法院提交书面申请及相关证据材料。

除事实清楚、权利义务关系明确、争议不大的案件外，执行法院应当组成合议庭审查并公开听证。经审查，理由成立的，裁定变更、追加；理由不成立的，裁定驳回。

执行法院应当自收到书面申请之日起六十日内作出裁定。有特殊情况需要延长的，由本院院长批准。

第二十九条 执行法院审查变更、追加被执行人申请期间，申请人申请对被申请人的财产采取查封、扣押、冻结措施的，执行法院应当参照民事诉讼法第一百条的规定办理。

申请执行人在申请变更、追加第三人前，向执行法院申请查封、扣押、冻结该第三人财产的，执行法院应当参照民事诉讼法第一百零一条的规定办理。

第三十条 被申请人、申请人或其他执行当事人对执行法院作出的变更、追加裁定或驳回申请裁定不服的，可以自裁定书送达之日起十日内向上一级人民法院申请复议，但依据本规定第三十二条的规定应当提起诉讼的除外。

第三十一条 上一级人民法院对复议申请应当组成合议庭审查，并自收到申请之日起六十日内作出复议裁定。有特殊情况需要延长的，由本院院长批准。

被裁定变更、追加的被申请人申请复议的，复议期间，人民法院不得对其争议范围内的财产进行处分。申请人请求人民法院继续执行并提供相应担保的，人民法院可以准许。

第三十二条　被申请人或申请人对执行法院依据本规定第十四条第二款、第十七条至第二十一条规定作出的变更、追加裁定或驳回申请裁定不服的，可以自裁定书送达之日起十五日内，向执行法院提起执行异议之诉。

被申请人提起执行异议之诉的，以申请人为被告。申请人提起执行异议之诉的，以被申请人为被告。

第三十三条　被申请人提起的执行异议之诉，人民法院经审理，按照下列情形分别处理：

（一）理由成立的，判决不得变更、追加被申请人为被执行人或者判决变更责任范围；

（二）理由不成立的，判决驳回诉讼请求。

诉讼期间，人民法院不得对被申请人争议范围内的财产进行处分。申请人请求人民法院继续执行并提供相应担保的，人民法院可以准许。

第三十四条　申请人提起的执行异议之诉，人民法院经审理，按照下列情形分别处理：

（一）理由成立的，判决变更、追加被申请人为被执行人并承担相应责任或者判决变更责任范围；

（二）理由不成立的，判决驳回诉讼请求。

第三十五条　本规定自 2016 年 12 月 1 日起施行。

本规定施行后，本院以前公布的司法解释与本规定不一致的，以本规定为准。

最高人民法院

关于审理军队、武警部队、政法机关移交、撤销企业和与党政机关脱钩企业相关纠纷案件若干问题的规定

（2001 年 2 月 6 日最高人民法院审判委员会第 1158 次会议通过
根据 2020 年 12 月 23 日最高人民法院审判委员会第 1823 次会议
通过的《最高人民法院关于修改〈最高人民法院关于破产
企业国有划拨土地使用权应否列入破产财产等问题的批复〉
等二十九件商事类司法解释的决定》修正）

为依法准确审理军队、武警部队、政法机关移交、撤销企业和与党政机关脱钩的企业所发生的债务纠纷案件和破产案件，根据《中华人民共和国民法典》《中华人民共和国公司法》《中华人民共和国民事诉讼法》《中华人民共和国企业破产法》的有关规定，作如下规定：

一、移交、撤销、脱钩企业债务纠纷的处理

第一条　军队、武警部队、政法机关和党政机关开办的企业（以下简称被开办企业）具备法人条件并领取了企业法人营业执照的，根据民法典第六十条的规定，应当以其全部财产独立承担民事责任。

第二条　被开办企业领取了企业法人营业执照，虽然实际投入的资金与注册资金不符，但已达到了《中华人民共和国企业法人登记管理条例施行细则》第十二条第七项规定数额的，应当认定其具备法人资格，开办单位应当在该企业实际投入资金与注册资金的差额范围内承担民事责任。

第三条　被开办企业虽然领取了企业法人营业执照，但投入的资金未达到《中华人民共和国企业法人登记管理条例施行细则》第十二条第七项规定数额的，或者不具备企业法人其他条件的，应当认定其不具备法人资格，其民事责任由开办单位承担。

第四条 开办单位抽逃、转移资金或者隐匿财产以逃避被开办企业债务的，应当将所抽逃、转移的资金或者隐匿的财产退回，用以清偿被开办企业的债务。

第五条 开办单位或其主管部门在被开办企业撤销时，向工商行政管理机关出具证明文件，自愿对被开办企业的债务承担责任的，应当按照承诺对被开办企业的债务承担民事责任。

第六条 开办单位已经在被开办企业注册资金不实的范围内承担了民事责任的，应视为开办单位的注册资金已经足额到位，不再继续承担注册资金不实的责任。

二、移交、撤销、脱钩企业破产案件的处理

第七条 被开办企业或者债权人向人民法院申请破产的，不论开办单位的注册资金是否足额到位，人民法院均应当受理。

第八条 被开办企业被宣告破产的，开办单位对其没有投足的注册资金、收取的资金和实物、转移的资金或者隐匿的财产，都应当由清算组负责收回。

第九条 被开办企业向社会或者向企业内部职工集资未清偿的，在破产财产分配时，应当按照《中华人民共和国企业破产法》第一百一十三条第一款第一项的规定予以清偿。

三、财产保全和执行

第十条 人民法院在审理有关移交、撤销、脱钩的企业的案件时，认定开办单位应当承担民事责任的，不得对开办单位的国库款、军费、财政经费账户、办公用房、车辆等其他办公必需品采取查封、扣押、冻结、拍卖等保全和执行措施。

四、适用范围

第十一条 本规定仅适用于审理此次军队、武警部队、政法机关移交、撤销企业和与党政机关脱钩的企业所发生的债务纠纷案件和破产案件。

（三）执行费用

诉讼费用交纳办法

（2006 年 12 月 8 日国务院第 159 次常务会议通过
2006 年 12 月 19 日中华人民共和国国务院令
第 481 号公布　自 2007 年 4 月 1 日起施行）

第一章　总　则

第一条　根据《民事诉讼法》和《中华人民共和国行政诉讼法》（以下简称《行政诉讼法》）的有关规定，制定本办法。

第二条　当事人进行民事诉讼、行政诉讼，应当依照本办法交纳诉讼费用。

本办法规定可以不交纳或者免予交纳诉讼费用的除外。

第三条　在诉讼过程中不得违反本办法规定的范围和标准向当事人收取费用。

第四条　国家对交纳诉讼费用确有困难的当事人提供司法救助，保障其依法行使诉讼权利，维护其合法权益。

第五条　外国人、无国籍人、外国企业或者组织在人民法院进行诉讼，适用本办法。

外国法院对中华人民共和国公民、法人或者其他组织，与其本国公民、法人或者其他组织在诉讼费用交纳上实行差别对待的，按照对等原则处理。

第二章　诉讼费用交纳范围

第六条　当事人应当向人民法院交纳的诉讼费用包括：

（一）案件受理费；

（二）申请费；

（三）证人、鉴定人、翻译人员、理算人员在人民法院指定日期出庭发生的交通费、住宿费、生活费和误工补贴。

第七条　案件受理费包括：

（一）第一审案件受理费；

（二）第二审案件受理费；

（三）再审案件中，依照本办法规定需要交纳的案件受理费。

第八条　下列案件不交纳案件受理费：

（一）依照民事诉讼法规定的特别程序审理的案件；

（二）裁定不予受理、驳回起诉、驳回上诉的案件；

（三）对不予受理、驳回起诉和管辖权异议裁定不服，提起上诉的案件；

（四）行政赔偿案件。

第九条　根据民事诉讼法和行政诉讼法规定的审判监督程序审理的案件，当事人不交纳案件受理费。但是，下列情形除外：

（一）当事人有新的证据，足以推翻原判决、裁定，向人民法院申请再审，人民法院经审查决定再审的案件；

（二）当事人对人民法院第一审判决或者裁定未提出上诉，第一审判决、裁定或者调解书发生法律效力后又申请再审，人民法院经审查决定再审的案件。

第十条　当事人依法向人民法院申请下列事项，应当交纳申请费：

（一）申请执行人民法院发生法律效力的判决、裁定、调解书，仲裁机构依法作出的裁决和调解书，公证机构依法赋予强制执行效力的债权文书；

（二）申请保全措施；

（三）申请支付令；

（四）申请公示催告；

（五）申请撤销仲裁裁决或者认定仲裁协议效力；

（六）申请破产；

（七）申请海事强制令、共同海损理算、设立海事赔偿责任限制基金、海事债权登记、船舶优先权催告；

（八）申请承认和执行外国法院判决、裁定和国外仲裁机构裁决。

第十一条 证人、鉴定人、翻译人员、理算人员在人民法院指定日期出庭发生的交通费、住宿费、生活费和误工补贴，由人民法院按照国家规定标准代为收取。

当事人复制案件卷宗材料和法律文书应当按实际成本向人民法院交纳工本费。

第十二条 诉讼过程中因鉴定、公告、勘验、翻译、评估、拍卖、变卖、仓储、保管、运输、船舶监管等发生的依法应当由当事人负担的费用，人民法院根据谁主张、谁负担的原则，决定由当事人直接支付给有关机构或者单位，人民法院不得代收代付。

人民法院依照《民事诉讼法》第十一条第三款规定提供当地民族通用语言、文字翻译的，不收取费用。

第三章　诉讼费用交纳标准

第十三条 案件受理费分别按照下列标准交纳：

（一）财产案件根据诉讼请求的金额或者价额，按照下列比例分段累计交纳：

1. 不超过 1 万元的，每件交纳 50 元；

2. 超过 1 万元至 10 万元的部分，按照 2.5% 交纳；

3. 超过 10 万元至 20 万元的部分，按照 2% 交纳；

4. 超过 20 万元至 50 万元的部分，按照 1.5% 交纳；

5. 超过 50 万元至 100 万元的部分，按照 1% 交纳；

6. 超过 100 万元至 200 万元的部分，按照 0.9% 交纳；

7. 超过 200 万元至 500 万元的部分，按照 0.8% 交纳；

8. 超过 500 万元至 1000 万元的部分，按照 0.7% 交纳；

9. 超过 1000 万元至 2000 万元的部分，按照 0.6% 交纳；

10. 超过 2000 万元的部分，按照 0.5% 交纳。

（二）非财产案件按照下列标准交纳：

1. 离婚案件每件交纳 50 元至 300 元。涉及财产分割，财产总额不超过 20 万元的，不另行交纳；超过 20 万元的部分，按照 0.5% 交纳。

2. 侵害姓名权、名称权、肖像权、名誉权、荣誉权以及其他人格权的案件，每件交纳 100 元至 500 元。涉及损害赔偿，赔偿金额不超过 5 万元的，不另行交纳；超过 5 万元至 10 万元的部分，按照 1% 交纳；超过 10 万元的部分，按照 0.5% 交纳。

3. 其他非财产案件每件交纳 50 元至 100 元。

（三）知识产权民事案件，没有争议金额或者价额的，每件交纳 500 元至 1000 元；有争议金额或者价额的，按照财产案件的标准交纳。

（四）劳动争议案件每件交纳 10 元。

（五）行政案件按照下列标准交纳：

1. 商标、专利、海事行政案件每件交纳 100 元；

2. 其他行政案件每件交纳 50 元。

（六）当事人提出案件管辖权异议，异议不成立的，每件交纳 50 元至 100 元。省、自治区、直辖市人民政府可以结合本地实际情况在本条第（二）项、第（三）项、第（六）项规定的幅度内制定具体交纳标准。

第十四条 申请费分别按照下列标准交纳：

（一）依法向人民法院申请执行人民法院发生法律效力的判决、裁定、调解书，仲裁机构依法作出的裁决和调解书，公证机关依法赋予强制执行效力的债权文书，申请承认和执行外国法院判决、裁定以及国外仲裁机构裁决的，按照下列标准交纳：

1. 没有执行金额或者价额的，每件交纳 50 元至 500 元。

2. 执行金额或者价额不超过 1 万元的，每件交纳 50 元；超过 1 万元至 50 万元的部分，按照 1.5% 交纳；超过 50 万元至 500 万元的部分，按照 1% 交纳；超过 500 万元至 1000 万元的部分，按照 0.5% 交纳；超过 1000 万元的部分，按照 0.1% 交纳。

3. 符合《民事诉讼法》第五十五条第四款规定，未参加登记的权利人向人民法院提起诉讼的，按照本项规定的标准交纳申请费，不再交纳案件受理费。

（二）申请保全措施的，根据实际保全的财产数额按照下列标准交纳：

财产数额不超过 1000 元或者不涉及财产数额的，每件交纳 30 元；超过 1000 元至 10 万元的部分，按照 1% 交纳；超过 10 万元的部分，按照 0.5% 交纳。但是，当事人申请保全措施交纳的费用最多不超过 5000 元。

（三）依法申请支付令的，比照财产案件受理费标准的 1/3 交纳。

（四）依法申请公示催告的，每件交纳 100 元。

（五）申请撤销仲裁裁决或者认定仲裁协议效力的，每件交纳 400 元。

（六）破产案件依据破产财产总额计算，按照财产案件受理费标准减半交纳，但是，最高不超过 30 万元。

（七）海事案件的申请费按照下列标准交纳：

1. 申请设立海事赔偿责任限制基金的，每件交纳 1000 元至 1 万元；

2. 申请海事强制令的，每件交纳 1000 元至 5000 元；

3. 申请船舶优先权催告的，每件交纳 1000 元至 5000 元；

4. 申请海事债权登记的，每件交纳 1000 元；

5. 申请共同海损理算的，每件交纳 1000 元。

第十五条 以调解方式结案或者当事人申请撤诉的，减半交纳案件受理费。

第十六条 适用简易程序审理的案件减半交纳案件受理费。

第十七条 对财产案件提起上诉的，按照不服一审判决部分的上诉请求数额交纳案件受理费。

第十八条 被告提起反诉、有独立请求权的第三人提出与本案有关的诉讼请求，人民法院决定合并审理的，分别减半交纳案件受理费。

第十九条 依照本办法第九条规定需要交纳案件受理费的再审案件，按照不服原判决部分的再审请求数额交纳案件受理费。

第四章　诉讼费用的交纳和退还

第二十条 案件受理费由原告、有独立请求权的第三人、上诉人预交。被告提起反诉，依照本办法规定需要交纳案件受理费的，由被告预交。追索劳动报酬的案件可以不预交案件受理费。

申请费由申请人预交。但是，本办法第十条第（一）项、第（六）项规定的申请费不由申请人预交，执行申请费执行后交纳，破产申请费清算后交纳。

本办法第十一条规定的费用，待实际发生后交纳。

第二十一条 当事人在诉讼中变更诉讼请求数额，案件受理费依照下列规定处理：

（一）当事人增加诉讼请求数额的，按照增加后的诉讼请求数额计算补交；

（二）当事人在法庭调查终结前提出减少诉讼请求数额的，按照减少后的诉讼请求数额计算退还。

第二十二条　原告自接到人民法院交纳诉讼费用通知次日起7日内交纳案件受理费；反诉案件由提起反诉的当事人自提起反诉次日起7日内交纳案件受理费。

上诉案件的案件受理费由上诉人向人民法院提交上诉状时预交。双方当事人都提起上诉的，分别预交。上诉人在上诉期内未预交诉讼费用的，人民法院应当通知其在7日内预交。

申请费由申请人在提出申请时或者在人民法院指定的期限内预交。

当事人逾期不交纳诉讼费用又未提出司法救助申请，或者申请司法救助未获批准，在人民法院指定期限内仍未交纳诉讼费用的，由人民法院依照有关规定处理。

第二十三条　依照本办法第九条规定需要交纳案件受理费的再审案件，由申请再审的当事人预交。双方当事人都申请再审的，分别预交。

第二十四条　依照《民事诉讼法》第三十六条、第三十七条、第三十八条、第三十九条规定移送、移交的案件，原受理人民法院应当将当事人预交的诉讼费用随案移交接收案件的人民法院。

第二十五条　人民法院审理民事案件过程中发现涉嫌刑事犯罪并将案件移送有关部门处理的，当事人交纳的案件受理费予以退还；移送后民事案件需要继续审理的，当事人已交纳的案件受理费不予退还。

第二十六条　中止诉讼、中止执行的案件，已交纳的案件受理费、申请费不予退还。

中止诉讼、中止执行的原因消除，恢复诉讼、执行的，不再交纳案件受理费、申请费。

第二十七条　第二审人民法院决定将案件发回重审的，应当退还上诉人已交纳的第二审案件受理费。第一审人民法院裁定不予受理或者驳回起诉的，应当退还当事人已交纳的案件受理费；当事人对第一审人民法院不予受理、驳回起诉的裁定提起上诉,第二审人民法院维持第一审人民法院作出的裁定的,第一审人民法院应当退还当事人已交纳的案件受理费。

第二十八条 依照《民事诉讼法》第一百三十七条规定终结诉讼的案件,依照本办法规定已交纳的案件受理费不予退还。

第五章 诉讼费用的负担

第二十九条 诉讼费用由败诉方负担,胜诉方自愿承担的除外。

部分胜诉、部分败诉的,人民法院根据案件的具体情况决定当事人各自负担的诉讼费用数额。

共同诉讼当事人败诉的,人民法院根据其对诉讼标的的利害关系,决定当事人各自负担的诉讼费用数额。

第三十条 第二审人民法院改变第一审人民法院作出的判决、裁定的,应当相应变更第一审人民法院对诉讼费用负担的决定。

第三十一条 经人民法院调解达成协议的案件,诉讼费用的负担由双方当事人协商解决;协商不成的,由人民法院决定。

第三十二条 依照本办法第九条第(一)项、第(二)项的规定应当交纳案件受理费的再审案件,诉讼费用由申请再审的当事人负担;双方当事人都申请再审的,诉讼费用依照本办法第二十九条的规定负担。原审诉讼费用的负担由人民法院根据诉讼费用负担原则重新确定。

第三十三条 离婚案件诉讼费用的负担由双方当事人协商解决;协商不成的,由人民法院决定。

第三十四条 民事案件的原告或者上诉人申请撤诉,人民法院裁定准许的,案件受理费由原告或者上诉人负担。

行政案件的被告改变或者撤销具体行政行为,原告申请撤诉,人民法院裁定准许的,案件受理费由被告负担。

第三十五条 当事人在法庭调查终结后提出减少诉讼请求数额的,减少请求数额部分的案件受理费由变更诉讼请求的当事人负担。

第三十六条 债务人对督促程序未提出异议的,申请费由债务人负担。债务人对督促程序提出异议致使督促程序终结的,申请费由申请人负担;申请人另行起诉的,可以将申请费列入诉讼请求。

第三十七条 公示催告的申请费由申请人负担。

第三十八条 本办法第十条第（一）项、第（八）项规定的申请费由被执行人负担。

执行中当事人达成和解协议的，申请费的负担由双方当事人协商解决；协商不成的，由人民法院决定。

本办法第十条第（二）项规定的申请费由申请人负担，申请人提起诉讼的，可以将该申请费列入诉讼请求。

本办法第十条第（五）项规定的申请费，由人民法院依照本办法第二十九条规定决定申请费的负担。

第三十九条 海事案件中的有关诉讼费用依照下列规定负担：

（一）诉前申请海事请求保全、海事强制令的，申请费由申请人负担；申请人就有关海事请求提起诉讼的，可将上述费用列入诉讼请求；

（二）诉前申请海事证据保全的，申请费由申请人负担；

（三）诉讼中拍卖、变卖被扣押船舶、船载货物、船用燃油、船用物料发生的合理费用，由申请人预付，从拍卖、变卖价款中先行扣除，退还申请人；

（四）申请设立海事赔偿责任限制基金、申请债权登记与受偿、申请船舶优先权催告案件的申请费，由申请人负担；

（五）设立海事赔偿责任限制基金、船舶优先权催告程序中的公告费由申请人负担。

第四十条 当事人因自身原因未能在举证期限内举证，在二审或者再审期间提出新的证据致使诉讼费用增加的，增加的诉讼费用由该当事人负担。

第四十一条 依照特别程序审理案件的公告费，由起诉人或者申请人负担。

第四十二条 依法向人民法院申请破产的，诉讼费用依照有关法律规定从破产财产中拨付。

第四十三条 当事人不得单独对人民法院关于诉讼费用的决定提起上诉。

当事人单独对人民法院关于诉讼费用的决定有异议的，可以向作出决定的人民法院院长申请复核。复核决定应当自收到当事人申请之日起15日内作出。

当事人对人民法院决定诉讼费用的计算有异议的，可以向作出决定的人民法院请求复核。计算确有错误的，作出决定的人民法院应当予以更正。

第六章　司法救助

第四十四条　当事人交纳诉讼费用确有困难的，可以依照本办法向人民法院申请缓交、减交或者免交诉讼费用的司法救助。

诉讼费用的免交只适用于自然人。

第四十五条　当事人申请司法救助，符合下列情形之一的，人民法院应当准予免交诉讼费用：

（一）残疾人无固定生活来源的；

（二）追索赡养费、扶养费、抚育费、抚恤金的；

（三）最低生活保障对象、农村特困定期救济对象、农村五保供养对象或者领取失业保险金人员，无其他收入的；

（四）因见义勇为或者为保护社会公共利益致使自身合法权益受到损害，本人或者其近亲属请求赔偿或者补偿的；

（五）确实需要免交的其他情形。

第四十六条　当事人申请司法救助，符合下列情形之一的，人民法院应当准予减交诉讼费用：

（一）因自然灾害等不可抗力造成生活困难，正在接受社会救济，或者家庭生产经营难以为继的；

（二）属于国家规定的优抚、安置对象的；

（三）社会福利机构和救助管理站；

（四）确实需要减交的其他情形。

人民法院准予减交诉讼费用的，减交比例不得低于30%。

第四十七条　当事人申请司法救助，符合下列情形之一的，人民法院应当准予缓交诉讼费用：

（一）追索社会保险金、经济补偿金的；

（二）海上事故、交通事故、医疗事故、工伤事故、产品质量事故或者其他人身伤害事故的受害人请求赔偿的；

（三）正在接受有关部门法律援助的；

（四）确实需要缓交的其他情形。

第四十八条 当事人申请司法救助，应当在起诉或者上诉时提交书面申请、足以证明其确有经济困难的证明材料以及其他相关证明材料。

因生活困难或者追索基本生活费用申请免交、减交诉讼费用的，还应当提供本人及其家庭经济状况符合当地民政、劳动保障等部门规定的公民经济困难标准的证明。

人民法院对当事人的司法救助申请不予批准的，应当向当事人书面说明理由。

第四十九条 当事人申请缓交诉讼费用经审查符合本办法第四十七条规定的，人民法院应当在决定立案之前作出准予缓交的决定。

第五十条 人民法院对一方当事人提供司法救助，对方当事人败诉的，诉讼费用由对方当事人负担；对方当事人胜诉的，可以视申请司法救助的当事人的经济状况决定其减交、免交诉讼费用。

第五十一条 人民法院准予当事人减交、免交诉讼费用的，应当在法律文书中载明。

第七章 诉讼费用的管理和监督

第五十二条 诉讼费用的交纳和收取制度应当公示。人民法院收取诉讼费用按照其财务隶属关系使用国务院财政部门或者省级人民政府财政部门印制的财政票据。案件受理费、申请费全额上缴财政，纳入预算，实行收支两条线管理。

人民法院收取诉讼费用应当向当事人开具缴费凭证，当事人持缴费凭证到指定代理银行交费。依法应当向当事人退费的，人民法院应当按照国家有关规定办理。诉讼费用缴库和退费的具体办法由国务院财政部门商最高人民法院另行制定。

在边远、水上、交通不便地区，基层巡回法庭当场审理案件，当事人提出向指定代理银行交纳诉讼费用确有困难的，基层巡回法庭可以当场收取诉讼费用，并向当事人出具省级人民政府财政部门印制的财政票据；不出具省级人民政府财政部门印制的财政票据的，当事人有权拒绝交纳。

第五十三条 案件审结后，人民法院应当将诉讼费用的详细清单和当事人应当负担的数额书面通知当事人，同时在判决书、裁定书或者调解书中写明当事人各方应当负担的数额。

需要向当事人退还诉讼费用的，人民法院应当自法律文书生效之日起 15 日内退还有关当事人。

第五十四条 价格主管部门、财政部门按照收费管理的职责分工，对诉讼费用进行管理和监督；对违反本办法规定的乱收费行为，依照法律、法规和国务院相关规定予以查处。

第八章 附 则

第五十五条 诉讼费用以人民币为计算单位。以外币为计算单位的，依照人民法院决定受理案件之日国家公布的汇率换算成人民币计算交纳；上诉案件和申请再审案件的诉讼费用，按照第一审人民法院决定受理案件之日国家公布的汇率换算。

第五十六条 本办法自 2007 年 4 月 1 日起施行。

最高人民法院
关于适用《诉讼费用交纳办法》的通知

2007 年 4 月 20 日 　　　　　　　　　　　　　　法发〔2007〕16 号

全国地方各级人民法院、各级军事法院、各铁路运输中级法院和基层法院、各海事法院，新疆生产建设兵团各级法院：

《诉讼费用交纳办法》（以下简称《办法》）自 2007 年 4 月 1 日起施行，最高人民法院颁布的《人民法院诉讼收费办法》和《〈人民法院诉讼收费办法〉补充规定》同时不再适用。为了贯彻落实《办法》，规范诉讼费用的交纳和管理，现就有关事项通知如下：

一、关于《办法》实施后的收费衔接

2007 年 4 月 1 日以后人民法院受理的诉讼案件和执行案件，适用《办法》的规定。

2007 年 4 月 1 日以前人民法院受理的诉讼案件和执行案件，不适用《办法》的规定。

对 2007 年 4 月 1 日以前已经作出生效裁判的案件依法再审的，适用《办法》的规定。人民法院对再审案件依法改判的，原审诉讼费用的负担按照原审时诉讼费用负担的原则和标准重新予以确定。

二、关于当事人未按照规定交纳案件受理费或者申请费的后果

当事人逾期不按照《办法》第二十条规定交纳案件受理费或者申请费并且没有提出司法救助申请，或者申请司法救助未获批准，在人民法院指定期限内仍未交纳案件受理费或者申请费的，由人民法院依法按照当事人自动撤诉或者撤回申请处理。

三、关于诉讼费用的负担

《办法》第二十九条规定，诉讼费用由败诉方负担，胜诉方自愿承担的除外。对原告胜诉的案件，诉讼费用由被告负担，人民法院应当将预收的诉讼费用退还原告，再由人民法院直接向被告收取，但原告自愿承担或者同意被告直接向其支付的除外。

当事人拒不交纳诉讼费用的，人民法院应当依法强制执行。

四、关于执行申请费和破产申请费的收取

《办法》第二十条规定，执行申请费和破产申请费不由申请人预交，执行申请费执行后交纳，破产申请费清算后交纳。自 2007 年 4 月 1 日起，执行申请费由人民法院在执行生效法律文书确定的内容之外直接向被执行人收取，破产申请费由人民法院在破产清算后，从破产财产中优先拨付。

五、关于司法救助的申请和批准程序

《办法》对司法救助的原则、形式、程序等作出了规定，但对司法救助的申请和批准程序未作规定。为规范人民法院司法救助的操作程序，最高人民法院将于近期对《关于对经济确有困难的当事人提供司法救助的规定》进行修订，及时向全国法院颁布施行。

六、关于各省、自治区、直辖市案件受理费和申请费的具体交纳标准

《办法》授权各省、自治区、直辖市人民政府可以结合本地实际情况，在第十三条第（二）、（三）、（六）项和第十四条第（一）项规定的幅度范围内制定各地案件受理费和申请费的具体交纳标准。各高级人民法院要商同级人民政府，及时就上述条款制定本省、自治区、直辖市案件受理费和申请费的具体交纳标准，并尽快下发辖区法院执行。

（四）执行担保、执行和解

最高人民法院
关于执行担保若干问题的规定

（2017 年 12 月 11 日最高人民法院审判委员会第 1729 次会议通过

根据 2020 年 12 月 23 日最高人民法院审判委员会第 1823 次会议

通过的《最高人民法院关于修改〈最高人民法院关于人民法院

扣押铁路运输货物若干问题的规定〉等十八件执行类

司法解释的决定》修正）

为了进一步规范执行担保，维护当事人、利害关系人的合法权益，根据《中华人民共和国民事诉讼法》等法律规定，结合执行实践，制定本规定。

第一条 本规定所称执行担保，是指担保人依照民事诉讼法第二百三十一条规定，为担保被执行人履行生效法律文书确定的全部或者部分义务，向人民法院提供的担保。

第二条 执行担保可以由被执行人提供财产担保，也可以由他人提供财产担保或者保证。

第三条 被执行人或者他人提供执行担保的，应当向人民法院提交担保书，并将担保书副本送交申请执行人。

第四条　担保书中应当载明担保人的基本信息、暂缓执行期限、担保期间、被担保的债权种类及数额、担保范围、担保方式、被执行人于暂缓执行期限届满后仍不履行时担保人自愿接受直接强制执行的承诺等内容。

提供财产担保的，担保书中还应当载明担保财产的名称、数量、质量、状况、所在地、所有权或者使用权归属等内容。

第五条　公司为被执行人提供执行担保的，应当提交符合公司法第十六条规定的公司章程、董事会或者股东会、股东大会决议。

第六条　被执行人或者他人提供执行担保，申请执行人同意的，应当向人民法院出具书面同意意见，也可以由执行人员将其同意的内容记入笔录，并由申请执行人签名或者盖章。

第七条　被执行人或者他人提供财产担保，可以依照民法典规定办理登记等担保物权公示手续；已经办理公示手续的，申请执行人可以依法主张优先受偿权。

申请执行人申请人民法院查封、扣押、冻结担保财产的，人民法院应当准许，但担保书另有约定的除外。

第八条　人民法院决定暂缓执行的，可以暂缓全部执行措施的实施，但担保书另有约定的除外。

第九条　担保书内容与事实不符，且对申请执行人合法权益产生实质影响的，人民法院可以依申请执行人的申请恢复执行。

第十条　暂缓执行的期限应当与担保书约定一致，但最长不得超过一年。

第十一条　暂缓执行期限届满后被执行人仍不履行义务，或者暂缓执行期间担保人有转移、隐藏、变卖、毁损担保财产等行为的，人民法院可以依申请执行人的申请恢复执行，并直接裁定执行担保财产或者保证人的财产，不得将担保人变更、追加为被执行人。

执行担保财产或者保证人的财产，以担保人应当履行义务部分的财产为限。被执行人有便于执行的现金、银行存款的，应当优先执行该现金、银行存款。

第十二条　担保期间自暂缓执行期限届满之日起计算。

担保书中没有记载担保期间或者记载不明的，担保期间为一年。

第十三条　担保期间届满后，申请执行人申请执行担保财产或者保证人财产的，人民法院不予支持。他人提供财产担保的，人民法院可以依其申请解除对担保财产的查封、扣押、冻结。

第十四条 担保人承担担保责任后，提起诉讼向被执行人追偿的，人民法院应予受理。

第十五条 被执行人申请变更、解除全部或者部分执行措施，并担保履行生效法律文书确定义务的，参照适用本规定。

第十六条 本规定自 2018 年 3 月 1 日起施行。

本规定施行前成立的执行担保，不适用本规定。

本规定施行前本院公布的司法解释与本规定不一致的，以本规定为准。

最高人民法院
关于执行和解若干问题的规定

（2017 年 11 月 6 日最高人民法院审判委员会第 1725 次会议通过
根据 2020 年 12 月 23 日最高人民法院审判委员会第 1823 次会议
通过的《最高人民法院关于修改〈最高人民法院关于人民法院
扣押铁路运输货物若干问题的规定〉等十八件执行类
司法解释的决定》修正）

为了进一步规范执行和解，维护当事人、利害关系人的合法权益，根据《中华人民共和国民事诉讼法》等法律规定，结合执行实践，制定本规定。

第一条 当事人可以自愿协商达成和解协议，依法变更生效法律文书确定的权利义务主体、履行标的、期限、地点和方式等内容。

和解协议一般采用书面形式。

第二条 和解协议达成后，有下列情形之一的，人民法院可以裁定中止执行：

（一）各方当事人共同向人民法院提交书面和解协议的；

（二）一方当事人向人民法院提交书面和解协议，其他当事人予以认可的；

（三）当事人达成口头和解协议，执行人员将和解协议内容记入笔录，由各方当事人签名或者盖章的。

第三条 中止执行后，申请执行人申请解除查封、扣押、冻结的，人民法院可以准许。

第四条 委托代理人代为执行和解，应当有委托人的特别授权。

第五条 当事人协商一致，可以变更执行和解协议，并向人民法院提交变更后的协议，或者由执行人员将变更后的内容记入笔录，并由各方当事人签名或者盖章。

第六条 当事人达成以物抵债执行和解协议的，人民法院不得依据该协议作出以物抵债裁定。

第七条 执行和解协议履行过程中，符合民法典第五百七十条规定情形的，债务人可以依法向有关机构申请提存；执行和解协议约定给付金钱的，债务人也可以向执行法院申请提存。

第八条 执行和解协议履行完毕的，人民法院作执行结案处理。

第九条 被执行人一方不履行执行和解协议的，申请执行人可以申请恢复执行原生效法律文书，也可以就履行执行和解协议向执行法院提起诉讼。

第十条 申请恢复执行原生效法律文书，适用民事诉讼法第二百三十九条申请执行期间的规定。

当事人不履行执行和解协议的，申请恢复执行期间自执行和解协议约定履行期间的最后一日起计算。

第十一条 申请执行人以被执行人一方不履行执行和解协议为由申请恢复执行，人民法院经审查，理由成立的，裁定恢复执行；有下列情形之一的，裁定不予恢复执行：

（一）执行和解协议履行完毕后申请恢复执行的；

（二）执行和解协议约定的履行期限尚未届至或者履行条件尚未成就的，但符合民法典第五百七十八条规定情形的除外；

（三）被执行人一方正在按照执行和解协议约定履行义务的；

（四）其他不符合恢复执行条件的情形。

第十二条 当事人、利害关系人认为恢复执行或者不予恢复执行违反法律规定的，可以依照民事诉讼法第二百二十五条规定提出异议。

第十三条　恢复执行后，对申请执行人就履行执行和解协议提起的诉讼，人民法院不予受理。

第十四条　申请执行人就履行执行和解协议提起诉讼，执行法院受理后，可以裁定终结原生效法律文书的执行。执行中的查封、扣押、冻结措施，自动转为诉讼中的保全措施。

第十五条　执行和解协议履行完毕，申请执行人因被执行人迟延履行、瑕疵履行遭受损害的，可以向执行法院另行提起诉讼。

第十六条　当事人、利害关系人认为执行和解协议无效或者应予撤销的，可以向执行法院提起诉讼。执行和解协议被确认无效或者撤销后，申请执行人可以据此申请恢复执行。

被执行人以执行和解协议无效或者应予撤销为由提起诉讼的，不影响申请执行人申请恢复执行。

第十七条　恢复执行后，执行和解协议已经履行部分应当依法扣除。当事人、利害关系人认为人民法院的扣除行为违反法律规定的，可以依照民事诉讼法第二百二十五条规定提出异议。

第十八条　执行和解协议中约定担保条款，且担保人向人民法院承诺在被执行人不履行执行和解协议时自愿接受直接强制执行的，恢复执行原生效法律文书后，人民法院可以依申请执行人申请及担保条款的约定，直接裁定执行担保财产或者保证人的财产。

第十九条　执行过程中，被执行人根据当事人自行达成但未提交人民法院的和解协议，或者一方当事人提交人民法院但其他当事人不予认可的和解协议，依照民事诉讼法第二百二十五条规定提出异议的，人民法院按照下列情形，分别处理：

（一）和解协议履行完毕的，裁定终结原生效法律文书的执行；

（二）和解协议约定的履行期限尚未届至或者履行条件尚未成就的，裁定中止执行，但符合民法典第五百七十八条规定情形的除外；

（三）被执行人一方正在按照和解协议约定履行义务的，裁定中止执行；

（四）被执行人不履行和解协议的，裁定驳回异议；

（五）和解协议不成立、未生效或者无效的，裁定驳回异议。

第二十条　本规定自 2018 年 3 月 1 日起施行。

本规定施行前本院公布的司法解释与本规定不一致的，以本规定为准。

（五）暂缓执行、执行中止和终结

最高人民法院
关于正确适用暂缓执行措施若干问题的规定

2002 年 9 月 28 日　　　　　　　　　　　　　法发〔2002〕16 号

为了在执行程序中正确适用暂缓执行措施，维护当事人及其他利害关系人的合法权益，根据《中华人民共和国民事诉讼法》和其他有关法律的规定，结合司法实践，制定本规定。

第一条　执行程序开始后，人民法院因法定事由，可以决定对某一项或者某几项执行措施在规定的期限内暂缓实施。

执行程序开始后，除法定事由外，人民法院不得决定暂缓执行。

第二条　暂缓执行由执行法院或者其上级人民法院作出决定，由执行机构统一办理。

人民法院决定暂缓执行的，应当制作暂缓执行决定书，并及时送达当事人。

第三条　有下列情形之一的，经当事人或者其他利害关系人申请，人民法院可以决定暂缓执行：

（一）执行措施或者执行程序违反法律规定的；

（二）执行标的物存在权属争议的；

（三）被执行人对申请执行人享有抵消权的。

第四条　人民法院根据本规定第三条决定暂缓执行的，应当同时责令申请暂缓执行的当事人或者其他利害关系人在指定的期限内提供相应的担保。

被执行人或者其他利害关系人提供担保申请暂缓执行，申请执行人提供担保要求继续执行的，执行法院可以继续执行。

第五条　当事人或者其他利害关系人提供财产担保的，应当出具评估机构对担保财产价值的评估证明。

评估机构出具虚假证明给当事人造成损失的，当事人可以对担保人、评估机构另行提起损害赔偿诉讼。

第六条　人民法院在收到暂缓执行申请后，应当在十五日内作出决定，并在作出决定后五日内将决定书发送当事人或者其他利害关系人。

第七条　有下列情形之一的，人民法院可以依职权决定暂缓执行：

（一）上级人民法院已经受理执行争议案件并正在处理的；

（二）人民法院发现据以执行的生效法律文书确有错误，并正在按照审判监督程序进行审查的。

人民法院依照前款规定决定暂缓执行的，一般应由申请执行人或者被执行人提供相应的担保。

第八条　依照本规定第七条第一款第（一）项决定暂缓执行的，由上级人民法院作出决定。依照本规定第七条第一款第（二）项决定暂缓执行的，审判机构应当向本院执行机构发出暂缓执行建议书，执行机构收到建议书后，应当办理暂缓相关执行措施的手续。

第九条　在执行过程中，执行人员发现据以执行的判决、裁定、调解书和支付令确有错误的，应当依照最高人民法院《关于适用〈中华人民共和国民事诉讼法〉若干问题的意见》第二百五十八条的规定处理。

在审查处理期间，执行机构可以报经院长决定对执行标的暂缓采取处分性措施，并通知当事人。

第十条　暂缓执行的期间不得超过三个月。因特殊事由需要延长的，可以适当延长，延长的期限不得超过三个月。

暂缓执行的期限从执行法院作出暂缓执行决定之日起计算。暂缓执行的决定由上级人民法院作出的，从执行法院收到暂缓执行决定之日起计算。

第十一条　人民法院对暂缓执行的案件，应当组成合议庭对是否暂缓执行进行审查，必要时应当听取当事人或者其他利害关系人的意见。

第十二条　上级人民法院发现执行法院对不符合暂缓执行条件的案件决定暂缓执行，或者对符合暂缓执行条件的案件未予暂缓执行的，应当作出决定予以纠正。执行法院收到该决定后，应当遵照执行。

第十三条 暂缓执行期限届满后，人民法院应当立即恢复执行。

暂缓执行期限届满前，据以决定暂缓执行的事由消灭的，如果该暂缓执行的决定是由执行法院作出的，执行法院应当立即作出恢复执行的决定；如果该暂缓执行的决定是由执行法院的上级人民法院作出的，执行法院应当将该暂缓执行事由消灭的情况及时报告上级人民法院，该上级人民法院应当在收到报告后十日内审查核实并作出恢复执行的决定。

第十四条 本规定自公布之日起施行。本规定施行后，其他司法解释与本规定不一致的，适用本规定。

最高人民法院
关于严格规范终结本次执行程序的规定（试行）

2016 年 10 月 29 日   法〔2016〕373 号

为严格规范终结本次执行程序，维护当事人的合法权益，根据《中华人民共和国民事诉讼法》及有关司法解释的规定，结合人民法院执行工作实际，制定本规定。

第一条 人民法院终结本次执行程序，应当同时符合下列条件：

（一）已向被执行人发出执行通知、责令被执行人报告财产；

（二）已向被执行人发出限制消费令，并将符合条件的被执行人纳入失信被执行人名单；

（三）已穷尽财产调查措施，未发现被执行人有可供执行的财产或者发现的财产不能处置；

（四）自执行案件立案之日起已超过三个月；

（五）被执行人下落不明的，已依法予以查找；被执行人或者其他人妨害执行的，已依法采取罚款、拘留等强制措施，构成犯罪的，已依法启动刑事责任追究程序。

第二条 本规定第一条第一项中的"责令被执行人报告财产"，是指应当完成下列事项：

（一）向被执行人发出报告财产令；

（二）对被执行人报告的财产情况予以核查；

（三）对逾期报告、拒绝报告或者虚假报告的被执行人或者相关人员，依法采取罚款、拘留等强制措施，构成犯罪的，依法启动刑事责任追究程序。

人民法院应当将财产报告、核实及处罚的情况记录入卷。

第三条 本规定第一条第三项中的"已穷尽财产调查措施"，是指应当完成下列调查事项：

（一）对申请执行人或者其他人提供的财产线索进行核查；

（二）通过网络执行查控系统对被执行人的存款、车辆及其他交通运输工具、不动产、有价证券等财产情况进行查询；

（三）无法通过网络执行查控系统查询本款第二项规定的财产情况的，在被执行人住所地或者可能隐匿、转移财产所在地进行必要调查；

（四）被执行人隐匿财产、会计账簿等资料且拒不交出的，依法采取搜查措施；

（五）经申请执行人申请，根据案件实际情况，依法采取审计调查、公告悬赏等调查措施；

（六）法律、司法解释规定的其他财产调查措施。

人民法院应当将财产调查情况记录入卷。

第四条 本规定第一条第三项中的"发现的财产不能处置"，包括下列情形：

（一）被执行人的财产经法定程序拍卖、变卖未成交，申请执行人不接受抵债或者依法不能交付其抵债，又不能对该财产采取强制管理等其他执行措施的；

（二）人民法院在登记机关查封的被执行人车辆、船舶等财产，未能实际扣押的。

第五条 终结本次执行程序前，人民法院应当将案件执行情况、采取的财产调查措施、被执行人的财产情况、终结本次执行程序的依据及法律后果等信息告知申请执行人，并听取其对终结本次执行程序的意见。

人民法院应当将申请执行人的意见记录入卷。

第六条 终结本次执行程序应当制作裁定书，载明下列内容：

（一）申请执行的债权情况；

（二）执行经过及采取的执行措施、强制措施；

（三）查明的被执行人财产情况；

（四）实现的债权情况；

（五）申请执行人享有要求被执行人继续履行债务及依法向人民法院申请恢复执行的权利，被执行人负有继续向申请执行人履行债务的义务。

终结本次执行程序裁定书送达申请执行人后，执行案件可以作结案处理。人民法院进行相关统计时，应当对以终结本次执行程序方式结案的案件与其他方式结案的案件予以区分。

终结本次执行程序裁定书应当依法在互联网上公开。

第七条　当事人、利害关系人认为终结本次执行程序违反法律规定的，可以提出执行异议。人民法院应当依照民事诉讼法第二百二十五条的规定进行审查。

第八条　终结本次执行程序后，被执行人应当继续履行生效法律文书确定的义务。被执行人自动履行完毕的，当事人应当及时告知执行法院。

第九条　终结本次执行程序后，申请执行人发现被执行人有可供执行财产的，可以向执行法院申请恢复执行。申请恢复执行不受申请执行时效期间的限制。执行法院核查属实的，应当恢复执行。

终结本次执行程序后的五年内，执行法院应当每六个月通过网络执行查控系统查询一次被执行人的财产，并将查询结果告知申请执行人。符合恢复执行条件的，执行法院应当及时恢复执行。

第十条　终结本次执行程序后，发现被执行人有可供执行财产，不立即采取执行措施可能导致财产被转移、隐匿、出卖或者毁损的，执行法院可以依申请执行人申请或依职权立即采取查封、扣押、冻结等控制性措施。

第十一条　案件符合终结本次执行程序条件，又符合移送破产审查相关规定的，执行法院应当在作出终结本次执行程序裁定的同时，将执行案件相关材料移送被执行人住所地人民法院进行破产审查。

第十二条　终结本次执行程序裁定书送达申请执行人以后，执行法院应当在七日内将相关案件信息录入最高人民法院建立的终结本次执行程序案件信息库，并通过该信息库统一向社会公布。

第十三条　终结本次执行程序案件信息库记载的信息应当包括下列内容：

（一）作为被执行人的法人或者其他组织的名称、住所地、组织机构代码及其法定代表人或者负责人的姓名，作为被执行人的自然人的姓名、性别、年龄、身份证件号码和住址；

（二）生效法律文书的制作单位和文号，执行案号、立案时间、执行法院；

（三）生效法律文书确定的义务和被执行人的履行情况；

（四）人民法院认为应当记载的其他事项。

第十四条　当事人、利害关系人认为公布的终结本次执行程序案件信息错误的，可以向执行法院申请更正。执行法院审查属实的，应当在三日内予以更正。

第十五条　终结本次执行程序后，人民法院已对被执行人依法采取的执行措施和强制措施继续有效。

第十六条　终结本次执行程序后，申请执行人申请延长查封、扣押、冻结期限的，人民法院应当依法办理续行查封、扣押、冻结手续。

终结本次执行程序后，当事人、利害关系人申请变更、追加执行当事人，符合法定情形的，人民法院应予支持。变更、追加被执行人后，申请执行人申请恢复执行的，人民法院应予支持。

第十七条　终结本次执行程序后，被执行人或者其他人妨害执行的，人民法院可以依法予以罚款、拘留；构成犯罪的，依法追究刑事责任。

第十八条　有下列情形之一的，人民法院应当在三日内将案件信息从终结本次执行程序案件信息库中屏蔽：

（一）生效法律文书确定的义务执行完毕的；

（二）依法裁定终结执行的；

（三）依法应予屏蔽的其他情形。

第十九条　本规定自 2016 年 12 月 1 日起施行。

（六）执行异议、复议案件

最高人民法院
关于人民法院办理执行异议和复议案件
若干问题的规定

（2014 年 12 月 29 日最高人民法院审判委员会第 1638 次会议通过
根据 2020 年 12 月 23 日最高人民法院审判委员会第 1823 次会议
通过的《最高人民法院关于修改〈最高人民法院关于人民法院
扣押铁路运输货物若干问题的规定〉等十八件执行类
司法解释的决定》修正）

为了规范人民法院办理执行异议和复议案件，维护当事人、利害关系人和案外人的合法权益，根据民事诉讼法等法律规定，结合人民法院执行工作实际，制定本规定。

第一条　异议人提出执行异议或者复议申请人申请复议，应当向人民法院提交申请书。申请书应当载明具体的异议或者复议请求、事实、理由等内容，并附下列材料：

（一）异议人或者复议申请人的身份证明；

（二）相关证据材料；

（三）送达地址和联系方式。

第二条　执行异议符合民事诉讼法第二百二十五条或者第二百二十七条规定条件的，人民法院应当在三日内立案，并在立案后三日内通知异议人和相关当事人。不符合受理条件的，裁定不予受理；立案后发现不符合受理条件的，裁定驳回申请。

执行异议申请材料不齐备的，人民法院应当一次性告知异议人在三日内补足，逾期未补足的，不予受理。

异议人对不予受理或者驳回申请裁定不服的,可以自裁定送达之日起十日内向上一级人民法院申请复议。上一级人民法院审查后认为符合受理条件的,应当裁定撤销原裁定,指令执行法院立案或者对执行异议进行审查。

第三条 执行法院收到执行异议后三日内既不立案又不作出不予受理裁定,或者受理后无正当理由超过法定期限不作出异议裁定的,异议人可以向上一级人民法院提出异议。上一级人民法院审查后认为理由成立的,应当指令执行法院在三日内立案或者在十五日内作出异议裁定。

第四条 执行案件被指定执行、提级执行、委托执行后,当事人、利害关系人对原执行法院的执行行为提出异议的,由提出异议时负责该案件执行的人民法院审查处理;受指定或者受委托的人民法院是原执行法院的下级人民法院的,仍由原执行法院审查处理。

执行案件被指定执行、提级执行、委托执行后,案外人对原执行法院的执行标的提出异议的,参照前款规定处理。

第五条 有下列情形之一的,当事人以外的自然人、法人和非法人组织,可以作为利害关系人提出执行行为异议:

(一)认为人民法院的执行行为违法,妨碍其轮候查封、扣押、冻结的债权受偿的;

(二)认为人民法院的拍卖措施违法,妨碍其参与公平竞价的;

(三)认为人民法院的拍卖、变卖或者以物抵债措施违法,侵害其对执行标的的优先购买权的;

(四)认为人民法院要求协助执行的事项超出其协助范围或者违反法律规定的;

(五)认为其他合法权益受到人民法院违法执行行为侵害的。

第六条 当事人、利害关系人依照民事诉讼法第二百二十五条规定提出异议的,应当在执行程序终结之前提出,但对终结执行措施提出异议的除外。

案外人依照民事诉讼法第二百二十七条规定提出异议的,应当在异议指向的执行标的的执行终结之前提出;执行标的由当事人受让的,应当在执行程序终结之前提出。

第七条 当事人、利害关系人认为执行过程中或者执行保全、先予执行裁定过程中的下列行为违法提出异议的,人民法院应当依照民事诉讼法第二百二十五条规定进行审查：

（一）查封、扣押、冻结、拍卖、变卖、以物抵债、暂缓执行、中止执行、终结执行等执行措施；

（二）执行的期间、顺序等应当遵守的法定程序；

（三）人民法院作出的侵害当事人、利害关系人合法权益的其他行为。

被执行人以债权消灭、丧失强制执行效力等执行依据生效之后的实体事由提出排除执行异议的，人民法院应当参照民事诉讼法第二百二十五条规定进行审查。

除本规定第十九条规定的情形外，被执行人以执行依据生效之前的实体事由提出排除执行异议的，人民法院应当告知其依法申请再审或者通过其他程序解决。

第八条　案外人基于实体权利既对执行标的提出排除执行异议又作为利害关系人提出执行行为异议的，人民法院应当依照民事诉讼法第二百二十七条规定进行审查。

案外人既基于实体权利对执行标的提出排除执行异议又作为利害关系人提出与实体权利无关的执行行为异议的，人民法院应当分别依照民事诉讼法第二百二十七条和第二百二十五条规定进行审查。

第九条　被限制出境的人认为对其限制出境错误的，可以自收到限制出境决定之日起十日内向上一级人民法院申请复议。上一级人民法院应当自收到复议申请之日起十五日内作出决定。复议期间，不停止原决定的执行。

第十条　当事人不服驳回不予执行公证债权文书申请的裁定的，可以自收到裁定之日起十日内向上一级人民法院申请复议。上一级人民法院应当自收到复议申请之日起三十日内审查，理由成立的，裁定撤销原裁定，不予执行该公证债权文书；理由不成立的，裁定驳回复议申请。复议期间，不停止执行。

第十一条　人民法院审查执行异议或者复议案件，应当依法组成合议庭。指令重新审查的执行异议案件，应当另行组成合议庭。

办理执行实施案件的人员不得参与相关执行异议和复议案件的审查。

第十二条　人民法院对执行异议和复议案件实行书面审查。案情复杂、争议较大的，应当进行听证。

第十三条　执行异议、复议案件审查期间，异议人、复议申请人申请撤回异议、复议申请的，是否准许由人民法院裁定。

第十四条　异议人或者复议申请人经合法传唤，无正当理由拒不参加听证，或者未经法庭许可中途退出听证，致使人民法院无法查清相关事实的，由其自行承担不利后果。

第十五条　当事人、利害关系人对同一执行行为有多个异议事由，但未在异议审查过程中一并提出，撤回异议或者被裁定驳回异议后，再次就该执行行为提出异议的，人民法院不予受理。

案外人撤回异议或者被裁定驳回异议后，再次就同一执行标的提出异议的，人民法院不予受理。

第十六条　人民法院依照民事诉讼法第二百二十五条规定作出裁定时，应当告知相关权利人申请复议的权利和期限。

人民法院依照民事诉讼法第二百二十七条规定作出裁定时，应当告知相关权利人提起执行异议之诉的权利和期限。

人民法院作出其他裁定和决定时，法律、司法解释规定了相关权利人申请复议的权利和期限的，应当进行告知。

第十七条　人民法院对执行行为异议，应当按照下列情形，分别处理：

（一）异议不成立的，裁定驳回异议；

（二）异议成立的，裁定撤销相关执行行为；

（三）异议部分成立的，裁定变更相关执行行为；

（四）异议成立或者部分成立，但执行行为无撤销、变更内容的，裁定异议成立或者相应部分异议成立。

第十八条　执行过程中，第三人因书面承诺自愿代被执行人偿还债务而被追加为被执行人后，无正当理由反悔并提出异议的，人民法院不予支持。

第十九条　当事人互负到期债务，被执行人请求抵销，请求抵销的债务符合下列情形的，除依照法律规定或者按照债务性质不得抵销的以外，人民法院应予支持：

（一）已经生效法律文书确定或者经申请执行人认可；

（二）与被执行人所负债务的标的物种类、品质相同。

第二十条　金钱债权执行中，符合下列情形之一，被执行人以执行标的系本人及所扶养家属维持生活必需的居住房屋为由提出异议的，人民法院不予支持：

（一）对被执行人有扶养义务的人名下有其他能够维持生活必需的居住房屋的；

（二）执行依据生效后，被执行人为逃避债务转让其名下其他房屋的；

（三）申请执行人按照当地廉租住房保障面积标准为被执行人及所扶养家属提供居住房屋，或者同意参照当地房屋租赁市场平均租金标准从该房屋的变价款中扣除五至八年租金的。

执行依据确定被执行人交付居住的房屋，自执行通知送达之日起，已经给予三个月的宽限期，被执行人以该房屋系本人及所扶养家属维持生活的必需品为由提出异议的，人民法院不予支持。

第二十一条　当事人、利害关系人提出异议请求撤销拍卖，符合下列情形之一的，人民法院应予支持：

（一）竞买人之间、竞买人与拍卖机构之间恶意串通，损害当事人或者其他竞买人利益的；

（二）买受人不具备法律规定的竞买资格的；

（三）违法限制竞买人参加竞买或者对不同的竞买人规定不同竞买条件的；

（四）未按照法律、司法解释的规定对拍卖标的物进行公告的；

（五）其他严重违反拍卖程序且损害当事人或者竞买人利益的情形。

当事人、利害关系人请求撤销变卖的，参照前款规定处理。

第二十二条　公证债权文书对主债务和担保债务同时赋予强制执行效力的，人民法院应予执行；仅对主债务赋予强制执行效力未涉及担保债务的，对担保债务的执行申请不予受理；仅对担保债务赋予强制执行效力未涉及主债务的，对主债务的执行申请不予受理。

人民法院受理担保债务的执行申请后，被执行人仅以担保合同不属于赋予强制执行效力的公证债权文书范围为由申请不予执行的，不予支持。

第二十三条　上一级人民法院对不服异议裁定的复议申请审查后，应当按照下列情形，分别处理：

（一）异议裁定认定事实清楚，适用法律正确，结果应予维持的，裁定驳回复议申请，维持异议裁定；

（二）异议裁定认定事实错误，或者适用法律错误，结果应予纠正的，裁定撤销或者变更异议裁定；

（三）异议裁定认定基本事实不清、证据不足的，裁定撤销异议裁定，发回作出裁定的人民法院重新审查，或者查清事实后作出相应裁定；

（四）异议裁定遗漏异议请求或者存在其他严重违反法定程序的情形，裁定撤销异议裁定，发回作出裁定的人民法院重新审查；

（五）异议裁定对应当适用民事诉讼法第二百二十七条规定审查处理的异议，错误适用民事诉讼法第二百二十五条规定审查处理的，裁定撤销异议裁定，发回作出裁定的人民法院重新作出裁定。

除依照本条第一款第三、四、五项发回重新审查或者重新作出裁定的情形外，裁定撤销或者变更异议裁定且执行行为可撤销、变更的，应当同时撤销或者变更该裁定维持的执行行为。

人民法院对发回重新审查的案件作出裁定后，当事人、利害关系人申请复议的，上一级人民法院复议后不得再次发回重新审查。

第二十四条 对案外人提出的排除执行异议，人民法院应当审查下列内容：

（一）案外人是否系权利人；

（二）该权利的合法性与真实性；

（三）该权利能否排除执行。

第二十五条 对案外人的异议，人民法院应当按照下列标准判断其是否系权利人：

（一）已登记的不动产，按照不动产登记簿判断；未登记的建筑物、构筑物及其附属设施，按照土地使用权登记簿、建设工程规划许可、施工许可等相关证据判断；

（二）已登记的机动车、船舶、航空器等特定动产，按照相关管理部门的登记判断；未登记的特定动产和其他动产，按照实际占有情况判断；

（三）银行存款和存管在金融机构的有价证券，按照金融机构和登记结算机构登记的账户名称判断；有价证券由具备合法经营资质的托管机构名义持有的，按照该机构登记的实际出资人账户名称判断；

（四）股权按照工商行政管理机关的登记和企业信用信息公示系统公示的信息判断；

（五）其他财产和权利，有登记的，按照登记机构的登记判断；无登记的，按照合同等证明财产权属或者权利人的证据判断。

案外人依据另案生效法律文书提出排除执行异议，该法律文书认定的执行标的权利人与依照前款规定得出的判断不一致的，依照本规定第二十六条规定处理。

第二十六条　金钱债权执行中，案外人依据执行标的被查封、扣押、冻结前作出的另案生效法律文书提出排除执行异议，人民法院应当按照下列情形，分别处理：

（一）该法律文书系就案外人与被执行人之间的权属纠纷以及租赁、借用、保管等不以转移财产权属为目的的合同纠纷，判决、裁决执行标的归属于案外人或者向其返还执行标的且其权利能够排除执行的，应予支持；

（二）该法律文书系就案外人与被执行人之间除前项所列合同之外的债权纠纷，判决、裁决执行标的归属于案外人或者向其交付、返还执行标的的，不予支持；

（三）该法律文书系案外人受让执行标的的拍卖、变卖成交裁定或者以物抵债裁定且其权利能够排除执行的，应予支持。

金钱债权执行中，案外人依据执行标的被查封、扣押、冻结后作出的另案生效法律文书提出排除执行异议的，人民法院不予支持。

非金钱债权执行中，案外人依据另案生效法律文书提出排除执行异议，该法律文书对执行标的的权属作出不同认定的，人民法院应当告知案外人依法申请再审或者通过其他程序解决。

申请执行人或者案外人不服人民法院依照本条第一、二款规定作出的裁定，可以依照民事诉讼法第二百二十七条规定提起执行异议之诉。

第二十七条　申请执行人对执行标的依法享有对抗案外人的担保物权等优先受偿权，人民法院对案外人提出的排除执行异议不予支持，但法律、司法解释另有规定的除外。

第二十八条　金钱债权执行中，买受人对登记在被执行人名下的不动产提出异议，符合下列情形且其权利能够排除执行的，人民法院应予支持：

（一）在人民法院查封之前已签订合法有效的书面买卖合同；

（二）在人民法院查封之前已合法占有该不动产；

（三）已支付全部价款，或者已按照合同约定支付部分价款且将剩余价款按照人民法院的要求交付执行；

（四）非因买受人自身原因未办理过户登记。

第二十九条　金钱债权执行中，买受人对登记在被执行的房地产开发企业名下的商品房提出异议，符合下列情形且其权利能够排除执行的，人民法院应予支持：

（一）在人民法院查封之前已签订合法有效的书面买卖合同；

（二）所购商品房系用于居住且买受人名下无其他用于居住的房屋；

（三）已支付的价款超过合同约定总价款的百分之五十。

第三十条　金钱债权执行中，对被查封的办理了受让物权预告登记的不动产，受让人提出停止处分异议的，人民法院应予支持；符合物权登记条件，受让人提出排除执行异议的，应予支持。

第三十一条　承租人请求在租赁期内阻止向受让人移交占有被执行的不动产，在人民法院查封之前已签订合法有效的书面租赁合同并占有使用该不动产的，人民法院应予支持。

承租人与被执行人恶意串通，以明显不合理的低价承租被执行的不动产或者伪造交付租金证据的，对其提出的阻止移交占有的请求，人民法院不予支持。

第三十二条　本规定施行后尚未审查终结的执行异议和复议案件，适用本规定。本规定施行前已经审查终结的执行异议和复议案件，人民法院依法提起执行监督程序的，不适用本规定。

最高人民法院
关于对人民法院终结执行行为
提出执行异议期限问题的批复

法释〔2016〕3号

（2015年11月30日最高人民法院审判委员会第1668次会议通过
2016年2月14日最高人民法院公告公布　自2016年2月15日起施行）

湖北省高级人民法院：

你院《关于咸宁市广泰置业有限公司与咸宁市枫丹置业有限公司房地产开发经营合同纠纷案的请示》（鄂高法〔2015〕295号）收悉。经研究，批复如下：

当事人、利害关系人依照民事诉讼法第二百二十五条规定对终结执行行为提出异议的，应当自收到终结执行法律文书之日起六十日内提出；未收到法律文书的，应当自知道或者应当知道人民法院终结执行之日起六十日内提出。批复发布前终结执行的，自批复发布之日起六十日内提出。超出该期限提出执行异议的，人民法院不予受理。

此复。

（七）迟延履行期间债务利息和迟延履行金

最高人民法院
关于执行程序中计算迟延履行期间的债务
利息适用法律若干问题的解释

法释〔2014〕8 号

（2014 年 6 月 9 日最高人民法院审判委员会第 1619 次会议通过
2014 年 7 月 7 日最高人民法院公告公布　自 2014 年 8 月 1 日起施行）

为规范执行程序中迟延履行期间债务利息的计算，根据《中华人民共和国民事诉讼法》的规定，结合司法实践，制定本解释。

第一条　根据民事诉讼法第二百五十三条规定加倍计算之后的迟延履行期间的债务利息，包括迟延履行期间的一般债务利息和加倍部分债务利息。

迟延履行期间的一般债务利息，根据生效法律文书确定的方法计算；生效法律文书未确定给付该利息的，不予计算。

加倍部分债务利息的计算方法为：加倍部分债务利息＝债务人尚未清偿的生效法律文书确定的除一般债务利息之外的金钱债务 × 日万分之一点七五 × 迟延履行期间。

第二条　加倍部分债务利息自生效法律文书确定的履行期间届满之日起计算；生效法律文书确定分期履行的，自每次履行期间届满之日起计算；生效法律文书未确定履行期间的，自法律文书生效之日起计算。

第三条　加倍部分债务利息计算至被执行人履行完毕之日；被执行人分次履行的，相应部分的加倍部分债务利息计算至每次履行完毕之日。

人民法院划拨、提取被执行人的存款、收入、股息、红利等财产的，相应部分的加倍部分债务利息计算至划拨、提取之日；人民法院对被执行人财产拍卖、变卖或者以物抵债的，计算至成交裁定或者抵债裁定生效之日；人民法院对被执行人财产通过其他方式变价的，计算至财产变价完成之日。

非因被执行人的申请，对生效法律文书审查而中止或者暂缓执行的期间及再审中止执行的期间，不计算加倍部分债务利息。

第四条　被执行人的财产不足以清偿全部债务的，应当先清偿生效法律文书确定的金钱债务，再清偿加倍部分债务利息，但当事人对清偿顺序另有约定的除外。

第五条　生效法律文书确定给付外币的，执行时以该种外币按日万分之一点七五计算加倍部分债务利息，但申请执行人主张以人民币计算的，人民法院应予准许。

以人民币计算加倍部分债务利息的，应当先将生效法律文书确定的外币折算或者套算为人民币后再进行计算。

外币折算或者套算为人民币的，按照加倍部分债务利息起算之日的中国外汇交易中心或者中国人民银行授权机构公布的人民币对该外币的中间价折合成人民币计算；中国外汇交易中心或者中国人民银行授权机构未公布汇率中间价的外币，按照该日境内银行人民币对该外币的中间价折算成人民币，或者该外币在境内银行、国际外汇市场对美元汇率，与人民币对美元汇率中间价进行套算。

第六条　执行回转程序中，原申请执行人迟延履行金钱给付义务的，应当按照本解释的规定承担加倍部分债务利息。

第七条　本解释施行时尚未执行完毕部分的金钱债务，本解释施行前的迟延履行期间债务利息按照之前的规定计算；施行后的迟延履行期间债务利息按照本解释计算。

本解释施行前本院发布的司法解释与本解释不一致的，以本解释为准。

最高人民法院
关于在执行工作中如何计算迟延履行期间的
债务利息等问题的批复

法释〔2009〕6 号

（2009 年 3 月 30 日最高人民法院审判委员会第 1465 次会议通过

2009 年 5 月 11 日最高人民法院公告公布　自 2009 年 5 月 18 日起施行）

四川省高级人民法院：

你院《关于执行工作几个适用法律问题的请示》（川高法〔2007〕390 号）收悉。经研究，批复如下：

一、人民法院根据《中华人民共和国民事诉讼法》第二百二十九条计算"迟延履行期间的债务利息"时，应当按照中国人民银行规定的同期贷款基准利率计算。

二、执行款不足以偿付全部债务的，应当根据并还原则按比例清偿法律文书确定的金钱债务与迟延履行期间的债务利息，但当事人在执行和解中对清偿顺序另有约定的除外。

此复。

附：

具体计算方法

（1）执行款＝清偿的法律文书确定的金钱债务＋清偿的迟延履行期间的债务利息。

（2）清偿的迟延履行期间的债务利息＝清偿的法律文书确定的金钱债务 × 同期贷款基准利率 ×2× 迟延履行期间。

（八）执行措施

1. 综　合

最高人民法院
关于民事执行中财产调查若干问题的规定

（2017 年 1 月 25 日最高人民法院审判委员会第 1708 次会议通过
根据 2020 年 12 月 23 日最高人民法院审判委员会第 1823 次会议
通过的《最高人民法院关于修改〈最高人民法院关于人民法院
扣押铁路运输货物若干问题的规定〉等十八件执行类
司法解释的决定》修正）

为规范民事执行财产调查，维护当事人及利害关系人的合法权益，根据《中华人民共和国民事诉讼法》等法律的规定，结合执行实践，制定本规定。

第一条　执行过程中，申请执行人应当提供被执行人的财产线索；被执行人应当如实报告财产；人民法院应当通过网络执行查控系统进行调查，根据案件需要应当通过其他方式进行调查的，同时采取其他调查方式。

第二条　申请执行人提供被执行人财产线索，应当填写财产调查表。财产线索明确、具体的，人民法院应当在七日内调查核实；情况紧急的，应当在三日内调查核实。财产线索确实的，人民法院应当及时采取相应的执行措施。

申请执行人确因客观原因无法自行查明财产的，可以申请人民法院调查。

第三条　人民法院依申请执行人的申请或依职权责令被执行人报告财产情况的，应当向其发出报告财产令。金钱债权执行中，报告财产令应当与执行通知同时发出。

人民法院根据案件需要再次责令被执行人报告财产情况的，应当重新向其发出报告财产令。

第四条　报告财产令应当载明下列事项：

（一）提交财产报告的期限；

（二）报告财产的范围、期间；

（三）补充报告财产的条件及期间；

（四）违反报告财产义务应承担的法律责任；

（五）人民法院认为有必要载明的其他事项。

报告财产令应附财产调查表，被执行人必须按照要求逐项填写。

第五条　被执行人应当在报告财产令载明的期限内向人民法院书面报告下列财产情况：

（一）收入、银行存款、现金、理财产品、有价证券；

（二）土地使用权、房屋等不动产；

（三）交通运输工具、机器设备、产品、原材料等动产；

（四）债权、股权、投资权益、基金份额、信托受益权、知识产权等财产性权利；

（五）其他应当报告的财产。

被执行人的财产已出租、已设立担保物权等权利负担，或者存在共有、权属争议等情形的，应当一并报告；被执行人的动产由第三人占有，被执行人的不动产、特定动产、其他财产权等登记在第三人名下的，也应当一并报告。

被执行人在报告财产令载明的期限内提交书面报告确有困难的，可以向人民法院书面申请延长期限；申请有正当理由的，人民法院可以适当延长。

第六条　被执行人自收到执行通知之日前一年至提交书面财产报告之日，其财产情况发生下列变动的，应当将变动情况一并报告：

（一）转让、出租财产的；

（二）在财产上设立担保物权等权利负担的；

（三）放弃债权或延长债权清偿期的；

（四）支出大额资金的；

（五）其他影响生效法律文书确定债权实现的财产变动。

第七条　被执行人报告财产后，其财产情况发生变动，影响申请执行人债权实现的，应当自财产变动之日起十日内向人民法院补充报告。

第八条　对被执行人报告的财产情况，人民法院应当及时调查核实，必要时可以组织当事人进行听证。

申请执行人申请查询被执行人报告的财产情况的，人民法院应当准许。申请执行人及其代理人对查询过程中知悉的信息应当保密。

第九条　被执行人拒绝报告、虚假报告或者无正当理由逾期报告财产情况的，人民法院可以根据情节轻重对被执行人或者其法定代理人予以罚款、拘留；构成犯罪的，依法追究刑事责任。

人民法院对有前款规定行为之一的单位，可以对其主要负责人或者直接责任人员予以罚款、拘留；构成犯罪的，依法追究刑事责任。

第十条　被执行人拒绝报告、虚假报告或者无正当理由逾期报告财产情况的，人民法院应当依照相关规定将其纳入失信被执行人名单。

第十一条　有下列情形之一的，财产报告程序终结：

（一）被执行人履行完毕生效法律文书确定义务的；

（二）人民法院裁定终结执行的；

（三）人民法院裁定不予执行的；

（四）人民法院认为财产报告程序应当终结的其他情形。

发出报告财产令后，人民法院裁定终结本次执行程序的，被执行人仍应依照本规定第七条的规定履行补充报告义务。

第十二条　被执行人未按执行通知履行生效法律文书确定的义务，人民法院有权通过网络执行查控系统、现场调查等方式向被执行人、有关单位或个人调查被执行人的身份信息和财产信息，有关单位和个人应当依法协助办理。

人民法院对调查所需资料可以复制、打印、抄录、拍照或以其他方式进行提取、留存。

申请执行人申请查询人民法院调查的财产信息的，人民法院可以根据案件需要决定是否准许。申请执行人及其代理人对查询过程中知悉的信息应当保密。

第十三条　人民法院通过网络执行查控系统进行调查，与现场调查具有同等法律效力。

人民法院调查过程中作出的电子法律文书与纸质法律文书具有同等法律效力；协助执行单位反馈的电子查询结果与纸质反馈结果具有同等法律效力。

第十四条 被执行人隐匿财产、会计账簿等资料拒不交出的，人民法院可以依法采取搜查措施。

人民法院依法搜查时，对被执行人可能隐匿财产或者资料的处所、箱柜等，经责令被执行人开启而拒不配合的，可以强制开启。

第十五条 为查明被执行人的财产情况和履行义务的能力，可以传唤被执行人或被执行人的法定代表人、负责人、实际控制人、直接责任人员到人民法院接受调查询问。

对必须接受调查询问的被执行人、被执行人的法定代表人、负责人或者实际控制人，经依法传唤无正当理由拒不到场的，人民法院可以拘传其到场；上述人员下落不明的，人民法院可以依照相关规定通知有关单位协助查找。

第十六条 人民法院对已经办理查封登记手续的被执行人机动车、船舶、航空器等特定动产未能实际扣押的，可以依照相关规定通知有关单位协助查找。

第十七条 作为被执行人的法人或非法人组织不履行生效法律文书确定的义务，申请执行人认为其有拒绝报告、虚假报告财产情况，隐匿、转移财产等逃避债务情形或者其股东、出资人有出资不实、抽逃出资等情形的，可以书面申请人民法院委托审计机构对该被执行人进行审计。人民法院应当自收到书面申请之日起十日内决定是否准许。

第十八条 人民法院决定审计的，应当随机确定具备资格的审计机构，并责令被执行人提交会计凭证、会计账簿、财务会计报告等与审计事项有关的资料。

被执行人隐匿审计资料的，人民法院可以依法采取搜查措施。

第十九条 被执行人拒不提供、转移、隐匿、伪造、篡改、毁弃审计资料，阻挠审计人员查看业务现场或者有其他妨碍审计调查行为的，人民法院可以根据情节轻重对被执行人或其主要负责人、直接责任人员予以罚款、拘留；构成犯罪的，依法追究刑事责任。

第二十条 审计费用由提出审计申请的申请执行人预交。被执行人存在拒绝报告或虚假报告财产情况，隐匿、转移财产或者其他逃避债务情形的，审计费用由被执行人承担；未发现被执行人存在上述情形的，审计费用由申请执行人承担。

第二十一条　被执行人不履行生效法律文书确定的义务，申请执行人可以向人民法院书面申请发布悬赏公告查找可供执行的财产。申请书应当载明下列事项：

（一）悬赏金的数额或计算方法；

（二）有关人员提供人民法院尚未掌握的财产线索，使该申请执行人的债权得以全部或部分实现时，自愿支付悬赏金的承诺；

（三）悬赏公告的发布方式；

（四）其他需要载明的事项。

人民法院应当自收到书面申请之日起十日内决定是否准许。

第二十二条　人民法院决定悬赏查找财产的，应当制作悬赏公告。悬赏公告应当载明悬赏金的数额或计算方法、领取条件等内容。

悬赏公告应当在全国法院执行悬赏公告平台、法院微博或微信等媒体平台发布，也可以在执行法院公告栏或被执行人住所地、经常居住地等处张贴。申请执行人申请在其他媒体平台发布，并自愿承担发布费用的，人民法院应当准许。

第二十三条　悬赏公告发布后，有关人员向人民法院提供财产线索的，人民法院应当对有关人员的身份信息和财产线索进行登记；两人以上提供相同财产线索的，应当按照提供线索的先后顺序登记。

人民法院对有关人员的身份信息和财产线索应当保密，但为发放悬赏金需要告知申请执行人的除外。

第二十四条　有关人员提供人民法院尚未掌握的财产线索，使申请发布悬赏公告的申请执行人的债权得以全部或部分实现的，人民法院应当按照悬赏公告发放悬赏金。

悬赏金从前款规定的申请执行人应得的执行款中予以扣减。特定物交付执行或者存在其他无法扣减情形的，悬赏金由该申请执行人另行支付。

有关人员为申请执行人的代理人、有义务向人民法院提供财产线索的人员或者存在其他不应发放悬赏金情形的，不予发放。

第二十五条 执行人员不得调查与执行案件无关的信息，对调查过程中知悉的国家秘密、商业秘密和个人隐私应当保密。

第二十六条 本规定自 2017 年 5 月 1 日起施行。

本规定施行后，本院以前公布的司法解释与本规定不一致的，以本规定为准。

最高人民法院
关于人民法院扣押铁路运输货物若干问题的规定

（根据 2020 年 12 月 23 日最高人民法院审判委员会第 1823 次会议
通过的《最高人民法院关于修改〈最高人民法院关于人民法院
扣押铁路运输货物若干问题的规定〉等十八件执行类
司法解释的决定》修正）

根据《中华人民共和国民事诉讼法》等有关法律的规定，现就人民法院扣押铁路运输货物问题作如下规定：

一、人民法院依法可以裁定扣押铁路运输货物。铁路运输企业依法应当予以协助。

二、当事人申请人民法院扣押铁路运输货物，应当提供担保，申请人不提供担保的，驳回申请。申请人的申请应当写明：要求扣押货物的发货站、到货站，托运人、收货人的名称，货物的品名、数量、货票号码等。

三、人民法院扣押铁路运输货物，应当制作裁定书并附协助执行通知书。协助执行通知书中应当载明：扣押货物的发货站、到货站，托运人、收货人的名称，货物的品名、数量和货票号码。在货物发送前扣押的，人民法院应当将裁定书副本和协助执行通知书送达始发地的铁路运输企业由其协助执行；在货物发送后扣押的，应当将裁定书副本和协助执行通知书送达目的地或最近中转编组站的铁路运输企业由其协助执行。

人民法院一般不应在中途站、中转站扣押铁路运输货物。必要时，在不影响铁路正常运输秩序、不损害其他自然人、法人和非法人组织合法权益的情况下，可在最近中转编组站或有条件的车站扣押。

人民法院裁定扣押国际铁路联运货物，应当通知铁路运输企业、海关、边防、商检等有关部门协助执行。属于进口货物的，人民法院应当向我国进口国境、边境站、到货站或有关部门送达裁定书副本和协助执行通知书；属于出口货物的，在货物发送前应当向发货站或有关部门送达，在货物发送后未出我国国境、边境前，应当向我国出境站或有关部门送达。

四、经人民法院裁定扣押的铁路运输货物，该铁路运输企业与托运人之间签订的铁路运输合同中涉及被扣押货物部分合同终止履行的，铁路运输企业不承担责任。因扣押货物造成的损失，由有关责任人承担。

因申请人申请扣押错误所造成的损失，由申请人承担赔偿责任。

五、铁路运输企业及有关部门因协助执行扣押货物而产生的装卸、保管、检验、监护等费用，由有关责任人承担，但应先由申请人垫付。申请人不是责任人的，可以再向责任人追偿。

六、扣押后的进出口货物，因尚未办结海关手续，人民法院在对此类货物作出最终处理决定前，应当先责令有关当事人补交关税并办理海关其他手续。

最高人民法院
关于人民法院确定财产处置参考价若干问题的规定

法释〔2018〕15号

（2018年6月4日最高人民法院审判委员会第1741次会议通过
2018年8月28日最高人民法院公告公布 自2018年9月1日起施行）

为公平、公正、高效确定财产处置参考价，维护当事人、利害关系人的合法权益，根据《中华人民共和国民事诉讼法》等法律规定，结合人民法院工作实际，制定本规定。

第一条 人民法院查封、扣押、冻结财产后，对需要拍卖、变卖的财产，应当在三十日内启动确定财产处置参考价程序。

第二条 人民法院确定财产处置参考价,可以采取当事人议价、定向询价、网络询价、委托评估等方式。

第三条 人民法院确定参考价前,应当查明财产的权属、权利负担、占有使用、欠缴税费、质量瑕疵等事项。

人民法院查明前款规定事项需要当事人、有关单位或者个人提供相关资料的,可以通知其提交;拒不提交的,可以强制提取;对妨碍强制提取的,参照民事诉讼法第一百一十一条、第一百一十四条的规定处理。

查明本条第一款规定事项需要审计、鉴定的,人民法院可以先行审计、鉴定。

第四条 采取当事人议价方式确定参考价的,除一方当事人拒绝议价或者下落不明外,人民法院应当以适当的方式通知或者组织当事人进行协商,当事人应当在指定期限内提交议价结果。

双方当事人提交的议价结果一致,且不损害他人合法权益的,议价结果为参考价。

第五条 当事人议价不能或者不成,且财产有计税基准价、政府定价或者政府指导价的,人民法院应当向确定参考价时财产所在地的有关机构进行定向询价。

双方当事人一致要求直接进行定向询价,且财产有计税基准价、政府定价或者政府指导价的,人民法院应当准许。

第六条 采取定向询价方式确定参考价的,人民法院应当向有关机构出具询价函,询价函应当载明询价要求、完成期限等内容。

接受定向询价的机构在指定期限内出具的询价结果为参考价。

第七条 定向询价不能或者不成,财产无需由专业人员现场勘验或者鉴定,且具备网络询价条件的,人民法院应当通过司法网络询价平台进行网络询价。

双方当事人一致要求或者同意直接进行网络询价,财产无需由专业人员现场勘验或者鉴定,且具备网络询价条件的,人民法院应当准许。

第八条 最高人民法院建立全国性司法网络询价平台名单库。

司法网络询价平台应当同时符合下列条件:

(一)具备能够依法开展互联网信息服务工作的资质;

（二）能够合法获取并整合全国各地区同种类财产一定时期的既往成交价、政府定价、政府指导价或者市场公开交易价等不少于三类价格数据，并保证数据真实、准确；

（三）能够根据数据化财产特征，运用一定的运算规则对市场既往交易价格、交易趋势予以分析；

（四）程序运行规范、系统安全高效、服务质优价廉；

（五）能够全程记载数据的分析过程，将形成的电子数据完整保存不少于十年，但法律、行政法规、司法解释另有规定的除外。

第九条　最高人民法院组成专门的评审委员会，负责司法网络询价平台的选定、评审和除名。每年引入权威第三方对已纳入和新申请纳入名单库的司法网络询价平台予以评审并公布结果。

司法网络询价平台具有下列情形之一的，应当将其从名单库中除名：

（一）无正当理由拒绝进行网络询价；

（二）无正当理由一年内累计五次未按期完成网络询价；

（三）存在恶意串通、弄虚作假、泄露保密信息等行为；

（四）经权威第三方评审认定不符合提供网络询价服务条件；

（五）存在其他违反询价规则以及法律、行政法规、司法解释规定的情形。

司法网络询价平台被除名后，五年内不得被纳入名单库。

第十条　采取网络询价方式确定参考价的，人民法院应当同时向名单库中的全部司法网络询价平台发出网络询价委托书。网络询价委托书应当载明财产名称、物理特征、规格数量、目的要求、完成期限以及其他需要明确的内容等。

第十一条　司法网络询价平台应当在收到人民法院网络询价委托书之日起三日内出具网络询价报告。网络询价报告应当载明财产的基本情况、参照样本、计算方法、询价结果及有效期等内容。

司法网络询价平台不能在期限内完成询价的，应当在期限届满前申请延长期限。全部司法网络询价平台均未能在期限内出具询价结果的，人民法院应当根据各司法网络询价平台的延期申请延期三日；部分司法网络询价平台在期限内出具网络询价结果的，人民法院对其他司法网络询价平台的延期申请不予准许。

全部司法网络询价平台均未在期限内出具或者补正网络询价报告，且未按照规定申请延长期限的，人民法院应当委托评估机构进行评估。

人民法院未在网络询价结果有效期内发布一拍拍卖公告或者直接进入变卖程序的，应当通知司法网络询价平台在三日内重新出具网络询价报告。

第十二条　人民法院应当对网络询价报告进行审查。网络询价报告均存在财产基本信息错误、超出财产范围或者遗漏财产等情形的，应当通知司法网络询价平台在三日内予以补正；部分网络询价报告不存在上述情形的，无需通知其他司法网络询价平台补正。

第十三条　全部司法网络询价平台均在期限内出具询价结果或者补正结果的，人民法院应当以全部司法网络询价平台出具结果的平均值为参考价；部分司法网络询价平台在期限内出具询价结果或者补正结果的，人民法院应当以该部分司法网络询价平台出具结果的平均值为参考价。

当事人、利害关系人依据本规定第二十二条的规定对全部网络询价报告均提出异议，且所提异议被驳回或者司法网络询价平台已作出补正的，人民法院应当以异议被驳回或者已作出补正的各司法网络询价平台出具结果的平均值为参考价；对部分网络询价报告提出异议的，人民法院应当以网络询价报告未被提出异议的各司法网络询价平台出具结果的平均值为参考价。

第十四条　法律、行政法规规定必须委托评估、双方当事人要求委托评估或者网络询价不能或不成的，人民法院应当委托评估机构进行评估。

第十五条　最高人民法院根据全国性评估行业协会推荐的评估机构名单建立人民法院司法评估机构名单库。按评估专业领域和评估机构的执业范围建立名单分库，在分库下根据行政区划设省、市两级名单子库。

评估机构无正当理由拒绝进行司法评估或者存在弄虚作假等情形的，最高人民法院可以商全国性评估行业协会将其从名单库中除名；除名后五年内不得被纳入名单库。

第十六条　采取委托评估方式确定参考价的，人民法院应当通知双方当事人在指定期限内从名单分库中协商确定三家评估机构以及顺序；双方当事人在指定期限内协商不成或者一方当事人下落不明的，采取摇号方式在名单分库或者财产所在地的名单子库中随机确定三家评估机构以及顺序。双方当事人一致要求在同一名单子库中随机确定的，人民法院应当准许。

第十七条　人民法院应当向顺序在先的评估机构出具评估委托书，评估委托书应当载明财产名称、物理特征、规格数量、目的要求、完成期限以及其他需要明确的内容等，同时应当将查明的财产情况及相关材料一并移交给评估机构。

评估机构应当出具评估报告，评估报告应当载明评估财产的基本情况、评估方法、评估标准、评估结果及有效期等内容。

第十八条　评估需要进行现场勘验的，人民法院应当通知当事人到场；当事人不到场的，不影响勘验的进行，但应当有见证人见证。现场勘验需要当事人、协助义务人配合的，人民法院依法责令其配合；不予配合的，可以依法强制进行。

第十九条　评估机构应当在三十日内出具评估报告。人民法院决定暂缓或者裁定中止执行的期间，应当从前述期限中扣除。

评估机构不能在期限内出具评估报告的，应当在期限届满五日前书面向人民法院申请延长期限。人民法院决定延长期限的，延期次数不超过两次，每次不超过十五日。

评估机构未在期限内出具评估报告、补正说明，且未按照规定申请延长期限的，人民法院应当通知该评估机构三日内将人民法院委托评估时移交的材料退回，另行委托下一顺序的评估机构重新进行评估。

人民法院未在评估结果有效期内发布一拍拍卖公告或者直接进入变卖程序的，应当通知原评估机构在十五日内重新出具评估报告。

第二十条　人民法院应当对评估报告进行审查。具有下列情形之一的，应当责令评估机构在三日内予以书面说明或者补正：

（一）财产基本信息错误；

（二）超出财产范围或者遗漏财产；

（三）选定的评估机构与评估报告上签章的评估机构不符；

（四）评估人员执业资格证明与评估报告上署名的人员不符；

（五）具有其他应当书面说明或者补正的情形。

第二十一条　人民法院收到定向询价、网络询价、委托评估、说明补正等报告后，应当在三日内发送给当事人及利害关系人。

当事人、利害关系人已提供有效送达地址的，人民法院应当将报告以直接送达、留置送达、委托送达、邮寄送达或者电子送达的方式送达；当事人、利害关系人下落不明或者无法获取其有效送达地址，人民法院无法按照前述规定送达的，应当在中国执行信息公开网上予以公示，公示满十五日即视为收到。

第二十二条　当事人、利害关系人认为网络询价报告或者评估报告具有下列情形之一的，可以在收到报告后五日内提出书面异议：

（一）财产基本信息错误；

（二）超出财产范围或者遗漏财产；

（三）评估机构或者评估人员不具备相应评估资质；

（四）评估程序严重违法。

对当事人、利害关系人依据前款规定提出的书面异议，人民法院应当参照民事诉讼法第二百二十五条的规定处理。

第二十三条　当事人、利害关系人收到评估报告后五日内对评估报告的参照标准、计算方法或者评估结果等提出书面异议的，人民法院应当在三日内交评估机构予以书面说明。评估机构在五日内未作说明或者当事人、利害关系人对作出的说明仍有异议的，人民法院应当交由相关行业协会在指定期限内组织专业技术评审，并根据专业技术评审出具的结论认定评估结果或者责令原评估机构予以补正。

当事人、利害关系人提出前款异议，同时涉及本规定第二十二条第一款第一、二项情形的，按照前款规定处理；同时涉及本规定第二十二条第一款第三、四项情形的，按照本规定第二十二条第二款先对第三、四项情形审查，异议成立的，应当通知评估机构三日内将人民法院委托评估时移交的材料退回，另行委托下一顺序的评估机构重新进行评估；异议不成立的，按照前款规定处理。

第二十四条　当事人、利害关系人未在本规定第二十二条、第二十三条规定的期限内提出异议或者对网络询价平台、评估机构、行业协会按照本规定第二十二条、第二十三条所作的补正说明、专业技术评审结论提出异议的，人民法院不予受理。

当事人、利害关系人对议价或者定向询价提出异议的，人民法院不予受理。

第二十五条　当事人、利害关系人有证据证明具有下列情形之一，且在发布一拍拍卖公告或者直接进入变卖程序之前提出异议的，人民法院应当按照执行监督程序进行审查处理：

（一）议价中存在欺诈、胁迫情形；

（二）恶意串通损害第三人利益；

（三）有关机构出具虚假定向询价结果；

（四）依照本规定第二十二条、第二十三条作出的处理结果确有错误。

第二十六条　当事人、利害关系人对评估报告未提出异议、所提异议被驳回或者评估机构已作出补正的，人民法院应当以评估结果或者补正结果为参考价；当事人、利害关系人对评估报告提出的异议成立的，人民法院应当以评估机构作出的补正结果或者重新作出的评估结果为参考价。专业技术评审对评估报告未作出否定结论的，人民法院应当以该评估结果为参考价。

第二十七条　司法网络询价平台、评估机构应当确定网络询价或者委托评估结果的有效期，有效期最长不得超过一年。

当事人议价的，可以自行协商确定议价结果的有效期，但不得超过前款规定的期限；定向询价结果的有效期，参照前款规定确定。

人民法院在议价、询价、评估结果有效期内发布一拍拍卖公告或者直接进入变卖程序，拍卖、变卖时未超过有效期六个月的，无需重新确定参考价，但法律、行政法规、司法解释另有规定的除外。

第二十八条　具有下列情形之一的，人民法院应当决定暂缓网络询价或者委托评估：

（一）案件暂缓执行或者中止执行；

（二）评估材料与事实严重不符，可能影响评估结果，需要重新调查核实；

（三）人民法院认为应当暂缓的其他情形。

第二十九条　具有下列情形之一的，人民法院应当撤回网络询价或者委托评估：

（一）申请执行人撤回执行申请；

（二）生效法律文书确定的义务已全部执行完毕；

（三）据以执行的生效法律文书被撤销或者被裁定不予执行；

（四）人民法院认为应当撤回的其他情形。

人民法院决定网络询价或者委托评估后，双方当事人议价确定参考价或者协商不再对财产进行变价处理的，人民法院可以撤回网络询价或者委托评估。

第三十条 人民法院应当在参考价确定后十日内启动财产变价程序。拍卖的，参照参考价确定起拍价；直接变卖的，参照参考价确定变卖价。

第三十一条 人民法院委托司法网络询价平台进行网络询价的，网络询价费用应当按次计付给出具网络询价结果与财产处置成交价最接近的司法网络询价平台；多家司法网络询价平台出具的网络询价结果相同或者与财产处置成交价差距相同的，网络询价费用平均分配。

人民法院依照本规定第十一条第三款规定委托评估机构进行评估或者依照本规定第二十九条规定撤回网络询价的，对司法网络询价平台不计付费用。

第三十二条 人民法院委托评估机构进行评估，财产处置未成交的，按照评估机构合理的实际支出计付费用；财产处置成交价高于评估价的，以评估价为基准计付费用；财产处置成交价低于评估价的，以财产处置成交价为基准计付费用。

人民法院依照本规定第二十九条规定撤回委托评估的，按照评估机构合理的实际支出计付费用；人民法院依照本规定通知原评估机构重新出具评估报告的，按照前款规定的百分之三十计付费用。

人民法院依照本规定另行委托评估机构重新进行评估的，对原评估机构不计付费用。

第三十三条 网络询价费及委托评估费由申请执行人先行垫付，由被执行人负担。

申请执行人通过签订保险合同的方式垫付网络询价费或者委托评估费的，保险人应当向人民法院出具担保书。担保书应当载明因申请执行人未垫付网络询价费或者委托评估费由保险人支付等内容，并附相关证据材料。

第三十四条 最高人民法院建设全国法院询价评估系统。询价评估系统与定向询价机构、司法网络询价平台、全国性评估行业协会的系统对接，实现数据共享。

询价评估系统应当具有记载当事人议价、定向询价、网络询价、委托评估、摇号过程等功能，并形成固化数据，长期保存、随案备查。

第三十五条　本规定自 2018 年 9 月 1 日起施行。

最高人民法院此前公布的司法解释及规范性文件与本规定不一致的，以本规定为准。

最高人民法院
关于人民法院网络司法拍卖若干问题的规定

法释〔2016〕18 号

（2016 年 5 月 30 日最高人民法院审判委员会第 1685 次会议通过
2016 年 8 月 2 日最高人民法院公告公布　自 2017 年 1 月 1 日起施行）

为了规范网络司法拍卖行为，保障网络司法拍卖公开、公平、公正、安全、高效，维护当事人的合法权益，根据《中华人民共和国民事诉讼法》等法律的规定，结合人民法院执行工作的实际，制定本规定。

第一条　本规定所称的网络司法拍卖，是指人民法院依法通过互联网拍卖平台，以网络电子竞价方式公开处置财产的行为。

第二条　人民法院以拍卖方式处置财产的，应当采取网络司法拍卖方式，但法律、行政法规和司法解释规定必须通过其他途径处置，或者不宜采用网络拍卖方式处置的除外。

第三条　网络司法拍卖应当在互联网拍卖平台上向社会全程公开，接受社会监督。

第四条　最高人民法院建立全国性网络服务提供者名单库。网络服务提供者申请纳入名单库的，其提供的网络司法拍卖平台应当符合下列条件：

（一）具备全面展示司法拍卖信息的界面；

（二）具备本规定要求的信息公示、网上报名、竞价、结算等功能；

（三）具有信息共享、功能齐全、技术拓展等功能的独立系统；

（四）程序运作规范、系统安全高效、服务优质价廉；

（五）在全国具有较高的知名度和广泛的社会参与度。

最高人民法院组成专门的评审委员会，负责网络服务提供者的选定、评审和除名。最高人民法院每年引入第三方评估机构对已纳入和新申请纳入名单库的网络服务提供者予以评审并公布结果。

第五条 网络服务提供者由申请执行人从名单库中选择；未选择或者多个申请执行人的选择不一致的，由人民法院指定。

第六条 实施网络司法拍卖的，人民法院应当履行下列职责：

（一）制作、发布拍卖公告；

（二）查明拍卖财产现状、权利负担等内容，并予以说明；

（三）确定拍卖保留价、保证金的数额、税费负担等；

（四）确定保证金、拍卖款项等支付方式；

（五）通知当事人和优先购买权人；

（六）制作拍卖成交裁定；

（七）办理财产交付和出具财产权证照转移协助执行通知书；

（八）开设网络司法拍卖专用账户；

（九）其他依法由人民法院履行的职责。

第七条 实施网络司法拍卖的，人民法院可以将下列拍卖辅助工作委托社会机构或者组织承担：

（一）制作拍卖财产的文字说明及视频或者照片等资料；

（二）展示拍卖财产，接受咨询，引领查看，封存样品等；

（三）拍卖财产的鉴定、检验、评估、审计、仓储、保管、运输等；

（四）其他可以委托的拍卖辅助工作。

社会机构或者组织承担网络司法拍卖辅助工作所支出的必要费用由被执行人承担。

第八条 实施网络司法拍卖的，下列事项应当由网络服务提供者承担：

（一）提供符合法律、行政法规和司法解释规定的网络司法拍卖平台，并保障安全正常运行；

（二）提供安全便捷配套的电子支付对接系统；

（三）全面、及时展示人民法院及其委托的社会机构或者组织提供的拍卖信息；

（四）保证拍卖全程的信息数据真实、准确、完整和安全；

（五）其他应当由网络服务提供者承担的工作。

网络服务提供者不得在拍卖程序中设置阻碍适格竞买人报名、参拍、竞价以及监视竞买人信息等后台操控功能。

网络服务提供者提供的服务无正当理由不得中断。

第九条　网络司法拍卖服务提供者从事与网络司法拍卖相关的行为，应当接受人民法院的管理、监督和指导。

第十条　网络司法拍卖应当确定保留价，拍卖保留价即为起拍价。

起拍价由人民法院参照评估价确定；未作评估的，参照市价确定，并征询当事人意见。起拍价不得低于评估价或者市价的百分之七十。

第十一条　网络司法拍卖不限制竞买人数量。一人参与竞拍，出价不低于起拍价的，拍卖成交。

第十二条　网络司法拍卖应当先期公告，拍卖公告除通过法定途径发布外，还应同时在网络司法拍卖平台发布。拍卖动产的，应当在拍卖十五日前公告；拍卖不动产或者其他财产权的，应当在拍卖三十日前公告。

拍卖公告应当包括拍卖财产、价格、保证金、竞买人条件、拍卖财产已知瑕疵、相关权利义务、法律责任、拍卖时间、网络平台和拍卖法院等信息。

第十三条　实施网络司法拍卖的，人民法院应当在拍卖公告发布当日通过网络司法拍卖平台公示下列信息：

（一）拍卖公告；

（二）执行所依据的法律文书，但法律规定不得公开的除外；

（三）评估报告副本，或者未经评估的定价依据；

（四）拍卖时间、起拍价以及竞价规则；

（五）拍卖财产权属、占有使用、附随义务等现状的文字说明、视频或者照片等；

（六）优先购买权主体以及权利性质；

（七）通知或者无法通知当事人、已知优先购买权人的情况；

（八）拍卖保证金、拍卖款项支付方式和账户；

（九）拍卖财产产权转移可能产生的税费及承担方式；

（十）执行法院名称，联系、监督方式等；

（十一）其他应当公示的信息。

第十四条 实施网络司法拍卖的，人民法院应当在拍卖公告发布当日通过网络司法拍卖平台对下列事项予以特别提示：

（一）竞买人应当具备完全民事行为能力，法律、行政法规和司法解释对买受人资格或者条件有特殊规定的，竞买人应当具备规定的资格或者条件；

（二）委托他人代为竞买的，应当在竞价程序开始前经人民法院确认，并通知网络服务提供者；

（三）拍卖财产已知瑕疵和权利负担；

（四）拍卖财产以实物现状为准，竞买人可以申请实地看样；

（五）竞买人决定参与竞买的，视为对拍卖财产完全了解，并接受拍卖财产一切已知和未知瑕疵；

（六）载明买受人真实身份的拍卖成交确认书在网络司法拍卖平台上公示；

（七）买受人悔拍后保证金不予退还。

第十五条 被执行人应当提供拍卖财产品质的有关资料和说明。

人民法院已按本规定第十三条、第十四条的要求予以公示和特别提示，且在拍卖公告中声明不能保证拍卖财产真伪或者品质的，不承担瑕疵担保责任。

第十六条 网络司法拍卖的事项应当在拍卖公告发布三日前以书面或者其他能够确认收悉的合理方式，通知当事人、已知优先购买权人。权利人书面明确放弃权利的，可以不通知。无法通知的，应当在网络司法拍卖平台公示并说明无法通知的理由，公示满五日视为已经通知。

优先购买权人经通知未参与竞买的，视为放弃优先购买权。

第十七条 保证金数额由人民法院在起拍价的百分之五至百分之二十范围内确定。

竞买人应当在参加拍卖前以实名交纳保证金，未交纳的，不得参加竞买。申请执行人参加竞买的，可以不交保证金；但债权数额小于保证金数额的按差额部分交纳。

交纳保证金，竞买人可以向人民法院指定的账户交纳，也可以由网络服务提供者在其提供的支付系统中对竞买人的相应款项予以冻结。

第十八条　竞买人在拍卖竞价程序结束前交纳保证金经人民法院或者网络服务提供者确认后，取得竞买资格。网络服务提供者应当向取得资格的竞买人赋予竞买代码、参拍密码；竞买人以该代码参与竞买。

网络司法拍卖竞价程序结束前，人民法院及网络服务提供者对竞买人以及其他能够确认竞买人真实身份的信息、密码等，应当予以保密。

第十九条　优先购买权人经人民法院确认后，取得优先竞买资格以及优先竞买代码、参拍密码，并以优先竞买代码参与竞买；未经确认的，不得以优先购买权人身份参与竞买。

顺序不同的优先购买权人申请参与竞买的，人民法院应当确认其顺序，赋予不同顺序的优先竞买代码。

第二十条　网络司法拍卖从起拍价开始以递增出价方式竞价，增价幅度由人民法院确定。竞买人以低于起拍价出价的无效。

网络司法拍卖的竞价时间应当不少于二十四小时。竞价程序结束前五分钟内无人出价的，最后出价即为成交价；有出价的，竞价时间自该出价时点顺延五分钟。竞买人的出价时间以进入网络司法拍卖平台服务系统的时间为准。

竞买代码及其出价信息应当在网络竞买页面实时显示，并储存、显示竞价全程。

第二十一条　优先购买权人参与竞买的，可以与其他竞买人以相同的价格出价，没有更高出价的，拍卖财产由优先购买权人竞得。

顺序不同的优先购买权人以相同价格出价的，拍卖财产由顺序在先的优先购买权人竞得。

顺序相同的优先购买权人以相同价格出价的，拍卖财产由出价在先的优先购买权人竞得。

第二十二条　网络司法拍卖成交的，由网络司法拍卖平台以买受人的真实身份自动生成确认书并公示。

拍卖财产所有权自拍卖成交裁定送达买受人时转移。

第二十三条　拍卖成交后，买受人交纳的保证金可以充抵价款；其他竞买人交纳的保证金应当在竞价程序结束后二十四小时内退还或者解冻。拍卖未成交的，竞买人交纳的保证金应当在竞价程序结束后二十四小时内退还或者解冻。

第二十四条 拍卖成交后买受人悔拍的，交纳的保证金不予退还，依次用于支付拍卖产生的费用损失、弥补重新拍卖价款低于原拍卖价款的差价、冲抵本案被执行人的债务以及与拍卖财产相关的被执行人的债务。

悔拍后重新拍卖的，原买受人不得参加竞买。

第二十五条 拍卖成交后，买受人应当在拍卖公告确定的期限内将剩余价款交付人民法院指定账户。拍卖成交后二十四小时内，网络服务提供者应当将冻结的买受人交纳的保证金划入人民法院指定账户。

第二十六条 网络司法拍卖竞价期间无人出价的，本次拍卖流拍。流拍后应当在三十日内在同一网络司法拍卖平台再次拍卖，拍卖动产的应当在拍卖七日前公告；拍卖不动产或者其他财产权的应当在拍卖十五日前公告。再次拍卖的起拍价降价幅度不得超过前次起拍价的百分之二十。

再次拍卖流拍的，可以依法在同一网络司法拍卖平台变卖。

第二十七条 起拍价及其降价幅度、竞价增价幅度、保证金数额和优先购买权人竞买资格及其顺序等事项，应当由人民法院依法组成合议庭评议确定。

第二十八条 网络司法拍卖竞价程序中，有依法应当暂缓、中止执行等情形的，人民法院应当决定暂缓或者裁定中止拍卖；人民法院可以自行或者通知网络服务提供者停止拍卖。

网络服务提供者发现系统故障、安全隐患等紧急情况的，可以先行暂缓拍卖，并立即报告人民法院。

暂缓或者中止拍卖的，应当及时在网络司法拍卖平台公告原因或者理由。

暂缓拍卖期限届满或者中止拍卖的事由消失后，需要继续拍卖的，应当在五日内恢复拍卖。

第二十九条 网络服务提供者对拍卖形成的电子数据，应当完整保存不少于十年，但法律、行政法规另有规定的除外。

第三十条 因网络司法拍卖本身形成的税费，应当依照相关法律、行政法规的规定，由相应主体承担；没有规定或者规定不明的，人民法院可以根据法律原则和案件实际情况确定税费承担的相关主体、数额。

第三十一条 当事人、利害关系人提出异议请求撤销网络司法拍卖，符合下列情形之一的，人民法院应当支持：

（一）由于拍卖财产的文字说明、视频或者照片展示以及瑕疵说明严重失实，致使买受人产生重大误解，购买目的无法实现的，但拍卖时的技术水平不能发现或者已经就相关瑕疵以及责任承担予以公示说明的除外；

（二）由于系统故障、病毒入侵、黑客攻击、数据错误等原因致使拍卖结果错误，严重损害当事人或者其他竞买人利益的；

（三）竞买人之间，竞买人与网络司法拍卖服务提供者之间恶意串通，损害当事人或者其他竞买人利益的；

（四）买受人不具备法律、行政法规和司法解释规定的竞买资格的；

（五）违法限制竞买人参加竞买或者对享有同等权利的竞买人规定不同竞买条件的；

（六）其他严重违反网络司法拍卖程序且损害当事人或者竞买人利益的情形。

第三十二条　网络司法拍卖被人民法院撤销，当事人、利害关系人、案外人认为人民法院的拍卖行为违法致使其合法权益遭受损害的，可以依法申请国家赔偿；认为其他主体的行为违法致使其合法权益遭受损害的，可以另行提起诉讼。

第三十三条　当事人、利害关系人、案外人认为网络司法拍卖服务提供者的行为违法致使其合法权益遭受损害的，可以另行提起诉讼；理由成立的，人民法院应当支持，但具有法定免责事由的除外。

第三十四条　实施网络司法拍卖的，下列机构和人员不得竞买并不得委托他人代为竞买与其行为相关的拍卖财产：

（一）负责执行的人民法院；

（二）网络服务提供者；

（三）承担拍卖辅助工作的社会机构或者组织；

（四）第（一）至（三）项规定主体的工作人员及其近亲属。

第三十五条　网络服务提供者有下列情形之一的，应当将其从名单库中除名：

（一）存在违反本规定第八条第二款规定操控拍卖程序、修改拍卖信息等行为的；

（二）存在恶意串通、弄虚作假、泄漏保密信息等行为的；

（三）因违反法律、行政法规和司法解释等规定受到处罚，不适于继续从事网络司法拍卖的；

（四）存在违反本规定第三十四条规定行为的；

（五）其他应当除名的情形。

网络服务提供者有前款规定情形之一，人民法院可以依照《中华人民共和国民事诉讼法》的相关规定予以处理。

第三十六条 当事人、利害关系人认为网络司法拍卖行为违法侵害其合法权益的，可以提出执行异议。异议、复议期间，人民法院可以决定暂缓或者裁定中止拍卖。

案外人对网络司法拍卖的标的提出异议的，人民法院应当依据《中华人民共和国民事诉讼法》第二百二十七条及相关司法解释的规定处理，并决定暂缓或者裁定中止拍卖。

第三十七条 人民法院通过互联网平台以变卖方式处置财产的，参照本规定执行。

执行程序中委托拍卖机构通过互联网平台实施网络拍卖的，参照本规定执行。

本规定对网络司法拍卖行为没有规定的，适用其他有关司法拍卖的规定。

第三十八条 本规定自 2017 年 1 月 1 日起施行。施行前最高人民法院公布的司法解释和规范性文件与本规定不一致的，以本规定为准。

最高人民法院
关于首先查封法院与优先债权执行法院
处分查封财产有关问题的批复

法释〔2016〕6号

（2015年12月16日最高人民法院审判委员会第1672次会议通过
2016年4月12日最高人民法院公告公布 自2016年4月14日起施行）

福建省高级人民法院：

你院《关于解决法院首封处分权与债权人行使优先受偿债权冲突问题的请示》（闽高法〔2015〕261号）收悉。经研究，批复如下：

一、执行过程中，应当由首先查封、扣押、冻结（以下简称查封）法院负责处分查封财产。但已进入其他法院执行程序的债权对查封财产有顺位在先的担保物权、优先权（该债权以下简称优先债权），自首先查封之日起已超过60日，且首先查封法院就该查封财产尚未发布拍卖公告或者进入变卖程序的，优先债权执行法院可以要求将该查封财产移送执行。

二、优先债权执行法院要求首先查封法院将查封财产移送执行的，应当出具商请移送执行函，并附确认优先债权的生效法律文书及案件情况说明。

首先查封法院应当在收到优先债权执行法院商请移送执行函之日起15日内出具移送执行函，将查封财产移送优先债权执行法院执行，并告知当事人。

移送执行函应当载明将查封财产移送执行及首先查封债权的相关情况等内容。

三、财产移送执行后，优先债权执行法院在处分或继续查封该财产时，可以持首先查封法院移送执行函办理相关手续。

优先债权执行法院对移送的财产变价后，应当按照法律规定的清偿顺序分配，并将相关情况告知首先查封法院。

首先查封债权尚未经生效法律文书确认的，应当按照首先查封债权的清偿顺位，预留相应份额。

四、首先查封法院与优先债权执行法院就移送查封财产发生争议的，可以逐级报请双方共同的上级法院指定该财产的执行法院。

共同的上级法院根据首先查封债权所处的诉讼阶段、查封财产的种类及所在地、各债权数额与查封财产价值之间的关系等案件具体情况，认为由首先查封法院执行更为妥当的，也可以决定由首先查封法院继续执行，但应当督促其在指定期限内处分查封财产。

最高人民法院
关于人民法院委托评估、拍卖工作的若干规定

法释〔2011〕21号

（2010年8月16日最高人民法院审判委员会第1492次会议通过
2011年9月7日最高人民法院公告公布 自2012年1月1日起施行）

为进一步规范人民法院委托评估、拍卖工作，促进审判执行工作公正、廉洁、高效，维护当事人的合法权益，根据《中华人民共和国民事诉讼法》等有关法律规定，结合人民法院工作实际，制定本规定。

第一条 人民法院司法辅助部门负责统一管理和协调司法委托评估、拍卖工作。

第二条 取得政府管理部门行政许可并达到一定资质等级的评估、拍卖机构，可以自愿报名参加人民法院委托的评估、拍卖活动。

人民法院不再编制委托评估、拍卖机构名册。

第三条 人民法院采用随机方式确定评估、拍卖机构。高级人民法院或者中级人民法院可以根据本地实际情况统一实施对外委托。

第四条 人民法院委托的拍卖活动应在有关管理部门确定的统一交易场所或网络平台上进行，另有规定的除外。

第五条 受委托的拍卖机构应通过管理部门的信息平台发布拍卖信息，公示评估、拍卖结果。

第六条 涉国有资产的司法委托拍卖由省级以上国有产权交易机构实施，

拍卖机构负责拍卖环节相关工作，并依照相关监管部门制定的实施细则进行。

第七条 《中华人民共和国证券法》规定应当在证券交易所上市交易或转让的证券资产的司法委托拍卖，通过证券交易所实施，拍卖机构负责拍卖环节相关工作；其他证券类资产的司法委托拍卖由拍卖机构实施，并依照相关监管部门制定的实施细则进行。

第八条 人民法院对其委托的评估、拍卖活动实行监督。出现下列情形之一，影响评估、拍卖结果，侵害当事人合法利益的，人民法院将不再委托其从事委托评估、拍卖工作。涉及违反法律法规的，依据有关规定处理：

（1）评估结果明显失实；

（2）拍卖过程中弄虚作假、存在瑕疵；

（3）随机选定后无正当理由不能按时完成评估拍卖工作；

（4）其他有关情形。

第九条 各高级人民法院可参照本规定，结合各地实际情况，制定实施细则，报最高人民法院备案。

第十条 本规定自 2012 年 1 月 1 日起施行。此前的司法解释和有关规定，与本规定相抵触的，以本规定为准。

最高人民法院
关于查封法院全部处分标的物后轮候查封的效力问题的批复

2007 年 9 月 11 日　　　　　　　　　　　　　法函〔2007〕100 号

北京市高级人民法院：

你院《关于查封法院全部处分标的物后，轮候查封的效力问题的请示》（京高法〔2007〕208 号）收悉。经研究，答复如下：

根据《最高人民法院关于人民法院民事执行中查封、扣押、冻结财产的规定》（法释〔2004〕15 号）第二十八条第一款的规定，轮候查封、扣押、冻结自在先的查封、扣押、冻结解除时自动生效，故人民法院对已查封、扣押、冻结的全部财产进行处分后，该财产上的轮候查封自始未产生查封、扣押、冻结的效力。同时，根据上述司法解释第三十条的规定，人民法院对已查封、扣押、冻结的财产进行拍卖、变卖或抵债的，原查封、扣押、冻结的效力消灭，人民法院无需先行解除该财产上的查封、扣押、冻结，可直接进行处分，有关单位应当协助办理有关财产权证照转移手续。

2. 对银行存款的执行

最高人民法院
关于对被执行人存在银行的凭证式国库券
可否采取执行措施问题的批复

（1998 年 2 月 5 日最高人民法院审判委员会第 958 次会议通过
根据 2020 年 12 月 23 日最高人民法院审判委员会第 1823 次会议
通过的《最高人民法院关于修改〈最高人民法院关于人民法院
扣押铁路运输货物若干问题的规定〉等十八件执行类
司法解释的决定》修正）

北京市高级人民法院：

你院京高法〔1997〕194 号《关于对被执行人在银行的凭证式记名国库券可否采取冻结、扣划强制措施的请示》收悉。经研究，答复如下：

被执行人存在银行的凭证式国库券是由被执行人交银行管理的到期偿还本息的有价证券，在性质上与银行的定期储蓄存款相似，属于被执行人的财产。依照《中华人民共和国民事诉讼法》第二百四十二条规定的精神，人民法院有权冻结、划拨被执行人存在银行的凭证式国库券。有关银行应当按照人民法院的协助执行通知书将本息划归申请执行人。

最高人民法院
关于人民法院能否对信用证开证保证金
采取冻结和扣划措施问题的规定

（1996 年 6 月 20 日最高人民法院审判委员会第 822 次会议通过
根据 2020 年 12 月 23 日最高人民法院审判委员会第 1823 次会议
通过的《最高人民法院关于修改〈最高人民法院关于人民法院
扣押铁路运输货物若干问题的规定〉等十八件执行类
司法解释的决定》修正）

信用证开证保证金属于有进出口经营权的企业向银行申请对国外（境外）方开立信用证而备付的具有担保支付性质的资金。为了严肃执法和保护当事人的合法权益，现就有关冻结、扣划信用证开证保证金的问题规定如下：

一、人民法院在审理或执行案件时，依法可以对信用证开证保证金采取冻结措施，但不得扣划。如果当事人、开证银行认为人民法院冻结和扣划的某项资金属于信用证开证保证金的，应当依法提出异议并提供有关证据予以证明。人民法院审查后，可按以下原则处理：对于确系信用证开证保证金的，不得采取扣划措施；如果开证银行履行了对外支付义务，根据该银行的申请，人民法院应当立即解除对信用证开证保证金相应部分的冻结措施；如果申请开证人提供的开证保证金是外汇，当事人又举证证明信用证的受益人提供的单据与信用证条款相符时，人民法院应当立即解除冻结措施。

二、如果银行因信用证无效、过期，或者因单证不符而拒付信用证款项并且免除了对外支付义务，以及在正常付出了信用证款项并从信用证开证保证金中扣除相应款额后尚有剩余，即在信用证开证保证金账户存款已丧失保证金功能的情况下，人民法院可以依法采取扣划措施。

三、人民法院对于为逃避债务而提供虚假证据证明属信用证开证保证金的单位和个人，应当依照民事诉讼法的有关规定严肃处理。

最高人民法院
关于网络查询、冻结被执行人存款的规定

法释〔2013〕20 号

（2013 年 8 月 26 日最高人民法院审判委员会第 1587 次会议通过
2013 年 8 月 29 日最高人民法院公告公布　自 2013 年 9 月 2 日起施行）

为规范人民法院办理执行案件过程中通过网络查询、冻结被执行人存款及其他财产的行为，进一步提高执行效率，根据《中华人民共和国民事诉讼法》的规定，结合人民法院工作实际，制定本规定。

第一条　人民法院与金融机构已建立网络执行查控机制的，可以通过网络实施查询、冻结被执行人存款等措施。

网络执行查控机制的建立和运行应当具备以下条件：

（一）已建立网络执行查控系统，具有通过网络执行查控系统发送、传输、反馈查控信息的功能；

（二）授权特定的人员办理网络执行查控业务；

（三）具有符合安全规范的电子印章系统；

（四）已采取足以保障查控系统和信息安全的措施。

第二条　人民法院实施网络执行查控措施，应当事前统一向相应金融机构报备有权通过网络采取执行查控措施的特定执行人员的相关公务证件。办理具体业务时，不再另行向相应金融机构提供执行人员的相关公务证件。

人民法院办理网络执行查控业务的特定执行人员发生变更的，应当及时向相应金融机构报备人员变更信息及相关公务证件。

第三条　人民法院通过网络查询被执行人存款时，应当向金融机构传输电子协助查询存款通知书。多案集中查询的，可以附汇总的案件查询清单。

对查询到的被执行人存款需要冻结或者续行冻结的，人民法院应当及时向金融机构传输电子冻结裁定书和协助冻结存款通知书。

对冻结的被执行人存款需要解除冻结的，人民法院应当及时向金融机构

传输电子解除冻结裁定书和协助解除冻结存款通知书。

第四条 人民法院向金融机构传输的法律文书，应当加盖电子印章。

作为协助执行人的金融机构完成查询、冻结等事项后，应当及时通过网络向人民法院回复加盖电子印章的查询、冻结等结果。

人民法院出具的电子法律文书、金融机构出具的电子查询、冻结等结果，与纸质法律文书及反馈结果具有同等效力。

第五条 人民法院通过网络查询、冻结、续冻、解冻被执行人存款，与执行人员赴金融机构营业场所查询、冻结、续冻、解冻被执行人存款具有同等效力。

第六条 金融机构认为人民法院通过网络执行查控系统采取的查控措施违反相关法律、行政法规规定的，应当向人民法院书面提出异议。人民法院应当在15日内审查完毕并书面回复。

第七条 人民法院应当依据法律、行政法规规定及相应操作规范使用网络执行查控系统和查控信息，确保信息安全。

人民法院办理执行案件过程中，不得泄露通过网络执行查控系统取得的查控信息，也不得用于执行案件以外的目的。

人民法院办理执行案件过程中，不得对被执行人以外的非执行义务主体采取网络查控措施。

第八条 人民法院工作人员违反第七条规定的，应当按照《人民法院工作人员处分条例》给予纪律处分；情节严重构成犯罪的，应当依法追究刑事责任。

第九条 人民法院具备相应网络扣划技术条件，并与金融机构协商一致的，可以通过网络执行查控系统采取扣划被执行人存款措施。

第十条 人民法院与工商行政管理、证券监管、土地房产管理等协助执行单位已建立网络执行查控机制，通过网络执行查控系统对被执行人股权、股票、证券账户资金、房地产等其他财产采取查控措施的，参照本规定执行。

3. 对机动车辆、船舶的执行

最高人民法院
关于海事法院受理案件范围的规定

法释〔2016〕4 号

（2015 年 12 月 28 日最高人民法院审判委员会第 1674 次会议通过
2016 年 2 月 24 日最高人民法院公告公布 自 2016 年 3 月 1 日起施行）

根据《中华人民共和国民事诉讼法》《中华人民共和国海事诉讼特别程序法》《中华人民共和国行政诉讼法》以及我国缔结或者参加的有关国际条约，结合我国海事审判实际，现将海事法院受理案件的范围规定如下：

一、海事侵权纠纷案件

1. 船舶碰撞损害责任纠纷案件，包括浪损等间接碰撞的损害责任纠纷案件；

2. 船舶触碰海上、通海可航水域、港口及其岸上的设施或者其他财产的损害责任纠纷案件，包括船舶触碰码头、防波堤、栈桥、船闸、桥梁、航标、钻井平台等设施的损害责任纠纷案件；

3. 船舶损坏在空中架设或者在海底、通海可航水域敷设的设施或者其他财产的损害责任纠纷案件；

4. 船舶排放、泄漏、倾倒油类、污水或者其他有害物质，造成水域污染或者他船、货物及其他财产损失的损害责任纠纷案件；

5. 船舶的航行或者作业损害捕捞、养殖设施及水产养殖物的责任纠纷案件；

6. 航道中的沉船沉物及其残骸、废弃物，海上或者通海可航水域的临时或者永久性设施、装置，影响船舶航行，造成船舶、货物及其他财产损失和人身损害的责任纠纷案件；

7. 船舶航行、营运、作业等活动侵害他人人身权益的责任纠纷案件；

8. 非法留置或者扣留船舶、船载货物和船舶物料、燃油、备品的责任纠纷案件；

9. 为船舶工程提供的船舶关键部件和专用物品存在缺陷而引起的产品质量责任纠纷案件；

10. 其他海事侵权纠纷案件。

二、海商合同纠纷案件

11. 船舶买卖合同纠纷案件；

12. 船舶工程合同纠纷案件；

13. 船舶关键部件和专用物品的分包施工、委托建造、订制、买卖等合同纠纷案件；

14. 船舶工程经营合同（含挂靠、合伙、承包等形式）纠纷案件；

15. 船舶检验合同纠纷案件；

16. 船舶工程场地租用合同纠纷案件；

17. 船舶经营管理合同（含挂靠、合伙、承包等形式）、航线合作经营合同纠纷案件；

18. 与特定船舶营运相关的物料、燃油、备品供应合同纠纷案件；

19. 船舶代理合同纠纷案件；

20. 船舶引航合同纠纷案件；

21. 船舶抵押合同纠纷案件；

22. 船舶租用合同（含定期租船合同、光船租赁合同等）纠纷案件；

23. 船舶融资租赁合同纠纷案件；

24. 船员劳动合同、劳务合同（含船员劳务派遣协议）项下与船员登船、在船服务、离船遣返相关的报酬给付及人身伤亡赔偿纠纷案件；

25. 海上、通海可航水域货物运输合同纠纷案件，包括含有海运区段的国际多式联运、水陆联运等货物运输合同纠纷案件；

26. 海上、通海可航水域旅客和行李运输合同纠纷案件；

27. 海上、通海可航水域货运代理合同纠纷案件；

28. 海上、通海可航水域运输集装箱租用合同纠纷案件；

29. 海上、通海可航水域运输理货合同纠纷案件；

30. 海上、通海可航水域拖航合同纠纷案件；

31. 轮渡运输合同纠纷案件；

32. 港口货物堆存、保管、仓储合同纠纷案件；

33. 港口货物抵押、质押等担保合同纠纷案件；

34. 港口货物质押监管合同纠纷案件；

35. 海运集装箱仓储、堆存、保管合同纠纷案件；

36. 海运集装箱抵押、质押等担保合同纠纷案件；

37. 海运集装箱融资租赁合同纠纷案件；

38. 港口或者码头租赁合同纠纷案件；

39. 港口或者码头经营管理合同纠纷案件；

40. 海上保险、保赔合同纠纷案件；

41. 以通海可航水域运输船舶及其营运收入、货物及其预期利润、船员工资和其他报酬、对第三人责任等为保险标的的保险合同、保赔合同纠纷案件；

42. 以船舶工程的设备设施以及预期收益、对第三人责任为保险标的的保险合同纠纷案件；

43. 以港口生产经营的设备设施以及预期收益、对第三人责任为保险标的的保险合同纠纷案件；

44. 以海洋渔业、海洋开发利用、海洋工程建设等活动所用的设备设施以及预期收益、对第三人的责任为保险标的的保险合同纠纷案件；

45. 以通海可航水域工程建设所用的设备设施以及预期收益、对第三人的责任为保险标的的保险合同纠纷案件；

46. 港航设备设施融资租赁合同纠纷案件；

47. 港航设备设施抵押、质押等担保合同纠纷案件；

48. 以船舶、海运集装箱、港航设备设施设定担保的借款合同纠纷案件，但当事人仅就借款合同纠纷起诉的案件除外；

49. 为购买、建造、经营特定船舶而发生的借款合同纠纷案件；

50. 为担保海上运输、船舶买卖、船舶工程、港口生产经营相关债权实现而发生的担保、独立保函、信用证等纠纷案件；

51．与上述第 11 项至第 50 项规定的合同或者行为相关的居间、委托合同纠纷案件；

52．其他海商合同纠纷案件。

三、海洋及通海可航水域开发利用与环境保护相关纠纷案件

53．海洋、通海可航水域能源和矿产资源勘探、开发、输送纠纷案件；

54．海水淡化和综合利用纠纷案件；

55．海洋、通海可航水域工程建设（含水下疏浚、围海造地、电缆或者管道敷设以及码头、船坞、钻井平台、人工岛、隧道、大桥等建设）纠纷案件；

56．海岸带开发利用相关纠纷案件；

57．海洋科学考察相关纠纷案件；

58．海洋、通海可航水域渔业经营（含捕捞、养殖等）合同纠纷案件；

59．海洋开发利用设备设施融资租赁合同纠纷案件；

60．海洋开发利用设备设施抵押、质押等担保合同纠纷案件；

61．以海洋开发利用设备设施设定担保的借款合同纠纷案件，但当事人仅就借款合同纠纷起诉的案件除外；

62．为担保海洋及通海可航水域工程建设、海洋开发利用等海上生产经营相关债权实现而发生的担保、独立保函、信用证等纠纷案件；

63．海域使用权纠纷（含承包、转让、抵押等合同纠纷及相关侵权纠纷）案件，但因申请海域使用权引起的确权纠纷案件除外；

64．与上述第 53 项至 63 项规定的合同或者行为相关的居间、委托合同纠纷案件；

65．污染海洋环境、破坏海洋生态责任纠纷案件；

66．污染通海可航水域环境、破坏通海可航水域生态责任纠纷案件；

67．海洋或者通海可航水域开发利用、工程建设引起的其他侵权责任纠纷及相邻关系纠纷案件。

四、其他海事海商纠纷案件

68. 船舶所有权、船舶优先权、船舶留置权、船舶抵押权等船舶物权纠纷案件；

69. 港口货物、海运集装箱及港航设备设施的所有权、留置权、抵押权等物权纠纷案件；

70. 海洋、通海可航水域开发利用设备设施等财产的所有权、留置权、抵押权等物权纠纷案件；

71. 提单转让、质押所引起的纠纷案件；

72. 海难救助纠纷案件；

73. 海上、通海可航水域打捞清除纠纷案件；

74. 共同海损纠纷案件；

75. 港口作业纠纷案件；

76. 海上、通海可航水域财产无因管理纠纷案件；

77. 海运欺诈纠纷案件；

78. 与航运经纪及航运衍生品交易相关的纠纷案件。

五、海事行政案件

79. 因不服海事行政机关作出的涉及海上、通海可航水域或者港口内的船舶、货物、设备设施、海运集装箱等财产的行政行为而提起的行政诉讼案件；

80. 因不服海事行政机关作出的涉及海上、通海可航水域运输经营及相关辅助性经营、货运代理、船员适任与上船服务等方面资质资格与合法性事项的行政行为而提起的行政诉讼案件；

81. 因不服海事行政机关作出的涉及海洋、通海可航水域开发利用、渔业、环境与生态资源保护等活动的行政行为而提起的行政诉讼案件；

82. 以有关海事行政机关拒绝履行上述第79项至第81项所涉行政管理职责或者不予答复而提起的行政诉讼案件；

83. 以有关海事行政机关及其工作人员作出上述第79项至第81项行政行为或者行使相关行政管理职权损害合法权益为由，请求有关行政机关承担

国家赔偿责任的案件;

84. 以有关海事行政机关及其工作人员作出上述第 79 项至第 81 项行政行为或者行使相关行政管理职权影响合法权益为由,请求有关行政机关承担国家补偿责任的案件;

85. 有关海事行政机关作出上述第 79 项至第 81 项行政行为而依法申请强制执行的案件。

六、海事特别程序案件

86. 申请认定海事仲裁协议效力的案件;

87. 申请承认、执行外国海事仲裁裁决,申请认可、执行香港特别行政区、澳门特别行政区、台湾地区海事仲裁裁决,申请执行或者撤销国内海事仲裁裁决的案件;

88. 申请承认、执行外国法院海事裁判文书,申请认可、执行香港特别行政区、澳门特别行政区、台湾地区法院海事裁判文书的案件;

89. 申请认定海上、通海可航水域财产无主的案件;

90. 申请无因管理海上、通海可航水域财产的案件;

91. 因海上、通海可航水域活动或者事故申请宣告失踪、宣告死亡的案件;

92. 起诉前就海事纠纷申请扣押船舶、船载货物、船用物料、船用燃油或者申请保全其他财产的案件;

93. 海事请求人申请财产保全错误或者请求担保数额过高引起的责任纠纷案件;

94. 申请海事强制令案件;

95. 申请海事证据保全案件;

96. 因错误申请海事强制令、海事证据保全引起的责任纠纷案件;

97. 就海事纠纷申请支付令案件;

98. 就海事纠纷申请公示催告案件;

99. 申请设立海事赔偿责任限制基金(含油污损害赔偿责任限制基金)案件;

100. 与拍卖船舶或者设立海事赔偿责任限制基金(含油污损害赔偿责任

限制基金）相关的债权登记与受偿案件；

101．与拍卖船舶或者设立海事赔偿责任限制基金（含油污损害赔偿责任限制基金）相关的确权诉讼案件；

102．申请从油污损害赔偿责任限制基金中代位受偿案件；

103．船舶优先权催告案件；

104．就海事纠纷申请司法确认调解协议案件；

105．申请实现以船舶、船载货物、船用物料、海运集装箱、港航设备设施、海洋开发利用设备设施等财产为担保物的担保物权案件；

106．地方人民法院为执行生效法律文书委托扣押、拍卖船舶案件；

107．申请执行海事法院及其上诉审高级人民法院和最高人民法院就海事纠纷作出的生效法律文书案件；

108．申请执行与海事纠纷有关的公证债权文书案件。

七、其他规定

109．本规定中的船舶工程系指船舶的建造、修理、改建、拆解等工程及相关的工程监理；本规定中的船舶关键部件和专用物品，系指舱盖板、船壳、龙骨、甲板、救生艇、船用主机、船用辅机、船用钢板、船用油漆等船舶主体结构、重要标志性部件以及专供船舶或者船舶工程使用的设备和材料。

110．当事人提起的民商事诉讼、行政诉讼包含本规定所涉海事纠纷的，由海事法院受理。

111．当事人就本规定中有关合同所涉事由引起的纠纷，以侵权等非合同诉由提起诉讼的，由海事法院受理。

112．法律、司法解释规定或者上级人民法院指定海事法院管辖其他案件的，从其规定或者指定。

113．本规定自 2016 年 3 月 1 日起施行。最高人民法院于 2001 年 9 月 11 日公布的《关于海事法院受理案件范围的若干规定》（法释〔2001〕27 号）同时废止。

114．最高人民法院以前作出的有关规定与本规定不一致的，以本规定为准。

最高人民法院
关于扣押与拍卖船舶适用法律若干问题的规定

法释〔2015〕6号

（2014年12月8日最高人民法院审判委员会第1631次会议通过

2015年2月28日最高人民法院公告公布 自2015年3月1日起施行）

为规范海事诉讼中扣押与拍卖船舶，根据《中华人民共和国民事诉讼法》《中华人民共和国海事诉讼特别程序法》等法律，结合司法实践，制定本规定。

第一条 海事请求人申请对船舶采取限制处分或者抵押等保全措施的，海事法院可以依照民事诉讼法的有关规定，裁定准许并通知船舶登记机关协助执行。

前款规定的保全措施不影响其他海事请求人申请扣押船舶。

第二条 海事法院应不同海事请求人的申请，可以对本院或其他海事法院已经扣押的船舶采取扣押措施。

先申请扣押船舶的海事请求人未申请拍卖船舶的，后申请扣押船舶的海事请求人可以依据海事诉讼特别程序法第二十九条的规定，向准许其扣押申请的海事法院申请拍卖船舶。

第三条 船舶因光船承租人对海事请求负有责任而被扣押的，海事请求人依据海事诉讼特别程序法第二十九条的规定，申请拍卖船舶用于清偿光船承租人经营该船舶产生的相关债务的，海事法院应予准许。

第四条 海事请求人申请扣押船舶的，海事法院应当责令其提供担保。但因船员劳务合同、海上及通海水域人身损害赔偿纠纷申请扣押船舶，且事实清楚、权利义务关系明确的，可以不要求提供担保。

第五条 海事诉讼特别程序法第七十六条第二款规定的海事请求人提供担保的具体数额，应当相当于船舶扣押期间可能产生的各项维持费用与支出、因扣押造成的船期损失和被请求人为使船舶解除扣押而提供担保所支出的费用。

船舶扣押后，海事请求人提供的担保不足以赔偿可能给被请求人造成损失的，海事法院应责令其追加担保。

第六条 案件终审后，海事请求人申请返还其所提供担保的，海事法院应将该申请告知被请求人，被请求人在三十日内未提起相关索赔诉讼的，海事法院可以准许海事请求人返还担保的申请。

被请求人同意返还，或生效法律文书认定被请求人负有责任，且赔偿或给付金额与海事请求人要求被请求人提供担保的数额基本相当的，海事法院可以直接准许海事请求人返还担保的申请。

第七条 船舶扣押期间由船舶所有人或光船承租人负责管理。

船舶所有人或光船承租人不履行船舶管理职责的，海事法院可委托第三人或者海事请求人代为管理，由此产生的费用由船舶所有人或光船承租人承担，或在拍卖船舶价款中优先拨付。

第八条 船舶扣押后，海事请求人依据海事诉讼特别程序法第十九条的规定，向其他有管辖权的海事法院提起诉讼的，可以由扣押船舶的海事法院继续实施保全措施。

第九条 扣押船舶裁定执行前，海事请求人撤回扣押船舶申请的，海事法院应当裁定予以准许，并终结扣押船舶裁定的执行。

扣押船舶裁定作出后因客观原因无法执行的，海事法院应当裁定终结执行。

第十条 船舶拍卖未能成交，需要再次拍卖的，适用拍卖法第四十五条关于拍卖日七日前发布拍卖公告的规定。

第十一条 拍卖船舶由拍卖船舶委员会实施，海事法院不另行委托拍卖机构进行拍卖。

第十二条 海事法院拍卖船舶应当依据评估价确定保留价。保留价不得公开。

第一次拍卖时，保留价不得低于评估价的百分之八十；因流拍需要再行拍卖的，可以酌情降低保留价，但降低的数额不得超过前次保留价的百分之二十。

第十三条 对经过两次拍卖仍然流拍的船舶，可以进行变卖。变卖价格不得低于评估价的百分之五十。

　　第十四条 依照本规定第十三条变卖仍未成交的，经已受理登记债权三分之二以上份额的债权人同意，可以低于评估价的百分之五十进行变卖处理。仍未成交的，海事法院可以解除船舶扣押。

　　第十五条 船舶经海事法院拍卖、变卖后，对该船舶已采取的其他保全措施效力消灭。

　　第十六条 海事诉讼特别程序法第一百一十一条规定的申请债权登记期间的届满之日，为拍卖船舶公告最后一次发布之日起第六十日。

　　前款所指公告为第一次拍卖时的拍卖船舶公告。

　　第十七条 海事法院受理债权登记申请后，应当在船舶被拍卖、变卖成交后，依照海事诉讼特别程序法第一百一十四条的规定作出是否准予的裁定。

　　第十八条 申请拍卖船舶的海事请求人未经债权登记，直接要求参与拍卖船舶价款分配的，海事法院应予准许。

　　第十九条 海事法院裁定终止拍卖船舶的，应当同时裁定终结债权登记受偿程序，当事人已经缴纳的债权登记申请费予以退还。

　　第二十条 当事人在债权登记前已经就有关债权提起诉讼的，不适用海事诉讼特别程序法第一百一十六条第二款的规定，当事人对海事法院作出的判决、裁定可以依法提起上诉。

　　第二十一条 债权人依照海事诉讼特别程序法第一百一十六条第一款的规定提起确权诉讼后，需要判定碰撞船舶过失程度比例的，当事人对海事法院作出的判决、裁定可以依法提起上诉。

　　第二十二条 海事法院拍卖、变卖船舶所得价款及其利息，先行拨付海事诉讼特别程序法第一百一十九条第二款规定的费用后，依法按照下列顺序进行分配：

　　（一）具有船舶优先权的海事请求；

　　（二）由船舶留置权担保的海事请求；

　　（三）由船舶抵押权担保的海事请求；

　　（四）与被拍卖、变卖船舶有关的其他海事请求。

　　依据海事诉讼特别程序法第二十三条第二款的规定申请扣押船舶的海事请求人申请拍卖船舶的，在前款规定海事请求清偿后，参与船舶价款的分配。

依照前款规定分配后的余款，按照民事诉讼法及相关司法解释的规定执行。

第二十三条 当事人依照民事诉讼法第十五章第七节的规定，申请拍卖船舶实现船舶担保物权的，由船舶所在地或船籍港所在地的海事法院管辖，按照海事诉讼特别程序法以及本规定关于船舶拍卖受偿程序的规定处理。

第二十四条 海事法院的上级人民法院扣押与拍卖船舶的，适用本规定。

执行程序中拍卖被扣押船舶清偿债务的，适用本规定。

第二十五条 本规定施行前已经实施的船舶扣押与拍卖，本规定施行后当事人申请复议的，不适用本规定。

本规定施行后，最高人民法院 1994 年 7 月 6 日制定的《关于海事法院拍卖被扣押船舶清偿债务的规定》（法发〔1994〕14 号）同时废止。最高人民法院以前发布的司法解释和规范性文件与本规定不一致的，以本规定为准。

4. 对股权、其他投资权益的执行

最高人民法院
关于人民法院强制执行股权若干问题的规定

法释〔2021〕20 号

（2021 年 11 月 15 日最高人民法院审判委员会第 1850 次会议通过
2021 年 12 月 20 日最高人民法院公告公布 自 2022 年 1 月 1 日起施行）

为了正确处理人民法院强制执行股权中的有关问题，维护当事人、利害关系人的合法权益，根据《中华人民共和国民事诉讼法》《中华人民共和国公司法》等法律规定，结合执行工作实际，制定本规定。

第一条 本规定所称股权，包括有限责任公司股权、股份有限公司股份，但是在依法设立的证券交易所上市交易以及在国务院批准的其他全国性证券交易场所交易的股份有限公司股份除外。

第二条　被执行人是公司股东的，人民法院可以强制执行其在公司持有的股权，不得直接执行公司的财产。

第三条　依照民事诉讼法第二百二十四条的规定以被执行股权所在地确定管辖法院的，股权所在地是指股权所在公司的住所地。

第四条　人民法院可以冻结下列资料或者信息之一载明的属于被执行人的股权：

（一）股权所在公司的章程、股东名册等资料；

（二）公司登记机关的登记、备案信息；

（三）国家企业信用信息公示系统的公示信息。

案外人基于实体权利对被冻结股权提出排除执行异议的，人民法院应当依照民事诉讼法第二百二十七条的规定进行审查。

第五条　人民法院冻结被执行人的股权，以其价额足以清偿生效法律文书确定的债权额及执行费用为限，不得明显超标的额冻结。股权价额无法确定的，可以根据申请执行人申请冻结的比例或者数量进行冻结。

被执行人认为冻结明显超标的额的，可以依照民事诉讼法第二百二十五条的规定提出书面异议，并附证明股权等查封、扣押、冻结财产价额的证据材料。人民法院审查后裁定异议成立的，应当自裁定生效之日起七日内解除对明显超标的额部分的冻结。

第六条　人民法院冻结被执行人的股权，应当向公司登记机关送达裁定书和协助执行通知书，要求其在国家企业信用信息公示系统进行公示。股权冻结自在公示系统公示时发生法律效力。多个人民法院冻结同一股权的，以在公示系统先办理公示的为在先冻结。

依照前款规定冻结被执行人股权的，应当及时向被执行人、申请执行人送达裁定书，并将股权冻结情况书面通知股权所在公司。

第七条　被执行人就被冻结股权所作的转让、出质或者其他有碍执行的行为，不得对抗申请执行人。

第八条　人民法院冻结被执行人股权的，可以向股权所在公司送达协助执行通知书，要求其在实施增资、减资、合并、分立等对被冻结股权所占比例、股权价值产生重大影响的行为前向人民法院书面报告有关情况。人民法院收到报告后，应当及时通知申请执行人，但是涉及国家秘密、商业秘密的除外。

股权所在公司未向人民法院报告即实施前款规定行为的，依照民事诉讼法第一百一十四条的规定处理。

股权所在公司或者公司董事、高级管理人员故意通过增资、减资、合并、分立、转让重大资产、对外提供担保等行为导致被冻结股权价值严重贬损，影响申请执行人债权实现的，申请执行人可以依法提起诉讼。

第九条 人民法院冻结被执行人基于股权享有的股息、红利等收益，应当向股权所在公司送达裁定书，并要求其在该收益到期时通知人民法院。人民法院对到期的股息、红利等收益，可以书面通知股权所在公司向申请执行人或者人民法院履行。

股息、红利等收益被冻结后，股权所在公司擅自向被执行人支付或者变相支付的，不影响人民法院要求股权所在公司支付该收益。

第十条 被执行人申请自行变价被冻结股权，经申请执行人及其他已知执行债权人同意或者变价款足以清偿执行债务的，人民法院可以准许，但是应当在能够控制变价款的情况下监督其在指定期限内完成，最长不超过三个月。

第十一条 拍卖被执行人的股权，人民法院应当依照《最高人民法院关于人民法院确定财产处置参考价若干问题的规定》规定的程序确定股权处置参考价，并参照参考价确定起拍价。

确定参考价需要相关材料的，人民法院可以向公司登记机关、税务机关等部门调取，也可以责令被执行人、股权所在公司以及控制相关材料的其他主体提供；拒不提供的，可以强制提取，并可以依照民事诉讼法第一百一十一条、第一百一十四条的规定处理。

为确定股权处置参考价，经当事人书面申请，人民法院可以委托审计机构对股权所在公司进行审计。

第十二条 委托评估被执行人的股权，评估机构因缺少评估所需完整材料无法进行评估或者认为影响评估结果，被执行人未能提供且人民法院无法调取补充材料的，人民法院应当通知评估机构根据现有材料进行评估，并告知当事人因缺乏材料可能产生的不利后果。

评估机构根据现有材料无法出具评估报告的，经申请执行人书面申请，人民法院可以根据具体情况以适当高于执行费用的金额确定起拍价，但是股权所在公司经营严重异常，股权明显没有价值的除外。

依照前款规定确定的起拍价拍卖的，竞买人应当预交的保证金数额由人民法院根据实际情况酌定。

第十三条 人民法院拍卖被执行人的股权，应当采取网络司法拍卖方式。

依据处置参考价并结合具体情况计算，拍卖被冻结股权所得价款可能明显高于债权额及执行费用的，人民法院应当对相应部分的股权进行拍卖。对相应部分的股权拍卖严重减损被冻结股权价值的，经被执行人书面申请，也可以对超出部分的被冻结股权一并拍卖。

第十四条 被执行人、利害关系人以具有下列情形之一为由请求不得强制拍卖股权的，人民法院不予支持：

（一）被执行人未依法履行或者未依法全面履行出资义务；

（二）被执行人认缴的出资未届履行期限；

（三）法律、行政法规、部门规章等对该股权自行转让有限制；

（四）公司章程、股东协议等对该股权自行转让有限制。

人民法院对具有前款第一、二项情形的股权进行拍卖时，应当在拍卖公告中载明被执行人认缴出资额、实缴出资额、出资期限等信息。股权处置后，相关主体依照有关规定履行出资义务。

第十五条 股权变更应当由相关部门批准的，人民法院应当在拍卖公告中载明法律、行政法规或者国务院决定规定的竞买人应当具备的资格或者条件。必要时，人民法院可以就竞买资格或者条件征询相关部门意见。

拍卖成交后，人民法院应当通知买受人持成交确认书向相关部门申请办理股权变更批准手续。买受人取得批准手续的，人民法院作出拍卖成交裁定书；买受人未在合理期限内取得批准手续的，应当重新对股权进行拍卖。重新拍卖的，原买受人不得参加竞买。

买受人明知不符合竞买资格或者条件依然参加竞买，且在成交后未能在合理期限内取得相关部门股权变更批准手续的，交纳的保证金不予退还。保证金不足以支付拍卖产生的费用损失、弥补重新拍卖价款低于原拍卖价款差价的，人民法院可以裁定原买受人补交；拒不补交的，强制执行。

第十六条 生效法律文书确定被执行人交付股权，因股权所在公司在生效法律文书作出后增资或者减资导致被执行人实际持股比例降低或者升高的，人民法院应当按照下列情形分别处理：

（一）生效法律文书已经明确交付股权的出资额的，按照该出资额交付股权；

（二）生效法律文书仅明确交付一定比例的股权的，按照生效法律文书作出时该比例所对应出资额占当前公司注册资本总额的比例交付股权。

第十七条 在审理股东资格确认纠纷案件中，当事人提出要求公司签发出资证明书、记载于股东名册并办理公司登记机关登记的诉讼请求且其主张成立的，人民法院应当予以支持；当事人未提出前述诉讼请求的，可以根据案件具体情况向其释明。

生效法律文书仅确认股权属于当事人所有，当事人可以持该生效法律文书自行向股权所在公司、公司登记机关申请办理股权变更手续；向人民法院申请强制执行的，不予受理。

第十八条 人民法院对被执行人在其他营利法人享有的投资权益强制执行的，参照适用本规定。

第十九条 本规定自 2022 年 1 月 1 日起施行。

施行前本院公布的司法解释与本规定不一致的，以本规定为准。

最高人民法院
关于冻结、拍卖上市公司国有股和社会法人股若干问题的规定

法释〔2001〕28 号

（2001 年 8 月 28 日最高人民法院审判委员会第 1188 次会议通过
2001 年 9 月 21 日最高人民法院公告公布　自 2001 年 9 月 30 日起施行）

为了保护债权人以及其他当事人的合法权益，维护证券市场的正常交易秩序，根据《中华人民共和国证券法》《中华人民共和国公司法》《中华人民共和国民事诉讼法》，参照《中华人民共和国拍卖法》等法律的有关规定，对人

民法院在财产保全和执行过程中，冻结、拍卖上市公司国有股和社会法人股（以下均简称股权）等有关问题，作如下规定：

第一条　人民法院在审理民事纠纷案件过程中，对股权采取冻结、评估、拍卖和办理股权过户等财产保全和执行措施，适用本规定。

第二条　本规定所指上市公司国有股，包括国家股和国有法人股。国家股指有权代表国家投资的机构或部门向股份有限公司出资或依据法定程序取得的股份；国有法人股指国有法人单位，包括国有资产比例超过 50% 的国有控股企业，以其依法占有的法人资产向股份有限公司出资形成或者依据法定程序取得的股份。

本规定所指社会法人股是指非国有法人资产投资于上市公司形成的股份。

第三条　人民法院对股权采取冻结、拍卖措施时，被保全人和被执行人应当是股权的持有人或者所有权人。被冻结、拍卖股权的上市公司非依据法定程序确定为案件当事人或者被执行人，人民法院不得对其采取保全或执行措施。

第四条　人民法院在审理案件过程中，股权持有人或者所有权人作为债务人，如有偿还能力的，人民法院一般不应对其股权采取冻结保全措施。

人民法院已对股权采取冻结保全措施的，股权持有人、所有权人或者第三人提供了有效担保，人民法院经审查符合法律规定的，可以解除对股权的冻结。

第五条　人民法院裁定冻结或者解除冻结股权，除应当将法律文书送达负有协助执行义务的单位以外，还应当在作出冻结或者解除冻结裁定后 7 日内，将法律文书送达股权持有人或者所有权人并书面通知上市公司。

人民法院裁定拍卖上市公司股权，应当于委托拍卖之前将法律文书送达股权持有人或者所有权人并书面通知上市公司。

被冻结或者拍卖股权的当事人是国有股份持有人的，人民法院在向该国有股份持有人送达冻结或者拍卖裁定时，应当告其于 5 日内报主管财政部门备案。

第六条　冻结股权的期限不超过一年。如申请人需要延长期限的，人民法院应当根据申请，在冻结期限届满前办理续冻手续，每次续冻期限不超过 6 个月。逾期不办理续冻手续的，视为自动撤销冻结。

第七条　人民法院采取保全措施，所冻结的股权价值不得超过股权持有人或者所有权人的债务总额。股权价值应当按照上市公司最近期报表每股资产净值计算。

股权冻结的效力及于股权产生的股息以及红利、红股等孳息，但股权持有人或者所有权人仍可享有因上市公司增发、配售新股而产生的权利。

第八条　人民法院采取强制执行措施时，如果股权持有人或者所有权人在限期内提供了方便执行的其他财产，应当首先执行其他财产。其他财产不足以清偿债务的，方可执行股权。

本规定所称可供方便执行的其他财产，是指存款、现金、成品和半成品、原材料、交通工具等。

人民法院执行股权，必须进行拍卖。

股权的持有人或者所有权人以股权向债权人质押的，人民法院执行时也应当通过拍卖方式进行，不得直接将股权执行给债权人。

第九条　拍卖股权之前，人民法院应当委托具有证券从业资格的资产评估机构对股权价值进行评估。资产评估机构由债权人和债务人协商选定。不能达成一致意见的，由人民法院召集债权人和债务人提出候选评估机构，以抽签方式决定。

第十条　人民法院委托资产评估机构评估时，应当要求资产评估机构严格依照国家规定的标准、程序和方法对股权价值进行评估，并说明其应当对所作出的评估报告依法承担相应责任。

人民法院还应当要求上市公司向接受人民法院委托的资产评估机构如实提供有关情况和资料；要求资产评估机构对上市公司提供的情况和资料保守秘密。

第十一条　人民法院收到资产评估机构作出的评估报告后，须将评估报告分别送达债权人和债务人以及上市公司。债权人和债务人以及上市公司对评估报告有异议的，应当在收到评估报告后7日内书面提出。人民法院应当将异议书交资产评估机构，要求该机构在10日之内作出说明或者补正。

第十二条　对股权拍卖，人民法院应当委托依法成立的拍卖机构进行。拍卖机构的选定，参照本规定第九条规定的方法进行。

第十三条　股权拍卖保留价，应当按照评估值确定。

　　第一次拍卖最高应价未达到保留价时，应当继续进行拍卖，每次拍卖的保留价应当不低于前次保留价的90%。经三次拍卖仍不能成交时，人民法院应当将所拍卖的股权按第三次拍卖的保留价折价抵偿给债权人。

　　人民法院可以在每次拍卖未成交后主持调解，将所拍卖的股权参照该次拍卖保留价折价抵偿给债权人。

　　第十四条　拍卖股权，人民法院应当委托拍卖机构于拍卖日前10天，在《中国证券报》《证券时报》或者《上海证券报》上进行公告。

　　第十五条　国有股权竞买人应当具备依法受让国有股权的条件。

　　第十六条　股权拍卖过程中，竞买人已经持有的该上市公司股份数额和其竞买的股份数额累计不得超过该上市公司已经发行股份数额的30%。如竞买人累计持有该上市公司股份数额已达到30%仍参与竞买的，须依照《中华人民共和国证券法》的相关规定办理，在此期间应当中止拍卖程序。

　　第十七条　拍卖成交后，人民法院应当向证券交易市场和证券登记结算公司出具协助执行通知书，由买受人持拍卖机构出具的成交证明和财政主管部门对股权性质的界定等有关文件，向证券交易市场和证券登记结算公司办理股权变更登记。

5. 非金钱给付请求权的执行

最高人民法院执行工作办公室
关于人身可否强制执行问题的复函

1999 年 10 月 15 日　　　　　　　　　　　〔1999〕执他字第 18 号

湖北省高级人民法院：

　　你院鄂高法〔1998〕107 号《关于刘满枝诉王义松、赖烟煌、陈月娥等解除非法收养关系一案执行中有关问题的请示》报告收悉。经研究，答复如下：

　　武汉市青山区人民法院〔1996〕青民初字第 101 号民事判决书已经发生

法律效力，依法应予执行。但必须注意执行方法，不得强制执行王斌的人身。可通过当地妇联、村委会等组织在做好养父母的说服教育工作的基础上，让生母刘满枝将孩子领回。对非法干预执行的人员，可酌情对其采取强制措施。请福建高院予以协助执行。

6. 公证债权文书的执行

最高人民法院
关于审理涉及公证活动相关民事案件的若干规定

（2014 年 4 月 28 日最高人民法院审判委员会第 1614 次会议通过
根据 2020 年 12 月 23 日最高人民法院审判委员会第 1823 次会议
通过的《最高人民法院关于修改〈最高人民法院关于
人民法院民事调解工作若干问题的规定〉等十九件
民事诉讼类司法解释的决定》修正）

为正确审理涉及公证活动相关民事案件，维护当事人的合法权益，根据《中华人民共和国民法典》《中华人民共和国公证法》《中华人民共和国民事诉讼法》等法律的规定，结合审判实践，制定本规定。

第一条 当事人、公证事项的利害关系人依照公证法第四十三条规定向人民法院起诉请求民事赔偿的，应当以公证机构为被告，人民法院应作为侵权责任纠纷案件受理。

第二条 当事人、公证事项的利害关系人起诉请求变更、撤销公证书或者确认公证书无效的，人民法院不予受理，告知其依照公证法第三十九条规定可以向出具公证书的公证机构提出复查。

第三条 当事人、公证事项的利害关系人对公证书所公证的民事权利义务有争议的，可以依照公证法第四十条规定就该争议向人民法院提起民事诉讼。

当事人、公证事项的利害关系人对具有强制执行效力的公证债权文书的民事权利义务有争议直接向人民法院提起民事诉讼的，人民法院依法不予受理。但是，公证债权文书被人民法院裁定不予执行的除外。

第四条　当事人、公证事项的利害关系人提供证据证明公证机构及其公证员在公证活动中具有下列情形之一的，人民法院应当认定公证机构有过错：

（一）为不真实、不合法的事项出具公证书的；

（二）毁损、篡改公证书或者公证档案的；

（三）泄露在执业活动中知悉的商业秘密或者个人隐私的；

（四）违反公证程序、办证规则以及国务院司法行政部门制定的行业规范出具公证书的；

（五）公证机构在公证过程中未尽到充分的审查、核实义务，致使公证书错误或者不真实的；

（六）对存在错误的公证书，经当事人、公证事项的利害关系人申请仍不予纠正或者补正的；

（七）其他违反法律、法规、国务院司法行政部门强制性规定的情形。

第五条　当事人提供虚假证明材料申请公证致使公证书错误造成他人损失的，当事人应当承担赔偿责任。公证机构依法尽到审查、核实义务的，不承担赔偿责任；未依法尽到审查、核实义务的，应当承担与其过错相应的补充赔偿责任；明知公证证明的材料虚假或者与当事人恶意串通的，承担连带赔偿责任。

第六条　当事人、公证事项的利害关系人明知公证机构所出具的公证书不真实、不合法而仍然使用造成自己损失，请求公证机构承担赔偿责任的，人民法院不予支持。

第七条　本规定施行后，涉及公证活动的民事案件尚未终审的，适用本规定；本规定施行前已经终审，当事人申请再审或者按照审判监督程序决定再审的，不适用本规定。

最高人民法院
关于公证债权文书执行若干问题的规定

法释〔2018〕18 号

（2018 年 6 月 25 日最高人民法院审判委员会第 1743 次会议通过
2018 年 9 月 30 日最高人民法院公告公布　自 2018 年 10 月 1 日起施行）

为了进一步规范人民法院办理公证债权文书执行案件，确保公证债权文书依法执行，维护当事人、利害关系人的合法权益，根据《中华人民共和国民事诉讼法》《中华人民共和国公证法》等法律规定，结合执行实践，制定本规定。

第一条　本规定所称公证债权文书，是指根据公证法第三十七条第一款规定经公证赋予强制执行效力的债权文书。

第二条　公证债权文书执行案件，由被执行人住所地或者被执行的财产所在地人民法院管辖。

前款规定案件的级别管辖，参照人民法院受理第一审民商事案件级别管辖的规定确定。

第三条　债权人申请执行公证债权文书，除应当提交作为执行依据的公证债权文书等申请执行所需的材料外，还应当提交证明履行情况等内容的执行证书。

第四条　债权人申请执行的公证债权文书应当包括公证证词、被证明的债权文书等内容。权利义务主体、给付内容应当在公证证词中列明。

第五条　债权人申请执行公证债权文书，有下列情形之一的，人民法院应当裁定不予受理；已经受理的，裁定驳回执行申请：

（一）债权文书属于不得经公证赋予强制执行效力的文书；

（二）公证债权文书未载明债务人接受强制执行的承诺；

（三）公证证词载明的权利义务主体或者给付内容不明确；

（四）债权人未提交执行证书；

（五）其他不符合受理条件的情形。

第六条 公证债权文书赋予强制执行效力的范围同时包含主债务和担保债务的，人民法院应当依法予以执行；仅包含主债务的，对担保债务部分的执行申请不予受理；仅包含担保债务的，对主债务部分的执行申请不予受理。

第七条 债权人对不予受理、驳回执行申请裁定不服的，可以自裁定送达之日起十日内向上一级人民法院申请复议。

申请复议期满未申请复议，或者复议申请被驳回的，当事人可以就公证债权文书涉及的民事权利义务争议向人民法院提起诉讼。

第八条 公证机构决定不予出具执行证书的，当事人可以就公证债权文书涉及的民事权利义务争议直接向人民法院提起诉讼。

第九条 申请执行公证债权文书的期间自公证债权文书确定的履行期间的最后一日起计算；分期履行的，自公证债权文书确定的每次履行期间的最后一日起计算。

债权人向公证机构申请出具执行证书的，申请执行时效自债权人提出申请之日起中断。

第十条 人民法院在执行实施中，根据公证债权文书并结合申请执行人的申请依法确定给付内容。

第十一条 因民间借贷形成的公证债权文书，文书中载明的利率超过人民法院依照法律、司法解释规定应予支持的上限的，对超过的利息部分不纳入执行范围；载明的利率未超过人民法院依照法律、司法解释规定应予支持的上限，被执行人主张实际超过的，可以依照本规定第二十二条第一款规定提起诉讼。

第十二条 有下列情形之一的，被执行人可以依照民事诉讼法第二百三十八条第二款规定申请不予执行公证债权文书：

（一）被执行人未到场且未委托代理人到场办理公证的；

（二）无民事行为能力人或者限制民事行为能力人没有监护人代为办理公证的；

（三）公证员为本人、近亲属办理公证，或者办理与本人、近亲属有利害关系的公证的；

（四）公证员办理该项公证有贪污受贿、徇私舞弊行为，已经由生效刑事法律文书等确认的；

（五）其他严重违反法定公证程序的情形。

被执行人以公证债权文书的内容与事实不符或者违反法律强制性规定等实体事由申请不予执行的，人民法院应当告知其依照本规定第二十二条第一款规定提起诉讼。

第十三条 被执行人申请不予执行公证债权文书，应当在执行通知书送达之日起十五日内向执行法院提出书面申请，并提交相关证据材料；有本规定第十二条第一款第三项、第四项规定情形且执行程序尚未终结的，应当自知道或者应当知道有关事实之日起十五日内提出。

公证债权文书执行案件被指定执行、提级执行、委托执行后，被执行人申请不予执行的，由提出申请时负责该案件执行的人民法院审查。

第十四条 被执行人认为公证债权文书存在本规定第十二条第一款规定的多个不予执行事由的，应当在不予执行案件审查期间一并提出。

不予执行申请被裁定驳回后，同一被执行人再次提出申请的，人民法院不予受理。但有证据证明不予执行事由在不予执行申请被裁定驳回后知道的，可以在执行程序终结前提出。

第十五条 人民法院审查不予执行公证债权文书案件，案情复杂、争议较大的，应当进行听证。必要时可以向公证机构调阅公证案卷，要求公证机构作出书面说明，或者通知公证员到庭说明情况。

第十六条 人民法院审查不予执行公证债权文书案件，应当在受理之日起六十日内审查完毕并作出裁定；有特殊情况需要延长的，经本院院长批准，可以延长三十日。

第十七条 人民法院审查不予执行公证债权文书案件期间，不停止执行。

被执行人提供充分、有效的担保，请求停止相应处分措施的，人民法院可以准许；申请执行人提供充分、有效的担保，请求继续执行的，应当继续执行。

第十八条 被执行人依照本规定第十二条第一款规定申请不予执行，人民法院经审查认为理由成立的，裁定不予执行；理由不成立的，裁定驳回不予执行申请。

公证债权文书部分内容具有本规定第十二条第一款规定情形的，人民法院应当裁定对该部分不予执行；应当不予执行部分与其他部分不可分的，裁定对该公证债权文书不予执行。

第十九条　人民法院认定执行公证债权文书违背公序良俗的，裁定不予执行。

第二十条　公证债权文书被裁定不予执行的，当事人可以就该公证债权文书涉及的民事权利义务争议向人民法院提起诉讼；公证债权文书被裁定部分不予执行的，当事人可以就该部分争议提起诉讼。

当事人对不予执行裁定提出执行异议或者申请复议的，人民法院不予受理。

第二十一条　当事人不服驳回不予执行申请裁定的，可以自裁定送达之日起十日内向上一级人民法院申请复议。上一级人民法院应当自收到复议申请之日起三十日内审查。经审查，理由成立的，裁定撤销原裁定，不予执行该公证债权文书；理由不成立的，裁定驳回复议申请。复议期间，不停止执行。

第二十二条　有下列情形之一的，债务人可以在执行程序终结前，以债权人为被告，向执行法院提起诉讼，请求不予执行公证债权文书：

（一）公证债权文书载明的民事权利义务关系与事实不符；

（二）经公证的债权文书具有法律规定的无效、可撤销等情形；

（三）公证债权文书载明的债权因清偿、提存、抵销、免除等原因全部或者部分消灭。

债务人提起诉讼，不影响人民法院对公证债权文书的执行。债务人提供充分、有效的担保，请求停止相应处分措施的，人民法院可以准许；债权人提供充分、有效的担保，请求继续执行的，应当继续执行。

第二十三条　对债务人依照本规定第二十二条第一款规定提起的诉讼，人民法院经审理认为理由成立的，判决不予执行或者部分不予执行；理由不成立的，判决驳回诉讼请求。

当事人同时就公证债权文书涉及的民事权利义务争议提出诉讼请求的，人民法院可以在判决中一并作出裁判。

第二十四条　有下列情形之一的，债权人、利害关系人可以就公证债权文书涉及的民事权利义务争议直接向有管辖权的人民法院提起诉讼：

（一）公证债权文书载明的民事权利义务关系与事实不符；

（二）经公证的债权文书具有法律规定的无效、可撤销等情形。

债权人提起诉讼，诉讼案件受理后又申请执行公证债权文书的，人民法院不予受理。进入执行程序后债权人又提起诉讼的，诉讼案件受理后，人民法院可以裁定终结公证债权文书的执行；债权人请求继续执行其未提出争议部分的，人民法院可以准许。

利害关系人提起诉讼，不影响人民法院对公证债权文书的执行。利害关系人提供充分、有效的担保，请求停止相应处分措施的，人民法院可以准许；债权人提供充分、有效的担保，请求继续执行的，应当继续执行。

第二十五条 本规定自 2018 年 10 月 1 日起施行。

本规定施行前最高人民法院公布的司法解释与本规定不一致的，以本规定为准。

7. 刑事裁判涉财产部分的执行

最高人民法院
关于进一步做好刑事财产执行工作的通知

2016 年 8 月 16 日　　　　　　　　　　　法明传〔2016〕497 号

各省、自治区、直辖市高级人民法院，解放军军事法院，新疆维吾尔自治区高级人民法院生产建设兵团分院：

2016 年 7 月 29 日，最高人民检察院下发高检发执检字 [2016]11 号《关于全国检察机关开展财产刑执行专项检察活动的通知》，决定于 2016 年 8 月至 12 月在全国开展刑事财产执行专项检察活动。本次专项活动针对罚金刑、没收财产刑、没收违法所得、责令退赔、没收供犯罪所用本人财物的执行。借此执行专项检察活动契机，为进一步做好刑事财产执行工作，现将相关事项通知如下：

一、高度重视，积极配合

各级人民法院要高度重视本次刑事财产执行专项检察活动，依法接受检察机关法律监督，积极配合检察机关法律监督工作，保障刑事财产执行工作依法进行，提高执行工作规范化水平。

二、具体工作要求

（一）核查清理，摸清底数

各级人民法院应对近年来的刑事财产执行案件进行全面核查清理，摸清各类案件底数。掌握依法应当移送执行机构执行而未移送、移送执行后尚未执结的刑事财产执行案件数量，核实清楚案件信息，为本次专项检察活动做好准备工作。

（二）梳理问题，自查自纠

各级人民法院对刑事财产执行工作中存在的问题，应进行梳理总结。在专项检察活动开展的同时，积极进行自查自纠，及时发现问题并予以纠正，改进刑事财产执行工作。对于依法应当移送执行而未移送的案件，应当协调刑事审判部门及时移送立案执行。对于已经进入执行程序尚未执行完毕的案件，应当加大执行力度，尽快依法执结。

（三）重点做好五类犯罪案件执行工作

本次专项检察活动将对 2013 年 1 月 1 日至 2016 年 6 月 30 日人民法院刑事裁判确定的所有涉财产部分执行案件开展检察监督。检察监督的重点对象是刑事财产尚未执行完毕的"五类犯罪"：

一是职务犯罪，即国家工作人员实施的刑法分则第八章规定的贪污贿赂犯罪、第九章规定的渎职犯罪，以及国家机关工作人员利用职权实施的非法拘禁、非法搜查、刑讯逼供、暴力取证、虐待被监管人、报复陷害、破坏选举等侵犯公民人身权利、民主权利的犯罪。

二是金融犯罪，即刑法分则第三章第四节规定的破坏金融管理秩序犯罪、第三章第五节规定的金融诈骗犯罪。

三是涉黑犯罪，即《刑法》第二百九十四条规定的组织、领导、参加、包庇、纵容黑社会性质组织犯罪。

四是破坏环境资源犯罪，即刑法分则第六章第六节规定的破坏环境资源保护犯罪。

五是危害食品药品安全犯罪，即刑法分则第三章第一节规定的生产、销售伪劣商品犯罪中有关危害食品药品安全的犯罪。

对于以上"五类犯罪"刑事财产执行案件，各级人民法院在本次专项检察活动中，应当予以重点关注。

（四）加强与检察机关沟通协调

各级人民法院对检察机关提出的检察建议，应依法妥善处理，遇到相关问题，可以与检察机关沟通协调解决。本级法院处理确有困难的，可以逐级报请上级法院协调处理。

三、抓住机遇，改革执行机制

刑事财产案件执行中的问题，与该项工作很多机制不健全有密切关系。各级人民法院应结合执行改革抓住本次专项检察活动契机，深入研究总结刑事财产执行工作特点和规律，探索建立破解执行难的长效机制。各级人民法院要注意及时总结，向上级法院报送动态信息、经验做法、典型案例以及工作中遇到的问题等相关情况。同时还要注意与检察机关建立信息沟通和交流机制，及时通报有关情况，共同研究解决刑事财产执行中遇到的困难和问题，形成工作合力。有条件的法院，可以与检察机关共同制定有关规章制度，联合出台相关文件，提高工作规范化水平。

特此通知。

最高人民法院
关于刑事裁判涉财产部分执行的若干规定

法释〔2014〕13号

（2014年9月1日最高人民法院审判委员会第1625次会议通过
2014年10月30日最高人民法院公告公布　自2014年11月6日起施行）

为进一步规范刑事裁判涉财产部分的执行，维护当事人合法权益，根据
《中华人民共和国刑法》《中华人民共和国刑事诉讼法》等法律规定，结合人民
法院执行工作实际，制定本规定。

第一条　本规定所称刑事裁判涉财产部分的执行，是指发生法律效力的
刑事裁判主文确定的下列事项的执行：

（一）罚金、没收财产；

（二）责令退赔；

（三）处置随案移送的赃款赃物；

（四）没收随案移送的供犯罪所用本人财物；

（五）其他应当由人民法院执行的相关事项。

刑事附带民事裁判的执行，适用民事执行的有关规定。

第二条　刑事裁判涉财产部分，由第一审人民法院执行。第一审人民法
院可以委托财产所在地的同级人民法院执行。

第三条　人民法院办理刑事裁判涉财产部分执行案件的期限为六个月。
有特殊情况需要延长的，经本院院长批准，可以延长。

第四条　人民法院刑事审判中可能判处被告人财产刑、责令退赔的，刑
事审判部门应当依法对被告人的财产状况进行调查；发现可能隐匿、转移财
产的，应当及时查封、扣押、冻结其相应财产。

第五条　刑事审判或者执行中，对于侦查机关已经采取的查封、扣押、
冻结，人民法院应当在期限届满前及时续行查封、扣押、冻结。人民法院续
行查封、扣押、冻结的顺位与侦查机关查封、扣押、冻结的顺位相同。

对侦查机关查封、扣押、冻结的财产，人民法院执行中可以直接裁定处置，无需侦查机关出具解除手续，但裁定中应当指明侦查机关查封、扣押、冻结的事实。

第六条 刑事裁判涉财产部分的裁判内容，应当明确、具体。涉案财物或者被害人人数较多，不宜在判决主文中详细列明的，可以概括叙明并另附清单。

判处没收部分财产的，应当明确没收的具体财物或者金额。

判处追缴或者责令退赔的，应当明确追缴或者退赔的金额或财物的名称、数量等相关情况。

第七条 由人民法院执行机构负责执行的刑事裁判涉财产部分，刑事审判部门应当及时移送立案部门审查立案。

移送立案应当提交生效裁判文书及其附件和其他相关材料，并填写《移送执行表》。《移送执行表》应当载明以下内容：

（一）被执行人、被害人的基本信息；

（二）已查明的财产状况或者财产线索；

（三）随案移送的财产和已经处置财产的情况；

（四）查封、扣押、冻结财产的情况；

（五）移送执行的时间；

（六）其他需要说明的情况。

人民法院立案部门经审查，认为属于移送范围且移送材料齐全的，应当在七日内立案，并移送执行机构。

第八条 人民法院可以向刑罚执行机关、社区矫正机构等有关单位调查被执行人的财产状况，并可以根据不同情形要求有关单位协助采取查封、扣押、冻结、划拨等执行措施。

第九条 判处没收财产的，应当执行刑事裁判生效时被执行人合法所有的财产。

执行没收财产或罚金刑，应当参照被扶养人住所地政府公布的上年度当地居民最低生活费标准，保留被执行人及其所扶养家属的生活必需费用。

第十条 对赃款赃物及其收益，人民法院应当一并追缴。

被执行人将赃款赃物投资或者置业，对因此形成的财产及其收益，人民法院应予追缴。

被执行人将赃款赃物与其他合法财产共同投资或者置业，对因此形成的财产中与赃款赃物对应的份额及其收益，人民法院应予追缴。

对于被害人的损失，应当按照刑事裁判认定的实际损失予以发还或者赔偿。

第十一条　被执行人将刑事裁判认定为赃款赃物的涉案财物用于清偿债务、转让或者设置其他权利负担，具有下列情形之一的，人民法院应予追缴：

（一）第三人明知是涉案财物而接受的；

（二）第三人无偿或者以明显低于市场的价格取得涉案财物的；

（三）第三人通过非法债务清偿或者违法犯罪活动取得涉案财物的；

（四）第三人通过其他恶意方式取得涉案财物的。

第三人善意取得涉案财物的，执行程序中不予追缴。作为原所有人的被害人对该涉案财物主张权利的，人民法院应当告知其通过诉讼程序处理。

第十二条　被执行财产需要变价的，人民法院执行机构应当依法采取拍卖、变卖等变价措施。

涉案财物最后一次拍卖未能成交，需要上缴国库的，人民法院应当通知有关财政机关以该次拍卖保留价予以接收；有关财政机关要求继续变价的，可以进行无保留价拍卖。需要退赔被害人的，以该次拍卖保留价以物退赔；被害人不同意以物退赔的，可以进行无保留价拍卖。

第十三条　被执行人在执行中同时承担刑事责任、民事责任，其财产不足以支付的，按照下列顺序执行：

（一）人身损害赔偿中的医疗费用；

（二）退赔被害人的损失；

（三）其他民事债务；

（四）罚金；

（五）没收财产。

债权人对执行标的依法享有优先受偿权，其主张优先受偿的，人民法院应当在前款第（一）项规定的医疗费用受偿后，予以支持。

第十四条　执行过程中，当事人、利害关系人认为执行行为违反法律规定，或者案外人对执行标的主张足以阻止执行的实体权利，向执行法院提出书面异议的，执行法院应当依照民事诉讼法第二百二十五条的规定处理。

人民法院审查案外人异议、复议，应当公开听证。

第十五条 执行过程中，案外人或被害人认为刑事裁判中对涉案财物是否属于赃款赃物认定错误或者应予认定而未认定，向执行法院提出书面异议，可以通过裁定补正的，执行机构应当将异议材料移送刑事审判部门处理；无法通过裁定补正的，应当告知异议人通过审判监督程序处理。

第十六条 人民法院办理刑事裁判涉财产部分执行案件，刑法、刑事诉讼法及有关司法解释没有相应规定的，参照适用民事执行的有关规定。

第十七条 最高人民法院此前发布的司法解释与本规定不一致的，以本规定为准。

最高人民法院
关于适用刑法第六十四条有关问题的批复

2013 年 10 月 21 日 　　　　　　　　　　　　法〔2013〕229 号

河南省高级人民法院：

你院《关于刑法第六十四条法律适用问题的请示》收悉。经研究，批复如下：

根据刑法第六十四条和《最高人民法院关于适用〈中华人民共和国刑事诉讼法〉的解释》第一百三十八条、第一百三十九条的规定，被告人非法占有、处置被害人财产的，应当依法予以追缴或者责令退赔。据此，追缴或者责令退赔的具体内容，应当在判决主文中写明；其中，判决前已经发还被害人的财产，应当注明。被害人提起附带民事诉讼，或者另行提起民事诉讼请求返还被非法占有、处置的财产的，人民法院不予受理。

最高人民法院
关于适用财产刑若干问题的规定

法释〔2000〕45号

（2000年11月15日最高人民法院审判委员会第1139次会议通过

2000年12月13日最高人民法院公告公布 自2000年12月19日起施行）

为正确理解和执行刑法有关财产刑的规定，现就适用财产刑的若干问题规定如下：

第一条 刑法规定"并处"没收财产或者罚金的犯罪，人民法院在对犯罪分子判处主刑的同时，必须依法判处相应的财产刑；刑法规定"可以并处"没收财产或者罚金的犯罪，人民法院应当根据案件具体情况及犯罪分子的财产状况，决定是否适用财产刑。

第二条 人民法院应当根据犯罪情节，如违法所得数额、造成损失的大小等，并综合考虑犯罪分子缴纳罚金的能力，依法判处罚金。刑法没有明确规定罚金数额标准的，罚金的最低数额不能少于一千元。

对未成年人犯罪应当从轻或者减轻判处罚金，但罚金的最低数额不能少于五百元。

第三条 依法对犯罪分子所犯数罪分别判处罚金的，应当实行并罚，将所判处的罚金数额相加，执行总和数额。

一人犯数罪依法同时并处罚金和没收财产的，应当合并执行；但并处没收全部财产的，只执行没收财产刑。

第四条 犯罪情节较轻，适用单处罚金不致再危害社会并具有下列情形之一的，可以依法单处罚金：

（一）偶犯或者初犯；

（二）自首或者有立功表现的；

（三）犯罪时不满十八周岁的；

（四）犯罪预备、中止或者未遂的；

（五）被胁迫参加犯罪的；

（六）全部退赃并有悔罪表现的；

（七）其他可以依法单处罚金的情形。

第五条 刑法第五十三条规定的"判决指定的期限"应当在判决书中予以确定；"判决指定的期限"应为从判决发生法律效力第二日起最长不超过三个月。

第六条 刑法第五十三条规定的"由于遭遇不能抗拒的灾祸缴纳确实有困难的"，主要是指因遭受火灾、水灾、地震等灾祸而丧失财产；罪犯因重病、伤残等而丧失劳动能力，或者需要罪犯抚养的近亲属患有重病，需支付巨额医药费等，确实没有财产可供执行的情形。

具有刑法第五十三条规定"可以酌情减少或者免除"事由的，由罪犯本人、亲属或者犯罪单位向负责执行的人民法院提出书面申请，并提供相应的证明材料。人民法院审查以后，根据实际情况，裁定减少或者免除应当缴纳的罚金数额。

第七条 刑法第六十条规定的"没收财产以前犯罪分子所负的正当债务"，是指犯罪分子在判决生效前所负他人的合法债务。

第八条 罚金刑的数额应当以人民币为计算单位。

第九条 人民法院认为依法应当判处被告人财产刑的，可以在案件审理过程中，决定扣押或者冻结被告人的财产。

第十条 财产刑由第一审人民法院执行。

犯罪分子的财产在异地的，第一审人民法院可以委托财产所在地人民法院代为执行。

第十一条 自判决指定的期限届满第二日起，人民法院对于没有法定减免事由不缴纳罚金的，应当强制其缴纳。

对于隐藏、转移、变卖、损毁已被扣押、冻结财产情节严重的，依照刑法第三百一十四条的规定追究刑事责任。

8. 特殊案件的执行

最高人民法院
关于人民法院办理财产保全案件若干问题的规定

（2016 年 10 月 17 日最高人民法院审判委员会第 1696 次会议通过
根据 2020 年 12 月 23 日最高人民法院审判委员会第 1823 次会议
通过的《最高人民法院关于修改〈最高人民法院关于人民法院
扣押铁路运输货物若干问题的规定〉等十八件执行类
司法解释的决定》修正）

为依法保护当事人、利害关系人的合法权益，规范人民法院办理财产保全案件，根据《中华人民共和国民事诉讼法》等法律规定，结合审判、执行实践，制定本规定。

第一条 当事人、利害关系人申请财产保全，应当向人民法院提交申请书，并提供相关证据材料。

申请书应当载明下列事项：

（一）申请保全人与被保全人的身份、送达地址、联系方式；

（二）请求事项和所根据的事实与理由；

（三）请求保全数额或者争议标的；

（四）明确的被保全财产信息或者具体的被保全财产线索；

（五）为财产保全提供担保的财产信息或资信证明，或者不需要提供担保的理由；

（六）其他需要载明的事项。

法律文书生效后，进入执行程序前，债权人申请财产保全的，应当写明生效法律文书的制作机关、文号和主要内容，并附生效法律文书副本。

第二条 人民法院进行财产保全，由立案、审判机构作出裁定，一般应当移送执行机构实施。

  第三条 仲裁过程中，当事人申请财产保全的，应当通过仲裁机构向人民法院提交申请书及仲裁案件受理通知书等相关材料。人民法院裁定采取保全措施或者裁定驳回申请的，应当将裁定书送达当事人，并通知仲裁机构。

  第四条 人民法院接受财产保全申请后，应当在五日内作出裁定；需要提供担保的，应当在提供担保后五日内作出裁定；裁定采取保全措施的，应当在五日内开始执行。对情况紧急的，必须在四十八小时内作出裁定；裁定采取保全措施的，应当立即开始执行。

  第五条 人民法院依照民事诉讼法第一百条规定责令申请保全人提供财产保全担保的，担保数额不超过请求保全数额的百分之三十；申请保全的财产系争议标的的，担保数额不超过争议标的价值的百分之三十。

  利害关系人申请诉前财产保全的，应当提供相当于请求保全数额的担保；情况特殊的，人民法院可以酌情处理。

  财产保全期间，申请保全人提供的担保不足以赔偿可能给被保全人造成的损失的，人民法院可以责令其追加相应的担保；拒不追加的，可以裁定解除或者部分解除保全。

  第六条 申请保全人或第三人为财产保全提供财产担保的，应当向人民法院出具担保书。担保书应当载明担保人、担保方式、担保范围、担保财产及其价值、担保责任承担等内容，并附相关证据材料。

  第三人为财产保全提供保证担保的，应当向人民法院提交保证书。保证书应当载明保证人、保证方式、保证范围、保证责任承担等内容，并附相关证据材料。

  对财产保全担保，人民法院经审查，认为违反民法典、公司法等有关法律禁止性规定的，应当责令申请保全人在指定期限内提供其他担保；逾期未提供的，裁定驳回申请。

  第七条 保险人以其与申请保全人签订财产保全责任险合同的方式为财产保全提供担保的，应当向人民法院出具担保书。

  担保书应当载明，因申请财产保全错误，由保险人赔偿被保全人因保全所遭受的损失等内容，并附相关证据材料。

  第八条 金融监管部门批准设立的金融机构以独立保函形式为财产保全

提供担保的，人民法院应当依法准许。

第九条　当事人在诉讼中申请财产保全，有下列情形之一的，人民法院可以不要求提供担保：

（一）追索赡养费、扶养费、抚育费、抚恤金、医疗费用、劳动报酬、工伤赔偿、交通事故人身损害赔偿的；

（二）婚姻家庭纠纷案件中遭遇家庭暴力且经济困难的；

（三）人民检察院提起的公益诉讼涉及损害赔偿的；

（四）因见义勇为遭受侵害请求损害赔偿的；

（五）案件事实清楚、权利义务关系明确，发生保全错误可能性较小的；

（六）申请保全人为商业银行、保险公司等由金融监管部门批准设立的具有独立偿付债务能力的金融机构及其分支机构的。

法律文书生效后，进入执行程序前，债权人申请财产保全的，人民法院可以不要求提供担保。

第十条　当事人、利害关系人申请财产保全，应当向人民法院提供明确的被保全财产信息。

当事人在诉讼中申请财产保全，确因客观原因不能提供明确的被保全财产信息，但提供了具体财产线索的，人民法院可以依法裁定采取财产保全措施。

第十一条　人民法院依照本规定第十条第二款规定作出保全裁定的，在该裁定执行过程中，申请保全人可以向已经建立网络执行查控系统的执行法院，书面申请通过该系统查询被保全人的财产。

申请保全人提出查询申请的，执行法院可以利用网络执行查控系统，对裁定保全的财产或者保全数额范围内的财产进行查询，并采取相应的查封、扣押、冻结措施。

人民法院利用网络执行查控系统未查询到可供保全财产的，应当书面告知申请保全人。

第十二条　人民法院对查询到的被保全人财产信息，应当依法保密。除依法保全的财产外，不得泄露被保全人其他财产信息，也不得在财产保全、强制执行以外使用相关信息。

第十三条　被保全人有多项财产可供保全的，在能够实现保全目的的情况下，人民法院应当选择对其生产经营活动影响较小的财产进行保全。

人民法院对厂房、机器设备等生产经营性财产进行保全时，指定被保全人保管的，应当允许其继续使用。

第十四条 被保全财产系机动车、航空器等特殊动产的，除被保全人下落不明的以外，人民法院应当责令被保全人书面报告该动产的权属和占有、使用等情况，并予以核实。

第十五条 人民法院应当依据财产保全裁定采取相应的查封、扣押、冻结措施。

可供保全的土地、房屋等不动产的整体价值明显高于保全裁定载明金额的，人民法院应当对该不动产的相应价值部分采取查封、扣押、冻结措施，但该不动产在使用上不可分或者分割会严重减损其价值的除外。

对银行账户内资金采取冻结措施的，人民法院应当明确具体的冻结数额。

第十六条 人民法院在财产保全中采取查封、扣押、冻结措施，需要有关单位协助办理登记手续的，有关单位应当在裁定书和协助执行通知书送达后立即办理。针对同一财产有多个裁定书和协助执行通知书的，应当按照送达的时间先后办理登记手续。

第十七条 利害关系人申请诉前财产保全，在人民法院采取保全措施后三十日内依法提起诉讼或者申请仲裁的，诉前财产保全措施自动转为诉讼或仲裁中的保全措施；进入执行程序后，保全措施自动转为执行中的查封、扣押、冻结措施。

依前款规定，自动转为诉讼、仲裁中的保全措施或者执行中的查封、扣押、冻结措施的，期限连续计算，人民法院无需重新制作裁定书。

第十八条 申请保全人申请续行财产保全的，应当在保全期限届满七日前向人民法院提出；逾期申请或者不申请的，自行承担不能续行保全的法律后果。

人民法院进行财产保全时，应当书面告知申请保全人明确的保全期限届满日以及前款有关申请续行保全的事项。

第十九条 再审审查期间，债务人申请保全生效法律文书确定给付的财产的，人民法院不予受理。

再审审理期间，原生效法律文书中止执行，当事人申请财产保全的，人民法院应当受理。

第二十条　财产保全期间，被保全人请求对被保全财产自行处分，人民法院经审查，认为不损害申请保全人和其他执行债权人合法权益的，可以准许，但应当监督被保全人按照合理价格在指定期限内处分，并控制相应价款。

被保全人请求对作为争议标的的被保全财产自行处分的，须经申请保全人同意。

人民法院准许被保全人自行处分被保全财产的，应当通知申请保全人；申请保全人不同意的，可以依照民事诉讼法第二百二十五条规定提出异议。

第二十一条　保全法院在首先采取查封、扣押、冻结措施后超过一年未对被保全财产进行处分的，除被保全财产系争议标的外，在先轮候查封、扣押、冻结的执行法院可以商请保全法院将被保全财产移送执行。但司法解释另有特别规定的，适用其规定。

保全法院与在先轮候查封、扣押、冻结的执行法院就移送被保全财产发生争议的，可以逐级报请共同的上级法院指定该财产的执行法院。

共同的上级法院应当根据被保全财产的种类及所在地、各债权数额与被保全财产价值之间的关系等案件具体情况指定执行法院，并督促其在指定期限内处分被保全财产。

第二十二条　财产纠纷案件，被保全人或第三人提供充分有效担保请求解除保全，人民法院应当裁定准许。被保全人请求对作为争议标的的财产解除保全的，须经申请保全人同意。

第二十三条　人民法院采取财产保全措施后，有下列情形之一的，申请保全人应当及时申请解除保全：

（一）采取诉前财产保全措施后三十日内不依法提起诉讼或者申请仲裁的；

（二）仲裁机构不予受理仲裁申请、准许撤回仲裁申请或者按撤回仲裁申请处理的；

（三）仲裁申请或者请求被仲裁裁决驳回的；

（四）其他人民法院对起诉不予受理、准许撤诉或者按撤诉处理的；

（五）起诉或者诉讼请求被其他人民法院生效裁判驳回的；

（六）申请保全人应当申请解除保全的其他情形。

人民法院收到解除保全申请后，应当在五日内裁定解除保全；对情况紧急的，必须在四十八小时内裁定解除保全。

申请保全人未及时申请人民法院解除保全，应当赔偿被保全人因财产保全所遭受的损失。

被保全人申请解除保全，人民法院经审查认为符合法律规定的，应当在本条第二款规定的期间内裁定解除保全。

第二十四条 财产保全裁定执行中，人民法院发现保全裁定的内容与被保全财产的实际情况不符的，应当予以撤销、变更或补正。

第二十五条 申请保全人、被保全人对保全裁定或者驳回申请裁定不服的，可以自裁定书送达之日起五日内向作出裁定的人民法院申请复议一次。人民法院应当自收到复议申请后十日内审查。

对保全裁定不服申请复议的，人民法院经审查，理由成立的，裁定撤销或变更；理由不成立的，裁定驳回。

对驳回申请裁定不服申请复议的，人民法院经审查，理由成立的，裁定撤销，并采取保全措施；理由不成立的，裁定驳回。

第二十六条 申请保全人、被保全人、利害关系人认为保全裁定实施过程中的执行行为违反法律规定提出书面异议的，人民法院应当依照民事诉讼法第二百二十五条规定审查处理。

第二十七条 人民法院对诉讼争议标的以外的财产进行保全，案外人对保全裁定或者保全裁定实施过程中的执行行为不服，基于实体权利对被保全财产提出书面异议的，人民法院应当依照民事诉讼法第二百二十七条规定审查处理并作出裁定。案外人、申请保全人对该裁定不服的，可以自裁定送达之日起十五日内向人民法院提起执行异议之诉。

人民法院裁定案外人异议成立后，申请保全人在法律规定的期间内未提起执行异议之诉的，人民法院应当自起诉期限届满之日起七日内对该被保全财产解除保全。

第二十八条 海事诉讼中，海事请求人申请海事请求保全，适用《中华人民共和国海事诉讼特别程序法》及相关司法解释。

第二十九条 本规定自 2016 年 12 月 1 日起施行。

本规定施行前公布的司法解释与本规定不一致的，以本规定为准。

最高人民法院
关于人民法院对注册商标权进行财产保全的解释

（2000 年 11 月 22 日最高人民法院审判委员会第 1144 次会议通过
根据 2020 年 12 月 23 日最高人民法院审判委员会第 1823 次会议
通过的《最高人民法院关于修改〈最高人民法院关于审理
侵犯专利权纠纷案件应用法律若干问题的解释（二）〉
等十八件知识产权类司法解释的决定》修正）

为了正确实施对注册商标权的财产保全措施，避免重复保全，现就人民法院对注册商标权进行财产保全有关问题解释如下：

第一条 人民法院根据民事诉讼法有关规定采取财产保全措施时，需要对注册商标权进行保全的，应当向国家知识产权局商标局（以下简称商标局）发出协助执行通知书，载明要求商标局协助保全的注册商标的名称、注册人、注册证号码、保全期限以及协助执行保全的内容，包括禁止转让、注销注册商标、变更注册事项和办理商标权质押登记等事项。

第二条 对注册商标权保全的期限一次不得超过一年，自商标局收到协助执行通知书之日起计算。如果仍然需要对该注册商标权继续采取保全措施的，人民法院应当在保全期限届满前向商标局重新发出协助执行通知书，要求继续保全。否则，视为自动解除对该注册商标权的财产保全。

第三条 人民法院对已经进行保全的注册商标权，不得重复进行保全。

最高人民法院
关于当事人申请财产保全错误造成案外人损失
应否承担赔偿责任问题的解释

法释〔2005〕11号

（2005年7月4日最高人民法院审判委员会第1358次会议通过
2005年8月15日最高人民法院公告公布　自2005年8月24日起施行）

近来，一些法院就当事人申请财产保全错误造成案外人损失引发的赔偿纠纷案件应如何适用法律问题请示我院。经研究，现解释如下：

根据《中华人民共和国民法通则》第一百零六条、《中华人民共和国民事诉讼法》第九十六条等法律规定，当事人申请财产保全错误造成案外人损失的，应当依法承担赔偿责任。

此复。

最高人民法院
关于内地与香港特别行政区法院相互认可和
执行民商事案件判决的安排

法释〔2024〕2号

（2019年1月14日最高人民法院审判委员会第1759次会议通过
2024年1月25日最高人民法院公告公布　自2024年1月29日起施行）

根据《中华人民共和国香港特别行政区基本法》第九十五条的规定，最高人民法院与香港特别行政区政府经协商，现就民商事案件判决的相互认可和执行问题作出如下安排。

第一条　内地与香港特别行政区法院民商事案件生效判决的相互认可和

执行，适用本安排。

刑事案件中有关民事赔偿的生效判决的相互认可和执行，亦适用本安排。

第二条　本安排所称"民商事案件"是指依据内地和香港特别行政区法律均属于民商事性质的案件，不包括香港特别行政区法院审理的司法复核案件以及其他因行使行政权力直接引发的案件。

第三条　本安排暂不适用于就下列民商事案件作出的判决：

（一）内地人民法院审理的赡养、兄弟姐妹之间扶养、解除收养关系、成年人监护权、离婚后损害责任、同居关系析产案件，香港特别行政区法院审理的应否裁判分居的案件；

（二）继承案件、遗产管理或者分配的案件；

（三）内地人民法院审理的有关发明专利、实用新型专利侵权的案件，香港特别行政区法院审理的有关标准专利（包括原授专利）、短期专利侵权的案件，内地与香港特别行政区法院审理的有关确认标准必要专利许可费率的案件，以及有关本安排第五条未规定的知识产权案件；

（四）海洋环境污染、海事索赔责任限制、共同海损、紧急拖航和救助、船舶优先权、海上旅客运输案件；

（五）破产（清盘）案件；

（六）确定选民资格、宣告自然人失踪或者死亡、认定自然人限制或者无民事行为能力的案件；

（七）确认仲裁协议效力、撤销仲裁裁决案件；

（八）认可和执行其他国家和地区判决、仲裁裁决的案件。

第四条　本安排所称"判决"，在内地包括判决、裁定、调解书、支付令，不包括保全裁定；在香港特别行政区包括判决、命令、判令、讼费评定证明书，不包括禁诉令、临时济助命令。

本安排所称"生效判决"：

（一）在内地，是指第二审判决，依法不准上诉或者超过法定期限没有上诉的第一审判决，以及依照审判监督程序作出的上述判决；

（二）在香港特别行政区，是指终审法院、高等法院上诉法庭及原讼法庭、区域法院以及劳资审裁处、土地审裁处、小额钱债审裁处、竞争事务审裁处作出的已经发生法律效力的判决。

第五条　本安排所称"知识产权"是指《与贸易有关的知识产权协定》第一条第二款规定的知识产权，以及《中华人民共和国民法典》第一百二十三条第二款第七项、香港《植物品种保护条例》规定的权利人就植物新品种享有的知识产权。

第六条　本安排所称"住所地"，当事人为自然人的，是指户籍所在地或者永久性居民身份所在地、经常居住地；当事人为法人或者其他组织的，是指注册地或者登记地、主要办事机构所在地、主要营业地、主要管理地。

第七条　申请认可和执行本安排规定的判决：

（一）在内地，向申请人住所地或者被申请人住所地、财产所在地的中级人民法院提出；

（二）在香港特别行政区，向高等法院提出。

申请人应当向符合前款第一项规定的其中一个人民法院提出申请。向两个以上有管辖权的人民法院提出申请的，由最先立案的人民法院管辖。

第八条　申请认可和执行本安排规定的判决，应当提交下列材料：

（一）申请书；

（二）经作出生效判决的法院盖章的判决副本；

（三）作出生效判决的法院出具的证明书，证明该判决属于生效判决，判决有执行内容的，还应当证明在原审法院地可以执行；

（四）判决为缺席判决的，应当提交已经合法传唤当事人的证明文件，但判决已经对此予以明确说明或者缺席方提出认可和执行申请的除外；

（五）身份证明材料：

1. 申请人为自然人的，应当提交身份证件复印件；

2. 申请人为法人或者其他组织的，应当提交注册登记证书的复印件以及法定代表人或者主要负责人的身份证件复印件。

上述身份证明材料，在被请求方境外形成的，应当依据被请求方法律规定办理证明手续。

向内地人民法院提交的文件没有中文文本的，应当提交准确的中文译本。

第九条　申请书应当载明下列事项：

（一）当事人的基本情况：当事人为自然人的，包括姓名、住所、身份证件信息、通讯方式等；当事人为法人或者其他组织的，包括名称、住所及其法定代表人或者主要负责人的姓名、职务、住所、身份证件信息、通讯方式等；

（二）请求事项和理由；申请执行的，还需提供被申请人的财产状况和财产所在地；

（三）判决是否已在其他法院申请执行以及执行情况。

第十条　申请认可和执行判决的期间、程序和方式，应当依据被请求方法律的规定。

第十一条　符合下列情形之一，且依据被请求方法律有关诉讼不属于被请求方法院专属管辖的，被请求方法院应当认定原审法院具有管辖权：

（一）原审法院受理案件时，被告住所地在该方境内；

（二）原审法院受理案件时，被告在该方境内设有代表机构、分支机构、办事处、营业所等不属于独立法人的机构，且诉讼请求是基于该机构的活动；

（三）因合同纠纷提起的诉讼，合同履行地在该方境内；

（四）因侵权行为提起的诉讼，侵权行为实施地在该方境内；

（五）合同纠纷或者其他财产权益纠纷的当事人以书面形式约定由原审法院地管辖，但各方当事人住所地均在被请求方境内的，原审法院地应系合同履行地、合同签订地、标的物所在地等与争议有实际联系地；

（六）当事人未对原审法院提出管辖权异议并应诉答辩，但各方当事人住所地均在被请求方境内的，原审法院地应系合同履行地、合同签订地、标的物所在地等与争议有实际联系地。

前款所称"书面形式"是指合同书、信件和数据电文（包括电报、电传、传真、电子数据交换和电子邮件）等可以有形地表现所载内容的形式。

知识产权侵权纠纷案件以及内地人民法院审理的《中华人民共和国反不正当竞争法》第六条规定的不正当竞争纠纷民事案件、香港特别行政区法院审理的假冒纠纷案件，侵权、不正当竞争、假冒行为实施地在原审法院地境内，且涉案知识产权权利、权益在该方境内依法应予保护的，才应当认定原审法院具有管辖权。

除第一款、第三款规定外，被请求方法院认为原审法院对于有关诉讼的管辖符合被请求方法律规定的，可以认定原审法院具有管辖权。

第十二条　申请认可和执行的判决，被申请人提供证据证明有下列情形之一的，被请求方法院审查核实后，应当不予认可和执行：

（一）原审法院对有关诉讼的管辖不符合本安排第十一条规定的；

（二）依据原审法院地法律，被申请人未经合法传唤，或者虽经合法传唤但未获得合理的陈述、辩论机会的；

（三）判决是以欺诈方法取得的；

（四）被请求方法院受理相关诉讼后，原审法院又受理就同一争议提起的诉讼并作出判决的；

（五）被请求方法院已经就同一争议作出判决，或者已经认可其他国家和地区就同一争议作出的判决的；

（六）被请求方已经就同一争议作出仲裁裁决，或者已经认可其他国家和地区就同一争议作出的仲裁裁决的。

内地人民法院认为认可和执行香港特别行政区法院判决明显违反内地法律的基本原则或者社会公共利益，香港特别行政区法院认为认可和执行内地人民法院判决明显违反香港特别行政区法律的基本原则或者公共政策的，应当不予认可和执行。

第十三条 申请认可和执行的判决，被申请人提供证据证明在原审法院进行的诉讼违反了当事人就同一争议订立的有效仲裁协议或者管辖协议的，被请求方法院审查核实后，可以不予认可和执行。

第十四条 被请求方法院不能仅因判决的先决问题不属于本安排适用范围，而拒绝认可和执行该判决。

第十五条 对于原审法院就知识产权有效性、是否成立或者存在作出的判项，不予认可和执行，但基于该判项作出的有关责任承担的判项符合本安排规定的，应当认可和执行。

第十六条 相互认可和执行的判决内容包括金钱判项、非金钱判项。

判决包括惩罚性赔偿的，不予认可和执行惩罚性赔偿部分，但本安排第十七条规定的除外。

第十七条 知识产权侵权纠纷案件以及内地人民法院审理的《中华人民共和国反不正当竞争法》第六条规定的不正当竞争纠纷民事案件、香港特别行政区法院审理的假冒纠纷案件，内地与香港特别行政区法院相互认可和执行判决的，限于根据原审法院地发生的侵权行为所确定的金钱判项，包括惩罚性赔偿部分。

有关商业秘密侵权纠纷案件判决的相互认可和执行，包括金钱判项（含惩罚性赔偿）、非金钱判项。

第十八条　内地与香港特别行政区法院相互认可和执行的财产给付范围，包括判决确定的给付财产和相应的利息、诉讼费、迟延履行金、迟延履行利息，不包括税收、罚款。

前款所称"诉讼费"，在香港特别行政区是指讼费评定证明书核定或者命令支付的费用。

第十九条　被请求方法院不能认可和执行判决全部判项的，可以认可和执行其中的部分判项。

第二十条　对于香港特别行政区法院作出的判决，一方当事人已经提出上诉，内地人民法院审查核实后，中止认可和执行程序。经上诉，维持全部或者部分原判决的，恢复认可和执行程序；完全改变原判决的，终止认可和执行程序。

内地人民法院就已经作出的判决裁定再审的，香港特别行政区法院审查核实后，中止认可和执行程序。经再审，维持全部或者部分原判决的，恢复认可和执行程序；完全改变原判决的，终止认可和执行程序。

第二十一条　被申请人在内地和香港特别行政区均有可供执行财产的，申请人可以分别向两地法院申请执行。

应对方法院要求，两地法院应当相互提供本方执行判决的情况。

两地法院执行财产的总额不得超过判决确定的数额。

第二十二条　在审理民商事案件期间，当事人申请认可和执行另一地法院就同一争议作出的判决的，应当受理。受理后，有关诉讼应当中止，待就认可和执行的申请作出裁定或者命令后，再视情终止或者恢复诉讼。

第二十三条　审查认可和执行判决申请期间，当事人就同一争议提起诉讼的，不予受理；已经受理的，驳回起诉。

判决全部获得认可和执行后，当事人又就同一争议提起诉讼的，不予受理。

判决未获得或者未全部获得认可和执行的，申请人不得再次申请认可和执行，但可以就同一争议向被请求方法院提起诉讼。

第二十四条 申请认可和执行判决的，被请求方法院在受理申请之前或者之后，可以依据被请求方法律规定采取保全或者强制措施。

第二十五条 法院应当尽快审查认可和执行的申请，并作出裁定或者命令。

第二十六条 被请求方法院就认可和执行的申请作出裁定或者命令后，当事人不服的，在内地可以于裁定送达之日起十日内向上一级人民法院申请复议，在香港特别行政区可以依据其法律规定提出上诉。

第二十七条 申请认可和执行判决的，应当依据被请求方有关诉讼收费的法律和规定交纳费用。

第二十八条 本安排签署后，最高人民法院和香港特别行政区政府经协商，可以就第三条所列案件判决的认可和执行以及第四条所涉保全、临时济助的协助问题签署补充文件。

本安排在执行过程中遇有问题或者需要修改的，由最高人民法院和香港特别行政区政府协商解决。

第二十九条 内地与香港特别行政区法院自本安排生效之日起作出的判决，适用本安排。

第三十条 本安排生效之日，《最高人民法院关于内地与香港特别行政区法院相互认可和执行当事人协议管辖的民商事案件判决的安排》同时废止。

本安排生效前，当事人已签署《最高人民法院关于内地与香港特别行政区法院相互认可和执行当事人协议管辖的民商事案件判决的安排》所称"书面管辖协议"的，仍适用该安排。

第三十一条 本安排生效后，《最高人民法院关于内地与香港特别行政区法院相互认可和执行婚姻家庭民事案件判决的安排》继续施行。

第三十二条 本安排自 2024 年 1 月 29 日起施行。

最高人民法院
关于内地与香港特别行政区法院相互认可和执行婚姻家庭民事案件判决的安排

法释〔2022〕4 号

（2017 年 5 月 22 日最高人民法院审判委员会第 1718 次会议通过
2022 年 2 月 14 日最高人民法院公告公布　自 2022 年 2 月 15 日起施行）

根据《中华人民共和国香港特别行政区基本法》第九十五条的规定，最高人民法院与香港特别行政区政府经协商，现就婚姻家庭民事案件判决的认可和执行问题作出如下安排。

第一条　当事人向香港特别行政区法院申请认可和执行内地人民法院就婚姻家庭民事案件作出的生效判决，或者向内地人民法院申请认可和执行香港特别行政区法院就婚姻家庭民事案件作出的生效判决的，适用本安排。

当事人向香港特别行政区法院申请认可内地民政部门所发的离婚证，或者向内地人民法院申请认可依据《婚姻制度改革条例》（香港法例第 178 章）第 V 部、第 VA 部规定解除婚姻的协议书、备忘录的，参照适用本安排。

第二条　本安排所称生效判决：

（一）在内地，是指第二审判决，依法不准上诉或者超过法定期限没有上诉的第一审判决，以及依照审判监督程序作出的上述判决；

（二）在香港特别行政区，是指终审法院、高等法院上诉法庭及原讼法庭和区域法院作出的已经发生法律效力的判决，包括依据香港法律可以在生效后作出更改的命令。

前款所称判决，在内地包括判决、裁定、调解书，在香港特别行政区包括判决、命令、判令、讼费评定证明书、定额讼费证明书，但不包括双方依据其法律承认的其他国家和地区法院作出的判决。

第三条　本安排所称婚姻家庭民事案件：

（一）在内地是指：

    1. 婚内夫妻财产分割纠纷案件；

    2. 离婚纠纷案件；

    3. 离婚后财产纠纷案件；

    4. 婚姻无效纠纷案件；

    5. 撤销婚姻纠纷案件；

    6. 夫妻财产约定纠纷案件；

    7. 同居关系子女抚养纠纷案件；

    8. 亲子关系确认纠纷案件；

    9. 抚养纠纷案件；

    10. 扶养纠纷案件（限于夫妻之间扶养纠纷）；

    11. 确认收养关系纠纷案件；

    12. 监护权纠纷案件（限于未成年子女监护权纠纷）；

    13. 探望权纠纷案件；

    14. 申请人身安全保护令案件。

    （二）在香港特别行政区是指：

    1. 依据香港法例第 179 章《婚姻诉讼条例》第 III 部作出的离婚绝对判令；

    2. 依据香港法例第 179 章《婚姻诉讼条例》第 IV 部作出的婚姻无效绝对判令；

    3. 依据香港法例第 192 章《婚姻法律程序与财产条例》作出的在讼案待决期间提供赡养费令；

    4. 依据香港法例第 13 章《未成年人监护条例》、第 16 章《分居令及赡养令条例》、第 192 章《婚姻法律程序与财产条例》第 II 部、第 IIA 部作出的赡养令；

    5. 依据香港法例第 13 章《未成年人监护条例》、第 192 章《婚姻法律程序与财产条例》第 II 部、第 IIA 部作出的财产转让及出售财产令；

    6. 依据香港法例第 182 章《已婚者地位条例》作出的有关财产的命令；

    7. 依据香港法例第 192 章《婚姻法律程序与财产条例》在双方在生时作出的修改赡养协议的命令；

    8. 依据香港法例第 290 章《领养条例》作出的领养令；

9. 依据香港法例第 179 章《婚姻诉讼条例》、第 429 章《父母与子女条例》作出的父母身份、婚生地位或者确立婚生地位的宣告；

10. 依据香港法例第 13 章《未成年人监护条例》、第 16 章《分居令及赡养令条例》、第 192 章《婚姻法律程序与财产条例》作出的管养令；

11. 就受香港法院监护的未成年子女作出的管养令；

12. 依据香港法例第 189 章《家庭及同居关系暴力条例》作出的禁制骚扰令、驱逐令、重返令或者更改、暂停执行就未成年子女的管养令、探视令。

第四条 申请认可和执行本安排规定的判决：

（一）在内地向申请人住所地、经常居住地或者被申请人住所地、经常居住地、财产所在地的中级人民法院提出；

（二）在香港特别行政区向区域法院提出。

申请人应当向符合前款第一项规定的其中一个人民法院提出申请。向两个以上有管辖权的人民法院提出申请的，由最先立案的人民法院管辖。

第五条 申请认可和执行本安排第一条第一款规定的判决的，应当提交下列材料：

（一）申请书；

（二）经作出生效判决的法院盖章的判决副本；

（三）作出生效判决的法院出具的证明书，证明该判决属于本安排规定的婚姻家庭民事案件生效判决；

（四）判决为缺席判决的，应当提交法院已经合法传唤当事人的证明文件，但判决已经对此予以明确说明或者缺席方提出申请的除外；

（五）经公证的身份证件复印件。

申请认可本安排第一条第二款规定的离婚证或者协议书、备忘录的，应当提交下列材料：

（一）申请书；

（二）经公证的离婚证复印件，或者经公证的协议书、备忘录复印件；

（三）经公证的身份证件复印件。

向内地人民法院提交的文件没有中文文本的，应当提交准确的中文译本。

第六条 申请书应当载明下列事项：

（一）当事人的基本情况，包括姓名、住所、身份证件信息、通讯方式等；

（二）请求事项和理由，申请执行的，还需提供被申请人的财产状况和财产所在地；

（三）判决是否已在其他法院申请执行和执行情况。

第七条　申请认可和执行判决的期间、程序和方式，应当依据被请求方法律的规定。

第八条　法院应当尽快审查认可和执行的请求，并作出裁定或者命令。

第九条　申请认可和执行的判决，被申请人提供证据证明有下列情形之一的，法院审查核实后，不予认可和执行：

（一）根据原审法院地法律，被申请人未经合法传唤，或者虽经合法传唤但未获得合理的陈述、辩论机会的；

（二）判决是以欺诈方法取得的；

（三）被请求方法院受理相关诉讼后，请求方法院又受理就同一争议提起的诉讼并作出判决的；

（四）被请求方法院已经就同一争议作出判决，或者已经认可和执行其他国家和地区法院就同一争议所作出的判决的。

内地人民法院认为认可和执行香港特别行政区法院判决明显违反内地法律的基本原则或者社会公共利益，香港特别行政区法院认为认可和执行内地人民法院判决明显违反香港特别行政区法律的基本原则或者公共政策的，不予认可和执行。

申请认可和执行的判决涉及未成年子女的，在根据前款规定审查决定是否认可和执行时，应当充分考虑未成年子女的最佳利益。

第十条　被请求方法院不能对判决的全部判项予以认可和执行时，可以认可和执行其中的部分判项。

第十一条　对于香港特别行政区法院作出的判决，一方当事人已经提出上诉，内地人民法院审查核实后，可以中止认可和执行程序。经上诉，维持全部或者部分原判决的，恢复认可和执行程序；完全改变原判决的，终止认可和执行程序。

内地人民法院就已经作出的判决裁定再审的，香港特别行政区法院审查核实后，可以中止认可和执行程序。经再审，维持全部或者部分原判决的，恢复认可和执行程序；完全改变原判决的，终止认可和执行程序。

第十二条 在本安排下，内地人民法院作出的有关财产归一方所有的判项，在香港特别行政区将被视为命令一方向另一方转让该财产。

第十三条 被申请人在内地和香港特别行政区均有可供执行财产的，申请人可以分别向两地法院申请执行。

两地法院执行财产的总额不得超过判决确定的数额。应对方法院要求，两地法院应当相互提供本院执行判决的情况。

第十四条 内地与香港特别行政区法院相互认可和执行的财产给付范围，包括判决确定的给付财产和相应的利息、迟延履行金、诉讼费，不包括税收、罚款。

前款所称诉讼费，在香港特别行政区是指讼费评定证明书、定额讼费证明书核定或者命令支付的费用。

第十五条 被请求方法院就认可和执行的申请作出裁定或者命令后，当事人不服的，在内地可以于裁定送达之日起十日内向上一级人民法院申请复议，在香港特别行政区可以依据其法律规定提出上诉。

第十六条 在审理婚姻家庭民事案件期间，当事人申请认可和执行另一地法院就同一争议作出的判决的，应当受理。受理后，有关诉讼应当中止，待就认可和执行的申请作出裁定或者命令后，再视情终止或者恢复诉讼。

第十七条 审查认可和执行判决申请期间，当事人就同一争议提起诉讼的，不予受理；已经受理的，驳回起诉。

判决获得认可和执行后，当事人又就同一争议提起诉讼的，不予受理。

判决未获认可和执行的，申请人不得再次申请认可和执行，但可以就同一争议向被请求方法院提起诉讼。

第十八条 被请求方法院在受理认可和执行判决的申请之前或者之后，可以依据其法律规定采取保全或者强制措施。

第十九条 申请认可和执行判决的，应当依据被请求方有关诉讼收费的法律和规定交纳费用。

第二十条 内地与香港特别行政区法院自本安排生效之日起作出的判决，适用本安排。

第二十一条 本安排在执行过程中遇有问题或者需要修改的，由最高人民法院和香港特别行政区政府协商解决。

第二十二条　本安排自 2022 年 2 月 15 日起施行。

最高人民法院
关于内地与香港特别行政区相互执行仲裁裁决的补充安排 ①

法释〔2020〕13 号

（2020 年 11 月 9 日最高人民法院审判委员会第 1815 次会议通过
2020 年 11 月 26 日最高人民法院公告公布　本司法解释第一条、
第四条自 2020 年 11 月 27 日起施行　第二条、第三条在香港
特别行政区完成有关程序后由最高人民法院公布施行日期）

依据《最高人民法院关于内地与香港特别行政区相互执行仲裁裁决的安排》（以下简称《安排》）第十一条的规定，最高人民法院与香港特别行政区政府经协商，作出如下补充安排：

一、《安排》所指执行内地或者香港特别行政区仲裁裁决的程序，应解释为包括认可和执行内地或者香港特别行政区仲裁裁决的程序。

二、将《安排》序言及第一条修改为："根据《中华人民共和国香港特别行政区基本法》第九十五条的规定，经最高人民法院与香港特别行政区（以下简称香港特区）政府协商，现就仲裁裁决的相互执行问题作出如下安排：

"一、内地人民法院执行按香港特区《仲裁条例》作出的仲裁裁决，香港特区法院执行按《中华人民共和国仲裁法》作出的仲裁裁决，适用本安排。"

三、将《安排》第二条第三款修改为："被申请人在内地和香港特区均有住所地或者可供执行财产的，申请人可以分别向两地法院申请执行。应对方

---

① 《最高人民法院关于内地与香港特别行政区相互执行仲裁裁决的补充安排》于 2020 年 11 月 9 日最高人民法院审判委员会第 1815 次会议通过，并于 2020 年 11 月 26 日公告：本司法解释第一条、第四条自 2020 年 11 月 27 日起施行，第二条、第三条在香港特别行政区完成有关程序后，由最高人民法院公布施行日期。
现香港特别行政区已完成有关程序，本司法解释第二条、第三条自 2021 年 5 月 19 日起施行。

法院要求，两地法院应当相互提供本方执行仲裁裁决的情况。两地法院执行财产的总额，不得超过裁决确定的数额。"

四、在《安排》第六条中增加一款作为第二款："有关法院在受理执行仲裁裁决申请之前或者之后，可以依申请并按照执行地法律规定采取保全或者强制措施。"

五、本补充安排第一条、第四条自 2020 年 11 月 27 日起施行，第二条、第三条在香港特别行政区完成有关程序后，由最高人民法院公布施行日期。

最高人民法院
关于仲裁机构"先予仲裁"裁决或者调解书立案、执行等法律适用问题的批复

法释〔2018〕10 号

（2018 年 5 月 28 日最高人民法院审判委员会第 1740 次会议通过
2018 年 6 月 5 日最高人民法院公告公布　自 2018 年 6 月 12 日起施行）

广东省高级人民法院：

你院《关于"先予仲裁"裁决应否立案执行的请示》（粤高法〔2018〕99号）收悉。经研究，批复如下：

当事人申请人民法院执行仲裁机构根据仲裁法作出的仲裁裁决或者调解书，人民法院经审查，符合民事诉讼法、仲裁法相关规定的，应当依法及时受理，立案执行。但是，根据仲裁法第二条的规定，仲裁机构可以仲裁的是当事人间已经发生的合同纠纷和其他财产权益纠纷。因此，网络借贷合同当事人申请执行仲裁机构在纠纷发生前作出的仲裁裁决或者调解书的，人民法院应当裁定不予受理；已经受理的，裁定驳回执行申请。

你院请示中提出的下列情形，应当认定为民事诉讼法第二百三十七条第二款第三项规定的"仲裁庭的组成或者仲裁的程序违反法定程序"的情形：

一、仲裁机构未依照仲裁法规定的程序审理纠纷或者主持调解，径行根据网络借贷合同当事人在纠纷发生前签订的和解或者调解协议作出仲裁裁决、

仲裁调解书的；

二、仲裁机构在仲裁过程中未保障当事人申请仲裁员回避、提供证据、答辩等仲裁法规定的基本程序权利的。

前款规定情形中，网络借贷合同当事人以约定弃权条款为由，主张仲裁程序未违反法定程序的，人民法院不予支持。

人民法院办理其他合同纠纷、财产权益纠纷仲裁裁决或者调解书执行立案，适用本批复。

最高人民法院
关于人民法院办理仲裁裁决执行案件
若干问题的规定

法释〔2018〕5号

（2018年1月5日最高人民法院审判委员会第1730次会议通过
2018年2月22日最高人民法院公告公布　自2018年3月1日起施行）

为了规范人民法院办理仲裁裁决执行案件，依法保护当事人、案外人的合法权益，根据《中华人民共和国民事诉讼法》《中华人民共和国仲裁法》等法律规定，结合人民法院执行工作实际，制定本规定。

第一条　本规定所称的仲裁裁决执行案件，是指当事人申请人民法院执行仲裁机构依据仲裁法作出的仲裁裁决或者仲裁调解书的案件。

第二条　当事人对仲裁机构作出的仲裁裁决或者仲裁调解书申请执行的，由被执行人住所地或者被执行的财产所在地的中级人民法院管辖。

符合下列条件的，经上级人民法院批准，中级人民法院可以参照民事诉讼法第三十八条的规定指定基层人民法院管辖：

（一）执行标的额符合基层人民法院一审民商事案件级别管辖受理范围；

（二）被执行人住所地或者被执行的财产所在地在被指定的基层人民法院辖区内；

被执行人、案外人对仲裁裁决执行案件申请不予执行的，负责执行的中级人民法院应当另行立案审查处理；执行案件已指定基层人民法院管辖的，应当于收到不予执行申请后三日内移送原执行法院另行立案审查处理。

第三条　仲裁裁决或者仲裁调解书执行内容具有下列情形之一导致无法执行的，人民法院可以裁定驳回执行申请；导致部分无法执行的，可以裁定驳回该部分的执行申请；导致部分无法执行且该部分与其他部分不可分的，可以裁定驳回执行申请。

（一）权利义务主体不明确；

（二）金钱给付具体数额不明确或者计算方法不明确导致无法计算出具体数额；

（三）交付的特定物不明确或者无法确定；

（四）行为履行的标准、对象、范围不明确；

仲裁裁决或者仲裁调解书仅确定继续履行合同，但对继续履行的权利义务，以及履行的方式、期限等具体内容不明确，导致无法执行的，依照前款规定处理。

第四条　对仲裁裁决主文或者仲裁调解书中的文字、计算错误以及仲裁庭已经认定但在裁决主文中遗漏的事项，可以补正或说明的，人民法院应当书面告知仲裁庭补正或说明，或者向仲裁机构调阅仲裁案卷查明。仲裁庭不补正也不说明，且人民法院调阅仲裁案卷后执行内容仍然不明确具体无法执行的，可以裁定驳回执行申请。

第五条　申请执行人对人民法院依照本规定第三条、第四条作出的驳回执行申请裁定不服的，可以自裁定送达之日起十日内向上一级人民法院申请复议。

第六条　仲裁裁决或者仲裁调解书确定交付的特定物确已毁损或者灭失的，依照《最高人民法院关于适用〈中华人民共和国民事诉讼法〉的解释》第四百九十四条的规定处理。

第七条　被执行人申请撤销仲裁裁决并已由人民法院受理的，或者被执行人、案外人对仲裁裁决执行案件提出不予执行申请并提供适当担保的，执行法院应当裁定中止执行。中止执行期间，人民法院应当停止处分性措施，但申请执行人提供充分、有效的担保请求继续执行的除外；执行标的查封、扣押、冻结期限届满前，人民法院可以根据当事人申请或者依职权办理续行查封、扣押、冻结手续。

申请撤销仲裁裁决、不予执行仲裁裁决案件司法审查期间，当事人、案外人申请对已查封、扣押、冻结之外的财产采取保全措施的，负责审查的人民法院参照民事诉讼法第一百条的规定处理。司法审查后仍需继续执行的，保全措施自动转为执行中的查封、扣押、冻结措施；采取保全措施的人民法院与执行法院不一致的，应当将保全手续移送执行法院，保全裁定视为执行法院作出的裁定。

第八条 被执行人向人民法院申请不予执行仲裁裁决的，应当在执行通知书送达之日起十五日内提出书面申请；有民事诉讼法第二百三十七条第二款第四、六项规定情形且执行程序尚未终结的，应当自知道或者应当知道有关事实或案件之日起十五日内提出书面申请。

本条前款规定期限届满前，被执行人已向有管辖权的人民法院申请撤销仲裁裁决且已被受理的，自人民法院驳回撤销仲裁裁决申请的裁判文书生效之日起重新计算期限。

第九条 案外人向人民法院申请不予执行仲裁裁决或者仲裁调解书的，应当提交申请书以及证明其请求成立的证据材料，并符合下列条件：

（一）有证据证明仲裁案件当事人恶意申请仲裁或者虚假仲裁，损害其合法权益；

（二）案外人主张的合法权益所涉及的执行标的尚未执行终结；

（三）自知道或者应当知道人民法院对该标的采取执行措施之日起三十日内提出。

第十条 被执行人申请不予执行仲裁裁决，对同一仲裁裁决的多个不予执行事由应当一并提出。不予执行仲裁裁决申请被裁定驳回后，再次提出申请的，人民法院不予审查，但有新证据证明存在民事诉讼法第二百三十七条第二款第四、六项规定情形的除外。

第十一条 人民法院对不予执行仲裁裁决案件应当组成合议庭围绕被执行人申请的事由、案外人的申请进行审查；对被执行人没有申请的事由不予审查，但仲裁裁决可能违背社会公共利益的除外。

被执行人、案外人对仲裁裁决执行案件申请不予执行的，人民法院应当进行询问；被执行人在询问终结前提出其他不予执行事由的，应当一并审查。

人民法院审查时，认为必要的，可以要求仲裁庭作出说明，或者向仲裁机构调阅仲裁案卷。

第十二条　人民法院对不予执行仲裁裁决案件的审查，应当在立案之日起两个月内审查完毕并作出裁定；有特殊情况需要延长的，经本院院长批准，可以延长一个月。

第十三条　下列情形经人民法院审查属实的，应当认定为民事诉讼法第二百三十七条第二款第二项规定的"裁决的事项不属于仲裁协议的范围或者仲裁机构无权仲裁的"情形：

（一）裁决的事项超出仲裁协议约定的范围；

（二）裁决的事项属于依照法律规定或者当事人选择的仲裁规则规定的不可仲裁事项；

（三）裁决内容超出当事人仲裁请求的范围；

（四）作出裁决的仲裁机构非仲裁协议所约定。

第十四条　违反仲裁法规定的仲裁程序、当事人选择的仲裁规则或者当事人对仲裁程序的特别约定，可能影响案件公正裁决，经人民法院审查属实的，应当认定为民事诉讼法第二百三十七条第二款第三项规定的"仲裁庭的组成或者仲裁的程序违反法定程序的"情形。

当事人主张未按照仲裁法或仲裁规则规定的方式送达法律文书导致其未能参与仲裁，或者仲裁员根据仲裁法或仲裁规则的规定应当回避而未回避，可能影响公正裁决，经审查属实的，人民法院应当支持；仲裁庭按照仲裁法或仲裁规则以及当事人约定的方式送达仲裁法律文书，当事人主张不符合民事诉讼法有关送达规定的，人民法院不予支持。

适用的仲裁程序或仲裁规则经特别提示，当事人知道或者应当知道法定仲裁程序或选择的仲裁规则未被遵守，但仍然参加或者继续参加仲裁程序且未提出异议，在仲裁裁决作出之后以违反法定程序为由申请不予执行仲裁裁决的，人民法院不予支持。

第十五条　符合下列条件的，人民法院应当认定为民事诉讼法第二百三十七条第二款第四项规定的"裁决所根据的证据是伪造的"情形：

（一）该证据已被仲裁裁决采信；

（二）该证据属于认定案件基本事实的主要证据；

（三）该证据经查明确属通过捏造、变造、提供虚假证明等非法方式形成或者获取，违反证据的客观性、关联性、合法性要求。

第十六条 符合下列条件的，人民法院应当认定为民事诉讼法第二百三十七条第二款第五项规定的"对方当事人向仲裁机构隐瞒了足以影响公正裁决的证据的"情形：

（一）该证据属于认定案件基本事实的主要证据；

（二）该证据仅为对方当事人掌握，但未向仲裁庭提交；

（三）仲裁过程中知悉存在该证据，且要求对方当事人出示或者请求仲裁庭责令其提交，但对方当事人无正当理由未予出示或者提交。

当事人一方在仲裁过程中隐瞒己方掌握的证据，仲裁裁决作出后以己方所隐瞒的证据足以影响公正裁决为由申请不予执行仲裁裁决的，人民法院不予支持。

第十七条 被执行人申请不予执行仲裁调解书或者根据当事人之间的和解协议、调解协议作出的仲裁裁决，人民法院不予支持，但该仲裁调解书或者仲裁裁决违背社会公共利益的除外。

第十八条 案外人根据本规定第九条申请不予执行仲裁裁决或者仲裁调解书，符合下列条件的，人民法院应当支持：

（一）案外人系权利或者利益的主体；

（二）案外人主张的权利或者利益合法、真实；

（三）仲裁案件当事人之间存在虚构法律关系，捏造案件事实的情形；

（四）仲裁裁决主文或者仲裁调解书处理当事人民事权利义务的结果部分或者全部错误，损害案外人合法权益。

第十九条 被执行人、案外人对仲裁裁决执行案件逾期申请不予执行的，人民法院应当裁定不予受理；已经受理的，应当裁定驳回不予执行申请。

被执行人、案外人对仲裁裁决执行案件申请不予执行，经审查理由成立的，人民法院应当裁定不予执行；理由不成立的，应当裁定驳回不予执行申请。

第二十条 当事人向人民法院申请撤销仲裁裁决被驳回后，又在执行程序中以相同事由提出不予执行申请的，人民法院不予支持；当事人向人民法院申请不予执行被驳回后，又以相同事由申请撤销仲裁裁决的，人民法院不予支持。

在不予执行仲裁裁决案件审查期间，当事人向有管辖权的人民法院提出撤销仲裁裁决申请并被受理的，人民法院应当裁定中止对不予执行申请的审查；仲裁裁决被撤销或者决定重新仲裁的，人民法院应当裁定终结执行，并终结对不予执行申请的审查；撤销仲裁裁决申请被驳回或者申请执行人撤回撤销仲裁裁决申请的，人民法院应当恢复对不予执行申请的审查；被执行人撤回撤销仲裁裁决申请的，人民法院应当裁定终结对不予执行申请的审查，但案外人申请不予执行仲裁裁决的除外。

第二十一条　人民法院裁定驳回撤销仲裁裁决申请或者驳回不予执行仲裁裁决、仲裁调解书申请的，执行法院应当恢复执行。

人民法院裁定撤销仲裁裁决或者基于被执行人申请裁定不予执行仲裁裁决，原被执行人申请执行回转或者解除强制执行措施的，人民法院应当支持。原申请执行人对已履行或者被人民法院强制执行的款物申请保全的，人民法院应当依法准许；原申请执行人在人民法院采取保全措施之日起三十日内，未根据双方达成的书面仲裁协议重新申请仲裁或者向人民法院起诉的，人民法院应当裁定解除保全。

人民法院基于案外人申请裁定不予执行仲裁裁决或者仲裁调解书，案外人申请执行回转或者解除强制执行措施的，人民法院应当支持。

第二十二条　人民法院裁定不予执行仲裁裁决、驳回或者不予受理不予执行仲裁裁决申请后，当事人对该裁定提出执行异议或者申请复议的，人民法院不予受理。

人民法院裁定不予执行仲裁裁决的，当事人可以根据双方达成的书面仲裁协议重新申请仲裁，也可以向人民法院起诉。

人民法院基于案外人申请裁定不予执行仲裁裁决或者仲裁调解书，当事人不服的，可以自裁定送达之日起十日内向上一级人民法院申请复议；人民法院裁定驳回或者不予受理案外人提出的不予执行仲裁裁决、仲裁调解书申请，案外人不服的，可以自裁定送达之日起十日内向上一级人民法院申请复议。

第二十三条　本规定第八条、第九条关于对仲裁裁决执行案件申请不予执行的期限自本规定施行之日起重新计算。

第二十四条 本规定自 2018 年 3 月 1 日起施行，本院以前发布的司法解释与本规定不一致的，以本规定为准。

本规定施行前已经执行终结的执行案件，不适用本规定；本规定施行后尚未执行终结的执行案件，适用本规定。

最高人民法院
关于认可和执行台湾地区法院民事判决的规定

法释〔2015〕13 号

（2015 年 6 月 2 日最高人民法院审判委员会第 1653 次会议通过

2015 年 6 月 29 日最高人民法院公告公布　自 2015 年 7 月 1 日起施行）

为保障海峡两岸当事人的合法权益，更好地适应海峡两岸关系和平发展的新形势，根据民事诉讼法等有关法律，总结人民法院涉台审判工作经验，就认可和执行台湾地区法院民事判决，制定本规定。

第一条　台湾地区法院民事判决的当事人可以根据本规定，作为申请人向人民法院申请认可和执行台湾地区有关法院民事判决。

第二条　本规定所称台湾地区法院民事判决，包括台湾地区法院作出的生效民事判决、裁定、和解笔录、调解笔录、支付命令等。

申请认可台湾地区法院在刑事案件中作出的有关民事损害赔偿的生效判决、裁定、和解笔录的，适用本规定。

申请认可由台湾地区乡镇市调解委员会等出具并经台湾地区法院核定，与台湾地区法院生效民事判决具有同等效力的调解文书的，参照适用本规定。

第三条　申请人同时提出认可和执行台湾地区法院民事判决申请的，人民法院先按照认可程序进行审查，裁定认可后，由人民法院执行机构执行。

申请人直接申请执行的，人民法院应当告知其一并提交认可申请；坚持不申请认可的，裁定驳回其申请。

第四条　申请认可台湾地区法院民事判决的案件，由申请人住所地、经常居住地或者被申请人住所地、经常居住地、财产所在地中级人民法院或者专门人民法院受理。

申请人向两个以上有管辖权的人民法院申请认可的，由最先立案的人民法院管辖。

申请人向被申请人财产所在地人民法院申请认可的，应当提供财产存在的相关证据。

第五条　对申请认可台湾地区法院民事判决的案件，人民法院应当组成合议庭进行审查。

第六条　申请人委托他人代理申请认可台湾地区法院民事判决的，应当向人民法院提交由委托人签名或者盖章的授权委托书。

台湾地区、香港特别行政区、澳门特别行政区或者外国当事人签名或者盖章的授权委托书应当履行相关的公证、认证或者其他证明手续，但授权委托书在人民法院法官的见证下签署或者经中国大陆公证机关公证证明是在中国大陆签署的除外。

第七条　申请人申请认可台湾地区法院民事判决，应当提交申请书，并附有台湾地区有关法院民事判决文书和民事判决确定证明书的正本或者经证明无误的副本。台湾地区法院民事判决为缺席判决的，申请人应当同时提交台湾地区法院已经合法传唤当事人的证明文件，但判决已经对此予以明确说明的除外。

申请书应当记明以下事项：

（一）申请人和被申请人姓名、性别、年龄、职业、身份证件号码、住址（申请人或者被申请人为法人或者其他组织的，应当记明法人或者其他组织的名称、地址、法定代表人或者主要负责人姓名、职务）和通讯方式；

（二）请求和理由；

（三）申请认可的判决的执行情况；

（四）其他需要说明的情况。

第八条　对于符合本规定第四条和第七条规定条件的申请，人民法院应当在收到申请后七日内立案，并通知申请人和被申请人，同时将申请书送达被申请人；不符合本规定第四条和第七条规定条件的，应当在七日内裁定不予受理，同时说明不予受理的理由；申请人对裁定不服的，可以提起上诉。

第九条　申请人申请认可台湾地区法院民事判决，应当提供相关证明文件，以证明该判决真实并且已经生效。

申请人可以申请人民法院通过海峡两岸调查取证司法互助途径查明台湾地区法院民事判决的真实性和是否生效以及当事人得到合法传唤的证明文件；人民法院认为必要时，也可以就有关事项依职权通过海峡两岸司法互助途径向台湾地区请求调查取证。

第十条 人民法院受理认可台湾地区法院民事判决的申请之前或者之后，可以按照民事诉讼法及相关司法解释的规定，根据申请人的申请，裁定采取保全措施。

第十一条 人民法院受理认可台湾地区法院民事判决的申请后，当事人就同一争议起诉的，不予受理。

一方当事人向人民法院起诉后，另一方当事人向人民法院申请认可的，对于认可的申请不予受理。

第十二条 案件虽经台湾地区有关法院判决，但当事人未申请认可，而是就同一争议向人民法院起诉的，应予受理。

第十三条 人民法院受理认可台湾地区法院民事判决的申请后，作出裁定前，申请人请求撤回申请的，可以裁定准许。

第十四条 人民法院受理认可台湾地区法院民事判决的申请后，应当在立案之日起六个月内审结。有特殊情况需要延长的，报请上一级人民法院批准。

通过海峡两岸司法互助途径送达文书和调查取证的期间，不计入审查期限。

第十五条 台湾地区法院民事判决具有下列情形之一的，裁定不予认可：

（一）申请认可的民事判决，是在被申请人缺席又未经合法传唤或者在被申请人无诉讼行为能力又未得到适当代理的情况下作出的；

（二）案件系人民法院专属管辖的；

（三）案件双方当事人订有有效仲裁协议，且无放弃仲裁管辖情形的；

（四）案件系人民法院已作出判决或者中国大陆的仲裁庭已作出仲裁裁决的；

（五）香港特别行政区、澳门特别行政区或者外国的法院已就同一争议作出判决且已为人民法院所认可或者承认的；

（六）台湾地区、香港特别行政区、澳门特别行政区或者外国的仲裁庭已就同一争议作出仲裁裁决且已为人民法院所认可或者承认的。

认可该民事判决将违反一个中国原则等国家法律的基本原则或者损害社会公共利益的，人民法院应当裁定不予认可。

第十六条 人民法院经审查能够确认台湾地区法院民事判决真实并且已经生效，而且不具有本规定第十五条所列情形的，裁定认可其效力；不能确认该民事判决的真实性或者已经生效的，裁定驳回申请人的申请。

裁定驳回申请的案件，申请人再次申请并符合受理条件的，人民法院应予受理。

第十七条 经人民法院裁定认可的台湾地区法院民事判决，与人民法院作出的生效判决具有同等效力。

第十八条 人民法院依据本规定第十五条和第十六条作出的裁定，一经送达即发生法律效力。

当事人对上述裁定不服的，可以自裁定送达之日起十日内向上一级人民法院申请复议。

第十九条 对人民法院裁定不予认可的台湾地区法院民事判决，申请人再次提出申请的，人民法院不予受理，但申请人可以就同一争议向人民法院起诉。

第二十条 申请人申请认可和执行台湾地区法院民事判决的期间，适用民事诉讼法第二百三十九条的规定，但申请认可台湾地区法院有关身份关系的判决除外。

申请人仅申请认可而未同时申请执行的，申请执行的期间自人民法院对认可申请作出的裁定生效之日起重新计算。

第二十一条 人民法院在办理申请认可和执行台湾地区法院民事判决案件中作出的法律文书，应当依法送达案件当事人。

第二十二条 申请认可和执行台湾地区法院民事判决，应当参照《诉讼费用交纳办法》的规定，交纳相关费用。

第二十三条 本规定自 2015 年 7 月 1 日起施行。最高人民法院《关于人民法院认可台湾地区有关法院民事判决的规定》（法释〔1998〕11 号）、最高人民法院《关于当事人持台湾地区有关法院民事调解书或者有关机构出具或确认的调解协议书向人民法院申请认可人民法院应否受理的批复》（法释〔1999〕10号）、最高人民法院《关于当事人持台湾地区有关法院支付命令向人民法院申请认可人民法院应否受理的批复》（法释〔2001〕13号）和最高人民法院《关于人民法院认可台湾地区有关法院民事判决的补充规定》（法释〔2009〕4号）同时废止。

最高人民法院
关于认可和执行台湾地区仲裁裁决的规定

法释〔2015〕14号

（2015年6月2日最高人民法院审判委员会第1653次会议通过 2015年6月29日最高人民法院公告公布 自2015年7月1日起施行）

为保障海峡两岸当事人的合法权益，更好地适应海峡两岸关系和平发展的新形势，根据民事诉讼法、仲裁法等有关法律，总结人民法院涉台审判工作经验，就认可和执行台湾地区仲裁裁决，制定本规定。

第一条 台湾地区仲裁裁决的当事人可以根据本规定，作为申请人向人民法院申请认可和执行台湾地区仲裁裁决。

第二条 本规定所称台湾地区仲裁裁决是指，有关常设仲裁机构及临时仲裁庭在台湾地区按照台湾地区仲裁规定就有关民商事争议作出的仲裁裁决，包括仲裁判断、仲裁和解和仲裁调解。

第三条 申请人同时提出认可和执行台湾地区仲裁裁决申请的，人民法院先按照认可程序进行审查，裁定认可后，由人民法院执行机构执行。

申请人直接申请执行的，人民法院应当告知其一并提交认可申请；坚持不申请认可的，裁定驳回其申请。

第四条 申请认可台湾地区仲裁裁决的案件，由申请人住所地、经常居住地或者被申请人住所地、经常居住地、财产所在地中级人民法院或者专门人民法院受理。

申请人向两个以上有管辖权的人民法院申请认可的，由最先立案的人民法院管辖。

申请人向被申请人财产所在地人民法院申请认可的，应当提供财产存在的相关证据。

第五条　对申请认可台湾地区仲裁裁决的案件，人民法院应当组成合议庭进行审查。

第六条　申请人委托他人代理申请认可台湾地区仲裁裁决的，应当向人民法院提交由委托人签名或者盖章的授权委托书。

台湾地区、香港特别行政区、澳门特别行政区或者外国当事人签名或者盖章的授权委托书应当履行相关的公证、认证或者其他证明手续，但授权委托书在人民法院法官的见证下签署或者经中国大陆公证机关公证证明是在中国大陆签署的除外。

第七条　申请人申请认可台湾地区仲裁裁决，应当提交以下文件或者经证明无误的副本：

（一）申请书；

（二）仲裁协议；

（三）仲裁判断书、仲裁和解书或者仲裁调解书。

申请书应当记明以下事项：

（一）申请人和被申请人姓名、性别、年龄、职业、身份证件号码、住址（申请人或者被申请人为法人或者其他组织的，应当记明法人或者其他组织的名称、地址、法定代表人或者主要负责人姓名、职务）和通讯方式；

（二）申请认可的仲裁判断书、仲裁和解书或者仲裁调解书的案号或者识别资料和生效日期；

（三）请求和理由；

（四）被申请人财产所在地、财产状况及申请认可的仲裁裁决的执行情况；

（五）其他需要说明的情况。

第八条　对于符合本规定第四条和第七条规定条件的申请，人民法院应当在收到申请后七日内立案，并通知申请人和被申请人，同时将申请书送达被申请人；不符合本规定第四条和第七条规定条件的，应当在七日内裁定不予受理，同时说明不予受理的理由；申请人对裁定不服的，可以提起上诉。

第九条 申请人申请认可台湾地区仲裁裁决，应当提供相关证明文件，以证明该仲裁裁决的真实性。

申请人可以申请人民法院通过海峡两岸调查取证司法互助途径查明台湾地区仲裁裁决的真实性；人民法院认为必要时，也可以就有关事项依职权通过海峡两岸司法互助途径向台湾地区请求调查取证。

第十条 人民法院受理认可台湾地区仲裁裁决的申请之前或者之后，可以按照民事诉讼法及相关司法解释的规定，根据申请人的申请，裁定采取保全措施。

第十一条 人民法院受理认可台湾地区仲裁裁决的申请后，当事人就同一争议起诉的，不予受理。

当事人未申请认可，而是就同一争议向人民法院起诉的，亦不予受理，但仲裁协议无效的除外。

第十二条 人民法院受理认可台湾地区仲裁裁决的申请后，作出裁定前，申请人请求撤回申请的，可以裁定准许。

第十三条 人民法院应当尽快审查认可台湾地区仲裁裁决的申请，决定予以认可的，应当在立案之日起两个月内作出裁定；决定不予认可或者驳回申请的，应当在作出决定前按有关规定自立案之日起两个月内上报最高人民法院。

通过海峡两岸司法互助途径送达文书和调查取证的期间，不计入审查期限。

第十四条 对申请认可和执行的仲裁裁决，被申请人提出证据证明有下列情形之一的，经审查核实，人民法院裁定不予认可：

（一）仲裁协议一方当事人依对其适用的法律在订立仲裁协议时属于无行为能力的；或者依当事人约定的准据法，或当事人没有约定适用的准据法而依台湾地区仲裁规定，该仲裁协议无效的；或者当事人之间没有达成书面仲裁协议的，但申请认可台湾地区仲裁调解的除外；

（二）被申请人未接到选任仲裁员或进行仲裁程序的适当通知，或者由于其他不可归责于被申请人的原因而未能陈述意见的；

（三）裁决所处理的争议不是提交仲裁的争议，或者不在仲裁协议范围之内；或者裁决载有超出当事人提交仲裁范围的事项的决定，但裁决中超出提交仲裁范围的事项的决定与提交仲裁事项的决定可以分开的，裁决中关于提交仲裁事项的决定部分可以予以认可；

（四）仲裁庭的组成或者仲裁程序违反当事人的约定，或者在当事人没有约定时与台湾地区仲裁规定不符的；

（五）裁决对当事人尚无约束力，或者业经台湾地区法院撤销或者驳回执行申请的。

依据国家法律，该争议事项不能以仲裁解决的，或者认可该仲裁裁决将违反一个中国原则等国家法律的基本原则或损害社会公共利益的，人民法院应当裁定不予认可。

第十五条　人民法院经审查能够确认台湾地区仲裁裁决真实，而且不具有本规定第十四条所列情形的，裁定认可其效力；不能确认该仲裁裁决真实性的，裁定驳回申请。

裁定驳回申请的案件，申请人再次申请并符合受理条件的，人民法院应予受理。

第十六条　人民法院依据本规定第十四条和第十五条作出的裁定，一经送达即发生法律效力。

第十七条　一方当事人向人民法院申请认可或者执行台湾地区仲裁裁决，另一方当事人向台湾地区法院起诉撤销该仲裁裁决，被申请人申请中止认可或者执行并且提供充分担保的，人民法院应当中止认可或者执行程序。

申请中止认可或者执行的，应当向人民法院提供台湾地区法院已经受理撤销仲裁裁决案件的法律文书。

台湾地区法院撤销该仲裁裁决的，人民法院应当裁定不予认可或者裁定终结执行；台湾地区法院驳回撤销仲裁裁决请求的，人民法院应当恢复认可或者执行程序。

第十八条　对人民法院裁定不予认可的台湾地区仲裁裁决，申请人再次提出申请的，人民法院不予受理。但当事人可以根据双方重新达成的仲裁协议申请仲裁，也可以就同一争议向人民法院起诉。

第十九条　申请人申请认可和执行台湾地区仲裁裁决的期间，适用民事诉讼法第二百三十九条的规定。

申请人仅申请认可而未同时申请执行的，申请执行的期间自人民法院对认可申请作出的裁定生效之日起重新计算。

第二十条　人民法院在办理申请认可和执行台湾地区仲裁裁决案件中所作出的法律文书，应当依法送达案件当事人。

第二十一条　申请认可和执行台湾地区仲裁裁决，应当参照《诉讼费用交纳办法》的规定，交纳相关费用。

第二十二条　本规定自 2015 年 7 月 1 日起施行。

本规定施行前，根据最高人民法院《关于人民法院认可台湾地区有关法院民事判决的规定》（法释〔1998〕11 号），人民法院已经受理但尚未审结的申请认可和执行台湾地区仲裁裁决的案件，适用本规定。

最高人民法院
关于香港仲裁裁决在内地执行的有关问题的通知

2009 年 12 月 30 日　　　　　　　　　　　　法〔2009〕415 号

各省、自治区、直辖市高级人民法院，新疆维吾尔自治区高级人民法院生产建设兵团分院：

近期，有关人民法院或者当事人向我院反映，在香港特别行政区做出的临时仲裁裁决、国际商会仲裁院在香港作出的仲裁裁决，当事人可否依据《关于内地与香港特别行政区相互执行仲裁裁决的安排》（以下简称《安排》）在内地申请执行。为了确保人民法院在办理该类案件中正确适用《安排》，统一执法尺度，现就有关问题通知如下：

当事人向人民法院申请执行在香港特别行政区做出的临时仲裁裁决、国际商会仲裁院等国外仲裁机构在香港特别行政区作出的仲裁裁决的，人民法院应当按照《安排》的规定进行审查。不存在《安排》第七条规定的情形的，该仲裁裁决可以在内地得到执行。

特此通知。

最高人民法院
关于内地与澳门特别行政区相互认可和执行仲裁裁决的安排

法释〔2007〕17号

（2007年9月17日最高人民法院审判委员会第1437次会议通过
2007年12月12日最高人民法院公告公布 2008年1月1日起实施）

根据《中华人民共和国澳门特别行政区基本法》第九十三条的规定，经最高人民法院与澳门特别行政区协商，现就内地与澳门特别行政区相互认可和执行仲裁裁决的有关事宜达成如下安排：

第一条 内地人民法院认可和执行澳门特别行政区仲裁机构及仲裁员按照澳门特别行政区仲裁法规在澳门作出的民商事仲裁裁决，澳门特别行政区法院认可和执行内地仲裁机构依据《中华人民共和国仲裁法》在内地作出的民商事仲裁裁决，适用本安排。

本安排没有规定的，适用认可和执行地的程序法律规定。

第二条 在内地或者澳门特别行政区作出的仲裁裁决，一方当事人不履行的，另一方当事人可以向被申请人住所地、经常居住地或者财产所在地的有关法院申请认可和执行。

内地有权受理认可和执行仲裁裁决申请的法院为中级人民法院。两个或者两个以上中级人民法院均有管辖权的，当事人应当选择向其中一个中级人民法院提出申请。

澳门特别行政区有权受理认可仲裁裁决申请的法院为中级法院，有权执行的法院为初级法院。

第三条 被申请人的住所地、经常居住地或者财产所在地分别在内地和澳门特别行政区的，申请人可以向一地法院提出认可和执行申请，也可以分别向两地法院提出申请。

当事人分别向两地法院提出申请的，两地法院都应当依法进行审查。予以认可的，采取查封、扣押或者冻结被执行人财产等执行措施。仲裁地法院应当先进行执行清偿；另一地法院在收到仲裁地法院关于经执行债权未获清偿情况的证明后，可以对申请人未获清偿的部分进行执行清偿。两地法院执行财产的总额，不得超过依据裁决和法律规定所确定的数额。

第四条 申请人向有关法院申请认可和执行仲裁裁决的，应当提交以下文件或者经公证的副本：

（一）申请书；

（二）申请人身份证明；

（三）仲裁协议；

（四）仲裁裁决书或者仲裁调解书。

上述文件没有中文文本的，申请人应当提交经正式证明的中文译本。

第五条 申请书应当包括下列内容：

（一）申请人或者被申请人为自然人的，应当载明其姓名及住所；为法人或者其他组织的，应当载明其名称及住所，以及其法定代表人或者主要负责人的姓名、职务和住所；申请人是外国籍法人或者其他组织的，应当提交相应的公证和认证材料；

（二）请求认可和执行的仲裁裁决书或者仲裁调解书的案号或识别资料和生效日期；

（三）申请认可和执行仲裁裁决的理由及具体请求，以及被申请人财产所在地、财产状况及该仲裁裁决的执行情况。

第六条 申请人向有关法院申请认可和执行内地或者澳门特别行政区仲裁裁决的期限，依据认可和执行地的法律确定。

第七条 对申请认可和执行的仲裁裁决，被申请人提出证据证明有下列情形之一的，经审查核实，有关法院可以裁定不予认可：

（一）仲裁协议一方当事人依对其适用的法律在订立仲裁协议时属于无行为能力的；或者依当事人约定的准据法，或当事人没有约定适用的准据法而依仲裁地法律，该仲裁协议无效的；

（二）被申请人未接到选任仲裁员或者进行仲裁程序的适当通知，或者因他故未能陈述意见的；

（三）裁决所处理的争议不是提交仲裁的争议，或者不在仲裁协议范围之内；或者裁决载有超出当事人提交仲裁范围的事项的决定，但裁决中超出提交仲裁范围的事项的决定与提交仲裁事项的决定可以分开的，裁决中关于提交仲裁事项的决定部分可以予以认可；

（四）仲裁庭的组成或者仲裁程序违反了当事人的约定，或者在当事人没有约定时与仲裁地的法律不符的；

（五）裁决对当事人尚无约束力，或者业经仲裁地的法院撤销或者拒绝执行的。有关法院认定，依执行地法律，争议事项不能以仲裁解决的，不予认可和执行该裁决。内地法院认定在内地认可和执行该仲裁裁决违反内地法律的基本原则或者社会公共利益，澳门特别行政区法院认定在澳门特别行政区认可和执行该仲裁裁决违反澳门特别行政区法律的基本原则或者公共秩序，不予认可和执行该裁决。

第八条　申请人依据本安排申请认可和执行仲裁裁决的，应当根据执行地法律的规定，交纳诉讼费用。

第九条　一方当事人向一地法院申请执行仲裁裁决，另一方当事人向另一地法院申请撤销该仲裁裁决，被执行人申请中止执行且提供充分担保的，执行法院应当中止执行。

根据经认可的撤销仲裁裁决的判决、裁定，执行法院应当终结执行程序；撤销仲裁裁决申请被驳回的，执行法院应当恢复执行。

当事人申请中止执行的，应当向执行法院提供其他法院已经受理申请撤销仲裁裁决案件的法律文书。

第十条　受理申请的法院应当尽快审查认可和执行的请求，并作出裁定。

第十一条　法院在受理认可和执行仲裁裁决申请之前或者之后，可以依当事人的申请，按照法院地法律规定，对被申请人的财产采取保全措施。

第十二条　由一方有权限公共机构（包括公证员）作成的文书正本或者经公证的文书副本及译本，在适用本安排时，可以免除认证手续在对方使用。

第十三条　本安排实施前，当事人提出的认可和执行仲裁裁决的请求，不适用本安排。

自 1999 年 12 月 20 日至本安排实施前，澳门特别行政区仲裁机构及仲裁员作出的仲裁裁决，当事人向内地申请认可和执行的期限，自本安排实施之日起算。

第十四条 为执行本安排，最高人民法院和澳门特别行政区终审法院应当相互提供相关法律资料。

最高人民法院和澳门特别行政区终审法院每年相互通报执行本安排的情况。

第十五条 本安排在执行过程中遇有问题或者需要修改的，由最高人民法院和澳门特别行政区协商解决。

第十六条 本安排自 2008 年 1 月 1 日起实施。

最高人民法院
关于内地与澳门特别行政区相互认可和执行民商事判决的安排

法释〔2006〕2 号

（2006 年 2 月 13 日最高人民法院审判委员会第 1378 次会议通过
2006 年 3 月 21 日最高人民法院公告公布　2006 年 4 月 1 日起生效）

根据《中华人民共和国澳门特别行政区基本法》第九十三条的规定，最高人民法院与澳门特别行政区经协商，就内地与澳门特别行政区法院相互认可和执行民商事判决事宜，达成如下安排：

第一条 内地与澳门特别行政区民商事案件（在内地包括劳动争议案件，在澳门特别行政区包括劳动民事案件）判决的相互认可和执行，适用本安排。

本安排亦适用于刑事案件中有关民事损害赔偿的判决、裁定。

本安排不适用于行政案件。

第二条 本安排所称"判决"，在内地包括：判决、裁定、决定、调解书、支付令；在澳门特别行政区包括：裁判、判决、确认和解的裁定、法官的决定或者批示。

本安排所称"被请求方"，指内地或者澳门特别行政区双方中，受理认可和执行判决申请的一方。

第三条　一方法院作出的具有给付内容的生效判决，当事人可以向对方有管辖权的法院申请认可和执行。

没有给付内容，或者不需要执行，但需要通过司法程序予以认可的判决，当事人可以向对方法院单独申请认可，也可以直接以该判决作为证据在对方法院的诉讼程序中使用。

第四条　内地有权受理认可和执行判决申请的法院为被申请人住所地、经常居住地或者财产所在地的中级人民法院。两个或者两个以上中级人民法院均有管辖权的，申请人应当选择向其中一个中级人民法院提出申请。

澳门特别行政区有权受理认可判决申请的法院为中级法院，有权执行的法院为初级法院。

第五条　被申请人在内地和澳门特别行政区均有可供执行财产的，申请人可以向一地法院提出执行申请。

申请人向一地法院提出执行申请的同时，可以向另一地法院申请查封、扣押或者冻结被执行人的财产。待一地法院执行完毕后，可以根据该地法院出具的执行情况证明，就不足部分向另一地法院申请采取处分财产的执行措施。

两地法院执行财产的总额，不得超过依据判决和法律规定所确定的数额。

第六条　请求认可和执行判决的申请书，应当载明下列事项：

（一）申请人或者被申请人为自然人的，应当载明其姓名及住所；为法人或者其他组织的，应当载明其名称及住所，以及其法定代表人或者主要负责人的姓名、职务和住所；

（二）请求认可和执行的判决的案号和判决日期；

（三）请求认可和执行判决的理由、标的，以及该判决在判决作出地法院的执行情况。

第七条　申请书应当附生效判决书副本，或者经作出生效判决的法院盖章的证明书，同时应当附作出生效判决的法院或者有权限机构出具的证明下列事项的相关文件：

（一）传唤属依法作出，但判决书已经证明的除外；

（二）无诉讼行为能力人依法得到代理，但判决书已经证明的除外；

（三）根据判决作出地的法律，判决已经送达当事人，并已生效；

（四）申请人为法人的，应当提供法人营业执照副本或者法人登记证明书；

（五）判决作出地法院发出的执行情况证明。

如被请求方法院认为已充分了解有关事项时，可以免除提交相关文件。

被请求方法院对当事人提供的判决书的真实性有疑问时，可以请求作出生效判决的法院予以确认。

第八条 申请书应当用中文制作。所附司法文书及其相关文件未用中文制作的，应当提供中文译本。其中法院判决书未用中文制作的，应当提供由法院出具的中文译本。

第九条 法院收到申请人请求认可和执行判决的申请后，应当将申请书送达被申请人。

被申请人有权提出答辩。

第十条 被请求方法院应当尽快审查认可和执行的请求，并作出裁定。

第十一条 被请求方法院经审查核实存在下列情形之一的，裁定不予认可：

（一）根据被请求方的法律，判决所确认的事项属被请求方法院专属管辖；

（二）在被请求方法院已存在相同诉讼，该诉讼先于待认可判决的诉讼提起，且被请求方法院具有管辖权；

（三）被请求方法院已认可或者执行被请求方法院以外的法院或仲裁机构就相同诉讼作出的判决或仲裁裁决；

（四）根据判决作出地的法律规定，败诉的当事人未得到合法传唤，或者无诉讼行为能力人未依法得到代理；

（五）根据判决作出地的法律规定，申请认可和执行的判决尚未发生法律效力，或者因再审被裁定中止执行；

（六）在内地认可和执行判决将违反内地法律的基本原则或者社会公共利益；在澳门特别行政区认可和执行判决将违反澳门特别行政区法律的基本原则或者公共秩序。

第十二条 法院就认可和执行判决的请求作出裁定后，应当及时送达。

当事人对认可与否的裁定不服的，在内地可以向上一级人民法院提请复议，在澳门特别行政区可以根据其法律规定提起上诉；对执行中作出的裁定不服的，可以根据被请求方法律的规定，向上级法院寻求救济。

第十三条　经裁定予以认可的判决，与被请求方法院的判决具有同等效力。判决有给付内容的，当事人可以向该方有管辖权的法院申请执行。

第十四条　被请求方法院不能对判决所确认的所有请求予以认可和执行时，可以认可和执行其中的部分请求。

第十五条　法院受理认可和执行判决的申请之前或者之后，可以按照被请求方法律关于财产保全的规定，根据申请人的申请，对被申请人的财产采取保全措施。

第十六条　在被请求方法院受理认可和执行判决的申请期间，或者判决已获认可和执行，当事人再行提起相同诉讼的，被请求方法院不予受理。

第十七条　对于根据本安排第十一条第（一）、（四）、（六）项不予认可的判决，申请人不得再行提起认可和执行的申请。但根据被请求方的法律，被请求方法院有管辖权的，当事人可以就相同案件事实向当地法院另行提起诉讼。

本安排第十一条第（五）项所指的判决，在不予认可的情形消除后，申请人可以再行提起认可和执行的申请。

第十八条　为适用本安排，由一方有权限公共机构（包括公证员）作成或者公证的文书正本、副本及译本，免除任何认证手续而可以在对方使用。

第十九条　申请人依据本安排申请认可和执行判决，应当根据被请求方法律规定，交纳诉讼费用、执行费用。

申请人在生效判决作出地获准缓交、减交、免交诉讼费用的，在被请求方法院申请认可和执行判决时，应当享有同等待遇。

第二十条　对民商事判决的认可和执行，除本安排有规定的以外，适用被请求方的法律规定。

第二十一条　本安排生效前提出的认可和执行请求，不适用本安排。

两地法院自 1999 年 12 月 20 日以后至本安排生效前作出的判决，当事人未向对方法院申请认可和执行，或者对方法院拒绝受理的，仍可以于本安排生效后提出申请。

澳门特别行政区法院在上述期间内作出的判决，当事人向内地人民法院申请认可和执行的期限，自本安排生效之日起重新计算。

第二十二条　本安排在执行过程中遇有问题或者需要修改，应当由最高人民法院与澳门特别行政区协商解决。

第二十三条　为执行本安排，最高人民法院和澳门特别行政区终审法院应当相互提供相关法律资料。

最高人民法院和澳门特别行政区终审法院每年相互通报执行本安排的情况。

第二十四条　本安排自 2006 年 4 月 1 日起生效。